Glarus und die Schweiz

Glarus und die Schweiz

Streiflichter auf wechselseitige Beziehungen

Im Auftrag des
Regierungsrates des Kantons Glarus

herausgegeben und gestaltet
von Jürg Davatz

1991 – Verlag Baeschlin, Glarus

Schutzumschlag und Frontispiz:
Ältestes Glarner Landesbanner; die spätgotische Figur des Landesheiligen Fridolin ist aufgestickt. Vermutlich wurde das Banner 1388 in der Schlacht bei Näfels mitgetragen. Heute ist es ausgestellt im Museum des Landes Glarus im Freulerpalast Näfels. Das Schweizerkreuz ist lithographisch eingefügt.
Idee: Jürg Davatz; Gestaltung: Peter Jenny.

Konzept und Redaktion,
Bildredaktion und Legenden,
Buchgestaltung:
Jürg Davatz

Lektorat:
Karl Stadler

Fotolithos:
Atelier Erich Keller, Zürich

Satz und Druck:
Buchdruckerei Schwanden

Einband:
Buchbinderei Burkhardt AG
Mönchaltorf

© 1991, Erziehungsdirektion
des Kantons Glarus, Glarus

Verlag:
Buchhandlung Baeschlin
CH-8750 Glarus

ISBN 3-85546-044-2

Inhalt

7 Vorwort

Jürg Davatz
9 Zu diesem Buch

Geschichte und Politik

Fritz Stucki
14 Glarus im Bund der Eidgenossen

Georg Thürer
23 Glarner Untertanengebiete

Jürg Davatz
31 Glaubensspaltung und konfessionelle Landesteilung

Susanne Kubli
43 Glarus während der Helvetik

Fritz Stucki
52 Vom Alten Land Glarus zum Kanton Glarus

Fritz Schiesser
60 Glarus in der gegenwärtigen Schweiz – Beziehungen zum Bund und zu anderen Kantonen

Jürg Davatz, Georg Thürer, Hans Thürer
66 Bedeutende Staatsmänner glarnerischer Herkunft in der Schweiz

Hans Laupper
73 Die Glarner National- und Ständeräte

Militärwesen

Hans Thürer
88 Glarner Auszüge in Kriegen und Grenzbesetzungen der Alten Eidgenossenschaft

Hans Thürer
96 Glarus und die fremden Dienste

Margrit Schoch
105 Glarus während des Ersten Weltkrieges

Margrit Schoch
113 Glarus während des Zweiten Weltkrieges

Fritz Stüssi
121 Militärische Übungsplätze und Bauten

Wirtschaft und Sozialpolitik

Jürg Davatz
128 Die Glarner Textilindustrie

Hans Lehnherr
137 Der Einfluss der glarnerischen Sozialgesetzgebung auf das schweizerische Arbeitsrecht

Heinrich Stüssi
146 Auswanderung

Heinrich Stüssi
155 Einwanderung

Kurt Müller
162 Die Glarner Wirtschaft in der heutigen Schweiz und Welt

Jakob Marti
170 Elektrizität

Umwelt und Verkehr

Jakob Marti
176 Gefährdete Umwelt – Umweltschutz

Jürg Davatz
183 Die Linthkorrektion – das erste Nationalwerk der Schweiz

Fridolin Hauser
191 Die Eisenbahn

Jürg Davatz, Rudolf Jenny
199 Die Post

Jürg Davatz, Jakob Kubli
206 Briefmarken und Poststempel mit glarnerischen Motiven

Jost Hösli
212 Das Vermächtnis der Berge

Madeleine Kuhn-Baer
222 Tourismus im Glarnerland – gestern, heute und morgen

Bildung und Kultur

Karl Stadler
230 Die Bedeutung ausserkantonaler Schulen für Glarus

Jürg Davatz, Walter Hauser, Roland Müller, Karl Stadler
236 Hervorragende Glarner Gelehrte

Jürg Davatz
247 Kunst im Glarnerland: von fremden Meistern geprägt

Peter Jenny
260 Wir haben einen Picasso – zur Gegenwartskunst in Glarus

Otto Brühlmann
268 Glarner Literatur? Standortbestimmung 1990

Wolfgang Meixner
275 Musik und Theater

Sport

Walter Hauser
284 Die Eidgenössischen Schützenfeste von 1847 und 1892 in Glarus

Rudolf Etter
290 Die Anfänge des schweizerischen Skirennsportes in Glarus um 1905

Rudolf Etter
294 Hervorragende Glarner Sportlerinnen und Sportler

Verzeichnisse

302 Abgekürzt zitierte Literatur

302 Fotonachweis

304 Anschriften der Verfasser

Vorwort
Der Kanton Glarus und das Jubiläum «700 Jahre Eidgenossenschaft»

Das Jubiläumsjahr 1991 neigt sich seinem Ende zu. Allen anfänglichen Kritiken und Zweifeln zum Trotz hat sich in den Regionen und Gemeinden der Schweiz eine unübersehbare Vielfalt an grösseren und kleineren Aktivitäten entfaltet. Und was nur wenige für möglich hielten, ereignete sich Anfang August in der Urschweiz: die offiziellen Bundesfeierlichkeiten gestalteten sich zu einem eigentlichen «Fest der Nation». Eine Woche später spielte sich in Glarus der kantonale Jubiläumsanlass «Glarissimo» während drei Tagen und drei Nächten als fröhliches, unbeschwertes Volksfest ab.

Vier Jahre früher dagegen – man vergisst es leicht – hatte sich kaum irgendwo Vorfreude auf das Jubiläumsjahr geregt. Im Gegenteil: Die Vorbereitungen für eine Landesausstellung CH91 in der Innerschweiz endeten in einem Scherbenhaufen. Das «Unbehagen im Kleinstaat» äusserte sich mannigfach und verschiedener Ursachen wegen. «Haben wir 1991 überhaupt einen Grund zum Feiern?» fragten sich viele. «Keinen Grund», behaupteten einige. Gewiss, allerlei Mängel und Schwächen des Staates Schweiz – der Behörden und Politiker, aber auch der Einwohner – kommen gegenwärtig deutlicher zum Vorschein als auch schon. Doch den Zustand der Schweiz nur in düsteren und schwarzen Farben zu malen ist unseres Erachtens keineswegs angebracht. Nach wie vor ist die Schweiz ein Land, das seinen Bürgern und Einwohnern ein hohes Mass an Frieden, Freiheit und materieller Sicherheit gewährleistet. Das in einer langen geschichtlichen Entwicklung Erreichte und Bewahrte sollte in uns jedoch nicht Selbstzufriedenheit und Überheblichkeit hervorrufen, sondern eine berechtigte Dankbarkeit und ein tieferes Verantwortungsbewusstsein gegenüber Gott, unseren Mitmenschen, unserem Staatswesen und unserer Umwelt.

Also doch Grund zum Feiern. Aber wie sollte es denn gefeiert werden, dieses nicht unumstrittene Jubiläum? – «Begegnung und Kulturaustausch» in verschiedenen Regionen der Schweiz wurden die prägenden und weithin tragfähigen Leitmotive des Jubiläumsjahres. Der Bund organisierte und finanzierte eine Reihe grosser eidgenössischer Veranstaltungen. Kantone und Gemeinden waren aufgefordert, aus eigener Initiative ergänzende Veranstaltungen zur 700-Jahr-Feier zu planen und durchzuführen.

Im Sommer 1988 setzte der Regierungsrat des Kantons Glarus eine Arbeitsgruppe «700 Jahre Eidgenossenschaft» ein. Unter den Leitgedanken «Begegnung und Kulturaustausch» diskutierte diese Gruppe verschiedenartige Projekte und Veranstaltungen, aus denen sich schliesslich eine Reihe ausführbarer Vorhaben herauskristallisierte. Der Regierungsrat und der Landrat stimmten im Frühjahr 1990 den vorgeschlagenen Aktivitäten zu und gewährten dafür einen Kredit von 438 000 Franken. Verschiedene Veranstalter bereiteten die einzelnen Anlässe sorgfältig vor und führten sie inzwischen mit grossem Erfolg durch.

Der Kanton Glarus beteiligte sich mit allen anderen Kantonen an der Freiraumgestaltung des «Weges der Schweiz» am Vierwaldstättersee. Vielbeachtete kulturelle Anlässe waren die zwei Jubiläumsausstellungen «Glarus und die Schweiz» im Freulerpalast Näfels und «HeldIn» im Kunsthaus Glarus. Die Glarner Musikschule organisierte ein Treffen mit Jugendorchestern aus verschiedenen Ländern, wobei die jugendlichen Gäste bei einheimischen Familien Unterkunft fanden. Die «Schatzchischte» ermöglichte eine Begegnung mit im Glarnerland wohnenden Ausländern, die ihr Heimatland in Form von Musik, Tanz, Theater und kulinarischen Spezialitäten vorstellten. Ein Treffen mit Einwohnern von New Glarus, der grosse Festanlass «Glarissimo» und ein kantonaler Sporttag boten Abertausenden ungezwungene Möglichkeiten des Mitmachens und fröhlichen Zusammenseins.

Weitere Vorhaben für das Jubiläumsjahr förderte der Regierungsrat mit namhaften Beiträgen aus Fonds für kulturelle Zwecke. So die Produktion des Spielfilms «Anna Göldin» von Gertrud Pinkus, der im August 1991 am Filmfestival von Locarno eine gut aufgenommene Premiere hatte. Der Musiker Christoph Kobelt, Mitlödi, erhielt einen Kompositionsauftrag für die Vertonung von Texten des 16. Jahrhunderts aus dem Liederbuch des Johannes Heer von Glarus. Mitglieder der Glarner Musikschule unter der Leitung des Komponisten Kurt Müller, Näfels, führten das Musical «Das Geheimnis des Wagens» in Glarus und anlässlich des «Festes der vier Kulturen» in Fribourg mit erfreulichem Erfolg auf. Der gemischte Chor «Melody Train», Glarus, machte ein gemeinsames Konzert mit drei Chören aus Italien, Österreich und Deutschland. Manche Glarner Gemeinden veranstalteten einen «Begegnungstag am Heimatort» und veranlassten damit viele Auswärtsglarner zu einer neuerlichen Begegnung mit ihrem Bürgerort. Die Mannigfaltigkeit dieser Veranstaltungen, ihr gutes Gelingen, das aktive Mitwirken zahlreicher jüngerer und älterer Einwohnerinnen und Einwohner sowie die Teilnahme breiter Kreise der Bevölkerung ergeben eine positive Bilanz der glarnerischen Aktivitäten im Jubiläumsjahr 1991.

Der Arbeitsgruppe «700 Jahre Eidgenossenschaft» war es ein wichtiges Anliegen, auch etwas zu veranlassen, das über das Jubiläumsjahr hinaus einige Bedeutung bewahrt. Vorerst stand die Schaffung einer kulturellen Begegnungsstätte im Vordergrund. Diesbezügliche Abklärungen wurden zwar mit interessierten Kreisen in die Wege geleitet, führten aber noch zu keinem realisierbaren Projekt. Im gleichen Sinne regte die Arbeitsgruppe am 27. Juni 1989 die Publikation eines Jubiläumsbuches an. Dr. Jürg Davatz, Beauftragter für kulturelle Angelegenheiten, entwarf daraufhin das Konzept für ein Buch «Glarus und die Schweiz», an dem verschiedene Autoren mitarbeiten sollten. Am 21. November 1989 beschloss der Regierungsrat die Herausgabe eines derartigen Buches; gleichzeitig regelte er die Finanzierung über den Lotteriefonds und übertrug Dr. Davatz die redaktionelle Leitung.

Mit dem Erscheinen des Buches «Glarus und die Schweiz» finden die glarnerischen Veranstaltungen zum Jubiläumsjahr einen würdigen Abschluss. Das Buch wirft Streiflichter auf die vielfältigen Beziehungen, die Glarus seit rund 650 Jahren mit der Eidgenossenschaft verbinden. Es ist nicht das Werk eines einzelnen, sondern entstand aus der Mit- und Zusammenarbeit von Persönlichkeiten, die eng mit dem Glarnerland verbunden sind. So ermöglicht dieses Buch in Wort und Bild anregende Begegnungen mit bekannten und weniger bekannten Wissensgebieten, aber auch mit verschiedenen Autorinnen und Autoren, die in der Sicht der Dinge ihre persönliche Auffassung vertreten. Der Regierungsrat des Kantons Glarus dankt herzlich allen, die zum Gelingen dieses ansprechenden Buches beigetragen haben.

Das Buch «Glarus und die Schweiz» wird in der Literatur über den Kanton Glarus lange Zeit einen besonderen Stellenwert bewahren. Wenn es die Leserinnen und Leser darüber hinaus zum Nachdenken und zu verantwortungsbewusstem Mitwirken an der Lösung gemeinsamer Aufgaben anregt, wenn es durch die Brückenschläge zwischen Vergangenheit und Gegenwart Identität stiftet oder vertieft, dann erfüllt es seinen Zweck als bleibenden glarnerischen Beitrag zum Jubiläum «700 Jahre Eidgenossenschaft» in besonders wertvoller Weise.

Der Landammann des Kantons Glarus

Jules Landolt

Der Präsident der Arbeitsgruppe

Fritz Weber, Regierungsrat

Zu diesem Buch

Jürg Davatz

Die kantonale Arbeitsgruppe «700 Jahre Eidgenossenschaft» wollte für das Jubiläum eine Publikation unterstützen, die über den Festanlass hinaus eine gewisse Bedeutung bewahren sollte. Im Sommer 1989 beabsichtigte noch niemand eine glarnerische Veröffentlichung zu diesem Anlass; daher erteilte die Arbeitsgruppe mir den Auftrag, ein inhaltliches Konzept für ein Jubiläumsbuch zu entwerfen. Eine Publikation zur Befreiung des Landes Glarus drängte sich für 1991 nicht auf. Der Historische Verein und der «Neujahrsbote» hatten nämlich 1988 im Zusammenhang mit der 600-Jahr-Feier der Schlacht bei Näfels mehrere Beiträge herausgegeben, die sich mit der spätmittelalterlichen Geschichte des Landes Glarus befassen. Auch Bildbände, die ein Porträt des Kantons Glarus zeichnen, waren seit 1974 einige erschienen. Doch welches andere Thema wäre für ein Jubiläumsbuch geeignet, ohne ausgetretenen Pfaden zu folgen?

Glarus und die Schweiz

Nach einiger Überlegung erwies sich das naheliegendste inhaltliche Programm für ein Jubiläumsbuch – «Glarus und die Schweiz» – auch sachlich als das passendste. Bis anhin fehlte ein Buch, das die wichtigsten der verschiedenartigen Wechselbeziehungen zwischen Glarus und der Schweiz in einer repräsentativen Übersicht vergegenwärtigt. Das Jubiläumsbuch ist ein Versuch, diese Lücke zu füllen. Was sein Titel und das Umschlagbild ankündigen, trifft zu: inhaltlich an erster Stelle und im Vordergrund steht der Kanton Glarus. Er wird unter verschiedenen Gesichtspunkten beleuchtet und betrachtet, allerdings stets vor dem Hintergrund «Schweiz».

Diese Blickrichtung verhält sich umgekehrt zum Gewicht, das Glarus innerhalb der Schweiz zukommt. Mit einer Bodenfläche von 684 km² und einer Bevölkerung von knapp 38000 Seelen zählt Glarus heute in der 41293 km² grossen Schweiz mit ihren 6,7 Millionen Einwohnern zu den kleinsten Kantonen und auch hinsichtlich der politischen und kulturellen Bedeutung zu den geringsten. Eine Schweiz ohne Glarus, das kann man sich – als Gedankenspiel – gut vorstellen, kaum aber ein Glarus ohne die Schweiz. Allerdings ist zu bedenken, dass früher die Unterschiede bei den Bevölkerungszahlen viel geringer oder anders gelagert waren. Das sei mit den Einwohnerzahlen einiger Kantone der Jahre 1798 und 1990 (in Klammern) angedeutet: Zürich 181 000 (1 157 000), Schwyz 32 000 (111 000), Glarus 24 000 (38 000), Basel-Stadt 17 000 (192 000), Zug 13 000 (85 000), Uri 12 000 (34 000). Von Talschaften vergleichbarer Grösse – etwa dem Prättigau, dem Toggenburg oder dem Emmental – unterscheidet sich Glarus dagegen in einem wesentlichen Punkt: es ist ein alter eidgenössischer Stand.

Das Land Glarus fand in der zweiten Hälfte des 14. Jahrhunderts Aufnahme im Bund der Eidgenossen und zählt zu den acht Alten Orten. Seit ihrer Entstehung war die Eidgenossenschaft ein konfliktreiches Gebilde von Städten und Länderorten, von Zentren und Randgebieten. Glarus war in der Alten Eidgenossenschaft seit jeher ein Randgebiet, weder machtmässig, kulturell noch religiös ein Zentrum, aber doch ein souveräner, regierender Ort. Zudem nahm es am bedeutenden Verkehrsweg, der von Zürich über das Walenseegebiet nach Graubünden führt, seit dem Spätmittelalter geopolitisch eine wichtige Stellung ein. Nach der Reformation entwickelte sich das konfessionell gespaltene Glarus zu einem Krisenherd, an dem sich innereidgenössische Gegensätze mehrmals bedrohlich entflammten. Um ihren Fortbestand zu sichern, begaben sich die reformierte Mehrheit und die katholische Minderheit in das Schlepptau der Stände ihrer Religion, vor allem von Zürich einerseits und Schwyz anderseits. Dabei verlor das Land Glarus als Ganzes nicht nur seine innere Einheit, sondern auch sehr viel von seiner aussenpolitischen Selbständigkeit. Erst 1837 folgte die Aufhebung der konfessionellen Landesteilung.

In den 1848 neugeschaffenen schweizerischen Bundesstaat trat Glarus ungeteilt und innerlich gestärkt ein. Die glarnerische Landsgemeindedemokratie erliess von 1864 an eine fortschrittliche Sozialgesetzgebung, die im In- und Ausland als vorbildlich galt. Auf dem Gebiet der Sozialpolitik leistete Glarus wohl seinen wesentlichsten Beitrag zur Gestaltung der modernen Schweiz. Aus dem Glarnerland gingen im Verlaufe der Zeit auch einige Staatsmänner und Gelehrte hervor, deren Wirken und Werk im schweizerischen Rahmen einen bedeutenden Platz einnimmt. Freilich, ihre höhere Bildung mussten sich die Glarner seit jeher an auswärtigen Schulen erwerben.

Glarus und die Welt

Die Glarner hausen bekanntlich in einem engen, von hohen Bergen ummauerten Tal. Trotzdem oder gerade deshalb erwarben sich manche von ihnen schon in früheren Jahrhunderten eine erstaunliche Weltläufigkeit, zuerst durch die fremden Kriegsdienste, später durch Handel und Industrie. Im 18. Jahrhundert dehnten einige glarnerische Familien ihre Handelsbeziehungen erfolgreich auf Europa aus. Im 19. Jahrhundert erlangte die glarnerische Baumwollindustrie – Spinnerei, Weberei und Stoffdruck – innerhalb der schweizerischen eine hervorragende Position; der Textildruck beanspruchte während einiger Jahrzehnte Weltgeltung. Im 20. Jahrhundert behauptete sich Glarus als einer der am stärksten industrialisierten Kantone der Schweiz, doch kamen neben der Textilindustrie zunehmend andere Industriezweige auf. Geblieben ist indes seine äusserst starke Abhängigkeit vom Export und vom Geschehen auf den Weltmärkten. Die Netstal-Maschinen AG, das Flaggschiff der Glarner Industrie, soll, um überleben zu können, im Herbst 1991 an den deutschen Konzern Krauss-Maffei übergehen: Die Internationalisierung des Wirtschaftsraumes Glarus verstärkt sich ständig.

Wir wissen es, weder die Schweiz noch Glarus sind Inseln innerhalb Europas und der Welt. Das gegenwärtige und zukünftige Verhältnis der Schweiz zur Europäischen Gemeinschaft (EG) – Alleingang oder Beitritt – beschäftigt und beunruhigt die Schweizer im Jubiläumsjahr viel intensiver, als man noch vor wenigen Jahren vermutete. Ob dieser geistige Aufbruch schon bald zu einer Ablösung von traditionellen Leitbildern und Standpunkten führen wird? Denkbar ist es, aber gar nicht unbedenklich. Denn der schweizerische Bundesstaat war und ist ungleich demokratischer aufgebaut als die EG. Deren Demokratiedefizit und Mangel an Mitentscheidungsrecht würde der Schweiz im Falle eines Beitrittes substantielle Preisgaben an politischer Selbständigkeit und bürgerlicher Mitbestimmung abverlangen – es sei denn, die EG gebe sich in Zukunft bedeutend föderalistischere Strukturen. Wenn aber die Schweiz der EG nicht beitreten würde, bliebe ihrem demokratischen Handlungsspielraum viel mehr als nur ein ständiges Sichanpassen an einen von aussen gelenkten Gang der Dinge?

Als Konstanten und stetige Problemkreise erscheinen im Verlauf der Geschichte auch Auswanderung und Einwanderung. Der Kanton Glarus ist eines der wichtigsten historischen Auswanderungsgebiete der Schweiz. Während Jahrhunderten fanden nicht alle Glarner ausreichenden Lebensunterhalt in ihrem Gebirgstal. Manche wanderten in andere Gegenden der Schweiz oder ins Ausland ab. 8000 Personen verliessen allein zwischen 1845 und 1900 ihre glarnerische Heimat. 1980 lebten von den Glarner Kantonsbürgern rund 51 000 in anderen Kantonen, in der Heimat dagegen nur 18 750 (37%). Von den Zürchern dagegen wohnten 76 Prozent im eigenen Kanton und von den Schwyzern immerhin 47 Prozent. Dafür sind verhältnismässig viele Schweizer aus anderen Kantonen und Ausländer ins Glarnerland gezogen. 1837 zählte man hier erst 310 Ausländer, 1989 bereits 7120.

Das Aufeinandertreffen und Zusammenleben von Menschen aus fremden Völkerschaften und Kulturräumen gestaltete sich seit jeher mehr oder weniger konfliktreich. Landesfremde Einwohner, die «Hintersässen», beschwerte man früher hierzulande – wie anderswo – mit allerlei Benachteiligungen. Auch heutzutage begegnen Ausländer und Asylsuchende allerlei Einschränkungen und oft auch einer Abwehrhaltung. Doch bis anhin zeigte sich die glarnerische Bevölkerung in der Regel verhältnismässig fremdenfreundlich und tolerant.

Glarus – Identität in der Region

Zwei bedeutsame Wesenszüge der Schweiz sind ihre feingliedrige Regionalität und ihre kulturelle Vielfalt, die beide überall tiefe geschichtliche Wurzeln haben. Region ist hierzulande nicht «Provinz» im abschätzigen Sinn des Wortes, kein kulturell vernachlässigtes Hinterland im Bannkreis von Städten. Die Schweizerin und der Schweizer leben – ob in der Stadt, ob auf dem Land – in einem erfassbaren regionalen Raum, der ihnen zwar nicht die ganze Welt bedeutet, aber der Welt gegenüber einen Standort gibt und vielleicht auch mehr: Heimat und Identität.

Wir leben in einem zunehmenden Spannungsfeld zwischen regionaler und nationaler Identität einerseits und europäischer Integration anderseits. Dennoch scheint es wenig wahrscheinlich, dass die Verwurzelung in einer Region dereinst von einem gesamteuropäischen Kulturempfinden und von einem Weltbürgertum verdrängt wird. Weit eher dürften das Bewusstsein einer nationalen und regionalen Zusammengehörigkeit sowie das schöpferische Bewahren der eigenen Kultur in dem Masse an Bedeutung gewinnen, wie Europa zu einem riesigen Gebilde zusammenwächst, das dem einzelnen Menschen nie eigentlich Heimat sein kann – einem Schotten oder Andalusier so wenig wie einem Glarner.

Das Glarnerland wird von den meisten seiner Einwohner als Heimat empfunden, nicht allein von den Kantonsbürgern, sondern nach einiger Zeit auch von Zugezogenen. Und für viele Ausgewanderte bleibt es die Heimat, in die sie zwischendurch immer wieder zurückkehren, sei es nur in Gedanken oder auf einen Besuch. Der Glarner Schriftsteller Emil Zopfi, ein Rückkehrer, schreibt in seinem neuesten Buch «Die Fabrikglocke»: «Heimkehren wollte ich. Ich war im Alter, wo man nach den Wurzeln zu suchen beginnt und sich fragt, woher man kommt, wohin man gehört. ... Mit meinen Eltern war ich oft mit der Bahn ins Glarnerland gefahren. Sie waren Textilarbeiter, ausgewandert, weil sie im Tal keine Arbeit gefunden hatten. Heimwehglarner, entwurzelt, immer unterwegs nach Hause. Immer mit der Sehnsucht im Herzen, einmal zurückkehren zu können in das enge Tal. ... Ich kehrte zurück, lebte eine Zeitlang am Fuss des Glärnisch. An klaren Tagen stand die Wand über dem Firn wie eine Flamme in der Morgensonne. Vorderglärnisch, Vrenelisgärtli, Heimat. Als Kind schon hatte ich immer hinaufgeschaut zur Wand, hatte geträumt von den Gipfeln, vom Fels, vom Gletscher.»

Das nachhaltige Heimatgefühl, welches das Glarnerland zu erwecken vermag, hat verschiedene Ursachen: das Vermächtnis der Berge vor allem, dieses aussergewöhnlich einprägsame, ebenso grossartige wie kleinräumige Landschaftsbild, das sich während eines Menschenlebens kaum verändert. Selbst die Dörfer haben im grossen und ganzen ihren Charakter über Jahrzehnte hinweg bewahrt und sind überschaubar geblieben. Im Kanton Glarus herrscht – wie in alten Zeiten – heute noch die Versammlungsdemokratie: über wichtige Fragen der Dorf- und Kantonspolitik entscheiden die Stimmbürgerinnen und Stimmbürger an den Gemeindeversammlungen oder an der Landsgemeinde, die seit 1387 im Mittelpunkt des politischen Lebens steht. In diesem kleinen Kanton sind die Behörden und die Verwaltung bürgernah, keine anonymen Mächte. Die vielen örtlichen Vereine erfreuen sich einer ungebrochenen Anziehungskraft. Man kennt einander, am Wohn- oder Heimatort und auch innerhalb des Kantons. Politische und kulturelle Erfahrungen und Betätigungen wirken gruppen- und gemeinschaftsbildend, hier wie anderswo – aus den erwähnten Gründen hier aber vielleicht besonders intensiv. Trägt nicht Glarus mit dem Landesheiligen Fridolin als einziger Kanton eine menschliche Gestalt im Wappen?

Die Vertrautheit und die Kleinräumigkeit der Region Glarus erzeugen einen Teil dieser starken Heimatverbundenheit. In einem derartigen Bewusstsein der Regionalität lauert allerdings die Gefahr des Absinkens ins Kleinkarierte, des Verfilzens und Einschlummerns im Vertrauten. Aber es kann auch Ansporn sein – wie es das den Glarnern immer wieder gewesen ist –, die eigene Überlieferung lebendig zu erhalten und mit weltoffenem Sinn Neues zu erschliessen. Jedenfalls eignet dem Glarnerland landschaftlich, geschichtlich und kulturell ein unverwechselbares Gepräge, das eine persönliche und gemeinschaftliche Identitätsbildung anzuregen vermag.

Freilich ist bereits die Bevölkerung des Kantons Glarus gesellschaftlich so vielfältig, dass kulturelles Selbstverständnis und Eigenwesen auch hier nicht als eine in sich geschlossene Einheit vorkommen. Die einzelne Person kann sich mehreren identitätsbildenden Gruppen zugehörig fühlen, ja auch zwei oder drei Regionen. Das beweisen die vielen Vereine von Abgewanderten, alle die Berner-, Bündner- und Glarnervereine oder die Schweizervereine im Ausland. Zu meinen Nachbarn gehören sizilianische Familien, die schon viele Jahre in Mollis leben; den Fronalpstock und den Glärnisch vor Augen, denken sie oft an die Campagna in ihrer südlichen Heimat, die sie alljährlich besuchen – Heimwehsizilianer.

Streiflichter

Das vorliegende Buch beleuchtet bestimmte Gebiete glarnerischer Geschichte und Gegenwart, die besonders stark mit benachbarten Regionen, mit der Schweiz oder mit der Welt verbunden und verflochten sind. Die 35 hier versammelten Beiträge bilden eine Auswahl, aber keine zufällige; sie gliedern sich nach Themenkreisen in sechs Kapitel. Die Texte und Abbildungen heben einzelne Grundzüge glarnerischer Geschichte und Kultur deutlich und bisweilen auch in neuem Licht hervor. Das Buch ist indes nicht als eigentliche Kantonsgeschichte angelegt. Für das Glarnerland so wichtige Bereiche wie die Entwicklung der Landsgemeinde, der Tagwen, der Kirchgemeinden oder der Alpwirtschaft werden hier nur beiläufig oder gar nicht angesprochen.

Die Zielsetzungen für dieses Buch und die einzelnen Beiträge wurden zu Beginn möglichst genau festgelegt und den Verfassern mitgeteilt. Vorgesehen war ein grossformatiges Buch von rund 300 Seiten, davon etwa zwei Fünftel Abbildungen. Von Anfang an war somit klar, dass sich die meisten Themen keineswegs in umfassender Weise abhandeln, sondern lediglich in einem Streiflicht erhellen lassen. Im Streiflicht können Umriss- und Hauptlinien scharf hervortreten, Nebenlinien und Einzelheiten dagegen oft kaum erkennbar im Schatten bleiben. Dieser Darstellungsart wohnen folglich bestimmte Vor- und Nachteile inne. Gelingt die umrissartige Zusammenfassung eines Sachverhaltes inhaltlich zuverlässig, so gewinnen die Übersichtlichkeit und das deutliche Hervortreten einiger Hauptsachen – ähnlich wie bei einem Holzschnitt – eine eigene Qualität. Die Gefahr einer gewissen Oberflächlichkeit und einer Vereinfachung, die den dargestellten Sachverhalt spürbar verfälscht, lässt sich bei vielschichtigen Themen allerdings kaum ganz bannen. Trotzdem bleibt es für Fachleute eine wichtige Aufgabe, Forschungsergebnisse einer breiteren Öffentlichkeit zusammenfassend und verständlich vorzustellen.

«Glarus und die Schweiz» wendet sich mit seinen Texten und Abbildungen in erster Linie an breite Kreise der Bevölkerung des Glarnerlandes und der Auswärtsglarner. Es sollte ein interessantes Lesebuch, ein zuverlässiges Nachschlagewerk und ein prächtiger Bildband zugleich werden. Eine anspruchsvolle Zielsetzung, deren annähernde Verwirklichung über zahlreiche grössere und kleinere Hindernisse führte. Bei der sprachlichen Gestaltung strebten wir eine klare Gedankenführung und gut verständliche Formulierungen an. Inhaltlich bemühten wir uns, den gegenwärtigen Stand der Forschung und des Wissens möglichst zuverlässig und genau zusammenzufassen.

Manche Beiträge konnten sich auf mehr oder weniger umfangreiche Abhandlungen in der verstreuten Fachliteratur abstützen. Andere dagegen mussten stofflich grösstenteils von Grund auf erarbeitet werden und erschliessen inhaltlich weitgehend Neuland. Rund die Hälfte der angeschnittenen Themen gelangen hier erstmals innerhalb eines Buches zur Darstellung. Etliche Kapitel – etwa «Glarus und die fremden Dienste», «Glarus während des Ersten und Zweiten Weltkrieges», «Einwanderung», «Kunst im Glarnerland», «Die Bedeutung ausserkantonaler Schulen», «Musik und Theater» – beinhalten Anregungen und Hinweise, die durch tieferschürfende Forschungen und eine breitere Abhandlung interessante neue Erkenntnisse ans Licht brächten.

Besonderes Gewicht legte der Herausgeber auf aussagekräftige Abbildungen und Bildlegenden. Neben bekannten Bildern, die sich im jeweiligen Zusammenhang durch nichts Besseres ersetzen lassen, entdeckt der Leser überraschend viele Erstveröffentlichungen, besonders aus den Beständen des Museums des Landes Glarus und des Landesarchivs Glarus.

Dank

Allen, die dazu beigetragen haben, dieses Buch zu verwirklichen, danke ich sehr herzlich. Zuallererst den Verfassern der Textbeiträge, die mit ihrer sachkundigen und bereitwilligen Mitarbeit den Rohbau des Buches erstellten. Um den ihnen gesetzten Rahmen inhaltlich und umfangmässig einzuhalten, gingen sie verständnisvoll auf die vom Herausgeber vorgeschlagenen Änderungen, Ergänzungen und Kürzungen ein. Für die druckfertige Bearbeitung der Beiträge stand mir Karl Stadler als sprachgewandter und aufmerksamer Lektor und Korrektor zur Seite; zudem half er mir beim Bereinigen des endgültigen Umbruchs. Frau Ruth Hefti-Hodel schrieb die Manuskripte so sorgfältig ins reine, dass sie sich von unseren Disketten problemlos in die Druckschrift konvertieren liessen. Grossen Zeitaufwand erforderte das Zusammentragen guter Abbildungsvorlagen; dabei unterstützten mich besonders Frau Susanne Peter-Kubli und die Fotografen Markus Wolleb und Urs Heer, Glarus. Entgegenkommend stellten manche Firmen, Bibliotheken und Archive Fotos zur Verfügung, am meisten Dr. Hans Laupper und Albert Diener vom Landesarchiv Glarus. Doch Manuskripte und Abbildungsvorlagen allein ergeben noch kein Buch. Nach der Bildauswahl und der Buchgestaltung, die ich selber besorgte, ist für das visuelle Gelingen eines Buches auch eine qualitätvolle Drucklegung mitentscheidend. Eine solche verdanken wir dem Fotolitho-Atelier Erich Keller, Zürich, sowie Walter Feldmann und seinen engagierten Mitarbeitern von der Buchdruckerei Schwanden; Werner Imper überprüfte die Druckfahnen mit Sorgfalt.

Dem Regierungsrat des Kantons Glarus und besonders meinem Chef, Erziehungsdirektor Fritz Weber, danke ich, dass sie mir die Herausgabe dieses Buches anvertrauten. Mit einem grosszügigen Beitrag aus dem Lotteriefonds gestattete der Regierungsrat die Herstellung eines prächtigen Bildbandes und einen erschwinglichen Verkaufspreis. Das Werden dieses Buches vom Anfang bis zum Ende zu betreuen und zu begleiten, war für mich eine aussergewöhnlich schöne und anregende Aufgabe, aber auch eine sehr beanspruchende und arbeitsreiche. Meiner lieben Frau und meinen Kindern danke ich herzlich für ihre verständnisvolle Nachsicht, wenn mir für sie bisweilen wenig Zeit übrigblieb.

Geschichte und Politik

Glarus im Bund der Eidgenossen

Fritz Stucki

Einleitung

In Wirklichkeit gab es keinen Bund der Eidgenossen, keinen alle dreizehn regierenden Orte umfassenden Bundesbrief; unter den verschiedenen Gliedern der Eidgenossenschaft bestand nur eine Anzahl selbständiger Bündnisse, die sich auch in Form und Inhalt voneinander unterschieden. Sogar die gegenseitigen Rechte und Verpflichtungen zwischen zwei Ständen konnten verschieden sein. Auffällig ist ferner die Tatsache, dass nicht alle Orte direkt miteinander verbündet waren. Glarus stand zum Beispiel mit Luzern, Zug und Bern nie in einem direkten Bundesverhältnis. Übereinstimmung unter allen diesen Bündnissen herrschte freilich darin, dass sie auf «ewig» geschlossen wurden.

Obschon ein gesamteidgenössischer Bund fehlte, entwickelte sich im Laufe der Generationen zunächst unter den Acht und später unter den Dreizehn Orten ein gewisses Zusammengehörigkeitsgefühl. Die lang andauernde Bedrohung durch Habsburg, die gemeinsamen Interessen bei der Verwaltung der Untertanenländer und weitere Momente liessen allmählich eine Art von Staatsbewusstsein entstehen, so dass man de facto doch von einem Staatenbund und damit von einem Bund der Eidgenossen sprechen kann.

Glarus zählte in diesem komplizierten Gebilde als achter Ort zu den Kernlanden. Sein Einfluss musste allein schon auf Grund seiner Kleinheit beschränkt bleiben. Später wurde er zudem durch die Glaubensspaltung geschwächt. Trotzdem war Glarus gegenüber den stärkeren Orten nicht nur Empfänger, sondern trug das Seine zum Wohl oder Wehe des Gesamtlandes bei.

Vom «bösen» zum bessern Bund

Vorgeschichte
Nachdem Habsburg-Österreich 1288 zur Reichsvogtei auch noch das säckingische Meieramt als Lehen erhalten hatte, geriet Glarus immer mehr unter den Einfluss dieser Herrschaft. Habsburg wollte in den alemannischen Landen einen Territorialstaat errichten, in den auch das von Vögten oder Ammännern regierte Glarus eingegliedert werden sollte. Damit erregte es den Unwillen der Glarner, denen die Ereignisse in den Ländern um den Vierwaldstättersee nicht verborgen blieben. Wohl nicht zufällig stand Glarus im Morgartenkrieg abseits, und 1323 scheint es sogar an der Seite von Schwyz in den Krieg eingetreten zu sein. 1333 war unser Land am vorderösterreichischen Hilfsbündnis gegen die Urkantone nicht beteiligt, und so lag ein Zusammengehen mit der jungen Eidgenossenschaft auf der Hand. Die politische Lage geriet um 1350 auch in unserer Gegend in Bewegung durch Kriegszüge der Zürcher bis gegen die Linthebene und durch den Bund vom 1. Mai 1351. Nun nutzten die Eidgenossen im November 1351 die Gunst der Stunde und eroberten das ihnen wohlgesinnte Glarnerland, das sich möglicherweise bereits selber gegen die Herrschaft erhoben hatte. Zum Abschluss eines Bundes mit Zürich, Uri, Schwyz und Unterwalden kam es erst am 4. Juni 1352, und zwar ohne Einschluss von Luzern, das als Stadt mit habsburgischen Hoheitsrechten einem Bündnis mit dem aufrührerischen Glarus skeptisch gegenüberstand und damit vielleicht auch den Bundesabschluss verzögerte.

Der Bund vom 4. Juni 1352
Mit dem Bund vom 4. Juni 1352 wurde Glarus kein vollberechtigtes Glied der Eidgenossenschaft. Die Ungleichheit zeigte sich schon bei den im Zentrum stehenden Hilfsverpflichtungen. So hatten die Glarner auf Grund einer eidlichen Mahnung in jedem Fall ins Feld zu ziehen, während dies für die Eidgenossen einzig bei einem plötzlichen («gächen») Angriff innert der Glarner Landesmarken galt. In andern Fällen blieb die Entscheidung den vier Bundesgenossen überlassen. Diese konnten Glarus sogar befehlen, von einem Krieg abzulassen. Unser Land wurde im Schiedsverfahren benachteiligt und ferner aussenpolitisch bevormundet, indem es ohne Einverständnis der Eidgenossen keine

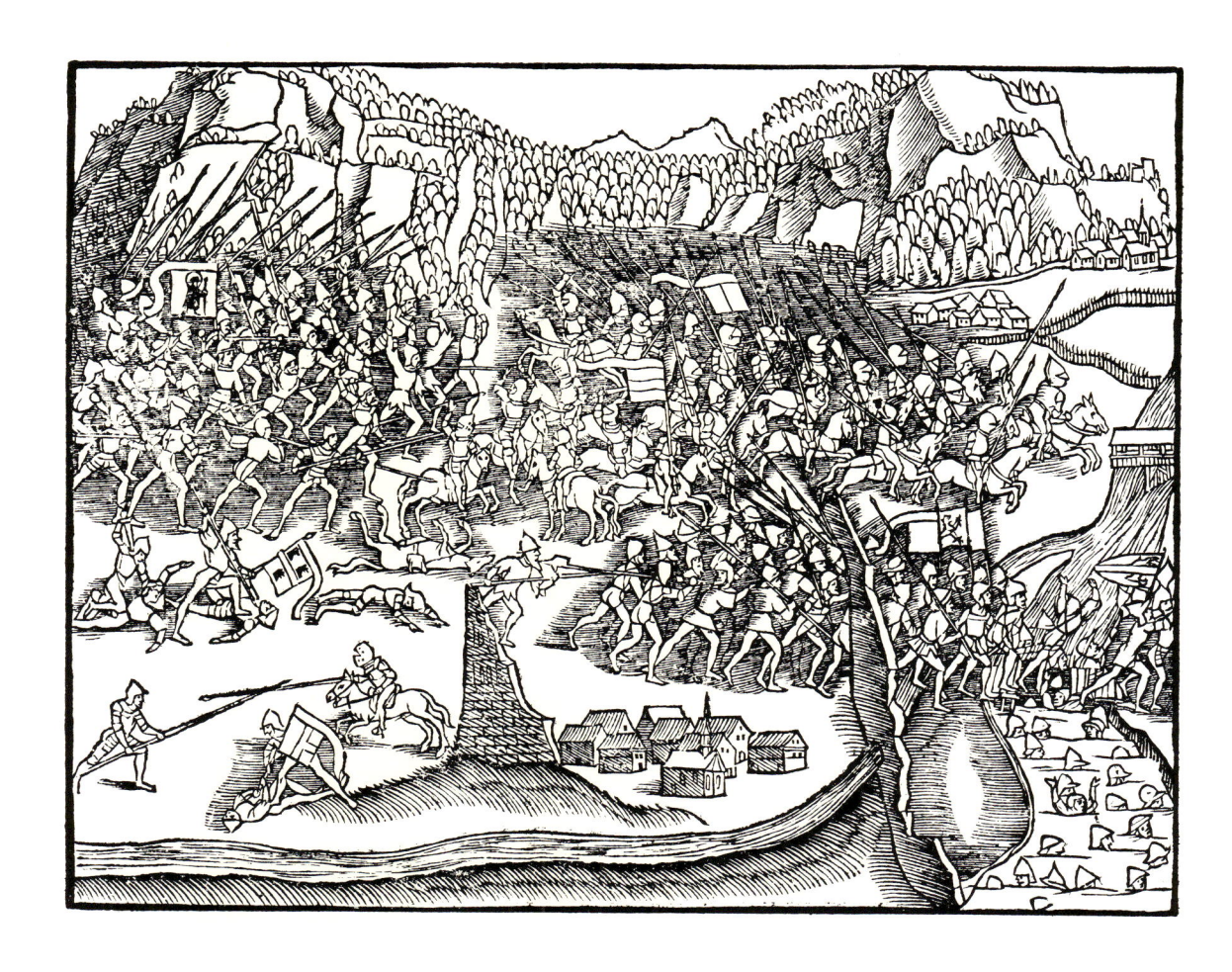

Schlacht bei Näfels. Holzschnitt aus der Schweizerchronik des Johannes Stumpf, 1547. (Museum des Landes Glarus, Näfels)

weitern Bündnisse eingehen durfte. Mit der Bestimmung, dass aussenpolitische Gegner der Eidgenossen unter Umständen zur Aburteilung auszuliefern seien, scheuten sich diese nicht, sich sogar in die innern Verhältnisse von Glarus einzumischen. Demütigend waren vor allem die Revisionsbestimmungen. Die Eidgenossen erhielten nämlich das Recht, die einzelnen Artikel des Bundes ohne Einverständnis der Glarner zu «mindern oder zu mehren», d.h. abzuändern.

Der Bund vom 4. Juni 1352 machte also die Glarner zu Eidgenossen zweiter Klasse. Sie traten tatsächlich unter die Vormundschaft der vier Orte Zürich, Uri, Schwyz und Unterwalden. Diese mindere Stellung, die etwa der eines spätern zugewandten Orts entsprach, lässt sich zum Teil aus der peripheren Lage und aus dem geringen politischen und militärischen Gewicht von Glarus erklären. Möglicherweise spielte beim stark durch die Form bedingten Denken des Mittelalters auch eine Rolle, dass Glarus sich gegen die eidgenössischen «Besetzer» in keiner Weise gewehrt, sondern sich möglicherweise bereits zuvor durch einen «revolutionären Akt» befreit hatte. Auf alle Fälle stellte Glarus für die Verbündeten ein gewisses Risiko dar.

Die Bemühungen um eine Besserstellung
In der Folge setzte Glarus alles daran, seine Stellung im Bund zu festigen und zu verbessern. Zwar kam es durch den Brandenburger Frieden vom 5. September 1352 formell wieder unter die Herrschaft Habsburgs zurück, befand sich aber praktisch bis zum Sempacherkrieg, in den es im Sommer 1386 eintrat, in einem Schwebezustand. Mit der Eroberung der Obern Windegg am 3./4. Juli 1386 und der Aneignung der Dörfchen Niederurnen und Filzbach verbesserte es seine Nordgrenze, die mit der Einnahme von Weesen durch die Eidgenossen am 16. August noch verstärkt wurde. Die im März 1387 erlassenen Landessatzungen hoben das Selbstvertrauen der Glarner, und der siegreiche Ausgang der Schlacht bei Näfels Anfang April 1388 zeitigte eine Aufwertung. Jene Schlacht, die auch schon nur als Scharmützel abgetan worden ist, brachte nämlich für Glarus die endgültige Befreiung von Habsburg und war zugleich ein Sieg für die Gesamteidgenossenschaft. Wohl infolge der blutigen Niederlage bei Näfels unterblieb der geplante Angriff der Habsburger aus Nordwesten. Sie mussten nach Näfels einsehen, dass die Eidgenossen mit militärischen Mitteln nicht unterzukriegen waren.

Zugute kam Glarus in der Folge die sich schon damals abzeichnende Rivalität zwischen Schwyz und Zürich im Linth-Walensee-Gebiet. Beide Stände umwarben Glarus, das einen wichtigen Faktor in dieser Auseinandersetzung bildete. Dank dieser Aufwertung wurde dann Glarus im Sempacherbrief von 1393, der das Verhältnis unter den eidgenössischen Orten zusätzlich zu den Bünden regelte, als gleichberechtigter Partner akzeptiert. Damit trat es in ein festes Verhältnis zu allen eidgenössischen Orten und fand Anerkennung als selbständiges und gleichgestelltes Bundesglied. In gleicher Weise besiegelte Glarus als gleichberechtigter Ort den zwanzigjährigen Frieden mit Habsburg von 1394. Dass es zuerst seine Zustimmung zu dem ihm weitere Zahlungen an Habsburg auferlegenden Abkommen verweigerte, zeugt von einem gestiegenen Selbstbewusstsein. Seit Beginn des 15. Jahrhunderts erscheint Glarus auch als gleichberechtigter Ort auf den Tagsatzungen; 1424 wurde sogar eine solche auf Antrag von Glarus einberufen. Wie jeder andere Ort erhielt es Anteil an den Gemeinen Herrschaften im Aargau und im Eschental. Verschiedentlich betätigte sich Glarus zusammen mit andern Orten in wichtigen innereidgenössischen Streitigkeiten als Vermittler. Schon damals erfüllte Glarus praktisch alle Kennzeichen eines vollberechtigten Ortes der Eidgenossenschaft.

Diese praktische Gleichstellung suchte Glarus dann auch juristisch zu untermauern. Der 1408 auf der Grundlage der Gleichberechtigung abgeschlossene Sonderbund mit Zürich, der vermutlich nur kurzfristig zum Tragen kam, war ein erster Schritt dazu. Die Limmatstadt, die einen Zickzackkurs betrieb, war damals wieder auf die eidgenössische Politik eingeschwenkt und wollte sich damit einen Bundesgenossen für ihre Vorhaben in der Ostschweiz sichern, wovon noch die Rede sein wird. Die Bestimmungen dieses Bundes von 1408 entsprachen weitgehend dem Zürcher- und Zugerbund, wobei nicht einmal die Rechte Habsburgs vorbehalten waren. Der Bund mit Zürich bedeutete eine grosse Aufwertung für Glarus, auch wenn die andern Orte vorläufig nicht gleichzogen.

Doch die Glarner liessen nicht locker. 1428 versuchten sie, über den Umweg eines Bundes mit Luzern, mit dem schon 1386/87 mindestens verhandelt worden war, zum Ziel zu gelangen, jedoch erfolglos. 1330 erreichten sie wenigstens einen Teilerfolg, als sie sich weigerten, den alten Bund weiterhin einseitig zu beschwören. Die Bundesgenossen machten nun das Eingeständnis, den Eid auch ihrerseits zu leisten. Weshalb und unter welchen Umständen der Wurf dann 1473 gelang, ist vorderhand noch unbekannt. Möglicherweise liess die bevorstehende Auseinandersetzung mit Burgund es ratsam erscheinen, alle innern Konflikte zu beseitigen. Zudem zeichneten sich schon damals Spannungen zwischen den Städten und den Innern Orten ab, so dass der Stellungnahme von Glarus entscheidende Bedeutung zukommen konnte.

Der bessere Bund von 1473

Der mit aller Wahrscheinlichkeit 1473 ausgestellte bessere Bundesbrief brachte den Glarnern endlich auch formell die Gleichberechtigung. Der Brief wurde auf den 4. Juni 1352 zurückdatiert, und man war zudem bemüht, jeden Hinweis auf den «bösen» Bund zu vermeiden. Inhaltlich stellt der neue Bund mehr oder weniger eine Kopie des Zürcher Bundes von 1351 dar. Sogar der Artikel zum Schutze der Brunschen Verfassung wurde übernommen. Ebenso war dies der Fall bei dem auf Zürich zugeschnittenen Hilfskreis, der einen Teil des Sernftales samt seines nordöstlichen Einzugsgebietes gar nicht miteinschloss. Dagegen beschnitt man den Glarnern das freie Bündnisrecht. Mit der Bestimmung, dass sich die Glarner ohne Erlaubnis der Eidgenossen, abgesehen von entsprechenden Verträgen mit Luzern, Zug und Bern, nicht weiter verbünden sollten, wollte man kaum die Rechte von Glarus einschränken, sondern dem in der zweiten Hälfte des 15. Jahrhunderts bestehenden Zustand Rechnung tragen. Die Eidgenossenschaft hatte sich damals aussenpolitisch zu einer gewissen Einheit zusammengefunden, und deshalb enthalten alle Bündnisse seit 1450 derartige Einschränkungen. Für Glarus, das in der Aussenpolitik nur selten eigene Wege ging, blieb diese Beschneidung der Souveränität fast belanglos. Einzig als es 1557 Bündnisverhandlungen mit Genf führte, sahen sich die sieben katholischen Orte veranlasst, Glarus einen «freundlichen Verweis» zu erteilen. Der Bund von 1473, ergänzt durch das Stanser Verkommnis von 1481, bildete bis zur Helvetik die Grundlage für die Beziehungen zu den Eidgenossen. Trotz der einzig Glarus gewährten Zurückdatierung des Bundesbriefes blieb unser Land der achte Ort und rangierte hinter Zug, das seine Bevorzugung auch seiner Einstufung als Stadt zu verdanken hatte.

Ausdehnung des Einflusses

Verbindungen mit Graubünden

Es ist erstaunlich, wie rasch sich Glarus nach dem Blutopfer des Näfelserkrieges zu neuen Aktivitäten aufschwang. Ab 1390 verhandelte es über die Ablösung der grundherrlichen Rechte Säckingens, und auch die Aussenpolitik führte es sehr aktiv. Es knüpfte neue Bindungen und Verbindungen, wobei sich sein Interesse vor allem dem heutigen Kanton Graubünden und der Ost-

Oben: «Grosses Siegel» des Landes Glarus mit St. Fridolin. Im Gebrauch zwischen 1549 und 1590. (Museum des Landes Glarus)

Unten: Glarner Weibel- oder Läuferschild, sog. «Gleit»; Ende 15. Jahrhundert. Vortreffliche spätgotische Goldschmiedearbeit. (Museum des Landes Glarus)

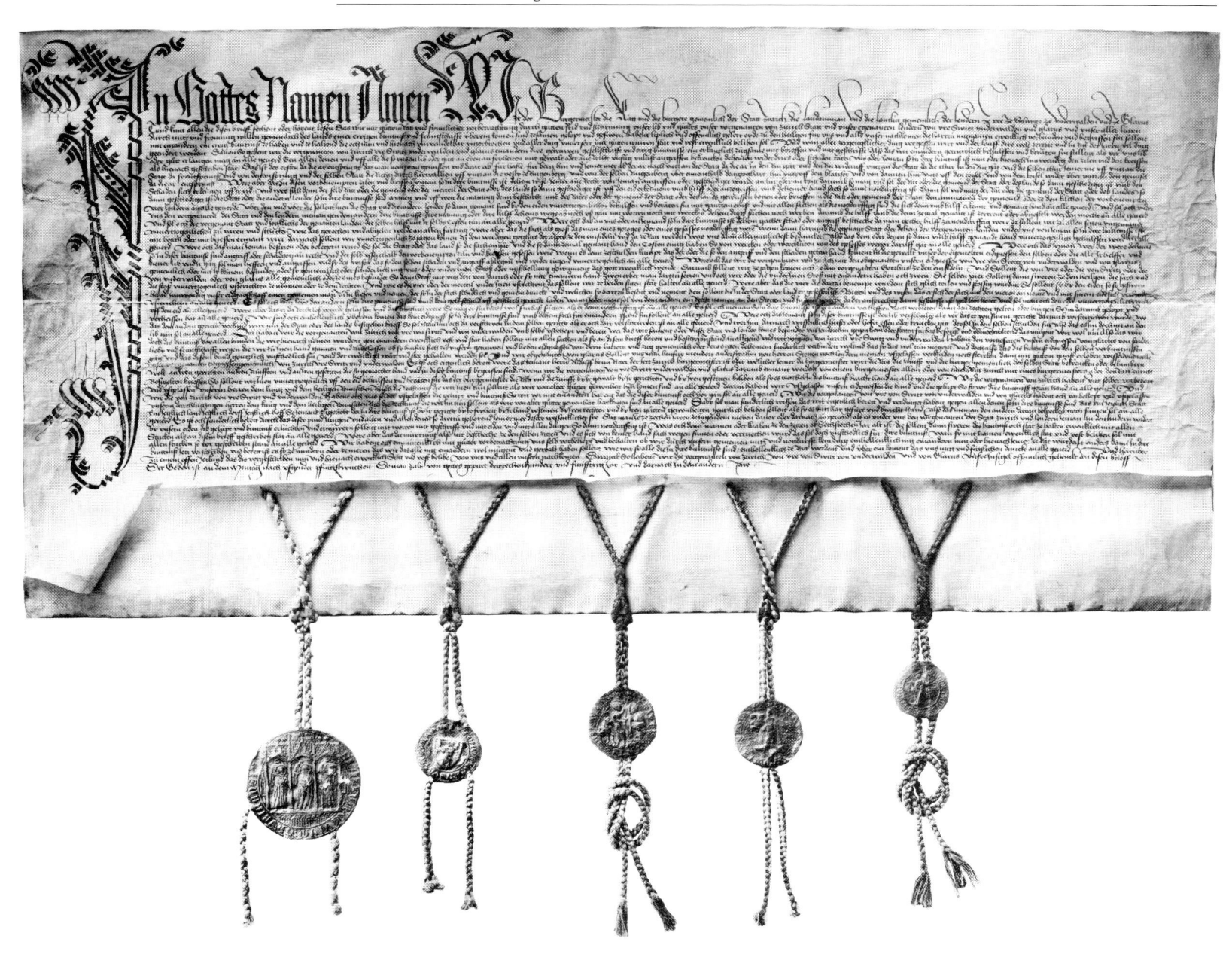

Der «bessere Bundesbrief» von 1473. An der grossen Pergamenturkunde hängen die Siegel der fünf Bündnispartner Zürich, Uri, Schwyz, Unterwalden und Glarus. (Landesarchiv Glarus)

schweiz zuwandte. Dass diese Gebiete heute eidgenössisch sind, ist zum Teil sicher Glarus zu verdanken.

Unser Land stand während Jahrhunderten in einem besonderen Verhältnis zu Graubünden. Den ersten vertraglichen Schritt in diese Richtung bedeutete das am 24. Mai 1400 abgeschlossene Bündnis mit der später Oberer oder Grauer Bund genannten Föderation, die grob gesagt das Bündner Oberland, Teile des Schams, das Rheinwald und das Misox umfasste und der die dortigen Dynasten wie auch freie Gemeinden angehörten. Der Bund mit Glarus kam wohl zustande, weil der erst fünf Jahre früher abgeschlossene Obere Bund nicht nur einen antihabsburgischen Charakter hatte, sondern auch den Weg über die Bündner Pässe in den Süden sicherte. Der auf «ewig» geschlossene Bund, der alle zehn Jahre erneuert werden sollte, verpflichtete beide Teile auf erfolgte Mahnung zum bewaffneten Zuzug und sah auch den Austausch von Söldnern vor. Bestimmungen über die Aufrechterhaltung des Landfriedens und den Grundsatz des freien Kaufs runden dessen Inhalt ab. Das Bündnis wurde zwar unter Vorbehalt des Bundes mit den Eidgenossen abgeschlossen, jedoch ist von einem Einverständnis der Eidgenossen keine Rede. Unseres Erachtens dürfte deren Zustimmung jedoch vorgelegen haben, denn dieser Bund lag auch in ihrem Interesse. Er bestand während Jahrhunderten. Zwar fand nicht jedes Jahrzehnt eine Erneuerung statt, doch nahm man immer wieder Beschwörungen vor. In den Glarner Akten ist auch in späterer Zeit von den Leuten «ennet dem Panixer» immer als von den «Pundsgenossen» die Rede. Auch nach dem Bündnis der VII östlichen Orte von 1497 mit dem Obern oder Grauen Bund bestanden Sonderbeziehungen mit Glarus, was die gegenseitigen Verbindungen verstärkte.

Die Beziehungen zum Bischof von Chur und dem Gotteshausbund verliefen nicht so geradlinig. Verschiedentlich waren Glarner Landammänner als Schiedsleute der Gegenpartei tätig. 1402 ist sogar die Rede von einer Fehde zwischen Glarus und dem Bischof und dem Gotteshausbund. Umgekehrt verwandte sich 1418 Schwyz bei Zürich, dass es sich ebenfalls bemühe, Glarus von einem Bund mit dem Bischof und Gotteshausleuten abzuhalten. Zu einem eigentlichen Bundesverhältnis kam es dann erst Ende 1498, als Glarus zusammen mit den andern östlichen Orten wegen der Bedrohung durch das Reich einen ewigen Bund mit dem Gotteshausbund einging, der die Umgebung von Chur, einen Teil des Domleschgs, das Albulatal, Engadin, Puschlav und Münstertal einschloss.

Nähere Beziehungen bildeten sich zwischen Glarus und dem Zehngerichtebund. Die vor allem das Prättigau, das Schanfigg und die Landschaft Davos umfassenden zehn Gerichte wollten ebenfalls mit den VII östlichen Orten in ein Bundesverhältnis treten. Weil die mehrheitlich neugläubigen Bewohner die von den katholischen Orten gestellten Bedingungen nicht annahmen, kam 1590 nur ein Bund mit Zürich und Glarus zustande. Die Bestimmungen dieses Bündnisses lauteten ähnlich wie in den früheren Bundesbriefen mit den beiden anderen Bündner Vereinigungen.

Daneben pflegte Glarus auch Sonderbeziehungen mit dem Gesamtbunde, zu dem sich die drei rätischen Bünde 1524 zusammengeschlossen hatten. Sowohl bei diplomatischen als auch bei kriegerischen Aktionen stand Glarus zuweilen stark im Vordergrund. Truppen von acht Orten, darunter auch glarnerische, halfen 1531 den Bündnern im Müsserkrieg, das Veltlin mit Bormio und Chiavenna zu behaupten. Damals beriefen die Bündner den Glarner Landammann Hans Aebli, den Friedensstifter im ersten Kappelerkrieg, an die Spitze eines Schiedsgerichtes, das am 31. Januar 1531 einen Entscheid über die Teilung der Einkünfte aus den gemeinsamen Untertanenländern der Drei Bünde fällte. Dieser Entscheid ging als «Aeblischer Schiedsspruch» in die Geschichte ein.

Die Glaubensspaltung gefährdete die lockere Einheit Graubündens in schwerster Weise. Schon vor dem Dreissigjährigen Krieg (1618–1648) war dieses Passland von inneren Parteiungen zerrissen und von europäischen Mächten umstritten, was nach 1600 zu den schrecklichen Bündner Wirren führte. Mehrmals griffen eidgenössische und auch glarnerische Söldner in die Bündnerkriege ein; besonders einige Aktionen der Glarner liessen sich mit einer neutralen Haltung kaum

vereinbaren (S. 92f.). Es scheint, dass die Wirren in Graubünden Glarus als nächstgelegenen Ort besonders berührten.

Kurzfristiges Protektorat über Appenzell
An den Appenzellerkriegen war Glarus direkt nicht beteiligt. Hier hatte Schwyz mit seinem Landrecht von 1403 in militärischer und politischer Hinsicht die Führung übernommen, stellte es doch in kritischen Jahren nicht allen den Landammann von Appenzell, sondern auch den Oberbefehlshaber. Glarner scheinen an den kriegerischen Auseinandersetzungen nur als Freiwillige beteiligt gewesen zu sein; zwei fielen am Stoss. Die Appenzeller hatten auf alle Fälle keinen Grund, 1405 die Dörfer Obstalden und Bilten zu erobern und sie dann den Glarnern zu schenken, wie sie dies damals erwiesenermassen mit der mittleren March gegenüber Schwyz taten. Diese Gemeinden sind unseres Erachtens erst 1415 glarnerisch geworden und deshalb im 50jährigen Frieden mit Österreich von 1412 nicht erwähnt, im Gegensatz zu Niederurnen, Filzbach und der seit 1405 schwyzerischen mittleren March.

Zu speziellen Beziehungen mit Glarus kam es dann erst nach der Niederlage der Appenzeller vor Bregenz im Winter 1407/08. Schwyz zog sich grollend zurück und drohte sogar mit der Aufkündigung des Landrechts. Zürich nutzte die Lücke, um nun seinerseits in der heutigen Ost-

Karte des Freistaates der Drei Bünde.

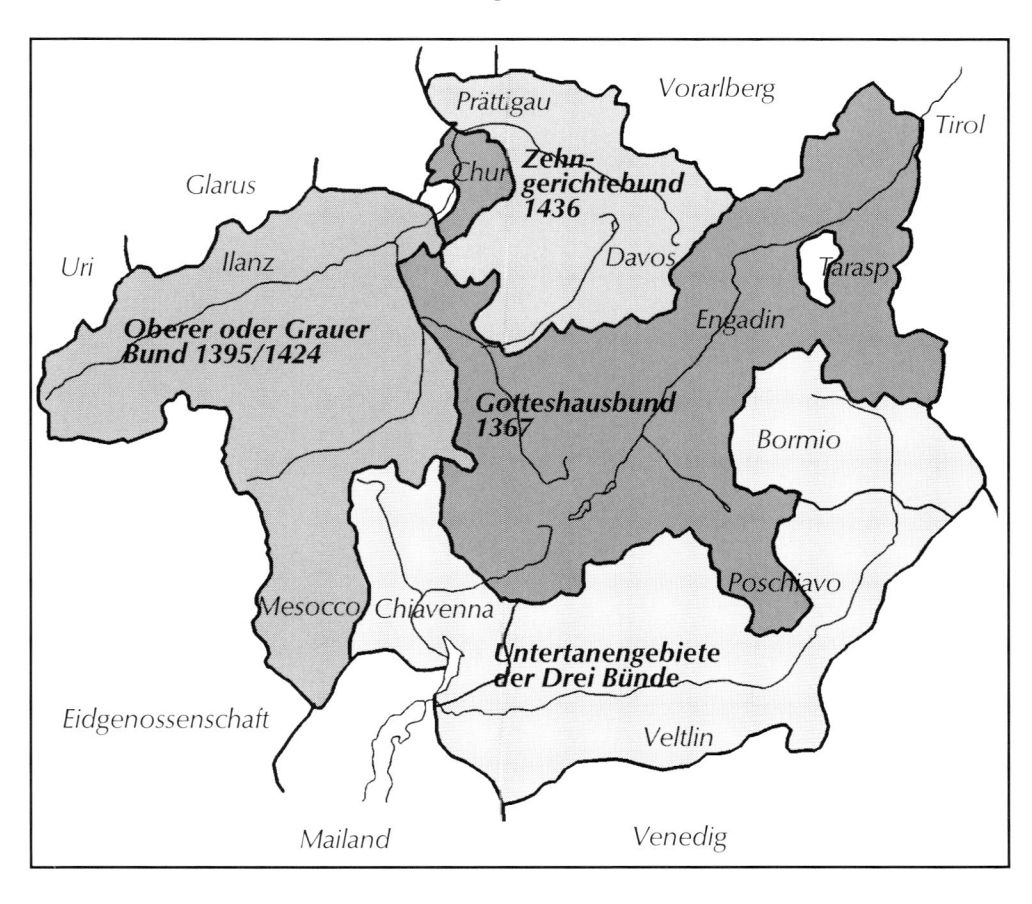

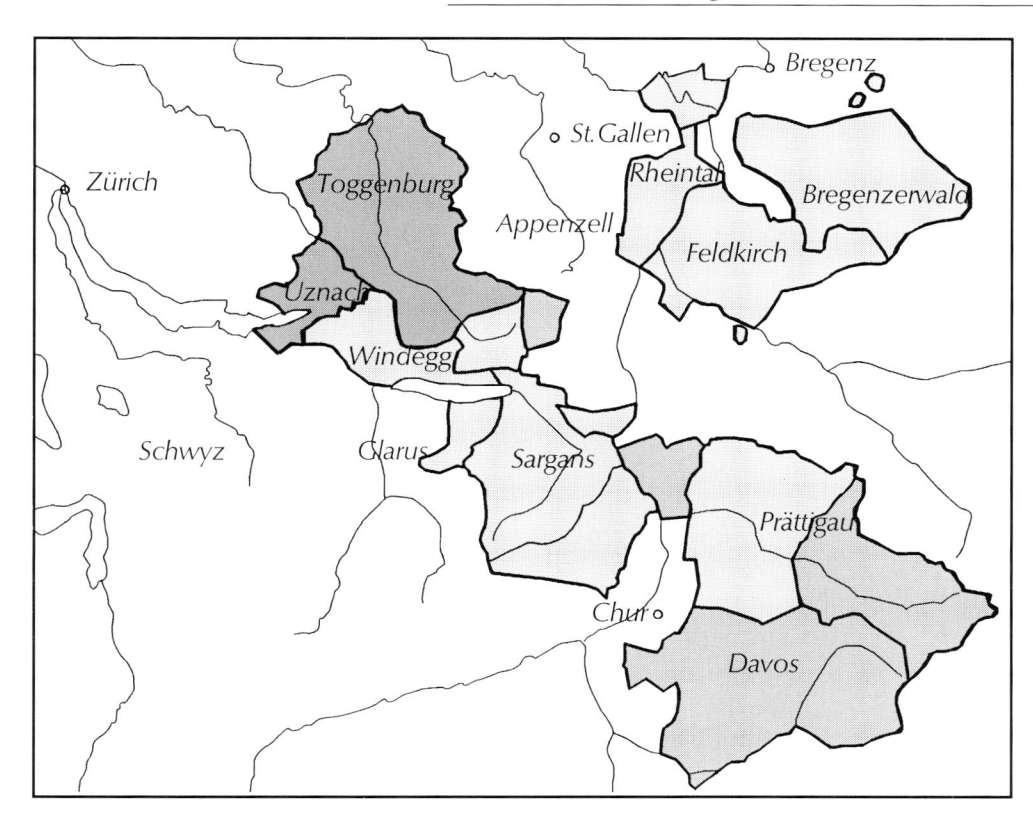

Karte des Herrschaftsgebietes der Grafen von Toggenburg:

■ *Grafschaft Toggenburg und toggenburgische Erwerbungen vor 1300;*

■ *toggenburgische Erwerbungen 1300–1385;*

□ *toggenburgische Erwerbungen 1385–1436, Zeit Friedrichs VII.*

schweiz als Ordnungsmacht einzugreifen. Nachdem es schon 1407 zusammen mit Luzern, Schwyz, Unterwalden und Glarus einen Ausgleich zwischen Appenzell und dem Grafen von Toggenburg vermittelt hatte, zog es 1408 Glarus durch Gewährung eines Bundes auf Gleichberechtigung auf seine Seite. Es gelang den Verbündeten, den Appenzellern den Glarner Johannes Eggel als Landammann «aufzunötigen», der eine Urkunde vom 22. März 1410 als «Johans Ekel von Glarus, zu diesen ziten landammann zu Appenzell» besiegelte und 1416 bis 1421 als Glarner Tagsatzungsabgeordneter überliefert ist.

Zürich und Glarus scheinen dann – eventuell in Verbindung mit Schwyz – für die Appenzeller den Weg zum ersten Bund geebnet zu haben. Bereits die Tagsatzung in Luzern am 15. Januar 1411 diskutierte über ein Bündnis. Laut dem Abschied sollten die Orte zur Frage Stellung nehmen, ob man «die von Appenzell zu den eidgenossen aufnehmen wolle oder zu denen von Glarus». Über die Auslegung dieses Passus gingen die Meinungen zuerst auseinander. Wir glaubten anfänglich, dass es sich hier um die Stellung im Bund gehandelt habe, d.h. ob Appenzell etwa die Stellung von Glarus erhalten solle oder nicht. B. Stettler dagegen ist der Ansicht, es sei darum gegangen, ob Appenzell nur durch einen Bund mit Glarus an die Eidgenossenschaft gekettet werden solle oder ob eine Vereinbarung mit allen Orten vorzuziehen sei. Nach dem Ergebnis wären beide Versionen möglich gewesen. Appenzell erhielt einen sogar noch schlechteren

Bund als Glarus 1352. Vertragspartner aber waren alle VII östlichen Orte. Aus der Vorgeschichte und dem genauen Wortlaut neigen wir heute jedoch der Auffassung Stettlers zu. Dass es schliesslich durch den Bund vom 24. November 1411 zur Verbindung Appenzells mit den VII Orten kam, erscheint vernünftig. Glarus wäre nämlich als Ordnungsmacht gegen die aufsässigen Appenzeller zu schwach gewesen. Dass aber die Tagsatzung diese Möglichkeit überhaupt erwog, weist auf die damals gehobene Stellung von Glarus hin. Durch diesen Bund geriet Appenzell unter eidgenössische Vormundschaft. Immerhin amtete dort nach 1412 kein fremder Landammann mehr. 1452 billigte man den Appenzellern einen verbesserten Bund zu und 1513 die Stellung des dreizehnten Ortes der Eidgenossenschaft.

Das Toggenburger Erbe

Friedrich VII., der letzte Graf von Toggenburg, regierte unter verschiedenen Titeln über ein zusammenhängendes Gebiet, das vom Toggenburg über das Walenseegebiet bis nach Davos reichte und zudem als Reichspfand auch über Ländereien im untern Rheintal und im Vorarlberg. Da er kinderlos war, gab es verschiedene Anwärter auf die Erbschaft. Für die Linthebene und das Walenseegebiet samt Toggenburg und Oberland interessierten sich Schwyz und Glarus einerseits und Zürich anderseits, dem es um 1410 zeitweise gelungen war, das Glarnerland auf seine Seite zu ziehen. Zürich wollte sich vor allem die Walenseeroute Richtung Bündner Pässe sichern; damit kam es zwangsläufig mit der einzigen räumlichen Entfaltungsmöglichkeit der beiden Länderorte in Konflikt. Der Schwyzer Landammann Ital Reding erwies sich dabei als überlegener Diplomat, der den Zürcher Bürgermeister Rudolf Stüssi vielfach ausmanövrierte. Glarus wird in dieser diplomatischen und später auch militärischen Auseinandersetzung mehr nur am Rande erwähnt. Bezeichnenderweise besiegelte Reding den Absagebrief vom 2. November 1440 auch für Glarus. Während des Krieges unternahmen die Glarner nur wenig grössere Sonderaktionen, doch beteiligten sie sich an den meisten kriegerischen Auseinandersetzungen. Vor allem oblag ihnen die Sicherung der Walenseeroute (S. 90). Hätte unser Land in diesem Krieg nicht das Seine beigetragen, hätte es kaum in gleicher Weise wie Schwyz Anteil an der Herrschaft über Uznach und Gaster sowie ein Mitspracherecht im Toggenburg erhalten. Zudem fällt auf, dass während des Krieges ausgerechnet Glarner als Landvögte über das Grüninger Amt und die Herrschaften Freudenberg und Nidberg im Sarganserland amteten. Wir wissen auch, dass Schwyz und Glarus geplante Kriegszüge gemeinsam absprachen. Ital Reding war wohl der überlegene politische Führer, aber Landammann Jost Tschudi, der damals die Geschicke von Glarus leitete, trug sicher auch Entscheidendes bei.

Das Seilziehen um das Toggenburger Erbe begann lange vor dem 1436 erfolgten Tod des Grafen, mit dem Glarus schon 1419 ein Bündnis auf zehn Jahre eingegangen war. Beide Parteien umwarben den Grafen. Reding verstand es aber, die Untertanen in Uznach, im Gaster und auch im Toggenburg auf seine Seite zu ziehen. Bereits Ende Dezember 1436 nahmen Schwyz und Glarus die Leute der Grafschaft Uznach ins Landrecht auf, und Ende Mai 1437 verpfändeten die Erben diese Grafschaft um 1000 Gulden an die beiden Länderorte. 1469 ging Uznach durch Kauf endgültig an Schwyz und Glarus über, und zwar unter Anrechnung der Pfandsumme. Ähnlich verlief die Angliederung des Gasters, zu dem damals die Gegend bis Walenstadt gehörte. Österreich hatte diese Grafschaft 1406 dem Toggenburger verpfändet, sie aber 1436 wieder ausgelöst. Im gleichen Jahr nahmen Schwyz und Glarus die Gasterländer im Einverständnis mit Österreich ins Landrecht auf. Am 2. März 1438 verpfändete dann Herzog Friedrich das Gaster um 3000 Gulden an die beiden Orte. Da eine Rücklösung nie erfolgte, wurde das Gaster ebenfalls Untertanenland von Schwyz und Glarus.

Fast am gleichen Adventstag 1436, an welchem das Gaster das Landrecht abschloss, gelang den beiden Landammännern Reding und Tschudi auch ein entscheidender Schachzug im Toggenburg. Sie liessen am 20. Dezember in Wattwil eine Landsgemeinde zusammenrufen, an der sie den Obertoggenburgern die Aufnahme ins Landrecht der beiden Orte vorschlugen. Als die Toggenburger zuerst keine grosse Lust zu einem solchen Abkommen zeigten, zögerte Reding nicht, sein Werben mit einer Drohung zu verbinden. Schliesslich beschwor die Landsgemeinde das Landrecht mit Schwyz und Glarus. Schriftlich beurkundet wurde dieses Abkommen jedoch erst 1469. Auch das untere Toggenburg – «nidwendig der statt Liechtensteig, in dem Nekkertall und zu Lütensburg» – stimmte 1440 dem Landrecht zu. Damit wurde das ganze Toggenburg mit der Eidgenossenschaft verbunden; doch als es 1469 kaufsweise an das Kloster St. Gallen überging, geriet es in eine Zwitterstellung.

Zu Schwierigkeiten kam es besonders in der Reformationszeit. Die Toggenburger traten mehrheitlich zum neuen Glauben über, und nach der Amtsentsetzung des Abtes 1529 strebten auch sie die Unabhängigkeit an. Am 27. Oktober 1530 schlossen Zürich und Glarus mit ihnen einen Vertrag über den Loskauf vom Kloster. Die Niederlage der Zürcher im zweiten Kappelerkrieg machte 1531 alles hinfällig. Das Toggenburg musste unter die Hoheit des Abtes zurückkehren. Die Toggenburger fanden aber auch in Zukunft an den beiden Länderorten eine gewisse Rückendeckung, obschon sich Schwyz zusehends distanzierte. Durch den Frieden von Baden mit dem Abt von St. Gallen im Jahre 1718 wurden die Landrechte praktisch aufgehoben und durch eine Schirmherrschaft der Orte Zürich und Bern ersetzt.

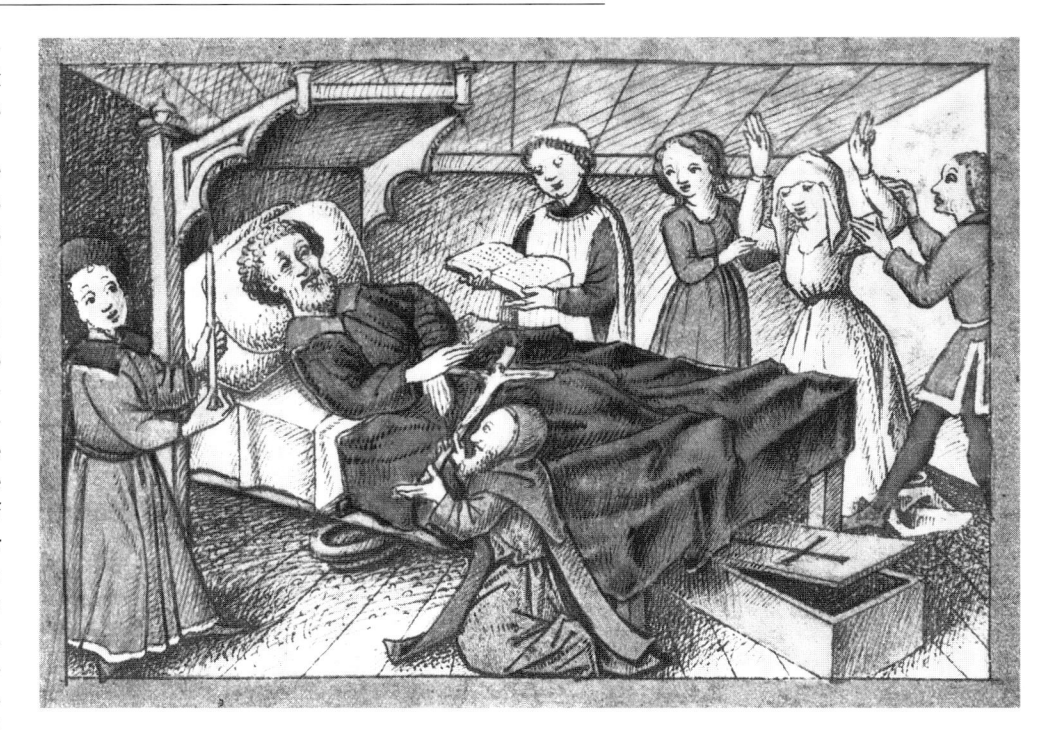

Graf Friedrich VII. von Toggenburg auf dem Totenbett; aus der Chronik des Bendicht Tschachtlan, 1470. (Zentralbibliothek Zürich)

Weiterer Machtzuwachs
Nach dem Alten Zürichkrieg baute Glarus seinen Einfluss in Verbindung mit andern Orten vor allem durch den Abschluss neuer Bündnisse und die Beteiligung an gemeinsamen Vogteien erheblich aus. 1451 schlossen die vier Orte Zürich, Luzern, Schwyz und Glarus ein ewiges Burg- und Landrecht mit dem Abt von St. Gallen, dessen Selbständigkeit durch die Hauptmannschaft von Wil etwas eingeengt wurde. Drei Jahre später verbanden sich die Acht Orte ohne Uri und Unterwalden mit der Stadt St. Gallen, die schon 1412 ein befristetes Burg- und Landrecht mit den Eidgenossen ohne Bern abgeschlossen hatte. Nach den siegreichen Burgunderkriegen folgte 1481 die Vereinigung mit Freiburg und Solothurn. Der Sicherung der Nordgrenze dienten zeitlich befristete Abmachungen mit den Bischöfen von Basel sowie ewige Bünde aus dem Jahre 1501 mit Basel und Schaffhausen. 1515 und 1519 folgten Verbindungen mit Mülhausen und Rottweil, die später jedoch allmählich in Abgang kamen.

Als vollberechtigtes Glied der Eidgenossenschaft erhielt Glarus auch Anteil an zahlreichen gemeinsamen Vogteien. Nach der Eroberung des Aargaus übernahm Glarus 1415 mit fünf weiteren

Siegel König Sigismunds am Freiheitsbrief für Glarus von 1415. Der König, in einem gotischen Gehäuse thronend, hält in der linken Hand den Reichsapfel, in der rechten das Szepter. (Landesarchiv Glarus)

Standesscheibe von Glarus, um 1510. Die beiden Glarner Wappen werden vom Reichswappen und der Königskrone überhöht: Ausdruck der Tatsache, dass die eidgenössischen Orte zumindest formell noch dem Deutschen Reich angehörten. (Schweiz. Landesmuseum Zürich)

Orten die Herrschaft über die Grafschaft Baden und das Freiamt. Ab 1460 regierten die VII östlichen Orte den Thurgau, von 1462 an auch die Grafschaft Sargans, nachdem zuerst Uri, Schwyz und Glarus jenes Gebiet für sich allein beansprucht hatten. 1464 begann die Schirmherrschaft der vier Orte Uri, Schwyz, Unterwalden und Glarus über Rapperswil. 1490 traten dieselben Alten Orte die Herrschaft über das untere Rheintal an, in die sie 1500 auch Appenzell aufnahmen. Nach dem «ewigen Frieden» mit Frankreich von 1516 gewährte man Glarus auch Anteil an den ennetbirgischen Vogteien Lugano, Locarno, Mendrisio und Maggiatal. Mit knapp der Hälfte des Geldes, das Frankreich damals bezahlte, kaufte Glarus 1517 für sich allein die Grafschaft Werdenberg. Der Besitz dieses ihm allein zustehenden Untertanenlandes hob nicht nur das Ansehen des Landes, sondern stärkte auch das Selbstbewusstsein seiner Bürger (S. 25f.).

Die Ablösung vom Reich

Einem aufstrebenden Ort wie Glarus musste daran gelegen sein, jede äussere Abhängigkeit abzustreifen und die vollständige Unabhängigkeit zu gewinnen. Die Befreiung von Österreich konnte nur einen ersten Schritt bedeuten. Dann galt es, die Unabhängigkeit im Rahmen des Reiches zu erlangen, die dann in eine solche vom Reiche ausmünden musste.

Nach dem Hinauswurf Habsburgs durch die Schlacht bei Näfels blieb Glarus formell eine Reichsvogtei; auch wenn hier nachher nie mehr ein Reichsvogt amtete, war Habsburg wenigstens theoretisch immer noch mit diesem Amt belehnt. Ganz unerwartet kam es dann 1415 zu einer Bereinigung dieser Frage. König Sigismund aus dem luxemburgisch-böhmischen Haus verhängte am 30. März 1415 über den österreichischen Herzog Friedrich, der den umstrittenen Papst Johannes XXIII. unterstützte, die Reichsacht. Gleichzeitig forderte er die Eidgenossen auf, sich habsburgischer Länder zu bemächtigen, wobei er mit grosszügigen Privilegien ihre Hemmungen beschwichtigte. So entband der König mit Schreiben vom 15. April 1415 Luzern, Zug, Uri, Schwyz, Unterwalden und Glarus aller Pflichten gegenüber Österreich. Mit einer Urkunde vom 22. April befreite er die Glarner nicht nur von allen auswärtigen Gerichten, sondern belehnte sie auch mit dem Blutbann, der hohen Gerichtsbarkeit, die den Reichsvögten zugestanden hatte. Ferner erklärte er sie als reichsunmittelbar, als dem Kaiser direkt unterstehend. Damit hatten die Glarner wie die übrigen Eidgenossen praktisch die Freiheit innerhalb des Reiches erreicht, d.h. die einzelnen Orte besassen nun – gleich den Fürstentümern – die Stellung von Territorialstaaten.

Im Laufe der nächsten Jahrzehnte zeichnete sich zudem eine allmähliche Ablösung vom Reiche ab. Zwar liessen sich einzelne Orte bisweilen weiterhin an Reichstagen vertreten. Aber als die Kaiserkrone 1438 endgültig an die Habsburger überging, entfremdeten sich die Eidgenossen immer mehr vom Reich. Besonders unter der 50jährigen Regierung Friedrichs III., dem die Interessen seines Hauses näher lagen als die des Reiches, erkalteten die Beziehungen. Er trug 1444 eine Mitschuld am Einfall der Armagnaken; in den Burgunderkriegen nahm er eine zweideutige Haltung ein; er versagte 1474 seine Zustimmung zur «Ewigen Richtung» mit Österreich und verweigerte sogar die Bestätigung der Reichsunmittelbarkeit.

Als Friedrichs Sohn und Nachfolger Maximilian 1495 die Reichsgewalt vor allem durch die Einführung eines Reichskammergerichts und einer Reichssteuer stärken wollte, stiessen die Neuerungen bei den Eidgenossen auf Widerstand. Sie nahmen die Neuerungsbeschlüsse, die eine gewisse Straffung des Reiches vorsahen, nicht zur Kenntnis und verschleppten die Verhandlungen. So ermahnte der Kaiser die Glarner mit Schreiben vom 18. August 1497 vergeblich, wegen der strittigen Reichssteuer eine Botschaft nach Freiburg im Breisgau zu senden, und auch sein Verlangen auf Rückberufung der Glarner Söldner aus Frankreich blieb unerfüllt. Die Eidgenossenschaft hatte sich im Zeichen der langjährigen Abwehr gegen Habsburg innerlich gefestigt; aus einem losen Bündnisgeflecht von Städten und Ländern war ein territorial geschlossenes Staatengefüge entstanden, das dem Reich nicht mehr viel nachfragte. Aus diesen Ursachen brach zu Beginn des Jahres 1499 der «Schwabenkrieg» aus, in dem die Eidgenossen mit den Bündnern

Seite an Seite kämpften. Obschon die grösseren Auseinandersetzungen im allgemeinen für die Eidgenossen günstig verliefen, waren beide Teile bis zum Herbst kriegsmüde. Der Friedensschluss von Basel vom 22. September überging das Verhältnis der Eidgenossen zum Reich stillschweigend, womit der bisherige Schwebezustand weiter bestand.

Zu einer Bestätigung der Freiheitsbriefe liess sich Maximilian erst 1515 bewegen, als er in den oberitalienischen Händeln die Hilfe der Eidgenossen benötigte. In seinem Brief vom 17. März für Glarus ist vor allem bemerkenswert, dass er den Blutbann «dem gegenwärtigen und ainem yeden künfftigen amman», also nicht dem Land als solchem, verlieh. Spätere Kaiser bestätigten dann die Freiheiten der Eidgenossen insgesamt. Der letzte kaiserliche Brief stammt aus dem Jahre 1607.

Die offizielle Anerkennung der Unabhängigkeit aller eidgenössischen Orte vom Reich erfolgte erst 1648 am Westfälischen Friedenskongress. Dem weitsichtigen Bürgermeister Wettstein von Basel gelang es dank kräftiger Unterstützung Frankreichs, den Kaiser und seine Vertreter zum Einlenken zu bewegen, zur Anerkennung des modernen Grundsatzes der staatlichen Souveränität. Tatsächlich hatten sich ja beide Seiten auseinandergelebt; die Eidgenossenschaft passte nicht mehr in den von Fürsten beherrschten Reichsverband. Mit der völkerrechtlichen Ablösung der Eidgenossenschaft vom Reich zog man damals die entsprechende Konsequenz. Reichsrechtliche Traditionen und Vorstellungen lebten indes noch lange weiter, beispielsweise in Funktionsbezeichnungen und Ortsnamen. In Soldbündnissen mit Frankreich blieben Truppeneinsätze gegen das Reich auch nach 1648 verboten. Schatzmeister Fridolin Wild von Mitlödi liess sogar noch 1759 an der Fassade seines neuen Wohnhauses einen grossen Reichsadler aufmalen.

Die «Ewige Richtung» von 1474. Vereinbarung zwischen König Ludwig XI. von Frankreich, Herzog Sigmund von Österreich und den Acht Orten der Eidgenossenschaft. Rechts aussen das Siegel von Glarus. (Staatsarchiv Zürich)

Literatur

Bruno Meyer; Die Bildung der Eidgenossenschaft im 14. Jahrhundert; Zürich 1972.
Peyer; Verfassungsgeschichte.
Bernhard Stettler; Aegidius Tschudi, Chronicon Helveticum, 6. Teil, 1986, Einleitung (S. 71*), und 7. Teil, 1988, Einleitung (S. 106ff.).
Fritz Stucki; Die Glarner Bundesbriefe; JHVG 55, 1952.
Stucki; RQ I.
Hans Thürer; Glarus und die Bündner Wirren; JHVG 52, 1946.

Glarner Untertanengebiete

Georg Thürer

Genossenschaft und Herrschaft

Zu den Grund- und Kernsätzen der schweizerischen Bundesverfassung gehört seit 1848 Artikel 4: «Alle Schweizer sind vor dem Gesetze gleich. Es gibt in der Schweiz keine Untertanenverhältnisse, keine Vorrechte des Orts, der Geburt, der Familien oder Personen.» Diese Rechtsgleichheit der Erwachsenen mit Schweizer Bürgerrecht mutet heute als Selbstverständlichkeit an, die sich aus der Menschenwürde ergibt, und es erscheint uns als recht und billig, dass sie auch ins Völkerrecht aufgenommen worden ist. Freilich wissen wir gut genug, dass das Zeitalter des Imperialismus mit seinen Kolonien nur wenige Jahrzehnte hinter uns liegt und dass die Vorherrschaft der Menschen mit weisser Hautfarbe auch heute nicht ganz aus der Welt verschwunden ist. Die Gleichberechtigung war bei diesem Wandel gewöhnlich kein Geschenk, das den bisher Benachteiligten in den Schoss fiel; sie musste erkämpft werden, auch in der Schweiz.

Ein namhafter Teil der Schweizer, welche über die Bundesverfassung von 1848 abstimmen konnten, war noch als Untertanen geboren worden, denn vor der helvetischen Verfassung von 1798 standen mindestens zwei Drittel der Bewohner der Schweiz in minderem Recht gegenüber den sogenannten Regierenden oder auch den Zugewandten Orten. Dabei ist uns doch geläufig, dass die Bundesgründer von 1291 ihre kleinen bäuerlichen Staatswesen im Geiste der Genossenschaft aufbauten, der ihnen von der wirtschaftlichen Zusammenarbeit – beim Bau von Weg und Steg, beim Bann von Wäldern im Lawinengelände und bei der Nutzung der Allmeinden – vertraut war. Das war ja das Gesetz, nach dem die Eidgenossen in der Weltgeschichte angetreten waren, und diese Staatsidee der Gemeinde und der Unabhängigkeit von fremden Herren verteidigten sie gegen das System der Adelsherrschaft, welche die politische Mitwelt prägte. Wie kam es denn, dass die Nachkommen jener, welche die Vögte des Feudalismus verjagt hatten, eines Tages selber Herrschaft ausübten und Vögte in Untertanenlande schickten? War das nicht ein Sündenfall im Paradiese der Freiheit? Nach damaliger Denkweise keineswegs. Denn mit «Freiheit» meinte man noch nicht die naturrechtliche Freiheit des Individuums, wie sie dann die Aufklärung und die Französische Revolution propagierten, sondern die Autonomie des Gemeinwesens. Und Gleichheit bedeutete nicht eine Gleichstellung aller Menschen, sondern Gleichheit unter Menschen des gleichen Standes; sie war also kein Widerspruch zur herkömmlichen und bis 1798 dauernden ständischen Gesellschaftsordnung.

Gemeinsame eidgenössische Herrschaften

Im Sempacherkrieg bewährte sich das Zusammenwirken der Innerschweizer Landsgemeindemannen mit den Bürgern der Zunftstädte Luzern und Zürich. In der Freiheitsschlacht von 1386 besiegten sie ein grosses österreichisches Ritterheer, das sich im Aargau gesammelt hatte, wo die Stammburg des Hauses Habsburg stand. Von dort her drohte die Gefahr neuer Angriffe der Habsburger, die ja keineswegs endgültig auf ihre verlorenen Gebiete verzichten wollten. Daher spähten die Eidgenossen nach einer Gelegenheit, dieses strategisch wichtige Aufmarschgelände des Gegners in ihre Hand zu bekommen.

Aargau

Die Gunst der Stunde für raschen Zugriff schlug auf der Uhr der grossen Geschichte. Drei Anwärter stritten sich um die Papstwürde. Das Konzil von Konstanz (1414–1418) sollte das Schisma beheben. Es entschied sich für einen vierten Kirchenmann. Unwillig darüber, dass der von ihm empfohlene Kirchenfürst nicht zum Zuge kam, versagte Herzog Friedrich von Österreich dem neuen Papst die Anerkennung. Da verhängte König Sigismund als Schirmherr des Konzils die Reichsacht über den widerspenstigen Habsburger, und der Papst schleuderte den Bannstrahl gegen ihn. Nicht genug damit! Sigismund forderte die Nachbarn auf, dem Feind der Ordnung Lande wegzunehmen. Das liessen sich nun die Eidgenossen nicht zweimal sagen. Sieben der

Acht Orte zogen in den Aargau, ausgenommen das entfernte Uri, das seine Blicke nach dem Tessin richtete. Die drei Städte Zürich, Luzern und Bern nahmen die ihnen am nächsten liegenden Gegenden zu eigenen Handen. Der grosse Rest des Aargaus aber, nämlich die Freien Ämter links der Reuss und die Grafschaft Baden rechts des Flusses, sollte allen sieben Orten gehören. Das entsprach nicht nur der Gerechtigkeit, weil die Auszüge aller Stände bei der Eroberung mitgewirkt hatten, sondern auch einer politischen Erwägung: Sollten diese Gemeinen Herrschaften angegriffen werden, so konnte man auch mit der gemeinsamen Verteidigung durch alle sieben Orte rechnen.

Thurgau, Sargans und Rheintal
Mit dem 1415 gewonnenen Aargau hatte man einen gegnerischen Keil zwischen den Gebieten von Zürich, Luzern und Bern beseitigt; Österreich war nun aus dem Raum südlich des Juras hinausgedrängt. Die Nordostgrenze wurde 1460 mit der Eroberung des Thurgaus erreicht. Wiederum wurde ein Zwist zwischen dem Herzog von Österreich und dem Papst benützt, um auf Aufforderung Roms die eidgenössischen Grenzpfähle bis an den Bodensee vorzurücken. Von Arbon bis vor die Tore Schaffhausens war nun – mit Ausnahme der Stadt Konstanz – der ganze Thurgau als Gemeine Herrschaft fest in Schweizerhand. Wie der Aargau besass auch er seinen Wert als Kornkammer. Bereits 1458 glückte Innerschweizern und Glarnern ein Handstreich gegen das bis anhin österreichische Rapperswil; 1464 stellten die drei Urorte und Glarus die «Rosenstadt» unter ihre Schirmherrschaft, indem sie die österreichischen Hoheitsrechte übernahmen.

Das Jahrhundert sollte nicht zu Ende gehen, ohne dass die Eidgenossen auch im Osten ihr Vorland strategisch bedeutsam abrundeten. 1483 kauften sie die Grafschaft Sargans, und 1490 wussten sie sich im Gebiet der Mündung des Rheins in den Bodensee auch die Landvogtei Rheintal zu sichern.

Tessin
Noch fehlte die Befestigung des Südens. Im Jahre 1503 eroberten die drei Urorte Bellenz (Bellinzona), denn in dieser von drei Schlössern überragten Stadt sahen sie eine Riegelstellung, die sie mit Recht als «Tor und Schlüssel nach Italien» bezeichneten. Das war nicht nur militärisch wichtig, sondern diente auch ihrer Viehausfuhr auf die lombardischen Märkte. Die Ausfuhr von Kühen über den St. Gotthard, Lukmanier, Greina und Bernhardin war eine wichtige Einnahmequelle für die Bauern der Schweizer Gebirgstäler, ganz besonders auch des Landes Glarus. Gross war daher auch die Bereitschaft, ennetbirgische

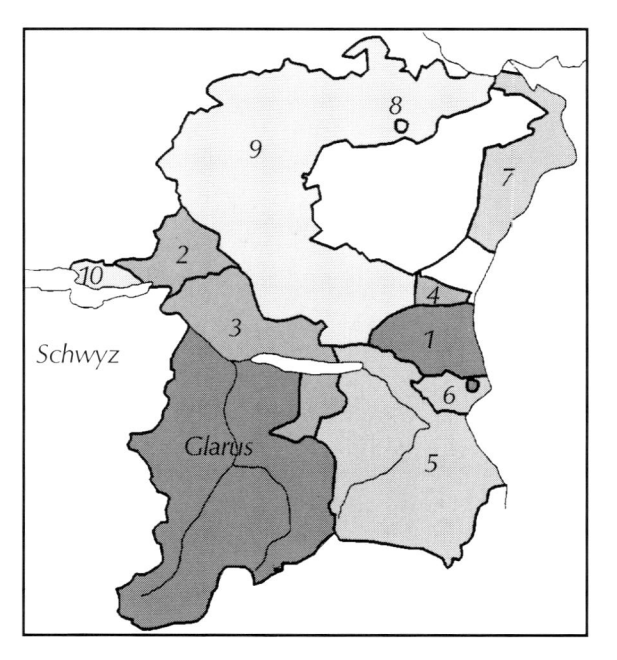

Glarner Einfluss im Raum des heutigen Kantons St. Gallen vor 1798:

Herrschaft von Glarus allein:
1 Werdenberg

Gemeine Herrschaften von Glarus und Schwyz:
2 Landvogtei Uznach
3 Landvogtei Gaster
4 Amt Gams

Glarner Beteiligung an eidgenössischen Gemeinen Herrschaften:
5 Landvogtei Sargans
6 Herrschaft Wartau
7 Landvogtei Rheintal

Glarner Einfluss als Schirmort von Zugewandten Orten:
8 Stadt St. Gallen
9 Fürstabtei St. Gallen
10 Stadt Rapperswil

Landvogteien zu errichten, was 1512 in den Mailänderkriegen glückte. Zwölf eidgenössische Orte besassen und verwalteten fortan das Meiental (Valle Maggia), Luggarus (Locarno), Lauis (Lugano) und Mendris (Mendrisiotto).

Wer annähme, diese Grenzlandsicherungen seien planmässig von einem Bundesorgan geleitet und ohne Zwischenfälle durchgeführt worden, wäre auf falscher Fährte. Die Tagsatzung des losen eidgenössischen Bundes war keine starke «Regierung». Die einzelnen Stände entschieden selbständig über Auszüge. Westlichen Orten waren die Kriegszüge nach «Lamparten» (Lombardei) zu beschwerlich, und Bern blieb der Eroberung und dem Ankauf der ostschweizerischen Herrschaften fern. Die Territorialpolitik der eidgenössischen Orte beschränkte sich also keineswegs auf militärische Eroberungen; sie umfasste auch die Bündnispolitik mit Zugewandten Orten, die Aufnahme schwächerer Partner – Städte, Klöster, Adlige – ins Burg- oder Landrecht und den Kauf ganzer Herrschaften. Die Verwaltung der Gemeinen Herrschaften bewirkte unter den regierenden Orten immerhin eine Vorform staatlicher Verbundenheit.

Kleine Herrschaften der Glarner und Schwyzer: Uznach, Gaster und Gams

Das gleiche 15. Jahrhundert, in dem die kräftig ausgreifende Eidgenossenschaft ihr Hoheitsgebiet wuchtig erweiterte, brachte ihr auch die grösste innere Krise. Im Linthgebiet kreuzten sich die Bestrebungen der Schwyzer und Glarner mit den Plänen der Zürcher, welche das Land zwischen Zürichsee und Walensee als Zugang zu den Bündner Pässen aus dem Erbe der 1436 aus-

Baden; rechts auf dem Hügel das ehemalige Landvogteischloss. Federzeichnung von J.C. Nötzli, 1751. (Zentralbibliothek Zürich)

gestorbenen Grafen von Toggenburg zu erwerben hofften. Daraus entsprang der Alte Zürichkrieg. Das Land Schwyz konnte sich, da es auf drei Seiten schon von andern Ständen umgeben war, nur nach dieser Richtung erweitern. Und die an ihrer Seite kämpfenden Glarner sahen im Linthgebiet den einzigen ganzjährlich offenen Ausgang aus ihrem von hohen Gebirgen umringten Alpental. Daher besetzten die beiden Länderorte die Gegend rechts der unteren Linth; im Frieden von Einsiedeln (1450) behielten sie die Herrschaft über das Gaster, zu der ursprünglich auch Dörfer am Walensee gehörten, und erwarben 1469 noch Uznach dazu. Auf Bitten der Gamser, die eidgenössisch werden wollten, kauften sie 1497 auch diese Herrschaft im Rheintal, über die dann der ins Gaster entsandte Landvogt als Schirmherr amtete. Das südlich von Gams gelegene Werdenberg kam 1517 in die Hand der Glarner, und die nördlich von Gams gelegene Herrschaft Sax wurde 1615 von Zürich erworben. So war der ganze St. Galler Rhein, den die Österreicher Alpenrhein nennen, noch vor dem Dreissigjährigen Krieg zur Schweizergrenze geworden.

Die Glarner Landvogtei Werdenberg

Die Grafschaft Werdenberg umfasste neben dem Städtchen zu Füssen des Schlosses die Dörfer Grabs, Buchs, Sevelen und teilweise Wartau (Gretschins). Nach wechselvollen Schicksalen kam sie 1517 um den Kaufpreis von 21 500 Gulden aus der Hand von Friedrich Wolfgang und Georg von Hewen an das Land Glarus. Es war das einzige Untertanenland, das Glarus allein gehörte, eine «hüpsche nutzliche herrschafft, so mynen herren den Landtlüthen gar wol anstat».[1] Unter dem evangelischen Landvogt Jost Tschudi wandte sie sich der Reformation zu. Im Jahre 1525, als der deutsche Bauernkrieg ausbrach, erhoffte sie eine rechtliche Besserstellung; die meisten Werdenberger waren und blieben nämlich bis 1798 im Stande der Leibeigenschaft! Ihr Aufstand «uss der süessi der fryheit» brach aber, als man vom Anmarsch der Glarner hörte, in sich zusammen. Dank dem Zuspruch des eidgenössischen Landvogts auf Schloss Sargans konnte ein Waffengang vermieden werden, und die erzürnten neuen Landesherren verzichteten auf Todesurteile. Im Fähnlibrief von 1565 wurde den Werdenbergern sogar ein eigenes Banner zugestanden, das freilich «unterschlagen» werden musste, wenn die Untertanen mit den Glarnern unter der Fridolinsfahne ausrückten.

Im Freiheitsbrief von 1667 bekamen die Gemeinden das Recht, eigene Satzungen aufzustellen. Sie konnten Zuzügern die Niederlassung gewähren oder verweigern, und sie durften den Weidgang und die Nutzung von Wald und Allmeind selber regeln. Dieser Freiheitsbrief war aber nur vom Glarner Rate ausgestellt worden. Auf den Druck der Landsgemeinde von 1705 hin verlangte Glarus dieses und andere Dokumente zur Einsicht und behielt sie zurück. Die Werdenberger baten um die Rückgabe und wandten sich dann nach acht Jahren des Wartens an die Glarner Landsgemeinde, welche die Abgeordneten an den dreifachen Rat verwies, der sie vertröstete, man werde alle bisherigen Rechtstitel in einer einzigen grossen Urkunde zusammenfassen. Als aber während weiterer sechs Jahre nichts geschah, verweigerten die Werdenberger im Mai 1719 dem neuen Landvogt Johann Jakob Zweifel von Bilten die Huldigung; sie würden den Eid erst nach der Rückgabe ihrer Urkunden leisten. Sollte man diese ihnen weiterhin vorenthalten, so würden sie ihr Recht «an höheren Orten» suchen. Damit war wohl die Tagsatzung gemeint.

Doch die Tagsatzung fürchtete, ein rasches Eingehen auf die Wünsche der Werdenberger könnte auch andere Untertanen ermuntern, auflüpfig zu werden. Auf ihre Intervention hin leisteten dann die Werdenberger am 15. Juli 1720 den Huldigungseid. Die Briefe erhielten sie trotzdem nicht zurück. Als eine werdenbergische Gesandtschaft, die in Glarus die Anliegen der Untertanen vortragen sollte, in Haft gesetzt wurde, kam es in Werdenberg zum Aufruhr. Die Standeshäupter von Zürich und Bern, die beim Glarner Rat vorsprachen, rieten zur Milde. Umsonst, die Glarner verlangten im Zeitgeist des Absolutismus harte Bestrafung der Aufrührer. Die Wortführer der Werdenberger wurden verbannt und büssten ihr Vermögen ein. Ein militärischer Auszug der Glarner von 800 Mann zwang die

---

[1] *Stucki*; RQ II, S. 665.

Werdenberger Anfang 1722, ihre Waffen auf das Schloss zu bringen und bedingungslos zu kapitulieren. Alle ihre Briefe und Urkunden wurden als ungültig erklärt. Neben grossen Bussen mussten Private und Gemeinden die hohen Kriegskosten von 35 000 Gulden bezahlen. 1725 erhielten die Werdenberger vom Glarner Rat eine «Remedur», eine neue Sammlung ihrer Rechte und Pflichten. Sie brachte eine Straffung der obrigkeitlichen Verwaltung und Rechtssprechung, aber auch eine verstärkte Kontrolle des Landvogtes durch den Rat in Glarus.

Die wirtschaftliche Lage der Untertanen war unterschiedlich. Mildernd wirkte sich aus, dass seit dem Mittelalter eine schleichende Geldentwertung vor sich ging, ohne dass die festgeschriebenen Abgaben erhöht wurden. Gut erträglich waren die materiellen Folgen des Untertanenstandes für die privilegierte Oberschicht, auf die der Vogt in mancherlei Hinsicht angewiesen war. Weit schwerer lasteten die feudalen Abgaben und die Willkür der Vögte auf den unteren Bevölkerungsschichten, unter denen sich im Verlaufe des 18. Jahrhunderts eine zunehmende Verarmung ausbreitete. Die Armut der Unterschichten war indes nicht nur eine Folge der Untertanenschaft, sondern auch bedingt durch das allgemeine Wachstum der Bevölkerung, die damit verbundene Verknappung der Lebensgrundlagen und andere wirtschaftliche Gegebenheiten. Zudem gab es für leibeigene Untertanen demütigende Ordnungen, wie die «Wartauer Kinderteilung». Gehörten die Eltern verschiedenen Landesherren an, so wurden die Kinder aufgeteilt. Unterstand der Vater dem Schlosse Wartau und damit Werdenberg, die Mutter aber dem Schlosse Sargans, so wurden das erste, das dritte und das fünfte usw. Kind dem Landesherrn des Vaters, die andern dem Herrn der Mutter zugeteilt. Immerhin waren alle Untertanen des Landfriedens teilhaftig, der von der Reformation bis zur Französischen Revolution fast ohne Unterbrechung andauerte. Was die Rheintaler aber wurmte, war der Vergleich mit den Appenzeller Nachbarn, die sich frei fühlten.

Verwaltung durch Landvögte

Die Orte, welche Miteigentümer der Gemeinen Herrschaften waren, wählten im Kehr je für zwei Jahre einen Landvogt, was in Glarus immer auf der Landsgemeinde geschah. Uznach einerseits und Gaster samt Gams anderseits waren zwei getrennte Vogteien. Alle zwei Jahre sandten Schwyz und Glarus einen Vogt wechselweise in die eine oder in die andere Herrschaft. Da dort lauter katholische Untertanen wohnten, bekamen sie von 1638 an stets einen altgläubigen Landvogt, während die evangelischen Werdenberger seither nur von einem reformierten Landvogt regiert wurden, der drei Jahre im Amte blieb.

Die Landvögte für Uznach und Gaster behielten ihren Wohnsitz daheim, von wo sie ja bei Amtsgeschäften nach einem kurzen Ritt in der Herrschaft zur Stelle waren. Sonst aber hauste der Landvogt in der Regel im Untertanenland auf dem Schloss, das ein früherer Landesherr erbaut hatte. So thronten die Landvögte von Sargans und Werdenberg hoch über ihren Städtchen. Die Pflichten und Rechte der Untertanen änderten sich beim Übergang an die Eidgenossen gewöhnlich kaum. Den Bürgern der Städte beliess man ihre herkömmlichen Vorrechte gegenüber der ländlichen Bevölkerung, beispielsweise im Aargau, aber auch in Werdenberg. Beim Antritt seiner Herrschaft versammelte der Landvogt die Mannschaft zum Huldigungseid. Er amtete vor allem als Einzelrichter über geringere Frevel und Vergehen. Im Landgericht über Leben und Tod urteilte er mit beigezogenen Geschworenen. Seine Haupteinkünfte waren die Bussen, wobei eine gewisse Willkür waltete. Die vorgesetzte Obrigkeit oder er selbst bestellten auch lokale Beamte, und zwar oft aus dem Kreis der Untertanen; dabei wurden nicht selten einzelne Familien bevorzugt. So gehörten in der Landvogtei Sargans von 1578 bis 1750 alle Landschreiber dem aus dem Lande Glarus eingewanderten Geschlecht der Gallati an. In der Herrschaft Werdenberg zählten die einheimischen Hilty dank ihrer Ämter zur örtlichen Oberschicht der ohnehin bevorzugten Stadtbürger. Angesichts der kurzen Amtsdauer war jeder Vogt auf die regierungstreue Haltung der oft auf Lebenszeit gewählten Beamten angewiesen. Nur sie waren ortskundig, mit dem herkömmlichen Rechtsbrauch vertraut

Oben: Johann Christoph Streiff; Landvogt in Werdenberg von 1734–1737, später Landammann von Glarus. Ölgemälde von Martin Leonz Zeuger, Lachen, 1752.

Unten: Titelblatt der werdenbergischen Jahresrechnung von 1711, geführt von Landvogt Johann Peter König. (Landesarchiv Glarus)

Oben: Schloss und Städtchen Werdenberg. Aquarellierte Zeichnung, um 1820. (Brunnerhaus Glarus)

Unten: Schlosshauptmann Hilty, ein Angehöriger der dörflichen Oberschicht von Werdenberg. Ölgemälde, um 1640. (Schloss Werdenberg)

² *Schindler;* Werdenberg, S. 246.
³ *Stucki;* RQ I, S. 139.

und dank ihrem Prestige überhaupt imstande, den reibungslosen Einzug der Abgaben und Bussen zu gewährleisten. «Die Werdenberger Beamtenschicht erfüllte in mancher Hinsicht im Untertanenland die für eine effiziente Verwaltung und Nutzung der Vogtei notwendige Funktion eines Brückenkopfs der Glarner. Die Interessen dieser Brückenkopf-Schicht richteten sich häufig gegen die eigenen Mit-Untertanen», stellte Dieter Schindler fest.²

War seine Amtszeit abgelaufen, so musste der Landvogt seinen Oberherren Rechenschaft ablegen. Bei der Landvogtei Gaster übte der sogenannte Syndikat die Aufsicht aus. Er bestand aus je zwei Standes- oder Ehrengesandten der beiden Stände Schwyz und Glarus. Beim Winter- oder Sebastiansritt weilte der Syndikat etwa eine Woche im altehrwürdigen Damenstift Schänis, um die Amtsführung, besonders die Rechnungen, zu prüfen, denn die Aufsichtsbehörde war wiederum dem «grossen Gwalt», d.h. der heimischen Landsgemeinde, verantwortlich. Der Sommer- oder Maienritt fand nicht jedes Jahr statt. Er entliess den abtretenden Landvogt und setzte den neuen ein. Die Rechenschaft über die grossen Gemeinen Herrschaften, die sechs bis zwölf regierenden Orten gehörten, erfolgte im Anschluss an die regelmässige Tagsatzung in Baden; und dieses immer wiederkehrende Geschäft mochte die Tagherren einander näherbringen, auch wenn es an Zankäpfeln keineswegs fehlte.

Die regierenden Orte konnten die Untertanen auch zu Kriegszügen aufbieten. Die Mannschaft im Gaster musste nur «vom Aufgang der Sonne bis zu ihrem Niedergang» ins Feld ziehen, pochte aber nicht immer auf diese bescheidene Dienstpflicht, sondern machte auch mehrtägige Auszüge ihrer Herren mit, was ihr Empfinden, auch Schweizer zu sein, gewiss hob. Der Name Schweiz als Bezeichnung für die ganze Eidgenossenschaft taucht gerade im Jahre 1415, als der Aargau eidgenössisch wurde, zum ersten Male auf, und zwar im Freiheitsbrief von König Sigismund vom April 1415, worin er den jungen Freistaat Glarus «allen landlüten und steten in Switz»³ gleichstellte.

Schatten über dem Landvogteiwesen – Ämterkauf

Wer Landvogt war, besass ein einträgliches Amt. Wohl bekam er kein oder doch nur ein sehr bescheidenes festes Gehalt, hingegen brachten ihm die Bussen und weitere Abgaben ein beachtliches Einkommen. Der Versuchung, sich auf mannigfache Weise zu bereichern, widerstanden viele Landvögte nicht. Ja, es gab nicht selten Fälle, in denen die Anwärter auf eine solche begehrte Stelle die Bewerbung um sie zum vornherein als Geschäft betrachteten: man investierte Kapital, um es nachher wieder mit zusätzlichem Gewinn herauszuwirtschaften. Mit andern Worten: es galt, die Wahlbehörde zu bestechen. Das wäre nun bei einem städtischen Rate mit beschränkter Mitgliederzahl leichter gewesen als bei einer Landsgemeinde, deren Teilnehmer nach Tausenden zählten. Die Geschichte aber zeigt uns gerade das Gegenteil. Die Städte bekämpften den Ämterkauf grundsätzlich und wirksam, während die Länderorte – und nicht zuletzt unter ihnen auch Glarus – den Stimmenkauf, den man auch Guzen, Trölen oder Praktizieren nannte, in bedenklichem Masse duldeten, sei es bei der Besetzung von Landesämtern, besonders aber bei der Wahl der Landvögte.

So kam es vor, dass derjenige, der das Ehrenamt eines Landvogts bekleidete, von Staats wegen erhebliche Auflagen auf sich nehmen musste. Er hatte dem Lande einen kostbaren Silberbecher oder später einen hohen Betrag zu entrichten und obendrein jedem Landmann einen Gulden zu geben. Nur der Reiche konnte in ein solches Wahlgeschäft einsteigen. Auf der Tagsatzung wurde 1598 zwei Glarner Landvögten vorgeworfen, sie hätten für ihre Wahl die riesige Summe von 9000 Gulden ausgegeben. Mehrmals drohte sie, Landvögte, die auf so unlautere Weise zu ihrem Amt gekommen waren, nicht aufreiten zu lassen. Glarus verbat sich diese Einmischung und erklärte, es sei ein freier Stand, und seine Landvögte verführen nicht strenger als andere mit den Untertanen. Das glaubten freilich

APPLAUSO
DELLA PIEVE DI RIVA S. VITALE
AL LODEVOLISSIMO GOVERNO DEL CAPITANEATO DI LUGANO
Gloriosamente terminato nell' anno 1768.
DALL' ILLUSTRISSIMO SIGNOR
D. GIACOMO ALTMAN
DEL LODEVOLE CANTONE, E REPUBBLICA DI CLARONA.

SONETTI

DEDICATO AL PREDETTO ILLUSTRISSIMO SR. CAPITANO.

Dunque carco di sommo immortal vanto
   Da queste amene mie Cerefie sponde
   Il Magnanimo, e Saggio ALTMAN, che tanto
   Di saper largo fiume apre, e diffonde;

Deposta l'onorata lance, e 'l manto
   De la temuta Astrea, le narie sue onde
   Ad allegrar sen va, e il fato intanto
   Nemico il mio bel raggio copre, e asconde?

Qual farà poi di te, Figlio innocente,
   Se perdi un Prence così eccelso, e chiaro,
   Sì pronto a la pietà, sì tardi a l'ira?

Dicea la Vedovella egra, e dolente,
   Ma in van, ch' il patrio Cielo, lui sì caro
   A più gloriose imprese trarlo aspira.

DEDICATO ALL' ECCELLENTISSIMA E POTENTISSIMA CITTÀ, E REPUBBLICA DI CLARONA.

Da la tua trionfale inclita sede,
   Ergi, o CLARONA l'onoranda testa
   Su questa riva sconsolata, e mesta,
   Ch' a l'alma ELVEZIA terrà baccia il pie de:

Ergila, e mira, come l'ange, e fiede
   Il fatale destin di sua funesta
   Sorte, ch' ad involare ALTMAN s'appresta
   Già dono eletto di sua invitta fede;

Lui, che qual chiaro Dittator Sovrano,
   Là fu l'immobil sasso del Tarpeo
   L'amabil fren regea di queste arene.

Ah ch' in tal duol non fu la dotta Atene,
   Quando sciolse le vele dal Pireo
   Il grand' Attico verso il suol Romano!

Di Asfilino Pepa fra gli Arcadi di Roma Ermindo Cereßano, fra gl' Immobili il Satirico.

In LUGANO 1768. Per gli Agnelli, e Comp.

---

nicht alle Talleute. So rief Jakob Kundert dem Landvogt Gabriel Schmid nach, der eine Tessiner Vogtei um schweres Geld erkauft hatte: «Schon Gott die ihms werden thun widerbringen!» Je höher der Einsatz, um so grösser die Gefahr harter Einzüge!

Es fehlte indessen nicht an Gewissensbissen und Mahnungen aus eigenen Reihen. In der Mitte des 17. Jahrhunderts wurde das Wahlverfahren «nach Mehr und Los» eingeführt. Danach wählte man zuerst acht Bewerber um das Amt. Diese hatten in einen Beutel zu greifen, welcher acht Kugeln in Holzhüllen enthielt. Sieben davon waren silbern. Wer aber beim Aufschrauben auf die achte, aus Gold bestehende Kugel stiess, war gewählt. Nun lohnte es sich nicht mehr, viel Geld für ein erhofftes Amt einzusetzen, das man ja mit grosser Wahrscheinlichkeit doch nicht bekam.

Als es aber später in Frankreich hiess, jeder Soldat trage den Marschallstab im Tornister, fand die Landsgemeinde von Evangelisch-Glarus 1791, jeder Glarner habe grundsätzlich Anspruch auf ein Amt. Mit den sogenannten Kübellosen wollte man diesen Grundsatz verwirklichen. Im Rathaus wurden zwei mächtige Trommeln aufgestellt. Im einen «Kübel» waren die Zettel mit den Namen der 5400 wahlfähigen Landleute, im andern ebenso viele leere, d.h. lauter Nieten mit Ausnahme von acht guten Losen für ein Amt. Zwei Magistraten zogen nun während einer halben Woche bei diesem staatlichen Glücksspiel je gleichzeitig einen Zettel. Auf diese Weise erkoren sie für die Vogteistellen und die niederen Landesämter vorerst je acht Kandidaten, die anschliessend das Kugellos unter sich entscheiden lassen konnten. So wurde ein noch nicht 20jähriger Bauernbursche Landvogt zu Werdenberg, wozu es ihm an unerlässlichen Voraussetzungen fehlte. Daher verkaufte er das Amt auf öffentlicher Gant an den Meistbietenden – und wiederum war der Reiche im Vorteil.

Bedeutende Landvögte

Es versteht sich, dass unter den Hunderten von Landvögten, welche das Land Glarus in beinahe vier Jahrhunderten stellte, viele verantwortungsbewusste Persönlichkeiten waren, die als wahre Landesväter amteten. So rühmte eine lateinische Druckschrift Landvogt Joachim Bäldi, der 1542 bis 1544 in Locarno wirkte, in den höchsten Tönen. Wie gross der Einfluss eines Landvogtes sein konnte, zeigte Philipp Brunner, den die Landsgemeinde 1530 als Landvogt in den Thurgau entsandte. Er war der Bruder des Glarner Reformators Fridolin Brunner und wusste in kurzer Zeit die grosse Mehrheit der Thurgauer für die neue Lehre zu gewinnen. Die grösste Persönlichkeit unter den Glarner Landvögten war wohl Gilg

Links: Lobgedichte auf Jakob Altmann von Ennenda, der 1766–1768 als Landvogt in Lugano amtete. Die beiden Sonette rühmen Altmanns und seiner Regierung Gerechtigkeit und väterliche Fürsorge. Seidendruck, Lugano 1768. (Museum des Landes Glarus, Näfels)

Rechte Seite:

Wappentafel des Jesajas Zopfi von Schwanden, 1789–1791 Landvogt zu Baden. Ölmalerei auf Holz, um 1791. (Museum des Landes Glarus)

Elias Zopfi
des Raths Hochlöblichen Standes
Glarus
Reg: Landvogt der Grafschaft Baden
1789 : 1791.

Tschudi (1505–1572), der bereits mit 24 Jahren in der Gemeinen Herrschaft Sargans amtete. Zweimal war er später Landvogt in der Gemeinen Herrschaft Baden, wo er gleichsam als Kanzler und Rechtsberater der Tagsatzung wirkte, wusste doch der geborene Chronist in eidgenössischen Dingen mehr als jeder andere.

Befreiung der Untertanen im Vorfrühling 1798

Fragen wir uns abschliessend, warum die regierenden Eidgenossen den Untertanen nicht schon im Spätmittelalter die Gleichberechtigung einräumten, nach der sie ja selber gestrebt hatten und nun lebten, so sagt uns Johannes Dierauer: «Die naturrechtlichen Anschauungen der modernen Zeit lagen ihnen fern.» Auch der Rechtshistoriker Andreas Heusler erklärte, jene Eidgenossen seien «keine Vorkämpfer der Menschenrechte» gewesen. Fügen wir hinzu, dass man bei manchen neugewonnenen Untertanengebieten, wie beim Aargau, gar nicht flugs wusste, ob man sich auf eine nicht überwachte, sich selbst verwaltende Bevölkerung hätte verlassen können oder einen Gegenschlag einer österreichisch gesinnten Gruppe hätte gewärtigen müssen. Man erachtete es daher als ein Gebot der Selbsterhaltung, die eigene Herrschaft an die Stelle der habsburgischen treten zu lassen. Den Glarnern mochte das Blutgespenst der Mordnacht von Weesen (1388) noch in schreckhafter Erinnerung sein. Im übrigen lebten in den untertänigen Landschaften der Städte mehr Leute als in allen Gemeinen Herrschaften. Zürich wollte über sein Züribiet gebieten und Bern über sein Bernbiet samt der Waadt.

Das Unrecht, ja der Fluch der Alten Eidgenossenschaft bestand darin, dass die regierenden Orte vom 15. bis ins 18. Jahrhundert so gut wie nichts unternahmen, um die Untertanen zur Gleichberechtigung zu erziehen. Freilich muss eingeräumt werden, dass die Gemeinden in den Untertanenlanden der Schweiz mehr Selbstverwaltung genossen als die Dörfer und Städte jenseits von Rhein und Jura, so dass beim grossen Umbruch von 1798 schon ein Anfang von Demokratie vorhanden war.

Als nun 1789 die Französische Revolution ausbrach, vernahmen auch die Untertanen in der Schweiz die Botschaft von Freiheit, Gleichheit und Brüderlichkeit als herrlichen Dreiklang. Der Zeitgeist der Aufklärung beschwingte ihre Wortführer zu ergreifenden Aufrufen zu mehr Freiheit und Menschenwürde. Geschickt redeten sie den Herrenorten ins Gewissen, indem sie die Zeit der Urschweizer Freiheit beschworen. «Sind wir nicht gleich allen andern Schweizer? Ist die Eidgenossenschaft nicht unsere gemeinsame Mutter? Ist jener im Rütli beschworene Bund nicht unser aller Vater?» So rief der Sarganserländer Dichter Bernold aus. Die Gemeinen Herrschaften sandten im Spätwinter 1798 Botschaften an die Tagsatzung, welche angesichts der Tatsache, dass die Heere der Französischen Republik schon über den Jura vordrangen, klein beigab. Aber erst als die Kunde vom Fall des bisher nie besiegten Bern an die obere Linth drang, gewährte auch Glarus seinen Werdenbergern die allzu lange vorenthaltene Freiheit.

Wie aber sollten sich die bisher beherrschten Gebiete als selbständige Staatswesen organisieren? Nach dem Vorbild der beiden Appenzell und Glarus dachten sich viele befreite Ostschweizer ihre Zukunft auf der Grundlage einer Landsgemeindeverfassung. Die Franzosen aber mit ihrem von der Monarchie übernommenen Zentralismus hatten vorerst keinen Sinn für solche Sonderstaaterei. Sie verkündeten die «Eine und unteilbare Helvetische Republik», welche die Untertanenschaft endgültig aufhob. Traurig, dass der gute Wille dazu nicht aus eigener Einsicht gekommen war, sondern der Hebel von aussen angesetzt werden musste.

Jene Oberschicht der Untertanengebiete aber, die früher als Beamte ihren Herren gedient und dabei über ihre Mituntertanen Herrschaft ausgeübt hatte, besass eine lange politische Erfahrung und Tradition, ähnlich den regimentsfähigen Geschlechtern der regierenden Orte. Das befähigte sie, unter der neuen staatlichen Ordnung der Helvetik und der anschliessenden Mediation sogleich politische Verantwortung zu übernehmen und Beamte und Politiker zu stellen. Diese bäuerlichen und städtischen Amtsgeschlechter standen ihren Mitlandleuten weiterhin vor, sei es nun als Richter, Ammänner, Gemeinde- oder Kantonsräte. Die Befreiung aus der Untertanenschaft änderte also vorerst wenig am inneren gesellschaftlichen und politischen Gefüge der ehemaligen Untertanengebiete.

Literatur

Peyer; Verfassungsgeschichte.
J.J. Kubly-Müller; Die Glarner Landvögte zu Werdenberg; JHVG 45, 1927.
Dieter Schindler; Werdenberg als Glarner Landvogtei; Buchs 1986.
Thürer; Kultur.
Jakob Winteler; Die Grafschaft Werdenberg und die Herrschaft Wartau unter Glarus; Glarus 1923.

Glaubensspaltung und konfessionelle Landesteilung

Jürg Davatz

Huldrych Zwingli. Ölgemälde von Hans Asper, um 1531/32. (Kunstmuseum Winterthur)

Ursachen, Wesen und Folgen der Reformation waren ungemein vielschichtig und verflochten. Das Wort Reformation umschreibt eigentlich drei konzentrische Lebenskreise: erstens die persönliche Auseinandersetzung mit der Bedeutung des Evangeliums und des Glaubens; zweitens die innere und äussere Wandlung der Kirche; drittens den Kreis von Gesellschaft, Staat, Politik, Volkswirtschaft und kulturellem Leben überhaupt. Diese Bereiche liessen sich auch in der Glarner Geschichte nachweisen. Doch hier sei nur skizziert, wie weitgehend die konfessionelle Teilung des Landes Glarus, die drei Jahrhunderte dauerte, von der Glaubensspaltung in der Eidgenossenschaft mitbestimmt und geprägt wurde.

Eidgenossenschaft

Huldrych Zwingli (1484–1531), gebürtig von Wildhaus, amtete seit 1506 als (katholischer) Pfarrer und Lehrer in Glarus. Seiner leidenschaftlichen Ablehnung der Solddienste wegen angefeindet, zog er 1516 als Leutpriester nach Einsiedeln. In Wittenberg wirkte übrigens *Martin Luther* damals bereits reformatorisch. 1519 begann Zwingli in Zürich seine Tätigkeit als Pfarrer am Grossmünster und predigte fortan – wie er meinte – das «lautere Evangelium». Unterstützt vom Rat der Stadt, führte er von 1523 an in Zürich die Reformation durch.

In der Innerschweiz formte sich schon früh entschlossener Widerstand gegen die Reformation. Die Fünf Orte – Uri, Schwyz, Unterwalden, Luzern und Zug – bildeten bis 1848 den festen Kern der katholischen Eidgenossenschaft. Bern, Basel und Schaffhausen traten zum neuen Glauben über. Nach der entscheidenden Niederlage der reformierten Orte und Zwinglis Tod bei Kappel im Oktober 1531 kam es zum zweiten Landfrieden, der in den Gemeinen Herrschaften bis 1712 die katholische Partei begünstigte, gesamthaft indes die politischen und kirchlichen Gegebenheiten anerkannte. Freiburg und Solothurn entschieden sich für den alten Glauben; damit standen künftig sieben katholische Orte vier reformierten Orten gegenüber; Appenzell und Glarus blieben konfessionell gespalten. 1536 eroberte und reformierte Bern die Waadt, und 1584 ging es eine enge Verbindung mit dem calvinistischen Genf ein. In den zugewandten Orten Graubünden und Wallis dauerte die konfessionelle Aufsplitterung bis ins 17. Jahrhundert an. Das politische Geschehen im Ausland und unmittelbare Interessen fremder Mächte wirkten sich immer wieder auf die Ausformung der konfessionellen Gegensätze in der Eidgenossenschaft aus.

Trotz dieser konfessionspolitischen Sprengkräfte brach die Eidgenossenschaft nicht auseinander. Die Tagsatzung, die wichtigste gesamteidgenössische Einrichtung, überstand die Glaubensspaltung und blieb als Stätte gemeinsamer Meinungsbildung und Vermittlung lebendig. Allerdings bürgerten sich daneben konfessionelle Sondertagsatzungen ein. Über allen Gegensätzen und Wandlungen behauptete sich dennoch ein gemeineidgenössisches Bewusstsein und Verwaltungsdenken.

Zwei Glaubensparteien im Glarnerland

Zürichs Reformator Zwingli blieb als ehemaliger Priester von Glarus mit manchen der dortigen Pfarrherren und politisch Einflussreichen persönlich verbunden; trotzdem zögerten und schwankten Rat und Bevölkerung in der Glaubensfrage lange. Viele Gläubige hofften noch – wie der grosse Humanist *Erasmus* in Basel und Pfarrer *Valentin Tschudi* in Glarus – auf einen *Mittelweg*, auf einen Ausgleich der aufgebrochenen Gegensätze; sie strebten den Frieden und die Einheit der Christenheit innerhalb einer erneuerten Kirche an. Das Beispiel des kleinen Landes Glarus zeigt geradezu modellhaft, wie tiefgreifend sich der Verlust der kirchlichen Einheit auf den Zusammenhalt und Fortbestand eines Staatswesens und die Entwicklung seiner Gesellschaft und Wirtschaft auswirken konnte.

Boten Zürichs und der Fünf Orte versuchten während Jahren, die Glarner an den Landsgemeinden auf ihre Seite zu ziehen. Als die Inneren Orte drohten, die eidgenössischen Bünde nur mit altgläubigen Ständen zu beschwören, gab die Landsgemeinde nach und sagte ihnen 1526, 1527 und im März 1528 urkundlich zu, beim alten kirchlichen Herkommen zu bleiben. Ungeachtet dieser Zusagen trat die Mehrheit der Bevölkerung allmählich zum neuen Glauben über; sie lehnte die Zusagen ab und wollte die Reformation im ganzen Land durchsetzen. Doch die Altgläubigen leisteten unbeugsamen Widerstand.

Was sollte nun im Glarnerland gelten – der *Wille der Mehrheit* oder die früheren *Zusagen an die Fünf Orte*? Die Reformierten hielten an der Überzeugung fest, die Beschlüsse der Landsgemeinde seien seit jeher frei; die Mehrheit sei auch in diesem Fall befugt, frühere Beschlüsse aufzuheben oder abzuändern. Die katholische Minderheit und die Inneren Orte dagegen stellten sich unnachgiebig auf den Standpunkt, die drei Zusagen seien verbindliche zwischenstaatliche Abmachungen, mit denen Glarus darauf verzichtet habe, durch eigenen Beschluss konfessionelle Neuerungen einzuführen. Über dieser Streitfrage brach ein Konflikt aus, der während dreier Jahrhunderte die Geschichte des Landes Glarus prägte und zwangsläufig auch die Tagsatzung häufig beschäftigte.

Gleichberechtigung beider Konfessionen

Weil keine Glaubenspartei die andere verdrängen konnte, fanden sich beide Seiten allmählich damit ab, im gleichen Staatswesen nebeneinander zu leben. Dank des vermittelnden Wirkens von Landammann *Johannes Aebli* stimmte die Landsgemeinde am 2. Mai 1529 einem Vergleich zu, wonach die Kirchgemeinden selber beschliessen konnten, ob sie die Reformation annehmen wollten oder nicht; der persönliche Glaube jedes einzelnen sollte geachtet werden. Damit hatten sich die Glarner selber zum entscheidenden Kompromiss durchgerungen: zur Gleichberechtigung beider Bekenntnisse und kirchlichen Ordnungen, zur *Parität*. Der Grundsatz, die Entscheidung über den Glauben in die Kirchgemeinden zu verlegen, gelangte damals auch in gemeinsamen eidgenössischen Vogteien zur Anwendung.

Bereits an der Landsgemeinde von 1530 beschloss die reformierte Mehrheit, «man sölte all kilchen rumen und den anderen glychförmig machen»[1], also der religiösen Neuerung anpassen. Diese Regelung konnte nur eine vorläufige sein, denn die eigentliche Entscheidung über die weitere Gestaltung der kirchlichen – und damit auch der politischen – Verhältnisse im Lande Glarus hing unmittelbar vom Ausgang der Glaubenskämpfe in der Eidgenossenschaft ab. Nach dem Sieg der Katholiken von 1531 bei Kappel verlangten die Fünf Orte sofort, dass den Zusagen gemäss in allen glarnerischen Kirchen wieder die Messe eingeführt, also zum alten Glauben zurückgekehrt werde. Am 8. Dezember 1531 stellte die mehrheitlich reformierte Landsgemeinde den Fünf Orten in einer vierten Zusage einen Kompromissvorschlag zu. Darin garantierte sie der katholischen Minderheit ihren lokalen Besitzstand von 1531, nämlich die Beibehaltung der Messe in den Pfarreien Linthal, Schwanden, Glarus und Näfels; die Kirchen von Schwanden und Glarus sollten allerdings beiden Konfessionen zur Verfügung stehen. Zudem bestätigte die Zusage die persönliche Glaubensfreiheit der Altgläubigen in allen Kirchhören.

Unter Mitwirkung von Boten der Fünf Orte, der drei Bünde, des Abtes von St. Gallen und des Toggenburgs kam am 21. November 1532 der *erste Glarner Landesvertrag* zustande. Grundsätzlich bestätigte er den Beschluss von 1528 und die Zusage von 1531: Gleichberechtigung beider Bekenntnisse und Glaubensfreiheit jedes einzelnen. Ausdrücklich erklärte er die eidgenössischen Bünde, das Landsbuch und die früheren Glaubenszusagen an die Fünf Orte als gültig. Absichtlich gab man beiden Parteien recht, um einseitige Lösungen auch in Zukunft zu verhindern. Gleich wie in der Eidgenossenschaft, so behauptete sich nun auch im Lande Glarus die Parität. Im Flecken Glarus, wo weiterhin eine stattliche Schar Altgläubiger lebte, benützten Katholiken und Reformierte die Kirche bis 1964 gemeinsam. Pfarrer *Valentin Tschudi* (um 1490-1555) ging in Glarus beispielhaft einen ausgleichenden Mittelweg zwischen den Glaubensfronten *(Via media)* und predigte in versöhnlichem Geist den Alt- und Neugläubigen zugleich.

Walensee- und Linthgebiet im eidgenössischen Kräftespiel

Weshalb setzten sich die fünf Inneren Orte so unnachgiebig für den Fortbestand der katholischen Minderheit im Glarnerland ein? Wohl auch um den alten Glauben zu verteidigen; zuerst und zuletzt jedoch handfester politischer, wirtschaftlicher und militärischer Interessen wegen. Auf dem Verkehrsweg Walensee – Linth führten Innerschweizer und Glarner die grossen Mengen Salz ein, die sie für die Viehzucht benötigten. In diesem Gebiet nahm das Land Glarus als direkter Anstösser eine Schlüsselstellung ein, hatte es doch die Möglichkeit, die Strasse und den Wasserweg bei Windegg und bei Weesen zu sperren. Seit der Epoche der Befreiung stand Gla-

Fragment eines spätgotischen Flügelaltars mit Mariae Verkündigung; Ölmalerei auf Holz, um 1500. Vermutlich aus der Kirche Schwanden stammend. Die Axthiebe lassen darauf schliessen, dass dieser Altar 1528 anlässlich des Bildersturms zerstört und aus der Kirche entfernt wurde. (Museum des Landes Glarus, Näfels)

[1] *Stucki;* RQ I, S. 284.

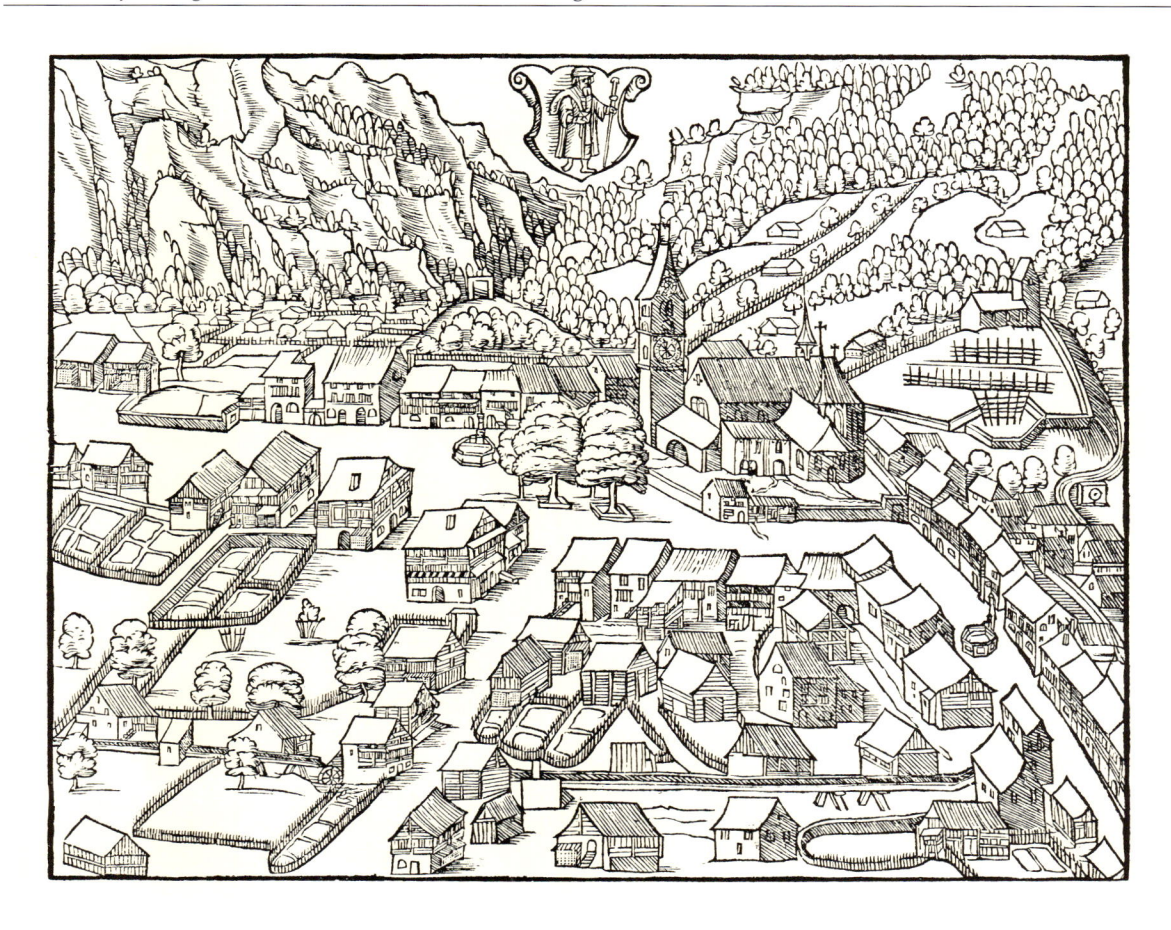

Älteste Darstellung des Fleckens Glarus. Sie ist gegen Norden gerichtet und bildet den Ort und die Gebäude recht genau ab. Holzschnitt, vermutlich nach einer Zeichnung von Hans Asper; aus J. Stumpfs Schweizerchronik, 1547. (Museum des Landes Glarus)

rus in engen Wechselbeziehungen mit Schwyz und Zürich, die beide unablässig danach trachteten, die Walenseeroute unter ihre Herrschaft zu bringen. 1408 gewährte Zürich Glarus einen Bund auf Gleichberechtigung, um das Land politisch und wirtschaftlich enger an sich zu binden. Im Streit um das Toggenburger Erbe dagegen hielt sich Glarus ganz zu Schwyz, mit dem es im umstrittenen Linthgebiet die Vogteien Uznach und Gaster gewann und damit auch die Herrschaft über die Verkehrswege. «Die gemeinsame Vogtei über Uznach und Gaster war die Klammer, die Glarus an Schwyz und damit an die Inneren Orte band», stellte E. F. J. Müller zutreffend fest.[2] Tatsächlich lässt sich die Geschichte des Alten Landes Glarus nur begreifen, wenn man auch die geopolitische Bedeutung des Walensee- und Linthgebietes gebührend beachtet.

Was Zürich im Toggenburger Erbschaftskrieg nicht erreicht hatte, schien ihm mit der Ausbreitung der Reformation doch noch zu glücken: die Vereinigung des Strassengebietes bis nach Chur unter der geistigen und politischen Führung der Limmatstadt. Chur wandte sich dank der Wirksamkeit von Pfarrer Comander, einem Freund Zwinglis, der Reformation zu. Nachdem die Reformierten 1528 im Lande Glarus die Mehrheit erlangt hatten, nahmen auch das Gaster und Weesen den neuen Glauben an. Als Zürich 1531 eine Lebensmittelsperre gegen die Fünf Orte ver-

hängte, schlossen sich Gaster und Weesen ihr an. Die altgläubigen Glarner ermöglichten jedoch Salz- und Proviantransporte nach Schwyz über den Pragelpass. Noch fehlte nämlich ein wichtiges Zwischenglied in der Kette Zürich – Chur: die Landvogtei Sargans; in den entscheidenden Jahren 1530 bis 1532 amtete dort gerade der altgläubige Glarner Aegidius Tschudi als Vogt, und er wahrte mit Geschick die Interessen der Katholiken. Beim Ausbruch des zweiten Kappelerkrieges 1531 sammelten sich im Gaster über 2000 Reformierte, die zusammen mit den neugläubigen Glarnern einen Flankenangriff auf die Fünf Orte ausführen wollten. Die katholischen Glarner erreichten indes an der Landsgemeinde vom 13. Oktober, dass das Land Glarus an diesem Krieg nicht teilnahm und auf einen Auszug verzichtete.

Diese Ereignisse bewiesen den Fünf Orten deutlich, dass die katholische Minderheit in Glarus und das Linthgebiet für sie von lebenswichtiger Bedeutung sein konnten. Ein gänzlich reformierter Stand Glarus hätte zusammen mit Zürich die Herrschaft von Schwyz im Gaster beschränkt oder gar beseitigt. Der Verlust dieser Vogtei hätte nicht allein die Salzzufuhr bedroht, sondern auch die freie Verbindung mit katholischen Verbündeten gefährdet und die innerschweizerische Ostflanke militärisch geschwächt. Nach ihrem Sieg erzwangen die Fünf Orte die Rück-

[2] *Müller*; Landschaft, S. 155.

kehr des Gasters zum Katholizismus und die Gleichberechtigung der katholischen Minderheit im Land Glarus. Sie stärkten die Stellung von Katholisch-Glarus schrittweise dergestalt, bis es ein weitgehend selbständiges Staatswesen bildete und an der Walenseepforte die Aufgabe eines vorgeschobenen Brückenkopfes der Inneren Orte erfüllte. Die reformierten Glarner stützten sich so gut als möglich auf Zürich ab; weil aber Zürich nach dem Kappeler Landfrieden machtpolitisch kaum handlungsfähig war, mussten sie der Minderheit, hinter der die stärkeren eidgenössischen Schutzherren standen, schliesslich ganz bedeutende Konzessionen einräumen.

Der Glarnerhandel oder Tschudikrieg

Bis um 1550 nahm die Zahl der Katholiken im Lande Glarus unaufhaltsam ab. In Schwanden begehrte niemand mehr die Messe. In Linthal konnten die wenigen Altgläubigen keinen eigenen Priester mehr anstellen; daher predigte auf ihre Bitte hin seit 1542 der reformierte Pfarrer von Betschwanden auch ihnen. Ein neuer, junger Pfarrer liess sich 1555 in Linthal zu beleidigenden Äusserungen über den alten Glauben hinreissen; darüber beschwerten sich die Katholiken bei den Fünf Orten, welche den «Streitfall» sofort vor die Tagsatzung brachten. Eigentlich ging es ihnen nicht allein um die Wiedereinführung der Messe in Linthal und Schwanden, sondern um das Ganze, um den Fortbestand der katholischen Partei im Glarnerland überhaupt.

Im Zuge der Gegenreformation versuchten nun die Fünf Orte, das Glarnerland zu rekatholisieren. Sie fanden Unterstützung bei einigen einflussreichen katholischen Glarnern, vor allem bei *Aegidius Tschudi,* dem Landammann der Jahre 1558–1560. Tschudi, der Schwager und Freund des Schwyzer Landammanns Christoph Schorno, verfolgte leidenschaftlich das Ziel, das ganze Land Glarus zum alten Glauben und damit zur früheren Einheit zurückführen. Er beabsichtigte, die standhaften Neugläubigen zu vertreiben, und entwarf sogar eigenhändig die fünförtische Kriegserklärung an die reformierten Glarner. Diese Kriegserklärung stellten die Fünf Orte den Reformierten zwar nie zu, doch waren sie bereit, es auf einen Waffengang ankommen zu lassen; Zug und Uri zögerten allerdings. An der Tagsatzung vom 11. Dezember 1559 ersuchten die übrigen sieben Stände die Fünf Orte eindringlich, «einen allfälligen Unwillen gegen Glarus aus brüderlicher und eidgenössischer Treue und Liebe fallen zu lassen und ihnen Vermittlung anzuvertrauen».[3]

Anfang Februar 1560 sandten die katholischen Orte eine Gesandtschaft nach Rom, die Papst Pius IV. um finanzielle Unterstützung im Glarnerhandel bat. Ende Mai 1560 benachrichtigten die Fünf Orte den Papst von «ihrem Entschluss, die Altgläubigen zu Glarus gegen die Unterdrückung der Neugläubigen zu schirmen und letztere mit dem Schwert zur Erfüllung ihrer Verpflichtungen anzuhalten, und daher um drei Fähnchen Büchsenschützen und um Deponierung von 20 000 Kronen zu Lucern anzusuchen».[4] Der Papst wünschte vor der Wiedereröffnung des Konzils von Trient keinen Glaubenskrieg; er hinterlegte zwar eine Geldhilfe, aber nicht in Luzern, sondern in Mailand und unterstellte sie erst noch der Verfügungsgewalt seines Nuntius G. A. Volpe. Durch sein geschicktes Beschwichtigen trug Volpe zur Entspannung in der Eidgenossenschaft bei. Als auch Spanien den Fünf Orten Kriegshilfe verweigerte und der französische König zum Frieden drängte, dämpfte das den kriegerischen Eifer der Waldstätte und erleichterte die friedliche Regelung des Glarnerhandels. Zudem musste Aegidius Tschudi 1560 als Landammann abtreten. Dafür gewann in Glarus eine Gruppe gemässigter Katholiken um Gabriel Hässi an Einfluss.

Vorerst lehnten die Fünf Orte eine Vermittlung der sieben nicht direkt beteiligten, mehrheitlich reformierten Orte ab. Sie sagten den neugläubigen Glarnern die Bünde ab, wollten an Tagsatzungen nicht mehr neben ihnen sitzen und sie in den Gemeinen Vogteien nicht mehr aufreiten lassen. Bern prüfte nun mit den drei anderen reformierten Ständen geeignete Massnahmen zum Schutze der reformierten Mehrheit in Glarus. Allmählich mussten die Fünf Orte die Unmöglichkeit einer gewaltsamen Rekatholisierung des Landes einsehen. So kam im März 1563 auf Betreiben der sieben Schiedsorte doch eine Vermittlung in Gang, die dann Tschudi und Schwyz mit unannehmbar einseitigen Forderungen oft gefährdeten und verzögerten. Schliesslich besiegelten zwölf Orte am 3. Juli 1564 in Baden den *zweiten Glarner Landesvertrag;* Schwyz unterzeichnete ihn nie.

Der Vertrag nahm ausdrücklich die Vereinbarungen von 1531/32 auf. Von den ungelösten verfassungsrechtlichen Fragen regelte er nur wenige, jedoch manche betreffs des Kultus und der Geistlichkeit. Die Bevogtigung der Herrschaften Uznach und Gaster sollte wie von alters her vor sich gehen, freilich kein Vogt dort etwas gegen die Alleingeltung des alten Glaubens unternehmen. Mit diesem Landesvertrag wurde die Gleichberechtigung der beiden Glaubensparteien im Lande Glarus zu einem Bestandteil des alteidgenössischen Staatsrechtes. Auch vier der fünf Inneren Orte anerkannten nun die konfessionelle Trennung in Glarus als etwas Endgültiges. Der Glarnerhandel verlagerte sich fortan

Rechte Seite:

Der dritte Landesvertrag von 1623, mit dem die Tagsatzung die weitgehende politische Zweiteilung des Landes Glarus regelte. Von den 23 Siegeln der Boten der zwölf Orte hängen noch 20. (Landesarchiv Glarus)

[3] *EA;* IV 2a, S. 109.
[4] *EA;* IV 2a, S. 125.

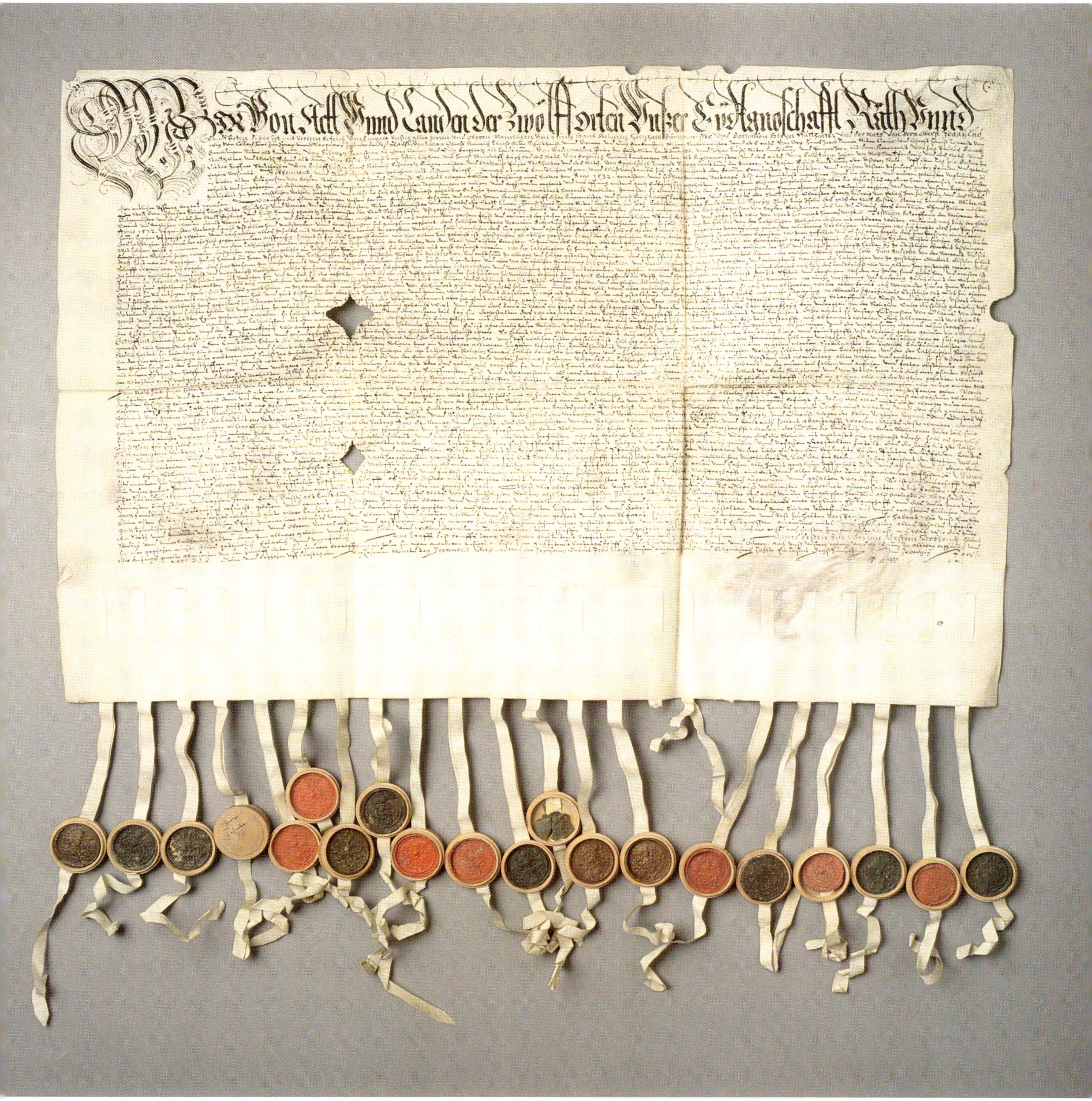

auf das Problem der politischen Mitbestimmung der Minderheit und der Beherrschung der Walenseeroute.

Konfessionelle Landesteilung

Die politischen, wirtschaftlichen und gesellschaftlichen Unterschiede zwischen den beiden Glaubensparteien im Glarnerland vertieften sich zunehmend. Die Reformierten verfügten über eine zahlreichere Bevölkerung und den grösseren Lebensraum; ihre Wirtschaft entwickelte sich vielseitiger. Katholisch-Glarus hatte im 17. Jahrhundert nur noch einen Anteil von 15 bis 20% an der Gesamtbevölkerung von 10 000 bis 12 000 Seelen; es blieb wirtschaftlich zurück und verhältnismässig arm. Desto hartnäckiger forderte die Minderheit einen Anteil an der politischen Macht, der ihr das Weiterleben und den Aufbau einer eigenen Verwaltungs- und Herrschaftsordnung ermögliche.

Konfessionelle Landsgemeinden, Räte und Besetzung der Landesämter

Nach 1600 beklagten sich die Katholiken immer wieder spitzfindig über Einzelheiten der bestehenden Ordnung, hauptsächlich über eine angebliche Benachteiligung bei der Besetzung der Landesämter. Die Reformierten wiesen nach, dass die Altgläubigen von 1564 bis 1614 125 Ämter besetzt hatten, sie als Mehrheit jedoch nur 103. Dennoch riefen diese Anstände einen neuen «Glarnerspahn» hervor, der seit 1614 oft die Verhandlungen der Tagsatzung und die Schiedsleute von Zürich und Luzern beschäftigte. Nachdem mehrere Vergleichsvorschläge von der jeweiligen Gegenpartei verworfen worden waren, ernannte die Tagsatzung 1623 einen Ausschuss mit Vertretern von Zürich, Bern, Basel, Schaffhausen, Luzern, Uri, Schwyz und Freiburg. Der in fünftägigen Verhandlungen ausgearbeitete Vergleich wurde beiden glarnerischen Parteien ultimativ zur Annahme vorgelegt; ihnen blieb nur Zustimmung übrig.

Am 23. September 1623 besiegelten die Boten der XII Orte den *dritten Landesvertrag*, der die *weitgehende politische Zweiteilung* des Landes Glarus begründete. Fortan fand acht Tage vor der gemeinsamen Landsgemeinde auch eine getrennte katholische und reformierte statt. Die konfessionellen Landsgemeinden erteilten die Erlaubnis für Auszüge in fremde Dienste und wählten nach einer bestimmten Wechselordnung alle Landesbeamten und Landvögte. In der Folge amtete drei Jahre ein reformierter Landammann und zwei Jahre ein katholischer; die andere Konfession stellte inzwischen den Landesstatthalter. Zudem drängte sich die Einführung konfessioneller Ratsversammlungen auf. Mit der geregelten, aber unverhältnismässigen Verteilung der Ämter und mit der unabhängigen Bewilligung der Solddienste bezweckten die XII Orte eine Existenzsicherung für die glarnerische Minderheit; dabei muteten sie der grossen Mehrheit eine entsprechende Benachteiligung zu.

Näfels. Das Kapuzinerkloster, die spätbarocke Pfarrkirche und stattliche Bürgerhäuser prägen den Hauptflecken von Katholisch-Glarus. Federzeichnung von Franz Schmid, um 1815.

Linke Seite:

Oben: Eidgenössische Tagsatzung zu Baden im Jahr 1531. Stich von Peter Vischer, 1793, nach der Chronik des Andreas Ryff von 1593. (Zentralbibliothek Zürich)

Unten: St. Fridolin und Urso, Silberplastik von Oswald Schön, Rapperswil, 1638. An der Näfelser Fahrt von 1639 trugen die Katholiken diese Figur erstmals mit. Das veranlasste die Reformierten, den beiden folgenden Fahrtsfeiern fernzubleiben. (Katholischer Kirchenschatz Glarus)

[5] *EA;* V 2, S. 864.

Konfessionelle Verwaltung der Vogteien

Zielstrebig und unversöhnlich entfachte Schwyz die Auseinandersetzung sofort von neuem. Seit 1530 hatte es bereits mehrmals widerrechtlich reformierte Vögte nach Uznach und ins Gaster abgelehnt. Jetzt behauptete Schwyz, in den Vertragsbestimmungen von 1623 über die Bevogtigung seien Uznach und Gaster ausgenommen; deshalb akzeptiere es dort keine neugläubigen Vögte mehr. Im Gegenzug duldete Evangelisch-Glarus fortan keinen katholischen Landvogt mehr in Werdenberg. Beide Parteien bestimmten nun eidgenössische Schiedssätze; diese kamen zu verschiedenen Rechtssprüchen, weshalb der Streitfall vorerst in der Schwebe blieb. Anlässlich einer Konferenz der katholischen Orte im Mai 1634 erklärte Schwyz ganz klar, «dass ihm und auch den übrigen katholischen Orten sehr viel an dem Pass und der Religion in Uznach und Gaster gelegen sein müsse, und es seiner Ansicht nach das Beste wäre, wenn die katholischen Glarner ihren Mitlandleuten die Vogtei Werdenberg gänzlich cedierten und Uznach und Gaster ganz an sich brächten. Die übrigen Orte wünschten, dass der 1623 zu Gunsten der Katholischen errichtete Vertrag in Kraft bleibe...»[5] Evangelisch-Glarus erwog nun sogar eine Regiments- und Landesteilung, ein Gedanke, den später Katholisch-Glarus verwirklichen wollte.

Eine eidgenössische Vermittlungskonferenz setzte im Mai 1638 den *vierten Landesvertrag* auf, der vollkommen dem Begehren von Schwyz Folge leistete: Nur noch Schwyz und Katholisch-Glarus dürfen Vögte ins Gaster und nach Uznach senden. Damit bekamen sie die Linthebene und die Walenseepforte endlich ganz in ihre Gewalt. Evangelisch-Glarus erhielt dafür alleine die Verwaltung der einträglicheren, aber entfernten und militärisch weniger wichtigen Herrschaft Werdenberg. Formell blieben die Hoheitsrechte in diesen Vogteien weiterhin dem ganzen Stand Glarus vorbehalten.

Getrennte Feier der Näfelser Fahrt

Angehörige der Häuptergeschlechter von Schwyz und Katholisch-Glarus gingen oft Ehen ein, womit sie die Verbindung zwischen den beiden Ländern zusätzlich vertieften. Evangelisch-Glarus blieb besonders über das Kirchenwesen ganz eng mit Zürich verbunden. Die Minderheit, bestrebt ihre Eigenart und Selbständigkeit zu beweisen, verstärkte zunehmend den katholischen Charakter der Näfelser Fahrt, der seit jeher das Gepräge einer feierlichen Prozession eignete. Von 1655 an blieben die Reformierten der Fahrtsfeier fern und hielten jeweils in ihren Pfarreien Gedenkgottesdienste ab. Daraufhin trat Katholisch-Glarus dem eben erneuerten «Goldenen Bund» der sieben katholischen Orte von 1586 bei.

Ein Kapuzinerkloster in Näfels

Als der Bischof von Chur 1665 in Weesen die Gründung eines Kapuzinerklosters beabsichtigte, strebten die Häupter von Katholisch-Glarus entschlossen danach, das Kloster in ihren Hauptort Näfels zu ziehen. Evangelisch-Glarus erhob mehrmals Einspruch gegen dieses Vorhaben; selbst Schwyz und der Bischof hielten vorerst am Standort Weesen fest. Schliesslich konnte Katholisch-Glarus seinen Willen durchsetzen und 1675/79 auf dem Burghügel in Näfels ein Kapuzinerkloster errichten, ein weithin sichtbares Wahrzeichen des Katholizismus.

Regimentsteilung

Die katholische Minderheit hatte schrittweise landeshoheitliche Rechte gewonnen und forderte nun als letzte Konsequenz die völlige Selbständigkeit in einem eigenen Staatswesen, eine Landesteilung, wie sie auf Vorschlag der Tagsatzung 1597 in Appenzell durchgeführt worden war. Seit 1680 behandelten die gemeinsamen und die konfessionellen Tagsatzungen stets wieder das «Glarner Geschäft». Dabei bildete die rechtliche und politische Grundsatzfrage, ob der Glarner Streit durch Mehrheitsentscheid der Tagsatzung oder im Schiedsgerichtsverfahren durch gleiche Sätze zu lösen sei, einen Kernpunkt der damaligen eidgenössischen Politik. Die sieben katholischen Orte verfochten selbstverständlich die Durchsetzung des Mehrheitsrechtes. Beide eidgenössischen Parteien waren überzeugt, diese Frage nach dem Richter sei von viel grösserer Bedeutung als das Glarner Geschäft selbst. Anfang 1682 gelangte die Tagsatzung zur Einsicht, dass in dieser eidgenössischen Rechtsfrage unmöglich eine Entscheidung zu finden sei; daher beschränkte sie sich nun im Glarner Landstreit auf einen Ausgleich durch Vermittlung.

Im Januar 1682 legten die katholischen Orte ein förmliches *Landesteilungsprojekt* vor; wegen der bevölkerungsmässigen und wirtschaftlichen Armut von Katholisch-Glarus erachteten sie es allerdings selber als kaum durchführbar. Ihm zufolge wäre den Katholiken dieses an Schwyz grenzende Gebiet zugefallen: vom Pragelpass an das ganze Klöntal, dem Oberdorfbach entlang mitten durch Glarus, links der Linth bis nach Näfels, durch das Gäsi an den Walensee, der Maag entlang zur Ziegelbrücke und dann links der Linth gegen Reichenburg. Die Reformierten waren begreiflicherweise nicht gewillt, sich beinah einschliessen zu lassen und 1063 Bewohner umzusiedeln. Mehrere einlässliche und zeitaufwendige eidgenössische Vermittlungsversuche scheiterten. Im September 1682 gaben die Schiedsherren das Projekt einer territorialen Landesteilung auf. Im Mai 1683 ermahnten sogar die Fünf Orte Katholisch-Glarus, «es solle sich zu der Theilung des Gottesdienstes, Raths und Gerichts verstehen und der Landestheilung entschlagen».[6] Mehrmals drohte der Ausbruch eines Bürgerkrieges; im September 1683 kam durch das Minneverfahren endlich eine Einigung zustande.

Schwyz allerdings unterzeichnete sie wiederum nicht, und Katholisch-Glarus zögerte die Annahme bis Ende 1687 hinaus.

Der *fünfte Landesvertrag* von 1683 brachte als wesentliche Neuigkeit auch eine konfessionelle Trennung der Gerichte. Bezüglich der Verteilung der Landesämter und der Vogteien blieb es bei den früheren Verträgen. Neben den konfessionellen Landsgemeinden, Räten und Gerichten gab es weiterhin auch die gemeinsamen. Gebietsmässig teilte man das Land nicht unter die Religionsparteien auf; politisch jedoch zerfiel Glarus in zwei weitgehend selbständige Teilstaaten, die sogar das Militär-, Post- und Salzwesen trennten. Diese merkwürdige Art von Minderheitenschutz brachte dem Lande Glarus ruhigere Zeiten und dauerte bis 1836.

Zusammenfassung

Die beiden glarnerischen Glaubensparteien waren zu keiner Zeit fähig, ihre so gegensätzlichen Interessen und Forderungen selbständig durch eigene Beschlüsse auszugleichen, zumal sich die Fünf Orte wegen der Glaubenszusagen für befugt hielten, in die glarnerischen Verhältnisse einzugreifen. Häufiger als jeder andere Stand beanspruchte Glarus daher eidgenössische Rechtshilfe und Vermittlung.

Ungemein langwierige Vermittlungsbemühungen der Tagsatzung führten von 1532 bis 1683 zu fünf Landesverträgen, zu ausgetüftelten Kompromisslösungen, die für das Kräfteverhältnis der konfessionell gleichfalls gespaltenen Eidgenossenschaft ebenso charakteristisch waren wie für das Land Glarus selbst. Radikal einseitige Lösungen im Glarnerland hätten machtpolitische Verschiebungen innerhalb der Eidgenossenschaft bewirkt und lebenswichtige Interessen der Inneren Orte bedroht. Der Glarner Landesstreit war somit ein für die ganze Eidgenossenschaft bedeutungsvoller Konflikt, der stets einer Lösung zugeführt werden musste, die für beide Glaubensparteien annehmbar war. Dabei geriet das Land Glarus zwangsläufig in eine starke Abhängigkeit von der Eidgenossenschaft insgesamt, ihren konfessionellen Gegensätzen und ihrer machtpolitischen Parität. Katholisch-Glarus lehnte sich eng an Schwyz an, das ihm seine Existenz gewährleistete.

Diese Zusammenhänge zeigten sich 1712 nochmals deutlich. In jenem Jahr besiegten Zürich und Bern die Fünf Orte in einem blutigen Krieg und erreichten damit auch politisch eine Vormachtstellung. Die Inneren Orte mussten auf ihre Mitherrschaft im nördlichen Freiamt und in der Grafschaft Baden verzichten, Luzern und Schwyz zudem auf die Schirmherrschaft über

Rechte Seite:

Karte des Landes Glarus, um 1682 angefertigt im Zusammenhang mit dem Projekt einer Landesteilung. Die vorgesehene Grenze erscheint im Original nur blass braun. Der von Katholisch-Glarus angestrebte Landesteil ist in der Abbildung grün hervorgehoben. Bei dieser Karte handelt es sich vermutlich um eine verkleinerte Nachzeichnung der grösseren Karte von J. M. Hunger, Rapperswil. Tusche und Aquarell auf Papier. (Museum des Landes Glarus)

[6] *EA;* VI 2, S. 80.

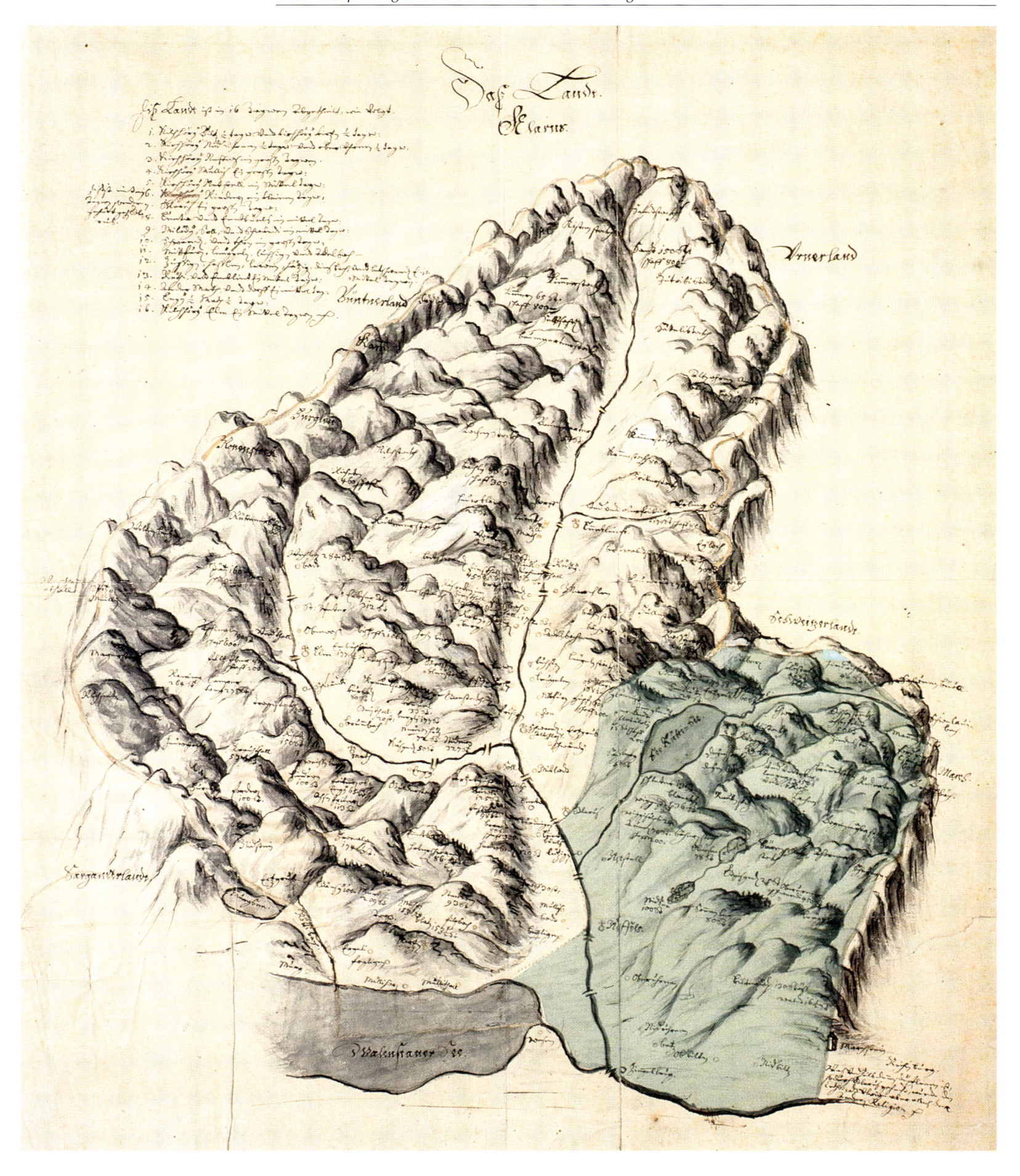

Glaubensspaltung und konfessionelle Landesteilung 39

Rapperswil. In diesen Gebieten übten fortan nur noch Zürich, Bern und – etwas hintenangesetzt – Evangelisch-Glarus ihre Herrschaftsrechte aus. Führende reformierte Glarner schlugen nun sogar vor, auch die schwyzerische Mitherrschaft in Uznach und im Gaster durch jene von Zürich zu ersetzen. Klugerweise verzichtete Zürich darauf, um diesen alten Zankapfel erneut einen Streit mit unabsehbaren Folgen zu entfachen.

Die Aufhebung der konfessionellen Landesteilung

Veränderte politische Verhältnisse

Frankreich formte 1798 die Alte Eidgenossenschaft zur Helvetischen Republik um; dabei vereinigte es Glarus mit Uznach, Gaster, Werdenberg und anderen ehemaligen Untertanengebieten im Kanton Linth. Die Mediationsverfassung von 1803 brachte Glarus die Rückkehr zu seinen alten Landesgrenzen, zur Landsgemeinde und zum konfessionell geteilten Staatswesen. Die Untertanengebiete indes gehörten in der Schweiz endgültig der Vergangenheit an. Uznach, Gaster und Werdenberg kamen zum damals neu geschaffenen Kanton St. Gallen. Damit fiel die stärkste Klammer weg, die Schwyz mit (Katholisch-)Glarus und den übrigen Inneren Orten verbunden hatte.

Der Glarner Landhandel war seit 1528 von einem Streit um staatsrechtliche Grundsätze belastet. Was sollte gelten: die *Glaubenszusagen an die katholischen Orte* oder der *Wille der Mehrheit*? Seit der Französischen Revolution und der Helvetik drängte die politische Entwicklung in der Schweiz zur Aufhebung alter Vorrechte, zur Gleichberechtigung aller Bürger und zur Entscheidungsgewalt der Mehrheit. Die gemeinsame Landsgemeinde setzte 1814 eine neue Verfassung in Kraft, die unter dem Schutz der Eidgenossenschaft stand. Sie bestätigte zwar vorläufig die bisherige Landesteilung, nahm indes neu ausdrücklich eine Revisionsbestimmung auf: «Die souveräne oberste Gewalt des gemeineidgenössischen Standes Glarus steht der gemeinen Landsgemeinde zu... In allem bleibt es bei unsern wohlhergebrachten Übungen, Landesgesetzen und Landesverträgen, und uns und unsern Nachkommen unbenommen und vorbehalten, diejenigen Abänderungen zu treffen, die Landammann und Rath und sämtliche Landleute der Ehre und dem Vortheile unseres Standes zuträglich erachten werden.»[7] 1830 fasste die Tagsatzung den Beschluss, dass es jedem eidgenössischen Stande kraft seiner Souveränität freistehe, die von ihm notwendig und zweckmässig erachteten Abänderungen in der Kantonsverfassung vorzunehmen. Die Tagsatzung werde sich auf keine Weise in bereits vollbrachte oder noch vorzunehmende Verfassungsreformen einmischen. Damit hatten sich die verfassungsrechtlichen Verhältnisse in der Eidgenossenschaft zugunsten der reformierten Mehrheit in Glarus verändert. Die katholischen Kantone konnten sich nicht mehr so unnachgiebig für Katholisch-Glarus einsetzen wie früher.

Aufhebung der Landesverträge

Seit 1655 begingen die katholischen und die reformierten Glarner die Näfelser Fahrt getrennt. Um 1830 regte sich im Volk immer stärker der Wunsch, den vaterländischen Gedenktag wieder zusammen zu feiern. So beschloss denn die Landsgemeinde 1835 beinah einmütig, in Zukunft die Fahrt wieder gemeinsam zu begehen.

Damals setzte sich die glarnerische Bevölkerung aus etwa 25 000 Reformierten und 3250 Katholiken zusammen. Noch immer beanspruchte die Minderheit einen Drittel der Landesämter und weitere Vorrechte. Die Landesteilung machte das Staatswesen und die Verwaltung schwerfällig; den neuen Anforderungen der Industrialisierung und der damit verbundenen sozialen Veränderungen genügte sie immer weniger. «Freigesinnte Glarner» – durchwegs Reformierte – forderten nach 1830 immer nachdrücklicher die Einführung einer liberalen Verfassung und nach 1834 auch eine Beseitigung der konfessionellen Landesteilung und der Landesverträge. Nun entflammte erneut eine heftige konfessionelle Auseinandersetzung, die den Kampf um eine neue Staatsordnung zunehmend überlagerte. Der Landsgemeinde von 1836 reichten die Liberalen sieben Anträge ein, welche die Einführung einer zeitgemässen Verfassung verlangten. Im Gegensatz zur Verfassung von 1814 behauptete der katholische Rat, die gemeinsame Landsgemeinde sei nicht befugt, über die Aufhebung der Landesverträge zu entscheiden; die Verträge könnten nur durch freie Zustimmung beider konfessioneller Landesteile geändert werden. Katholisch-Glarus wollte seine weitgehende staatliche Selbständigkeit bewahren und sträubte sich gegen die drohende Vormacht der reformierten Mehrheit.

An der Gemeinen Landsgemeinde vom 29. Mai 1836 weigerte sich Landammann *Franz Müller* von Näfels, ein Katholik, die Anträge zur Verfassungsänderung zur Abstimmung zu bringen. Nun führte Landesstatthalter Blumer die Abstimmung durch; die Mehrheit beschloss, die Landesverträge aufzuheben und eine neue Verfassung einzuführen. Im Juli 1837 setzte die Landsgemeinde die neue Verfassung in Kraft und wählte neue Behörden und Beamte für den ganzen Kanton. Anfang August sprach die Mehrheit

[7] *Stauffacher*; S. 281.

Glarner Infanterie 1842–1847; Gruppe von Offizieren zu Pferd und Soldaten in Näfels. Kolorierte Lithographie von A. Escher. (Museum des Landes Glarus)

der schweizerischen Kantone den Schutz der neuen Glarner Kantonsverfassung aus. Damit war die Landesteilung staatsrechtlich aufgehoben.

Widerstand der Katholiken

Was die Mehrheit als «Sieg des Rechts über ein 300jähriges Unrecht» feierte, empfand die Minderheit als bitteres Unrecht. Katholische Häupter und Geistliche riefen ihre Glaubensgenossen fanatisch zur Ablehnung der neuen Verfassung auf. Insgeheim erhofften sie sich Waffenhilfe von Schwyz; doch unter den veränderten politischen Gegebenheiten wagte es die einstige Schutzmacht nicht mehr, ihre Hand bewahrend über Katholisch-Glarus zu halten.

Friedfertig und geduldig versuchte der neue Landammann *Dietrich Schindler,* die Katholiken zu gütlichem Einlenken zu bewegen – vergeblich. Am 19. August 1837 rief der Landrat Auszugstruppen unter die Waffen und befahl den Vorstehern der Katholiken, binnen dreier Tage mitzuteilen, ob sie die neue Verfassung bedingungslos annehmen und den Behörden Gehorsam leisten wollten. Einzig die Vorsteher der Gemeinde Näfels änderten den Wortlaut der verlangten Erklärung zweideutig ab. Infolgedessen liess der Landrat drei Kompanien gegen Näfels marschieren; ohne auf Widerstand zu stossen, besetzten sie das Dorf. Die Katholiken mussten die alten Landesverträge ausliefern: das bedeutete für sie rechtlich die endgültige «Zernichtung der katholischen Staatsverfassung im Canton Glarus». Nach zwei Tagen nahm die Gemeindeversammlung von Näfels die neue Verfassung an; daraufhin zogen die Kompanien ab. Ohne Blutvergiessen endete so diese Auseinandersetzung, die wie ein vorweggenommener glarnerischer Sonderbundskrieg erscheint. Glarus bot damals insofern einen Modellfall folgender staatlicher Umbrüche, als sich an der Einführung liberaler Verfassungen später auch in anderen Kantonen und 1847/48 auf Bundesebene konfessionelle Konflikte entzündeten.

Nachbeben im Sonderbundskrieg

Die Frage, wie sich die Mehrheit der eidgenössischen Stände den sieben katholischen Sonderbundskantonen gegenüber verhalten solle, spaltete 1847 begreiflicherweise auch die Meinung der glarnerischen Bevölkerung. Am 8. Oktober 1847 lehnten Katholiken und reformierte Konservative im dreifachen Landrat ein bewaffnetes Vorgehen gegen den Sonderbund entschieden ab. Doch die liberale und radikale Mehrheit war bereit, «nöthigenfalls auch zu einer bewaffneten Exekution Hand zu bieten» und die Jesuiten ausser Landes zu verweisen. Am 24. Oktober wurde das glarnerische Bundeskontingent mobilisiert. Bei der Vereidigung in Glarus «trat indes Korporal Hil. Jakober hervor und erklärte, dass er als Katholik den Eid der Eidgenossenschaft nicht schwören könne». Vier katholische Soldaten folgten seinem Beispiel, worauf der Kommandant alle in Haft setzte. Bereits am anderen Tag leisteten die fünf den Eid und wurden aus der Haft entlassen.

Am 10. November 1847, beim eigentlichen Kriegsausbruch, hiess es im Bulletin der «Glarner Zeitung»: «Jeder Verkehr mit den Sonderbundskantonen ist aufgehoben und die Militärwachen haben die schärfsten Befehle in Handhabung dieses Verbotes. – Allen sonderbündlerischen Blättern ist einstweilen der Zutritt in den Kanton versperrt.» Offenbar bestand innerhalb des Kantons in reformierten Kreisen ein gewisses Misstrauen gegenüber den Katholiken, namentlich jenen von Näfels. Ein «Pertinax» stellte im Bulletin des folgenden Tages einige Fragen: «Es ist Gassengespräch, dass die Näfelser regelmässig Bericht aus dem Sonderbund und zwar über die Berge erhalten. Warum das? Nimmt unsere Militär- und Standeskommission keine Rücksicht auf derartige Gerüchte? – Es wurden seinerzeit sämmtliche Bürger des Landes aufgefordert, ihre Stutzer zu Handen des Landes abzugeben. In Näfels wurde einer abgegeben, obwohl daselbst viele sich befinden. Lässt man den Bürgern von Näfels etwa die Stutzer, damit sie dieselben allenfalls gegen uns gebrauchen können? Wäre hier nicht eine scharfe Massregel am Platze? Denn trau, schau wem, der Teufel ist ein Schelm.» Gegen diese Unterstellungen erhob der Gemeinderat von Näfels eine – allerdings erfolglose – Klage beim Polizeigericht.

Im Zusammenhang mit derartigen Verdächtigungen dürften zwei bisher übersehene Vorkommnisse stehen[8], die im Protokoll des Gemeinderates Näfels vom 12. November 1847 festgehalten sind: «Es seye gestern Abend, ohne vorherige Anzeige an den l. Gemeinderath, sowohl das Gemeindshaus (Freulerpalast) als das Wirtshaus zum Schwert in Beschlag genommen resp. mit Militär besetzt worden. Es seye auch gestern Abend durch H. Hauptmann Brunner dem Gemeindspräsidio angezeigt worden, dass die Bürgerwache in Näfels vom 11. auf den 12. November eingestellt seie und nach 8 Uhr Abends keine Einwohner von Näfels sich auf der Strasse oder aussert ihren Wohnungen aufhalten sollen.» Zudem verlegte man noch eine zusätzliche Kompanie nach Näfels und liess das Militär dort die Gewehre laden und auf der Molliser Linthbrücke die Kanonen gegen das Rautidorf richten. Auch wenn die «Glarner Zeitung» nichts von diesen Ereignissen oder gar einer Besetzung von Näfels berichtete, so erliess die Kantonsregierung am 11. November doch einige vorsorgliche Massnahmen, welche die Bevölkerung und Behörden von Näfels brüskierten. Alt Landammann Franz Müller und Ratsherr Anton Gallati sprachen daraufhin bei der Standes- und Militärkommission vor. Von weiteren Spannungen ist in der Folge nichts mehr zu vernehmen.

Schlussbemerkung
Der Kanton Glarus fand 1837 mit der neuen Verfassung zu einem ungeteilten Staatswesen und zum Mehrheitsprinzip an der Landsgemeinde zurück. Die Einheit des Kantons war 1847 zur Zeit des Sonderbundes immerhin so gefestigt, dass kein tiefgreifender Bruch entstand. Die katholische Minderheit blieb in ihrer Religion unangefochten, doch ihre politische Selbständigkeit verlor sie 1837 schlagartig. Wohl konnte sie in Zukunft immer einige Ratsherren und oft auch einen Vertreter in der regierenden Behörde stellen; die höchsten Landesämter jedoch besetzten während Jahrzehnten die Reformierten. Die Landsgemeinde gewährte den Katholiken erstmals wieder 1899 einen Landesstatthalter und 1926 einen Landammann.

Franz J. C. Müller (1800–1865) von Näfels; 1836/37 letzter katholischer Landammann vor der Aufhebung der Landesteilung, Gemeindepräsident von Näfels. Ölgemälde. (Museum des Landes Glarus)

[8] Den Hinweis auf diese Vorkommnisse verdanke ich *Albert Müller*, Näfels.

Literatur

Frieda Gallati; Die Rolle des Chronisten Aegidius Tschudi im Glarnerhandel; JHVG 58, 1952.
Kurt Mäder; Die Via Media in der schweizerischen Reformation. Studien zum Problem der Kontinuität im Zeitalter der Glaubensspaltung, Zürcher Beiträge zur Reformationsgeschichte 2; Zürich 1970.
Emil F. J. Müller; Die Landschaft als rechtsbildender Faktor, in: Schweiz. Rundschau 31, Heft 2, 1931. – Das Simultaneum an der Kirche zu Glarus, Glarus 1945. – Das eidgenössische Recht im Glarner konfessionellen Standeshandel von 1680/83; JHVG 52, 1946.
Leonhard von Muralt; Renaissance und Reformation, in: Handbuch I.
Hans Rudolf Stauffacher; Herrschaft und Landsgemeinde; Glarus 1989.
Stucki; RQ I.
Winteler; Geschichte I und II.
Markus Wick; Der «Glarnerhandel»; JHVG 69, 1982, hier umfassende Literaturangaben.

Das Land Glarus während der Helvetik 1798 bis 1803

Susanne Kubli

Alte und neue Schweizer; Karikatur auf die Nachahmung der französischen Kleidermode am Ende des Ancien Régimes. Kupferstich, um 1780. (Zentralbibliothek Zürich)

Die Französische Revolution und die Eidgenossenschaft

Die revolutionären Ereignisse in Frankreich während der Jahre 1789 bis 1799 hatten nicht nur eine Neuordnung der politischen und sozialen Verhältnisse in Frankreich zur Folge. Die gesamte europäische Staatenwelt stand unter ihrem Einfluss. Da die meisten Staaten, mit Ausnahme Englands und der Eidgenossenschaft, nach dem Prinzip der absoluten Monarchie regiert wurden, verfolgten sie die Veränderungen in Frankreich mit grösster Aufmerksamkeit, Sorge, aber auch mit Interesse. Unter König Ludwig XVI. herrschten in der Tat unhaltbare Zustände. Der finanzstarke Adel und der hohe Klerus waren von Steuern befreit und hatten sich durch private Darlehen an den Königshof eine Sonderstellung gesichert. Die gesamte Steuerlast lag auf dem dritten Stand, das heisst auf den Bürgern und Bauern, die faktisch kein politisches Mitspracherecht besassen.

Im Sommer 1789 hatten die Postulate der Aufklärung – die Forderung nach politischer Gleichberechtigung, freier Meinungsäusserung und persönlicher Freiheit – bei weiten Teilen des Bürgertums Fuss gefasst. Unterstützt von einigen Geistlichen und liberalen Adeligen erhob sich am 17. Juni der dritte Stand gegen die Monarchie. Der Gründung einer Nationalversammlung folgte am 14. Juli, entfacht durch die hohe Truppenpräsenz in Paris, der Sturm auf die Bastille. Die Errichtung einer verfassungsmässigen Monarchie, ähnlich derjenigen in England, scheiterte 1792 mit dem Fluchtversuch der Königsfamilie. Das Vorhaben wurde aufgedeckt, der König im Januar 1793 als Landesverräter hingerichtet. Innenpolitische Kämpfe zwischen den Revolutionsparteien endeten in einer jahrelangen Schreckensherrschaft. Die gegen Österreich und Preussen angezettelten Kriege brachten Hungersnöte und führten im Sommer 1799 schliesslich zum Staatsbankrott und zum Staatsstreich Napoleon Bonapartes. Das Direktorium, die eigentliche Exekutive, wurde aufgehoben, und Bonaparte übernahm als Erster Konsul die Regierungsgewalt.

Die Reaktionen in der Eidgenossenschaft auf die Ereignisse im Nachbarland waren unterschiedlich. Die Führungsschicht der regierenden Stadtorte sah sich durch die Forderungen der Französischen Revolution bedroht, denn sie hatte sich mit den französischen Standesgenossen weitgehend identifiziert und deren Lebens- und Regierungsweise übernommen. Das Land Glarus und andere Landsgemeindeorte sahen im Vormarsch Frankreichs, der Besetzung Savoyens, Italiens und der Niederlande keinen Grund zur Beunruhigung. In der Landsgemeinde, so argumentierten die Glarner, besässe ihr Land bereits jenes demokratische Element, das die Franzosen forderten; und man hoffte, die lange bestehende freundschaftliche Beziehung zu Frankreich würde den Nachbarn wohl von einer Invasion der Eidgenossenschaft abhalten. In den Untertanengebieten fielen die Ideen der Freiheit, Gleichheit und Brüderlichkeit auf fruchtbaren Boden. Man war der fremden Landvögte müde und wollte sich von teilweise jahrhundertelanger Abhängigkeit lösen. Anfang Februar 1798 verlangten Werdenberg, Uznach und das Gaster ihre Unabhängigkeit von Glarus. Diesem Begehren entsprach die Landsgemeinde erst am 5. März, als eine französische Armee vor Bern stand.

Das Ende der Alten Eidgenossenschaft – die Helvetische Republik

Nun, es kam anders, als man in Glarus gemeinhin dachte. Bonaparte hatte nach seiner Machtergreifung das Bestreben nach der Vorherrschaft des Königreiches fortgeführt und die Eidgenossenschaft früh in seine strategischen Pläne miteinbezogen. Bereits im Januar 1798 besetzten französische Truppen die Westschweiz und riefen die Lemanische Republik aus. Auch Freiburg, Solothurn und Bern vermochten dem Vormarsch der Franzosen nicht standzuhalten.

Unmittelbar nach der Einnahme Berns am 5. März wurde auf französische Anweisung hin die neue helvetische Verfassung, welche vom

Basler Oberzunftmeister Peter Ochs entworfen und von Bonaparte abgesegnet worden war, eingeführt. Die neugeschaffenen Ämter wurden, wenn immer möglich, mit Frankreich freundlich gesinnten Bürgern – den Patrioten – besetzt. Mit der neuen Verfassung entstand in der Schweiz erstmals eine unüberblickbare Bürokratie. Auch der Umgang mit dem bislang unbekannten parlamentarischen System erschwerte ein effizientes Erledigen der Geschäfte. Die örtliche Selbstverwaltung, das Grundprinzip der Eidgenossenschaft, war durch einen aufgeblähten Beamtenapparat ersetzt worden. Als Hauptstadt der neuen helvetischen Republik wurde zuerst Aarau auserkoren, am 4. Oktober dann Luzern. Doch bereits im Mai 1799 mussten die Parlamentarier ein zweites Mal umziehen. Aufgrund der Kriegsgefahr hatte General Masséna beschlossen, die Hauptstadt nach Bern zu verlegen.

Widerstand der Landsgemeindeorte

Der ersten Nationalversammlung vom 12. April 1798 waren die Orte Uri, Schwyz, Unterwalden, Zug und Glarus ferngeblieben, da sie eine republikanische Verfassung ablehnten. An der Landsgemeinde vom 4. und 15. April beschlossen die Glarner, bei der alten Ordnung zu verbleiben und «die von unseren seligen Vorfahren und mit ihrem theuren Blut erworbenen Freyheit als der grösste Theil unseres Vermögens mit Leib Gut und Blut bis auf das Äusserste zu vertheidigen».[1]

Im Anschluss an diese Landsgemeinde wurden eilends acht Piquets zu je 400 Mann ausgehoben. Frankreich freundlich gesinnte Bürger, unter ihnen der spätere Regierungsstatthalter Jakob Heussi von Bilten, fühlten sich durch die kriegshetzerische Stimmung bedroht und zogen vorübergehend ausser Landes. Der Widerstand der Inneren Orte gegen die zahlen- und organisationsmässig überlegenen Truppen Schauenburgs und Nouvions war gleichsam ein letztes Aufbäumen der alten Eidgenossen. Bei Wollerau und Bäch trafen französische Truppen am 30. April auf die verbündeten Glarner und Schwyzer. Das ungleiche Verhältnis entschied nach kurzem, heftigem Gefecht zugunsten der Franzosen. Am 1. Mai sandte der Rat zwei Abgeordnete zu General Schauenburg, um einen Waffenstillstand auszuhandeln. Dabei erhielten die Glarner die Zusicherung, dass sie nach Annahme der neuen Verfassung ihre Waffen behalten dürften. Ferner versprach ihnen der General, keine französischen Truppen im Land zu stationieren, sofern sich das Volk ruhig verhalte. Zwei Tage später bestätigte die Landsgemeinde, die vorläufig ein letztes Mal einberufen wurde, die Annahme der neuen Verfassung.

Der Kanton Linth

Gemäss «Ochsenbüchlein» – wie man die neue Verfassung etwas verächtlich nannte – wurde das Land Glarus mit den ehemaligen Untertanengebieten im neuen Kanton Linth zusammengefasst. Glarus blieb zwar Hauptort des neugeschaffenen Kantons, doch mit der alten Selbstherrlichkeit war es vorbei.

Der Kanton Linth bestand aus sieben Distrikten: Neu St. Johann 11 655 Einwohner, Werdenberg 10 566, Mels 9786, Schwanden 10 030, Glarus 13 989, Schänis 11 576 und Rapperswil 10 434 Einwohner. An der Spitze stand der vom helvetischen Direktorium ernannte Regierungsstatthalter Joachim Heer. Die einzelnen Distrikte unterstanden den jeweiligen Distriktstatthaltern. Das neue – und wie sich bald herausstellte – höchst undankbare Amt des Gemeindevorstehers, Agent genannt, bestand darin, die vom Regierungsstatthalter erlassenen Befehle in den einzelnen Gemeinden durchzusetzen. Jeder Bürger war verpflichtet, den Eid auf die neue Verfassung zu schwören. Dagegen leistete insbesondere der katholische Klerus starken Widerstand. Auch die Kapuzinermönche in Mels weigerten sich, den Eid zu leisten, worauf man sie des Landes verwies und das Klostergut auf Befehl des helvetischen Direktoriums einzog. Die Patres von Rapperswil und Näfels entgingen diesem Schicksal, da sie dem Aufruf ihres Provinzials, der ihnen den Eid nahelegte, Folge leisteten.[2] Die Eidesleistung wurde in den Glarner Gemeinden auf verschiedene Weise begangen. In Glarus, dem alten und neuen Hauptort, läuteten türkische Musik und

Links: «Vive la République de Suisse». Einheimische und französische Soldaten tanzen um einen Freiheitsbaum. Am Boden liegen Symbole der alten Herrschaft: Bischofsmütze, Krone, Szepter und Reichsapfel; im Hintergrund ein brennendes Schloss. Kolorierte Radierung, um 1800. (Staatsarchiv Basel)

Oben: Schild des Weibels des Distriktsgerichtes Glarus, Kanton Linth. (Museum des Landes Glarus, Näfels)

Unten: Stempel der Verwaltungskammer des Kantons Linth. (Landesarchiv Glarus)

[1] Stucki; RQ II, S. 534.
[2] Schwitter; S. 194.

Der Kanton Linth

Karte des Kantons Linth mit den Distrikten Rapperswil, Neu St. Johann, Schänis, Werdenberg, Glarus, Schwanden und Mels, umgeben von den Kantonen Zürich, Sentis, Waldstätte und Rhätien.

Tanz die neue Zeit ein. In Mollis hingegen, so berichtet uns Melchior Schuler, sei die Sache am 26. August nach dem Gottesdienst in aller Stille und ohne jegliche Festivität vonstatten gegangen. Von den Molliser Mädchen sei keine so ehrlos gewesen, an den Tänzen um den Freiheitsbaum teilzunehmen.[3]

Der Freiheitsbaum hatte seinen Ursprung im Maibaum, der gleichzeitig als Zeichen der Erinnerung an ein bestimmtes Ereignis verwendet wurde. Seit den frühen 1790er Jahren galt er, neben der Kokarde, als eines der Hauptsymbole der Französischen Revolution. 1798, im Jahr der französischen Besetzung der Eidgenossenschaft, stand der Freiheitsbaum für «die Befreiung der Eidgenossen von den Oligarchen». Das Volk setzte ihn jedoch bald mit der aufgezwungenen helvetischen Verfassung und der fremden Besatzung gleich. Je mehr die Last der Einquartierungen und Requisitionen zunahm, um so verhasster war der Anblick dieser Freiheitsbäume. Als sich im Mai 1799 in Glarus die Kunde vom Anrücken der Österreicher ausbreitete, beseitigten einige Altgesinnte als erstes diese Freiheitsbäume.

Unter französischer Besatzung

Die im Waffenstillstandsabkommen – der Kapitulation – enthaltene Zusicherung, von französischer Besetzung frei zu bleiben, beruhigte die Gemüter der Glarner. Um so heftiger und erschütterter reagierte man am 18. September 1798 auf die Nachricht, dass 2400 Mann der 18. Halbbrigade im Glarnerland einquartiert werden sollten. Diese erste französische Besetzung war obendrein verbunden mit dem Befehl zur unverzüglichen und vollständigen Entwaffnung der Bürger. Dieser Befehl war schon in den meisten Gemeinden in die Tat umgesetzt worden, als es Regierungsstatthalter Joachim Heer gelang, den Kommandanten Nouvion zur Zurücknahme die-

[3] JHVG; Heft 31, S. 83.

Aesops Fabeln, oder Geschichte			der Schweizer-Revolution.			
Mengaud predigt den Schweizern die Freyheit.	Die Schweiz reizt Frankreich zum Krieg.	Friedens Unterhandlungen	Vertheilung des Helvetischen Schatzes.
Ochs preist seinen Landsleuten die Constitution an.	Feirung des Bundes Festes zwischen Frankr. u. d. Schweiz.	Off und defensiv Allianz	Beschluss der Helvetischen Revolutions Geschichte.

ser Ordre zu bewegen. Auf die Versicherung hin, dass diese Truppen für Graubünden bestimmt seien und sich nur für einige Tage im Linthtal aufhielten, sahen die Glarner der Ankunft der Franzosen gelassen entgegen. Der am 25. September erfolgte Abzug der Truppen und die Rückgabe der beschlagnahmten Waffen erfreuten die Behörden über alle Massen. Als Dank erhielt der Kommandant eine Gemse.

Entgegen allen Erwartungen wurden jedoch bereits im Oktober neue Truppen im Kanton Linth stationiert. Die Bevölkerung war verpflichtet, die Soldaten mit Kerzen, Holz, Wasser und Stroh für das Nachtlager zu versorgen. Für die Pferde musste Heu bereitgestellt werden. Da oftmals der Sold wie auch der Nachschub lange auf sich warten liessen, bedienten sich die Soldaten und Offiziere in den Vorratskammern sowie den Obst- und Gemüsegärten ihrer Gastgeber und zwangen diese, ihnen mit gekochten Speisen aufzuwarten. Auch Hühner, Ziegen und Schafe waren vor den durchziehenden oder stationierten Truppen nicht mehr sicher.

Der zweite Koalitionskrieg

Bereits im Sommer 1798 zeichnete sich ein weiterer Konflikt zwischen den Monarchien Österreich und Russland und dem revolutionären Frankreich ab. Graubünden, der helvetischen Republik noch nicht angeschlossen, verweigerte einen Anschluss auch weiterhin. Die grausame Niederschlagung des Aufstandes in Nidwalden bewirkte im Gegenteil eine engere Anlehnung an Österreich. Im Oktober marschierten, von den Bündnern um militärischen Schutz gebeten, österreichische Truppen unter Auffenberg in Graubünden ein und besetzten das Rheintal bis nach Disentis. Daraufhin besetzte Frankreich seinerseits das Glarnerland, Basel sowie die Gotthardstrasse bis nach Bellinzona. Die helvetischen Behörden wurden zur Aushebung eines Hilfkontingents von 18000 Mann aufgefordert. Die Bevölkerung zeigte jedoch wenig Interesse, sich für Frankreich anwerben zu lassen. Viele junge Männer flohen stattdessen nach Österreich, wo sie in das von emigrierten Berner und Solothurner Patriziern gebildete Emigrantenkorps eintraten. Dieses Korps unterstand dem aus dem Züribiet gebürtigen Feldmarschall-Lieutenant Hotze.

Ende Februar 1799 brach der zweite Koalitionskrieg aus. General Masséna, der Oberkommandierende der französischen Truppen in der Schweiz, besetzte Graubünden und nahm General Auffenberg und einen Grossteil seines Heeres gefangen. Doch im selben Monat erlitten die Franzosen in Süddeutschland und in Italien schwere Niederlagen.

Im Mai marschierten österreichische Truppen, unter ihnen auch das Emigrantenkorps, in die Ostschweiz ein. Am 23. Mai erreichten sie Glarus. Die helvetische Beamtenschaft musste abdanken. An ihre Stelle trat eine vorwiegend aus Altgesinnten bestehende Regierung. Auch die Landsgemeinde wurde wieder eingeführt. In der ersten Schlacht von Zürich, am 4. und 5. Juni, besiegten die Truppen Hotzes die Franzosen. General Masséna musste die Stadt räumen. Nach dreimonatiger Kampfpause brach jedoch der Krieg Anfang September wieder aus. Für die Glarner wendete sich das Blatt schon Ende August.

Satirische Darstellung der Eroberung der Schweiz durch Frankreich in Anlehnung an Aesops Fabeln. Radierung, um 1800. (Museum des Landes Glarus)

Rechte Seite:

Oben: Die russische Armee General Suworows im Klöntal. Ausschnitt aus einer Radierung von Ludwig Hess, 1800. (Museum des Landes Glarus)

Unten: Graf Alexander Suworow, kaiserlich russischer General Feldmarschall. Aquatinta von Heinrich Lips, um 1800. (Museum des Landes Glarus)

Über den Pragelpass und von der March her rückten die Generäle Molitor und Soult mit ihren Truppen gegen das Linthtal vor. Nachdem die Österreicher bis an den Kerenzerberg zurückgedrängt worden waren, gelangte das Glarnerland wieder unter französische Kontrolle. Die Verbündeten beschlossen nun, die Bekämpfung der Franzosen ganz den russischen Truppen zu überlassen. Hotzes Einheiten sollten die Linthlinie, das Glarnerland und Graubünden bis zur Ankunft des russischen Heeres unter General Alexander Suworow decken.

Suworows Armee hatte in Oberitalien jeglichen Widerstand der Franzosen gebrochen und versuchte nun, über den Gotthardpass in die Innerschweiz vorzudringen, um sich dort mit österreichischen und weiteren russischen Truppen unter Korsakov zu vereinigen. Die Niederlage der Koalierten am 25. September in der zweiten Schlacht von Zürich vereitelte diesen Plan. So waren, als Suworow am 26. September in Altdorf eintraf, die österreichischen sowie die russischen Truppen Korsakovs bereits auf dem Rückzug durch das Rheintal. Mit seinen rund 16 000 Mann überstieg Suworow den Kinzigpass und erreichte das Muotatal. Am 29. September rückten die russischen Truppen gegen den Pragelpass vor, wo sie auf französische Einheiten General Molitors trafen. In schweren Kämpfen drängten sie die Franzosen nach Riedern, Netstal und schliesslich bis nach Näfels zurück. Vom 1. bis zum 4. Oktober lagerte das russische Heer in Glarus und Riedern, die Vorhut bei Netstal. Durch die langen und entbehrungsreichen Märsche über den Gotthard, den Kinzig- und den Pragelpass hatten die russischen Truppen viele ihrer Tragtiere eingebüsst. Das Urnerland wie das Muotatal waren schon vor ihrer Ankunft von den Franzosen geplündert worden, so dass sie kaum mehr Lebensmittel auftreiben konnten. Auch verfügten weder Soldaten noch Offiziere über marschtüchtiges Schuhwerk. Wo immer die Russen auf Franzosen stiessen, bemächtigten sie sich ihrer Schuhe und Strümpfe.

Vom 5. bis 7. Oktober erfolgte der Abzug der russischen Armee durch das Sernftal und über den Panixerpass nach Graubünden. Der Marsch über den eingeschneiten Pass wurde für viele Soldaten der letzte, denn die einheimischen Bauern, welche zum Führerdienst gezwungen worden waren, schlichen sich auf der Passhöhe davon. Hunderte erfroren, starben an Erschöpfung oder glitten auf dem schmalen, von den Hufen der Tragtiere aufgewühlten Pfad aus und stürzten in die Tiefe. Von den 15 700 in Elm angekommenen Soldaten trafen am 8. Oktober noch deren 13 000 in Ilanz ein, von den 2000 Lasttieren nur noch 70. Die endgültige Entscheidung im zweiten Koalitionskrieg brachte Bonapartes Sieg am 14. Juni 1800 bei Marengo. Wenige Wochen später war auch Graubünden wieder in französischer Hand.

Glarus im Herbst 1799

Bei der Ankunft des russischen Heeres hatte das Land Glarus bereits ein Jahr unter französischer Besatzung gestanden. Doch waren es nicht die Franzosen, sondern vielmehr die russischen Soldaten und ihr General Alexander Suworow, die den Glarnern und Schwyzern bis in unsere Zeit im Gedächtnis haften blieben. Schon in Muotathal hatte der General, «ein Greis von 70 Jahren», der Vorsteherin des Frauenklosters St. Joseph grossen Eindruck gemacht. Nicht so sehr seiner militärischen Erfolge wegen, sondern deshalb, weil die russischen Truppen, ganz im Gegensatz zu den französischen und österreichischen, requirierte Lebensmittel wenn immer möglich bezahlten. Auch über das fürchterliche Aussehen und das auffallend gesittete Betragen dieser Russen wunderte man sich beidseits des Pragelpasses.

In Glarus angekommen, bot die russische Armee einen bemitleidenswerten Anblick. In Riedern und Netstal, so berichtet uns der Ennendaner Schreiner Balthasar Joseph Tschudi, seien die Scheunen und Keller überfüllt gewesen von verwundeten Russen. Die Glarner Behörden riefen die Bevölkerung zur Unterstützung der russischen Truppen auf. So machte sich auch Tschudi mit zwei kleinen Käselaiben auf den Weg nach Netstal. Einen der beiden Käse musste er jedoch in Glarus den Kaiserlichen abgeben. Allerorts bewunderten die Glarner die russischen Soldaten, die trotz aller Mühsale ihrem General unbeirrbar die Treue hielten.

Von den Kriegswirren und der wirtschaftlichen Not erschüttert, befand sich das Volk in diesen ersten Tagen des Oktobers 1799 in einer eigentlichen Endzeitstimmung. Selbst die Taufe von sechs Kindern schien keinen Hoffnungsschimmer darzustellen, vermerkte doch der Pfarrer von Schwanden am 1. Oktober im Taufregister: «Ein unglücklicher Tag für die Menschheit. Alle diese (Kinder) sind im fürchterlichsten Sturm des Krieges getauft worden, als Franken, Russen und die Kaiserlichen das mörderlichste Treffen im Lande lieferten. Betrübt ist's, ein Mitglied der Menschheit zu werden, die die Menschlichkeit ausgezogen hat.»[4]

Zeit der Not

Nach dem Abzug der Russen und Österreicher blieb das Glarnerland auch weiterhin unter französischer Besatzung. Wenngleich die Anzahl dieser Truppen im Vergleich zum Sommer und Herbst – Näfels mit 1343 Einwohnern hatte allein im Mai 1799 gegen 22 000 Mann zu verpflegen – stark reduziert wurde, so stellten sie immer noch eine grosse Belastung für die Bevölkerung dar. Sämtliche Wintervorräte waren schon im Herbst aufgezehrt oder von fremden Heeren requiriert worden. Da der Sold oft mit Verspätung oder gar nicht eintraf, war es selbst bei gutem Willen nur wenigen Truppenangehörigen möglich, für ihre Verpflegung aufzukommen. Die Gutscheine, welche die französische Armee als Gegenleistung für Requisitionen ausstellte, konnten nie eingelöst werden. So gingen selbst den wohlhabenden Bürgern, den Kaufleuten und Fabrikherren, die gemäss ihrem Vermögen stärker mit Einquartierungen belastet wurden, die Vorräte aus.

Diese Verarmung der sozial besser gestellten Schicht beeinträchtigte ihrerseits das Wohl der Handwerker. Der Schreiner Balthasar Tschudi, dem wir schon einmal begegnet sind, klagt in seinem Tagebuch über diese verdienstlose Zeit, in welcher nicht einmal mehr die Reichen genug besässen, um sich etwas anfertigen zu lassen. Tschudi, wie wohl noch andere, versuchte sein Glück in Altdorf, welches im Herbst 1799 niedergebrannt war. Doch auch hier wurden lediglich die notwendigsten Zimmermannsarbeiten vergeben. Zurück in Ennenda beschloss Tschudi, als Hausierer einen Versuch zu wagen, doch der Erfolg blieb aus. Mit um so grösserer Freude und Erleichterung berichtet er kurze Zeit später, Landeshauptmann Zwicky habe ihm eine Kommode und Koffer für dessen Tochter in Auftrag gegeben. Trotz der Schicksalsschläge jener Monate gehörte Tschudi zu den Glücklicheren.

Die Baumwollspinnerei brachte kaum mehr etwas ein, so dass ein Grossteil der Heimspinner ohne Hoffnung auf einen Verdienst der völligen Verarmung preisgegeben war. Zeitgenössische Quellen berichten von den kahlen Räumen, in denen diese Menschen hausten. Alle Wertsachen, selbst Möbel und Kleider mussten sie verkaufen, um wenigstens etwas Brot oder Kartoffeln zu bekommen. Alle froren, viele waren krank, da das meiste Brennholz requiriert worden war. Das helvetische Direktorium zeigte sich dieser Not in den Kantonen Waldstätten, Linth und Säntis kaum gewachsen. Trotz zahlreicher Spenden – selbst aus dem Ausland – verhinderten der helvetische Amtsschimmel und der Mangel an finanziellen Mitteln eine unbürokratische und schnelle Belieferung mit Kleidern und Lebensmitteln.

Aus dem Gross- und Kleintal strömten Bettler nach Schwanden, welches noch Jahre danach das Tor zur Armut genannt wurde. Diakon Leonhard Tschudi, der sich im Pfarrhaus Schwanden täglich von bettelnden und hungernden Menschen bedrängt sah, reiste kurzerhand ins Bernbiet, wo er die von den Kriegen weitgehend verschonte Bevölkerung zu Spenden für die Glarner

Johann Melchior Kubli von Netstal und seine Frau. Landesfähnrich und Ratsherr Kubli war französenfreundlich und während der Helvetik Senator im helvetischen Parlament. Ölgemälde von Fridolin Grob, 1816. (Museum des Landes Glarus)

Rechte Seite:

Aufruf des Regierungsstatthalters an die Bürger des Kantons Linth vom 9. November 1798 (Ausschnitt). Tell und sein Sohn waren die Symbolfiguren der Helvetischen Republik. (Museum des Landes Glarus)

[4] *Schmid,* Schwanden; S. 132.

Freyheit. Gleichheit.

Der Regierungs-Statthalter des Kantons Linth an alle Bewohner desselben.

Bürger!

Unsere helvetische Konstitution sagt von dem politischen Stand der Bürger, daß jeder ein gebohrner Soldat des Vaterlands seye, daß er, wenn das Gesetz es erlaube, sich durch einen andern könne ersetzen lassen, aber schuldig seye, zwey Jahr unter dem auserwählten Korps seines Kantons zu dienen

Der achte Constitutions Titel von der bewaffneten Macht der Republik bestimmt, daß in Friedens-Zeiten ein besoldetes Truppen-Korps gehalten werden soll, welches durch freywillige Anwerbung, oder im Fall der Noth auf die durch das Gesetz bestimmte Art, formiert wird; und daß in jedem Kanton ein Korps von auserlesenen Milizen oder National-Garden seyn solle, welche allezeit bereit seyen, im Nothfall zu marschieren, entweder um der gesetzlichen Obrigkeit Hülfe zu leisten, oder einen ersten fremden Angrif zurück zu treiben.

Gruß und Bruderliebe!

Der Regierungs-Statthalter

J. J. Heussy.

Glarus den 9ten Wintermonat. 1798.

aufrief. In einem Bericht, in dem alle Gaben säuberlich notiert sind und auch die Verteilung auf die Gemeinden des Glarner Hinterlandes ersichtlich ist, gibt der Diakon Rechenschaft über seine Sammelaktion. Bei den Behörden stiess er aber auf Widerstand, und sie verboten ihm eine zweite private «Bettelreise».

Regierungsstatthalter Niklaus Heer, der 25 Jahre jung dieses bürdevolle Amt angetreten hatte, gründete nach dem Vorbild anderer Städte eine «Hülfsgesellschaft». Im Dezember 1799 erkundigte er sich bei Johann Kaspar Hirzel, dem Präsidenten der Zürcher Hülfsgesellschaft, über die Herstellung und die Kosten der Rumfordsuppe. Diese Suppe war von Sir Benjamin Thompson, Graf von Rumford, einem amerikanischen Physiker in bayrischen Diensten, entwickelt worden. Ihr Ziel war die Speisung von Massen mit einer möglichst billigen Nahrung, die jedoch alle wichtigen Nährstoffe enthalten sollte. Eine Probe dieser aus Hülsenfrüchten, Kartoffeln und Brot zubereiteten Suppe wurde im Waschhaus des Regierungsstatthalters gekocht und von den eingeladenen Gemeindebehörden und dem Pfarrer gekostet. Nachdem diese sie allgemein als sehr gut befunden hatten, richtete man daraufhin auch in Mollis, Näfels, Niederurnen und Schwanden solche Suppenanstalten ein.

Kinderauswanderung

Eine weitere Notmassnahme zur Bekämpfung der Armut war die Kinderauswanderung. Agenten hatten die Aufgabe, Listen der ärmsten Familien in ihren Gemeinden zu erstellen. In aller Eile wurden diese Kinder gesammelt, und am 10. Januar 1800 verliess ein erster Zug von 135 Personen unter der Aufsicht von Major Jost Hertach das Glarnerland. Ziel ihrer Reise waren die Städte des Mittellandes und der Westschweiz, die sich spontan zur einstweiligen Aufnahme und Pflege dieser Kinder bereit erklärt hatten. Zu Fuss, auf Requisitionswagen und per Schiff langten die Kinder gleichentags in Zürich an, wo sie die Hülfsgesellschaft in Empfang nahm. Mit Nahrung, Kleidung und Schuhwerk versehen, fanden die Kinder Unterkunft bei Stadtbürgern, im Chorherrenstift und im Spittel. Wer nicht ständig in Zürich bleiben konnte, wanderte weiter nach Basel, Bern, Solothurn, Yverdon oder Genf.

Manche Pflegeeltern behielten die über Sechzehnjährigen während mehrerer Jahre als Lehrlinge bei sich. Andere, besonders die Jüngsten, wurden nicht selten adoptiert. Für die vielen krätzigen Kinder fanden die Mitglieder der Hülfsgesellschaft oft nur schwer einen Platz. Andere Kinder wiederum bereiteten ihren Pflegeeltern wegen Heimweh und Ungezogenheit einige Mühe. Wer das Betteln und Stehlen trotz aller Ermahnungen nicht lassen konnte, wurde mit einem Verweis an die Glarner Behörden unverzüglich zurückgeschickt. Die meisten kehrten jedoch, als sich die Situation zu Hause wieder etwas verbessert hatte, im Verlauf des Jahres 1800 ins Glarnerland heim. Im gesamten hatten zwischen dem 10. Januar und dem 11. Mai 1800 etwa 16 Züge mit insgesamt 1300 Kindern das Glarnerland verlassen. Über die Namen und die Herkunft der Kinder wissen wir nur sehr wenig, da die Züge oft erst gegen Abend und unangemeldet in Zürich eintrafen, so dass der Hülfsgesellschaft kaum Zeit blieb, für die Kinder Nahrung und Obdach zu beschaffen, geschweige denn Namens- und Adresslisten anzufertigen.

Das Ende der Helvetik

Nach dem Abzug der verbündeten Truppen und dem definitiven Sieg Napoleons am 14. Juni 1800 bei Marengo befand sich die helvetische Republik in einem Zustand politischer Zerrüttung. Frankreich freundlich gesinnte Unitarier polemisierten in den Räten und in Flugschriften gegen die Partei der vorwiegend altgesinnten Föderalisten. Bonaparte schien mit Rücksicht auf die historisch gewachsenen Strukturen der Schweiz ein föderalistisches Prinzip zu bevorzugen, enthielt sich aber vorerst einer direkten Einmischung in diese Verfassungskämpfe. Im Frühling 1801 entwarf er eine Verfassung für die Schweiz und stellte sie in Malmaison den helvetischen Gesandten vor. Diesem Entwurf, einem Kompromiss zwischen den Wünschen und Forderungen der Unitarier und denjenigen der Föderalisten, blieb trotz guter Ansätze die Zustimmung versagt. Um so mehr, als darin das Wallis an Frankreich abgetreten werden sollte.

Ankunft verwaister Kinder in Murten im Oktober 1798. Holzstich nach einer Zeichnung Albert Ankers, um 1880.

Im Sommer 1802 liess Bonaparte alle französischen Truppen aus der Schweiz abziehen. Das Schicksal der helvetischen Regierung, die sich ohnehin nur noch mit französischer Truppenpräsenz hatte halten können, war damit besiegelt. Ziel dieses Schachzuges Bonapartes war der totale Zusammenbruch aller politischen Strukturen, um dann das Land nach seinem Gutdünken neu zu formieren.

Unmittelbar nach dem Abzug der Franzosen erhob sich die Innerschweiz unter Alois von Reding. Dieser Widerstandsbewegung schlossen sich in rascher Folge Glarus, Appenzell, Graubünden und das Mittelland an. Unter der Führung Oberst Rudolf Ludwigs von Erlach marschierten aufständische Truppen gegen Bern und zwangen die helvetische Regierung zur Kapitulation und zur Übersiedlung nach Lausanne. In der Innerschweiz schlossen sich die Urkantone zu einer Tagsatzung zusammen. Sie bestellte einen Kriegsrat und einen General, den Näfelser Niklaus Franz von Bachmann. Erst als die Widerstandsbewegung die Westschweiz erreicht hatte und Lausanne belagerte, griff Bonaparte auf Bitten der bedrohten helvetischen Regierung ein. Die Tagsatzung lehnte jedoch sowohl die französische Vermittlung als auch eine Rückkehr zur helvetischen Verfassung ab, worauf am 21. Oktober 1802 erneut französische Truppen in die Schweiz einmarschierten. Die Tagsatzung löste sich auf, ihre Führer wurden verhaftet.

Im Winter 1802/03 fanden sich auf Befehl des Ersten Konsuls gegen 70 helvetische Gesandte in Paris ein, um über eine friedliche Einigung zu beraten. Entgegen dem Drängen der Unitarier bestand Bonaparte auf einer föderativen Struktur der Schweiz und legte dies in einem neuen Verfassungsentwurf, der Mediationsakte, fest. Diese Akte garantierte und forderte die Wiederherstellung der Kantone, die Rechtsgleichheit, die endgültige Aufhebung der Untertanenverhältnisse und den Verzicht auf patrizische Privilegien. Gewissermassen als Gegenleistung sah sich die Schweiz nun noch enger an Frankreich gebunden. Am 10. März 1803 legten die helvetischen Behörden ihre Ämter nieder, und in allen Kantonen übernahmen provisorische Regierungen die Verwaltung.

Literatur

Johann Jakob Blumer; Der Kanton Glarus in der Revolution von 1798; JHVG 3, 1867.
Der Geschichtsfreund; Mitteilungen des historischen Vereins der fünf Orte Luzern, Uri, Schwyz, Unterwalden und Zug, Bd. 50; Stans 1895.
Andreas Staehelin; Helvetik, in: Handbuch II.
Johann Caspar Hirzel; Geschichte der aus ihrer Heimath wegen Mangel an Nahrung in andere Cantone Helvetiens wandernden helv. Bürger und Kinder aus den Cantonen Linth und Säntis, bei ihrem Durchzug durch Zürich; Zürich 1800.
Frieda Gallati; Glarus im Herbst 1799; JHVG 58, 1958.
Emanuel Schmid; Beiträge zur Geschichte der Gemeinde Schwanden; Glarus 1937.
J.J. Steinmüller; Freymüthige Gedanken über die neuesten Ereignisse meines lieben Vaterlandes; Glarus 1798.
Balthasar J. Tschudi; Die Chronik der Familie des Balthasar Josef Tschudi von Ennenda und seiner Frau Maria Magdalena Stählin von Netstal; begonnen a. 20. Christmonat 1790, beendet nach 1802. – Transkription von German Studer, Mskr.; Glarus 1984.

Impulse für die Zukunft

Die Mediationsakte von 1803 war in vieler Hinsicht wegweisend für die Bundesverfassung von 1848. Im wirtschaftlichen und politischen Bereich – beispielsweise mit der Abschaffung der Feudallasten und der Einführung der Meinungs- und Pressefreiheit – hatte die Helvetik neue Impulse für die Zukunft gegeben. Hingegen scheiterte die Einführung eines einheitlichen modernen Steuersystems weitgehend am allgemeinen Geldmangel, da jegliche Mittel für die Versorgung der französischen Besatzungsarmeen gebraucht wurden. Auf den Gebieten der Währungen, der Masse und Gewichte, des Postwesens und der Zölle erreichte die helvetische Regierung bereits wesentliche Vereinheitlichungen und damit Vereinfachungen.

Die stärksten Erneuerungen während der Helvetik erfuhr das Schulwesen. In den Bereichen der Erziehung und Bildung wurden nach dem französischen Vorbild neue Schwerpunkte gesetzt. Die Forderungen nach einem neuen Primarschulwesen, nach staatlicher Schulaufsicht und nach besserer und fachgerechterer Ausbildung der Lehrer fanden in Erziehungsminister Philipp Albert Stapfer einen tatkräftigen Fürsprecher. Sein Zeitgenosse Johann Heinrich Pestalozzi gilt heute noch als der geistige Schöpfer der modernen Volksschule. Für ihn bestand Erziehung nicht in Drill, sondern in der systematischen Entfaltung der in der menschlichen Natur liegenden Kräfte. Bildungsfähigkeit war damit erwiesenermassen nicht von aristokratischer Herkunft abhängig. Diese Schulreformen fanden durch die aufgeschlossenen Pfarrer Andreas Tschudi, Melchior Schuler, Jost Heer und Balthasar Marti Eingang in das Glarnerland. Entgegen der Widerstände seitens der altgesinnten Beamten und Lehrer entstanden unter der Aufsicht und Leitung dieser «revolutionären» Pfarrherren und der Mithilfe von Regierungsstatthalter Niklaus Heer in mehreren Glarner Gemeinden Schulen, welche die Lehre Pestalozzis ansatzweise zu verwirklichen suchten. Aus zeitgenössischen Visitationsberichten geht hervor, dass es in diesen Schulen um die Ordnung wie um den Lerneifer der Schüler eindeutig besser bestellt war als in den übrigen.

Vom Alten Land Glarus zum Kanton Glarus 1803 bis 1848

Fritz Stucki

Mediation und Restauration in Bund und Kanton

Ein grosser Teil der Bevölkerung lehnte die helvetische Verfassung als Fremdkörper ab. Daher fand die von Napoleon auferlegte Mediationsakte, die an alte eidgenössische Traditionen anknüpfte, im allgemeinen eine positive Aufnahme. Vielerorts anerkannte man die Vorzüge des 1803 geschaffenen Staatenbundes aus 19 souveränen Kantonen. Die sechs volkreichsten Stände erhielten an der Tagsatzung ein doppeltes Stimmrecht; als Präsident und zur Erledigung laufender Geschäfte amtete ein unter einigen Vororten wechselnder Landammann, dem ein Bundeskanzler zur Seite stand. Einige fortschrittliche Grundsätze der helvetischen Verfassung, so die Niederlassungsfreiheit und die Handels- und Gewerbefreiheit, blieben erhalten, Sonderbündnisse und Militärkapitulationen weiterhin verboten. Glarus wurde in der offiziellen Reihenfolge der Kantone vor Zug als siebter Stand aufgeführt, in der Meinung, der erste Bund sei bereits 1351 abgeschlossen worden.

Im Kanton Glarus drehte die Mediationsakte das Rad noch etwas weiter zurück. Grundsätzlich brachte sie eine Rückkehr zu den Verhältnissen von vor 1798, die auf den Religionsverträgen und auf dem Herkommen beruhten. Ab Frühjahr 1803 herrschte also wieder eine Dreiteilung des Landes mit gesonderten konfessionellen Behörden, nämlich mit einer gemeinen, einer evangelischen und einer katholischen Landsgemeinde, mit gemeinen, katholischen und evangelischen Räten, mit konfessionellen und gemischten Gerichten. Doch setzten sich auch bei uns einige Neuerungen durch. So wurde das freie Antragsrecht an der Landsgemeinde aufgehoben, indem Anträge nun einen Monat vorher dem Rat zur Begutachtung einzureichen waren. Ferner bestimmte die evangelische Landsgemeinde 1803, dass die Ämter an der Landsgemeinde in freier Wahl zu besetzen seien und die Auflagen in Wegfall kommen sollten, wobei später allerdings von diesen Beschlüssen zum Teil wieder abgewichen wurde. 1804 führte Evangelisch-Glarus besondere Appellationsgerichte für zivile Streitigkeiten ein, nachdem sich 1803 errichtete Revisionsgerichte nicht bewährt hatten.

Nach Napoleons Sturz errichtete man 1815 einen neuen Bundesvertrag, der die Kompetenzen des Bundes noch weiter schmälerte. Den Kantonen waren Sonderbündnisse miteinander unter Bedingungen wieder gestattet, ebenso Militärkapitulationen und Wirtschaftsverträge mit dem Ausland. Das Doppelstimmrecht der volkreichen Kantone fiel wieder dahin, und die Kompetenzen des Vorortes wurden geschmälert. Freiheitsrechte waren nun nicht mehr garantiert. Ebenso fehlte eine Revisionsklausel. Verstärkt wurde lediglich das Bundesheer. Im Kanton änderte sich durch den Bundesvertrag beinah nichts. Lediglich das Stimm- und Wahlrechtsalter setzte man von 20 wieder auf 16 Jahre herab. Immerhin blieb der Geist der Helvetik in gewissen Kreisen erhalten, und in der Gesinnung trat doch bei manchen ein Wechsel ein.

H.R. Stauffacher charakterisiert die politische Entwicklung der Mediations- und Restaurationszeit im Kanton Glarus wie folgt: «Ein grosser Teil der von der Helvetischen Republik beseitigten politischen Behörden und Institutionen ist mit der Mediationsverfassung von 1803 tatsächlich wieder in seine alten Funktionen eingesetzt worden. (...) Unübersehbar aber ist der Bedeutungswandel, der im Sinn, Gehalt und Verständnis verschiedener Einrichtungen stattgefunden hat. Dabei waren es zumeist Grundsätze der Helvetischen Republik, die weiterhin wirksam blieben. Es war eine Art von Reform durch Restauration, die die politischen Verhältnisse dieser Periode geprägt hatte. So hat die Helvetik auch im Kanton Glarus ihre – wenn auch kleinen – Früchte getragen.»

Der Weg zur liberalen Verfassung von 1836/37

Die liberale Strömung erfasste das Land Glarus relativ spät. Zahlreiche Postulate wie Volkssouveränität, Gleichberechtigung, Recht auf freie Meinungsäusserung, Religionsfreiheit wenigstens im

Erinnerungsblatt an den Bundesvertrag der 22 Kantone von 1815. Oben flankieren die sagenhaften Freiheitskämpfer Winkelried und Tell die symbolische Figur Helvetia. (Zentralbibliothek Zürich)

Rahmen der beiden Konfessionen, direktes Wahlrecht, Recht auf Antragstellung usw. waren hier bereits verwirklicht, so dass sich grössere Veränderungen vorerst nicht aufdrängten. Es kam lediglich da und dort zu kleinen Änderungen im liberalen Sinne. So wurde 1829 die in den letzten Jahren kaum praktizierte Pressezensur abgeschafft. Weitergehende Reformbegehren wie auch gemässigte Neuerungsvorschläge des Rates fanden 1832 vor der Landsgemeinde keine Gnade. Damit endete ein erster Anlauf zur Verfassungsrevision erfolglos.

In nächster Zeit lag das Schwergewicht für eine Revision auf eidgenössischer Ebene. Die Tagsatzung hatte bereits 1830 den Kantonen das Recht zugesprochen, ihre Verfassung zu ändern, und 1831 den erneuerten Grundgesetzen der regenerierten Kantone die eidgenössische Ge-währleistung erteilt. Jetzt galt es, im Bund eine Revision in die Wege zu leiten. Der Glarner Gesandte stimmte jedoch am 16. Juli 1832 an der Tagsatzung einer Erneuerung nur unter Vorbehalten zu. Auch der dreifache Landrat, der dazu zuhanden einer ausserordentlichen Landsgemeinde Stellung nehmen musste, verlangte, dass der neue Bund auf dem Grundsatz des föderativen Systems beruhe, die Kantone vollkommen souverän seien und eine gleich starke Vertretung der Stände gewährleistet bleibe. An der Landsgemeinde vom 12. August 1832 drangen dann aber die bedingungslosen Befürworter durch, unter denen sich vor allem der spätere Landammann Dietrich Schindler auszeichnete. Landammann Cosmus Heer, der nur für eine bedingte Zustimmung eingetreten war, übernahm dennoch seinen Sitz in der eidgenössi-

Memorial
für die
auf Sonntag den 11. Herbstmonat 1836
zu
Berathung der revidirten Verfassung
ausgekündete
ausserordentliche Gemeine Landsgemeinde,
errichtet
vom dreifachen Landrathe zu Glarus
den 29. und 30. August 1836.

schen Revisionskommission. Der von ihr ausgearbeitete Entwurf einer «Bundesurkunde der Schweizerischen Eidgenossenschaft», den die Tagsatzung bereits Ende Dezember 1832 genehmigte, sah unter anderem eine Stärkung der Bundesgewalt durch Einführung eines fünfköpfigen Bundesrates vor. Für die oberste Rechtspflege nahm man ein Bundesgericht in Aussicht. Der Bund sollte ferner die Aufsicht über die Binnenzölle sowie das Post-, Münz- und Pulverregal erhalten. Freiheitsrechte wurden garantiert, Sonderbünde jedoch verboten. Der Entwurf fand indes eine kühle Aufnahme. Den Konservativen ging er zu weit, den Radikalen zuwenig weit. Der Glarner Rat wollte ihn als Diskussionsgrundlage anerkennen, machte aber in seinem «Bericht und Gutachten» vom 20. Februar 1833 zahlreiche Abänderungsvorschläge und setzte auf den 21. Juli eine Landsgemeinde fest. Als sich in der Folge die Stimmung verschlechterte und sogar das als Bundeshauptstadt vorgesehene Luzern die Bundesurkunde verwarf, verschob der Rat die Tagung auf unbestimmte Zeit. Und da keine Mehrheit der Stände das Projekt befürwortete, begrub man es sang- und klanglos.

Nach diesem Fiasko auf Bundesebene wandte sich das Interesse wieder mehr dem Kanton zu, wobei die liberale Bewegung von der «Glarner Zeitung» unterstützt wurde. Im gleichen Sinne wirkten die damals aufgekommenen Lesevereine wie auch der kantonale Sänger- und Schützenverein. Vorerst begnügte man sich jedoch mit kleinen Schritten. 1834 zum Beispiel beschloss die evangelische Landsgemeinde neuerdings die Einführung freier Wahlen und hob die Lebenslänglichkeit für gewisse Ämter auf. 1835 entlastete der Souverän die Standeshäupter vom Vorsitz der Gerichte.

Die nun eintretende Entkonfessionalisierung, angeheizt durch den Kampf für eine gemeinsame Fahrtsfeier, schlug dann schärfere Töne an. Bereits auf die Landsgemeinde 1835 stellte ein Bürger die Landesverträge in Frage, indem er die Besetzung der wichtigsten Landesämter durch die gemeine Landsgemeinde verlangte. Diesen Vorstoss, dessen Behandlung aus Zeitgründen verschoben werden musste, griff dann die «Glarner Zeitung» auf. Auf die Landsgemeinde 1836 gingen nicht weniger als sieben Anträge für eine Verfassungsrevision ein, wovon sechs auf eine Aufhebung der die Katholiken begünstigenden Verträge abzielten. Die Häupter von Katholisch-Glarus bekämpften die drohende Beseitigung der konfessionellen Landesteilung hartnäckig, doch erfolglos (S. 40). Die Landsgemeinde vom 29. Mai beschloss, die Landesverträge aufzuheben und die Verfassung zu ändern. Einem Antrag des dreifachen Rates folgend, setzte sie eine neungliedrige Kommission ein, die auf den ersten Septembersonntag einen auf Freiheit, Gleichheit und Unteilbarkeit des Kantons beruhenden Entwurf vorlegen sollte. Der katholische Landammann erachtete die Verfassungsänderung als vertragswidrig und weigerte sich, darüber abstimmen zu lassen. Kurzentschlossen führte daraufhin der reformierte Landesstatthalter die Abstimmung durch. Die katholischen Landleute übten Stimmenthaltung.

Links: Dietrich Schindler von Mollis, Landammann 1837–1840. Lithographie nach einer Zeichnung von Karl F. Irminger, um 1840. (Museum des Landes Glarus, Näfels)

Rechts: Titelblatt des Memorials für die ausserordentliche Landsgemeinde vom 11. Oktober 1836. Das Memorial beinhaltet den Entwurf der neuen Kantonsverfassung. (Landesarchiv Glarus)

Hauptstrasse von alt Glarus mit dem Regierungsgebäude. Nachdem der Kanton eine neue politische Verfassung erhalten hatte, liess er sich 1837/38 auch ein neues Regierungs- und Parlamentsgebäude errichten. Der schmucke klassizistische Bau des Architekten Karl F. von Ehrenberg brannte 1861 ab. Lithographie von C. Märier nach einer Zeichnung von G. A. Gangyner, um 1840. (Museum des Landes Glarus)

Die Kommission hielt den Zeitplan ein und legte im August den gedruckten Verfassungsentwurf vor. Der dreifache Landrat verabschiedete ihn am 30. August. Die Landsgemeinde vom 2. Oktober, an der sich auch eine Anzahl Katholiken beteiligte, nahm das neue Grundgesetz «mit jubelndem Mehr» an, und zwar auf vier Jahre. Opposition erhob sich keine. In fast gleicher Zusammensetzung arbeitete die Kommission die Anschlussgesetzgebung aus. Die neue Verfassung konnte am 27. Juli 1837 mit der Vereidigung der Landesbehörden in Kraft gesetzt werden. Anfang August sprachen ihr 13 ganze und 2 halbe Stände an der Tagsatzung die Gewährleistung aus.

Die liberale Verfassung von 1836/37

Die neue Verfassung räumte mit der Dreiteilung des Regiments auf, beseitigte damit die vertraglich garantierten Rechte der katholischen Minderheit und wurde nach liberalen Prinzipien aufgebaut. Der freisinnige Führer Professor Ludwig Snell bezeichnete sie «in mehr als einer Beziehung als die vollkommenste aller schweizerischen Demokratien». Die oberste gesetzgebende Gewalt blieb bei der Landsgemeinde. Der Rat war als Exekutive gedacht, in die jeder der 17 Wahltagwen je nach seiner Grösse 1 bis 4 Mitglieder, zusammen 35, abordnete. Zu ihnen kamen noch 11 Mitglieder (ab 1842 neun) der von der Landsgemeinde zu wählenden Standeskommission sowie ein vom Rat ernanntes katholisches Mitglied als Vertreter der in den evangelischen Gemeinden zerstreut lebenden Katholiken. Die Vorberatung der Landsgemeindegeschäfte war dem dreifachen Rat, auch nur Landrat genannt, vorbehalten, der 119 Mitglieder zählte. Er setzte sich zusammen aus dem Rat, aus 70 von den Tagwen gewählten weiteren Ratsherren und aus zwei vom Rat bestimmten Katholiken. Diese Behörde übte zugleich die Aufsicht über Rat und Gericht aus, erliess im Auftrag der Landsgemeinde Verordnungen und wählte die Präsidenten der obrigkeitlichen Kommissionen sowie die Tagsatzungsgesandten, deren Instruktion ihr ebenfalls vorbehalten war. Neun ständige Kommissionen, darunter die Standeskommission als engerer Regierungsausschuss, hatten einzelne Verwaltungszweige zu betreuen. Die richterliche Gewalt wurde einem Zivil-, Kriminal-, Augenschein-, Ehe- und Appellationsgericht übertragen. Die Gerichte waren in ihrer Rechtssprechung vom Rat unabhängig, und ihre Kompetenzen entsprachen ungefähr denjenigen der bis 1990 amtenden Gerichte, wobei man das Zivil- und Ehegericht später vereinigte.

Der neue liberale Geist zeigte sich besonders in einigen Einzelbestimmungen. Zum Beispiel wurde das Eingehen konfessionell gemischter Ehen ausdrücklich gestattet. Die Anwendung peinlicher Mittel zum Erhalt eines Geständnisses fand Ablehnung. Sogar Ausländern ermöglichte man die Erwerbung des Landrechts, sofern Gegenrecht bestand. Der Staat erhielt die Oberaufsicht über das Schulwesen, die Sittenpolizei und das Armenwesen. Der Abschluss von Militärkapitulationen wurde untersagt. Diese und andere wichtige Bestimmungen wurden kaum diskutiert, da sie ganz im Schatten der Auseinandersetzungen um die Aufhebung der Religionsverträge standen.

Mit dem Liberalismus war auch eine erstaunliche industrielle Entwicklung verbunden. Überall im Kanton entstanden neue Fabriken. 1842 beschäftigte die Textilindustrie um die 7000 Arbeiter und Arbeiterinnen; das Glarner «Wirtschaftswunder» und die fortschrittliche Sozialgesetzgebung bahnten sich an. Freilich kam es gerade in den 40er Jahren auch zu erheblichen Rückschlägen, die zu Massenauswanderungen führten. Auf diese Verhältnisse gehen andere Beiträge ein.

Unter der liberalen Verfassung

Die Einführung der liberalen Verfassung und die dadurch bedingte Abschaffung der garantierten Rechte der Katholiken führte im Sommer 1837 zu einigen Wirbeln. Näfels musste als Zentrum der Altgläubigen eine militärische Besetzung über sich ergehen lassen, und Geistliche, welche den Eid auf die neue Verfassung verweigerten, wurden gemassregelt. Aber bald traten auf beiden

Seiten die Emotionen zurück. Landammann Dietrich Schindler, der Vater der neuen Ordnung, streckte trotz Anfeindungen von radikaler Seite die Hand zur Versöhnung aus, und die massgebenden Führer der Katholiken rangen sich bald zur Anerkennung der neuen Verhältnisse durch. Die 1842 erneut zur Diskussion stehende Verfassungsrevision, die eine Herabsetzung der Mitglieder der Standeskommission auf neun brachte, verlief durchaus harmonisch.

Freilich trat auch mit der liberalen Verfassung das vielgepriesene Goldene Zeitalter nicht ein. Es leitete aber eine Umschichtung unter den herrschenden Kreisen ein. Die Katholiken, die früher die Hälfte der Schrankenherren gestellt hatten, verloren an Einfluss, und die früheren Häupterfamilien traten mehr und mehr in den Hintergrund. Ihren Platz nahmen Industrielle ein. Auffällig ist auch die grosse Zahl von Ärzten, die in den ersten Jahrzehnten der liberalen Verfassung höhere Ämter bekleideten; in der zweiten Hälfte des Jahrhunderts wurden sie dann zunehmend durch Juristen ersetzt.

Der Sonderbund

Grosse Emotionen erweckten der Sonderbund und die dadurch ausgelöste Krise unserer Eidgenossenschaft. Weite radikale Kreise wehrten sich gegen das Bestreben der katholischen Kirche, ihren Einflussbereich in Staat und Gesellschaft aufrechtzuerhalten. Dieser Antiklerikalismus äusserte sich in der Klosteraufhebung im Aargau und in Freischarenzügen gegen die Berufung der Jesuiten nach Luzern. Als Gegenreaktion schlossen die fünf Inneren Orte mit Freiburg und dem Wallis am 11. Dezember 1845 den sogenannten Sonderbund. Sie verpflichteten sich, «zur Wahrung ihrer Souveränitäts- oder Territorialrechte» alle Angriffe gemeinschaftlich abzuwehren. Einem Kriegsrat mit ausgedehnten Vollmachten übertrugen sie die oberste militärische Leitung und auch die politische Zentralgewalt. Diese katholische «Schutzvereinigung» verletzte den Bundesvertrag, der jede dem Bund nachteilige Verbindung verbot und diesem das Alleinrecht auf Kriegsführung zusprach. Der Sonderbund beschleunigte die Spaltung der Schweiz, und durch seine Verbindungen mit dem Ausland belastete er sich mit dem Odium des Landesverrats. In einem Geheimplan sah er zum Teil sogar eine Neuaufteilung der Schweiz vor. Ihm zufolge wäre das Land Glarus unter Uri und Schwyz aufgeteilt worden!

Als damals liberaler und grossmehrheitlich evangelischer Kanton stand Glarus eindeutig auf der Seite des «Fortschritts». Schon in der Instruktion des Landrates für die Tagsatzung vom 24. Februar 1845 wurde die Gesandtschaft zur Erklärung ermächtigt, die Anwesenheit der Jesuiten gefährde den Frieden, weshalb Kantone mit Niederlassungen den Orden entfernen sollten. Hinsichtlich des Sonderbundes erhielt die Gesandtschaft am 28. Juni 1847 den Auftrag, nicht nur eine Auflösung zu verlangen, sondern unter Bedingungen sogar für ein gewaltsames Vorgehen einzutreten. Im Oktober sprach sich dann der Landrat mit 80 zu 10 Stimmen – entgegen der Auffassung des reformierten Landammanns Kosmus Blumer – ausdrücklich für eine bewaffnete Auflösung aus. Am 8. November 1847 fasste auch die Tagsatzung mehrheitlich den Beschluss zum Krieg gegen die Sonderbundskantone, der dann dank der fachkundigen Führung durch General Dufour ein rasches Ende nahm.

Glarus bot über 2000 Mann auf, von denen die Mehrzahl am Feldzug Dufours teilnahm. Die Landwehr schützte das Kantonsgebiet vor Einfällen aus Uri und Schwyz, und der zum Teil noch mit Schlag- und Stichwaffen ausgerüstete Landsturm war für den Ortsschutz eingesetzt. Die Glarner Truppen verzeichneten weder Tote noch Verwundete. Einzig die Scharfschützenkompanie 41 hatte zeitweise im Kugelregen eine Stellung zu halten.

Die Bundesverfassung von 1848

Der Ausgang des Krieges machte den Weg frei für die von den Liberalen seit 1830 erstrebte Revision des Bundesvertrages. Die Tagsatzung hatte bereits im August einen diesbezüglichen Beschluss gefasst. In der ab 17. Februar 1848 tagenden Revisionskommission war Glarus durch Ratsherr Kaspar Jenny, den nachmaligen Landammann, vertreten. Die Tagsatzung begann die Beratung des Entwurfs am 15. Mai und überwies ihn am 28. Juni in wenig veränderter Form den Kantonen zur Abstimmung.

Im Kanton Glarus musste die ausserordentliche Landsgemeinde vom 13. August 1848 dazu Stellung nehmen, nachdem der Landrat mit 97 zu 2 Stimmen Annahme empfohlen hatte. Im Memorial wurde die neue Verfassung unter anderem mit folgenden Worten schmackhaft gemacht: «Die neue Bundesverfassung will die Schweiz aus einem Staatenbund zu einem Bundesstaat erheben, in dem das Nationalleben mit dem Kantonalleben in Einklang gebracht und die Freiheit der einzelnen Kantone mit den Interessen der Gesamtnation wohltätig verschmolzen wird. Sie gewährleistet die Freiheiten und die Rechte des Volkes, sichert allen Bekennern der christlichen Konfessionen die freie Ausübung des Gottesdienstes, garantiert das Recht der freien Niederlassung im Gebiet der gesamten

Rechte Seite:

Dankesschreiben des Landammanns und der Standeskommission an die aus dem Sonderbundskrieg heimgekehrten Wehrmänner, 17. Dezember 1847. Lithographie und Aquarell. (Museum des Landes Glarus)

Dienstag den 23. November 1847

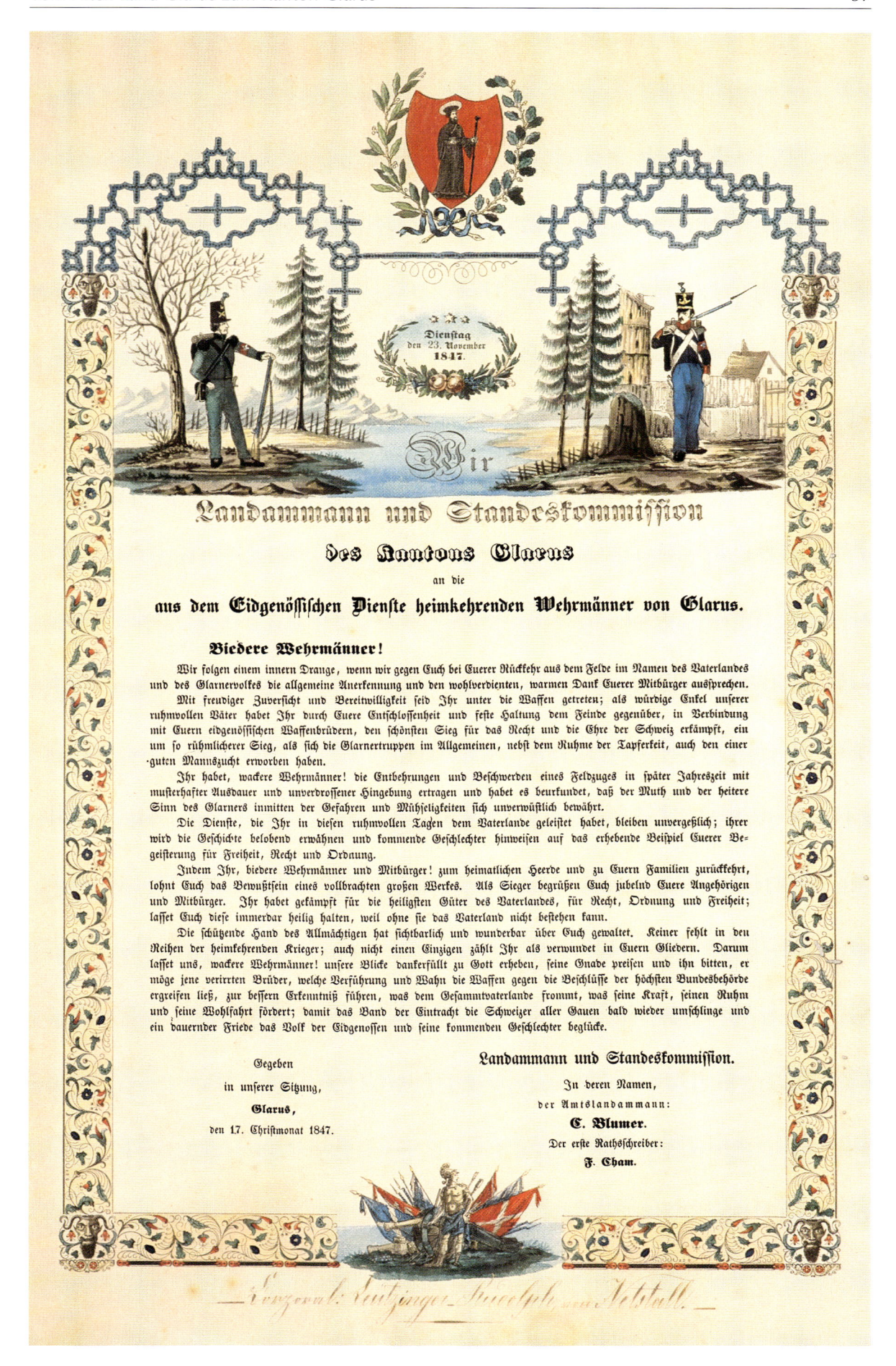

Wir Landammann und Standeskommission des Kantons Glarus an die aus dem Eidgenössischen Dienste heimkehrenden Wehrmänner von Glarus.

Biedere Wehrmänner!

Wir folgen einem innern Drange, wenn wir gegen Euch bei Euerer Rückkehr aus dem Felde im Namen des Vaterlandes und des Glarnervolkes die allgemeine Anerkennung und den wohlverdienten, warmen Dank Euerer Mitbürger aussprechen.

Mit freudiger Zuversicht und Bereitwilligkeit seid Ihr unter die Waffen getreten; als würdige Enkel unserer ruhmvollen Väter habt Ihr durch Euere Entschlossenheit und feste Haltung dem Feinde gegenüber, in Verbindung mit Euern eidgenössischen Waffenbrüdern, den schönsten Sieg für das Recht und die Ehre der Schweiz erkämpft, ein um so rühmlicherer Sieg, als sich die Glarnertruppen im Allgemeinen, nebst dem Ruhme der Tapferkeit, auch den einer guten Mannszucht erworben haben.

Ihr habet, wackere Wehrmänner! die Entbehrungen und Beschwerden eines Feldzuges in später Jahreszeit mit musterhafter Ausdauer und unverdrossener Hingebung ertragen und habet es beurkundet, daß der Muth und der heitere Sinn des Glarners inmitten der Gefahren und Mühseligkeiten sich unverwüstlich bewährt.

Die Dienste, die Ihr in diesen ruhmvollen Tagen dem Vaterlande geleistet habet, bleiben unvergeßlich; ihrer wird die Geschichte belobend erwähnen und kommende Geschlechter hinweisen auf das erhebende Beispiel Euerer Begeisterung für Freiheit, Recht und Ordnung.

Indem Ihr, biedere Wehrmänner und Mitbürger! zum heimatlichen Heerde und zu Euern Familien zurückkehrt, lohnt Euch das Bewußtsein eines vollbrachten großen Werkes. Als Sieger begrüßen Euch jubelnd Euere Angehörigen und Mitbürger. Ihr habet gekämpft für die heiligsten Güter des Vaterlandes, für Recht, Ordnung und Freiheit; lasset Euch diese immerdar heilig halten, weil ohne sie das Vaterland nicht bestehen kann.

Die schützende Hand des Allmächtigen hat sichtbarlich und wunderbar über Euch gewaltet. Keiner fehlt in den Reihen der heimkehrenden Krieger; auch nicht einen Einzigen zählt Ihr als verwundet in Euern Gliedern. Darum lasset uns, wackere Wehrmänner! unsere Blicke dankerfüllt zu Gott erheben, seine Gnade preisen und ihn bitten, er möge jene verirrten Brüder, welche Verführung und Wahn die Waffen gegen die Beschlüsse der höchsten Bundesbehörde ergreifen ließ, zur bessern Erkenntniß führen, was dem Gesammtvaterlande frommt, was seine Kraft, seinen Ruhm und seine Wohlfahrt fördert; damit das Band der Eintracht die Schweizer aller Gauen bald wieder umschlinge und ein dauernder Friede das Volk der Eidgenossen und seine kommenden Geschlechter beglücke.

Gegeben
in unserer Sitzung,
Glarus,
den 17. Christmonat 1847.

Landammann und Standeskommission.

In deren Namen,
der Amtslandammann:
C. Blumer.
Der erste Rathsschreiber:
F. Cham.

Eidgenossenschaft, eine Bestimmung, die dem hiesigen Kanton bei seiner Überbevölkerung und seiner beschränkten Bodenkultur wohl zustatten kommen und ihm die Mittel zu einer gesicherten Existenz und leichterem Erwerb bieten wird. Den bisherigen Zollwirren und Verkehrsbeschränkungen im Innern der Schweiz wird durch den neuen Bund ein Ziel gesetzt; alle innern, den Verkehr hemmenden Zölle sollen aufgehoben und an die Grenzen der Schweiz verlegt, die Einfuhr der Rohstoffe erleichtert, Gegenstände aber, welche der schweizerische Gewerbefleiss und Kunstfleiss selbst hervorzubringen vermag, mehr belastet werden (...).

Nicht minder vortheilhaft wird die Centralisation des Postwesens sich bewähren. Dieses war bis dahin ausschliesslich Sache der Kantone. Jeder suchte dasselbe zu seinem eigenen Vortheil auszubeuten. Die Klagen über allzu hohe Taxen, über mangelhafte Verbindungen waren nicht selten; die Anknüpfung postalischer Verbindungen mit dem Ausland war erschwert und immer mit bedeutenden Schwierigkeiten und Übelständen verbunden (...).

Auch die Klagen über die Münzwirren werden mit dem neuen Bunde dahin fallen, da ein gemeinsamer Münzfuhs den öffentlichen Verkehr wesentlich erleichtern wird. Finanziell werden dem hiesigen Stand keine bedeutenden Opfer erwachsen, da er nur Scheidemünzen hat.

Als ein wesentlicher Fortschritt darf auch die Einführung von gleichem Mahs und Gewicht begrüsst werden. Es ist dieses in dem hiesigen Kanton bereits eingeführt und wird daher umso weniger neue Opfer von ihm fordern, als das System, auf dem dasselbe beruht, als bindende Vorschrift für alle Stände aufgestellt ist. Auch das Militärwesen soll mit dem neuen Bunde eine noch gröhsere Ausbildung erhalten, zumal derselbe den Unterricht der wissenschaftlichen Waffen (der Genietruppen, der Artillerie und der Kavallerie) übernimmt. Nicht nur werden diese Spezialwaffen einen tüchtigeren und übereinstimmenderen Unterricht erhalten, sondern es wird auch den übrigen Zweigen des eidg. Wehrwesens vom Bund aus vermehrte Aufmerksamkeit zugewendet werden.

An die Stelle der bisherigen Tagsatzung setzt der neue Bundesentwurf eine Bundesversammlung, die sich in zwei Räthe, in den National- und den Ständerat absondert. Ihre Beschlüsse müssen miteinander übereinstimmen, wenn sie zur Vollziehung Geltung haben sollen. In diesen beiden Räthen finden sich das nationale und das kantonale Element vertreten und ausgeglichen.

Die Leitung der Bundesgeschäfte soll einem aus sieben Mitgliedern bestehenden Bundesrathe, gewählt aus sieben verschiedenen Kantonen, und nicht, wie bisher, dem jeweiligen Vorort (Zürich, Bern, Luzern), übertragen werden. Die Eidgenossenschaft kann daher von nun an stets Männer ihres Vertrauens an ihre Spitze berufen, und es muss die Leitung der Bundesangelegenheiten in gefährlichen Zeiten nicht mehr in die Hände politisch ganz anders gesinnter Männer eines einzelnen Kantons übergehen.

Neu ist ferner die Bestimmung über die Aufstellung eines Bundesgerichtes. Der jetzige Bund hat keine Behörde, welche in Civil- oder Kriminalfällen über die Rechte der Kantone oder der Eidgenossenschaft urtheilen dürfte. Der neue Bund will diesen Übelständen abhelfen und damit auch künftigen Ruhestörungen entgegentreten und Verbrechen und Vergehen am Bunde hindern.»

Diese Ausführungen im Memorial entwickeln keine grossen Theorien, sondern legen dar, was den einzelnen Stimmbürger bei der Revision unmittelbar berührte. Die Landsgemeinde nahm dann einen erhebenden Verlauf. Kritische Bemerkungen von zwei Diskussionsrednern fanden keinen Anklang. Die Zustimmung erfolgte gegen eine einzelne ablehnende Stimme, und in das «Hoch», das Landammann Jenny auf die Eidgenossenschaft darbrachte, stimmte die rund 4000 Teilnehmer zählende Gemeinde ein.

Gedenkblatt auf die Bundesverfassung von 1848. Die Allegorie mit der thronenden Helvetia in der Mitte stellt die Einigung aller Schweizer im Zeichen der neuen Verfassung dar. Kolorierte Lithographie, 1848. (Zentralbibliothek Zürich)

Rückwirkungen

Die Eingliederung des Glarnerlandes in den noch lockeren Bundesstaat erfolgte problemlos. Die Wahlen in den Nationalrat und den Ständerat wurden der Landsgemeinde übertragen, nachdem zeitweise für die Ständekammer auch der dreifache Landrat zur Diskussion gestanden hatte. Auch sachlich verursachte die Anpassung, abgesehen vom Militär, keine Schwierigkeiten. Soweit wir sehen, hatte die Landsgemeinde bis 1860 auf Grund der neuen Bundesverfassung kaum ein halbes Dutzend Gesetzesanpassungen vorzunehmen. 1849 stand eine Änderung des Gesetzes über das Konkurswesen zur Diskussion, womit man eine Benachteiligung des Frauenguts usw. auszuschliessen suchte. 1850 musste die Einheiratsgebühr für auswärtige Bräute abgeschafft werden. 1851 wurde das Niederlassungsrecht in Einklang mit der Bundesverfassung gebracht; ebenso war der alleinige Bezug von Patentgebühren von Ausserkantonalen abzuschaffen. Zwei Anläufe brauchte es für die neue Militärorganisation, die entsprechend den Bundesvorschriften eine Ausdehnung der Dienstpflicht bis zum 44. Altersjahr und eine Einschränkung der Befreiungen brachte. An der kantonalen Behördenorganisation musste gar nichts geändert werden. Die Kompetenzen von Landsgemeinde und Rat wurden nur unwesentlich eingeschränkt. In den Landsgemeindememorialen der 1850er Jahre fällt höchstens die grosse Zahl der Anträge auf, die der dreifache Rat als unerheblich erklärte.

Mit der neuen Verfassung setzten sich jedoch bald spürbare Änderungen im täglichen Leben durch, worauf zum Teil schon im Memorial hingewiesen worden war. So wurden Post, Zoll und Telegraf zur Bundessache, und die Binnenzölle gehörten der Vergangenheit an. Die Übernahme des Frankensystems machte dem Münzenwirrwarr ein Ende, waren doch zuvor 700 verschiedene Münzen im Umlauf.

So merkte der gewöhnliche Bürger anfänglich mehr nur an äusseren Dingen etwas vom neuen Bund. Das staatliche Schwergewicht lag noch längere Zeit eindeutig beim Kanton. Ein damaliger Liberaler dürfte sich über den heutigen Zentralismus und die vielen staatlichen Eingriffe des Bundes entsetzen. Aber das Rad kann kaum mehr zurückgedreht werden. Heute stellt sich sogar die Frage, wie viele Kompetenzen die Kantone und der Bund zukünftig an übernationale Behörden abtreten müssen.

Glarner im Dienste der damaligen Eidgenossenschaft

Im halben Jahrhundert zwischen Mediation und Schaffung des Bundesstaates haben mehrere Glarner der Eidgenossenschaft in verschiedenen Funktionen gedient und sich dabei grosse Verdienste erworben. Die Tagsatzung ernannte *Niklaus Franz von Bachmann* (1740–1831) bei der Grenzbesetzung von 1815 zum General und Oberbefehlshaber der Truppen aller Kantone (S. 95). *Fridolin J. N. A. Hauser* (1759–1832), Bachmanns Schwiegersohn und Inhaber verschiedener hoher Offiziersstellen, diente 1803 bis 1813 als militärischer Berater des Landammanns der Schweiz, von 1814 bis 1825 als eidgenössischer Staatsschreiber und anschliessend in der Heimat als katholischer Landesstatthalter und Landammann.

Einen bedeutenden Staatsmann besass das Glarnerland in der Person von *Niklaus Heer* (1775–1822), der den Kanton zuerst als Regierungsstatthalter und anschliessend als mehrmaliger Landammann in überlegener Weise durch die unruhige Epoche der Helvetik und Mediation in die Restaurationszeit führte. Trotz seiner schwachen Gesundheit wirkte er auch auf eidgenössischer Ebene. 1803 gehörte er der sogenannten Consulta zur Entgegennahme der Mediationsakte in Paris an. Anlässlich der Grenzbesetzungen von 1805, 1809 und 1813 war er als Oberkriegskommissär für das Zahlungs-, Proviant-, Fuhr- und Spitalwesen verantwortlich. 1810 ernannte ihn der Landammann der Schweiz zum Oberaufseher über die Grenzanstalten; als «Oberzöllner» hatte er das an die Kontinentalsperre Napoleons angepasste Zollsystem zu überwachen. Als Mitglied der «diplomatischen Kommission» beteiligte sich Heer am Entwurf des Bundesvertrages von 1815. An der Militärreform von 1817 arbeitete er wesentlich mit, und 1818 entwarf er ein Reglement für die eidgenössische Militärverwaltung.

Cosmus Heer (1790–1837) machte sich wie sein Onkel Niklaus im Kanton und im Bund verdient. Von 1828 bis 1831 und von 1833 bis 1836 war er Landammann. In den Jahren 1824 bis 1833 vertrat er Glarus an der Tagsatzung, wo er bald zu den massgebenden Politikern gehörte und in verschiedenen Kommissionen, zum Beispiel als Repräsentant in den Basler Wirren, mitwirkte. Ausser den vier genannten führten auch andere Glarner wichtige Missionen im Dienste der Eidgenossenschaft aus.

In der Übergangszeit zwischen 1803 und 1848 leistete Glarus sowohl als Land als auch durch einzelne Persönlichkeiten Beiträge zum Werden des Bundesstaates. Als es galt, zwischen dem 1798 gestürzten Regime und den überstürzten Neuerungen der Helvetik einen Ausgleich zu finden, trug Glarus durch seine massvolle Haltung zur Aussöhnung bei. Das Land Glarus rang sich bereits 1836 zu einem gemässigt liberalen Kanton durch und bot trotz seiner Kleinheit Hand zu einem Bundesstaat. An die Schaffung und Ausgestaltung des Bundesstaates von 1848 erbrachte Glarus allerdings einen verhältnismässig kleinen Beitrag, und auch in den ersten Jahren der neuen Eidgenossenschaft sehen wir keine Glarner in führenden Stellungen. Johann Jakob Blumer (S. 82) und Joachim Heer traten erst nach 1850 vermehrt in Erscheinung (S. 69 f.).

Literatur

Hans Rudolf Stauffacher; Herrschaft und Landsgemeinde; Glarus 1989.
Caspar Weber; Landammann Niklaus Heer; Näfels 1921.
J. Wichser; Cosmus Heer; JHVG 21 und 22, 1884/86.
Jakob Winteler; Geschichte II.
Jakob Winteler; Landammann Dietrich Schindler; Zürich 1932.

Glarus in der gegenwärtigen Schweiz
Beziehungen zum Bund und zu anderen Kantonen

Fritz Schiesser

Der Kanton Glarus – sein Umfeld

«Glarus – Kanton in der Ostschweiz», so lautet der Eintrag in einem älteren deutschen Nachschlagewerk. Für eine rasche geografische Einordnung des Kantons Glarus innerhalb der Schweiz mag diese Angabe durchaus zutreffend sein. Will man jedoch den Kanton Glarus in seinem Umfeld etwas genauer einordnen, so drängen sich zahlreiche Präzisierungen und Differenzierungen auf.

Von seiner geografischen Lage her wird der Kanton Glarus überwiegend der Ostschweiz zugerechnet. Häufig ist indessen auch die Ansicht zu vernehmen, Glarus gehöre zu den Innerschweizer Kantonen. Die verschiedenen Zugehörigkeiten widerspiegeln sich bei der Eingliederung des Kantons Glarus in die PTT-Betriebe beispielhaft: Glarus ist seit jeher der Kreispostdirektion St. Gallen unterstellt; die Postsendungen indes werden aus verkehrstechnischen Gründen direkt von Zürich her angeliefert; das Telefonbuch jedoch fasst Glarus mit den Kantonen Nidwalden, Obwalden, Schwyz, Uri und Zug im Band 13 zusammen. Welche Ansicht ist zutreffend?

Je nach Einordnungskriterien ist das Beziehungsgeflecht des Kantons Glarus zu seinen umliegenden Kantonen unterschiedlich zu beurteilen. Historisch gesehen bestanden recht enge Verbindungen zur Innerschweiz, insbesondere zum Nachbarstand Schwyz, sowie zur grossen Stadt Zürich. Gemeinsame Landvogteien wie Uznach und Gaster sowie der gemeinsame Gegner im Alten Zürichkrieg, die Stadt Zürich, liessen Schwyz und Glarus eng zusammenrücken. Umgekehrt brachte die Reformation mit dem Wirken Zwinglis in Glarus enge Kontakte mit Zürich.

In wirtschaftlicher Hinsicht ist unser Kanton heute ganz klar nach Zürich ausgerichtet. Zahlreich sind jene Glarnerinnen und Glarner, die täglich nach Zürich zur Arbeit fahren. Auch im Bildungssektor stellt Zürich mit seinen Hochschulen und Kulturinstituten zweifellos das Zentrum für die höhere Ausbildung der Glarnerinnen und Glarner dar. Ermöglicht werden diese engen wirtschaftlichen und kulturellen Kontakte mit Zürich durch die gut ausgebauten Verkehrswege (Eisenbahn, Autobahn), die Zürich auch verkehrstechnisch ins Zentrum rücken lassen.

Politisch gesehen lehnt sich Glarus jedoch an die Ostschweizer Kantone an. Aufgrund der wirtschaftlichen Ausrichtung nach Zürich läge es eigentlich nahe, mit diesem Kanton auch auf politischer Ebene eng zusammenzuarbeiten. Einem solchen Zusammengehen stehen indessen nicht zuletzt psychologische Gründe im Wege. Der kleine Kanton Glarus tut sich leichter im Verein mit den kleinen und mittleren Ständen der Ostschweiz als in einer engen Partnerschaft mit dem grossen Zürich.

Dieser kurze Überblick deutet das enge Beziehungsnetz des Kantons Glarus zu seinen Nachbarn an. Er zeigt aber auch, dass der Kanton Glarus wie wohl kein anderer Kanton sich auf verschiedene Beziehungszentren ausrichtet. Der Grund für diese Vielfältigkeit liegt in der geografischen Lage. Glarus ist nicht einfach Teil der Ostschweiz, der Innerschweiz oder des Grossraumes Zürich. Der Kanton Glarus ist etwas Eigenständiges.

Beziehungen zum Bund

Es wäre geradezu vermessen, sich vorzunehmen, das ausgedehnte Beziehungsgeflecht zwischen dem Bund und einem Kanton im vorliegenden Beitrag auch nur annähernd umfassend darstellen zu wollen. Die folgenden Ausführungen betreffen ausgewählte Bereiche, von denen der Verfasser glaubt, sie seien von besonderem Interesse.

Glarus – ein ausgesprochen bundestreuer Kanton

Der Kanton Glarus geniesst allgemein den Ruf, sehr bundestreu zu sein. Dieser Ruf dürfte berechtigt sein. Kaum ein anderer Kanton zeigt sich gegenüber den Anliegen und Bedürfnissen der Armee so entgegenkommend wie Glarus. Bei

Bundesrat Georges-André Chevallaz und hohe Offiziere als Gäste an der Glarner Landsgemeinde von 1980. Zweiter von links Brigadier Hans Jakob Streiff, Glarus.

der Ausführung öffentlicher Werke reiht sich Glarus ganz selten bei der Opposition ein. Anderseits sind die Ansprüche des Kantons an den Bund im Bereich öffentlicher Verkehr, öffentliche Arbeitsplätze usw. als sehr bescheiden einzustufen. Nichts kann allerdings darüber hinwegtäuschen, dass man sich im Kanton Glarus langsam bewusst wird, dass zwischen den Leistungen des Kantons und den Gegenleistungen des Bundes da und dort Missverhältnisse zuungunsten des Kantons bestehen, die es zu beseitigen gilt.

Finanzströme zwischen Bundeskasse und Staatskasse

Aufgrund des föderalistischen Staatsaufbaus bestehen zwischen dem Bundeshaushalt und dem Haushalt eines Kantons mannigfache und nicht leicht durchschaubare Beziehungen. Aus der Bundeskasse fliesst Geld in Form von Beiträgen (Subventionen), Rückvergütungen des Bundes und Kantonsanteilen an Bundeseinnahmen in die kantonale Staatskasse. Umgekehrt erbringen die Kantone aus eigenen Mitteln Beiträge an die Sozialwerke des Bundes und liefern die von ihnen eingezogenen Erträge der direkten Bundessteuer und des Militärpflichtersatzes an die Bundeskasse ab. Dieses Hin und Her soll im folgenden aufgrund der neuesten verfügbaren Zahlen aus dem Jahre 1988 im Verhältnis Bund – Kanton Glarus etwas genauer betrachtet werden.

1988 flossen an Beiträgen, Rückvergütungen und Kantonsanteilen an Bundeseinnahmen (direkte Bundessteuer, Militärpflichtersatz) 51,6 Millionen Franken in die Staatskasse des Kantons Glarus. Das ist rund ein Viertel der Gesamtausgaben des Kantons. Von diesen *Bundesmitteln* entfielen unter anderem auf die Bereiche

Landwirtschaft	9,65 Mio. Fr.
Nationalstrassen	7,60 Mio. Fr.
übrige Strassen	6,80 Mio. Fr.
Forstwirtschaft, Jagd, Gewässer- und Lawinenverbauungen	5,40 Mio. Fr.
Gewässerschutz	2,90 Mio. Fr.
militärische Landesverteidigung	2,60 Mio. Fr.
Sozialversicherung	0,97 Mio. Fr.

Pro Kopf der Bevölkerung erhielt die glarnerische Staatskasse vom Bund 1384 Franken bei einem gesamtschweizerischen Mittel von 1048 Franken. Der Kanton Glarus steht damit an elfter Stelle, also im Mittelfeld.

Umgekehrt zahlten alle Kantone zusammen 1988 rund 7,8 Milliarden Franken in die Bundeskasse ein. Der Kanton Glarus lieferte folgende Beträge nach Bern ab:

Kantonsbeitrag an die Sozialwerke des Bundes	7,2 Mio. Fr.
Rückerstattungen	0,2 Mio. Fr.
Ertrag direkte Bundessteuer	41,4 Mio. Fr.
Ertrag Militärpflichtersatz	0,6 Mio. Fr.
Total	*49,4 Mio. Fr.*

Glarus gehört zusammen mit Zug, Basel-Stadt, Genf, Zürich, Nidwalden und der Waadt zu jenen sieben Kantonen, die mit mehr als 1200 Franken pro Kopf hohe Zahlungen an den Bund leisten.

Zieht man den Saldo der finanziellen Beziehungen zwischen der Bundeskasse und der Staatskasse, so flossen dem Kanton Glarus 1988 2,15 Millionen Franken mehr zu, als nach Bern abzuliefern waren. Damit gehört Glarus zur Siebnergruppe jener Kantone, die einen geringen Saldo zu ihren Gunsten (weniger als 500 Franken pro Kopf) aufweisen. Acht Kantone weisen einen höheren Saldo zu ihren Gunsten aus, während elf Kantone, darunter unser Nachbarkanton Schwyz, höhere Zahlungen an den Bund leisteten als umgekehrt.

*Wenig direkte Bundesaufträge
für die Glarner Industrie*
Interessante Aufschlüsse über die wirtschaftlichen Beziehungen zwischen der Eidgenossenschaft und einem Kanton ergeben sich auch aus der Beschaffungsstatistik des Bundes. Grundlage bilden die Zahlen aus dem Jahre 1989. Um Missverständnissen vorzubeugen, ist darauf hinzuweisen, dass es sich um eine Zahlungsstatistik handelt, werden doch nur die Zahlungsströme pro Kanton, nicht etwa der Gesamtwert der Vergebungen von Bundesaufträgen oder gar der Produktionswert erfasst. Aus dem Zahlungstotal darf nicht einfach auf den Anteil eines Kantons am gesamten Bundesauftragsvolumen geschlossen werden, da die Empfänger von Bundesaufträgen sehr oft Unteraufträge an Produzenten mit Sitz in anderen Kantonen erteilen. Dennoch sind diese Zahlen recht aufschlussreich.

1989 gaben der Bund, die SBB und die PTT für Materialbezüge und Dienstleistungen Dritter rund 7,3 Milliarden Franken im Inland aus. Auf den Kanton Glarus entfielen dabei ohne Berücksichtigung allfälliger Unteraufträge insgesamt 14,2 Millionen Franken oder 0,2 Prozent des gesamten Auftragsvolumens des Bundes. Glarus liegt damit prozentual gesehen auf dem drittletzten Platz. Lediglich Obwalden (0,12%) und Appenzell Innerrhoden (0,008%) stehen noch schlechter da. Am meisten Zahlungen gehen in den Kanton Zürich, nämlich 50 Prozent des gesamten Auftragsvolumens des Bundes und seiner Regiebetriebe.

Worin der Grund für dieses schlechte Abschneiden des Kantons Glarus bei den Beschaffungsaufträgen des Bundes, der SBB und der PTT liegt, wäre genauer zu untersuchen. Nachdem Glarus auch heute noch zu den höchstindustrialisierten Kantonen gehört und die Industrie eine sehr breite Produktepalette abdeckt, dürfte die offizielle Erklärung, der Grund liege vor allem im unterschiedlichen Grad der Industrialisierung der Kantone, für die Glarner schwer verständlich sein.

Militär, Arbeitsplätze des Bundes, öffentlicher Verkehr, Raumplanung
Wie bereits erwähnt, bietet der Kanton Glarus der Armee Übungs- und Unterkunftsplätze in einem Ausmass an wie wohl kaum ein anderer Kanton (S. 121). Neuere Untersuchungen des Bundes zeigen, dass durch eine intensive militärische Belegung dem jeweiligen Kanton in der Regel per Saldo kein Nutzen entsteht. Vielmehr überwiegen die Leistungen des Kantons die durch die militärische Präsenz entstehenden Vorteile zum Teil beträchtlich. In diesem Zusammenhang muss auch festgestellt werden, dass der Kanton Glarus im Bereich Arbeitsplätze vom Bund eher stiefmütterlich behandelt wird.

Beim öffentlichen Verkehr interessiert gegenwärtig vor allem der Anschluss der Ostschweiz im allgemeinen und des Kantons Glarus im besonderen an die neue Eisenbahn-Alpentransversale. Die Botschaft des Bundesrates vom 23. Mai 1990 enthält ganze eineinhalb Seiten über den Einbezug der Ostschweiz. Die dort aufgezeigten Varianten berühren die Linie Pfäffikon – Ziegelbrücke – Chur in keiner Weise. Dem Sonderfall «Graubünden» werden sieben Linien gewidmet, ein Sonderfall «Glarus» existiert nicht. Der Kanton Glarus wird nicht einmal erwähnt!

Auf weitere Bereiche, in denen weitgehend reibungslose Beziehungen zwischen Glarus und

Die Kuppelkonstruktion des Bundeshauses in Bern führte 1899 die damals bekannte Eisen- und Brückenbaufirma A. Bosshard, Näfels, aus. Glarnerische Politiker wirkten stets auch am politischen Bau des Bundesstaates mit.

Bern bestehen, soll nicht eingegangen werden. Erwähnt seien etwa die Land- und Forstwirtschaft, der Zivilschutz, die Berufsbildung, der Gewässerschutz, die Sozialversicherungen und das Nationalstrassenwesen. Was die Raumplanung betrifft, so hat der Bundesrat den Richtplan des Kantons Glarus mit einigen geringfügigen Vorbehalten und Auflagen genehmigt. Auch hier scheinen die Beziehungen, abgesehen von einigen Meinungsverschiedenheiten über Bauten ausserhalb der Bauzone, weitgehend problemlos zu sein.

Beziehungen zu anderen Kantonen

Die Ostschweizer Regierungskonferenz
Am 12. Februar 1964 versammelten sich die Regierungen der Kantone Glarus, Appenzell Ausserrhoden, Appenzell Innerrhoden, St. Gallen, Graubünden und Thurgau zur ersten Ostschweizer Regierungskonferenz. Eigentlicher Anlass zur Gründung dieser Konferenz war die gemeinsame Interessenwahrnehmung im Hinblick auf den Bau einer Ostalpenbahn. Dieses Thema beherrschte viele Jahre lang die Traktandenliste der Regierungskonferenz, und auch heute steht der öffentliche Verkehr, wenn auch unter ganz anderen Umständen, immer noch im Zentrum der Diskussionen.

Von den ursprünglichen Forderungen der Ostschweizer Regierungen nach dem Bau einer Splügenbahn und der Tödi-Greina-Bahn beziehungsweise eines Strassentunnels zwischen Glarus und Graubünden ist mit dem Entscheid des Bundesrates für Lötschberg-Simplon und Gotthard keine erfüllt worden. Die Ostschweizer Kantone haben heute gar darum zu kämpfen, dass ausreichende Zufahrtsmöglichkeiten zum neuen Gotthardtunnel geschaffen werden. Neben dem Bereich «öffentlicher Verkehr» befasst sich die Ostschweizer Regierungskonferenz natürlich auch mit anderen Themenkreisen. Auf den Traktandenlisten finden sich Geschäfte wie: Entsorgung von Sonderabfällen; Asylwesen und Fürsorge; 700 Jahre Eidgenossenschaft; die Kantone und die elektronischen Medien; Bewältigung von Katastrophenlagen usw.

1973 stellte der Kanton Schaffhausen das Gesuch, der Regierungskonferenz der Ostschweizer Kantone beizutreten; ihm wurde allseits mit Wohlwollen entsprochen.

Trotz einem Misserfolg im ursprünglich gesetzten Ziel «Ostalpenbahn» darf gesagt werden, dass die Ostschweizer Regierungskonferenz für den kleinen Kanton Glarus einen geeigneten Rahmen darstellt, um vereint mit gleichgesinnten Nachbarn die Stimme zu erheben und ihr so mehr Gewicht zu verleihen.

Die Direktorenkonferenzen
Ein intensives Beziehungsgeflecht unter den Kantonen und zum Bund ermöglichen die schweizerischen Direktorenkonferenzen, von denen es über ein Dutzend gibt. Diese Direktorenkonferenzen werden im Bericht einer Studienkommission mit dem Titel «Die Schweizerischen Direktorenkonferenzen, Gegenwart und Zukunft» wie folgt umschrieben:

«Eine Direktorenkonferenz ist eine konsultative Vereinigung der Vorsteher eines bestimmten Regierungsdepartements zur Information und Abstimmung der Meinungen unter sich und mit dem Bund über interkantonale, nationale und internationale Probleme ihres Bereichs sowie zur Pflege des persönlichen Kontakts.»

Die Glarner Regierung ist in diesen Direktorenkonferenzen durchwegs vertreten, namentlich in der Schweizerischen Baudirektoren-Konferenz sowie in den Konferenzen der kantonalen Finanzdirektoren, Erziehungsdirektoren und Volkswirtschaftsdirektoren.

Besondere Beziehungen zu anderen Kantonen aufgrund von Vereinbarungen und Konkordaten
Gemäss dem Verzeichnis über Konkordate, Übereinkünfte, Vereinbarungen und Verträge von allgemeinem Interesse ist der Kanton Glarus an rund 60 Verträgen mit anderen Kantonen beteiligt (Gesetzessammlung Bd. 1). Wie die folgende Aufstellung zeigt, erstreckt sich der Inhalt dieser Verträge praktisch auf den gesamten Tätigkeitsbereich des Kantons:

Sachgebiet	Anzahl Verträge
Prozessrecht und Strafvollzug	5
Schule und Sport	11
Polizei, Zivilschutz	4
Steuern	4
Fischerei	5
Schiffahrt	5
Gesundheit	4
Umweltschutz	3
Fürsorge	4
Volkswirtschaft	3
Land- und Forstwirtschaft	5

Der jeweilige Vertragsinhalt der einzelnen Vereinbarungen ist allerdings ganz unterschiedlich zu gewichten. Im Erziehungswesen etwa ist der Kanton Glarus Vertragspartner so bedeutender Abkommen wie der Vereinbarung über das Interkantonale Technikum Rapperswil, an dem auch die Kantone Zürich, Schwyz und St. Gallen beteiligt sind, oder der Interkantonalen Vereinbarung über Hochschulbeiträge. Daneben bestehen verschiedene Abkommen mit einzelnen Kantonen, die Glarner Studentinnen und Studenten den Zugang zu bestimmten Lehranstalten sichern, etwa mit Schaffhausen (Oberseminar), Schwyz (Oberseminar in Rickenbach), Graubünden (Oberseminar Chur) und Basel-Landschaft (Kindergartenkurse des Lehrerseminars Liestal).

Im Bereich Polizei regeln verschiedene Abkommen die grenzüberschreitende Zusammenarbeit der Kantonspolizeien. Das Konkordat über den Betrieb eines interkantonalen Ausbildungszentrums für den Zivilschutz, an dem neben Glarus die Kantone Uri, Schwyz, Obwalden, Nidwalden sowie Zug beteiligt sind, stellt ein typisches Beispiel für die teilweise Verflechtung des Kantons Glarus mit der Innerschweiz dar.

Zahlreiche Abkommen regeln Fragen der interkantonalen Verhältnisse in den Bereichen Fischerei und Schiffahrt. Hauptvertragspartner des Kantons Glarus sind diesbezüglich die Kantone St. Gallen, Schwyz und Zürich. Geregelt werden die Ausübung der Fischerei und die Schiffahrt auf dem Zürichsee, dem Linthkanal und dem Walensee. Sogar mit dem Kanton Uri besteht eine entsprechende Vereinbarung, nämlich der Vertrag über die Ausübung der Fischerei im Stausee des Fätschbachwerkes auf dem Urnerboden.

Im Gesundheitswesen steht der Zugang von Glarner Kantonseinwohnern zu Heil- und Pflegeanstalten anderer Kantone als Vertragsgegenstand im Vordergrund. Zu erwähnen wären hier etwa der Vertrag mit Appenzell Ausserrhoden über die Aufnahme psychisch Kranker in die Kantonale Psychiatrische Klinik in Herisau oder die Vereinbarung mit den Kantonen Schaffhausen, Appenzell Innerrhoden, Appenzell Ausserrhoden, St. Gallen, Graubünden und Thurgau sowie mit dem Fürstentum Liechtenstein über das Rehabilitationszentrum für Drogenabhängige in Lutzenberg. Völkerrechtlich gesehen, handelt es sich bei dieser zweiten Vereinbarung

1972 weilten die Glarner Regierungsräte mit ihren Frauen in Solothurn. Stehend der damalige Solothurner Landammann und spätere Bundesrat Willi Ritschard bei der Begrüssung der Gäste. Links der Glarner Landammann Fritz Stucki, aussen Regierungsrat Fridolin Hauser, rechts Regierungsrat Hans Meier.

um einen Staatsvertrag, da daran das Fürstentum Liechtenstein als souveräner Staat beteiligt ist.

Beim Umweltschutz stehen aus naheliegenden Gründen Vereinbarungen mit den Nachbarkantonen über die Erstellung und den Betrieb gemeinsamer Anlagen im Vordergrund. Das gilt insbesondere für die Vereinbarung mit dem Kanton St. Gallen über Bau und Betrieb der gemeinsamen zentralen Abwasserreinigungsanlage in Bilten oder für die Vereinbarung über den Abwasserverband Mühlehorn-Obstalden-Murg.

Auch im Bereich Landwirtschaft und Forst ist der Kanton Glarus auf eine enge Zusammenarbeit mit anderen Kantonen angewiesen, geht es doch auch hier vor allem darum, den Zugang von Kantonseinwohnern zu Ausbildungsanstalten anderer Kantone zu sichern. So bestehen Vereinbarungen mit den Kantonen Graubünden und Schwyz über die Aufnahme von Schülern aus dem Kanton Glarus in die landwirtschaftlichen Schulen Landquart und Pfäffikon (SZ) beziehungsweise mit den Kantonen Uri, Schwyz, Obwalden, Nidwalden, Zug, Schaffhausen, Appenzell Innerrhoden, Appenzell Ausserrhoden, St. Gallen, Graubünden, Thurgau, Tessin sowie dem Fürstentum Liechtenstein über die Errichtung und den Betrieb der Interkantonalen Försterschule Maienfeld. Daneben ist der Kanton Glarus Vertragspartei der Interkantonalen Übereinkunft über den Viehhandel (Viehhandelskonkordat).

In neuester Zeit sind die Beziehungen zum Kanton Uri enger geworden. Bindeglied ist hier zweifellos das urnerische Anliegen des Ausbaus der Klausenpassstrasse auf Glarner Seite im Interesse des ganzjährig bewohnten Urnerbodens. Vor kurzem wurde zudem beschlossen, die auf dem Urnerboden wohnhaften Schüler in Linthal zu unterrichten, sofern der Urnerboden keinen eigenen Lehrer mehr gewinnen kann. Diese Vereinbarung stellt ein Musterbeispiel für eine unkomplizierte interkantonale Zusammenarbeit dar.

Dieser kurze und unvollständige Überblick zeigt, in welch starkem Masse der Kanton Glarus durch Verträge aller Art mit zahlreichen Kantonen, ja sogar mit dem Fürstentum Liechtenstein verbunden ist. Solche Verträge gestatten es einem kleinen Kanton namentlich, seinen Einwohnern Ausbildungsmöglichkeiten zur Verfügung zu stellen, die aus eigener Kraft nie geschaffen werden könnten. Die Bedeutung des interkantonalen Vertragswesens kann aus der Sicht eines kleinen Kantons nicht hoch genug veranschlagt werden.

Ein Musterbeispiel informeller Beziehungen
Die vorliegende Übersicht über die Verflechtung des Kantons Glarus wäre unvollständig, ohne einen Blick auf das informelle Beziehungsnetz. Hier sticht vor allem ein Kanton besonders heraus: Zug. Zwischen den Regierungen von Zug und Glarus bestehen sehr enge und regelmässige Kontakte. Grundlage für diese engen Beziehungen sind die verschiedenen Ausstellungen, an denen sich die beiden Kantone gemeinsam dargestellt haben: Expo 1964, Grün 80 sowie Olma. Es ist müssig zu bemerken, dass auf informellem Weg sehr oft rascher eine Lösung gefunden werden kann als in formellen Verhandlungen. Zug und Glarus sind ein gutes Beispiel für diese Erkenntnis.

Schlussbemerkung
Der Kanton Glarus unterhält ein sehr enges Beziehungsnetz zum Bund und zu zahlreichen Kantonen. Aus naheliegenden Gründen handelt es sich dabei um die Kantone diesseits der Aare. Dagegen bestehen zu den Westschweizer Kantonen oder zum Tessin kaum vertragliche Bindungen. Es wäre sicher ein lohnendes Ziel, in einem zusammenrückenden Europa wenigstens die informellen Beziehungen zu diesen Kantonen auszubauen und auf diese Weise Glarus mit der West- und der Südschweiz näher zusammenzubringen. Vielleicht kann 1991 die Grundlage für eine solche engere Zusammenarbeit zwischen unserem Kanton und den anderen Sprachgruppen unseres Landes geschaffen werden.

Bedeutende Staatsmänner glarnerischer Herkunft in der Schweiz

Jürg Davatz, Georg Thürer, Hans Thürer

Rudolf Stüssi († 1443)
Bürgermeister von Zürich

Rudolf Stüssi war seiner Herkunft nach Glarner und betonte dies bei jeder ihm nützlich scheinenden Gelegenheit. Sein gleichnamiger Vater stammte aus Zusingen bei Haslen; 1375 erwarb er in Zürich das Bürgerrecht und wurde darauf Zunftmeister und Obervogt in Küsnacht. Der Sohn kam 1414 in den Rat, erlangte dann mehrere Vogteistellen und wirkte von 1430 an bis zu seinem Tode jeweils in der ersten Jahreshälfte als Bürgermeister. König Sigismund verlieh ihm 1425 den Adelstitel und schlug ihn 1433 in Rom zum Ritter. Zeitgenössische Quellen schildern den ehrgeizigen Politiker als ungestüm und hochfahrend; zupackende Tatkraft besass er, doch an diplomatischem Geschick und sicherem Gespür für das Erreichbare mangelte es ihm. Im Streit um das Erbe des letzten Grafen von Toggenburg trat er ins Rampenlicht der Geschichte, denn mit Leidenschaft und Hartnäckigkeit strebte er eine Machtvergrösserung Zürichs an.

Nach 1400 trachteten nämlich Zürich und Schwyz unablässig danach, in den Raum oberer Zürichsee, Linthebene, Walensee und Richtung Chur – Bündner Pässe vorzustossen. Landammann Ital Reding von Schwyz strebte dieses Ziel seit 1411 mit diplomatischem Weitblick an. Stüssi und Reding umwarben Graf Friedrich VII. von Toggenburg und schlossen mit ihm gewisse Vereinbarungen. Als jener 1436 kinderlos und ohne ein Testament zu hinterlassen starb, löste dies den Toggenburger Erbschaftskrieg aus. Schwyz und Zürich neigten viel eher zu einem harten Austrag des Konflikts als zu einem gütlichen Vergleich; daher wäre es verfehlt, Stüssi als alleinigen Sündenbock und Verursacher des sog. Alten Zürichkrieges hinzustellen. Bürgermeister Stüssi schien vorerst einer der grossen Gewinner zu sein, doch als der Herzog von Österreich die einst dem Toggenburger verpfändeten Gebiete zurückforderte, brach Zürichs Stellung mit einem Schlag zusammen.

Schwyz und Glarus nahmen Uznach, das Gaster und Toggenburg kurzerhand in ihr Landrecht auf (S. 19 f.). Schiedsgerichtliche Interventionen unbeteiligter Orte und Städte bestätigten Zürichs Niederlage. Doch Stüssi fragte diesen keineswegs unparteiischen Schiedssprüchen nicht viel nach und erliess eine Marktsperre gegen Schwyz und Glarus. In Zürich behauptete er die Oberhand über die zurückhaltende Partei des Bürgermeisters Meiss. Die übrigen eidgenössischen Orte hielten im nun ausbrechenden Krieg zu Schwyz und verwüsteten 1440 Zürichs Landschaft. Zürich willigte in einen Waffenstillstand ein; durch einen eidgenössischen Machtspruch verlor es aber nicht nur jeden Anspruch auf neues Erbe, sondern auch die Höfe an Schwyz.

Nun stellte sich Zürichs Bürgerschaft geschlossen hinter den erbitterten Stüssi, der sich nach Hilfe gegen die Eidgenossen umsah. Er fand Unterstützung seiner Vorhaben bei König Friedrich III., einem Habsburger. Der König und Zürich schlossen am 17. Juni 1442 ein «Ewiges Bündnis» ab. Zürich sollte Toggenburg und Uznach erhalten und dafür dem König behilflich sein, das habsburgische Stammland, den Aargau und die Herrschaft Baden, zurückzugewinnen. Im September 1442 nahm Friedrich III. in Zürich persönlich den Eid der Bürgerschaft auf das Reich und die Bünde entgegen. Doch nun entglitten Stüssi die Zügel; zwei Österreicher übernahmen die politische und die militärische Führung der Limmatstadt. Die Eidgenossen suchten 1443 erneut die Zürcher Landschaft heim und zogen dann vor die Stadt. Gegen den Willen der österreichischen Führer zog Rudolf Stüssi am 22. Juli mit dem zürcherischen Fussvolk über die Sihl den Eidgenossen entgegen; er wurde zurückgeschlagen und fand bei der Verteidigung der Sihlbrücke den Tod. Stüssis Machtpolitik trug Entscheidendes dazu bei, dass der Kampf um das Toggenburger Erbe sich erneut zu einer schweren kriegerischen Auseinandersetzung zwischen den Eidgenossen und Habsburg-Österreich ausweitete.

Jürg Davatz

Literatur

Hans Berger; Der Alte Zürichkrieg im Rahmen der internationalen Politik; Zürich 1978.
Geschichte, S. 270–283.
Handbuch I, S. 293–305.

Karl Müller-Friedberg. Ölgemälde von Felix Maria Diogg, 1801. (Kunstmuseum St. Gallen)

Karl Müller-Friedberg (1755–1836)
Landammann des Kantons St. Gallen

In seiner Heimatgemeinde Näfels wurde Karl Müller am 24. Februar 1755 im Freulerpalast geboren. Der Vater, Dr. med. Franz Josef Müller-Bachmann, trat 1758 in den Dienst des Fürstabts von St. Gallen. Seine Schulbildung erhielt Karl erst bei den Jesuiten in Luzern, dann auf der Akademie in Besançon und schliesslich auf der Universität Salzburg, wo er das Studium der Rechts- und Staatswissenschaft mit 17 Jahren beendete. Sein Wille zur steten Weiterbildung zeigte sich in seinen zahlreichen, zum Teil staatsphilosophischen Schriften im Geiste der Aufklärung.

Auf den Spuren des Vaters vollzog sich der Aufstieg des Sohnes in der Fürstabtei St. Gallen. Zuerst war er äbtischer Landvogt auf Oberberg bei Gossau, dann im Toggenburg. Fürstabt Beda Angehrn sandte den welt- und redegewandten Amtsmann 1791 im sechsspännigen Galawagen nach Wien, damit er vom neuen Kaiser Leopold II. das fürstabtliche Reichslehen erneuern lasse. Der Kaiser war von Müllers Ansprache so entzückt, dass er ihn und seine Familie in den Freiherrenstand erhob und ihm den Zunamen «von Friedberg» verlieh. Als Abt Pankraz Vorster Anfang 1798 zu keinen Zugeständnissen bereit war, erklärte Landvogt Müller die Toggenburger von sich aus frei, worauf ihn die Stadt Lichtensteig zum Ehrenbürger ernannte. Die Herrschaft der Fürstabtei St. Gallen, ja der Fortbestand des über tausendjährigen Stiftes aber waren besiegelt.

Zu Beginn der Helvetik war Müller-Friedberg ohne Amt und Einkommen in Näfels. Anfangs des Jahres 1800 wurde er Mitglied des helvetischen Finanzrates in Bern, im Frühjahr 1801 provisorischer Staatssekretär im Departement für Auswärtige Angelegenheiten und bald darauf Senator. Als solcher reiste er 1802 zur Helvetischen Consulta nach Paris, wo Napoleon den Zwist zwischen den schweizerischen Unitariern und Föderalisten durch seine Mediation am 19. Februar 1803 schlichtete.

Die Mediationsverfassung schuf den künstlichen Ringkanton St. Gallen. Müller-Friedberg bekam den Auftrag, den neuen Kanton einzurichten, der ausser der Hauptstadt St. Gallen und den einst fürstäbtischen Landen auch frühere Herrschaften der regierenden Orte umfasste. Der Grosse Rat des jungen Kantons wählte den heimgekehrten Staatsmann am 15. April 1803 zu seinem Präsidenten und zugleich zum Vorsitzenden des Kleinen Rates, wie die Regierung damals hiess. Damit war Müller-Friedberg als Haupt der Legislative wie auch der Exekutive unbestritten der massgebende erste Bürger des Kantons St. Gallen. Auf der Tagsatzung bekämpfte er mit Erfolg das Ansinnen ehemals regierender Orte, einstige Untertanengebiete von St. Gallen zurückzugewinnen. Nachdem der 1814 gestürzte Kaiser Napoleon seinen Schild nicht mehr über den von ihm geschaffenen Kanton St. Gallen halten konnte, erwogen mehrere Randgebiete den Anschluss an andere Kantone. Der Bundesvertrag von 1815 gewährleistete jedoch den Kanton St. Gallen in seinem bisherigen Gebiet. Zum ersten Landammann, wie das Kantonsoberhaupt nun hiess, wurde am 24. Februar 1815 – an seinem 60. Geburtstag – Karl Müller-Friedberg gewählt.

Als die freiheitlich-demokratische Bewegung im Volk unaufhaltsam wuchs, verstand der greise Magistrat die Zeichen der Zeit nicht mehr. Die Regenerationsbewegung setzte in der dritten Kantonsverfassung von 1831 mehr Volksrechte durch, und bei der Wahl der neuen Regierung sah sich der 76jährige Landesvater durch den jungen Gallus Jakob Baumgartner verdrängt. Müller-Friedberg empfand dies als krassen Undank der Republik und verzog sich nach Konstanz, wo er sein Alterswerk schrieb, die «Schweizerischen Annalen oder die Geschichte unserer Tage seit dem Julius 1830». Am 22. Juli 1836 nahm der Tod dem Nimmermüden die Feder aus der Hand. Bedenkt man, welch grosse gesetzgeberische Arbeit im jungen Kanton St. Gallen zu leisten war, so kann man dem Einsatz und dem diplomatischen Geschick dieses Staatsmannes seine Hochachtung nicht versagen.

Georg Thürer

Literatur

Johannes Dierauer; Müller-Friedberg, Lebensbild eines schweizerischen Staatsmannes; St. Gallen 1884.
Georg Thürer; St. Galler Geschichte, Kultur, Staatsleben und Wirtschaft in Kanton und Stadt St. Gallen, Bd. II, S. 79–262; St. Gallen 1972.
Grosse Glarner, S. 105–113.

Johann Jakob von Tschudi (1818–1889)
Gesandter der Schweiz in Wien

Johann Jakob von Tschudi, der ältere Bruder des anschliessend erwähnten Friedrich, wird andernorts (S. 243) als Südamerikaforscher gewürdigt. Hier ist kurz auf seine diplomatische Tätigkeit hinzuweisen. Nachdem er 1838 bis 1842 Peru erforscht hatte, liess er sich 1848 endgültig im niederösterreichischen Lichtenegg, etwa 100 Kilometer südöstlich von Wien, nieder.

1857/58 unternahm Tschudi eine zweite Südamerikareise, die ihn zuerst nach Brasilien führte. Dabei nahm er besonders Notiz von wirtschaftlichen und politischen Verhältnissen. Das Schicksal in Not geratener Auswanderer aus der Schweiz und anderen europäischen Ländern berührte ihn tief. Nach seiner Rückkehr sandte er eine Denkschrift an den Glarner Landammann und Nationalrat Joachim Heer, der diese unverzüglich an den Bundesrat weiterleitete. Als Reaktion darauf ernannte der Bundesrat Tschudi Ende 1859 zum ausserordentlichen Gesandten in Brasilien, damit er abkläre, ob man dort Schweizer Auswanderer tatsächlich wie Sklaven halte. 1860/61 hielt sich Tschudi in Brasilien auf. Er besuchte die einzelnen Kolonien, um sich ein genaues Bild von der Lage der Halbpächter zu verschaffen. Nach mühsamen Verhandlungen konnte er am 3. August 1861 mit Kaiser Dom Pedro II. eine Konsularkonvention vereinbaren. Schweizer Konsulate durften nun überall da errichtet werden, wo es die Notlage der Kolonisten und die Entwicklung des Handels erforderten. Tschudis Berichte über die Kolonien an den Bundesrat, in unparteiischem und kritischem Geist verfasst, erschienen 1861 in Bern im Druck.

Im Jahre 1866 wählte der Bundesrat Tschudi zum interimistischen Geschäftsträger der Schweiz in Wien, zwei Jahre später zum ausserordentlichen Gesandten und bevollmächtigten Minister. Unter Tschudis Leitung gelang der Abschluss eines Post- und Handelsabkommens mit Österreich und die Regelung einer Grenzunklarheit am Inn. Hingegen konnte er in der Frage der Rheinkorrektion keine Fortschritte erzielen. Viel Zeit und Energie kostete ihn die Vorbereitung der Schweizer Präsenz an der Wiener Weltausstellung von 1873.

Tschudis Berichterstattung an den Schweizer Bundesrat umfasst die Innen- und Aussenpolitik der Donaumonarchie, durch die sich wie ein roter Faden die Orientfrage zieht. Der Diplomat formulierte seine Diagnosen mit der Nüchternheit und Genauigkeit des Wissenschafters und Mediziners. Die Erfüllung der diplomatischen Pflichten und Aufgaben spannte seine Kräfte immer mehr an und liess ihm kaum mehr Zeit für wissenschaftliches Arbeiten. Als in der Schweiz dennoch gewisse parteipolitische Intrigen gegen seine – durch und durch integre – Tätigkeit und Person aufkamen, reichte er 1882 seine Demission ein und zog sich ganz auf seinen Gutshof in Lichtenegg zurück. *Jürg Davatz*

Friedrich von Tschudi (1820–1886)
Landammann des Kantons St. Gallen

Der am 1. Mai 1820 in seiner Heimatgemeinde Glarus geborene Niklaus Friedrich von Tschudi war erst fünf Jahre alt, als er seinen Vater, Chorrichter und Ratsherrn Johann Jakob Tschudi, ver-

Links: Johann Jakob von Tschudi, Gesandter der Schweiz in Wien. Aquarell, um 1875. (Museum des Landes Glarus, Näfels)

Rechts: Friedrich von Tschudi, Landammann des Kantons St. Gallen. Ölgemälde, um 1880. (Museum des Landes Glarus)

Titelblatt des Buches «Das Thierleben der Alpenwelt» von Friedrich von Tschudi, 8. Auflage, Leipzig 1868. Holzstich nach einer Zeichnung von Emil Rittmeyer. (Museum des Landes Glarus)

Literatur

Emil Bächler; Friedrich von Tschudi (1820–1886), Leben und Werk; St. Gallen 1947.
Georg Thürer; Friedrich von Tschudi als Dichter; St. Gallen 1942.
Grosse Glarner, S. 211–219.

lor. Die Mutter Anna Maria, geborene Zwicky, nahm die Erziehung ihrer begabten Söhne Iwan, Johann Jakob und Friedrich verantwortungsbewusst an die Hand. In zweiter Ehe heiratete sie später den Verleger Peter Alexander Zollikofer von St. Gallen.

Nach dem Studium der Theologie amtete Friedrich von Tschudi als evangelischer Pfarrer in Lichtensteig, bis ihn 1847 Atembeschwerden zum Rücktritt nötigten. Aufmerksam verfolgte er in jenem Schicksalsjahre die politischen Ereignisse und verfasste seine klare, wegweisende Rechenschaft «Der Sonderbund und seine Auflösung». In St. Gallen, wo er sich einbürgerte, begann er auf seinem bescheidenen «Melonenhof» mit landwirtschaftlichen Studien, die ihn in kurzer Zeit an die Spitze des kantonalen, ja des schweizerischen Landwirtschaftlichen Vereins führten. Ein grossartiges Werk begründete Tschudis Ruhm sowohl bei den Naturwissenschaftern wie auch in der literarischen Welt: sein «Thierleben der Alpenwelt», das 1853 in erster Auflage erschien. Die Universität Basel zeichnete ihn dafür 1860 mit der Würde des Ehrendoktorates aus.

Wenn Friedrich von Tschudi seinem grossen Wurf keine ebenbürtigen Bücher folgen liess, so erklärt sich dieser Verzicht aus seiner immer grösseren Beanspruchung als Staatsmann in St. Gallen. Er wurde 1865 in das kantonale Parlament und 1870 in den Regierungsrat gewählt. Er übernahm das Erziehungsdepartement und hatte dessen Leitung, mit Unterbrechung zweier Jahre, bis 1885 inne. Gleich im ersten Amtsjahr gründete er als erste Lehrstätte dieser Art die sanktgallische Sekundarlehramtsschule, aus der sich die heutige Pädagogische Hochschule entwickelt hat. Der naturnahe Schulmann setzte sich für die Anlage von Schulgärten ein. Er sorgte auch für die Teilung allzu grosser Schulklassen und die Unterstützung armer Schulgemeinden. Im Schweizer Schulrat, dem Tschudi von 1879 bis 1885 angehörte, förderte er junge Naturwissenschafter. Er vertrat die Eidgenossenschaft 1883 auf der grossen Weltausstellung in Wien, wo sein Bruder Johann Jakob Tschudi bevollmächtigter Minister der Schweizerischen Eidgenossenschaft war.

Dreimal bekleidete Regierungsrat Tschudi das Amt eines St. Galler Landammanns, und von 1877 bis 1885 vertrat er den Stand St. Gallen im schweizerischen Ständerat. Seine Motion, aufgrund des Schulartikels in der 1874 total erneuerten Bundesverfassung ein Gesetz über das Primarschulwesen zu schaffen, scheiterte am Widerwillen gegenüber jederlei Art von schweizerischem «Schulvogt». Hingegen unterstützte Tschudi erfolgreich die bundesrätliche Botschaft zur Errichtung einer Schweizerischen Meteorologischen Zentralanstalt und deren Ausstattung mit Bundesmitteln, die es ihr erlaubten, die Wetterbeobachtungsstation auf dem Säntisgipfel zu übernehmen.

Mitten in der parlamentarischen Arbeit erlitt Ständerat Friedrich von Tschudi einen Gehirnschlag, an dessen Folgen er am 24. Januar 1886 in St. Gallen starb. Mit dem gebürtigen Glarner verlor die Ostschweiz eine hochangesehene, sehr vielseitige und schöpferische Persönlichkeit.

Georg Thürer

Joachim Heer (1825–1879)
Bundespräsident

Joachim Heer entstammt einem alten Glarner Geschlecht, das aber erst im 18. Jahrhundert in die höchsten Landesämter gelangte. Sein Urgrossvater und sein Grossvater waren Landammann gewesen, ebenso Vater Cosmus Heer (1790–1837). Die Mutter, Dorothea Schindler, war eine Tochter des Ratsherrn und Architekten Conrad Schindler von Mollis, der als Freund Hans Conrad Eschers am Linthwerk mitgewirkt hatte. Der am 25. November 1825 geborene Knabe wurde unter der Obhut der Mutter im Elternhaus und dann in der Familie des Naturforschers Oswald Heer in Zürich sorgfältig auf das Studium der Jurisprudenz vorbereitet. Dieses führte Heer nach Berlin und Heidelberg. Kaum war der junge Doktor der Rechte heimgekehrt, wählten ihn die Mitbürger des Hauptortes 1846 in den Rat. Fünf Jahre später kam Heer ins Zivilgericht und in die Standeskommission (Regierung). 1852 wurde er Landesstatthalter und 1857 – mit 32 Jahren – der jüngste Landammann in der Glarner Geschichte. Dieses höchste Landesamt bekleidete er bis zu seiner Wahl in den Bundesrat. Der Kanton Glarus verbesserte unter seiner umsichtigen Leitung das Schulwesen, schuf ein neues Zivilgesetzbuch und fand Anschluss an das entstehende schweizerische Eisenbahnnetz, wodurch das hochindustrialisierte Alpental mit dem Weltverkehr verbunden wurde. Als erstes Staatswesen führte Glarus am 22. Mai 1864 für die Fabrikarbeiter den Zwölfstundentag ein und verbot die Nachtarbeit. Der überzeugte Protestant Heer setzte sich 1875 mit Erfolg für den Fortbestand des Kapuzinerklosters Näfels ein.

Von 1857 bis 1875 vertrat Landammann Joachim Heer seinen Heimatkanton im Nationalrat; er schloss sich dem Zentrum an, stand aber innerlich über den Parteien. In den Jahren 1865 und 1868 weilte er zusammen mit Ständerat A. Staehelin zu Handelsvertrags-Gesprächen in Berlin, wo er Bekanntschaft mit Bismarck machte. Eine schweizerische Berufsdiplomatie gab es damals noch nicht; der Bundesrat beauftragte von Fall zu Fall sachkundige und angesehene Persönlichkeiten. So setzte er 1871 Heer als eidgenössischen Kommissar in Zürich ein, als der Tonhalle-Krawall die Sicherheit der Einwohner gefährdete.

Bereits 1866 und 1869 stand Joachim Heer für eine Wahl in den Bundesrat im Vordergrund; doch er wollte seinen Aufgabenkreis im Glarnerland nicht verlassen. Erst nach mehrtägiger Bedenkzeit nahm er im Dezember 1875 seine Wahl in die oberste Landesbehörde an; der Wegzug von Glarus fiel ihm schwer. Im Bundesrat leitete er vorerst das Postdepartement, dann das eben geschaffene Eisenbahndepartement. Hier stand die Gotthardbahnfrage vor der Entscheidung. Heers Botschaft an die eidgenössischen Räte war für die Beteiligung der Schweiz an dieser ersten Alpentransversale massgebend. Schon 1877 erhielt er das Bundespräsidium. In den 1870er Jahren arbeitete das Handelsdepartement des Bundes den Entwurf für ein eidgenössisches Fabrikgesetz aus; als Experte nahm der Glarner Fabrikinspektor Dr. Fridolin Schuler an der Abfassung des Gesetzes entscheidenden Anteil. 1877 nahmen National- und Ständerat sowie das Schweizervolk das Fabrikgesetz an, was Heer, der auch dem Handelsdepartement vorstand, grosse Genugtuung bereitete. Heer war für die Durchführung des Gesetzes verantwortlich und berief Schuler zum eidgenössischen Fabrikinspektor.

Gesundheitliche Gründe zwangen Bundespräsident Heer Ende Dezember 1878 zum Rücktritt. Seine Hoffnung auf Erholung im Familienkreise erfüllte sich nicht; nach einem Schlaganfall erlöste ihn der Tod am 1. März 1879 von seinem Leiden. Einmütig würdigte die Schweizer Presse Heers politisches Lebenswerk. Er war ein Mann von umfassender Bildung und zählte dank seiner Sachkenntnisse im Kanton Glarus, im National- und Bundesrat zu den führenden und allgemein anerkannten Persönlichkeiten. Als Staatsmann war er ein Mann der Mitte und des Ausgleichs. «Nicht zu herrschen ist das Los und die Aufgabe eines Beamten der Republik, sondern zu dienen», sagte er an einer Landsgemeinde. Und in diesem Geist übte er seine vielfältigen Tätigkeiten aus (S. 77).
Hans Thürer

Links: Joachim Heer, Bundespräsident. Fotografie, um 1868.

Rechte Seite:

Prächtige Dankesurkunde für Landammann Joachim Heer, angefertigt nach seiner Wahl zum Bundesrat; 2. Januar 1876. (Museum des Landes Glarus)

Unten: Markus Feldmann, Bundespräsident.

Markus Feldmann (1897–1958)
Bundespräsident

Markus Feldmann von Glarus wurde am 21. Mai 1897 als Sohn des damaligen Progymnasiallehrers und späteren Fürsorgechefs der Armee, Oberst i Gst Markus Feldmann, in Thun geboren. Er durchlief das Freie Gymnasium, studierte die Rechte und erlangte das Fürsprecher-Diplom und später den Doktortitel. Frühzeitig wandte er sich der Politik und dem Journalismus zu. Im Jahre 1922 trat er in die Redaktion der «Neuen

Der dreifache Landrath des Eidgenössischen Standes Glarus

hat,

nachdem Herr Dr. Joachim Heer, seit 18 Jahren Landammann des Kantons Glarus, infolge seiner Berufung in den h. schweiz. Bundesrath die Entlassung von seinen kantonalen Aemtern nachgesucht hat,

einmüthig erkannt:

Herrn Landammann Dr. Heer

sei für die dem Kanton Glarus geleisteten ausgezeichneten Dienste wie für die unermüdliche Treue, Hingebung und Uneigennützigkeit, womit er das Wohl des Volkes gefördert hat, der Dank des Vaterlandes auszusprechen. Der dreifache Landrath hofft und wünscht, daß es dem Herrn Bundesrath Dr. J. Heer vergönnt sein möge, in seiner neuen Stellung noch lange Jahre mit ungeschwächter Kraft zum Heil und Segen des Gesammtvaterlandes zu wirken und einst an einem heitern Lebensabend der Früchte dieses segensvollen Wirkens inmitten seines lieben und dieselbe Liebe ihm entgegentragenden Glarnervolks sich zu erfreuen.

Glarus, den 2. Januar 1876.

Im Namen des dreifachen Landrathes,

Der Landesstatthalter:

Jos. Weber

Der erste Rathsschreiber:

M. Kundert

Berner Zeitung» ein, wo er bereits 1928 zum Chefredaktor aufrückte. Von allem Anfang an erkannte er die tödliche Gefahr, welche der nationalsozialistische Ungeist für die Eidgenossenschaft bedeutete und schenkte als Publizist dem Volke klaren Wein ein. Gleichzeitig aber entlarvte er rücksichtslos den Kommunismus. Um diesen Bedrohungen standhalten zu können, musste der Wille zur totalen Landesverteidigung gestärkt werden. Die schweizerische Presse, das war Feldmanns Bekenntnis, durfte sich aber nicht auf die blosse Defensive beschränken, sondern sollte nicht weniger kräftig bekunden, dass die Schweiz ein gutes Recht habe, eine gute Sache zu behaupten. Mit Auszeichnung präsidierte Feldmann den Bernischen und den Schweizerischen Presseverein. 1945 erfolgte die Wahl in den Berner Regierungsrat, wo er einen starken Einfluss auf das Gemeinde-, Gesundheits-, Schul- und Kirchenwesen ausübte. Am 5. Dezember 1951 wurde er Ehrenburger der Stadt Bern.

Der ehemalige Sekretär der Berner Bauern-, Gewerbe- und Bürgerpartei kam 1935 in den Nationalrat, dem er bis 1945 und ein zweites Mal von 1947 bis 1951 angehörte. Am 13. Dezember 1951 wurde Feldmann für den zurücktretenden Eduard von Steiger in den Bundesrat gewählt, den er dann 1956 präsidierte. Stets suchte Feldmann die Verbindung mit dem Volk; in allen Landesteilen und unter allen Volksschichten hielt er Reden; sie machten ihn sehr beliebt, waren sie doch sachlich und mieden jedes Blendwerk.

Bundesrat Markus Feldmann starb am 3. November 1958 nach kurzer Krankheit im Amt.
Hans Thürer

Hans Peter Tschudi (1913)
Bundespräsident

Hans Peter Tschudi kam am 22. Oktober 1913 als Sohn des Sekundarlehrers Dr. Robert Tschudi in Basel zur Welt, wo sich die aus Schwanden stammende Familie acht Wochen später einbürgerte. Er besuchte dort die Schulen, studierte in Paris und Basel die Rechte und promovierte 1936 zum Dr. iur. Der Gewerkschafter und Sozialdemokrat war zunächst im kantonalen Arbeitsamt tätig, worauf er 1938 Vorsteher des Gewerbe-Inspektorates wurde. Als solcher habilitierte er sich an der Universität Basel, an der er von 1952 bis 1959 als Professor für Arbeits- und Sozialversicherungsrecht lehrte.

Dem Grossen Rat gehörte Tschudi von 1944 bis zu seiner 1953 erfolgten Wahl in den Regierungsrat an. Nach dreijähriger Zugehörigkeit zum Ständerat wählte ihn die Bundesversammlung am 17. Dezember 1959 in den Bundesrat, wo er das Departement des Innern übernahm. In seiner Amtszeit wurden bedeutende Entscheide im Bereiche der Kultur, der Sozialversicherung und des Bauwesens gefällt. Erwähnt seien die Verfassungsartikel über den Umweltschutz, den Gewässerschutz, den Natur- und Heimatschutz sowie die Gesetze über die Hochschulförderung und das Filmwesen. Unter Hans Peter Tschudi erfuhr die AHV nicht weniger als fünf Revisionen mit erheblichen Verbesserungen für die Rentenbezüger. Gleichzeitig wurden die IV und die Krankenversicherung ausgebaut. Auch der Bau der Nationalstrassen und die Erweiterung der ETH sind eng mit dem Namen dieses Glarner Magistraten verbunden. Ein besonderes Anliegen Tschudis war schliesslich die Beseitigung der konfessionellen Ausnahmeartikel. Hans Peter Tschudi präsidierte den Bundesrat in den Jahren 1965 und 1970. Am 5. Dezember 1973 trat er zurück; seine überaus rasche und gründliche Arbeitsweise ist lobend als «Tschudi-Tempo» bezeichnet worden. Anschliessend wirkte er wieder als Professor in Basel. *Hans Thürer*

Bundesrat Hans Peter Tschudi mit Gemahlin in Glarus, 1972 anlässlich der Feierlichkeiten zum 400. Todesjahr des Geschichtsschreibers Aegidius Tschudi. Hinter Bundesrat Tschudi links der Glarner Landammann Fritz Stucki und rechts Ständerat Peter Hefti.

Seit der Gründung des Bundesstaates wurden vier Glarner in die höchsten eidgenössischen Ämter gewählt, wenn man Bundesgerichtspräsident J.J. Blumer mitzählt. Alle stammen vom Elmer Ratsherrn Joachim Elmer-Luchsinger (157.– 1629) ab.

Die Glarner National- und Ständeräte 1848 bis 1991

Hans Laupper

Nach Artikel 71 der heute geltenden Bundesverfassung ist die Bundesversammlung die «oberste Gewalt des Bundes» (Legislative). Sie setzt sich aus dem Nationalrat und aus dem Ständerat zusammen. Ihre Vorzugsstellung wird jedoch durch den von ihr gewählten Bundesrat eingeengt, der «kein Kabinett im Sinne des parlamentarischen Systems» ist (Exekutive). Zudem wird ihre Handlungsfreiheit auch durch die Volksrechte eingeschränkt. «Denn diese räumen dem Volk die Möglichkeit ein, die Gesetzgebung mit Hilfe des Volksbegehrens (Initiative) und des plebiszitären Nachentscheides (Referendum) zu beeinflussen und damit indirekt auch auf die Bundesversammlung einzuwirken.»[1]

Wahlverfahren

Während die Zahl der Ständeräte mit je zwei Vertretern für jeden Ganzkanton und je einem Vertreter für jeden Halbkanton in Artikel 80 der Bundesverfassung festgelegt ist, muss die Zahl der Nationalräte gemäss Artikel 72 der Bundesverfassung nach einem bestimmten Verteilungsschlüssel errechnet werden. «Die Wahl geschieht direkt und findet nach dem Grundsatze der Proportionalität statt, wobei jeder Kanton und jeder Halbkanton einen Wahlkreis bildet.»[2]

Von 1848 bis 1931 wurde der Nationalrat auf der Grundlage von je einem Abgeordneten auf 20 000 Seelen der Wohnbevölkerung ermittelt. Eine Bruchzahl von über 10 000 ergab ein weiteres Mandat. Jeder Kanton und bei geteilten Kantonen jeder der beiden Landesteile hatte wenigstens ein Mitglied zu wählen. Da unser Kanton zum Zeitpunkt der Annahme der Bundesverfassung etwas weniger als 30 000 Einwohner zählte, stand ihm nur ein einziger Vertreter zu. Erster Abgeordneter wurde Landammann Caspar Jenny von Ennenda. Als die Volkszählung 1850 eine Einwohnerzahl von 30 213 ergab, erhielt unser Kanton ab der Wahlperiode 1851 einen zweiten Sitz. Zum zweiten Vertreter wählte die Landsgemeinde Dr. med. Johannes Trümpy von Glarus. 1902 erwuchs ein Volksbegehren, das die Zahl der Nationalräte allein auf der Basis der schweizerischen Wohnbevölkerung berechnen wollte. Diese Vorlage, die für einige Kantone Sitzverluste gezeigt hätte, wurde jedoch in der Volksabstimmung vom 25. Oktober 1903 massiv verworfen.

Bei der 1930 durch die Volkszählung ermittelten Bevölkerungszahl wäre der Nationalrat, der sich 1848 noch aus 111 Abgeordneten zusammensetzte und 1923 schon deren 198 zählte, im Jahre 1931 auf 206 Mitglieder angewachsen, wenn man an der bisherigen Regelung festgehalten hätte. Um dieser Entwicklung mittels einer Beschränkung entgegenwirken zu können, unterbreitete der Bundesrat am 2. September 1930 den eidgenössischen Räten einen entsprechenden Entwurf. Nach diesem sollte der Verteilungsschlüssel neu auf 23 000 Einwohner angehoben werden. Die Bundesversammlung reduzierte ihn aber auf 22 000. Danach wurde die so bereinigte Vorlage dem Volk zur Abstimmung unterbreitet. Dieses nahm sie am 15. März 1931 mit 296 053 Ja gegen 253 382 Nein knapp an. Nur gerade 1801 Glarner stimmten dafür, 3613 waren dagegen. Trotz der damit verbundenen Reduktion der Mitgliederzahl des Nationalrates um fast einen Zehntel, von 206 auf 187 Sitze, blieben die Auswirkungen für unseren Kanton ohne Folgen. Weiterhin konnte Glarus zwei Nationalräte nach Bern entsenden.

Ein unvermindertes Anwachsen der Bevölkerung zeigte auch die Volkszählung von 1950. Das Parlament wünschte deshalb vom Bundesrat die Neufestsetzung des Verteilungsschlüssels. Dieser unterbreitete schon am 28. April 1950 eine entsprechende Vorlage, nach der die Vertretungsziffer auf 24 000 Einwohner heraufgesetzt werden sollte. Er hoffte, mit dieser erneuten Korrektur die Nationalratssitze bei 195 einpendeln zu können. Dieser Erhöhung erwuchs Opposition, weil einige Parlamentarier die Zahl der Nationalräte generell auf 200 beschränken wollten; eine Beschränkung, die schon 1930 der Bundesversammlung vorgeschlagen worden war, jedoch in den eidgenössischen Räten auch diesmal chancenlos blieb. Die bundesrätliche Vorlage

---

[1] Die Schweizerische Bundesversammlung 1920–1968, bearbeitet von *Erich Gruner;* Bern 1970, S. 9.

[2] Systematische Sammlung des Bundesrechts, 1.1 Staat – Volk – Behörden (10 Bundesverfassung).

obsiegte. Am 3. Dezember 1950 hatte auch das Schweizervolk über sie zu befinden; es stimmte ihr ebenso zu.

Doch bereits zehn Jahre später, 1960, setzte sich die Beschränkung auf 200 Mandate durch. Eine Änderung irgendwelcher Art war unerlässlich geworden, weil angesichts des rapiden Bevölkerungszuwachses mit der bisherigen Vertretungsziffer der Nationalrat von 196 auf 226 Mitglieder angestiegen wäre. Bei einer Erhöhung der Vertretungsziffer auf 27 000 wäre der Rat auf 199 erweitert worden, bei 28 000 auf 193 zurückgegangen. Mit einer Fixierung der Zahl der Sitze wurde ein neues Wahlverfahren notwendig, für das man die folgende Regelung vorsah:

a. Alle Kantone und Halbkantone, deren Bevölkerungszahl kleiner ist als die durch 200 geteilte Zahl der Gesamtbevölkerung, erhalten je einen Sitz. Diese Kantone scheiden für die weiteren Rechnungsgänge aus.

b. Zur Ermittlung der neuen Verteilungszahl wird die Gesamtbevölkerungszahl der nicht ausgeschiedenen Kantone geteilt durch die Zahl der noch zu besetzenden Sitze, wobei jeder Kanton oder Halbkanton Anspruch auf so viele Abgeordnete hat, als die neue Verteilungszahl in seiner Bevölkerungszahl aufgeht. Die noch nicht verteilten Mandate werden unter die Kantone und Halbkantone verteilt, die die grössten Restzahlen erreicht haben.[3]

Das Volk sollte nun nach dem Willen Berns die Zahl der Nationalräte endgültig auf insgesamt 200 festsetzen. Damit wollte man weitere Verfassungsrevisionen vermeiden, weil sie von Gesetzes wegen immer mit einer obligatorischen Volksabstimmung verbunden sind. Im Vorfeld der Abstimmung verlangten die Glarner, dass jedem Kanton mindestens zwei Sitze und jedem Halbkanton mindestens ein Sitz zugestanden werde. Ihre Forderung konnten sie aber nicht durchsetzen. In der eidgenössischen Volksabstimmung vom 4. November 1962 wurde die Änderung des Artikels 72 der Bundesverfassung (Wahl des Nationalrates) gemäss der Bundesvorlage mit 331 059 Ja gegen 188 731 Nein angenommen; nur sechs Kantone, darunter Glarus, verwarfen sie.

Trotz dieser Regelung konnte unser Kanton die beiden Mandate bis 1971 behalten. Erst 1970 kam die Wende. Während die meisten, vorab die grösseren Kantone auf Grund der Volkszählung einen Bevölkerungszuwachs zu verzeichnen hatten, ergab sich für unseren Kanton ein Rückgang. Dies hatte zur Folge, dass sich die Vertreterzahl von bisher zwei auf ein Mandat verminderte. Seit dem Wahljahr 1971 hat unser Kanton deshalb nur noch einen Sitz im Nationalrat.

Die Wahl der Nationalräte wurde von 1848 bis 1871 in offener Wahl durch die Landsgemeinde vorgenommen. Seit 1872 wird sie geheim in den einzelnen Gemeinden durchgeführt. Die Ermittlung des Gesamtergebnisses erfolgte zuerst nach dem Majorz, ab 1919 nach dem Proporz, seit 1971 nach effektiver Mehrheit (Einerwahlkreis). Die Nationalratswahlen fanden bis 1931 alle drei Jahre statt, ab diesem Zeitpunkt erfolgen sie alle vier Jahre.

Unterschiedlich zum Nationalrat sind das Wahlverfahren und die Amtsdauer der Ständeräte. Die Wahl der beiden Ständeräte erfolgte von 1848 bis 1971 offen durch die Landsgemeinde. Seit diesem Datum wird sie geheim in den einzelnen Gemeinden durchgeführt. Für die Festlegung der Amtsdauer ist der Kanton zuständig. Von 1848 bis 1857 galt eine einjährige, von 1857 bis 1971 eine dreijährige Amtsdauer. Von 1974 bis 1990 wurde der Ständerat in unserem Kanton zugleich mit dem Regierungsrat alle vier Jahre gewählt. Ab 1995 sollen diese Wahlen nach der neuen Kantonsverfassung, welche von der Landsgemeinde 1988 angenommen worden ist, gleichzeitig mit der Wahl des Nationalrates durchgeführt werden.

Wer waren die Glarner Bundesparlamentarier?

Von der Gründung des Bundesstaates bis heute wählte das Glarnervolk 24 Nationalräte und 23 Ständeräte. Da von diesen fünf Nationalräte in die kleine und ein Ständerat in die grosse Kammer wechselten, reduziert sich die Zahl auf insgesamt 41 Parlamentarier, welche das Glarnervolk in die Bundesstadt beorderte. Von diesen standen Joachim Heer-Iselin 1863 und 1869/70, Rudolf Gallati-Zweifel 1896/97 und Eduard Blumer-Jenny 1918/19 als Präsidenten dem Nationalrat vor. Im Ständerat kamen die Glarner mit Johann Blumer-Heer 1873/74, Philippe Mercier-Lendi 1916/17, Edwin Hauser-Zweifel 1936/37 und Peter Hefti-Spoerry 1980/81 zu höchsten Ehren. Mit Johann Jakob Blumer konnten sie 1874 sogar den ersten Präsidenten des ständigen Bundesgerichtes und 1877 mit Joachim Heer ein einziges Mal den Bundespräsidenten stellen.

Betrachtet man die Parlamentarierbiographien genauer, lassen sich ihnen die verschiedensten Aspekte abgewinnen, etwa welcher Konfession, welchem Beruf, welcher Partei usw. unsere eidgenössischen Parlamentarier angehören. So zeigt sich, dass bis heute lediglich ein einziger Nationalrat (1959) und zwei Ständeräte (1921 und 1978) katholischer, alle übrigen Parlamentarier evangelischer Konfession sind. Untersucht man ihre Berufe, welche sie zum Zeitpunkt ihres Mandates ausübten, ergibt sich das folgende Bild:

Rechte Seite:

Glarner Bildertuch zur Erinnerung an die Vollendung des Bundeshauses in Bern 1902. Der Bundespalast wird von weiteren nationalen Monumenten umgeben: Landesmuseum Zürich, Rütli, Bundesgericht Lausanne und Tellskapelle. Der rahmende Lorbeerkranz nimmt die symbolische Form des Schweizerkreuzes auf. (Museum des Landes Glarus)

[3] Bundesblatt, Jg. 114, Bd. I, Nr. 2 (11. Januar 1962), S. 23.

Die Glarner National- und Ständeräte

Nationalrat: sechs Rechtsanwälte (davon ein Ratsschreiber), fünf Fabrikanten, vier Kaufleute, drei Handwerker, drei Ärzte (davon einer Tierarzt), ein Nationalökonom und ein Verleger. – *Ständerat:* neun Rechtsanwälte (darunter ein Landesarchivar), sechs Fabrikanten, zwei Kaufleute, ein Pfarrer, ein Historiker, ein Baumeister und ein Hotelier.

In seinem Werk «Die schweizerische Bundesversammlung» schreibt Professor Erich Gruner: «Im Kanton Glarus bestand schon um 1848 ein Gegensatz zwischen mehr liberal-konservativen Führern wie dem späteren Bundesrat Heer, die in Bern der Mitte angehörten, und fortschrittlichen Freisinnigen, die im Bundeshaus eher mit der Linken stimmten. Die Grenzen zwischen diesen beiden Gruppen sind kaum zu ziehen.»[4] Bis Ende des 19. Jahrhunderts ordneten die Glarner vor allem freisinnige Parlamentarier nach Bern ab. Das Aufkommen der politischen Parteien im heutigen Sinne stellte diese Vormachtstellung erstmals 1890 in Frage, als mit Peter Zweifel ein Vertreter der Demokratischen Partei in den Ständerat gewählt wurde. Schon kurz darauf, 1899, zog mit Eduard Blumer auch der erste glarnerische Demokrat im Nationalrat ein. 1943 gewann die Sozialdemokratische Partei (SP) mit Christian Meier-Hemmi ihr erstes Nationalratsmandat, und 1978 nahm die Christlichdemokratische Volkspartei (CVP) mit Hans Meier-Ott erstmals Einsitz im Ständerat. Erfasst man diese Veränderungen statistisch, so ergeben sich seit 1848 die folgenden Parteizugehörigkeiten:

Nationalrat: Freisinn (liberal, ABV, FDP) 14; Demokratische und Arbeiterpartei (heute SVP) 6; Sozialdemokratische Partei (SP) 3. – *Ständerat:* Freisinn (liberal, ABV, FDP) 13; Demokratische und Arbeiterpartei (heute SVP) 9 (einer davon später parteilos); Christlichdemokratische Volkspartei (CVP) 1.

Unter den 41 glarnerischen Parlamentariern befanden sich 16 Offiziere und 28 Regierungsräte, davon ein gegenwärtig amtierender. Elf der Regierungsräte übten das Amt des Landammanns aus. Diese starke Obrigkeitspräsenz, die bis an den Anfang der beiden Kammern zurückgeht, zeigt, dass das Land Glarus stets bestrebt war, seine staatspolitischen Entscheide durch Regierungsvertreter in die eidgenössischen Räte einfliessen zu lassen. Markesteine glarnerischer Politik waren ja insbesondere das Eisenbahnwesen, die Fabrik- und Arbeiterschutzgesetzgebung, das Krankenkassenwesen, die AHV und IV, alles politische Schwerpunkte, die bis heute nichts an Aktualität verloren haben.

Wir sind uns bewusst, dass wir mit den nachstehenden biographischen Abrissen der glarnerischen Parlamentarier das Parkett der eidgenössischen Politik nur sehr skizzenhaft berühren.

Dennoch hoffen wir, damit ein Stück neuerer Glarner- und Schweizergeschichte transparenter zu machen, denn Teilaspekte fügen sich letztlich auch zu einem Ganzen zusammen.

Systematik

Name, Name der Frau, Vorname, Heimatort, Lebensdaten
1. Amtsdauer der eidg. Parlamentarier, Präsidialzeiten und Name des Vorgängers
2. Konfession
3. Bildungsgang (Mittelschule, Hochschule, Lehrausbildung), berufliche Laufbahn
4. Höchster militärischer Grad
5. Parteizugehörigkeit, im Kanton, in der Bundesversammlung
6. Öffentliche staatliche Ämter
   – Gemeinde G:
   – Kanton K:
   – richterliche Behörden (Rtl.Bhd.)
   – politische Behörden (Pol.Bhd.), auch Kommissionen, Delegationen
   – kirchliche Behörden (Kir.Bhd.)
   – Bund B:
7. Zugehörigkeit zu Vereinen, Wirtschaftsverbänden, Komitees, dazu Hinweise zu persönlichen Leistungen
8. Anmerkungen zur Person (kurze Wertung)
9. Literatur

Nationalräte

1. Jenny-Jenny (I) und -Becker (II), Caspar, von Ennenda, 14. 6. 1812–29. 2. 1860
1: NR 1848–4. 1859, erster Glarner NR, vorher Tags.Ges. (Okt. 1847). – 2: Ref. – 3: Ktsschule Chur, Privatinstitut in Neuenburg, Handelsmann. – 5: Liberal-konservativ, in d. BSV: Linke. – 6: G: Schulvogt 1838–1854 / GemPr 1845–1860; – K: Rtl.Bhd.: Mtgl. d. Appellationsger. 1839–1842. Pol.Bhd.: Mtgl. d. Standeskomm. u. d. Rates 1842–1860, Landst. 1857–1860, Landam. 1848–1857; – B: Mtgl. d. Komm. für Auswanderer 1845 / Mtgl. d. RevKomm. d. Tags. 1847 / Mtgl. d. eidg. Linthkomm. 1848ff. – 7: Präs. d. kant. Gesangsver. / VorstMtgl. d. Ldw. Vereins Glarus 1848ff. / Präs. d. ZentrKom. d. Eidg. Schützenfestes 1847. – 8: Glänzender Landsgemeinderedner, eifriger Regenerationspolitiker. Anhänger des Gedankens des Zweikammersystems und der Zollvereinheitlichung. Er stimmte im Gegensatz zu den zwei StR für Bern als Bundessitz. – 9: JHVG 47, 1934, S. 292–294.

2. Trümpy-Becker, Johannes, von Glarus und Ennenda, 13. 5. 1798–18. 5. 1861
1: NR 1851–1857. – 2: Ref. – 3: Stud. d. Medizin: Erlangen 1815 u. Göttingen 1818, Dr. med., prakt. Arzt in Ennenda (1818) u. Glarus (1840), auch Badearzt in Stachelberg (Linthal), Red. d. «Öffentlichen Anzeigers» 1829–1831. – 5: Liberal, in d. BSV: Linke. – 6: K: Rtl.Bhd.: KriminalgerPr 1837–1861. Pol.Bhd.: LR 1827–1861 / Aktuar d. Glarner VerfassungsrevKomm. 1836 / Präs. d. Bibliothekskomm. der Landesbibliothek Glarus 1839–1861; – B: Eidg. Kommissär in Uri 1847. – 7: Präs. d. Med. Ges. Glarus. – 8: Mitbegründer der Schweizerischen Mobiliarversicherung und der Kantonssparniskasse. Mit dem «Öffentlichen Anzeiger» redigierte er das erste liberale Blatt.

Oben: Caspar Jenny
Nationalrat 1848–1859

Unten: Peter Jenny
Nationalrat 1866–1872

[4] Die Schweizerische Bundesversammlung 1848–1920: Biographien, bearbeitet von *Erich Gruner;* Bern 1966, Bd. I, S. 346.

*Oben: Niklaus Tschudi
Nationalrat 1872-1884*

*Unten: Esajas Zweifel
Nationalrat 1876-1884*

3. *Heer-Iselin, Joachim, von Glarus,
25. 9. 1825-1. 3. 1879*
1: NR 1857-12. 1875, VizePr 1862, Präs. 1863, 1869-1870. – 2: Ref. – 3: Gym. Zürich, Stud. d. Rechte: Zürich, Heidelberg u. Berlin 1844-1846, Dr. iur. – 4: Lt im Sonderbundskrieg / Auditor 1856. – 5: Gemässigt liberal, in d. BSV: Mitte. – 6: G: Mtgl. u. Präs. d. SchulR / Mtgl. d. Sekundarschulkomm. / Mtgl. d. Armenverwaltung / KirPr; – K: Rtl.Bhd.: Mtgl. d. Augenscheiner. 1847 / Mtgl. d. Zivilger. 1848. Pol.Bhd.: Ratsherr 1847-1851, Mtgl. d. Standeskomm. 1851-1857 (Erziehungswesen), Landst. 1852-1857, Landam. 1857-1875 / Präs. d. KtsschulR 1848-1875 / Präs. d. Bibliothekskomm. d. Landesbibliothek Glarus 1861-1867, 1875-1876; – B: Vermittler im Tonhallekonflikt von Zürich 1866 u. 1869 / ausserordentl. Gesandter in Berlin 1867 u. 1868 / Mtgl. versch. Komm., u.a.: Geschäftsprüfungskomm. 1857, 1861, 1864-1866, Juragewässerkorrektion 1863ff., für den Abschluss d. Handelsvertrages mit Frankreich 1864, RevKomm. 1865, Präs. 1870/72 u. 1873/74, Rekurskomm. Jurafrage 1875, Präs. / Bundesrat Dez. 1875-1878 (Vorsteher d. Postdept. 1876, d. Äusseren 1877, d. Handels- u. Eisenbahndept. 1878) / Bundespräsident 1877. – 7: Mtgl. d. evang. Hülfsges. 1848-1875, Präs. 1862-1875 / Mitbegr. d. Erziehungsanstalt Bilten u. eifriger Förderer d. Linthkolonie / Präs. d. glarnerischen Fabrikkrankenkasse. – 8: Politischer «Brückenbauer». Stimmte 1847 für eine gewaltlose Auflösung des Sonderbundes. Mitinitiant Hotel «Glarnerhof» 1857/58 und der Bahnlinie Rapperswil – Glarus (Aktionär). Förderer des Baus der Linie Glarus – Linthal. Er half auch beim Wiederaufbau des Hauptortes mit; auf sein Gesuch hin bewilligte die BSV den Glarnern eine Anleihe von einer Million Franken. Leitete als Landammann die Entstehung des Glarner Fabrikgesetzes von 1864 und des Steuergesetzes von 1867 in die Wege. Verfasser der «Botschaft Gotthardnachsubvention 1878» (Lösung der Gotthardkrise). – 9: Gottfried Heer; Landammann u. Bundespräsident Dr. J. Heer. Zürich 1885. Ders.; Landammann und Bundespräsident Dr. J. Heer, Vaterländische Reden. Zürich 1885. JHVG 47, 1934, S. 295-298; vgl. auch Bibliogr. in: JHVG 59, 1960, S. 33-34. Grosse Glarner, S. 227-237. Nachlass: LAG PA (Heer). Siehe S. 69 ff.

4. *Jenny-Tschudi, Peter (älter), von Schwanden und Sool, 30. 12. 1800-30. 1. 1874*
1: NR 1859-1866, für 1: Jenny, Caspar. – 2: Ref. – 3: Kfm. Ausbildung in Italien, Textilfabrikant (Jenny & Blumer, Schwanden), Direktor d. Schieferbergwerke Engi. – 5: Gemässigt liberal, mit Neigung zum Konservatismus, in d. BSV: Mitte. – 6: G: SchulPr Schwanden 18..-1874 / KirPr Schwanden 1869-1872; – K: Rtl.Bhd.: Mtgl. d. Appellationsger. 1845ff. Pol.Bhd.: Präs. d. KtsschulR / Ratsherr 1836, Mtgl. d. Standeskomm. 1836-1872 / Präs. d. Militär-, dann d. Strassen- u. Baukomm; – B: Schweiz. Konsul in Ancona 1868-1872. – 7: VerwR der Handweberei AG, Engi 1848-1851 / Mtgl. des Kom. der Südostbahn 1853 / VerwR Vereinigte Schweizer Bahnen 1857-1874. – 8: Initiativer Unternehmer (Ausbau der Firma Blumer zu einem Welthandelshaus mit acht eigenen Schiffen). Wirkte aktiv an der Verfassungsrevision von 1841/42 mit. Sachkundig in Handels- und Zollfragen, beschäftigte sich schon 1843 mit «Freihandel und Schutzzoll». Initiant der Bank in Glarus 1851.

5. *Jenny-Blumer, Peter (jünger), von Sool und Schwanden, 30. 12. 1842-11. 11. 1879*
1: NR 7. 1866-1872, für 4: Jenny, Peter (älter). – 2: Ref. – 3: Kfm. Ausbildung Wattwil u. Ancona, Fabrikant. – 5: Entschieden liberal, in d. BSV: Linke. – 6: G: Mtgl. d. Schul- u. d. GemR Schwanden / KirPr Schwanden 1872-1875; – K: Pol.Bhd.: Ratsherr u. Mtgl. d. Standeskomm. 1863-1879 / Mtgl. d. KtsschulR u. d. Haushaltskomm. / Präs. d. Handelskomm. / Mtgl. d. Glarner Fabrikkomm. 1864-1867; – B: Schweiz. Konsul in Manila als Vertreter von vier Staaten. Erhielt von Spanien einen Orden / Mtgl. d. Expertenkomm. f. d. eidg. Fabrikgesetz von 1877. – 7: VerwR Vereinigte Schweizerbahnen 1864-1878 / Mtgl. d. Ausschusses d. Schweiz. Handels- u. Industrievereins 1870-1877 / Vorst. d. Druckereivereinigung / VerwR Bank in Glarus 1872-1879. – 8: Mitbegründer des Schweiz. Handels- und Industrievereins 1869/70. Regte 1876 eine eidg. Ein- und Ausfuhrstatistik an. Mitbegründer des «Freien Glarner» 1875. Initiant der Bahnlinie ins Glarner Hinterland (Eröffnung 1879). Setzte sich auch für die Gründung eines Kantonsspitals und für bessere Schulbildung ein.

6. *Tschudi-Lütschg, Niklaus, von Glarus und Ennenda, 7. 4. 1814-17. 12. 1892*
1: NR 1872-1884, für 5: Jenny, Peter (jünger). – 2: Ref. – 3: Stud. d. Medizin: Zürich 1831-1833, Dr. med., prakt. Arzt in Glarus 1834-1861. – 5: Fortschrittlich liberal, mit sozialem Einschlag. In den 70er Jahren antiklerikal, in d. BSV: Linke. – 6: G: Mtgl. d. GemR 1840-1866, Präs. 1854-1866 / Präs. d. Liegenschaftskomm. 1841-1846 / Präs. d. Armenhausdirektion 1866; – K: Rtl.Bhd.: Mtgl. d. Kriminalger. 1837-1841, Präs. d. Augenscheiner. 1872-1884. Pol.Bhd.: LR 1839, Ratsherr 1840-1884, Mtgl. d. Standeskomm. 1841-1854 / Präs. d. Sanitätskomm. 1842-1854 / Präs. d. landr. Komm. für d. Glarner Fabrikgesetz v. 1864 / Mtgl. d. ersten Fabrikkomm. 1866-1867 / Präs. d. Landessteuerkomm. 1850ff. – 7: Gründer und erster Präsident der Leihkasse, spätere KantBank 1867-1883 / Präs. d. kant. Schützenvereins. – 8: Verfasser von verschiedenen lokalhistorischen Abhandlungen. Eifriger Befürworter der kantonalen Verfassungsrevision von 1836. Tschudis Politik neigte zum Staatsmonopol (Gesetzesvorschlag betr. Metall- und Salzmonopol 1853). Er trat 1864 an der Landsgemeinde entschieden für ein kantonales Fabrikgesetz ein. Gründer des Armenhauses 1853-1855 und einer Waisenanstalt 1885. Initiant für den Bau eines Bürgerasyls. Animator des unverzüglichen Wiederaufbaus von Glarus nach dem Brand 1861-1865. – 9: Heer; Ständerat II, S. 42-50. Winteler; Hauptort, S. 258f. Grosse Glarner, 1986, S. 153-163.

7. *Zweifel-Milt, Esajas, von Linthal, 25. 3. 1827-27. 2. 1904*
1: NR 3. 1876-5. 1884, für 3: Heer, Joachim. – 2: Ref. – 3: Bäckermeister, dann Kfm., leitete 1856-1865 d. Weberei «Elmer u. Zweifel» in Bempflingen/Reutlingen (Wttbg.). – 5: Gemässigt liberal, in d. BSV: Mitte. – 6: K: Rtl.Bhd.: Mtgl. d. Appellationsger. 1869-1875. Pol.Bhd.: LR 1848-1856, 1869-1875, 1887-1890, Ratsherr 1850-1856, 1872-1887 / Mtgl. d. Standeskomm. 1872-1887 / Landam. 1876-1887. Kir.Bhd.: Präs. d. evang. Synode 1882-1893. – 7: VerwR Spar- u. Leihkasse 1874-1878 / VerwR Bank in Glarus 1884-1904, Präs. 1894-1904 / VerwR Nordostbahn 1883-1890 / VerwR Schweiz. Rentenanstalt 1893-1897. – 8: Überzeugter Anhänger des alten Ratsherrensystems von 1837 (35 Räte, welche die eigentliche Regierung bilden). Trotz Nordostbahnkrise wurde dank seiner Initiative 1879 die Bahnlinie ins Glarner Hinterland fertiggestellt. In seine Amtsperiode fiel auch der Bergsturz von Elm 1881. – 9: JHVG 47, 1934, S. 299-302.

8. *Schindler-Leuziger, Caspar, von Glarus, Mollis und Niederurnen, 11. 3. 1832-27. 12. 1898*
1: NR 1884-12. 1898, für 6: Tschudi, Niklaus. – 2: Ref. – 3: Zuerst Metzgerbursche, dann Druckereiarbeiter, 1855-

1857 Stud. d. Veterinärmed.: Zürich u. München, ab 1857 prakt. Tierarzt in Mollis. – 5: Demokr. und Arbeiterpartei, in d. BSV: erst demokr. Linke, dann 1896–1898 soz.-pol. Gruppe. – 6: G: Mtgl. d. GemR 1863–1898, Präs. 1890–1898 / KirPr 1890–1893 / Waisenvogt; – K: Rtl.Bhd.: Mtgl. d. Eheger. 1872–1875, Mtgl. d. Appellationsger. 1875–1878. Pol.Bhd.: LR 1863–1867, Mtgl. d. Standeskomm. 1878–1887, Ratsherr 1881–1887 / RR 1887–1890 (Sanitäts- u. Landwirtschaftsdir.), Landst. 1890–1898 / Präs. d. Spitalkomm; – B: Eidg. landwirtschaftl. Experte. – 7: Präs. d. Landwirtschaftlichen Vereins d. Kts. Glarus 1886. – 8: Interessenvertreter der Arbeiter. Schöpfer der kantonalen Mobiliarversicherung. Kämpfer für bessere Verkehrswege, speziell den Bau der Klausenstrasse, für Runsen- und Wasserverbauungen, für vermehrte Unterstützung im Schul- und Armenwesen, für unentgeltliche Beerdigung, für den Ausbau des Kantonsspitals und eine bessere Gesetzgebung auf dem Gebiete der Landwirtschaft (Viehversicherung) und des Meliorationswesens.

9. *Mercier-Heer, Charles Emanuel Philippe, von Lausanne und seit 1873 von Glarus, 9.1.1844–27.12.1889*
1: NR 6.1884–1887, für 7: Zweifel, Esajas. – 2: Ref. – 3: Ausbildung in Deutschland, Kfm. u. Diplomat. – 5: Liberal, in d. BSV: Mitte. – 6: G: Mtgl. d. GemR 1875–1889, Präs. 1887–1889 / Mtgl. d. Rechnungsprüfungskomm. d. Tagwens 1873 / Mtgl. d. Armenhausdir. / Mtgl. d. Armenpflege 1875 / Mtgl. d. KirR / Mtgl. d. SchulR; – K: Rtl.Bhd.: Mtgl. d. Zivilger. 1875–1876. Pol.Bhd.: LR 1875–1876, Mtgl. d. Standeskomm. 1876–1887, RR (Direktion d. Polizeiwesens, Präs. d. Polizeikomm.), Landst. 1881–1889; – B: Attaché in Berlin 1866–1872 / Ausserordl. Generalkonsul in St. Petersburg 1871–1872 / Legationsrat in Berlin 1872. – 7: Chef d. Turnerrettungskorps 1874–1877 / Vorst. d. Bankkomm. d. Kant-Bank Glarus 1884–1889 / Präs. d. evang. Hülfsgesellschaft. – 8: Verdient um das Glarner Finanzwesen. – 9: Winteler; Hauptort, S. 262f.

10. *Gallati-Zweifel, Rudolf, von Mollis, Netstal und Glarus, 16.4.1845–3.11.1904*
1: NR 1887–6.1904, Präs. 1896, für 9: Mercier, Charles Emanuel Philippe. – 2: Ref. – 3: Stud. d. Rechte: Zürich, Heidelberg, Leipzig, Rechtsanw. in Glarus ab 1866. – 4: Kdt d. Inf Bat 85 (1880), Oberst 1884, Oberstbrig, Kdt d. Gotthard-Südfront. – 5: Anfängl. demokr. Opposition, später liberal, in d. BSV: erst Mitte, ab 1893 radikaldemokr. – 6: G: Mtgl. d. GemR 1875–1904, Präs. 1875–1881 u. 1899–1904 / Mtgl. d. SchulR / erster Zivilstandsbeamter d. Gem. Glarus; – K: Rtl.Bhd.: erster Staatsanwalt 1871ff. Pol.Bhd.: LR 1874–1904, Mtgl. d. Rates 1872–1881 / Mtgl. d. Militärkomm. / Mtgl. d. Polizeikomm. / Präs. d. Spitalkomm. 1881–1896 / Mitbegr. u. Präs. d. KantBank 1884–1896; – B: Bundesrichter Juni bis November 1904. – 7: Mtgl. d. Zentr.Vorst. d. Freis.-demokr. Partei d. Schweiz / VerwR Buchdruckerei Glarus («Neue Glarner Zeitung») 1890–1900 / Gründer d. Möbelfabrik Horgen-Glarus 1902, VerwRPr bis 1904 / VerwR AG Kurhaus Elm / VerwR Hefti & Co. Rüti 1900–1904 / Mtgl. d. ZentrKom. d. Eidg. Schützenvereins, Organisator d. Eidg. Schützenfestes in Glarus 1892 / ZentrPr SAC 1887–1891 / Präs. d. Glarner OffGes. 1876–1879 / erster Präs. d. Glarner Verkehrsvereins / Präs. d. Gesangvereins «Frohsinn». – 8: Redigierte 1868 die «Neue Glarner Zeitung». Radikal in der Auffassung vom Verhältnis zwischen Staat und Kirche. Liberal-konservativ in sozialen Fragen. Befürworter einer Zentralisation, insbesondere im Militärwesen. Beantragte im Nationalrat die Schaffung eines Fonds für eine eidgenössische Unfall- und Krankenversicherung. – 9: Winteler; Hauptort, S. 261.

11. *Blumer-Jenny, Eduard, von Schwanden, 10.2.1848–7.10.1925*
1: NR 6.1899–10.1925, Präs. 1918/19, für 8: Schindler, Caspar. – 2: Ref. – 3: Ktsschule St. Gallen, kfm. Ausbildung: St. Gallen, Zürich, Ancona, Fabrikant (Baumwolldruckerei «Wyden», Schwanden). – 4: Major. – 5: Demokr., in d. BSV: fraktionslos, eher links. – 6: G: KirPr; – K: Pol.Bhd.: LR 1872–1884, Mtgl. d. Standeskomm. 1884–1887, RR 1887–1925 (Finanz- u. Handelsdir.), Landst. 1884–1887, Landam. 1887–1925 / VizePr d. Glarner KantBank 1884–1894. Kir.Bhd.: SynodalPr 1890–1925; – B: Präs. d. ersten Proporzparlamentes / bundesrätl. Unterhändler für d. Handelsverträge mit Deutschland, Frankreich, Italien u. Österreich 1882–1892 / Schweiz. Delegierter an d. internat. Arbeiterschutzkonf. 1890 / Mtgl. versch. parlament. Komm., u.a. Präs. d. Geschäftsprüfungskomm. d. NR, bundesrätl. Expertenkomm. Alters- u. Invalidenversicherung. – 7: VorstMtgl. d. Glarner Handels- u. Industrievereins / Mtgl. d. Ausschusses d. Schweiz. Handels- u. Industrievereins 1877 u. d. Schweiz. Handelskammer 1882–1911 / VerwR AG für Russ. Baumwollindustrie Zürich 1899–1917 / VerwR AG Moskauer Textilmanufaktur 1905–1919 / VizePr d. Vereins d. Schweiz. Druckindustriellen / VerwR Nordostbahn 1896–1902 / VerwR Vereinigte Schweizerbahnen 1896–1901 / VerwR SBB 1902–1920 / VerwR Nordostschweiz. Kraftwerke Baden 1914–1915 / Mtgl. d. Zentralkom. d. schweiz. demokr. Partei. – 8: Von allen Landammännern am längsten ununterbrochen im Amte. Gewandter Redner. Bundesratskandidat. Gründete 1875 den «Freien Glarner» als Oppositionsblatt gegen den Altliberalismus. Höhepunkte seiner Karriere: Annahme der neuen Kantonsverfassung (1887), 500-Jahr-Jubiläum der Schlacht bei Näfels (1888), Eröffnung der Klausenstrasse (1900), Einweihung der Sernftalbahn (1905), Annahme der ersten Alters- und Invalidenversicherung in der Schweiz durch die Landsgemeinde 1916. Ziel seiner Politik: Hebung der unteren und ökonomisch schwächeren Volksklassen. Setzte sich u.a. für den Kantonsspitalbau, die Kantonalbank, die staatliche Mobiliarversicherung, den kantonalen Arbeiterschutz, eine neue Steuergesetzgebung (Progressivsteuer) sowie die Einführung des 8. Schuljahres ein. – 9: Reden (Hrsg. Hans Trümpy), 1926. Kaspar Freuler; Landammann Eduard Blumer, in: Schweizer Köpfe, H. 3, 1928. Ders.; Zum Andenken an Landammann Eduard Blumer, 1925. JHVG 47, 1934, S. 302–307. Grosse Glarner, S. 265–274.

12. *Legler-Weber, David, von Glarus und Diesbach, 16.7.1849–18.10.1920*
1: NR 12.1904–1914, für 10: Gallati, Rudolf. – 2: Ref. – 3: Gym. Frauenfeld, Stud. d. Rechte 1868–1871: Zürich, München, Genf, Bern, prakt. Anwalt. – 4: Oblt. – 5: Demokr. u. Arbeiterpartei, führender Grütlianer, in d. BSV: soz.-pol. Gruppe. – 6: K: Rtl.Bhd.: Verhörrichter 1872–1877 / ObergerPr 1905–1907. Pol.Bhd.: LR 1875–1881, 1885–1887, RR 1890–1904 (Militär- u. Polizeidir.), 1907–1920 (Baudir.). – 7: Redaktor «Glarner Zeitung» 1866–1870, «Vogts Glarner Tagblatt» 1871–1872, «Freier Glarner» 1875, «Glarner Nachrichten» (Eigentümer) 1884–1890. Verkaufte 1890 Druckerei u. Verlag / zeitweilig Besitzer d. Bierbrauerei Mühlehorn (bis 1886). – 8: Er ist der Gründer der «Glarner Nachrichten», die er als Tagblatt erscheinen liess und in den Dienst der demokratischen Partei stellte. Auch befasste er sich mit der Herausgabe eines neuen Landsbuches (Gesetzessammlung). – 9: Zum Andenken an Ständerat David Legler, 1922.

*Oben: Rudolf Gallati
Nationalrat 1887–1904*

*Mitte: Eduard Blumer
Nationalrat 1899–1925*

*Unten: Hans Trümpy
Nationalrat 1937–1943*

Die Glarner National- und Ständeräte 79

Oben: Bundeshaus Bern; Blick in den Nationalratssaal gegen die Bühne des Präsidiums. Das grosse Wandbild von Charles Giron stellt die «Wiege der Eidgenossenschaft» dar, die Gegend zwischen den Mythen und dem Rütli.

Unten: Christian Meier Nationalrat 1943–1959

13. Jenny-Schuler, Heinrich, von Ennenda, 20. 3. 1861–7. 10. 1937
1: NR 1914–8.1935, für 12: Legler, David. – 2: Ref. – 3: Kfm. Ausbildung im Waadtland, in Lyon u. Ancona, Prokurist im Baumwollgeschäft Gebr. Freuler, Ennenda. – 4: Hptm. – 5: Liberal (ABV), in d. BSV: radikal-demokr. – 6: G: Mtgl. d. GemR 1908–1923, Präs. 1911–1923 / SchulR / Mtgl. d. Waisenamtes 1887–1937 / Mtgl. d. Asylkomm. seit Bestehen d. Gemeindeasyls / Präs. d. Cosmus-Jenny-Stiftung seit d. Errichtung. – K: Rtl.Bhd.: Oberrichter. Pol.Bhd.: LR 1905–1908, 1915–1935, RR 1908–1915 (Sanitäts- u. Landwirtschaftsdir.) / Mtgl. d. Obersteuerbeh. 1915–1936 / Revisor d. KantBank 1908, Mtgl. d. Bankkomm. d. KantBank 1916–1936, Präs. 1920–1937; – B: Mtgl. d. Zolltarifkomm. – 7: Präs. VerwR Therma AG, Schwanden / VerwR Möbelfabrik Horgen-Glarus 1909–1937, VizePr 1927–1937 / VerwR d. Schweiz. Unf.-Vers.-Anstalt (SUVAL) in Luzern 1916–1937 / Vorsitzender d. Kant., später d. Schweiz. Feuerwehrverbandes 1919–1933 (EhrenPr). – 8: Setzte sich insbesondere für die Förderung des Handels und der Industrie, für die Krankenkassen und die konfessionelle Gleichstellung ein. Gründer der Lesegesellschaft Ennenda. – 9: Heinrich Jenny, ein Gedenkblatt, o.J.

14. Tschudi-Speich, Rudolf, von Schwanden und Glarus, 27. 8. 1878–13. 1. 1937
1: NR 1925–1936, für 11: Blumer, Eduard. – 2: Ref. – 3: Stud. d. Kunstgesch.: Florenz, d. Rechte: Zürich, Berlin u. Bern, seit 1905 leitender Redaktor u. seit 1908 auch Verleger d. «Glarner Nachrichten». – 5: Demokr. u. Arbeiterpartei, in d. BSV: bis 1931 soz.-pol. Fraktion, deren Präs. 1928–1931, dann fraktionslos. – 6: G: GemR 1913–1926; – K: Rtl.Bhd.: Mtgl. d. Zivilger. 1909–1911 / Präs. d. Augenscheinger. 1911–1937; – B: Mtgl. d. Finanzkomm. – 7: Präs. d. Demokr. u. Arbeiterpartei d. Kts. Glarus 1914–1924. – 8: Er huldigte einer entschlossenen, aber für den Staat tragbaren Sozialpolitik. Politische Schwerpunkte: Aktion zu Gunsten der schweiz. Versicherten bei deutschen Gesellschaften, Initiative für die Neuregelung der Automobilhaftpflicht und für die Verlängerung der Amtsdauer der eidg. Behörden von drei auf vier Jahre. Förderer der Elektrifizierung der Bahnlinie Ziegelbrücke – Linthal. Befürworter neuer Alpenstrassen.

15. Gallati-Dinner, Rudolf, von Glarus und Mollis, 17. 7. 1880–30. 5. 1943
1: NR 1935–1943, für 13: Jenny, Heinrich. – 2: Ref. – 3: Ktsschule Schaffhausen, Stud. d. Rechts- u. d. Volkswirtschaft: Lausanne, Strassburg, Bern, Leipzig, Dr. iur., prakt. Anwalt ab 1905 in Glarus / Redaktor d. «Neuen Glarner Zeitung» 1905–1908. – 5: ABV, in d. BSV: radikal-demokr. – 6: G: Mtgl. d. GemR Glarus 1907–1920, Präs. 1914–1920 / Mtgl. d. Waisenrates 1908; – K: Rtl.Bhd.: Öffentl. Verteidiger 1911–1920. Pol.Bhd.: LR 1912–1920, Präs. 1916/17, RR 1926–42 (Finanz- u. Handelsdir.), Landst. 1932–1938, Landam. 1938–1942 / Mtgl. d. KantBankkomm. 1923–1927; – B: Mtgl. d. nationalrätl. Finanzkomm. – 7: VerwR Möbelfabrik Glarus-Horgen 1908–1943, Präs. ab 1927 / VerwR d. Braunwaldbahnges. / VerwRPr d. Skischlitten AG / Präs. d. Organisationskom. f. d. Kantonalsängerfest 1926 / Initiant u. Mitbegründer d. Glarner Konzert- und Vortragsges., auch deren Präs. / Präs. d. liberalen Partei d. Kts. Glarus 1912–1919 / Präs. d. ABV 1927–1937. – 8: Als Finanzdirektor genoss er das volle Vertrauen des Glarnervolkes, wobei er für soziale Fragen stets grosses Verständnis bewies und daher eher zum linken Flügel seiner Partei gehörte. Er befasste sich insbesondere mit den Problemen der Alters- und Invalidenversicherung sowie der Arbeitslosenversicherung. Er gilt auch als Förderer des Verkehrs, des Sports und der Musik. – 9: Winteler; Hauptort, S. 264/265.

16. Trümpy-Oertli, Johann Balthasar (Hans), von Ennenda, 30. 5. 1891–18. 4. 1974
1: NR 1937–1943, für 14: Tschudi, Rudolf. – 2: Ref. – 3: Stud. in Zürich u. Bern, Dr. iur., Gerichtsschreiber in Glarus 1915–1918, juristischer Adj. beim eidg. Amt f. Wasserwirtschaft 1918–1924, Ratsschr. des Kts. Glarus 1924–1937, seit 1. Mai 1937 Schriftleiter der «Glarner Nachrichten» (Chefredaktor). – 4: Hptm. – 5: Demokr. u. Arbeiterpartei, in d. BSV: freisinnig-demokr. – 6: G: SchulR 1926–1941, Präs. ab 1932; – K: Rtl.Bhd.: Präs. d. Augenscheinger. 1937–1968. Pol.Bhd.: LR 1938–1944, 1947–1961 / Präs. d. Bibliothekskomm. d. Landesbibliothek Glarus 1935–1944. – 8: Er war ein Meister der Sprache und des Geistes. Während des Zweiten Weltkrieges begann er die wichtigsten Tagesneuigkeiten u. d. T. «Schweizerisches» zu veröffentlichen. Seine träfen Kommentare fanden weit über unsere Kantonsgrenzen hinaus reges Interesse, was den «Glarner Nachrichten» während dreier Jahrzehnte ihr eigenstes Gesicht verlieh. Verfasser verschiedener Schriften.

17. Meier-Hemmi, Martin Christian, von Schleitheim, in Netstal, 3. 6. 1889–3. 12. 1959
1: NR 10. 1943–8. 1959, für 16: Trümpy, Johann Balthasar. – 2: Ref. – 3: Schreiner, erster Arbeitersekretär d. Kts. seit 18. Mai 1918, Betreibungsbeamter 1925. – 5: Sozialdemokr., in d. BSV: sozialdemokr. – 6: G: GemR 1926–1959; – K: Pol.Bhd.: LR 1920–1959; – B: Mtgl. u.a. d. ständigen Komm. f. Altersvers. – 7: Präs. d. Sozialdemokrat. Partei d. Kts. 1919–1959 / Mtgl. d. schweiz. Parteivorst. d.

SPS 1919-1959 / Präs. d. Konsumvereins Netstal / Präs. d. Krankenkasse Netstal / VorstMtgl. d. kant. Trinkerfürsorge / Mtgl. d. Zentralvorstandes d. «Pro Infirmis» / Präs. d. Baugenossenschaft Glarus. – 8: Verfechter einer humanen Sozialpolitik. Zählt zu den Gründern des kantonalen Gewerkschaftskartells.

18. *Zweifel-Kuhn, Jacob Ludwig, von Netstal, Linthal und Glarus, 10. 10. 1888-27. 12. 1953*
1: NR 9. 1943-8. 1946, für 15: Gallati, Rudolf. – 2: Ref. – 3: Höhere Handelsschule Neuenburg, Papiermacherfachschule Wien, Polytechnikum Köthen (BRD), Papierfabrikant, ab 1920 Direktor der Papierfabriken Netstal AG, ab 1930 Delegierter d. VerwR. – 4: Oberstlt d. Kavallerie. – 5: ABV (freisinnig), in d. BSV: radikaldemokr. – 6: G: Mtgl. d. Geschäftsprüfungskomm. 1920 / Mtgl. d. Waisenamtes / GemPr 1926-1941 / Vorsitz d. EW-Komm. – K: Pol.Bhd.: LR 1926-1946, Präs. 1938. – 7: VerwR Steinkohlen AG 1923-1953, Präs. ab 1938 / VerwR d. Birskohlenlager AG 1940-1953 / Präs. d. VerwR d. Kohlen- u. Heizöl AG, Zürich, 1945-1953 / VerwR d. Ruhr- u. Saarkohle AG, Basel, 1947-1953 / VerwR d. Unitas, Kohlen Import AG, Basel, 1948-1953.

19. *Schuler-Iberg, Hans Andrea, von Glarus, 9. 10. 1899-2. 3. 1977*
1: NR 9. 1946-1959, für 18: Zweifel, Jacob Ludwig. – 2: Ref. – 3: Ktsschule Schaffhausen, Stud. d. Nationalökonomie: Zürich, Genf, Bern, Ergänzungsstudien: Berlin, London, Paris, Dr. rer. pol., langjährige Tätigkeit im Bankfach im In- u. Ausland (Amerika), seit 1940 eigenes Verwaltungsbüro in Glarus, Wirtschaftskonsulent. – 4: Oblt. – 5: ABV, in d. BSV: radikal-demokr. – 6: G: Mtgl. d. GemR 1941-1953, VizePr 1950-1953 / Präs. d. Glarner Aktiengesellschaft für Gasbeleuchtung u. d. Gas- u. Wasserkomm. 1951-1953; – K: Pol.Bhd.: LR 1944-1959; – B: Mtgl. zahlreicher Komm., u.a. Zolltarifkomm., Komm. für auswärtige Angelegenheiten, Präs. Komm. für Seeschiffahrt. – 7: VerwR Schweiz. Bankverein / Mtgl. d. Gesellschaft für Bankrevisionen in Zürich / VerwR Möbelfabrik Horgen-Glarus / VorstMtgl. ABV / VorstMtgl. Glarner Kunstverein / Mtgl. d. StiftR f. d. Freulerpalast. – 8: Politische Schwerpunkte: Wirtschafts- und Finanzpolitik (Textilindustrie), Aussenpolitik.

20. *Glarner-Huber, Jacques, von Glarus, 30. 1. 1908-20. 10. 1974*
1: NR 10. 1959-1969, VizePr 1969, für 19: Schuler, Hans Andrea. – 2: Ref. – 3: Progym. «Höhere Stadtschule», Glarus, Ktsschule Trogen, Stud. d. Rechte: Genf, Berlin, Bern, Erwerb d. bernischen Anwaltspatentes, Dr. iur., Fürsprech, zuerst Anwaltsbüro in Zürich, ab 1942 in Glarus, Sekretär d. Glarner Handelskammer 1945-1970. – 4: Kdt Geb Bat 85 (1941-1950), Oberstlt im Stab Geb Füs Rgt 35. – 5: FDP (freisinnig), in der BSV: radikaldemokr. – 6: K: Rtl.Bhd.: Präs. d. Jugendger. 1944-1971. Pol.Bhd.: LR 1950-1974, Präs. 1958/59, Vorsitz d. Bodenrechtskomm. / Mtgl. d. KantBankkomm. 1955-1974, ab 1969 Präs. d. KantBank. – B: Präs. d. Komm. zur Vorbereitung d. neuen Bodenrechts / Mtgl. d. Militär- u. Geschäftsprüfungskomm. – 7: Präs. d. ABV (Sektion Glarus), Mtgl. d. kant. Parteileitung, KtPr / Präs. d. Unterrichtskomm. d. Kaufmännischen Vereins (KV) / Chef Ski-Club Glarus / Präs. Pragellauf.

21. *Landolt-Rast, Franz, von Näfels, 25. 12. 1901-8. 7. 1965*
1: NR 10. 1959-1965, für 17: Meier, Christian. – 2: Kath. – 3: Seidenstoffdrucker. – 4: Sdt. – 5: Sozialdemokr., in d. BSV: sozialdemokr. – 6: G: GemR 1935-1965 (Forstwesen), VizePr 1938-1941, 1944-1947, 1953-1956, 1959-1965 / Mtgl. d. Forstkomm. 1941-1965, Präs. 1944-1965 / Mtgl. d. Mieterschutzkomm. 1943-1950, Präs. 1943-1947 / Deleg. d. VerwKomm. «Alters- u. Idaheim» 1944-1965 / Präs. d. Rechnungsprüfungskomm. 1944-1956 / Fleischschau-Stv. 1941-1944 / Präs. d. Wegkorporation Obersee-Lochberg 1947-1965 / Mtgl. EW-Komm. 1947-1953 / Mtgl. Wachtsteuerkomm. 1947-1950 / Mtgl. Marktkomm. 1935-1950, Präs. 1938-1950 / Ortsexperte 1953-1965 / Delegierter d. Landessteuerkomm. 1938-1941 / Mtgl. d. Bächevorst; – K: Rtl.Bhd.: Kriminalrichter 1941-1942. Pol.Bhd.: LR 1929-1942 / RR 1942-1965 (Direktion d. Innern); Landst. 1955-1956, Landam. 1956-1962. – 7: Präs. d. kant. Gewerkschaftskartells 1934-1965 / Mtgl. d. Zentralvorst. d. Schweiz. Verb. d. Textil- u. Fabrikarbeiter (heute «Textil, Chemie, Papier») 1946-1963 / BranchenPr d. Färberei-, Druckerei- u. Ausrüstereiarbeiter. – 8: Erster sozialdemokratischer Regierungsrat des Kantons, in seine Amtszeit fielen die Kreditgewährung für den Ausbau des Kantonsspitals und die Konzessionsverleihung zum Bau der Kraftwerke Linth-Limmern.

22. *Baumgartner-Schiesser, David, von Engi, 3. 2. 1908*
1: NR 1965-1978, für 21: Landolt, Franz. – 2: Ref. – 3: Schreiner. – 5: Sozialdemokr., in d. BSV: sozialdemokr. – 6: G: Mtgl. d. GemR 1944-1971, Präs. 1953-1971; – K: Rtl.Bhd.: Mtgl. d. Kriminalger. 1949-1963 / Mtgl. d. Oberger. 1963-1978. Pol.Bhd.: LR 1947-1982 / Strassenbaukomm. / Steuerrekurskomm. / Baukomm. Kantonsspital / Baukomm. Kantonsschule / Baukomm. Mercierhaus; – B: Petitionskomm. u. Alkoholkomm. – 7: VerwR Sernftalbahn/Autobetrieb. – 8: Sein politisches Engagement galt insbesondere den Sozialversicherungen, allgemeinen sozialen Fragen, der Landwirtschaft und der Bergbevölkerung.

23. *Heer-Riguzzi, Alfred Melchior, von Glarus, 4. 12. 1917*
1: NR 10. 1970-1971, für 20: Glarner, Jacques; gewählt vom RR für den Rest der Amtsdauer. – 2: Ref. – 3: Ktsschule Trogen, Stud. d. Rechte: Uni Zürich, Dr. iur. 1944, eigenes Anwaltsbüro in Glarus. – 4: Oberstlt. – 5: ABV, in d. BSV: radikal-demokr. – 6: G: Mtgl. d. GemR 1953-1986, Präs. 1962-1986; – K: Rtl.Bhd.: Kriminalgerichtspräs. 1961-1990. Pol.Bhd.: LR 1956-1981, Präs. 1963/64 / Präs. AHV/IV Rekurskomm., Spitalneubaukomm. – 7: Präs. Glarner Offiziersges. / Präs. d. SAC Sektion Tödi / VerwRPr Protochemie AG, Mitlödi. – 8: Hervorragender Jurist. Kostenbewusster Politiker, unter dessen Führung in Glarus wichtige Aufgaben realisiert wurden.

24. *Hösli-Eicher, Fritz, von Diesbach, 31. 8. 1922*
1: NR 1978-1991, Mtgl. d. Büros, für 22: Baumgartner, David. – 2: Ref. – 3: Institut Chabloz Montreux, kfm. Lehre, Angest. in Ennetbühls (Tschudi & Cie. AG), Chiasso, Rapperswil (Weidmann), seit 1955 Tuchfabrik Hefti & Co. AG, Hätzingen, Chefbuchhalter 1956-1971 (Prokura), stellvertretender Direktor 1971-1981, VerwR 1981-. – 5: SVP, in d. BSV: Fraktion d. Schweiz. Volkspartei. – 6: G: Mtgl. d. FürsorgeR 1948, Präs. 1949-1978 / GemR 1948-1990 / WahlgemR 1956-1990 / Präs. d. Diesbach-Korporation / Mtgl. d. Waisenamtes 1960-1974 / SchulR 1947, Präs. 1948-1979, Mtgl. d. SekundarschulR Hätzingen, Mtgl. d. KreisschulR Luchsingen-Braunwald; – K: Pol.Bhd.: LR 1964-1971, LRBüro 1967, VizePr 1970-1971 / RR 1971-1988 (Polizeidir. 1971-1974, Sanitäts- u. Fürsorgedir. 1974-1988), Landst. 1986-1988 / Mtgl. d. Vorst. d. Sanitätsdir.Konf. 1976-1988. – 7: Mtgl. d. VESKA. – 8: Kämpfte erfolgreich für den Erhalt und die Modernisierung der Höhenklinik Braunwald.

Oben: Hans Andrea Schuler Nationalrat 1946-1959

Mitte: David Baumgartner Nationalrat 1965-1978

Unten: Fritz Hösli Nationalrat 1978-1991

Rechte Seite:

Bundeshaus Bern; Blick in den Ständeratssaal. Das Wandbild einer Nidwaldner Landsgemeinde gestaltete Albert Welti.

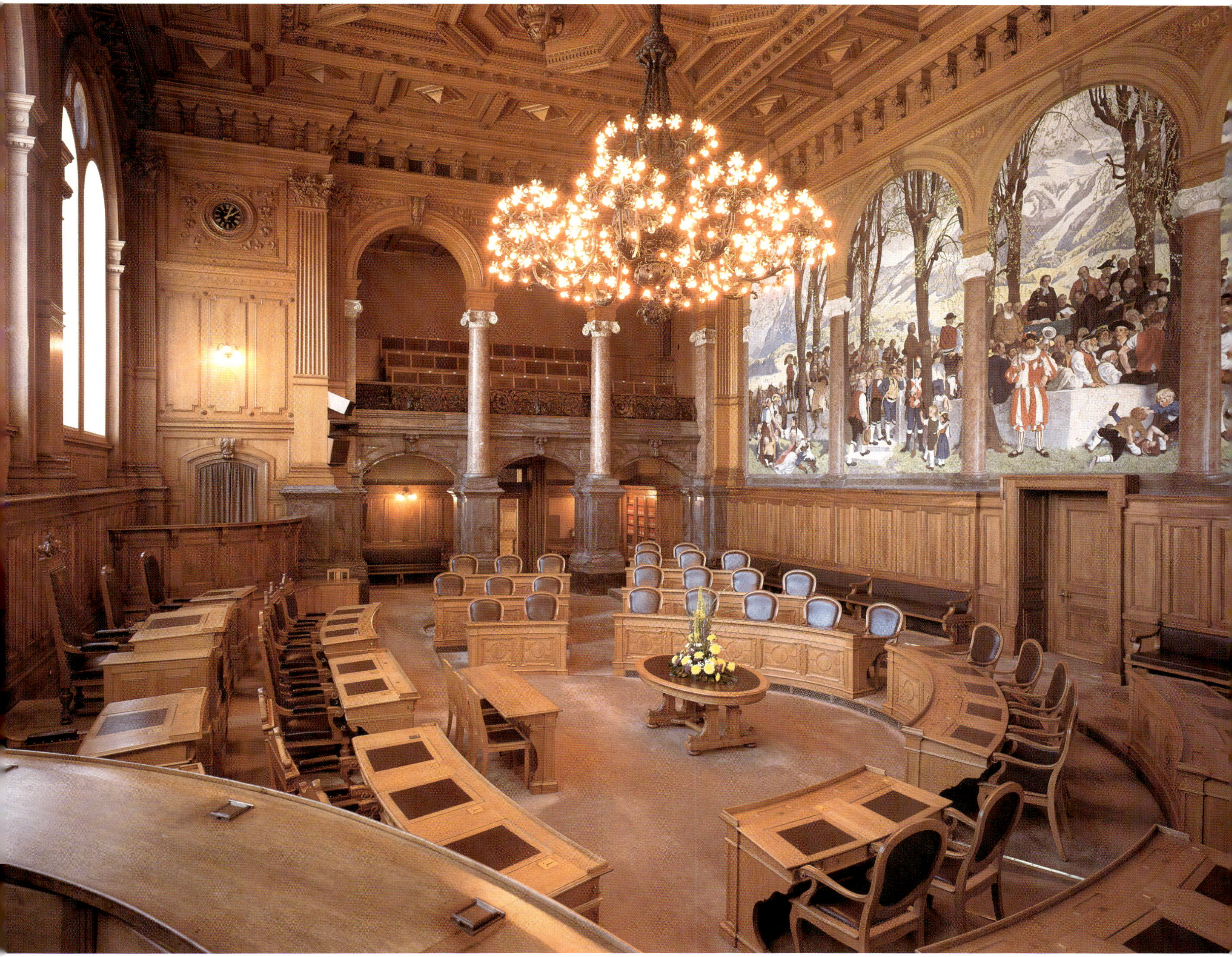

Ständeräte

**1. Trümpy-Oertli, Heinrich, von Glarus,
30. 4. 1798–18. 1. 1866**
1: StR 1848–5. 1849, erster Glarner StR. – 2: Ref. – 3: Fabrikant, Direktor d. Fa. Gabriel Trümpy, seit 1837 Associé von Trümpy u. Gehrig. – 4: Oberst. – 5: Liberal, in d. BSV: Mitte. – 6: G: Mtgl. d. GemR (Gemverw.) bis 1854; – K: Rtl.Bhd.: Mtgl. d. Appellationsger. 1837–1848, 1851–1866. Pol.Bhd.: Mtgl. d. Rats u. d. Standeskomm. 1837–1863 / Mtgl. d. Zwölferkomm. zur Entwerfung einer neuen Verf. 1836 / Mtgl. d. Spitalkomm. bis 1852 / erster Präs. d. Bank in Glarus; – B: Mtgl. d. StR-Zollkomm. – 7: Mtgl. d. Handels- u. Gewerbevereins, Präs. 1842 / Führer d. Glarner Liberalen. – 8: Scharfsinn, Rechtlichkeit und eine überzeugende Rede verschafften ihm einen weitreichenden Einfluss, insbesondere bei den administrativen und gesetzgebenden Behörden. Befürwortete die Einführung eines mässigen Schutzzolls und förderte die Bestrebungen zur Gründung einer glarnerischen Handelskomm. – 9: Heer; Ständerat, II, S. 30–34.

2. Blumer-Heer, Johann Jakob, von Glarus und Schwanden, 29. 8. 1819–12. 11. 1875
1: StR 1848–5. 1872, Frühjahr 1873–10. 1874, Präs. 1853/ 54, 1860/61, 1867/68, erster Glarner StR. – 2: Ref. – 3: Gym. Schaffhausen 1834–1836, Stud. d. Rechte 1836– 1840: Lausanne, Zürich, Bonn, Berlin / Landesarchivar 1840ff. / Redaktor der «Glarner Zeitung» 1851–1855, auch Korrespondent d. «NZZ» / wissenschaftl. Schriftsteller, Dr. iur. h.c. – 4: Lt 1840. – 5: Liberal, in d. BSV: Escher-Partei. – 6: G: Mtgl. d. Kuratoriums d. Sekundarschule Glarus 1841–1867 / Mtgl. d. GemR Glarus 1860– 1874, Präs. 1866–1874 / Präs. d. Glarner Aktiengesellschaft für Gasbeleuchtung u. d. Gas- u. Wasserkomm. 1866–1869; – K: Rtl.Bhd.: Mtgl. d. Zivilger. 1841–1848, Präs. 1845–1848 / Präs. d. Appellationsger. 1848–1874. Pol.Bhd.: LR 1842ff., Ratsherr 1864–1870 / Präs. d. Landesarmenkomm. 1848–1874 / Präs. d. Bibliothekskomm. Glarus 1867–1875 / VerwR Bank in Glarus 1855– 1874, Präs. 1863; – B: Rtl. Bhd.: Nichtständiger Bundesrichter 1848–1874, erster Präs. d. ständigen Bundesgerichtes 1874; Pol.Bhd.: Tags.Ges. 1847 / Stimmenzähler / Präs. d. Komm. zur Bestimmung d. Bundessitzes 1848 / Mtgl. d. Komm. zur Erledigung d. Militärkapitulationen 1849 / Präs. d. Komm. zur Rev. d. BSV 1865, 1871/72, 1873/74 / Präs. d. ständigen Rekurskomm. 1861. – 7: Mitbegr. d. Stadtturnvereins Schaffhausen 1835 / Mitinitiant Hotel «Glarnerhof» / Mtgl. Gründungskomm. Eisenbahn Rapperswil – Glarus 1853 / Mtgl. d. erw. Komm. d. Südostbahn 1853 / VerwR Rentenanstalt 1860–1872 / Präs. d. Schweiz. Juristenver. 1867 / Mtgl. d. Gemeinnützigen Gesellschaft Glarus / Präs. d. evang. Hülfsges. – 8: Überzeugter Anhänger des Bundesstaates 1847/48 und bedeutendster Gesetzgeber des Landes Glarus: Schuldbetreibungsgesetz (1844 von der LG abgelehnt), Fabrikgesetzesentwurf 1864, Strafgesetzbuch 1867, Glarner Zivilgesetzbuch 1869–1874, Rev. Zivilprozess- und Strafprozessordnung 1860 u. 1871 / Befürworter einer eidgenössischen Hochschule 1854 / Gründer des Hist. Vereins d. Kts. Glarus 1863 und des Kunstvereins 1869, ebenso der Dienstagsgesellschaft 1840, nach 1861 Casinoges. / Verfasste mehrere bedeutende historische und rechtsgeschichtliche Werke. – 9: Joachim Heer; Dr. J.J. Blumer, sein Leben u. Wirken, 1877. Heer; Ständerat, II, S. 7–29. Winteler; Hauptort, S. 260/261. Grosse Glarner, S. 201–209.

**3. Weber-Trümpy, Josef, von Netstal,
2. 8. 1805–5. 3. 1890**
1: Tags.Ges. 1847, StR 5. 1849–6. 1884, für 1: Trümpy, Heinrich. – 2: Ref. – 3: Kfm. Ausbildung in d. Waadt u. in Neuenburg, Sprachaufenthalte in Amsterdam u. London, Associé in d. Holz- u. Schiffahrtsfirma Aebly-Weber & Cie. – 5: Gemässigt liberal, in d. BSV: Mitte. – 6: G: GemR / KirPr 1863–1881; – K: Pol.Bhd.: Ratsherr 1837, Mtgl. d. Standeskomm. (Strassenwesen) 1839– 1860, Landessäckelmeister 1848–1860, Landst. 1860– 1884 / Mtgl. d. Strassen- u. Baukomm. 1837–1881 / Mtgl. d. Haushaltungskomm. 1848–1884 / Verw. versch. Landesfonds / VerwR Bank Glarus 1863–1883 / VerwR Leihkasse 1866–1883. Kir.Bhd.: Mtgl. d. kant. evang. Kirchenkomm.; – B: Mtgl. d. str. Münzkomm. 1850ff. (Einf. d. Frankensystems) / Mtgl. d. Juragewässer-, d. Eisenbahntransportkomm. sowie d. Komm. über d. belgischen Handelsvertrag 1863 / Mtgl. d. Geschäftsprüfungskomm. 1865 / Mtgl. d. Linthkomm. 1875–1883. – 7: VerwR Vereinigte Schweizerbahnen 1857–1883. – 8: Trat für die Gründung eines Bundesstaates an Stelle des Staatenbundes, die Anhebung der Bundesratsgehälter (1850) und für eine Verbesserung des Steuerwesens ein. – 9: Heer; Ständerat, II, S. 34–42. Paul Thürer; Geschichte d. Gemeinde Netstal, 1922, S. 169/170.

**4. Tschudi-Lütschg, Niklaus, von Glarus und Ennenda,
7. 4. 1814–17. 12. 1892**
1: StR 5. 1872–10. 1872, für 2: Blumer, Johann Jakob. Siehe: Nationalrat Nr. 6.

**5. Jenny-Blumer, Peter (jünger), von Sool,
30. 12. 1824–11. 11. 1879**
1: StR 6. 1875–6. 1877, für 2: Blumer, Johann Jakob. Siehe: Nationalrat Nr. 5.

**6. Blumer-Jenny, Eduard, von Schwanden,
10. 2. 1848–7. 10. 1925**
1: StR 6. 1877–3. 1888, für 4: Jenny, Peter (jünger). Siehe: Nationalrat Nr. 11.

**7. Zweifel-Milt, Esajas, von Linthal,
27. 3. 1827–27. 2. 1904**
1: StR 6. 1884–5. 1893, für 3: Weber, Josef. Siehe: Nationalrat Nr. 7.

**8. Mercier-Heer, Charles Emanuel Philippe,
von Lausanne und Glarus, 9. 1. 1844–27. 12. 1889**
1: StR 6. 1888–12. 1889, für 6: Blumer, Eduard. Siehe: Nationalrat Nr. 9.

**9. Zweifel-Zweifel (I) und -Stüssi (II), Peter,
von Linthal, 13. 2. 1833–24. 4. 1907**
1: StR 6. 1890–4. 1907, für 8: Mercier, Charles Emanuel Philippe. – 2: Ref. – 3: Abbruch einer Schlosserlehre, dann Tuchhändler, Wirt («Kreuz», Linthal, ab 1863 Hotel «Tödi», Molkenkuranstalt im Tierfehd, Bauherr). – 4: Hptm. – 5: Demokr. u. Arbeiterpartei, in d. BSV: demokr. Linke, ab 1893 radikal-demokr. – 6: G: Vermittler / Mtgl. d. GemR 1863–1887, Präs. 1873–1887; – K: Rtl.Bhd.: Mtgl. d. Kriminalger. 1869–1877 / Fallimentsvorst. d. Hinterlandes 1869–1877. Pol.Bhd.: LR 1863– 1869, Ratsherr 1869–1877, Mtgl. d. Standeskomm. 1877– 1887 (Strassen- u. Bauwesen), RR 1887–1890 (Baudirektion) / Mtgl. d. Landschatzungskomm. 1872–1879, Präs. 1875–1879 / Mtgl. d. Strassen- u. Baukomm. 1875–1887, Präs. 1877–1887 / Präs. d. Sanitätskomm. 1877; – B: Mtgl. d. eidg. Schätzungskomm., d. Kreisbahn R 3 d. Schweiz. Bundesbahnen, d. eidg. Linthkomm., d. ständigen Eisenbahnkomm. – 7: Präs. d. Lokalkom. für die nach dem Bergsturz in Elm zu treffenden versch. Massnahmen u. Verteilung d. Hilfsgelder u. Liebesgaben 1881. – 8: Dem Staate waren seine Kenntnisse der lokalen Verhältnisse, seine praktische Erfahrung, insbesondere auf dem Gebiete des Strassen- u. Flussbaus, der

*Oben: Peter Zweifel
Ständerat 1890–1907*

Mitte: Charles Emanuel Philippe Mercier, Ständerat 1888–1889

*Unten: Leonhard Blumer
Ständerat 1893–1905*

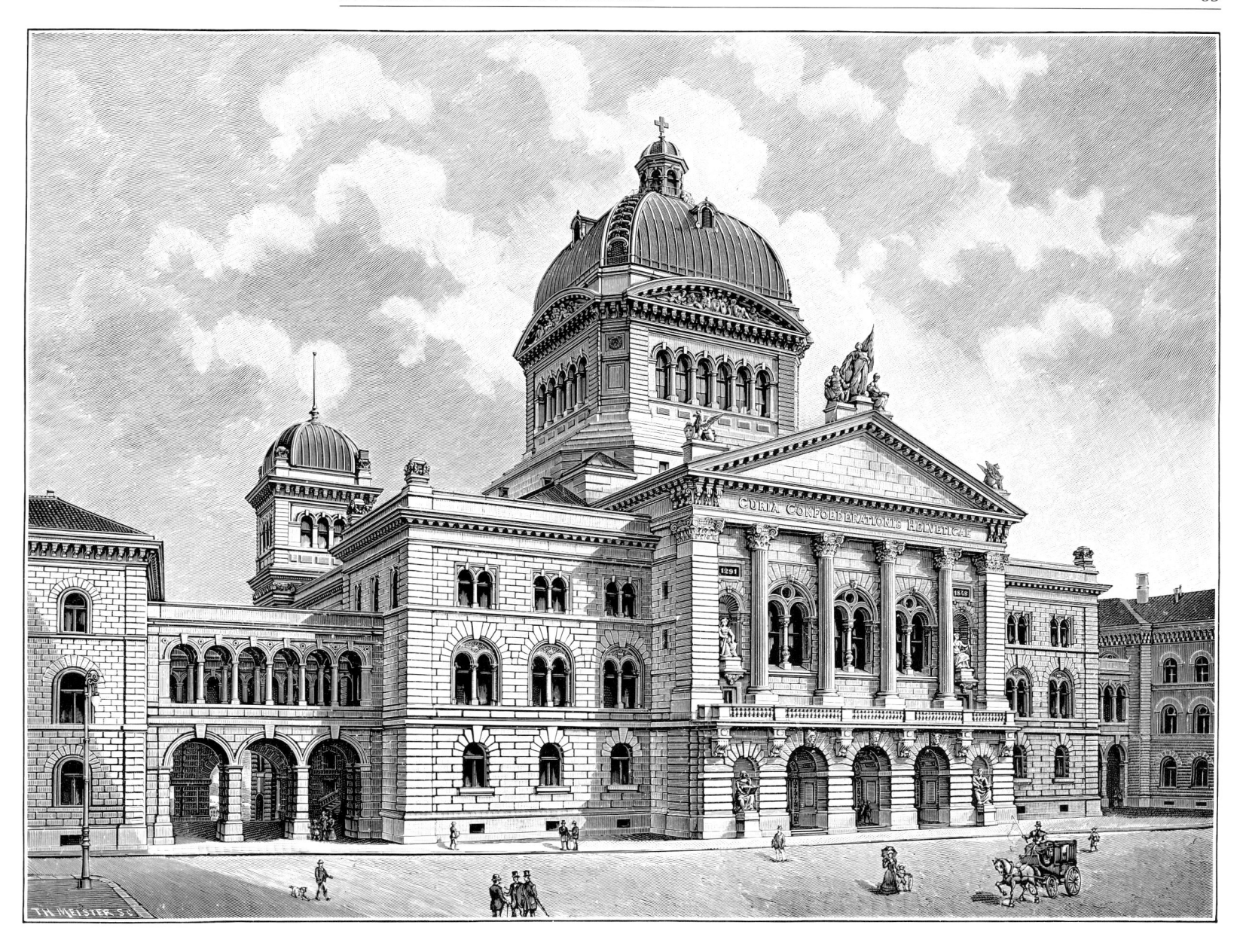

Bundeshaus Bern; Nordfassade. Architekt Hans Auer gestaltete das kuppelgekrönte Parlamentsgebäude bewusst als repräsentatives Nationaldenkmal, als Tempel der Eidgenossenschaft und Sinnbild des Bundesstaates. Der tempelartige Mittelteil erinnert an das Rathaus des antiken Rom, die Curia. Auch die lateinische Schrift bringt humanistisches Gedankengut, das seit Glareans Tagen geläufig ist: «Curia Confoederationis Helveticae», Rathaus des helvetischen Bundes, vgl. S. 236 f. Holzstich von Th. Meister, 1902. (Museum des Landes Glarus)

Wildbach- und Runsenverbauungen, von grossem Nutzen. Eifriger Befürworter des Ausbaus der Wasserrechts- u. der Wasserpolizeigesetzgebung.

10. **Blumer-Paravicini (I) und -Blumer (II), Leonhard, von Engi, 28. 5. 1844–21. 10. 1905**
1: StR 6. 1893–10. 1905, für 7: Zweifel, Esajas. – 2: Ref. – 3: Kfm. Lehre in Lausanne, dann Reisender einer Glarner Druckerei, ab 1864 führte er mit B. Freuler eine Weberei im Sernftal (von 1866–1876 mit Leuzinger aus Mollis), ferner beteiligt an der Firma Trümpy-Zölper in Glarus, der Fa. Blumer u. Wichser & Cie. u. an d. Kurhaus AG Elm. – 5: Demokr. u. Arbeiterpartei, später Entfernung von d. Partei, in d. BSV: demokr. Linke, soz.-pol. Gruppe 1896–1905. – 6: G: SchulPr 1881–1905; – K: Pol.Bhd.: LR 1869–1905, Präs. 1891 u. 1900 / Mtgl. d. Rechnungsprüfungskomm. d. KantBank 1890, Mtgl. d. Bankkomm. 1894–1904 / VorstMtgl. d. Handels- u. Industrievereins Glarus 1896; – B: Präs. d. StR-Zolltarifkomm. u. f. d. ZGB. – 7: Präs. d. Initiativkom. f. d. Sernftalbahn (auch einer d. Initianten) / Beteiligt an der AG Kurhaus Elm und an der Firma Blumer und Wichser & Cie. – 8: Patriarchalischer Arbeitgeber, war einer der ersten Industriellen, welche das fallende Wasser verwendeten. Setzte sich für bessere Schulbildung ein (Schulhausbau in Engi und Gründung einer Sekundarschule für das ganze Sernftal). Verfechter von Schutzzöllen.

11. **Mercier-Lendi (I) und -Trümpy (II), Philippe, von Glarus und Lausanne, 6. 9. 1872–16. 1. 1936**
1: StR 6. 1907–1936, Präs. 1916/17, für 9: Zweifel, Peter. – 2: Ref. – 3: Gym. Zürich, Stud. d. Rechte: Berlin, Bern, Zürich, Heidelberg, Dr. iur. – 4: Stabschef im 1. u. 2. Armeekorps im Ersten Weltkrieg, Oberst, Kdt Inf Brig 8. – 5: ABV, in d. BSV: radikal-demokr. – 6: G: SchulR 1896 / Mtgl. d. GemR 1896–1908, Präs. 1904–1908; – K: Rtl.Bhd.: Mtgl. d. Augenscheinger. 1899–1911, Präs. 1902–1911 / Mtgl. d. Oberger. 1906–1936, Präs. 1911–1936; Pol.Bhd.: LR 1896–1935, Präs. 1905/06; – B: Gesandter in Bayern u. Schweden 1918/19 / Präs. d. Finanz- u. Militärkomm. / Mtgl. d. Zolltarifkomm. – 7: Präs. d. glarnerischen Offiziersges. 1899–1908 / Präs. d. ABV (Sektion Glarus) 1920ff., Mtgl. des Kantonalvorst. / ZentrVorst. d. Freis.-demokr. Partei d. Schweiz 1911 ff. – 8: Sein ganzes Tun und Handeln war von einem militä-

12. Heer, Gottfried, von Glarus und Hätzingen,
11. 4. 1843–21. 10. 1921
1: StR 6. 1906–4. 1914, für 10: Blumer, Leonhard. – 2: Ref. – 3: Ktsschule Aarau 1859–1862, Stud. d. Theologie: Basel, Zürich, Tübingen 1862–1865, Pfarrer in Betschwanden 1866–1906, Dekan, Dr. h.c. – 5: Demokr. u. Arbeiterpartei, in d. BSV: wild. – 6: G: SchulPr; – K: Pol.Bhd.: Mtgl. d. Landesarmenkomm. / KtsschulR 1879–1887; KirBhd.: Präs. d. evang. Kirchenkomm. 1895–1902. – 7: VerwR SUVAL 1912–1915 / Präs. d. Kom. f. eine Schweiz. Kranken- u. Unfallversicherungskasse / Präs. d. Naturforschenden Gesellschaft (vorgängig «Botanischer Klub des Grosstals» 1881, 1883 Erw. zur «Kant. Gesellschaft», 1888 «Naturforschende Gesellschaft»). – 8: Befasste sich mit sozialen Fragen, besonders mit der Kranken- und Unfallversicherung. Gründer des Sanatoriums für Lungenkranke in Braunwald und einer Krankenkasse für die Dorfschaften Diesbach-Dornhaus, Betschwanden und Rüti. Das Schwergewicht seines Wirkens lag vor allem auf kirchlichem, gemeinnützigem und wissenschaftlichem Gebiet. Lokal- und Kantonshistoriker (ca. 90 Werke) und Hrsg. einer Glarner Familienbibel. – 9: Fr. Schindler; Dr. Gottfried Heer, in: JHVG 43, 1923, S. VII–XV. Grosse Glarner, S. 255–264.

13. Legler-Weber, David, von Glarus und Diesbach,
16. 7. 1849–18. 8. 1920
1: StR 6. 1914–8. 1920, für 12: Heer, Gottfried. Siehe: Nationalrat Nr. 12.

14. Hauser-Zweifel, Josef Kaspar Edwin, von Näfels und Glarus, 26. 1. 1864–7. 10. 1949
1: StR 1921–3. 1938, Präs. 1936/37, für 13: Legler, David. – 2: Kath. – 3: Ktsschule St. Gallen, Stud. d. Rechte: Leipzig, München, Bern, prakt. Anwalt in Glarus 1886–1917. Red. d. «Glarner Nachrichten» 1888–1901. – 4: Oblt u. Mtgl. d. Divisionsger. – 5: Demokr. u. Arbeiterpartei, in der BSV: fraktionslos. – 6: G: Mtgl. d. GemR 1890–1905 (erster Vertr. d. Demokr.) / Präs. d. Liegenschaftskomm.; – K: Pol.Bhd.: LR 1891–1902, Präs. 1898/99, RR 1902–1932 (Armen- u. Vormundschaftsdir., dann Militär- u. Polizeidir.), Landst. 1917–1923, Landam. 1926–1932 / Mtgl. d. Bankkomm. d. Glarner KantBank; – B: Präs. d. eidg. Linthkomm. 1924–1934, KommPr Eidg. Jagd- u. Vogelschutzgesetz. – 7: Gründungsmitgl. u. Aktuar d. SAC (Sektion Tödi) / Präs. d. kant. Schiesskomm. / Mtgl. u. Präs. KantKom. d. glarnerischen Schützenvereins ab 1886. – 8: Eifriger Förderer des Rechtsstaates (Ausbau der kantonalen Gesetzgebung: Arbeitslosenversicherung, Arbeiterschutzgesetz usw.). Freund des Proporz, dem er im Glarnerland die rechtliche Form gab, dabei aber einige bemerkenswerte Unterschiede zum eidg. Gesetz machte, die stille Wahl aus demokratischer Überzeugung ablehnte, weil das Volk zu jedem Vorschlag Stellung beziehen solle. – 9: JHVG 47, 1934, S. 307–309.

15. Mercier-Jenny, Joachim, von Glarus und Lausanne,
1. 12. 1878–11. 3. 1946
1: StR 1936–1946, für 11: Mercier, Philippe. – 2: Ref. – 3: Stud. d. Rechte: Lausanne, Zürich, Leipzig, prakt. Anwalt in Glarus (Industrieanwalt). – 4: Oberst (Kdt Ter Kr 7). – 5: ABV, Präs. d. Kantonalpartei, in d. BSV: radikal-demokr. – 6: G: Mtgl. d. KirR Glarus-Riedern, Präs. 1920–1941 / Mtgl. d. GemR 1911–1941, Präs. 1920–1941 / Präs. d. Glarner Aktiengesellschaft für Gasbeleuchtung u. d. Gas- u. Wasserkomm. 1914–1941; – K: Pol.Bhd.: LR 1914–1920, 1926–1929, RR 1934–1937 (Sanitäts- u. Landwirtschaftsdir.); – B: Mtgl. d. Finanzkomm. / Referent in Militärfragen u. Eisenbahnangelegenheiten. – 7: Präs. SAC (Sektion Tödi, Bau d. Fridolins- u. Planurahütte) / Leitung d. beiden Knabenerziehungsanstalten Linthkolonie u. Bilten / StiftR für d. Freulerpalast. – 8: Grösster glarnerischer Alpbesitzer. Pionier d. Skisports. Im November 1909 unternahm er mit Victor de Beauclair die erste Alpentraversierung im Ballon nach Oberitalien. 1940 Unterzeichner der Eingabe der 200. In seine kommunale Amtstätigkeit fällt die vorbildliche Regelung des Pensionswesens der Gemeindebeamten und -angestellten. Zusammenlegung der beiden Gaswerke Glarus und Näfels.

16. Hefti-Faist, Melchior, von Hätzingen,
4. 4. 1879–27. 12. 1965
1: StR 1938–1953, für 14: Hauser, Edwin. – 2: Ref. – 3: Schlosserlehre in Fa. F. Hefti & Co. AG, Hätzingen, dann Lehre als Mechaniker in Winterthur, Abendtech. Winterthur, Wanderjahre in Deutschland, 1903 Rückkehr in die Heimat, Werkmeister in d. Lehrfirma. – 5: Demokr. u. Arbeiterpartei, Präs. d. KantPartei, in d. BSV: demokr. Fraktion. – 6: G: Mtgl. d. GemR Hätzingen 1905–1938, Präs. 1908–1938 / Mtgl. d. WahlGemR Diesbach; – K: Rtl.Bhd.: Mtgl. d. Augenscheiner. 1912–1917, Mtgl. d. Oberger. 1917–1920. Pol.Bhd.: LR 1910–1920, RR 1920–1947 (Baudirektion), Landst. 1944–1947, Landam. 1932–1938 / Mtgl. d. Bankkomm. d. Glarner KantBank, Präs. 1948–1965. Kir.Bhd.: Präs. d. Synode d. evang. Landeskirche 1923–1953; – B: Mtgl. d. eidg. Linthkomm. 1934ff., Präs. 1947ff. – 7: VerwR NOK / Initiant d. neuen Schulhauses Hätzingen u. Präs. d. Baukomm. / VorstMtgl. u. VizePr Männerchor Hätzingen / Präs. d. kant. Gesangvereins 1923–1938 / Leiter d. Dorfkrankenkasse Luchsingen-Hätzingen / Präs. d. Verbandes Glarnerischer Krankenkassen / Mtgl. d. leitenden Ausschusses d. Konkordates schweiz. Krankenkassen 1941 / VerwR Konsumverein Hätzingen. – 8: Mann aus dem Volke. Bewies, dass man auch aus einfachen Verhältnissen die höchste Stufe der Demokratie erreichen kann. Vermittler in manchen Arbeitskonflikten. Setzte sich für eine obligatorische kantonale Arbeitslosenversicherung ein (erste d. Schweiz). Ausgezeichneter Sänger und Schütze.

17. Stüssi-Degan, Rudolf, von Glarus und Riedern,
11. 12. 1883–26. 11. 1982
1: StR 5. 1946–5. 1962, für 15: Mercier, Joachim. – 2: Ref. – 3: Ktsschule Frauenfeld, zuerst Stud. d. Chemie ETH 1902–1904, dann Stud. d. Rechte: Zürich, Berlin, Bern, Dr. iur., prakt. Anwalt ab 1912 in Glarus (den letzten Prozess plädierte und gewann er mit 84 Jahren), nebenamtlicher Red. der «Neuen Glarner Zeitung» 1914–1918. – 4: Kpl. – 5: Zuerst ABV, dann parteilos, in d. BSV: fraktionslos. – 6: G: Mtgl. d. SchulR 1914–1938, Präs. 1920–1938; – K: Rtl.Bhd.: Öffentl. Verteidiger 1920–1930 / Präs. d. Jugendger. 1942–1944. Pol.Bhd.: LR 1920–1927 (Motion auf Einführung der Verwaltungsgerichtsbarkeit 1923); – B: Mtgl. zahlreicher Komm., u.a. Finanzdelegation, Präs. von 3 ständigen und 20 bes. Komm. – 7: Präs. d. Stadtschützengesell. 1915–1926 / EhrenMtgl. d. Turnvereins «Alte Sektion Glarus» 1936 / 1934 EhrenMtgl. d. kant. u. 1958 d. nordostschweiz. Schwingerverbandes / Quästor d. Kunstvereins 1924–1927 / Quästor d. Konzert- u. Vortragsgesell. von der Gründung bis 1927 / VorstMtgl. d. grossen Lesezirkels Glarus-Ennenda, letzter Präsident bis 1929. – 8: Neben der Politik galt sein Interesse insbesondere der Literatur, der Kunst und allem Schönen. Bereits zu Lebzeiten schenkte er seine grosse, wertvolle Bibliothek der glarnerischen Landesbibliothek.

Oben: Edwin Hauser
Ständerat 1921–1938

Mitte: Melchior Hefti
Ständerat 1938–1953

Unten: Fritz Stucki
Ständerat 1962–1978

Oben: Peter Hefti
Ständerat 1968–1990, abgebildet als
Präsident der kleinen Kammer 1980

Unten: Hans Meier
Ständerat 1978–1990

18. *Heer-Oertli, Jean Henri (Heinrich), von Glarus und Riedern, 17. 9. 1900–23. 12. 1968*
1: StR 1953–1968. – 2: Ref. – 3: Ktsschule Zürich, Stud. d. Rechte: Zürich, Leipzig, Genf, Bern, Dr. iur., Fürsprecherexamen Luzern 1926, Gerichtsschreiber 1927–1931, Anwaltsbüro Dr. R. Stüssi, dann eigene Praxis im Zaun. – 5: Demokr. u. Arbeiterpartei, in d. BSV: fraktionslos. – 6: K: Rtl.Bhd.: Präs. d. Oberger. 1956–1963. Pol.Bhd.: RR 1940–1956 (Erziehungs- u. Polizeidir.), Landst. 1947–1950, Landam. 1950–1956 / Präs. d. Glarner KantBank 1956–1968 (Bau des neuen Bankgebäudes). – 7: VerwRPr Brauerei Erlen, Glarus. – 8: In seine Landammannszeit fiel 1952 die 600-Jahr-Feier «Glarus im Bund der Eidgenossenschaft».

19. *Stucki-Jost, Fritz, von Dürnten und Netstal, 5. 1. 1913*
1: StR 1962–1978, Mtgl. d. Ratsbüros, für 17: Stüssi, Rudolf. – 2: Ref. – 3: Höhere Stadtschule Glarus, Literaturgym. d. Ktsschule Zürich, Stud. d. Geschichte u. Geographie: Zürich u. Paris, Dr. phil. u. Gym. Lehrer 1936 (Staatsexamen), Red. d. «Glarner Nachrichten» 1952–1965. – 4: Hptm d. Infanterie. – 5: Demokr. u. Arbeiterpartei, später SVP, in d. BSV: anfängl. demokr.-evang. Fraktion, dann fraktionslos, zuletzt demokr. Fraktion. – 6: K: Rtl.Bhd.: Verhörrichter 1942–1952. Pol.Bhd.: LR 1944–1952, RR 1952–1973 (Erziehungsdir. 1952–1965, 1970–1973, Polizeidir. 1965–1970), Landst. 1962, Landam. 1968–1973. Kir.Bhd.: Mtgl. d. kant. evang. KirR 1959–1962, Präs. d. Synode d. evang. Landeskirche 1959–1973; – B: Mtgl. zahlr. Komm., u.a.: Präs. d. Militärkomm. / Präs. von Hauptvorlagen Neubau ETH / Stipendien / Arbeitslosenvers. / Präs. d. Aufsichtskomm. d. Schweiz. Landesbibliothek / Mtgl. d. Schweiz. Delegat. b. Europarat. – 7: Präs. d. Schweiz.

Verb. f. Berufsberatung 1965–1970 / Gründungspräs. d. Schweizer Vereins d. Freunde von New Glarus 1970–1980 / Präs. d. Hist. Vereins d. Kts. Glarus 1978–1982 / Mtgl. des StiftR für d. Freulerpalast / VizePr d. Fritz-Zwicky-Stiftung / erster Präs. d. Stiftung Dr.-Kurt-Brunner-Haus. – 8: In seiner Amtszeit schuf er ein vollständig neues Schulgesetz. Den Bau einer neuen Kantonsschule und einer neuen Berufsschule leitete er in die Wege. Er führte die Kantonalisierung des Berufsschulwesens herbei, baute die Erziehungsberatung aus und schuf das glarnerische Kulturförderungsgesetz. Ehrenbürgerrecht d. Gem. Netstal 1978. Verfasste wesentliche Werke zur Glarner Geschichte. Kulturpreis des Landes Glarus 1984, Dr. iur. h.c. der Uni-ZH 1988.

20. *Hefti-Spoerry, Robert Peter, von Schwanden, 6. 10. 1922*
1: StR 1968–5. 1990, Präs. 1980/81, für 18: Heer, Heinrich. – 2: Ref. – 3: Höhere Stadtschule Glarus, Maturität Typus A Ktsschule Zürich, Stud. d. Rechte: Bern, Zürich, Genf, Basel, post graduate Student an der University of Michigan Law School in Ann Arbor, Mich., Dr. iur. (Bern), zürcherisches Anwaltsexamen, eig. Anwaltspraxis seit 1953 und öffentliche Urkundsperson (Notar) in Glarus, namentlich in der Wirtschaft tätig, beteiligt an Weseta Vereinigte Webereien Sernftal AG. – 4: Hptm d. Artillerie. – 5: FDP (ehemals ABV), in d. BSV: freisinnig-demokr. Fraktion. – 6: G: Mtgl. d. GemR 1959–1986, Präs. 1978–1986 / abwechselnd Präs. u. VizePr d. VerwR d. Kraftwerke Sernf-Niederenbach AG (SN), welchen d. Gemeinde Schwanden als Partner angehört; – K: Rtl.Bhd.: Nebenamtl. ObergerichtsPr 1963–1990. Pol.Bhd.: LR 1953–1968; – B: Im StR Mtgl. mehrerer Komm., u.a. Mtgl. d. Finanzdelegation d. eidg. Räte, welche er zweimal präsidierte / Delegationsleiter an d. Konferenz d. Interparlamentarischen Union in Seoul / unterlag 1982 in d. Fraktion als Kandidat für d. Nachfolge von Bundesrat Honegger. – 7: Mtgl. u. teils Präs. verschiedener Gesellschaften / VorstMtgl. d. Vereins Schweizerischer Maschinenindustrieller 1967–1977 / Quästor d. Hist. Vereins d. Kts. Glarus. – 8: Vertrat die Sernf-Niederenbach-Kraftwerke im Verwaltungsrat der Aktiengesellschaft für Kernenergiebeteiligung (AKEB), welche über Unterbeteiligungen bei der Electricité de France verfügt. Vertrat auf Bundesebene vor allem eine zukunftsgerichtete Wirtschafts- und Energiepolitik sowie die Belange der Berggebiete.

21. *Meier-Ott, Hans, von Niederurnen und Quinten/SG, 17. 9. 1920*
1: StR 1978–4. 1990, Mtgl. d. Büros, für 19: Stucki, Fritz. – 2: Kath. – 3: Kfm. Lehre, Mitinhaber u. Geschäftsführer einer Handelsfirma seit 1952. – 5: CVP, in d. BSV: christl.-demokr. – 6: G: Mtgl. d. GemR 1947–1968, Präs. 1959–1968 / Präs. VerwKomm. / Präs. Werkkomm. (Wasser- u. E-Werk); – K: Pol.Bhd.: LR 1953–1966, Präs. 1962/63, Mtgl. d. Finanzkomm., Präs. d. Komm. Kehrichtverbrennung / RR 1966–1986 (Dir. d. Innern 1966–1974, Finanzdir. 1974–1986), Landst. 1972, Landam. 1973–1978. Präs. Komm. Vorberatung Totalrevision KV, Mtgl. Bankkomm. GKB, VerwR Kraftwerke Linth-Limmern AG, VerwR Vereinigte Schweiz. Rheinsalinen AG, VizePr d. VerwR; – B: Mtgl. von über 150 ständigen u. nichtständigen Komm., wiederholt auch Präs., u.a. Mtgl. d. GPK, Mtgl. d. Finanzkomm. u. Finanzdelegation / Mtgl. d. Aussenwirtschaftskomm. / Mtgl. d. Verkehrskomm. / Präs. d. StR-Gruppe d. CVP u. VizePr d. Gesamtfraktion d. CVP 1987/88 / Kontaktgremium Aufgabenteilung Bund/Kantone. – 8: Als Finanzdirektor setzte er sich erfolgreich für ein ausgeglichenes Staatsbudget ein. Unter ihm wurde die EDV in der Verwaltung eingeführt.

22. *Rhyner-Sturm, Kaspar, von Elm, 27.12.1932*
1: StR 5.1990-, für 20: Hefti, Peter. – 2: Ref. – 3: Dipl. Baumeister. – 4: Sdt. – 5: FDP, in d. BSV: freisinnigdemokr. – 6: G: Mtgl. d. GemR 1967-1990, Präs. 1982-1990 / Präs. EW-Komm. 1963-1990 / Präs. Baukomm. 1967-1982 / Präs. Oberstufen-Kreisschule Sernftal 1971-1978; – K: Pol.Bhd.: RR 1971- (Baudir.), Landst. 1973-1978, Landam. 1978-1982 / VerwR NOK 1972- / VerwR Autobetriebe Sernftal 1971-, Präs. 1979-; – B: Mtgl. d. eidg. Oberschätzungskomm. 1980- / Mtgl. d. eidg. Linthverw. 1971-, Präs. 1990- / Mtgl. d. eidg. Komm. f. Forschung im Strassenwesen 1974-1990. – 7: VorstMtgl. d. Hist. Vereins d. Kts. Glarus 1978 / StiftR f. d. Freulerpalast / VorstMtgl. d. SAB (Schweiz. Arbeitsgemeinschaft f. Berggebiete), VizePr / VorstMtgl. d. Baumeisterverbandes d. Kts. Glarus 1968- / Präs. Stiftung pro Elm 1975- (Wakker-Preis) / ZentrPr Eidg. Polierprüfungen (Schweiz. Baumeisterverband) / VerwRPr Bündner Kraftwerke / VerwRPr Sportbahnen Elm / VerwR Kraftwerk Ryburg-Schwörstatt / VerwR Heliswiss / VerwR Unifontes (Elmer Citro) / VerwR Ersparniskasse Sernftal / Mitinitiant Waffenplatz Wichlen u. Sportbahnen Elm (Gründung Initiativkom. 1968, Eröffnung d. Bahnen 1972). – 8: Politische Schwerpunkte: Energie-, Regional-, Wirtschafts-, Finanzpolitik, Raumplanung. Als Baudirektor u.a. massgeblich an folgenden Bauten beteiligt: Kantonsschule, Berufsschule, Höhenklinik Braunwald, Höhere Stadtschule (neue Landesbibliothek), KVA, Lawinenschutzgalerien Sernftal, Umfahrungsstrassen Schwanden und Rüti.

23. *Schiesser, Fritz, von Linthal und Haslen, 23.4.1954*
1: StR 5.1990-, für 21: Meier, Hans. – 2: Ref. – 3: Ktsschule Glarus, Stud. d. Rechte: Zürich, lic. iur. 1978, Dr. iur. 1983, Lehrer an gewerbl. Berufsschulen Niederurnen u. Zürich, jurist. Mitarb. bei der Regierungskanzlei d. Kts. Glarus, Rechtsanwaltpatent 1986, Rechtsanwalt der Glarner KantBank. – 5: FDP, in d. BSV: freisinnigdemokr. – 6: G: SchulR Haslen 1984-, SchulPr 1986-; – K: Rtl.Bhd.: Mtgl. d. Kriminalger. 1987-1990. Pol.Bhd.: LR 1985-.

Hinweis auf Nekrologe und das glarnerische Genealogienwerk
Nach dem Hinschied eines glarnerischen National- oder Ständerates erschien an einem der folgenden Tage in der Glarner Presse jeweils ein Nachruf. Diese Nekrologe enthalten oft beachtenswerte Angaben zur Biographie. Im Zusammenhang mit diesem Beitrag wurde ein Verzeichnis der Nekrologe erarbeitet; es steht zusammen mit den entsprechenden Zeitungen in der Landesbibliothek Glarus zur Verfügung. Dieses Verzeichnis enthält auch für jeden Parlamentarier den Verweis auf das glarnerische Genealogienwerk, das Aufschlüsse über Vorfahren und Nachkommen der betreffenden Persönlichkeit vermittelt. Die Genealogie kann im Landesarchiv Glarus eingesehen werden.

Abkürzungen

ABV	Allgemeine Bürgerliche Volkspartei
B	Bund
Biogr.	Biographien
BSV	Bundesversammlung
Deleg.	Delegierter
Demokr.	Demokratisch
DFGL	Der Freie Glarner
G	Gemeinde
GemPr	Gemeindepräsident
GemR	Gemeinderat
Gym.	Gymnasium
JHVG	Jahrbuch des Hist. Vereins des Kantons Glarus
K	Kanton
KantBank	Kantonalbank
KantPartei	Kantonale Partei
Kath.	Katholisch
Kir.Bhd.	Kirchliche Behörde
KirGemPr	Kirchgemeindepräsident
KirPr	Kirchenpräsident
KirR	Kirchenrat
Kom.	Komitee
Komm.	Kommission
KtPr	Kantonalpräsident
Ktsschule	Kantonsschule
KtsschulR	Kantonsschulrat
Landam.	Landammann
Landst.	Landesstatthalter
LR	Landrat
Mitbegr.	Mitbegründer
Mtgl.	Mitglied
Nekr.	Nekrolog
NGl.Ztg.	Neue Glarner Zeitung
NR	Nationalrat
Pol.Bhd.	Politische Behörde
Präs.	Präsident
Ref.	Reformiert
RevKomm.	Revisionskommission
RR	Regierungsrat
Rtl.Bhd.	Richterliche Behörde
SchulPr	Schulpräsident
SchulR	Schulrat
StiftR	Stiftungsrat
StR	Ständerat
Tags.Ges.	Tagsatzungsgesandter
Vbl.	Volksblatt
VerwKomm.	Verwaltungskommission
VerwR	Verwaltungsrat
VerwRPr	Verwaltungsratspräsident
VizePr	Vizepräsident
VorstMtgl.	Vorstandsmitglied
Vtl.	Vaterland
Zentr.Kom.	Zentralkomitee
ZentrPr	Zentralpräsident
ZentrVorst.	Zentralvorstand

Oben: Kaspar Rhyner Ständerat ab 1990

Unten: Fritz Schiesser Ständerat ab 1990

Militärwesen

Glarner Auszüge in Kriegen und Grenzbesetzungen der Alten Eidgenossenschaft

Hans Thürer

Zeitalter der Eroberungskriege

Der Bund vom 4. Juni 1352 verpflichtete die Glarner, den Eidgenossen militärische Hilfe zu leisten, wann immer diese es als nötig erachteten. Den ersten eidgenössischen Dienst leistete am 9. Juli 1386 jene Schar Glarner, die freiwillig bei Sempach gegen Herzog Leopold von Österreich kämpfte; Conrad Grüninger verlor dabei sein Leben. Auch die Ereignisse des Näfelserkrieges von 1388 müssen im Rahmen jener eidgenössischen Auseinandersetzung mit dem Herzogtum Österreich gesehen werden. Jedenfalls wusste dies der Verfasser unseres Fahrtsbriefes, und das Jahrzeitbuch Linthal macht zwischen den gefallenen Glarnern und den Todesopfern aus Uri und Schwyz keinen Unterschied.

Der *Sicherung der Südgrenze* diente das am 24. Mai 1400 zwischen Glarus und dem Oberen oder Grauen Bund getroffene Abkommen, versprachen sich doch die Partner neben wirtschaftlichen Vorteilen auch gegenseitigen militärischen Beistand (siehe S. 16 f.). Ein solcher wurde im Mai 1402 fällig, als Bischof Hartmann II. von Chur von einer Grenzalp Vieh wegführen liess. Zusammen mit alarmierten Schwyzern und Zugern brandschatzten die Glarner darauf die bischöflichen Gebiete um Chur, bis ein Schiedsspruch der Fehde ein Ende machte.

Wenn damals und später immer wieder auf eidgenössischen Kriegszügen geraubt und geplündert wurde, so geschah dies einerseits um den Gegner zu schädigen, anderseits aber um die notwendige eigene Versorgung zu decken. Sold und Lebensmittel wurden selten und kaum je ausreichend ausgeteilt; wollte der Wehrmann nicht hungern und umsonst kämpfen, so musste er sich nach Beute umsehen. Die Selbsthilfe des Kriegsvolkes begann daher oft schon im Freundesland. Erst das Defensionale von Wil (1647) schrieb den Orten vor, Diensttuenden wenigstens einen Teil des Soldes in bar auszurichten.

Am Churerzug hatte auch eine Handvoll *Appenzeller* teilgenommen, die nun im folgenden Jahr die neue Waffenkameradschaft beanspruchten, als ein Streit mit dem Abt von St. Gallen losbrach. Etwa 300 Schwyzer trugen am 15. Februar 1403 bei Vögelinsegg zum Sieg der Bauern über die Städter bei. Die sogenannte Klingenberger Chronik berichtet, auch Glarner seien den Appenzellern zu Hilfe geeilt. Dasselbe soll laut dem Chronisten Johann Heinrich Tschudi am 17. Juni 1405 in der Schlacht am Stoss geschehen sein, wo angeblich Hans Hüssli und Hans Vögeli ihr Leben liessen.

Arbedo

Bald darnach lenkten Uri und Obwalden das militärische Interesse von Glarus auf die ennetbirgische *Gotthardroute,* deren obersten Teil, das Livinental, sie 1403 erobert hatten. Von 1410 an stellte das Land Glarus bei allen Zügen in den Süden zum mindesten ein «Vendli», dessen Bestand je nach Jahreszeit zwischen 50 und 100 Mann schwankte.

Ob man den Stand Glarus von der Schuld an der Niederlage bei Arbedo (1422) völlig freisprechen kann, ist fraglich. Nur zögernd bot Landammann Jost Tschudi das Panner, den obrigkeitlichen Auszug, auf, nachdem der Verlust der Stadt Bellinzona an das Herzogtum Mailand bekannt geworden war. Zürich und Schwyz verhielten sich nicht anders; sie zeigten an den ennetbirgischen Unternehmungen wenig Interesse, weil sie sich ihre Ziele Richtung Linthebene – Walensee – Chur setzten. Schwerwiegender war allerdings, dass die Eidgenossen einen Teil ihrer Leute auf Verpflegungsraub ins Misox schickten, obschon ein starkes mailändisches Heer vor Arbedo lag. Ob Landammann Tschudi mit dieser unvorsichtigen Massnahme einverstanden war? Jedenfalls konnte er nur 14 berittene Glarner ins Treffen führen, als der Feind am 30. Juni überraschend angriff und die Eidgenossen zum Rückzug zwang. Von seinen Leuten fielen Rudolf Hophan, Rudolf Suter und Joss Strickler; auch die Netstaler Brüder Heini, Werni und Uli Spälti kehrten nicht mehr heim.

Nach Arbedo gingen sämtliche ennetbirgischen Eroberungen an Mailand verloren. Landammann Jost Tschudi hielt indes der Politik der Gotthardorte weiterhin die Stange. Als sich 1425

Rechte Seite:

Schlacht bei Murten, 1476. Vorne Gefallene, im Mittelgrund die Banner der eidgenössischen Orte, im Hintergrund fliehende Burgunder. Aus der amtlichen Berner Chronik des Diebold Schilling, 1483. (Burgerbibliothek Bern)

Glarner Auszüge in Kriegen und Grenzbesetzungen

die sieben östlichen Orte zu einem neuen Zug ins Eschental und nach Bellenz aufrafften, trat er abermals an die Spitze des Glarner Auszuges. Bei den Friedensverhandlungen im folgenden Jahre trug er dazu bei, dass den Eidgenossen zumindest sichere und zollfreie Wegsame bis Mailand zugestanden wurde.

Selbstverständlich beteiligten sich die Glarner 1415 an der *Eroberung des Aargaus*. Wahrscheinlich zog Landammann Albrecht Vogel an der Spitze des Panners nach Muri und dann nach Baden, wo am 16. Mai die letzte Bastion im habsburgischen Stammland an die Eidgenossen überging.

Toggenburger Erbschaftskrieg

Im Alten Zürichkrieg stellte sich Glarus von allem Anfang an auf die Seite von Schwyz und gegen Zürich, obschon der Zürcher Bürgermeister Rudolf Stüssi aus Zusingen stammte und mithin ein Landsmann war (S. 19 und S. 66). Beim Ausbruch der Feindseligkeiten Anfang Mai 1439 riegelten 60 Glarner und 40 Schwyzer sofort das «Tor» von Sargans gegen allfällige österreichische Eindringlinge ab. Die glarnerische Hauptmacht eilte den beim Etzel von den Zürchern angegriffenen Schwyzern zu Hilfe, doch hatten diese inzwischen den Feind abgewehrt. Während zwei Wochen zogen nun die Sieger plündernd, sengend und brennend zu beiden Seiten des Sees gegen die Stadt. Dabei verschonten sie selbst Gotteshäuser nicht.

Dieser erste kriegerische Konflikt unter eidgenössischen Orten nahm internationales Ausmass an, als das bedrängte Zürich die Habsburger zu Hilfe rief. Aus den vielen Ereignissen seien nur einige herausgegriffen: Nicht ohne Grauen berichten die Chroniken vom «Mord von Greifensee» (28. Mai 1444). Nach vierwöchiger Belagerung hatte die zürcherische Besatzung Stadt und Schloss Greifensee den Eidgenossen übergeben müssen. Deren Anführer – unter ihnen auch der Glarner – bildeten sofort ein Kriegsgericht und verurteilten die mannbare Besatzung zum Tod durch das Schwert.

Im Sommer 1444 belagerte die Hauptmacht der Eidgenossen die Stadt Zürich, ein Haufe gleichzeitig die Farnsburg. Von Basel kam die Kunde dorthin, eine Armee von über 40 000 der gefürchteten Armagnaken nähere sich auf Befehl des französischen Königs der Stadt. Während die Anführer des Haufens darüber berieten, ob es ratsam sei, einer solchen Übermacht entgegenzutreten, drängten die jungen Leute mutwillig zum Kampf. Von dem halben Hundert Glarner, das sich mit den andern 1200 Kriegern bei St. Jakob an der Birs in einen tollkühnen Kampf mit den Armagnaken einliess, überlebte als einziger der nachmalige Landammann Werner Kilchmatter, genannt Aebli. Siebenfach verwundet, wurde er abends in die Stadt gebracht und so gut gepflegt, dass er nach wenigen Wochen wieder zur Waffe greifen konnte.

Zum letzten bedeutenden Treffen kam es am 6. März 1446 unterhalb Ragaz. Nachdem Glarner, Schwyzer, Appenzeller und Toggenburger in der Bündner Herrschaft geplündert hatten, erwarteten sie einen feindlichen Rachezug. Wirklich sammelte Hans von Rechberg ennet dem Rhein ein Heer von 5000 Söldnern, denen die Eidgenossen nur 1200 Mann entgegenstellen konnten. Trotzdem wollten sie auf Wunsch der Glarner den Kampf aufnehmen, wenn er am Fridolinstag stattfinde. Der «guote herr Sant Fridli» stand ihnen wirklich bei, und sie erfochten einen überzeu-

Hinrichtung der Besatzung von Greifensee, 1444. Die Kriegsmannschaft der Eidgenossen umringt mit ihren Bannern die Richtstätte. Aus der Chronik des Bendicht Tschachtlan, 1470. (Zentralbibliothek Zürich)

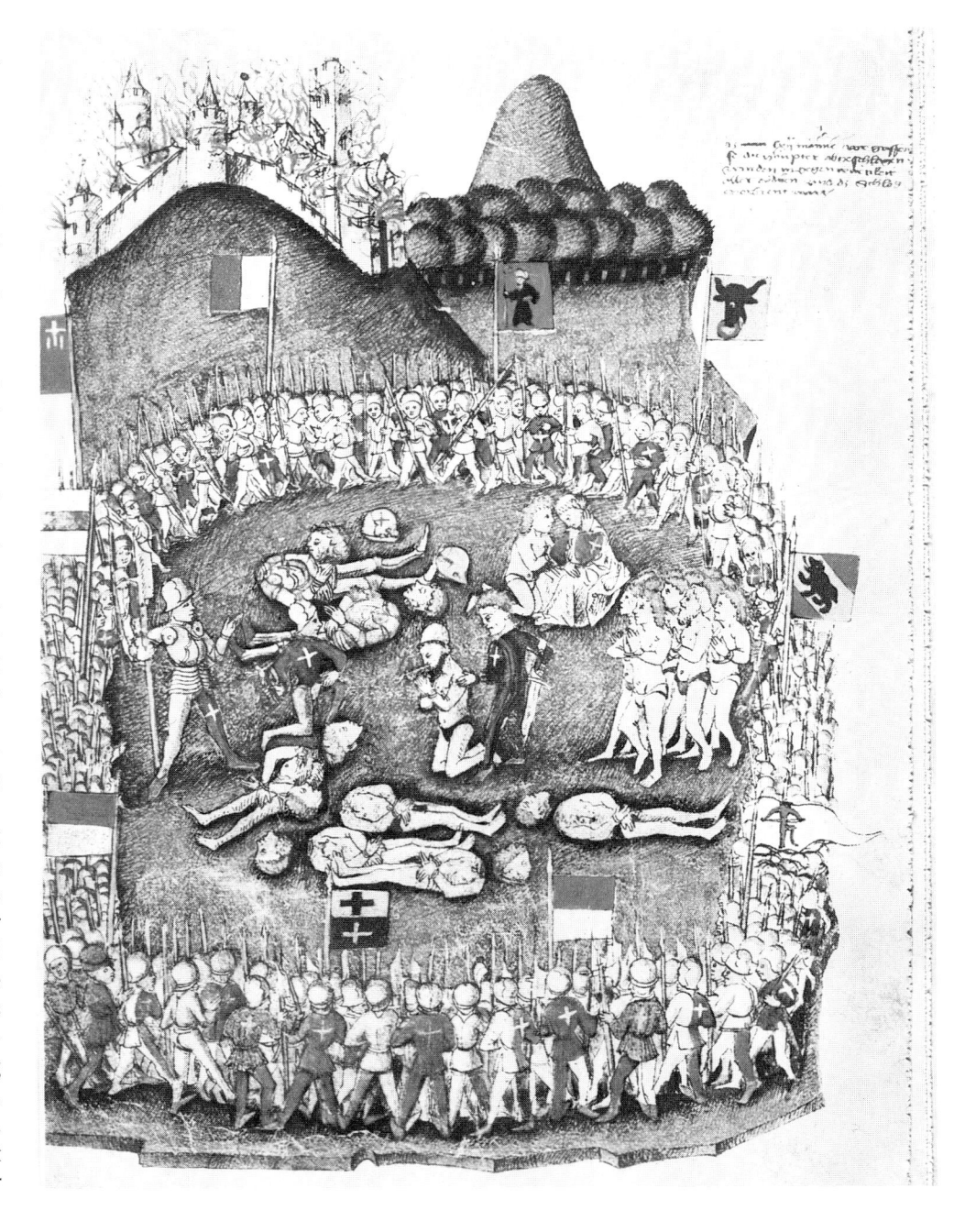

Oben: Burgundische Schwadronsfahne. Neben Ritter St. Georg der Wahlspruch Karls des Kühnen: «Je lay emprins», d.h. «Ich hab's gewagt». Das inzwischen zerstörte Original stammte aus dem glarnerischen Anteil an der Burgunderbeute. Glarner Fahnenbuch, Deckfarbenmalerei von Hans Heinrich Ryff, 1616. (Landesarchiv Glarus)

Unten: Das «Brandiskreuz», eine Goldschmiedearbeit aus der Zeit um 1400. Ursprünglich Eigentum der Freiherren von Brandis in Maienfeld, gelangte das Kreuz 1499 im Schwabenkrieg in den Besitz der Glarner und befindet sich seither im Kirchenschatz von (Katholisch-)Glarus.

genden Sieg. 12 Glarner und 24 Zuzüger aus der March blieben auf der Walstatt. Während aller Kriegsjahre führte Landammann Jost Tschudi den Auszug. Als nach jahrelangen Verhandlungen am 13. Juni 1450 in Einsiedeln endlich ein Friedensschluss zustande gekommen war, läuteten im ganzen Lande die Glocken. Der Bischof von Konstanz stellte den Glarnern einen Ablassbrief aus für die im Kriege begangenen Sünden wie Mord, Brandstiftung, Kirchenschändung und Plünderung.

Eroberung des Thurgaus

Die Eroberung des Thurgaus wurde im September 1458 durch einen Raubzug eingeleitet, an dem sich Glarus beteiligte. Angeblich um eine am Konstanzer Schützenfest erlittene Schmähung zu rächen, brandschatzten die Eidgenossen vor allem die Umgebung der Stadt. Auf dem Heimweg besetzten Innerschweizer und Glarner das noch immer österreichische Rapperswil; hernach stellten sie diese Stadt unter ihre Schirmherrschaft. Zwei Jahre später kam der Thurgau abermals an die Reihe. Während der Grossteil des Glarner Panners im eidgenössischen Heer die Unterwerfung der fruchtbaren Gegend mitmachte, bemächtigten sich andere Rotten zusammen mit Schwyzern und Urnern der österreichischen Besitztümer Walenstadt, Freudenberg und Nidberg im Sarganserland. Ein Spähtrupp stiess bis Vaduz und Schaan vor. Auf dem Hin- wie auf dem Rückweg wurde die Mannschaft in Schiffen über den Walensee transportiert.

Im Jahre 1468 rief die mit Bern und Solothurn verbündete Stadt Mülhausen um Hilfe, da sie von adeligen Österreichern belagert wurde. Unter den 40 Reitern, die auf dem Ochsenfeld bei Mülhausen das entscheidende Gefecht bestanden, taten sich die Brüder Hans und Joss Tschudi sowie Heini Schuler, Peter Netstaler, Werner Rietler und Heini Landolt hervor. Als einziger Schweizer fiel Heini Schuler von Glarus. Anschliessend belagerten die Eidgenossen erfolglos *Waldshut*, wo ein Friede mit Herzog Sigismund zustande kam, der die Kriegskosten den österreichischen Untertanen aufbrummte.

Burgunderkriege

In vier Schlachten vernichteten die Eidgenossen die Macht Karls des Kühnen von Burgund; das Fridolinsbanner war jedesmal dabei. Rund 200 Mann kehrten unversehrt aus dem Treffen von Héricourt am 13. November 1475 zurück. Nur zögernd folgten die Glarner zu Anfang des nächsten Jahres dem Hilferuf Berns, als Karl mit seiner ganzen Streitmacht über den Jura hereinbrach. Fast 800 Glarner und Zuzüger aus Sargans und dem Gaster erreichten Ende Februar das Lager bei Grandson. Sie stürmten am 2. März 1476 im Gewalthaufen mit, der die Burgunder zur Flucht zwang. Unermesslich waren die Schätze, welche die Sieger in den Zelten der Führer vorfanden. Die Glarner erbeuteten 14 Fähnlein, die dann in der Hauptkirche aufgehängt wurden. Das Erz der eroberten Geschütze diente 1477 beim Glockenguss auf dem Spielhof in Glarus.

Über die denkwürdige Schlacht von *Murten*, die am 22. Juni 1476 stattfand, gibt uns auch der Eilbrief eines unbekannt gebliebenen Berichterstatters an die Glarner Obrigkeit Auskunft. Demzufolge soll der Kriegsrat, dem auch Landammann Werner Aebli angehörte, Hauptmann Hans Tschudis Schlachtplan gutgeheissen haben, der mit vollem Erfolg ausgeführt wurde. Dieser Feldzug dauerte für die Glarner 26 Tage.

Trotz der winterlichen Jahreszeit zogen Ende 1476 über 8000 eidgenössische Söldner, darunter auch Glarner, für den Herzog von Lothringen nach Nancy. Zusammen mit den Mannschaften des Herzogs schlugen sie am 5. Januar 1477 das letzte burgundische Aufgebot, wobei Karl der Kühne den Tod fand. Der Burgunderkrieg, der die militärische Schlagkraft der Eidgenossen überwältigend bestätigte, war damit zu Ende.

Schwabenkrieg

Der Reichstag zu Worms erliess 1495 einige Reformgesetze, die jedoch von den Eidgenossen abgelehnt wurden. Dies und andere Ursachen führten 1499 zu einem Krieg mit König Maximilian. In diesem sogenannten *Schwabenkrieg* hatten die Glarner vor allem die Ostgrenze der Eidgenossenschaft zu halten. Zu diesem Zwecke wurden sämtliche Wehrfähigen einberufen, so dass zu Beginn der Feindseligkeiten gegen 2000 Mann teils im Einsatz, teils in Bereitschaft standen. Landammann Jost Küchli, Landshauptmann Marquard und dessen Bruder Ludwig lösten sich im Oberbefehl ab. Je mehr das Kriegsgeschehen nach Nordwesten rückte, um so geringer war für Glarus die Gefahr, desto geringer aber auch die Disziplin. Ende März drohte die Mannschaft im Hauptquartier zu Schwaderloh mit Dienstverweigerung und sofortiger Heimkehr, wenn ihnen nicht sogleich der Sold ausbezahlt würde.

Der Krieg bestand hauptsächlich aus Scharmützeln und Raubzügen an verschiedenen Fronten. Bei einem österreichischen Überfall auf Gams am 30. März 1499 verloren die Glarner 30 Mann. Am 21. April fochten 622 Glarner in der Schlacht bei *Frastanz* in Vorarlberg. Im Mai führte der Landammann seine Leute beim wenig rühmlichen Raubzug in den Sundgau an, und im folgenden Monat unternahmen sie zusammen mit Urnern und Zürchern eine ergiebige Plündererfahrt quer durch Bünden bis Meran. Die Kampfplätze an der Calven und bei Dorneck lagen für die Glarner zu weit weg, um sie rechtzeitig zu erreichen.

Der Anteil der Glarner an den Mailänderkriegen wird im Kapitel «Fremde Dienste» gewürdigt. Die Mailänderzüge unternahmen die Eidgenossen zwar als Söldner im Dienste fremder Herren; trotzdem verfolgten sie dabei gleichzeitig eigene machtpolitische Ziele in der Lombardei. Die Niederlage von Marignano 1515 führte die Eidgenossen zum Verzicht auf eine Grossmachtpolitik und zum sogenannten «Stillesitzen» gegenüber den Nachbarmächten, woraus sie allmählich eine bewusste Neutralitätspolitik entwickelten. In den folgenden Jahrhunderten rückten daher Glarner Auszüge nur noch für den Grenzschutz und bei innereidgenössischen Konflikten aus.

Das Zeitalter des Stillesitzens und der Neutralität

Als der Konflikt zwischen dem reformierten Zürich und den katholischen Orten der Innerschweiz 1529 zum ersten Kappelerkrieg führte, beschützte Glarus 1529 mit seinem Panner die von ihm und Schwyz gemeinsam verwaltete Vogtei Uznach. Beim zweiten Waffengang von 1531 hielt der Rat, nachdem er die Neutralität erklärt hatte, die Mannschaft zum Schutze des Landes bereit.

Dreissigjähriger Krieg

Vom Verlauf des grossen, gesamteuropäischen Krieges von 1618 bis 1648 blieb die Schweiz mit Ausnahme des Passlandes Graubünden verschont, aber fremde Heere verletzten mehrmals die Grenze im Thurgau, bei Schaffhausen und bei Basel. In diesen Fällen mahnte die Tagsatzung die Orte an ihre eidgenössische Pflicht. Die eidgenössischen Orte nahmen erstmals bewusst die Haltung eines «Neutralstandes» ein. Die vier Glarner Kompanien, welche 1622 im Einverständnis mit dem evangelischen Rat ins Bündnerland aufbrachen, bezogen wahrscheinlich französischen und venezianischen Sold. Mit Landesverteidigung hatte das Plündern der Glarner Kompanien

Wirklichkeitsnahe Darstellung der Plünderung eines Dorfes durch Kriegsvolk. Holzschnitt aus der Schweizerchronik des Johannes Stumpf, 1547. (Zentralbibliothek Zürich)

«Eydgnössisches Defensional-Werck» von 1668/1673; Titelblatt und Seite mit dem vorgesehenen Aufgebot für den ersten Auszug der Dreizehn Orte. (Staatsarchiv Bern)

im Oberland und im Engadin wenig zu tun, und der evangelische Rat mochte froh sein, dass er die Truppe nach der Niederlage der Prättigauer bei Saas Anfang September heimrufen konnte. Die gewissenlosen Anführer mussten sich vor ihrer Obrigkeit und vor der Tagsatzung verantworten. Bessere Ordnung herrschte zur selben Zeit bei den Bewachern der Luziensteig.

Etwa 200 Glarner und Urner übernahmen im Juni 1629 den Grenzschutz bei Sargans, als der kaiserliche General Johann Merode mit seinem Heer vom Vorarlberg aus nach Italien marschierte. Man hatte aus den Vorfällen von 1622 gelernt und bezahlte den Diensttuenden einen genügenden Sold.

Im Januar 1647 beschlossen die Dreizehn Orte das sogenannte *Defensionale von Wil*. Diese erste eidgenössische Verteidigungsorganisation beruhte auf dem Gedanken der bewaffneten Neutralität. Sie sah drei Aufgebote von je 12 000 Mann vor und setzte die Kompaniestärke auf 200 Mann fest. Man versuchte, die Bewaffnung zu vereinheitlichen, wie denn überhaupt die Armee durch einen eidgenössischen Kriegsrat modernisiert werden sollte; doch der Erfolg dieser Bestrebungen blieb gering.

Noch im gleichen Jahr rief die Tagsatzung das erste Aufgebot unter die Fahnen, als sich französische und schwedische Heere der Schweiz näherten und bereits Bregenz genommen hatten. Glarus schickte 50 Mann unter Landvogt Jakob Feldmann nach Werdenberg und 200 Mann unter Hauptmann Fridolin Hauser ins untere Rheintal. Gleichzeitig verhandelten eidgenössische Gesandte, unter ihnen Landammann Johann Heinrich Elmer und Hauptmann Bernhard Hässi, in Lindau mit dem schwedischen General Karl Gustav Wrangel, der ihnen gute Nachbarschaft zu halten versprach.

Innereidgenössische Kriege
In den Untertanengebieten von Luzern, Bern, Solothurn und Basel schloss die bäuerliche Oberschicht im Frühjahr 1653 einen Bund, um wirtschaftliche Forderungen und die Bewahrung autonomer Verwaltungseinrichtungen durchzusetzen. Es gelang der Tagsatzung, den Bauernbund mit Truppen aus der Ost- und Innerschweiz vernichtend zu schlagen. Der Dienst der Glarnertruppe im Bauernkrieg von 1653 dauerte von Mitte Mai bis in den Juli. Über die Verwendung der 300 Mann, denen noch je 75 aus den Vogteien Werdenberg und Uznach beigesellt wurden, wissen wir nur, dass sie den Feldzug unter dem Zürcher Generalmajor Konrad Werdmüller mitmachten. Landesstatthalter Balthasar Müller und Landshauptmann Jakob Feldmann begleiteten die Landsleute als Kriegsräte. Der Kommandant, Ratsherr und Kirchenvogt Melchior Trümpi, erhielt nach der Rückkehr für seine Tapferkeit lebenslänglichen Einsitz im Gemeinen Rat.

Unter dem Eindruck der Türkengefahr straffte die Tagsatzung von 1668 an das Defensionale, so dass es die Satzungen des Sempacherbriefes ersetzte. Diese Änderungen, vor allem aber spanische Schmiergelder, liessen die Landesverteidigung zu einem konfessionell aufgetischten Zankapfel werden. Die Hetze gegen das Defensionale bewirkte, dass Schwyz den Wehrvertrag aufkündigte und ihm die andern katholischen Orte 1678 folgten. Die katholische Landsgemeinde vom 28. April im «Erlen» unterhalb Netstal bezeichnete sogar jeden Befürworter der gemeinsamen Landesverteidigung als «faulen, meineidigen Mann» und bedrohte ihn mit Bestrafung an Leib und Gut. Die Folge war, dass bis 1792 jeweils nur Evangelisch-Glarus seinen Anteil am Grenzschutz leistete, so während des Pfälzischen (1689–1691) und Österreichischen (1743) Erbfolgekrieges.

Unterstützt von Zürich und Bern, empörten sich die evangelischen Toggenburger gegen ihren Herrn, den Fürstabt von St. Gallen. Die fünf Inneren Orte sagten dem Abt ihre Hilfe zu. Beim Ausbruch des *Toggenburgerkrieges* von 1712 bekundete das konfessionell gespaltene Land Glarus sofort seine bewaffnete Neutralität und liess am 28. April die Eingänge bei Bilten, Ziegelbrücke und Weesen durch verstärkte Posten unter Hauptmann Fridolin Streiff bewachen. Zürcher und Berner besetzten den Thurgau und die Landschaften des Abtes; am 25. Juli schlugen die Berner bei Villmergen die Fünf Orte entscheidend. Als anschliessend bernische und zürcherische Abteilungen im Gaster erschienen, ja sogar Weesen besetzten, bot der Rat 600 Mann auf. Kommandant Jakob Zopfi legte 350 in den Ussbühl bei Bilten, 170 an die Ziegelbrücke und 60 an die Biäsche. Einige Rotten beobachteten die Passübergänge. Noch vor dem Friedensschluss vom 11. August in Aarau konnte die Glarner Truppe entlassen werden.

Zeit der französischen Vorherrschaft

1789 brach in Frankreich die Revolution aus. Die meisten Staaten Europas schlossen sich zu einer Kampfgemeinschaft zusammen, nachdem ihnen Frankreich 1792 den Krieg erklärt hatte. Verunsichert durch die doppelzüngige Aussenpolitik der neuen Machthaber in Paris, beschränkte sich die Tagsatzung auf den minimsten Neutralitätsschutz und beorderte am 14. Mai 1792 lediglich 1500 Mann an die Grenze, woran Glarus 50 Mann zu stellen hatte. Da man sich über den Anteil der Katholiken nicht einigen konnte – was bei den andern Orten einen schlechten Eindruck machte –, übernahm Evangelisch-Glarus das ganze Pikett. Nachträglich schickte der katholische Kriegsrat doch sechs Mann unter einem Wachtmeister hin. Alle 18 eidgenössischen Kontingente trugen Uniform, aber nicht die gleiche. Die Mehrheit der Stände, darunter auch Glarus, hielt an der herkömmlichen Selbstverpflegung der Mannschaft fest und zahlte einen angemessenen Sold aus; nur das Quartier beschaffte man ihr. Die Soldaten wurden nach einigen Wochen Grenzdienst durch andere abgelöst. Die letzte Auslosung für das Basler Pikett erfolgte Ende Mai 1796, als niemand mehr Frieden und Wohlstand der Eidgenossenschaft zu bedrohen schien.

Im Schicksalsjahr 1798, als französische Revolutionsheere die Schweiz eroberten, griffen die Glarner erst zu den Waffen, nachdem sich die Tagsatzung aufgelöst hatte. Die Gefechte bei Wollerau und Rapperswil galten nur mehr der erfolglosen Verteidigung der Innerschweiz. Die Eidgenossenschaft ging 1798 eigentlich nicht an militärischer Schwäche, sondern an ihrer politischen Blindheit und Uneinigkeit zugrunde.

Grenzbesetzungen
Während der Zeit der französischen Vorherrschaft über die Schweiz wurden deren Truppen zweimal zu Grenzbesetzungen aufgeboten. Die Glarner mussten 1805 zwei Kompanien stellen und 1809 eine. Ihr Landammann Niklaus Heer wirkte als Kriegskommissär, der die Kriegskasse, die Verproviantierung sowie das Sanitäts- und das Fuhrwesen leitete.

Am 18. Oktober 1813 verlor Napoleon die Völkerschlacht bei Leipzig. Als die siegreichen Alliierten gegen den Rhein vorrückten, erklärte

Links: Fridolin Wichser, Soldat des glarnerischen Kontingents für den eidgenössischen Grenzschutz von 1792. Aquarellierte Umrissradierung von Franz Feyerabend, 1792. (Museum des Landes Glarus, Näfels)

Unten: Rote Armbinde mit weissem Kreuz, die General N.F. von Bachmann 1815 allen Angehörigen der eidgenössischen Armee als Erkennungszeichen abgeben liess. Bachmann gilt als Wiederentdecker des alteidgenössischen Heerzeichens mit dem weissen Kreuz im roten Feld. (Museum des Landes Glarus)

General Niklaus Franz von Bachmann

Am 11. März 1815 erfuhr die Tagsatzung in Zürich, dass Napoleon aus der Verbannung von der Insel Elba zurückgekehrt sei und sich anschicke, sein Kaiserreich wieder aufzurichten. Nun wählte sie den greisen Niklaus Franz von Bachmann zum General und rief unverzüglich 30 000 Mann unter die Waffen. Der Näfelser war somit der erste schweizerische Oberbefehlshaber, der die Truppen aller Kantone führte. Glarus stellte der Schweizer Armee 1815 fünf Kompanien unter den Hauptleuten Peter Trümpi von Mühlehorn, Kaspar und Melchior Schindler von Mollis, Johannes Blesi von Schwanden und Jakob Blumer von Nidfurn. Sie bildeten zusammen ein eigenes Bataillon unter Oberstleutnant Thomas Legler von Diesbach, dem «Sänger an der Beresina».

Nachdem Napoleon am 18. Juni 1815 bei Waterloo eine vernichtende Niederlage erlitten und erneut abgedankt hatte, drängte man im eidgenössischen Hauptquartier darauf, sich an der Seite der Alliierten, aber doch selbständig in den Kampf einzuschalten. Bachmann erhielt von der Tagsatzung die Befugnis, nötigenfalls die Grenzen zu überschreiten. Als der Kommandant der französischen Festung Hüningen die Stadt Basel unter Artilleriefeuer nahm, liess Bachmann am 3. Juli 1815 etwa 20 000 Mann in die Freigrafschaft Burgund einrücken und einige Grenzbezirke besetzen. Eine Meuterei, Verpflegungsschwierigkeiten, Querelen im eigenen Lager und die wankelmütige Haltung der Tagsatzung veranlassten ihn bald, den unrühmlichen Feldzug abzublasen und seine Truppen in die Schweiz zurückzuziehen. Enttäuscht reichten Bachmann und Oberst Fridolin Josef Hauser von Näfels am 24. Juli ihren Abschied ein. Besser verlief die Belagerung von Hüningen, an der sich ebenfalls Glarner beteiligten. Am 28. August mussten die Franzosen die arg zerschossene Festung räumen. Damit endeten die letzten Operationen schweizerischer Militärverbände im Ausland.

In einem Schlussbericht zeigte der tüchtige und erfahrene Truppenführer Bachmann die schweren Mängel des eidgenössischen Wehrwesens auf. Seine klugen Verbesserungsvorschläge prägten das schweizerische Militärreglement von 1817. Die Tagsatzung überreichte ihm am 12. Juli 1816 eine Dankesurkunde und einen goldenen Ehrendegen mit der Inschrift «Patria grata».

Niklaus Franz von Bachmann (1740–1831), Näfels, als Generalmajor in sardinisch-piemontesischen Diensten. Ölgemälde von Josep Forti (?), Turin 1796. (Museum des Landes Glarus)

die Tagsatzung die Neutralität der Eidgenossenschaft. Zum dritten Mal übertrug sie am 18. November 1813 den Oberbefehl über das Schweizer Heer dem Berner Niklaus Rudolf von Wattenwyl. Landammann Heer besorgte wiederum das Kriegskommissariat für die kaum 12 000 Mann zählende Armee. Die zwei Glarner Kompanien unter den Hauptleuten Christoph Ris von Glarus und Jakob Blumer von Nidfurn bewachten die Grenze bei Muttenz, Pratteln und Kaiseraugst. Die Verbündeten kümmerten sich jedoch nicht um die so schwach und unentschlossen geschützte Neutralität; vom 21. Dezember an zogen sie mit ihren gewaltigen Heeren durch die Schweiz nach Frankreich. Die schweizerischen Truppen ergaben sich widerstandslos und wurden entlassen.

Glarus und die fremden Dienste

Hans Thürer

Kriegshandwerk

Wie die andern Alpentäler war auch das Glarnerland seit dem ausgehenden Mittelalter übervölkert, obschon Pest und andere Seuchen immer wieder Betten und Wiegen leerten. Auswanderung in andere Erdteile war damals noch nicht möglich. Dem jungen Arbeitslosen blieb nur der Solddienst in der Fremde übrig. Das Kriegshandwerk war ein Handwerk, ebenso ehrbar wie Schmieden oder Schneidern. Nach dem Waffengang, der gewöhnlich ein paar Monate dauerte, kehrte der Söldner wieder zu den Seinen zurück. In vielen Familien wurde der Dienst in der Fremde zur Tradition.

Kulturell hat der Fremdendienst auch im Glarnerland merkliche Spuren hinterlassen, so etwa in der Mundart, wo sie allerdings in jüngster Zeit immer mehr verwischt werden. Dauerhafter sind die Herrschaftssitze, die sich Offiziere für ihre alten Tage erbauen liessen. Das schönste dieser Denkmäler ist der Freulerpalast in Näfels. Eine sonderbare Fügung aber wollte es, dass dessen Erbauer, Gardeoberst Kaspar Freuler, sein Leben nicht in dieser prachtvollen Residenz beschliessen durfte, sondern an den Folgen einer Kriegsverwundung in Frankreich starb.

Überhaupt zeigten die Fremdendienste keineswegs nur glänzende und vorteilhafte Seiten; ihnen hafteten nicht wenige Nachteile und Schattenseiten an. Verwundungen oder Tod auf Schlachtfeldern, Trennung von der Familie und Heimweh oder ausstehende Soldzahlungen gehörten gleichsam zum Berufsrisiko. Viele Reisläufer und Soldaten kehrten verarmt oder verwundet heim. Als Kranke, Krüppel, Müssiggänger oder Trunkenbolde konnten oder wollten sie kaum mehr für ihren Lebensunterhalt sorgen; sie fielen ihren Angehörigen und der Heimatgemeinde zur Last. Doch vom Elend und von der Not dieser «Namenlosen» überliefern die zeitgenössischen Quellen nur wenig Einzelheiten.

Reisläufer – Soldat

In den wilden Zügen gehorchte der Knecht nur so lange, als der Hauptmann sein Vertrauen genoss; sonst lief er einfach weg. Kein Reglement unterschied ihn vom Offizier; beide fühlten sich als Waffenkameraden gleichwertig. Nicht zuletzt deswegen lockte das Reislaufen so viele Burschen an, dass oft zuwenig Männer zurückblieben, um Feld und Stall zu besorgen. Unternehmerische Landsleute gewahrten bald, dass man im Kriegsgeschäft mehr verdienen konnte als bloss Sold und Beute. Sie schalteten sich zwischen Arbeitgeber, das heisst eine ausländische Grossmacht, und Arbeitnehmer ein. Brauchte ein Herrscher Soldaten, so wandte er sich an einen tüchtigen eidgenössischen Hauptmann, der mit Erlaubnis der Obrigkeit ein «Fähnlein» von 300 Mann zusammentrommelte und die Leute dem Arbeitgeber zuführte. Für Kleid und Waffe musste der Söldner selbst aufkommen; auch die Verpflegung war seine eigene Sache. Der Hauptmann bezahlte nur den Sold. Dieser betrug beispielsweise 1560 in Frankreich 18 Livres. Der Hauptmann erhielt vom König für seine 300 Mann 9000 Livres, konnte also einen Gewinn von mindestens 1500 Livres erwarten. Zum Vergleich: Ein glarnerischer Dorfpfarrer kam damals auf einen Jahreslohn von 70 bis 90 Livres. Die Wirklichkeit sah für den Hauptmann allerdings oft anders aus. Er musste die Mannschaft pünktlich besolden, auf die Zahlung des Königs aber häufig zum Verzweifeln lange warten. In den Ratsprotokollen wimmelt es daher von Klagen der Knechte, denen der Hauptmann den Lohn schuldete.

Im 17. Jahrhundert veränderte sich der Solddienst gründlich. Die Handfeuerwaffe verdrängte Halbarte, Spiess und Harnisch. Man focht nicht mehr im dichten Kampfhaufen, sondern feuerte aus langen Schützenlinien gegen den Feind. Dies erforderte eine straffe, monatelange Ausbildung mit scharfem Drill. Die persönliche, bunte Söldnertracht wich der Uniform; Manneszucht löste die Rauflust ab; Beutemachen hiess nun Diebstahl; Weglaufen galt als Ausreissen, und schwere Strafe harrte dem Missachter des Reglementes. Der Söldner verlor den Namen «Knecht», um als Soldat wirklich geknechtet zu werden. Eine lückenlose Rangleiter gliederte die Kompanie vom Gemeinen bis zum Hauptmann und schuf zwi-

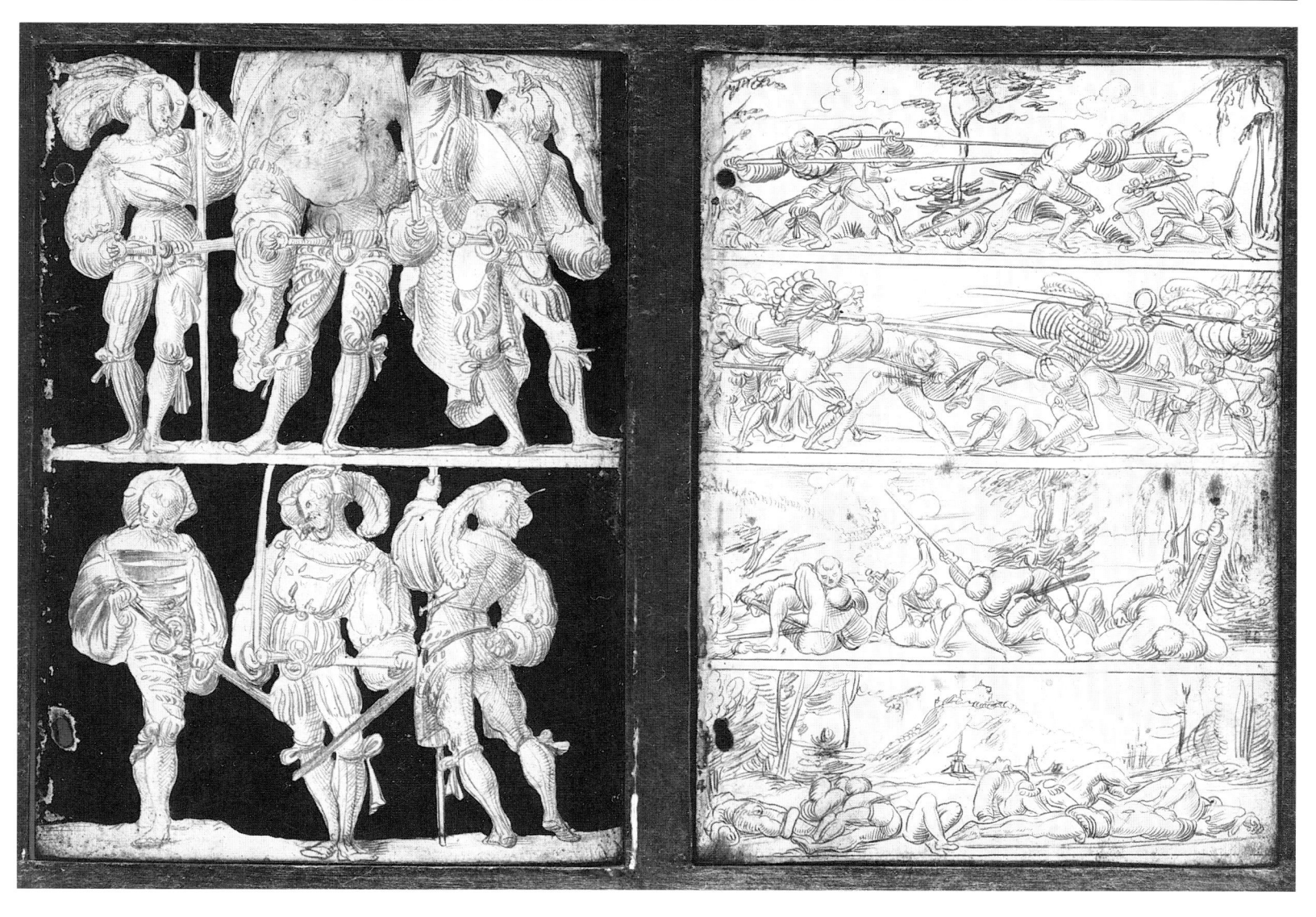

Links eidgenössische Krieger und rechts eine genaue Darstellung des grausamen Kriegshandwerks. Der oberste Streifen zeigt die Eröffnung des Kampfes und den Stich in den Fuss, der zweite das Unterlaufen der Spiesse, der dritte den Nahkampf und der letzte den Sieger: den Tod. Zeichnungen von Niklaus Manuel, 1517/18. (Kupferstichkabinett Basel)

schen ihnen eine tiefe Kluft. Der kostspieligen Ausbildung wegen konnte der Arbeitgeber die Truppe nicht mehr nach einigen Monaten entlassen; der Dienst dauerte nun meistens ebenso viele Jahre. So entstanden ab 1671 die stehenden Regimenter.

Standeskompanien

Das Kriegsgeschäft blieb weiterhin in privaten Händen. Die amtliche Werbeerlaubnis wurde nur Glarner Bürgern erteilt; sie galt für die Vogtei Werdenberg und die gemeinsamen Untertanenländer. Reiche auswärtige Militärunternehmer erwarben deshalb für teures Geld das Landrecht und mussten zudem einen Teil ihres Vermögens im Lande Glarus anlegen und versteuern.

Meistens übertrug der Kompaniebesitzer die heikle Aufgabe des Werbens einem Agenten, womöglich einem gedienten Offizier oder Unteroffizier. Lange nicht alle Soldaten in den Glarner Standeskompanien stammten aus userem Lande. In der Kompanie des Obersten Jost Brändle, die 1703 fast 200 Mann zählte, besassen nur 30 einen glarnerischen Bürgerbrief; 21 waren in andern eidgenössischen Orten beheimatet, 143 kamen aus den gemeinsamen Vogteien und 13 aus dem Ausland. Man darf annehmen, dass anfangs des 18. Jahrhunderts in den Standeskompanien in Frankreich nur jeder neunte Mann wirklich ein Glarner war.

Auch der Fiskus interessierte sich für das Militärgeschäft. Er knöpfte dem Kompaniebesitzer und den Offizieren eine Gebühr ab; die «Auflage» genannten Gelder wurden dem Zeughaus zugeschieden und dienten zur Ergänzung oder Erneuerung der eingelagerten Waffen. Im 18. Jahrhundert zweigte auch der Stimmbürger ein Scherflein aus dem Gewinn im Fremdendienst für sich ab. Die evangelische Landsgemeinde erwartete 1755 eine «anständige» Gabe für die Schiessstände; zudem bestimmte sie, jeder Oberjährige habe einen halben Gulden zugut. Stieg der Offizier einen Rang höher, so verlangte der Staat von ihm einen entsprechenden einmaligen Obolus in die Landeskasse. Diese Taxen und Einnahmen wurden in einem besondern Schatzbuch vermerkt.

Nach erfüllter Dienstzeit bezog der Offizier von seinem ehemaligen Dienstherrn eine seinem Rang entsprechende Rente. Sie war für die untern Grade bescheiden, aber immerhin höher als das Gehalt des Schulmeisters. Hohe Pensionierte konnten sich mit einem Altersgeld von 2000 bis 3000 Livres einen angenehmen Lebensabend leisten. Der Soldat ging nicht ganz leer aus; er bekam eine einmalige Abfindung von etwas mehr als einem Monatssold, die ihm aber erst zu Hause ausbezahlt wurde. Invalide reisten kostenlos heim. Die Regierungen achteten darauf, dass in den Soldverträgen (Kapitulationen) humanitäre Bestimmungen standen, dies zu einer Zeit, wo es im eigenen Land kaum solche Gesetze gab.

Die Errichtung und der Betrieb einer Kompanie erforderten viel Kapital. In Sardinien brauchte der Unternehmer dazu mindestens 27 000 Livres, eine Investition, die sich zu etwa 13% verzinste.

Offiziere

Das Interesse an den fremden Kriegsdiensten war nicht in allen Landesteilen gleich stark, wenigstens was die Offiziersstellen anbetrifft. Kerenzen stellte innerhalb dreier Jahrhunderte bloss 14 Offiziere, das Kleintal gar nur 10. Im Grosstal waren 101 Offiziere beheimatet, so in Schwanden 76, in Dornhaus 17, in Betschwanden 6. Weitaus die meisten Gradierten des Unterlandes wohnten in Näfels (286) und Mollis (96); aus anderen Dörfern stammten nur Vereinzelte. Ähnliche Verhältnisse wies das Mittelland auf: 340 Offiziere waren Bürger des Hauptortes, 20 kamen aus Netstal, lediglich 7 aus dem Handelsdorf Ennenda und 4 aus Mitlödi. Der Wohnort von 35 Offizieren lässt sich nicht bestimmen.

Beachtenswert ist die Feststellung, dass beide Konfessionen annähernd gleich viele Offiziere stellten: die Katholiken 475, die Reformierten 488; zwölf sind unbestimmbar. Auf den ersten Blick überrascht das kaum. Erst wenn man sich vergegenwärtigt, dass im 17. und 18. Jahrhundert sechs- bis siebenmal mehr Reformierte als Katholiken im Lande lebten, gewinnen die genannten Zahlen die richtige Aussagekraft: bezogen auf ihren Bevölkerungsanteil dienten also unverhältnismässig mehr Altgläubige als Offiziere in der Fremde. Tatsächlich spielten die fremden Kriegsdienste für Katholisch-Glarus politisch und wirtschaftlich eine wesentlich bedeutendere Rolle als für die Reformierten. So waren 1768 von den 588 oberjährigen Katholiken etwa 100 in Kriegsdiensten landesabwesend.

Bei mehreren katholischen und auch bei einigen reformierten Familien wurde der Offiziersdienst in der Fremde zur eigentlichen Tradition. Bei meinen Forschungen, die ich später in ausführlicher Form zu publizieren gedenke, fand ich unter den Glarner Offizieren in fremden Diensten 170 Tschudi, 81 Müller, 53 Gallati, 47 Hauser, je 42 Freuler und Schindler, 31 Zwicky, 25 Hässi und Schmid, 22 Landolt, 21 Zweifel, 18 Iseli, 17 Legler, 15 Streiff, je 12 Brunner, Heer und Jenni, je 10 Bussi, Feldmann, Paravicini, Schuler und Wichser. Viele Familien stellten neun bis einen Offizier.

Offiziere und Politiker

Weil der Staat eine gewisse Oberaufsicht über das Kriegsgeschäft führte, suchten sich die Offiziersfamilien an dieser Überwachung zu beteiligen und die Politik zugunsten ihres Unternehmens zu beeinflussen. Darum brachten sie möglichst viele Angehörige in Landesämtern unter. Nicht weniger als 40 Landammänner oder Statthalter hatten früher fremden Herren gedient oder waren sonstwie mit dem Fremdendienst verbunden. Dasselbe gilt für 91 Landvögte, 45 Gesandte, 27 Richter, 17 Säckelmeister, 14 Zeugherren oder Landshauptleute, 9 Landesfähnriche und 7 Pannerherren oder Vortrager. Aber auch geringere Posten wurden von den werbenden Kreisen nicht verschmäht. Neun Landschreiber und fünf Landweibel waren im Ausland gedrillt worden, ehe sie die Kanzlei betraten.

Wie viele Ratsherren fremdes Pulver gerochen hatten, bevor sie sich den einheimischen Degen umgürteten, kann leider nicht ausgemacht werden. Man darf aber annehmen, dass etwa ein Viertel der jeweiligen Politiker, Rechtssprecher oder Verwalter entweder selbst oder über Verwandte mit dem Dienstgeschäft zu tun hatte. Um in Regierungskreisen ein gewichtiges Wort sprechen zu können, musste der «Familienabgeordnete» anscheinend mindestens Hauptmannsrang besitzen. Diese «Verfilzung» von Politik und Wirtschaft war im katholischen Landesteil ausgeprägter als im evangelischen.

Besonders stark vertreten waren im Rathaus die Offiziere aus der Familie der Tschudi (31 Schrankenherren), gefolgt von den Freuler (15), Hauser (11), Zwicky (9), Hässi (7) und Müller (6). Ferner zählen wir je 5 Blumer, Bussi, Marti und Wichser, merkwürdigerweise aber nur je 3 Gallati und Schindler.

Pensionen

Bei diesen Geldgeschenken der ausländischen Dienstherren muss man zwischen öffentlichen und privaten Pensionen unterscheiden. Die

Rechte Seite:

Oben: Juliusbanner. Diese prächtige Fahne überreichte Kardinal Schiner im Juli 1512 den 200 Glarnern, die mit den Eidgenossen im Solde von Papst Julius II. in Italien gegen die Franzosen kämpften. Mailänder Damast; St. Fridolin ist mit Ölfarben aufgemalt, das Eckquartier mit der Auferstehung Christi als Seidenstickerei aufgenäht. (Museum des Landes Glarus, Näfels)

Unten: Fahne des 31. Regimentes in königlich-niederländischen Diensten (1815–1829). Dieses Regiment rekrutierte sich aus Männern der Kantone Glarus, Graubünden und Appenzell AR; zuletzt stand es unter dem Kommando von Generalmajor Johann Jakob Schmid von Glarus. Seide mit Ölmalerei, um 1817; die eine Hälfte 1983 ergänzt. (Museum des Landes Glarus)

Unten: Halbarten, 16. Jahrhundert. (Museum des Landes Glarus)

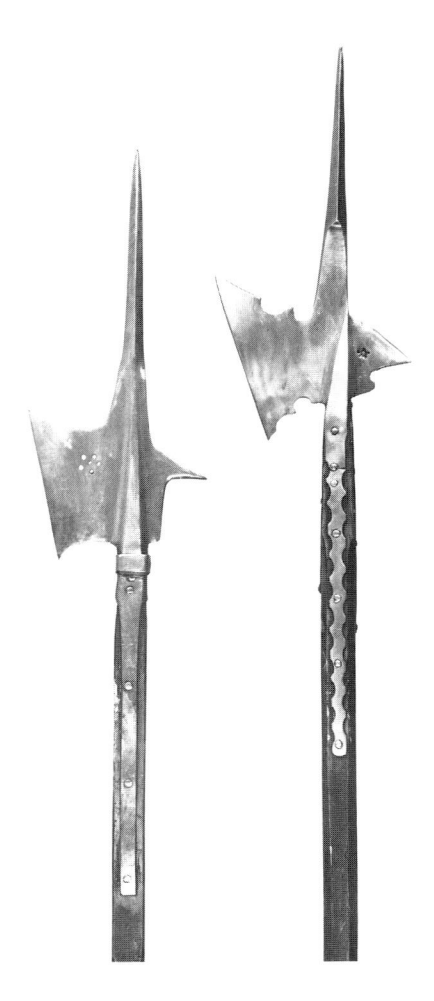

Glarus und die fremden Dienste

Schweizer Söldner, dargestellt als Repräsentant des kraftstrotzenden Selbstbewusstseins eidgenössischer Krieger zur Zeit der Mailänderzüge. Federzeichnung von Urs Graf, 1514. (Kupferstichkabinett Basel)

dessäckelmeister nahm das glarnerische Treffnis entgegen und leitete es durch die Ratsherren den Tagwen zu, wo es an die Oberjährigen verteilt und meistens sogleich verjubelt wurde. Landessäckelmeister Fridolin Zwicky setzte es 1630 durch, dass von den Pensionsgeldern eine gewisse Summe der gemeinen Landeskasse zugeführt wurde. Von 1675 an lieferte jeder evangelische Glarner einen «Pensionspfennig» in den Schatz ab. Die Molliser Schatzgenossen gingen 1719 noch einen Schritt weiter, indem sie sämtliche «Bundesfrüchte» und Auflagentreffnisse in einen Fonds legten, aus dem Unterstützungen und Todesfallgelder ausgerichtet wurden. Andere Dörfer hielten es hierin ähnlich. Die Obrigkeit verrechnete das Rodelgeld oft mit ausstehenden Bussen oder schaffte daraus saumseligen Bürgern die vorgeschriebene Bewaffnung an.

Von 1723 bis 1777 blieben die französischen Pensionen für die reformierten Glarner aus, da ihr Land während dieser Zeitspanne mit der Krone in keinem Vertragsverhältnis stand.

öffentlichen flossen in die Staatskasse und ersetzten die Steuern oder senkten doch den Steuerfuss; sie waren jedermann bekannt. Nach dem Frieden von Freiburg (1516) erhielt Glarus wie jeder eidgenössische Ort von Frankreich ein jährliches Friedensgeld von 2000 Kronen, ab 1523 dann 3000, was dem heutigen Kaufwert von 200 000 Franken entsprechen mag. Ferner bezahlte der König für 2320 Oberjährige 7540 Kronen oder jedem Wehrfähigen 3 Kronen und einen Dickplappart (Rodelgeld). Der grosse Nachbar sicherte zudem die Versorgung der eidgenössischen Alpenstaaten mit Salz, Getreide und Lebensmitteln und gewährte ihnen Zollfreiheit. Ludwig XIV. nahm es dann allerdings mit diesen Erleichterungen für die schweizerische Wirtschaft nicht mehr genau.

Unbekannt war die Höhe jener Beträge, die als Bestechungsgelder heimlich in die Taschen politisch Einflussreicher flossen. Eine Liste von 1514 gibt einige Auskunft. Damals erhielt Pfarrer Markus in Glarus, offenbar ein Kaplan Zwinglis, vom Papst 800 Gulden mit der Weisung, sie an angesehene Herren zu verteilen. Der Geistliche fand 18 Personen für «pensionswürdig»; Landammann Max Mad, Pannerherr Hans Stucki, Landvogt Ludwig Tschudi und Pfarrer Huldrych Zwingli steckte er je 50 Gulden zu; die andern Bezüger mussten sich mit kleineren Zustüpfen bescheiden.

Das Abholen der französischen Pension beim Ambassador in Solothurn galt als eine hohe Ehre, für die der Erkorene selbstverständlich der Staatskasse eine Auflage entrichten musste. Der Lan-

Die Mailänderzüge

Nach dem Burgunder- und dem Schwabenkriege begann ein grosses Buhlen um Schweizer Söldner. Dabei griffen Frankreichs Agenten besonders tief in die Tasche. Wie sehr Frankreich auf die Reisläufer angewiesen war, bewies Ludwig XI. im Jahre 1480, als er die 6000 Zuzüger nach der Normandie zwar nur drei Wochen beschäftigte, ihnen aber einen Ködersold für drei Monate auszahlte. Fast ein Jahr lang dauerte 1494 der Zug nach Neapel, auf dem die Glarner unter Hauptmann Hans Tschudi durch die Pest schwere Verluste erlitten.

Gegen eine jährliche Pension von 2000 Franken für jeden eidgenössischen Ort sicherte sich Ludwig XII. 1499 ein zehnjähriges Werbemonopol in der Schweiz. Frankreichs Aussenpolitik rief 1509 den Kirchenstaat auf den Plan. Papst Julius II. hatte schon drei Jahre vorher die heute noch bestehende Schweizergarde geschaffen. Um in den Kampf um das Herzogtum Mailand eingreifen zu können, schloss er 1510 auf Betreiben Kardinal Schiners ein auf zehn Jahre befristetes Militärbündnis. Konnten die Eidgenossen zwei Herren dienen?

Anfang Mai 1512 entrissen 20 000 Eidgenossen den Franzosen Pavia und setzten Maximilian Sforza als Herzog von Mailand ein. Der Papst verlieh ihnen den Titel «Beschirmer der Kirche» und schenkte jedem der siegreichen Orte ein seidenes Panner (siehe Abb. S. 99). Etwa 230 Glarner unter Hauptmann Johannes Tschudi nahmen am 6. Juni 1513 an der Schlacht bei Novarra teil; 40 von ihnen, darunter der Anführer, verloren dabei

Glarus und die fremden Dienste

Oben: Kaspar Gallati (um 1535–1619) von Näfels; erster Gardeoberst in Frankreich, Grossvater von Kaspar Freuler. Ölgemälde, um 1600. (Museum des Landes Glarus)

Unten: Fridolin Hässi (1563–1626) von Glarus; Landammann, Gardeoberst in Frankreich und Schwiegervater Kaspar Freulers. Ölgemälde, um 1620. (Ital-Reding-Haus, Schwyz)

Rechts: Kaspar Freuler (um 1595–1651) von Näfels; Gardeoberst in Frankreich und Erbauer des Freulerpalastes in Näfels. Ölgemälde, um 1630. (Museum des Landes Glarus)

das Leben. Die Eidgenossen standen nach ihrem Sieg auf der Höhe ihrer militärischen Macht. Unterstützt von Kaiser Maximilian, gingen sie nun gegen Frankreich vor und brachten mit einem Zug nach Dijon den Thron Ludwigs XII. in Gefahr. Doch mit einer Barzahlung von 20 000 Talern erreichte der bedrängte französische Feldherr einen raschen und beinahe schimpflichen Abzug der Eidgenossen.

Am Neujahrstag 1515 starb Ludwig kinderlos; sein erst zwanzigjähriger Schwager Franz I. bestieg Frankreichs Thron. Er verbündete sich mit Venedig und brach mit einem Heer von 55 000 Mann in die Lombardei ein. Wohl rückten auch die Eidgenossen heran, aber in ihren Reihen herrschte Uneinigkeit, weil die päpstlichen und spanischen Hilfstruppen auf sich warten liessen und die Soldgelder ausblieben. So ging das ganze Piemont verloren, ehe es zu einem Kampfe kam. Schlimmer war, dass die westlichen Orte mit den Franzosen verhandelten und vorzeitig heimkehrten. Der Zürcher Bürgermeister Markus Röist und der Glarner Feldprediger Huldrych Zwingli, der auf dem Marktplatz von Monza zu treuem Zusammenhalten mahnte, konnten die Spaltung nicht verhindern. Bei Marignano fiel am 13. und 14. September 1515 die Entscheidung; die Eidgenossen erlitten eine blutige Niederlage. Die Glarner hatten in drei Abteilungen gefochten: Landammann Heinrich Tschudi befehligte das 700 Mann starke Landespanner, Hauptmann Jakob Stäger 300 und Hauptmann Streiff in der Burg zu Mailand 120 Mann. Die Verluste der Glarner sind nicht genau bekannt; ein Verzeichnis nennt 107 Tote. Die Eidgenossen verliessen die Walstatt nicht in wilder Flucht, sondern aufrecht und geordnet. Der Rückzug von Marignano war zugleich ihr Rückzug aus der Grossmachtpolitik.

Am 29. November 1516 schlossen die Eidgenossen und Frankreich zu Freiburg den «Ewigen Frieden», der fortan die Grundlage der Verträge zwischen den Orten und dem französischen Thron bildete. Die Eidgenossen erhielten für den Zug nach Dijon 400 000 Kronen, für die in den Mailänderzügen erlittenen Schäden 300 000 Kronen. Ausserdem versprach der König jedem der XIII Orte eine jährliche Pension von 2000 Kronen. Glarus erhielt damals etwa 30 000 Kronen oder 45 000 Gulden; davon richtete es den Kriegsteilnehmern und Wehrfähigen nur etwa die Hälfte aus; mit dem Rest kaufte es 1517 für 21 500 Gulden die Grafschaft Werdenberg.

Der Streit um die Lombardei dauerte an, und weiterhin dienten Schweizer Söldner beiden Parteien. In der Schlacht von Pavia (5. Februar 1525), die für das schweizerisch-französische Heer verloren ging, fielen 16 Glarner mit ihren Hauptleuten Fridolin Landolt und Jürg Engelhard. Ritter Ludwig Tschudi und sein Bruder Meinrad, die in nächster Nähe des Königs kämpften, gerieten mit Franz I. in spanische Gefangenschaft und mussten sich mit einem hohen Lösegeld freikaufen.

In französischen Diensten

Die erste stehende Schweizertruppe in Frankreich war die von Karl VII. im Jahre 1497 errichtete Kompanie der «Hundertschweizer». Sie bildete die königliche Leibgarde. Der Tagesbefehl beinhaltete hauptsächlich Wachestehen und Repräsentation. Oberst Gallati von Näfels diente von 1603 an als Leutnant in dieser Ehrenkompanie.

Das Garderegiment unterstand ebenfalls unmittelbar dem König, konnte aber in Kämpfen eingesetzt werden. Vermutlich geht die Schaffung dieses ersten stehenden Schweizer Regiments auf den eben genannten Kaspar Gallati zurück. Er hatte 1614 gefährliche Unruhen in der Provinz niedergeschlagen und hielt nun seine Mannschaften Ludwig XIII. zur Verfügung bereit. Der König entliess die Schweizer 1615 ordnungsgemäss, bat sie aber sogleich, in das gleichzeitig errichtete Garderegiment einzutreten, zu dessen Obersten er Gallati ernannte. Unter den ersten fünf Gardekommandanten finden wir mit Gallati, der die Truppe bis zu seinem Tode 1619 befehligte, nicht weniger als vier Glarner, nämlich 1619–1626 den frühern Landammann Fridolin Hässi, 1635–1651 den Palasterbauer Kaspar Freuler, einen Enkel Gallatis und Schwiegersohn Hässis, sowie 1651 Oberst Melchior Hässi, der nach zwei Jahren starb.

Ludwig XIV. benötigte für seine Eroberungsfeldzüge fremde Truppen, vor allem Schweizer, die aber nur für teures Geld zu haben waren. Auf den Rat des Bündner Obersten Peter Stuppa schuf der König Freikompanien, die nicht der Aufsicht der eidgenössischen Orte unterstanden und zudem auch für Angriffskriege eingesetzt werden konnten. Im Laufe der Jahrzehnte wurde die Zahl der Schweizer Regimenter in Frankreich nach Bedarf erhöht. Bei der Aufhebung des Dienstes standen elf Regimenter mit zusammen 14 000 Mann unter den Waffen.

Am 10. August 1792 drangen Tausende von Parisern gegen das königliche Schloss, die Tuilerien, vor, das hauptsächlich von der Schweizergarde unter Major Feldmarschall Karl Josef Anton Bachmann von Näfels verteidigt wurde. Bachmann und einige andere Offiziere begleiteten Ludwig XVI. in die revolutionäre Nationalversammlung, welche der königlichen Familie Schutz angeboten hatte. Dort wurde der Monarch abgesetzt; seine Begleiter kamen ins Gefängnis. Unter dem Druck der Versammlung befahl Ludwig den Schweizern, die Waffen niederzulegen, doch wurde der Befehl im Getümmel nicht von allen vernommen. Über 100 Schweizer führten den aussichtslosen Kampf bis zum letzten Mann weiter. Unter den Gefallenen befanden sich vier Glarner: die Brüder Karl und Baptist Leu aus Näfels, Hans Luchsinger von Schwanden und Feldweibel Fridolin Hefti von Ennetbühls. Feldmarschall Bachmann wurde zum Tode verurteilt und am 3. September 1792 guillotiniert. Am Anfang wie am Ende der Geschichte der Schweizergarde in Frankreich stand also ein Glarner aus Näfels an der Spitze des ruhmreichen Regimentes.

Gemäss dem Militärvertrag von 1803 konnte Frankreich in der Schweiz vier Regimenter zu 4000 Mann anwerben. Die Werbung stiess aber auf grosse Schwierigkeiten, nicht zuletzt weil viele junge Leute lieber unter Hans Conrad Escher am Linthwerk arbeiteten, als sich für Napoleons Machtstreben einspannen liessen. Von 1811 an musste die Glarner Regierung Straffällige in den roten Waffenrock stecken, um dem Kaiser überhaupt Soldaten schicken zu können. Beim Russlandfeldzug zeichneten sich die Schweizer 1812 unter anderm an der Beresina aus, wo sie den Rückzug der geschlagenen französischen Armee deckten. Hier stimmte Oberleutnant Thomas Legler aus Dornhaus das später «Beresinalied» geheissene «Unser Leben gleicht der Reise...» an.

Aus den Trümmern der vier napoleonischen Schweizer Regimenter bildete Ludwig XVIII. 1814 vier Bataillone, die ihm auch die Treue hielten, als Napoleon 1815 überraschend aus der Verbannung von Elba zurückkehrte. Die Tagsatzung verlieh ihnen nach der Heimrufung die Medaille «Für Treue und Ehre».

Zur Arbeitsbeschaffung schlossen fast alle Kantone 1816 mit Ludwig XVIII. einen Militärvertrag ab. Glarus erhielt im vierten Linienregiment eine Kompanie und eine weitere zusammen mit Zug. Unter König Karl X. geriet der Fremdendienst in Frankreich immer mehr in Misskredit. Ende Juli 1830 kam es zum Aufstand gegen die Monarchie. In den Strassenkämpfen fielen als letzte Glarner im Dienste der Bourbonen Hauptmann Josef Freuler von Näfels und Grenadier Balthasar Zopfi von Schwanden.

Holland braucht Soldaten

Seit den Protestantenverfolgungen durch Ludwig XIV. mieden die meisten reformierten Glarner die französischen Dienste und wandten sich den Niederlanden zu, wo sie 1693 eine Standeskompanie erhielten. Diese wurde bei den Kämpfen der Alliierten – Deutsches Reich, England und Holland – gegen die Eroberungsheere Frankreichs eingesetzt. In der blutigen Schlacht von Malplaquet am 11. September 1709 standen sich Eidgenossen und Glarner als Feinde gegenüber und erlitten schmerzliche Verluste.

Ab Mitte des 18. Jahrhunderts folgte für die Schweizer Regimenter in Holland eine lange Friedenszeit. Manche Offiziere wohnten mit ihrer Familie in der Garnisonstadt und begaben sich täglich für ein paar Stunden auf den Exerzier-

Links: Sandsteinerne Wappentafel von Gardeoberst Fridolin Hässi und seiner Frau Regula Tschudi, 1626. Unten die beiden Familienwappen, oben die zwei Wappen von Frankreich und Navarra – Ausdruck der engen Verbindung einheimischer Häupterfamilien mit der französischen Krone. (Museum des Landes Glarus)

Oben: Karl Josef Anton Leodegar von Bachmann (1734–1792), Näfels; Feldmarschall in Frankreich. Ölgemälde, um 1785. (Museum des Landes Glarus)

Unten: Thomas Legler (1782–1835) von Diesbach-Dornhaus; Hauptmann in französischen Diensten, nach 1816 Grossmajor im niederländischen Schweizerregiment. Ölgemälde, um 1814. (Museum des Landes Glarus)

Übergang über die Beresina am 28. November 1812. Lithographie von J. Velten. (Museum des Landes Glarus)

platz. Nicht umsonst gab es für den Dienst in Holland bedeutend mehr Bewerber, als Offiziersstellen vorhanden waren. Die lange Friedenszeit bewirkte, dass viele höhere Kommandanten des Krieges unkundig wurden; als die Franzosen 1793 bis 1795 in die Niederlande eindrangen, stiessen sie auf wenig Widerstand. Damit ging hier für die Schweizer Regimenter der Dienst vorübergehend zu Ende.

Nach dem Sturz Napoleons erstand Holland aufs neue, aber auch jetzt mussten fremde Truppen den Staat beschirmen helfen, denn einem Niederländer «galt sein Buchhalter mehr als der General, den er bezahlen musste». Appenzell AR, Glarus und Graubünden stellten unter Oberst Jakob von Sprecher, dem Grossvater des Generalstabschefs Theophil von Sprecher im Ersten Weltkrieg, eines der vier Schweizer Regimenter, wobei es Glarus zwei Kompanien traf. Die Truppe musste nie im Ernstfall antreten und wurde 1829 abgedankt.

Etliche Glarner Söldner traten in die 1682 gegründete Holländisch-Ostindische Kompanie ein, welche in Südafrika und im heutigen Indonesien Kolonien betrieb, die ihnen England streitig machte. Oberst Joh. Jakob Steinmüller von Glarus beteiligte sich an den Kämpfen gegen aufständische Eingeborene auf Java. Hier befehligte er schliesslich die ganze holländische Armee, überwachte die Spitäler und übte auch politisch grossen Einfluss aus. Als reicher Mann kehrte er 1759 heim, starb aber schon nach zwei Jahren.

Sardinische Dienste

Südlich des Genfersees und der Walliser Alpen lag das Herzogtum Savoyen. Zusammen mit der Insel Sardinien bildete es seit 1720 das Königreich Sardinien-Piemont. Auch dieser Pufferstaat mit der Hauptstadt Turin war auf Schweizer Regimenter angewiesen, namentlich im Österreichischen Erbfolgekrieg. Hier diente ab 1742 eine Glarner Standeskompanie, zu der zwei Jahre später eine weitere, hauptsächlich von der Familie Schindler in Mollis betriebene Kompanie kam.

Als der König 1773 das sardinische Kriegswesen modernisierte, wurde Brigadier Joh. Heinrich Schindler zum Generalleutnant ernannt und mit einer reichlichen Rente pensioniert. Weil der König die Mannschaften in andere Einheiten steckte, für die keine Rodelgelder mehr ins Glarnerland kamen, murrte das Volk. Es hiess, Schindler habe seine Soldaten verkauft. Der Generalleutnant liess zu seinem persönlichen Schutze in Mollis eine Leibgarde anwerben, was die Volkswut erst recht anheizte. Nach zweitägigen, stürmischen Verhandlungen verurteilte die evangelische Landsgemeinde 1775 den völlig unschuldigen Offizier dazu, jedem Oberjährigen einen Kronentaler Busse zu zahlen. Ehrbare Bürger verweigerten die Annahme des Geldes. Grosszügig bedachte Schindler in seinem Testament die Armen- und Schulgüter seines Landes.

Als das revolutionäre Frankreich auch Sardinien-Piemont bedrohte, errichtete der Molliser Jakob Schmid 1790 in Turin ein eigenes Regiment, das er aber später bei der Auflösung schmählich im Stich liess. Zahlreiche katholische Offiziere und Soldaten, die 1793 in Frankreich entlassen worden waren, suchten und fanden dann in Sardinien neue Stellen, darunter der nachmalige Schweizer General Franz Niklaus Bachmann von Näfels. Die sardinischen Offiziere erhielten, soweit sie noch lebten, 1824 von Turin eine Abfindungssumme; die Soldaten gingen dagegen leer aus.

Neapolitanische und andere Dienste

Der Dienst im Königreich Neapel wurde von Katholisch-Glarus beschirmt. Hier kommandierten die Brüder Feldmarschall Leonhard Ludwig und Generalleutnant Josef Anton Tschudi von Glarus zwei eigene Regimenter, an denen sich auch Verwandte aus Näfels beteiligten. Im Österreichischen Erbfolgekrieg erlitt diese Truppe in der Schlacht bei Veletri grosse Verluste.

Zerrüttete Staatsfinanzen zwangen den König 1789, die kostspieligen Schweizer Regimenter zu entlassen. Nur mit Mühe gelang es der katholischen Obrigkeit, das durch Gerüchte erregte Volk zu überzeugen, dass die Unternehmer am unglücklichen Ende des Kriegsgeschäftes in Neapel unschuldig waren. Ein Teil der Entlassenen kämpfte in einem Bündner Fremdenregiment gegen die Franzosen.

Nach dem Sturz Napoleons erschien das Königreich wieder auf der Karte Europas, aber die Landsgemeinde lehnte die Errichtung eines neuen Dienstes ab. Dennoch liefen immer wieder Glarner in die Garnisonen am Fusse des Vesuvs. Mit der Gründung des Königreiches Italien 1861 nahm auch der neapolitanische Dienst sein Ende. Kapitulierte Glarner Kompanien dienten zeitweise auch in Spanien (bis 1822), ferner in Preussen, Österreich, Venedig, England und anderswo; für das Land Glarus besassen diese Dienste nur geringe Bedeutung.

Die Dienstländer sind zwar erst seit der Errichtung der stehenden Heere sicher bestimmbar; früher liefen die Hauptleute mit ihren Leuten einfach irgendeinem «Arbeitsplatz» zu. Es steht jedoch fest, dass seit dem Ende des 15. Jahrhunderts der fremde Dienst in Frankreich an politischer und wirtschaftlicher Bedeutung alle anderen Dienste im Sold fremder Mächte weit übertraf. Mehr als die Hälfte der Glarner Offiziere und wahrscheinlich auch der Mannschaft diente in Frankreich. Von den 965 Glarner Offizieren, die ich erfassen konnte, dienten 526 in Frankreich, 141 in Holland, 100 in Sardinien, 87 in Neapel, 46 in Deutschland, 27 in Spanien, 14 in England, 10 in Venedig, 9 im Vatikan und 5 in Österreich.

Das Ende

Mit dem Aufkommen der Industrie verloren die Fremddienste ihre Anziehungskraft, denn ein Arbeiter im Lande verdiente besser als ein Soldat in der Fremde. Nicht zu Unrecht empfand Hauptmann Thomas Legler 1816 seine Stellung in Holland nur noch als ein «glänzendes Elend». Auch politisch und völkerrechtlich wurde der Solddienst immer unhaltbarer. Seit 1859 ist er in der Schweiz verboten mit Ausnahme der päpstlichen Schweizergarde.

«Schweitzersche Truppen» in englischem Sold aus den Jahren 1799–1801; eines der drei Emigrantenregimenter führte N. F. von Bachmann. Radierung, erschienen in Wien bei T. Mollo, um 1800. (Museum des Landes Glarus)

Literatur

Jean-René Bory; Die Geschichte der Fremdendienste; Neuchâtel 1980.
Johannes Dierauer; Geschichte der Schweizerischen Eidgenossenschaft; Gotha 1887–1917.
Grosse Glarner.
Handbuch.
Peyer; Verfassungsgeschichte.
Schweizer Kriegsgeschichte, Heft 1–12; Bern 1915–1923.
Thürer; Kultur.
Hans Thürer; Geschichte der Gemeinde Mollis; Glarus 1954.
Trümpi; Chronik.
Tschudi; Beschreibung.
Winteler; Geschichte.

Handschriften

Paul Thürer; Collektanea zur Glarner Geschichte, abgeschlossen 1966. – Glarner Chronik 1352–1848, 11 Bde.

Glarus während des Ersten Weltkrieges

Margrit Schoch

Vereidigung der Glarner Bataillone 85 und 162 vor dem Rathaus in Glarus am 5. August 1914.

Mobilmachung und Dienstleistung

Im Jahre 1914 fand die Landsgemeinde am 3. Mai statt. In seiner Eröffnungsrede äusserte Landammann Eduard Blumer den Wunsch, dass die Jahre der nächsten Amtsperiode Jahre des Friedens und der Arbeit sein möchten. Eine der bevorstehenden grossen Aufgaben sei die kantonale Alters- und Invalidenversicherung; auch wolle der Regierungsrat die Errichtung oder Unterstützung der Kantonsschule unbefangen prüfen. Den Ausbruch eines Krieges in Europa befürchtete der erfahrene Politiker keineswegs.

Tatsächlich zogen die Gewitterwolken am internationalen politischen Horizont überraschend auf. Die Ermordung des österreichischen Thronfolgers in Sarajevo schlug am 28. Juni 1914 wie ein Blitz aus heiterem Himmel ins Pulverfass der Gegensätze und Bündnisverpflichtungen unter den europäischen Grossmächten. Genau einen Monat später erklärte Österreich-Ungarn Serbien den Krieg, Deutschland gleichzeitig Russland und am 3. August Frankreich; am 4. August trat auch England in den Krieg. Bald sah sich die Schweiz von kriegsführenden Ländern umgeben.

In der Samstagsausgabe der «Neuen Glarner Zeitung» (NGZ) vom 1. August erschien folgende kantonale Nachricht «Bern. Der Bundesrat hat die allgemeine Mobilisation der schweizerischen Armee beschlossen. Dienstag vormittag hat Bataill. 85, nachmittag Landwehr-Bataillon 162 einzurücken. Die Aufgebote ergehen heute vormittag.» Die Mobilmachungsplakate kamen von

Bern und wurden in den Gemeinden angeschlagen. Nach Schwändi zum Beispiel wurde es in einem Auto mit wehender Schweizerfahne gebracht. In Glarus wurden Trompeter und Tambour zur Verkündigung herangezogen und die Kirchenglocken geläutet. Noch am Samstag vollzogen die Gemeindebehörden die Pikettstellungen; Besitzer von Pferden, Maultieren und Transportmitteln durften sich nicht ohne Erlaubnis der Militärbehörden dieses Besitzes entäussern. Am Samstagnachmittag rückte in Glarus ein Detachement des Landsturms zur Bewachung des Zeughauses und des Pulverturms ein.

Am Mittwochvormittag, 5. August, um 10.30 Uhr fand die Vereidigung der Truppen durch den Landammann auf dem Rathausplatz statt. Das strahlende Wetter lockte trotz des Ernstes der Lage viele Schaulustige herbei, die Spalier standen und die Fenster füllten, «als unter klingendem Spiel die Wehrmannschaft unseres kleinen Landes auf den Platz marschierte» («Glarner Nachrichten» (GN) vom 5. August 1914).

Insgesamt wurden die Angehörigen der Glarner Bataillone 85 und 162 während des Ersten Weltkriegs siebenmal mobilisiert und demobilisiert. Die Dauer der dienstlichen Abwesenheit schwankte zwischen einigen Tagen, so während des Generalstreiks 1918, und zwei bis vier Monaten. Die Dienstgegenden änderten fast jedes Mal. Vom August bis Dezember 1914 waren die 85er im Mittelland, 1915 vor allem im Bündnerland, 1915/16 war die eine Abteilung (II/IV) vom November bis Februar, die zweite Abteilung (I/III) vom Februar bis April im Oberengadin, 1916 im Herbst nochmals, diesmal am Umbrail und im Münstertal. Die fünfte Dienstleistung vom März bis Juni 1917 galt der Verstärkung der Armee im Nordwesten, die sechste dauerte vom Januar bis März 1918 und war Grenzschutz am Rhein. Die siebte und letzte Mobilmachung erfolgte, als der Erste Weltkrieg im November 1918 zu Ende ging, in der Schweiz aber der Generalstreik ausgerufen wurde.

Aus Feldpostbriefen erfuhren die Leser der Glarner Zeitungen, dass der Dienst vor allem in abgelegenen Bergtälern sehr eintönig war. Eine angenehme Abwechslung brachte der Aktivdienst in St. Moritz, wo eine Kompanie im Skifahren ausgebildet wurde. Nach zwei Monaten fuhren alle korrekt, obwohl am Anfang nur ein Fünftel diese Kunst beherrscht hatte.

Während der ersten Dienstzeit war die Feldpost teilweise nicht eingespielt. Man empfahl daher den 85ern, die schmutzige Wäsche nicht mehr heimzuschicken, weil die Feldpost überlastet sei. Dabei erhielt ein Soldat 80 Rappen Sold pro Tag. Dieser Satz stieg erst ab Mai 1918 auf zwei Franken. Am 11. September 1915 besuchte General Wille Glarus. Warm und aufrichtig dankte er «für den Empfang, den ich von Behörden und Volk von Glarus gefunden habe», einen Empfang, «den ich nicht für meine Person in Anspruch nehme: Dieser Empfang gilt der schweizerischen Armee, dem schweizerischen Staatsgedanken...»

Kriegsgefangene
Ab Mai 1916 kamen in verschiedenen Schüben Kriegsgefangene in den Kanton, zunächst kranke deutsche Wehrmänner, dann auch Franzosen. Sie wurden im Hinterland (z.B. in Linthal im Hotel Bären) und im Sernftal (Kurhaus Elm) untergebracht. Prinz Max von Baden besuchte die internierten Deutschen Mitte September 1916 im Glarnerland.

Im letzten Kriegsjahr trafen in Netstal gegen dreissig Russen ein, junge und stramme Burschen, die man bei den Erweiterungsbauten des Löntschwerks beschäftigte. Schliesslich kamen bei Kriegsende österreichische Wehrmänner über den Umbrail und durchs Münstertal. An die 140 von ihnen wurden während der Quarantäne in der Fabrik von D. Jenny in Ennenda interniert und von Landsturmsoldaten bewacht. Als sie nach einer Woche in ihre Heimat zurückkehren konnten, bedankten sie sich in der Zeitung bei der Glarner Bevölkerung und der Wachmannschaft für die freundliche Aufnahme.

Auswirkungen der Kriegsjahre auf die glarnerische Industrie

Im Bettagsmandat vom 9. September 1915 äusserte der Glarner Regierungsrat den Dank dafür, «dass unserem Lande die Schrecken des Krieges mit seinen entsetzlichen Blutopfern bis anhin

Oben: Besuch von General Wille in Glarus am 11. September 1915.

Rechte Seite:

*Vaterländisches Erinnerungsblatt an die Mobilisation 1914. Guide Josef Jacober von Glarus, Schwadron 8, klebte seine Reiterfoto im Medaillon ein. Links oben Generalstabschef Theophil Sprecher, rechts General Ulrich Wille. Farblithographie von V. Rasmussen.
(Museum des Landes Glarus, Näfels)*

Glarus während des Ersten Weltkrieges

erspart» geblieben seien. Weiter meinte er: «Ja, der heutige Tag ist in der Tat ein Danktag. Weder unsere politische noch unsere wirtschaftliche Existenz erscheint in ihren Grundlagen gefährdet, und die Lebensbedingungen sind, wenn auch erschwert, so doch fast allenthalben noch erträglich, und es kann insbesondere in unserm kleinen Land von einem eigentlichen Notstand nicht gesprochen werden. Die einheimische Industrie ist wohl teilweise schwer betroffen durch die Kriegslage sowie durch die Schranken, welche die Kriegführenden dem freien Verkehr gesetzt haben, und durch die Erschwerungen jeglicher Art hinsichtlich der Zufuhr der Rohmaterialien; einzelne Industriezweige dagegen arbeiten unter ganz günstigen Bedingungen weiter, und auch die Lage der Landwirtschaft kann als eine befriedigende bezeichnet werden.»

Trotz der unsicheren Weltlage im zweiten Kriegsjahr bildete die Landsgemeinde 1916 für das Glarnervolk und seinen Landammann einen Lichtpunkt: das wichtigste Traktandum war nämlich der Entscheid über die Einführung der obligatorischen kantonalen Alters- und Invalidenversicherung. Die Landsgemeinde stimmte dem vorbildlichen Versicherungswerk mit grossem Mehr zu. Den Landammann erfreute es besonders, dass «in der Schweiz Glarus vorangeht». Weniger erfreulich erschien ihm der Blick in die eidgenössischen Angelegenheiten: die Kluft zwischen deutscher und welscher Auffassung, in weiten Volkskreisen eine Stimmung, «welche der Förderung nationaler Werke hinderlich» sei, und «eine Partei (die sozialdemokratische), die aus dieser Stimmung Nutzen zu ziehen» suche.

Im Bettagsmandat vom 6. September 1917 heisst es: «Immer mehr leidet unter der Kriegsnot unser Vaterland, die Schweiz und auch unser Kanton. Zu den Leistungen des einzelnen Militärpflichtigen kommen die gewaltigen finanziellen Leistungen des Staates, deren Deckung grosse Schwierigkeiten bereitet und die von gar allen Bürgern Opfer erfordert. Wir beklagen die ganze oder teilweise Arbeitslosigkeit in einem wichtigen Industriezweig unseres Landes, die Schwierigkeiten der Einfuhr von Lebensmitteln und von Rohprodukten der Industrie, die Hemmnisse des Transports bei der Ausfuhr, wir leiden namentlich schwer unter einer ganz allgemeinen, ungemein schweren und drückenden Teuerung.» Der Regierungsrat vermochte trotzdem zu danken: dafür, dass «die wirtschaftliche Lage des Landes als Ganzes doch eine erträgliche geblieben, in einzelnen Industriezweigen sogar eine sehr gute gewesen ist, namentlich aber dafür, dass die Landwirtschaft auf ein gutes Jahr zurückblicken kann».

Wie wir den zitierten regierungsrätlichen Verlautbarungen entnehmen können, zeitigten die kriegsbedingten Umstände sehr unterschiedliche Auswirkungen auf die Glarner Industrie. Wolltuchfabrikation und Baumwollspinnerei konnten trotz erschwerten Rohstoffimportes aus der Situation Nutzen ziehen. Die Tuchfabrik F. Hefti & Co., Hätzingen, erhielt Aufträge für die Neuuniformierung der Armee in feldgrauer Farbe. Die Wollweberei Rüti AG soll 1917/18 einen so gewaltigen Aufschwung erlebt haben, dass «an eine weitere Ausdehnung der Fabrik geschritten werden musste». Die Calicotweberei der Firma D. Jenny & Co., Ennenda, hatte damals ebenfalls eine kurze Blütezeit. Die Bebié & Cie., Linthal, erreichte die Höchstproduktion in den Kriegsjahren 1915 bis 1918. «Im Jahr 1917 gründete die Firma einen Wohlfahrtsfonds, der im Lauf der Jahre geäufnet wurde. Aus demselben werden langjährigen Angestellten Altersrenten ausgerichtet.» Der Betrieb von A. Stöckli Söhne, Netstal, der sich «anfänglich fast ausschliesslich mit der Herstellung von Petrollampen, Pfannendeckeln, Milchkesseln usw. aus Messing und Weissblech befasste, fand während des Ersten Weltkriegs den Anschluss an die aufblühende Aluminiumindustrie». Auch der Pinselfabrik C. Schmid & Co., Mollis, brachten diese Jahre eine erste Entwicklung, denn «die deutsche Konkurrenz ist zwangsläufig ausgeschaltet».

Der im Kanton Glarus immer noch wichtige Industriezweig der Textildruckerei dagegen kämpfte schon im ersten Kriegsjahr mit Absatzschwierigkeiten. 1916 kam der Mangel «an Rohstoffen wie Geweben, Farben und Chemikalien» dazu. «Die enorme Verteuerung fast aller Roh- und Hülfsstoffe, die höheren Frachten und Versicherungsprämien usw. erschweren den Absatz unserer Fabrikate ungemein. Unter diesen Umständen wurden die Druckindustriellen gezwungen, ihre Etablissements teils ganz zu schliessen, teils nur reduziert (zwei bis vier Tage pro Woche) arbeiten zu lassen. Die Aussichten für das Jahr 1917 sind sehr ungünstig, da infolge des verschärften Unterseebootskrieges die Verschiffungsgelegenheiten sehr reduziert sind» (GN 26. März 1917).

Lebensmittelversorgung, Teuerung und wirtschaftliche Not

Ein G.B. veröffentlichte am 8. November 1939 in den GN Erinnerungen an die Lebensmittelversorgung 1914 bis 1918. Als erstes fiel ihm der «Helvetische Haussegen 1917/18» ein, der als Wandschmuck verkauft wurde. Der Reinerlös war für kranke Wehrmänner bestimmt, und der Spruch lautete: «Spar Brot, spar Trunk, spar allerhand; Denn schwer dräun Not und Krieg dem Land.»

Was die Versorgung der Bevölkerung mit Lebensmitteln betrifft, war die Schweiz im Ersten

Rechte Seite:

Ausschnitt aus dem Blatt «Erinnerungen der Schweizerischen Eidgenossenschaft – Der Weltkrieg und seine Wirkungen auf den Lebensunterhalt». Mehrfarbiger Druck nach einer Vorlage von Jacques Diani, 1920. (Museum des Landes Glarus)

Glarus während des Ersten Weltkrieges

Weltkrieg schlecht vorbereitet, wie man im nachhinein feststellen muss. Im Rahmen der vom Regierungsrat verordneten Notstandsmassnahmen richteten etliche Gemeindebehörden, z.B. die von Glarus, schon im ersten Kriegsmonat Suppenküchen ein für täglich eine Suppenausgabe. Neben den Suppenabgabestellen gab es Lebensmittelfürsorgestellen und eine kantonale Feldbaukommission. Ihre Aufgabe war es, vor allem in den letzten Kriegsjahren für Anpflanzung von Kartoffeln und Getreide zu sorgen. Die Anbauflächen nahmen von Jahr zu Jahr zu: 1916 wurden Kartoffeln auf etwa 155 Hektaren angebaut, 1917 sollten es 245 und 1918 360 Hektaren sein. Die Feldbaukommission schrieb jeder Gemeinde vor, um wieviel Aren sie die Anbaufläche zu vergrössern habe. Am 20. April 1917 teilte aber die Feldbaukommission in den GN mit: «Einer ausreichenden Anpflanzung von Kartoffeln steht leider der Mangel an Saatkartoffeln hindernd im Wege.» Viele Saatkartoffeln seien in den Kellern verdorben oder von ärmeren Bevölkerungsschichten konsumiert worden.

In der gleichen Ausgabe heisst es, dass die Heunot «den Charakter einer Katastrophe für unsere Landwirtschaft und damit für unsere Milchversorgung» annehme. Bereits 1916 sei die Heuernte schlecht gewesen. Im April 1917 konnte das Vieh nicht auf die Weide getrieben werden, weil hoher Schnee das Gelände zudeckte. Es gab Bauern, die sich durch die hohen Viehpreise blenden liessen und mehr Tiere aufzogen, «als der heimische Boden zu ernähren imstande ist». Die Behörden hätten erst vor kurzem sich zu einer «Bekämpfung der Auswüchse des Viehhandels» entschlossen. Am 10. April 1917 gab der Glarner Regierungsrat durch Verfügung «den Gemeinderäten die Kompetenz zur Futterwegnahme ohne langes Parlamentieren».

Den am 10. September 1917 in den GN veröffentlichten Verhandlungen des Regierungsrates ist zu entnehmen, dass der «Kanton Glarus eine Bodenfläche von 175 Hektaren neu mit Getreide zu bepflanzen hat» und wie die Fläche auf die einzelnen Gemeinden verteilt wird. Mollis beispielsweise musste 40 Hektaren neu bepflanzen. Ein Molliser erinnert sich, dass es auf dem Riet und der Allmend grosse Getreideäcker gab. Die Ernte wurde in Holzbaracken im Gäsi versorgt. Bei der Abrechnung resultierte für die Gemeinde ein so grosses Defizit, dass die Landsgemeinde einen Zustupf beschloss.

Die Rationierung und Preisregelung der wichtigsten Lebensmittel setzte erst im dritten Kriegsjahr, im September 1917, ein. Seitdem gab es eine ganze Palette von farbigen Karten und Marken: gelbbraune Brotkarten, rote Teigwaren- und gelbe Zuckerkarten usw. Die Milch wurde kurz vor Kriegsende ab 1. Juli 1918 rationiert. In der Zwischenzeit war die Teuerung gewaltig vorangeschritten. Für einen Franken bekam man:

1914	1918
3 Kilo Brot	1¼
4 Liter Milch	3
8 Kilo Kartoffeln	3
½ Kilo Rindfleisch	¼
20 Kilo Kohle	3½

Gemäss einem Bericht der GN vom 28. August 1916 riefen die Glarner Grütli- und Arbeitervereine zu einer Volksversammlung in Glarus auf zwecks Besprechung der Lebensmittelteuerung und ihrer Folgen. Um die 350 Frauen und Männer aus dem ganzen Kanton füllten den Schützenhaussaal, wo weder ein Vertreter des Regierungsrates noch der Lebensmittelkommission anwesend war. Landrat M. Schuler, Tagwenvogt von Glarus, informierte über die Ursachen der Teuerung des Brots und der Kartoffeln; er erwähnte Übelstände, welche den Bundesrat am 26. August 1916 veranlassten, Bussen zu verordnen bei Missachtung der Höchstpreise. «Die Teuerung hat einen Grad erreicht, dass es einer Familie mit dem bisherigen bescheidenen Einkommen nicht mehr möglich ist, in Ehren durchzukommen. Die Löhne haben in den wenigsten Fällen mit der Teuerung Schritt gehalten.» Die Volksversammlung beschloss, dem Regierungsrat ein Sechspunkteprogramm zu unterbreiten. Punkt vier: dem Wucher mit Lebensmitteln sei entgegenzutreten, auch sei die Einführung von Höchst- und Qualitätspreisen für Fleisch und Fleischwaren anzustreben.

Landrat Schuler sagte es an dieser Volksversammlung, der Regierungsrat sagte es in seinem Bettagsmandat vom 6. September 1917: Die Not

Inserat aus den «Glarner Nachrichten» vom 22. Dezember 1916.

Landstürmer.

Oben links: Ein Landstürmer teilt sein Essen mit zwei Kindern.

Oben rechts: Gewehrinspektion.

traf viele. Zur Teuerung und zur Verknappung kam oft der Verlust des Arbeitsplatzes. Wohl am schwerwiegendsten war es, wenn der Mann drei bis vier Monate pro Jahr Aktivdienst leistete und dann sein Verdienst ausfiel. Daher die Notunterstützung.

In den Glarner Zeitungen der Kriegsjahre finden sich immer wieder kantonale Nachrichten und viele Einsendungen betreffend die Notunterstützung. Zur Kritik Anlass gab die vom Regierungsrat in der Sonderausgabe des Amtsblattes vom 5. August 1914 erlassene Verfügung, dass die Gemeinderäte jeden einzelnen Fall genau prüfen sollten. Dies führe dazu, beklagt ein Einsender, dass «die Not unbemittelter Familien der Wehrmänner seitens der Gemeinden durch Schikanen verekelt wird». Ein anderer Einsender betont «den Unterschied zwischen der durch das neue Wehrgesetz vorgesehenen Notunterstützung und der gewöhnlichen Armenunterstützung», und er bemängelt, dass die Verordnung die Gemeinderäte anweise, «allen Petenten fristweise die Unterstützung auszuzahlen».

Unter kantonalen Nachrichten steht in der NGZ vom 24. August 1916: «Der Kanton Glarus hat im verflossenen Jahr in 958 Fällen Notunterstützung im Gesamtbetrag von Fr. 149 725.– ausbezahlt.»

Am Ende desselben Jahres berichtet ein Korrespondent von einem Rucharbeiter, der in acht Monaten mit 170 Arbeitstagen als «allein verdienstschaffendes Glied einer allerdings reduzierten Familie es nicht einmal auf ganz 700 Franken daherigen Gesamtverdienstes zu bringen imstande war». Das sei ein Beispiel unter vielen, und der Korrespondent schlägt vor, den jahrelang geäufneten evangelischen Reservefonds zur Unterstützung beizuziehen.

Ein Tagwensarbeiter fragt schon am 21. August 1914 in den GN, wie weit die Kompetenz des Gemeinderates gehe, und erzählt seine Geschichte. Die Frühjahrsgemeinde Netstal hat damals mit grossem Mehr den Taglohn der Tagwensarbeiter von Fr. 4.– auf Fr. 4.50 erhöht und auch die Gehälter der verschiedenen Gemeindeangestellten entsprechend verbessert. «Durch die nun eingetretenen Kriegswirren und die dadurch erfolgte Verdienstlosigkeit stellten sich die Arbeitsgesuche bei der Gemeinde in bedeutend vermehrtem Masse ein.» Der Gemeinderat zwackt infolgedessen dem Tagwensarbeiter die 50 Rappen Lohnerhöhung ab mit dem Hinweis auf Notstandsarbeiten und das Massenangebot an Arbeitskräften. Den Gehältern der andern Gemeindeangestellten belässt er die Verbesserung!

Um das Bild zu ergänzen, sei eine Mitteilung des Kaufmännischen Vereins Glarus erwähnt, der bei 34 Firmen im Kanton eine Erhebung anstellte über die Lohnauszahlung während des Militärdienstes. Von den 24 Firmen, deren kaufmännische Angestellte ganz oder teilweise in den Militärdienst einrückten, bezahlten immerhin 15 während des ganzen Dienstes auch den Auszügern volles Salär, andere nur reduziertes. Einer andern Meldung ist zu entnehmen, dass «bedeutende Firmen namhafte Teuerungszulagen ausrichteten».

An der Landsgemeinde von 1918 stellte Landammann Blumer fest: Die allgemeine Verteuerung der Lebensmittel und der Lebenshaltung überhaupt hätte zu einer ausserordentlichen Notstandsaktion von Bund und Kanton geführt, «zum Bezug der wichtigsten Lebensbedürfnisse durch den Staat», zu einer Belastung des Landeshaushaltes, die durch die neuen Massnahmen, die Milch betreffend, noch verstärkt werde. «Ausserordentliche Massregeln mit Staatsunterstützung erfordert der vorgeschriebene Anbau von Kartoffeln und Getreide, und in ständigem Wachstum begriffen ist auch die Notunterstützung für diensttuende Wehrmänner.»

Generalstreik und spanische Grippe

Trotz der zunehmenden sozialen Notlage weiter Bevölkerungskreise betrieb der Bund jedoch eine völlig ungenügende Sozialpolitik. Die Schweizerische Sozialdemokratische Partei ging daher von 1917 an bewusst in die Opposition und übte auf den Bundesrat Druck aus. Die zweite Hälfte des Jahres 1918 war für die Schweiz die schlimmste Zeit des Ersten Weltkriegs. Wirtschaftskrise, Teuerung und Verarmung verschärften sich weiterhin. Proteststreiks flackerten auf. Am 11. November 1918, als Deutschland die Waffenstillstandsbedingungen annahm, erfolgte die siebte Mobilmachung der Schweizer Armee. Diesmal zur Aufrechterhaltung der inneren Ordnung. Am 12. November wurde der Generalstreik ausgerufen, dessen Ziel die Besserung der sozialen Lage und die Erweiterung von demokratischen Volksrechten war. Starker Truppeneinsatz aus bäuerlichen und katholischen Gegenden erzwang nach drei Tagen die bedingungslose Kapitulation der Streikenden.

Im Kanton Glarus waren die sozialen Gegensätze sicher nicht so krass wie in einigen grossen Städten der Schweiz. Der sozial gesinnte Landammann Blumer sprach im Mai 1918 nicht am Volk vorbei, als er sagte: «Gerade die jetzigen furchtbaren Ereignisse in der Welt und auch die Vorkommnisse im Innern der Schweiz lassen uns die Institution der Landsgemeinde, die althergebrachten demokratischen Rechte des Volks als besonders wertvoll erscheinen, als besonders und als einzig geeignet, jener von aussen kommenden Brandung die Stirn zu bieten und ihr zu widerstehen.» Er sprach auch von grossen zukünftigen Aufgaben: von der Erweiterung des Kantonsspitals, dem Projekt der Kantonsschule (es sollte 1956 realisiert werden) und von «der weiten Unterstützung, Hebung und Besserstellung der untern Volksklassen».

Dass die Landsgemeindedemokratie und die fortschrittliche glarnerische Sozialgesetzgebung viel zur Stabilisierung der Gemeinschaft beigetragen hatte, bestätigte sich im stark industrialisierten Kanton Glarus gerade im November 1918. Von den Belegschaften der 117 Industriebetriebe folgte nur eine einzige dem Aufruf des Oltener Streikkomitees. Die SBB allerdings standen still, die Lokführer streikten. Die Angehörigen des Bataillons 85 kamen zu Fuss, per Velo oder auf Fuhrwerken zum Mobilmachungsplatz. Viele von ihnen waren bereits an der spanischen Grippe erkrankt; über 100 mussten deswegen heimgeschickt werden. Das Hinterland war als Folge der Mobilmachung ohne Arzt. Nach der Dislozierung des Bataillons nach St. Gallen nahm die Grippeepidemie weiter überhand. Der letzte Aktivdienst der Glarner im Ersten Weltkrieg war kurz, aber von den 45 Wehrmännern, deren Namen auf dem Soldatendenkmal im Volksgarten Glarus stehen, starben 21 an der Grippe im November 1918.

Die Ereignisse des Ersten Weltkriegs, insbesondere jene vom November 1918, beeinflussten den wichtigsten Grundsatzentscheid der Landsgemeinde 1919: die Einführung des Proporzwahlsystems für den Landrat. Noch kurz vor dem Generalstreik war der Nationalrat ebenfalls diesem Wahlverfahren unterworfen worden. Damit erhielten die rund 7000 Arbeiter die Möglichkeit einer angemessenen Vertretung. 1920 gewannen neben den Grütlianern auch die Sozialdemokraten einige Landratssitze. Einer von ihnen war Christian Meier, Netstal, der kämpferische Arbeitersekretär und spätere erste sozialdemokratische Glarner Nationalrat.

Von dem Leid und der Arbeit, welche die Zeit des Ersten Weltkriegs den Frauen brachte, steht in den Zeitungen nichts.

Generalstreik, November 1918; Einzug eidgenössischer Truppen in Zürich.

Glarus während des Zweiten Weltkrieges

Margrit Schoch

Vorgeplänkel und Vorbereitungen
Aus den Ereignissen und Erfahrungen des Ersten Weltkriegs, die unter anderem zum Generalstreik von 1918 führten, scheint die Schweizerische Eidgenossenschaft einige Konsequenzen gezogen zu haben. Als nach 25 Jahren der Zweite Weltkrieg ausbrach, war im Innern kein Land – Deutschland ausgenommen – so gut auf den Krieg vorbereitet wie die Schweiz. 1935 verlängerte sie die militärische Ausbildung und erliess die eidgenössische Verordnung über die Bildung örtlicher Luftschutzorganisationen. Im selben Jahr wurde die aufgelegte Wehranleihe vierfach überzeichnet, wobei aus dem Kanton Glarus fünf Millionen Franken stammten. Dank den verbesserten Informationsmöglichkeiten durch das Radio konnte man die Geschehnisse, die immer deutlicher auf einen Zweiten Weltkrieg hinführten, verfolgen.

In seiner Eröffnungsrede der Landsgemeinde 1933 – im Januar war Adolf Hitler eben deutscher Reichskanzler geworden – erwähnte Landammann Melchior Hefti «die politischen Umwälzungen, welche sich in den europäischen Ländern vollzogen». Im Bettagsmandat des gleichen Jahres liest man: «Was uns besonders aufhorchen lässt, ist der Rassenhass, der einen ganzen Teil des eigenen Volkes zu einer minderen Rasse erniedrigt, und der offene Versuch, uns Eidgenossen deutschen Stammes in die fremde Politik hereinzuziehen.»

Nationalsozialistische Umtriebe
Die erste Nachricht über nationalsozialistische Umtriebe im Glarnerland fand ich in den «Glarner Nachrichten» (GN) vom 14. Dezember 1932 unter dem Titel «Hitlers Sturmfahne im Kanton Glarus». Es wird dann aus einem Artikel des «Völkischen Beobachters», des offiziellen Organs der Nationalsozialistischen Deutschen Arbeiterpartei, zitiert, dass die NSDAP in der Schweiz ihre eigene Zweigorganisation habe, nämlich die Landesgruppe Schweiz der NSDAP unter der Leitung von Parteigenosse Gustloff in Davos mit Ortsgruppen und Stützpunkten in Bern, Glarus, Lausanne und Zuoz. Die Mitgliederzahl sei vorläufig noch gering, da der Beitritt zur Landesgruppe Schweiz nur Reichsdeutschen und Österreichern offenstehe, während schweizerische Sympathisanten nicht Parteigenossen werden könnten. 1930 entstand an der Universität Zürich die studentische Gruppe «Neue Front». Sie vereinigte sich im März 1933 mit andern faschistischen Kreisen zum «Kampfbund Neue und Nationale Front». Dieser Kampfbund, die Frontisten oder Fröntler, war unter den schweizerischen Parteien diejenige, welche am stärksten mit der Ideologie der NSDAP sympathisierte.

In den kantonalen Nachrichten der Glarner Zeitungen der Jahre 1933 bis 1936 finden sich Meldungen über Zusammenkünfte der Mitglieder des Stützpunktes der NSDAP und der Nationalen Front. In Mollis, Glarus, Schwanden gab es Ortsgruppen der Fröntler. Zwei ihrer lokalen Veranstaltungen fanden in der glarnerischen Presse ein grösseres Echo, nämlich diejenigen vom Dezember 1933. Die GN widmen diesen Anlässen die Titelseite und noch mehr, indem sie ausführlich und ironisch über die Reden in Glarus und die Versammlung in Schwanden schreiben (4. Dezember 1933). Die «Neue Glarner Zeitung» (NGZ) geht ebenfalls wortreich, aber zum Teil in zustimmendem Sinne auf die Frontistenrede ein (4./5. Dezember 1933). Ein Korrespondent äussert sich im gleichen Blatt recht kritisch über «Sozialisten und Demokratie», und ein Einsender vergleicht die Darstellung in den GN mit derjenigen in der NGZ. Er meint, die GN hätten «parteipflichtig abschätzig» berichtet, lobt dagegen die «Objektivität» der NGZ. Ursache für all diese Druckerschwärze scheint die Tatsache gewesen zu sein, dass sowohl bei der Veranstaltung in Schwanden als auch bei der in Glarus die Glarner Sozialdemokratie einen «Abwehrkampf gegen die Frontenbewegung» organisiert hatte. In Schwanden wurde Christian Meier, der Arbeitersekretär, am Reden gehindert; in Glarus kam er zu Wort: «Wozu diese Nachäffungen, Harste, Gaue, Landeshauptmann, alles, von dem wir von draussen her bis zum Halse hinauf genug haben!»

Die NGZ vom 5. Februar 1936 berichtet über die Ermordung Gustloffs in Davos und erwähnt nebenbei, dass Gustloff einige Tage zuvor anlässlich des dritten Jahrestages der Machtergreifung Hitlers vor der deutschen Kolonie in Glarus eine Ansprache gehalten habe. Nachdem im September 1935 das Schweizervolk die von der Nationalen Front und andern Parteigruppen lancierte Initiative zu einer Totalrevision der Bundesverfassung wuchtig verworfen hatte, verlor die Frontenbewegung allmählich an Bedeutung. Im Glarnerland, wo sie nie grosse Wellen geworfen hatte, hört man nichts mehr von ihr.

Mobilisation und Dienstleistungen

Was sich in der zweiten Hälfte der dreissiger Jahre in Europa abspielte, liess einen Kriegsausbruch immer wahrscheinlicher werden: Im März 1938 wurde Österreich annektiert, im Oktober das Sudetenland. Am 15. März 1939 fielen deutsche Truppen in der Tschechoslowakei ein und am 1. September in Polen. Das veranlasste Grossbritannien und Frankreich zur Kriegserklärung an Hitlers Deutschland. In diese schlimme Zeit fiel die Durchführung einer weiteren Schweizerischen Landesausstellung: der Landi. Die Glarner feierten am Sonntag, 6. August 1939, ihren Glarnertag an der Landi. Über 5000 Personen reisen zu diesem Zweck nach Zürich.

Dann folgten die Ereignisse Schlag auf Schlag: am 28. August Teilmobilmachung der Schweiz, Aufgebot der Grenzschutztruppen, Einberufung der Bundesversammlung zur Erteilung der Vollmachten an den Bundesrat und zur Wahl des Generals. In einer Ansprache an das Schweizervolk forderte Bundespräsident Etter dazu auf, «ruhig Blut zu bewahren und den Massnahmen der Regierung unbedingtes Vertrauen entgegenzubringen. Wir haben alle Vorbereitungen getroffen, um die Sicherheit des Landes in jeder Beziehung sicherzustellen» (GN 29. August 1939). Dazu gehörte unter anderem die vorsorgliche Bezugssperre einzelner Nahrungsmittel.

Auf den 2. September wurde die Armee mobilisiert. Nach der Mittagssendung des Radios vom 1. September erklangen landauf, landab die Glocken. Um 16 Uhr waren die Kompanien des Landwehrbataillons 192 auf den verschiedenen Plätzen besammelt; ihr Kommandant war Major Balz Stüssi. Gegen 20 Uhr rückte die Truppe auf dem Bahnhofplatz ein, nach dem Fahnenmarsch, dem Verlesen der Kriegsartikel und der Eidesformel verliess sie Glarus per Eisenbahn. Das Bataillon 85 wurde auf dem Rathausplatz vereidigt. Die 85er unter ihrem Kommandanten Major Fridolin Kundert leisteten rund 700 Aktivdiensttage in zwölf Aufgeboten, das heisst, die jeweilige Dienstdauer war etwas kürzer als im Ersten Weltkrieg, mindestens für die Soldaten. Nach der ersten Mobilmachung stand das Bataillon im Bündnerland an der Grenze. In den Kriegsjahren 1941 bis 1943 folgten Ablösungsdienste im Raum Benken/Uznach, Ragaz/Bündner Herrschaft und am Rhein von Sargans bis Buchs.

Während der Dienstzeit wurde Gefechtsschulung und Ausbildung an Waffen und Geräten gefördert anstelle des äussern Drills. Besondere Hochgebirgskurse lockerten diese Übungen auf. Anlässlich einer kombinierten Schiessübung im Glarner Unterland ereignete sich am 15. Dezember 1941 ein schwerer Unglücksfall. Den vier Opfern widmete die Kompanie drei Jahre später am nördlichen Ausgang von Netstal einen Gedenkstein, an dem alljährlich am Fahrttag der Kameraden gedacht wird.

Neben der Landwehr und dem Auszug wurden im September 1939 auch die Luftschutztruppen und die aufgebotenen Samariterinnen vereidigt. In den Gemeinden begann man, Not-

Links: Angehörige des Glarner Bataillons 85 beim Aufstieg zum Segnespass, August 1940.

Rechts: 85er bei einer Strassensperre im Waadtland, Juni 1940.

Unten: Viererblock von Soldatenmarken zur Unterstützung von Angehörigen des Glarner Geb Füs Bat 85; nach einem Entwurf von Heinrich Börlin, Betschwanden, 1940. (Museum des Landes Glarus, Näfels)

Links: Angehörige des Frauenhilfsdienstes in der Unterkunft.

Rechts: In der Landwirtschaft ersetzten Frauen häufig eingerückte Männer.

spitäler einzurichten, in Netstal zum Beispiel im Gemeindearchiv. Glarus hatte eine Militärsanitätsanstalt (MSA), geleitet von einem Oberst. Ihm unterstanden bei Kriegsausbruch männliche HD, Krankenschwestern, Samariterinnen, Pfadfinderinnen und als Ärzte Sanitätsoffiziere.

Frauenhilfsdienst

Hilfsdienst war eine der vielen Neuerungen des Zweiten Weltkrieges, verursacht durch den totalen Krieg. Es gab militärische und zivile Hilfsdienstpflichtige und viele Freiwillige, vor allem Frauen. In Glarus bildete sich ein freiwilliger Frauenhilfsdienst, der beispielsweise für Wehrmänner eine Wasch- und Flickanstalt einrichtete und später Sammelaktionen für Soldatenweihnachten organisierte. Schon im September 1939 äusserte sich ein Einsender sehr anerkennend über die Frauen, «die sich im freiwilligen Hilfsdienst nützlich machen» als uniformierte Luftschützlerinnen, Samariterinnen, Krankenschwestern im Dienst des Roten Kreuzes. Frauen ersetzten die eingerückten Männer in der Landwirtschaft, in Geschäften, Betrieben, in Büros, als Telefonistinnen. Am 12. Februar 1940 erliess General Henri Guisan Richtlinien für die Schaffung des Frauenhilfsdienstes nach dem Vorbild der finnischen Lottas. Nachdem die Musterung in fast allen Kantonen begonnen hatte, fand Ende Mai auch im Kanton Glarus eine erste FHD-Rekrutierung statt. Am 26. August 1940 berichtete eine A.H.M. über ihre Erfahrungen in der FHD-Rekrutenschule in der Innerschweiz, wo das Hotel Axenfels ob Brunnen als Kaserne diente. Im Zweiten Weltkrieg umfasste der FHD gegen 23 000 Frauen, die in verschiedensten nichtkombattanten Gattungen Dienst leisteten. Am 14. Mai 1940 teilte das TerKdo 12 mit, dass in den Glarner Gemeinden aus Freiwilligen auch Ortswehren gebildet werden müssten.

Glarus im Reduit

Als am Pfingstsamstag 1940 die zweite Kriegsmobilmachung erfolgte, rückten neben 450 000 Soldaten der Kampftruppen 250 000 Hilfsdienstpflichtige ein. Praktisch das ganze Schweizervolk war mobilisiert. Nach der Kapitulation Frankreichs und nachdem Italien am 10. Juni 1940 auf der Seite Deutschlands in den Krieg getreten war, sah sich die Schweiz vollständig von den nationalsozialistischen und faschistischen Achsenmächten umschlossen. Diese Tatsache und die damals neuartige Kriegsführung der Deutschen mit Panzern, Fallschirmtruppen usw. zwang General Guisan zu einem neuen Operationsplan, in dem er die eigentliche Verteidigung der Schweiz auf den Alpenraum beschränkte. Am Rütlirapport (25. Juli 1940) bekundete der General den rund 500 Kommandanten der Armee seinen unbedingten Widerstandswillen und eröffnete ihnen den Reduitplan. Im Verlauf von drei Jahren wurde die Alpenfestung, basierend auf den Festungsanlagen Sargans – Gotthard – St. Maurice, ausgebaut und von der Truppe bezogen.

Als Folge der Errichtung des Reduits gewann das Glarnerland erhöhte strategische Bedeutung. Schon im Rahmen der ersten Hauptabwehrstellung der Armee, der Limmatlinie, war der Eingang ins Glarnerland unter militärischer Kontrolle. Hindernisse und Sprengvorrichtungen auf Strassen und Brücken sowie Infanterie-Bunker am Linthkanal wurden erstellt. Für die Operationspläne des Reduits errichtete man bei Näfels etwas vor der spätmittelalterlichen Letzimauer wirkungsvolle Panzerhindernisse, flankiert von Artilleriewerken und Bunkern. Wegen der Verletzlichkeit der Verkehrswege Zürich – Chur und der Kerenzerbergstrasse galt es, den Nachschub für die Festung Sargans und die angrenzenden Truppenteile innerhalb des Reduits sicherzustellen. Dieser Nachschub sollte aus dem Raum Schwyz via Muotatal, Pragelpass, Klöntal, Grosstal, Sernftal, Risetenpass, Weisstannental in den Raum Sargans erfolgen.

Diese Geländeverstärkungen verlangten aber auch Truppen zu ihrer Verteidigung. Anfang August 1940 bildete man daher die Kampfgruppe Glärnisch, deren Kommando zuerst Oberst Baeschlin, Glarus, und später Oberst Huber, St. Gallen, innehatten. Das Bataillon 85 wurde damals aus der Gebirgsbrigade 12 herausgelöst und der Gruppe Glärnisch eingefügt. In einer denkwürdigen Verschiebung erreichte es vom Bündnerland aus über den Segnes- und den Panixerpass das heimatliche Glarnerland. Die Festungsartillerie Abteilung 20 in Näfels-Mollis ergänzte das Verteidigungsdispositiv. Später kam auch das Glarner Füsilier Bataillon 192 hinzu. Für die Wartung der Festungsanlagen und Geländehindernisse verlegte man die Festungswachtkompanie 14 von Pfäffikon nach Glarus; bis vor einigen Jahren war sie in der damals von der Gemeinde Glarus neu errichteten Kaserne untergebracht. Der Flugplatz Mollis war zeitweise mit einer Staffel von Jagdflugzeugen des Typs Moran belegt, die jedoch dem Kommando der Fliegertruppen unterstand. Truppen der rückwärtigen Dienste wie Verpflegung, Train, Bewachung und Sanität machten die Kampfgruppe Glärnisch weitgehend selbständig. Nach Kriegsende, im August 1945, wurde sie aufgelöst.

Der Einmarsch deutscher Armeen in Frankreich im Frühsommer 1940 löste in der Schweiz unter der Zivilbevölkerung der Grenzgebiete am Rhein eine ziemlich kopflose Fluchtbewegung Richtung Zentralschweiz aus. Wer ein Ferienhaus in Braunwald oder Verwandte oder Bekannte im Glarner Hinterland hatte, versuchte einen Teil seiner beweglichen Habe und sich selbst dorthin in Sicherheit zu bringen. In seiner Sitzung vom 24. Mai 1940 erliess der Glarner Regierungsrat mit sofortiger Wirkung ein Verbot der weiteren Zureise von freiwillig evakuierenden Personen aus andern Kantonen. Er erhielt einen Monat später Rückendeckung vom General, der die Bevölkerung dahingehend instruierte: «Angesichts der in andern Ländern gemachten Erfahrungen können die Evakuationen der Bevölkerung grösstenteils nicht durchgeführt werden, wie sie vorgesehen waren... Die freiwillige Abwanderung wird nur geduldet, solange wir im Frieden leben und auch dann nur unter folgenden Bedingungen: 1. Der Abwandernde muss sich von der zuständigen Behörde des Kantons, in welchem er Wohnsitz nehmen will, eine Aufenthaltsbewilligung verschaffen...» (GN 21. Juni 1940). In diesem Zusammenhang ist allerdings daran zu erinnern, dass der Reduitplan vorsah, das bevölkerungsreiche Mittelland kaum zu verteidigen, um die militärischen Kräfte auf die Alpenübergänge zu konzentrieren.

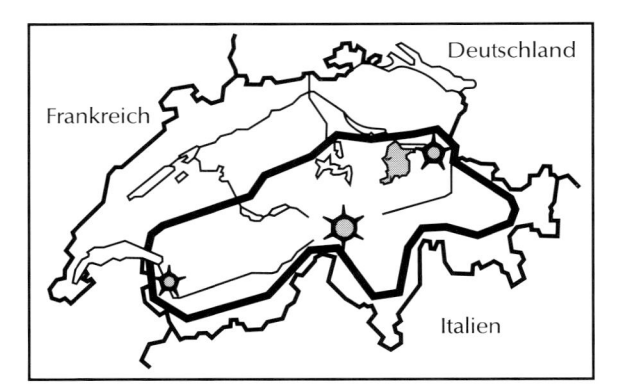

Kriegswirtschaft

Rationierung

Hatte die Schweiz im Ersten Weltkrieg erst mit einem Bundesratsbeschluss vom 13. September 1918 ein eidgenössisches Ernährungsamt eingerichtet, so legte sie nun schon vor 1939 Kriegsvorräte an. Die einzelnen Haushaltungen wurden aufgefordert, ein Gleiches zu tun. Es gab eine kriegswirtschaftliche Schattenorganisation, die nach Kriegsbeginn zu arbeiten begann. Der Glarner Regierungsrat beschloss am 1. September 1939 die Errichtung eines kantonalen Kriegswirtschaftsamtes. Die Direktion des Innern erliess eine Verordnung über Arbeitseinsatz im Mobilmachungsfall. Ebenfalls in den September 1939 fielen Bundesratsbeschlüsse über die Einschränkung des Motorfahrzeugverkehrs an Sonn- und Feiertagen und über die Anbaupflicht im Ackerbau. Ab Ende Oktober desselben Jahres setzte dann die Rationierung der wichtigsten Lebensmittel ein. Da die beschränkte Zuteilung von Lebensmitteln auch fürs Gastgewerbe galt, wurden Mahlzeitencoupons abgegeben. Nach dem Fall Frankreichs war die Schweiz für die lebenswichtigen Importe von deutschen Gnaden abhängig. In der Folgezeit verschlimmerte sich die Versorgungslage trotz wirtschaftlicher Anpassung. Sogar Kaffee wurde rationiert, und es gab Seifen- und Kleiderkarten. In diesem Zusammenhang erschien in den GN vom 25. November 1940 ein Brief von S.P. mit der Anrede: «Liebe Regierung unserer Heimat.» Der Verfasser lobt die Regierung für ihre prompte Massnahme (Textilrationierung) gegen die Hamsterei egoistischer Mitmenschen und nimmt sie in Schutz gegen Kritiker, «die sich verpflichtet fühlen, über alles, was Du unternimmst und verfügst, in oft so dummer und gemeiner Art ein abschätzendes Urteil fällen zu müssen».

Links: Karte des Reduits in den Alpen mit den grossen Festungen St. Maurice, Gotthard und Sargans. Der Kanton Glarus lag innerhalb dieser Verteidigungsstellung.

Unten: Fähnrich bei der Bundesfeier von 1940 in Arosa, an der die Gebirgsbrigade 12 teilnahm. Bis Anfang August 1940 gehörte auch das Bataillon 85 zu dieser Brigade.

Rechte Seite:

Aufrufe an die Bevölkerung, die in der Zeit der Not auch befolgt wurden; «Glarner Nachrichten», 8. September und 24. Oktober 1942.

Metallspende für Arbeit u. Brot

Aufruf an die Bevölkerung des Kantons Glarus.

Mehr anbauen oder hungern?

Die Schweiz ist heute nahezu von allen Zufuhrmöglichkeiten abgeriegelt.

Die vorhandenen Nahrungsmittelvorräte können bis in einigen Monaten aufgebraucht sein. Was dann? Wenn nicht zusätzliche Eigenproduktion geschaffen wird, werden wir hungern müssen! Alles Geld wird dann nichts nützen, wenn nichts zu kaufen da ist! Es gibt heute nur einen Ausweg und der heisst:

Mehr anbauen!

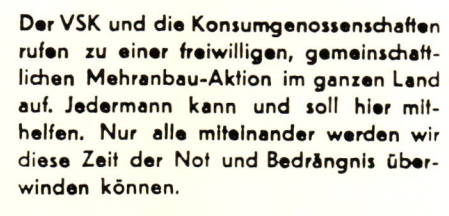

Der VSK und die Konsumgenossenschaften rufen zu einer freiwilligen, gemeinschaftlichen Mehranbau-Aktion im ganzen Land auf. Jedermann kann und soll hier mithelfen. Nur alle miteinander werden wir diese Zeit der Not und Bedrängnis überwinden können.

Die Aktion gewinnt durch die gleichzeitig stattfindende Ausstellung der Produzenten.

Sie helfen doch dabei auch mit?

**Mehranbau-Aktion des VSK und der Konsumgenossenschaften
Der Glarner Bauernstand in der Kriegswirtschaft**

Sammeln

Rationieren war eine Möglichkeit, die Selbstbehauptung der abgeschnürten Schweiz zu unterstützen, Sammeln eine andere. Das Eidgenössische Volkswirtschaftsdepartement erliess dazu eine Verfügung, Kantone und Gemeinden stellten die Vollzugsorgane. Schüler spielten beim Sammeln von Altstoffen, vor allem Metallen, eine wichtige Rolle. Für den 10. Oktober 1942 rief der Glarner Regierungsrat die Bevölkerung des Kantons zur «Metallspende für Arbeit und Brot» auf. Das war keine Altstoffsammlung im gewöhnlichen Sinn. Gesammelt wurden «Gebrauchs-, Nutz- oder Ziergegenstände aus Kupfer, Messing, Bronze, Zinn, Zink, Nickel, Blei, Aluminium usw.». Die Sammlung war gedacht als Opfer, als «eine Demonstration unbeugsamen Durchhaltewillens» (GN 19. September 1942). Bei der Wolle verfügte das Eidgenössische Volkswirtschaftsdepartement: «Inländische Wolle ist für die schweizerische Heeresversorgung abzuliefern» (NGZ 8. Februar 1941).

Anbauschlacht

Die dritte und wohl wichtigste Möglichkeit des Versuchs wirtschaftlicher Selbstbehauptung war die «Anbauschlacht». Sie ging auf den Bundesratsbeschluss vom September 1939 über die Anbaupflicht im Ackerbau zurück und wurde im Lauf der Kriegsjahre unter der Leitung von Dr. Traugott Wahlen zur eigentlichen Planlandwirtschaft. Im Kanton Glarus wie anderswo schuf man Ackerbaustellen und führte Instruktionstagungen durch. Der Plan Wahlen verlangte, dass im Kanton die Brotversorgung für die Bauernfamilie bis auf 900 m Höhe aus dem eigenen Boden zu erfolgen habe.

So machten sich die, welche noch zu Hause waren – viele Frauen und Jugendliche –, an die Arbeit; Wiesland wurde in Ackerland umgepflügt. Der Plan Wahlen schrieb vor, um wie viele Hektaren pro Jahr die Anbaufläche wachsen müsse. Im Glarner Unterland zum Beispiel machte man gute Erfahrungen mit Mais. Zu Beginn des Jahres 1942 wurde in Mollis die glarnerische Vereinigung der Gemüsepflanzer gegründet. In Privatgärten und öffentlichen Anlagen pflanzte man statt Blumen und Rosen nun Kartoffeln und Gemüse.

Im Oktober 1942, während die Schlachten um Ägypten und Stalingrad tobten, bereiteten die Glarner Gemeinden unter dem Vorsitz von Regierungsrat Hösli die Durchführung der Milchrationierung vor. Im gleichen Monat informierte eine Wanderausstellung des VSK über die Mehranbau-Aktion, und der Glarner Bauernbund zeigte im Gesellschaftshaus Ennenda, «was der Glarner Bauer in dieser Kriegszeit leistet». Im Zuge der kriegsbedingten Anbauschlacht nahm man die Melioration der Linthebene 1941 als Nationalwerk in Angriff. Im Anschluss an einen Vortrag von Ständerat Wahlen in Glarus (1. November 1942) gründeten die Glarner Konsumvereine eine Anbaugenossenschaft. Zusammen mit dem wenig später ins Leben gerufenen Glarner Industrie-Pflanzwerk (27. Januar 1943), an dem sich zunächst 30 Glarner Firmen beteiligten, wollten sie an den Meliorationsarbeiten mitwirken. Sie hatten die notwendigen Maschinen (Pflug, Raupen- und Radtraktor usw.) anschaffen und Lagerscheunen bauen müssen. Die eingesetzten Leute, teilweise auch internierte Polen und Franzosen, huben Gräben aus und entfernten Gebüsche, bevor man mit Pflanzen beginnen konnte.

Als Nebenerscheinung brachte die Anbauschlacht eine Veränderung der Glarner Landschaft: bunte Felder in der Talsohle, Gras- und Futterbau bis an die Berggräte hinauf (GN 14. Mai 1941). Im Kanton Glarus führte man die Meliorationsarbeiten 1950 zu Ende.

Arbeitseinsatz

Bei all dieser zusätzlichen Arbeit verschärfte sich das Problem der Arbeitskräfte dadurch, dass dienstpflichtige Wehrmänner, HD und FHD Aktivdienst leisten mussten. Auch die Industriebetriebe benötigten, sofern sie Arbeitsaufträge und Rohstoffe hatten, Personal. Schon im September 1939 hatte die Glarner Regierung eine Verordnung über Arbeitseinsatz im Mobilmachungsfall erlassen. Im April 1941 kamen im Landratsaal unter dem Vorsitz von Regierungsrat Dr. H. Heer, Vorsteher der Direktion des Innern, die Leiter der Gemeindearbeitseinsatzstellen, die Vorsteher der kantonalen Zentralstelle für Ackerbau, des Schulinspektorats, der Berufsberatung und Lehrlingsfürsorge sowie die Vorsteherin des zivilen Frauenhilfsdienstes zu einer Besprechung über die Durchführung des Arbeitseinsatzes und der Arbeitsdienstpflicht zusammen. Es hiess: «Betriebe, die für die Landesverteidigung und Landesversorgung arbeiten, müssen im Bedarfsfall die erforderlichen Arbeitskräfte haben» (GN 9. April 1941). In einem Gespräch mit dem Lausanner «Feuille d'Avis» äusserte sich General Guisan dahingehend, das Armeekommando sei entschlossen, die Armee an den Arbeiten für die notwendige Förderung der landwirtschaftlichen Erzeugung teilnehmen zu lassen, soweit die Sicherheit des Landes das zulasse.

Die Hausfrauen, welche für Verpflegung und Kleidung der Familie zuständig waren, benötigten viel Geschick und Phantasie. «Im engen Kreise der Familie muss jeder einzelne ein Volkswirtschafter und Hygieniker sein, jeder einzelne ein Samariter» (NGZ 24. März 1941). Neben den vielen, die ihr Bestes und mehr leisteten, gab es auch schwarze Schafe. In der NGZ vom 14. Juni 1945 lesen wir: «Grosse Schwarzhandelaffäre im Kanton Glarus.» Das kantonale Kriegswirtschaftsamt entdeckte nicht nur eine Schwarzschlachtung im Sernftal, man kam auch Schwarzhandel mit Butter auf die Spur, 70 bis 75 Personen sollen darin verwickelt gewesen sein.

Fürsorge

Die Zeitungen der Jahre 1939 bis 1945 sind voll von Verordnungen und Aufforderungen, aber auch von Informationen. Die besondere Situation verlangte ein besonderes Verhalten: wollte man durchhalten, musste man sich einsetzen. Und es zeigte sich, dass die behördlichen Verordnungen, so weit möglich, zum Nutzen der Bevölkerung waren.

Mit den schlechten Erfahrungen des Ersten Weltkriegs hat die am 1. Februar 1940 vom Bundesrat eingesetzte Lohnersatzordnung zu tun, aus der 1953 gemäss Bundesgesetz die Erwerbsersatzordnung wurde. Daneben gab es, ähnlich wie im Ersten Weltkrieg, die Kriegsnotunterstützung. Am 25. Oktober 1941 unterbreitete der Glarner Regierungsrat dem Landrat einen diesbezüglichen Antrag.

Im Zusammenhang mit dem Luftkrieg, von dem die Glarner aus den Medien wussten, wurden sie nicht nur zur Entrümpelung der Dachräume immer wieder angehalten, sondern auch zur Verdunkelung. Die letztere hatte vor allem mit der Anpassung an deutsche Forderungen zu tun und war, wie die Bombardierung von Schaffhausen zeigte, eine zweischneidige

Anbauschlacht in Mollis; grosse – heute überbaute – Teile der Allmeind wurden gepflügt und in Ackerland umgewandelt. (Ortsmuseum Mollis)

Russische Internierte vor dem Gemeindehaus Ennenda. Vom 28. Mai bis 14. August 1945 waren in Ennenda russische Soldaten interniert.

Anordnung. Gemäss Bundesratsbeschluss vom 9. April 1943 wurde in Glarus ein Fürsorgedienst organisiert, der sich darum zu kümmern hatte, wie Personen, die durch Luftangriffe geschädigt würden, unterzubringen wären.

Nach der Umzingelung der Schweiz durch die Achsenmächte kamen die ersten Internierten ins Land. An die 130 französische Internierte wurden im Kanton mit verschiedenen Meliorationsaufgaben beschäftigt. Die Pionier-Kompanie zeigte ihren guten Willen zur Arbeit und baute damit Misstrauen im Kanton ab, wie ein Korrespondent schrieb. Neben Franzosen beherbergte und beschäftigte der Kanton Polen und Russen.

Von 1941 an verbrachten Auslandschweizerkinder immer wieder einige Wochen zur Erholung in der Schweiz und im Glarnerland. Ausserdem kamen belgische und französische Kinder. 1944 beherbergte der Kanton so viele französischsprachige Kinder, dass man sie zu einer eigenen Schule zusammennahm und in drei Stufen unterrichtete. Dank einer Sammlung konnte sogar eine Schülerbibliothek mit französischen Büchern eingerichtet werden. Anscheinend hatte sich schon vor Kriegsbeginn ein Glarner Komitee für Flüchtlingshilfe gebildet. Es übernahm die Fürsorge für Flüchtlinge, die im Ferienheim Lihn bei Filzbach untergebracht waren.

Nachwirkungen

Als gegen Ende des Krieges dank den Siegen der Alliierten der nationalsozialistische Druck auf die Schweiz nachliess, gab es im Glarner Landrat eine Interpellation betreffend den Aufenthalt der Familie Furtwängler im Kanton. Tatsächlich hielt sich Frau Furtwängler mit einem Kind hier auf, und zwar mit Bewilligung der eidgenössischen Fremdenpolizei (NGZ 18. März 1945). Der berühmte Dirigent Wilhelm Furtwängler hatte bis 1945 die Berliner Philharmoniker geleitet, sich also nicht von den Nazis abgesetzt.

Am 23. Januar 1946 druckten die GN unter dem Titel «Die Eingabe der 200» die am 15. November 1940 dem Bundesrat eingereichte Eingabe mitsamt den 173 Unterschriften ab. Diese Eingabe aus gewichtigen Kreisen der Armee, Industrie und Politik verlangte Massnahmen gegen die deutschkritische Presse und eine aussenpolitische Anpassung an das Reich. Der Bundesrat, der damals auf die sehr anpasserische Eingabe offiziell nicht eingegangen war, musste 1946 das Parlament informieren. Eine Woche später äusserte sich die Allgemeine Bürgerliche Volkspartei des Kantons Glarus im Landrat: «Landratsfraktion und Parteileitung der ABV sehen sich durch die Tatsache, dass drei ihrer Parteimitglieder die „Eingabe der Zweihundert" unterzeichnet haben, veranlasst, folgende Erklärung abzugeben: „Fraktion und Partei verurteilen die sogenannte Eingabe als politischen Fehler, sie distanzieren sich mit aller Deutlichkeit von diesem... gefährlichen Versuch einer Beeinflussung des Bundesrates und weisen jede Verschleierungs- oder Verschönerungstendenz von der Hand."» Die Partei stellte es den Unterzeichnern anheim, die Konsequenzen zu ziehen. Redaktor Hans Trümpy (†) meinte versöhnlich, in jenem verhängnisvollen Jahr 1940 habe man sich von vermeintlichen Freunden betören lassen können.

Die Ereignisse des Zweiten Weltkrieges haben auch im Glarnerland bleibende Spuren und Folgen hinterlassen, so die 1950 vollendete Melioration der Linthebene. Eine der positiven war auch das Ja der Landsgemeinde 1971 zum sofortigen und umfassenden Frauenstimmrecht in Gemeinde- und Kantonsangelegenheiten. In diesem Zusammenhang steht auch die an der Landsgemeinde 1972 fast einstimmig beschlossene Ergänzung der Kantonsverfassung mit dem «Gesetz über vorsorgliche Massnahmen für den Fall von Katastrophen und kriegerischen Ereignissen». Dieses Gesetz bildet die Grundlage für die Gesamtverteidigung im Kanton Glarus.

Links: Freundliches Einvernehmen zwischen einem russischen Internierten und dem Kommandanten des Lagers, Leutnant Rossier; August 1945.

Rechts: General Henri Guisan anlässlich seiner Abschiedsvisite mit dem Glarner Landammann Josef Müller im Freulerpalast; 6. September 1945.

Literatur

Bartel/Jenny III.
Geschichte III.
Handbuch II.
Ruedi Hertach; Hochvertruuti, liebi Mitlandlüt; Glarus 1987.
Willi Gautschi; General Henri Guisan; Zürich 1989.
Heinrich Knobel; Geschichte der Gemeinde Schwändi; 1969.
Hans Thürer; Geschichte der Gemeinde Netstal; 1962.
Winteler; Geschichte II.

Die Verfasserin verdankt nützliche Informationen den Herren Dr. H.J. Streiff, ehem. Kdt Reduit Br 24, W. Roduner, ehem. Kdt Festungswachtkp 14, und Oberst W. Tschappu, ehem. Kdt Ter Kr 94.

Militärische Übungsplätze und Bauten im Kanton Glarus

Fritz Stüssi

Schiessplätze

Zum Militär gehören Trainingspisten, sogenannte Schiessplätze, die es ermöglichen, mit entsprechend günstigen Voraussetzungen zu üben. Im Kanton Glarus stehen der Armee ungefähr 50 km² an Schiess- und Übungsplätzen zur Verfügung. Dies erlaubt die Stationierung von Infanterieverbänden bis maximal Regimentsstufe und von Panzerverbänden bis Stufe verstärktes Bataillon. Die militärischen Übungsplätze sind meistens Alpen, und das partnerschaftliche Verhältnis ist in der Regel gut.

Zur Betreuung und Überwachung der Schiessplätze ist die Schweiz in 15 Sektoren – sogenannte Koordinationsstellen – aufgeteilt. Das Gebiet des Kantons Glarus gehört mit einem Teil des Kantons Uri zur Koordinationsstelle 6, die in Personalunion vom Chef des Zeughauses Glarus geleitet wird. Wie in der übrigen Schweiz finden wir im glarnerischen Teil der Koordinationsstelle 6 drei Arten von Schiessplätzen, nämlich:

Bundesschiessplätze: der Bund ist rechtmässiger Eigentümer.

Vertragsschiessplätze: der Bund (EMD) steht in einer vertraglichen Benützungsregelung mit dem Grundeigentümer.

MO-Schiessplätze: das Gebiet wird vom Militär nach Artikel 33 der Militärorganisation der Schweizerischen Eidgenossenschaft MO genutzt. MO Artikel 33 legt fest: «Die Grundbesitzer sind verpflichtet, die Benützung ihres Landes zu militärischen Übungen zu gestatten. Für den dadurch entstehenden Schaden leistet der Bund Ersatz.»

Natürlich verursachen Schiessplätze auch Immissionen wie Lärm und Staub sowie gewisse Einschränkungen bezüglich der Benützung von Plätzen und Wegen, doch bei entsprechender Rücksichtnahme der Truppe und vernünftiger Toleranz der Bevölkerung ergeben sich keine unlösbaren Probleme. Anderseits verzeichnen die Gemeinden mit Schiessplätzen und das dort ansässige Gewerbe positive finanzielle Auswirkungen.

Nachstehende Schiessplätze im Kanton werden im heutigen Zeitpunkt militärisch genutzt:

Gebiet	Eingesetzte Waffen
Bundesschiessplätze	
Walenberg (Mollis)	Infanterie
Oberlängenegg (Ennenda)	Infanterie
Wichlen (Elm)	Panzer und Minenwerfer
Vertragsschiessplätze	
Altstafel/Meerenboden/ Mürtschenalp (Obstalden)	Infanterie
Fronalp (Mollis)	Artillerie und Infanterie
Lachenalp (Näfels)	Infanterie
Unterlängenegg (Ennenda)	Infanterie
Sackberg (Glarus)	Infanterie
Oberblegi (Luchsingen)	Infanterie und Artillerie
Bösbächi (Luchsingen)	Infanterie
Mühlebachtal (Engi)	Infanterie
Harris (Matt)	Infanterie
Obererbs (Elm)	Infanterie
MO-Schiessplätze	
Schwändital (Näfels)	Infanterie
Bockmattli (Näfels)	Artillerie
Krauchtal (Matt)	Infanterie
andere MO-Schiessplätze in Einzelfällen nach Bedarf	

Wichlen – ein militärisches Mekka

Der bedeutendste Schiessplatz im Glarnerland ist die Wichlenalp in Elm; er liegt 1400 Meter über Meer und umfasst eine Fläche von rund 15 km². Seine Entstehungsgeschichte geht in die 1950er Jahre zurück, als im Rahmen des Aufbaues der Mechanisierten und Leichten Truppen (MLT) insbesondere für Panzerformationen geeignete Schiessplätze gesucht wurden. Nach teilweise zähen Verhandlungen unter der Ägide des damaligen Glarner Militärdirektors Hermann Feusi nahm die äusserst gut besuchte Gemeindeversammlung von Elm 1972 die Gesamtvereinbarung «Schiessplatz Wichlen» an. Im Jahre 1978 konnte in Anwesenheit des damaligen Chefs des Eidgenössischen Militärdepartementes, Bundesrat Rudolf Gnägi, der grosse Truppenübungsplatz Wichlen/Elm offiziell eingeweiht werden. Der damalige Gemeindepräsident Rudolf Elmer stellte in seinen Begrüssungsworten fest: «Die Vernunftehe zwischen Militär, Alpwirtschaft und Tourismus funktioniert.»

Der Schiessplatz Wichlen ist nebst Hinterrhein und Petit Hongrin der wichtigste Panzerschiessplatz der Schweizer Armee. Zu ihm gehören – als Bundesbesitz – die Alp Wichlen-Wichlenmatt mit Platz für etwa 130 Stösse Rindvieh und 500 Schafe, die Alp Walenbrugg und verschiedene Alpgebäude. Seit Jahren steht nun insbesondere den Panzertruppen ein idealer Schiessplatz zur Verfügung. Nebst verschiedenen Schulen der Panzertruppen findet sich aber jährlich auch eine grössere Anzahl von WK-Verbänden der Panzerformationen auf Wichlen ein. Schulen und Kurse der Infanterie – vom Minenwerferschiesskurs bis hin zum Kurs für Lawinenspezialisten – nutzen im weitern je nach Verfügbarkeit der einzelnen Ausbildungsplätze das günstige Schiessgelände südwestlich von Elm.

In all den Jahren hat sich hier ein gutes Nebeneinander von Militär und Alpwirtschaft ergeben. Das Vieh gewöhnt sich jeweils rasch an den militärischen Schiessbetrieb, und das Alppersonal pflegt einen guten Kontakt mit den stationierten Truppen. Von beiden Seiten aus werden partnerschaftliche Beziehungen aufgebaut und gepflegt.

Das Militär trug auch wesentlich zur touristischen Entfaltung von Elm bei, indem es die Umfahrung des Dorfes ermöglichte und eine gute Zufahrtsstrasse bis zur Wichlenalp anlegte. Verschiedene bekannte Wanderrouten berühren den Panzerschiessplatz Wichlen. Mit leicht verständlichen Markierungen, gut plazierten Auskunftsposten und vom Militär verlegten Wanderwegen (zum Beispiel Obererbs – Wichlenmatt) wird den touristischen Anliegen soweit als möglich Rechnung getragen.

Eine herrliche, intakte Alpenflora, von der Feuerlilie bis hin zum Edelweiss, macht das Schiessplatzgebiet Wichlen zum echten Erlebnis. Auch freilebende Wildtiere – Hirsche, Rehe, Gemsen, Murmeltiere, Hasen, ja sogar Steinadler – besitzen hier einen günstigen Lebensraum. Die jährlich von der Jägerschaft im Schiessplatzrayon erlegte Wildstrecke weist auf einen vielfältigen, gesunden Wildbestand hin.

Dank einer vorausschauenden Gemeindebehörde, einer aufgeschlossenen Bevölkerung und einer allseits verständnisvollen Partnerschaft hat sich in Elm eine der wichtigsten Ausbildungsstätten unserer Armee entwickelt. Eine Optimierungsphase wurde mit der Asphaltierung der Zufahrtsstrasse nach Wichlen begonnen, um die Staubentwicklung zu verringern. Diese Phase wird in nächster Zeit fortgesetzt, denn die Anstrengungen für eine zeitgemässe und dem modernen Rüstungsmaterial – unter anderem Kampfpanzer Leopard – angepasste Ausbildung müssen auch bei der Infrastruktur zum Tragen kommen. Entsprechende Planungsgrundlagen sind bereit und werden fallweise mit der zuständigen Gemeindebehörde besprochen. So ist Wichlen zum Inbegriff eines guten partnerschaftlichen Verhältnisses zwischen Alpwirtschaft, Tourismus und Militär geworden.

Militärflugplatz Mollis

Die weite Talebene zwischen Mollis und Netstal, die hohe Berge als natürliche Schutzwälle umgeben, bot für die Anlage eines Militärflugplatzes günstige Voraussetzungen. Bereits 1935 regelte das Eidgenössische Militärdepartement (EMD) mit der Gemeinde Mollis vertraglich die Benützung eines Teils der Allmeind als Flugplatz. Zu

Rechte Seite:

Nachtschiessen mit Panzern auf der Wichlenalp bei Elm. Foto: Urs Heer, Glarus.

Mitte: Panzer auf Wichlen.

Unten: Hunter auf dem Militärflugplatz Mollis.

Militärische Übungsplätze

Beginn des Zweiten Weltkrieges wurde in Mollis die Fliegerkompanie 20 stationiert. Zuerst verfügte sie über neun Flugzeuge C-35, ab April 1940 dann über Morane D-3800. 1943 baute man eine 900 m lange Asphaltpiste, Flugzeugunterstände und Lagerschuppen.

Die neue Truppenordnung von 1948 teilte jedem Flugplatzstützpunkt eine Abteilung, der alle nichtfliegenden Formationen unterstellt sind, und eine Fliegerstaffel zu. Zwischen 1951 und 1957 erwarb das EMD von den Tagwen Mollis und Netstal, vom Kanton und von einem privaten Grundeigentümer insgesamt 52 ha Land. Dies ermöglichte ihm den Bau einer genügend langen Piste für Düsenkampfflugzeuge, einer Rollstrasse und von Bereitstellungsplätzen. In den folgenden Jahren erstellte das Bundesamt für Militärflugplätze (BAMF) auch überdeckte Mannschafts- und Flugzeugunterstände, Munitionslager sowie ein Truppenlager im Wydeli. Einige Beamte des BAMF warten diese Anlagen.

Als Militärflugplatz steht Mollis jährlich einmal in Betrieb, und zwar für die Dauer des dreiwöchigen Wiederholungskurses der hier stationierten Flugplatzabteilung 11, der die Fliegerstaffel 20 zugeordnet ist. Von 1948 bis 1955 flog diese Staffel die Propellerflugzeuge Mustang (P-51), von 1956 bis 1977 die Düsenflugzeuge Venom; deren Nachfolger sind die inzwischen altbewährten Hunter, die auch 1991 noch im Einsatz stehen. Ob die Hunter in Mollis dereinst von einer Staffel Tiger abgelöst werden? Die Abteilung führt jeweils während acht bis zehn Tagen einen regen Flugbetrieb durch. Für diese herkömmliche und begrenzte Dauer wird der militärische Flugbetrieb von den Behörden und der in Mitleidenschaft gezogenen Bevölkerung noch mehrheitlich akzeptiert. Während der übrigen Zeit steht der Flugplatz Mollis in vertraglich geregeltem Rahmen auch dem zivilen Flugverkehr zur Verfügung, so den Sport- und Segelfliegern der Fluggruppen Mollis und Churfirsten.

Zeughaus Glarus – Rückgrat der Infrastruktur

Militär verlangt notwendigerweise verwaltungsmässig und baulich entsprechende Infrastrukturen. So bildet das Kantonale Zeughaus Glarus mit seinen Aussenstellen schwergewichtig das Rückgrat dieser Infrastruktur. Ein Blick in die Vergangenheit gibt hiezu einige Hinweise.

In den Städten der Alten Orte gehörten die Zeughäuser zu den baulichen Schmuckstücken und betonten die eidgenössische Wehrhaftigkeit. Das Land Glarus dagegen besass vor 1848 kein eigentliches Zeughaus, sondern lediglich sogenannte Rüstkammern. Anno 1798, vor dem Einfall der Franzosen, ist zwar von drei «Zeughäusern» die Rede, nämlich von einem gemeinen, einem evangelischen und einem katholischen Zeughaus. Doch dienten diese Lagerstätten hauptsächlich der Aufbewahrung von Schiesspulver. Im Jahre 1845 beschloss die Landsgemeinde unter dem Druck der Tagsatzung – in Anbetracht der Reorganisation des Bundesheeres –, das heute noch benutzte Stammzeughaus Glarus zu errichten. Am 1. März 1849 war das stattliche Gebäude, das 23 037 Gulden kostete, bezugsbereit.

Der Bau des Zeughauses fiel mit der Wahl des ersten Zeughausdirektors, Oberstleutnant Schmid, zusammen. Dieser hatte insbesondere die Aufgabe, die Bereiche des Militärmaterials, die nicht gerade in bester Ordnung waren, zu reorganisieren. Vom Jahre 1906 an erfolgte eine schrittweise Erweiterung des Zeughauses Glarus. So wurden unter anderem weitere Lagergebäude errichtet, nach Beendigung des Zweiten Weltkrieges verschiedene Munitions- und Reserveanlagen hinzugefügt, gelegentliche Sanierungen an den bestehenden Bauten vorgenommen und in den letzten Jahren neue Werkstätten, Gebäude und Anlagen erstellt, die den Anforderungen der zunehmenden Motorisierung und Technisierung genügen. Heute verwaltet das Zeughaus Glarus mit der angegliederten Koordinationsstelle 113 Objekte, das heisst oberirdische und unterirdische Anlagen, Material- und Munitionsbaracken, Truppenlager sowie Alpgebäude.

Mit dieser Entwicklung erweiterte sich auch das Pflichtenheft des Zeughauses Glarus stetig und beinhaltet heute sehr vielfältige Aufgabenkreise als:

Kantonales Zeughaus (Kriegskommissariat): Beschaffung der Rekrutenausrüstung; Lagerbewirtschaftung; Bewirtschaftung der Mannschafts- und Offiziersausrüstung; Inspektionswesen.

Korpssammelplatz Zeughaus (Bundesaufgaben): Sicherstellung der jederzeitigen materiellen Mobilmachungsbereitschaft der Stäbe und

Zeugwart.

Das Truppenlager Elm, erbaut 1978/79 von Architekt Heinz Brunner, Mollis. Ausserhalb der Zeiten militärischer Belegung steht das gut eingerichtete Lager auch touristischen Zwecken zur Verfügung.

Kantonales Zeughaus Glarus, erbaut 1846/48 von Architekt Felix Wilhelm Kubli. Der charaktervolle Bau im Rundbogenstil erinnert an florentinische Palazzi der Frührenaissance.

Truppen; Instandstellung des Korpsmaterials; Bereitstellung, Abgabe und Rücknahme des Korpsmaterials bei Dienstleistungen der Truppe; Gewährleistung der Einsatzbereitschaft der Munition sowie der Sprengmittel.

Basiszeughaus (Bundesaufgaben): Lagerung und Bewirtschaftung der zugewiesenen Kriegsreserven (Material und Munition) in ober- und unterirdischen Anlagen.

Zeughaus mit Spezialaufgaben: Betrieb einer Sauerstoff-Gewinnungsanlage sowie zweier Treibstoff-Tankanlagen.

Zeughaus mit Aufgaben für andere Dienstabteilungen: Bewirtschaftung von Verpflegungsgütern und eines Betriebsstofflagers (OKK); Sanitätsmaterialreserven (BASAN); Papierlager.

Der rasante technische Fortschritt hat auch die Militärbetriebe erfasst. Die gründliche Einzelarbeit des Handwerkers – beispielsweise des Büchsenmachers – ist in den letzten Jahren je länger je mehr verdrängt worden. Normierte Teile und Elemente bis hin zur umfassenden Baugruppe ersetzen fast überall die eigentliche Handarbeit des Berufsmannes. Dies gereicht einerseits dem geliebten Handwerkerberuf zum Nachteil, anderseits aber dem Betrieb zu zeitlichen und finanziellen Einsparungen. Wo früher mit Kraftarbeit Güter verschoben wurden, stehen heute Hubstapler im Einsatz. Der Einbezug der modernen Datenverarbeitung hat in verschiedenen Bereichen bereits stattgefunden.

Gemäss Militärorganisation der Schweizerischen Eidgenossenschaft hat der Kanton verschiedene Verpflichtungen für das Militärwesen zu übernehmen. In Ergänzung dazu leistet der Bund gerade in diesem vielseitigen Militärbetrieb erhebliche direkte oder indirekte finanzielle Unterstützung, so beispielsweise mit der Übernahme des grössten Teils der Lohnsumme aller Mitarbeiter; mit der Beschaffung von Ausrüstungs- und Bekleidungsartikeln bei glarnerischen Firmen gemäss dem prozentualen Anteil des kantonalen Rekrutenkontingentes; mit Entschädigungen verschiedener Art im Bereiche der Übungs- und Schiessplätze. Zudem darf nicht unerwähnt bleiben, dass verschiedene zivile Institutionen – Jugendlager, Vereine, öffentlichrechtliche Körperschaften – vom «Militär/Bund» in verschiedener Hinsicht profitieren, von Truppenunterkünften und Schneeräumgeräten bis hin zu Teekanistern und Absperrseilen.

Militärische Unterkünfte

Die im Kanton Glarus dienstleistenden Truppen sind auch auf geeignete Unterkünfte angewiesen. In früheren Jahren brachte man die Wehrmänner ausser in Kasernen vorwiegend in Gemeindebaracken oder Schulhäusern unter. Heute werden sie vor allem in Militärunterkünften des Bundes sowie in kombinierten Anlagen, vielfach im Verbund mit Zivilschutzräumlichkeiten, einquartiert.

Folgende *Militärunterkünfte des Bundes* bestehen im Kanton Glarus: Truppenlager *Elm*, Kapazität für 1 Kompanie, zirka 150 Personen; Truppenlager *Matt*, Kapazität für 3 Kompanien, zirka 500 Personen; Truppenlager *Vorauen*, Kapazität für 1 Kompanie, zirka 150 Personen; Truppenlager Bundesamt für Militärflugplätze *Mollis*, Kapazität für 3 Kompanien, zirka 350 Personen.

Nebst den Unterkünften des Bundes stehen auch mehrere Militärunterkünfte der Gemeinden zur Verfügung der Truppe. So besitzen die Gemeinden Oberurnen, Näfels, Netstal, Glarus, Ennenda, Mitlödi, Schwanden und Linthal Unterkünfte, für die eine vertragliche Regelung mit dem Eidgenössischen Militärdepartement besteht. Die zeitgemässe finanzielle Abgeltung der Gemeindeunterkünfte bietet vielfach den entsprechenden Anreiz, möglichst häufig Truppen zu beherbergen.

Auswirkungen der militärischen Belegungen

Die volkswirtschaftliche Bedeutung des Militärs ist für den Kanton Glarus nicht unerheblich. So sind heute rund 100 Personen direkt im Bereiche des Militärs beschäftigt, von der Militärverwaltung über das Zeughaus- und Schiessplatzpersonal bis hin zum Festungswachtpersonal und zur Heimarbeitswerkstätte Rüti. Eine beachtliche Lohnsumme von etwa fünf Millionen Franken fliesst somit direkt in unsern Kanton. Zudem profitieren auch verschiedene Industriebetriebe, insbesondere im Zusammenhang mit der Rüstungsbeschaffung, und die Bauwirtschaft von Aufträgen der Armee.

Jährlich leisten etwa 15 000 Wehrmänner im Kanton Glarus ihren Dienst. Diese Truppenbelegung mit 160 000 bis 200 000 Übernachtungen ergibt nebst finanziellen Beiträgen an die Gemeindeunterkünfte erfreuliche Einnahmen für das örtliche Gewerbe. In jüngster Zeit durchgeführte Erhebungen haben gezeigt, dass im Durchschnitt jeder Wehrmann pro Tag für persönliche Bedürfnisse vom Rasierschaum bis zum Coca-Cola durchschnittlich 25 Franken ausgibt. Im weitern wird für die tägliche Truppenverpflegung pro Mann und Tag ein Betrag von etwa fünf Franken für Einkäufe beim einheimischen Lebensmittelgewerbe abgezweigt. So kommen auf diesem Wege unserer Volkswirtschaft alljährlich mehrere Millionen Franken zugute. Auch verschiedenartige Dienstleistungen zugunsten öffentlicher Körperschaften sowie ziviler Organisationen und Bevölkerungsgruppen in Form von Wegverbesserungen, Behebung von Waldschäden, Helikopter- und Traintransporten sind Beiträge an die Wirtschaft unseres Kantons. Insgesamt nimmt das Militär in der Wirtschaft des Kantons Glarus einen beachtlichen Stellenwert ein. Und wie viele Schweizer haben sich doch anlässlich eines Militärdienstes erstmals im Kanton Glarus aufgehalten und ihn etwas kennengelernt! Jedenfalls schafft das Militär vielfältige Wechselbeziehungen zwischen der Schweiz und Glarus.

«Wo Licht ist, ist auch Schatten» sagt ein Sprichwort. Selbstverständlich wirft die für unsere Grössenverhältnisse recht hohe militärische Belegung auch Schatten. Schiess- und Übungsplätze der Truppe bringen zwangsläufig gewisse Immissionen. Obschon es mit den heutigen technischen Mitteln möglich ist, gewisse Schiessverfahren auf Simulationsanlagen durchzuführen, bleibt doch die Tatsache bestehen, dass der Waffeneinsatz im scharfen Schuss für Infanterie, Panzer, Minenwerfer und Artillerie durch keine Simulation ersetzt werden kann. Mit dem Militär wird also auch weiterhin ein gewisser Lärm und Staub verbunden bleiben. Natürlich bemühen sich die militärischen Instanzen in Absprache mit den zuständigen Behörden, dem sensibler gewordenen Umfeld – in Berücksichtigung der militärischen Zielsetzung – so gut als möglich Rechnung zu tragen. Auch mit den andern Partnern – Alpwirtschaft, Tourismus, Jagd – pflegen die militärischen Instanzen ein gutes Einvernehmen. Mit Rücksichtnahme und Toleranz lassen sich allfällig auftauchende Probleme in einer zweckdienlichen und vernünftigen Weise lösen. Das Bemühen aller Beteiligten geht ja dahin, eine unserer vorrangigen Staatsaufgaben, die Erhaltung unserer Unabhängigkeit, in Gegenwart und Zukunft angemessen wahrzunehmen.

Panzertruppen und Bürger auf dem Militärflugplatz Mollis. Bürger und Militärwesen – seit jeher ein wichtiges, vielschichtiges und nie zu Ende diskutiertes Beziehungsgeflecht.

Wirtschaft und Sozialpolitik

Die Glarner Textilindustrie

Jürg Davatz

Der kleine Bergkanton Glarus ist wie geschaffen für Alpwirtschaft und Viehzucht. Tatsächlich waren die Glarner bis zum Ende der Säckingerzeit (1395) weitgehend auf *Selbstversorgung* angewiesen. Dann wandten sie sich wie die Innerschweizer hauptsächlich der *Aufzucht von Grossvieh* und dem *Viehhandel* zu. Ihr Vieh verkauften sie grösstenteils auf Märkten im Tessin und in der Lombardei. Neben dem Welschlandhandel erlangte auch der Export von Molkereiprodukten eine gewisse Bedeutung, besonders nach Zürich, von wo die Glarner nun Korn einführten. Aber vom 15. Jahrhundert an konnte die Landwirtschaft die wachsende Bevölkerung nicht mehr allein ernähren. Viele Glarner zogen daher als Söldner und Offiziere in *fremde Kriegsdienste* (S. 96 ff.). Durch diese Tätigkeiten kamen sie schon früh mit dem Ausland in Verbindung.

An der Einführung neuer Erwerbszweige im Glarnerland waren zugezogene Fremde massgeblich beteiligt. Ein Schreiner aus Hessen namens *Jost Bellersheim* liess sich in Ennenda nieder und verheiratete sich dort. Um 1617 begann er als erster, Tische mit Sernftaler Schieferplatten herzustellen. Bald verbreitete sich diese Tischmacherei als Handwerk, zunächst in Ennenda, dann in Schwanden. Einige der dortigen Familien vertrieben später *Schiefertische, Schiefertafeln, Schabzieger* und *Kräutertee* in ganz Europa; damit begründeten sie den schwungvollen glarnerischen Grosshandel. Die volkswirtschaftliche Bedeutung des Welschlandhandels und der erwähnten Exportgewerbe darf indes nicht überschätzt werden. Auch sie boten der zunehmenden Bevölkerung keine ausreichende Lebensgrundlage. Die europäischen Kriege zur Zeit Ludwigs XIV. brachten die Kornzufuhr zum Stocken und verursachten Teuerung, Arbeitslosigkeit und erstmals eine Auswanderung verarmter Familien.

18. Jahrhundert

Textilgewerbe und -export reichen in der Schweiz bis ins Mittelalter zurück, beispielsweise das Zürcher Seidengewerbe oder die Leinwandindustrie rund um den Bodensee mit einem Schwerpunkt in St. Gallen. An der Wende vom 17. zum 18. Jahrhundert schwang sich die *Baumwolle* in der Eidgenossenschaft zur *Königin der Textilindustrie* auf. Die Einführung der Baumwollindustrie erfolgte in zwei Bereichen: einerseits mit der Verarbeitung von Rohbaumwolle und Baumwollgarn, anderseits mit dem Bedrucken von Baumwolltüchern. In beiden Fällen waren Genfer Handelsherren die wichtigsten Vermittler dieser neuen Industriezweige, die sich dann im Mittelland und einzelnen Voralpengebieten – so auch in Glarus – rasch und kraftvoll entfalteten.

Heimspinnerei

Die Anregung zur Einführung des neuen Baumwollgewerbes im Glarnerland brachte wieder ein Landesfremder. *Andreas Heidegger* von Zürich, seit 1714 Diakon in Glarus, wollte der verbreiteten Arbeitslosigkeit und Not abhelfen. Er wusste, dass die *Baumwollhandspinnerei* vielen ärmeren Familien im Zürcher Gebiet einen Nebenverdienst brachte. So liess er insgeheim von dorther einige Spinnerinnen kommen, welche Glarnerinnen im Spinnen von Baumwolle anleiteten. Weil damals der Bedarf an Baumwollgarn in der Ostschweiz ständig stieg, breitete sich die Handspinnerei gegen 1720 im ganzen Glarnerland aus. Bis um 1790 bildete sie neben der Landwirtschaft die wichtigste Erwerbsquelle der Bevölkerung.

Die Baumwollspinnerei war hierzulande bis nach 1800 ausschliesslich *Hand- und Heimarbeit*. Sie wurde vor allem von den zahlreichen armen Kleinbauern und Güterlosen betrieben. Oft beschäftigten sich ganze Familien damit, auch Männer. Kinder von fünf Jahren an mussten die rohe Baumwolle auseinanderzupfen und von allerlei Verunreinigungen befreien. Während guten Zeiten brachte die Spinnerei den Heimarbeitern einen Taglohn, mit dem sie ausreichend leben konnten. Sobald die Einfuhr der Baumwolle oder der Absatz der Baumwollprodukte stockte, «stand das Elend in seiner grässlichen Nacktheit da»[1]; Tausende glarnerischer Heimarbeiter, deren Verdienst am Faden hing, gerieten dann in grosse Not. Während Krisen-

Landmajor Johann Heinrich Streiff, Gründer der ersten Zeugdruckerei im Lande Glarus. Ölgemälde von Martin Leonz Zeuger, 1752. (Museum des Landes Glarus, Näfels)

[1] *Johann Gottfried Ebel*; Schilderung der Gebirgsvölker der Schweiz, II, Leipzig 1802, S. 279.

Bauernstube im Walenseegebiet. Die Frau arbeitet an einem Spinnrad, wie es auch im Glarnerland gebräuchlich war. Lithographie von J. Brodtmann nach einem Gemälde von Ludwig Vogel, um 1835. (Museum des Landes Glarus)

zeiten verdiente sich ein Spinner mit der Arbeit einer Woche nicht viel mehr als ein Brot...

Nach 1780 konkurrenzierte das englische Maschinengarn die Heimspinnerei zunehmend. Infolgedessen gingen immer mehr Heimarbeiter zur Handweberei von Baumwolltüchern über. Lange nicht alle arbeitslosen Spinner fanden jedoch als Weber eine neue Beschäftigung. Auch die Bandweberei in Mollis und Niederurnen erreichte keinen erheblichen Umfang.

Verlagssystem und Grosshandel
Die Heimspinnerei war nach dem Verlagssystem organisiert: Kaufleute und Verleger führten die Baumwolle vom Ausland her ein. Durch Fergger liessen sie den Spinnern das Rohmaterial ins Haus bringen und die fertigen Garne zurücknehmen. Das begehrte Garn verkauften sie an Webereiherren. Der Verleger bezahlte den Spinnern ihren Lohn nach einer bestimmten Masseinheit und Qualität des Garns; er bestimmte, der Nachfrage entsprechend, allein den Preis, wobei auch der Fergger noch seine Hand im Spiel hatte. Gleicherweise betrieb man später auch die Heimweberei im Verlagssystem.

Anfänglich wurde im Glarnerland für Zürcher Verleger gesponnen. Seit der Mitte des 18. Jahrhunderts betätigten sich Einheimische mit grossem Erfolg selber als Verleger und Textilkaufleute; sie führten das Garn dann vorzugsweise nach St. Gallen und Appenzell Ausserrhoden aus. Vertraut mit fremden Marktverhältnissen und Handelsplätzen, importierten Glarner Kaufleute die Rohbaumwolle direkt und besorgten den Verkauf der Garne und später der unbedruckten und bedruckten Tücher. In Städten wie Petersburg, London, Oslo, Wien, Bologna und Triest gründeten sie eigene Handelshäuser. Allerlei Waren, deren Austausch von einem Markt zu einem anderen gewinnbringend war, zogen sie in ihren Geschäftsbereich ein, auch Leinwand- und Seidengewebe, fremde Hölzer und Kolonialwaren. Der Glarner Grosshandel stellte sich demjenigen Genfs, Basels und St. Gallens würdig zur Seite, obschon er weniger umfangreich war.

Indiennes- oder Zeugdruckerei
Im Fernen und Nahen Osten reicht die Tradition des Stoffdrucks bis ins Altertum zurück. Seit dem 16. Jahrhundert führten Seefahrer farbig bedruckte Baumwollstoffe aus Indien nach Europa ein. Diese «Indiennes» genannten Tücher erregten durch ihre wundersamen Motive und ihre Farbenpracht grosses Aufsehen und fanden reissenden Absatz für Kleider, Möbelbezüge und Wandbespannungen. Nach 1678 entstanden in

Holland, England, Deutschland und Frankreich Manufakturen, die Baumwollstoffe nach indischer Weise bedruckten. Aus Frankreich geflüchtete Hugenotten leisteten wesentliche Aufbauarbeit bei der Gründung von Indiennesdruckereien in der Schweiz, so um 1690 in Genf, 1701 in Zürich, 1710 in Bern, nach 1715 in Neuenburg, in Basel, im Aargau und in Glarus. Die Genfer und Neuenburger Manufakturen erreichten im 18. Jahrhundert europäische Bedeutung. Nach 1750 gelangte der Zeugdruck auch in Frankreich zu grosser Blüte, vor allem in der Manufaktur Oberkampf in Jouy, in Nantes und im Oberelsass rund um Mühlhausen.

Johann Heinrich Streiff (1709–1780) betrieb am Strengenbach im Oberdorf von Glarus zuerst die väterlichen Gewirbe wie Ziegerreibe, Stampf, Presse und eine kleine Färberei. Doch im Jahre 1740 wagte er etwas Neues und eröffnete dort die erste Zeugdruckerei im Glarnerland. Zwar verstand er anfänglich von der Kunst des Zeugdrucks nicht viel. Daher verpflichtete er als Koloristen (Farbenchemiker) und Betriebsleiter den fachkundigen *Jean Salomon Fazy* (1709–1782), dessen Vater als hugenottischer Emigrant in Genf eine hervorragende Indiennesdruckerei aufgebaut hatte. Die gemusterten indigoblauen Tücher aus Streiffs Manufaktur erfreuten sich bald eines guten Absatzes. Der junge Thurgauer *Bernhard Greuter* arbeitete um 1765 bei Streiff; als er dort sorgsam gehütete Farbrezepte auspionierte, wurde er ertappt und musste eiligst flüchten; daraufhin gründete er im heimatlichen Kefikon und 1777 in Islikon eine nachmals bedeutende Zeugdruckerei.

Die Glarner Zeugdruckerei entwickelte sich vorerst nur zögernd. Friedrich Streiff, des Landmajors Neffe, bildete sich in Basel zum Koloristen aus und eröffnete 1760 in Mollis eine zweite Zeugdruckerei. Hier und im Hauptort entstanden um 1790 noch einige kleine Druckereien, so 1797 am Oberdorfbach in Glarus die später bedeutende Firma Egidius Trümpy.

J.G. Ebel stellte 1797 – ein Jahr vor dem grossen Umsturz – fest: «Wer die Thäler von Glarus bereist, wandert durch eine grosse Fabrik in lebendigster Betriebsamkeit. Diese armen, zwischen fürchterlichen Felsen verborgenen Hirten ... bieten das Schauspiel eines der industriösesten Völker dar.»[2] Tatsächlich war Glarus vor dem Untergang des Ancien Régime ein Ebenbild der Eidgenossenschaft, die als industriereichstes Land auf dem europäischen Kontinent galt. Und hier wie dort hatte das Fabriksystem durch die Zeugdruckerei Eingang gefunden. Diese erforderte nämlich von Anfang an ganz verschiedene ineinandergreifende Arbeitsabläufe, die von Spezialisten ausgeführt und in einer Fabrik zusammengefasst wurden.

19. Jahrhundert

Voraussetzungen und Folgen der Industrialisierung

Mit dem Beginn der französischen Fremdherrschaft und der Helvetik lähmten Krieg und Besetzung die gesamte Wirtschaft; Versorgungsschwierigkeiten, Verdienstlosigkeit, Armut und Hungersnot waren die Folgen. Nach 1803 erholte sich die schweizerische und mit ihr die glarnerische Baumwollindustrie, zumal die von Napoleon verhängte Kontinentalsperre der Handspinnerei noch eine kurze Schonzeit vor dem englischen Maschinengarn gewährte. Nach 1814 erlebte die Glarner Textilindustrie einen einzigartigen Aufschwung, vorerst mit Heimweberei und Zeugdruck, etwas später auch mit maschineller Spinnerei und Weberei.

Das Glarnerland bot mehrere günstige Voraussetzungen für die Fabrikindustrie: Die Linth und ihre Zuflüsse sicherten den Spinnereien und Webereien genügend Wasserkraft zum Antrieb grosser Maschinen, den Zeugdruckereien liessen sie das viele Wasser zum Auswaschen gefärbter und bedruckter Tücher zufliessen. Ebenso stand eine grosse Zahl williger Arbeitskräfte zur Verfügung. Zudem waren hier Kaufleute und Fabrikanten tätig, die mit unternehmerischer Weitsicht und ausgeprägtem Erwerbssinn ihren Textilprodukten immer neue Absatzmärkte erschlossen. Lange Zeit befanden sich Spinnerei, Weberei und Druckerei in verschiedenen Händen. Nach 1820 vereinigten einzelne glarnerische Unternehmerfamilien zwei oder alle drei Pro-

Oben: Egidius Trümpy (1768–1839), Gründer einer bedeutenden Zeugdruckerei in Glarus. Ölgemälde, um 1830.

Unten: Modell der Zeugdruckerei Egidius Trümpy in Glarus. Zwischen 1797 und 1835 entstand am Oberdorfbach das grösste und vielgestaltigste Stoffdrucketablissement des Glarnerlandes. 1909 stellte die Fabrik den Betrieb ein, und 1916 trug man das malerische Fabrikdörflein vollständig ab. (Museum des Landes Glarus)

[2] Wie Anm. 1, S. 286f.

Oben: Entstehung eines vielfarbigen Rosentuches. Die Musterabschnitte zeigen, wie eine Farbe nach der anderen hinzugedruckt wird. (Museum des Landes Glarus)

Unten: Altes Musterbuch mit Eckpartien krappbedruckter Tücher. Die Dessins verraten indischen Einfluss. Glarnerland, Ende 18. Jahrhundert. (Museum des Landes Glarus)

duktionszweige in ihrer Hand. Dies alles führte dazu, dass nach 1806 zwischen Linthal und Ziegelbrücke, aber auch im Sernftal eine Fabrik nach der anderen entstand.

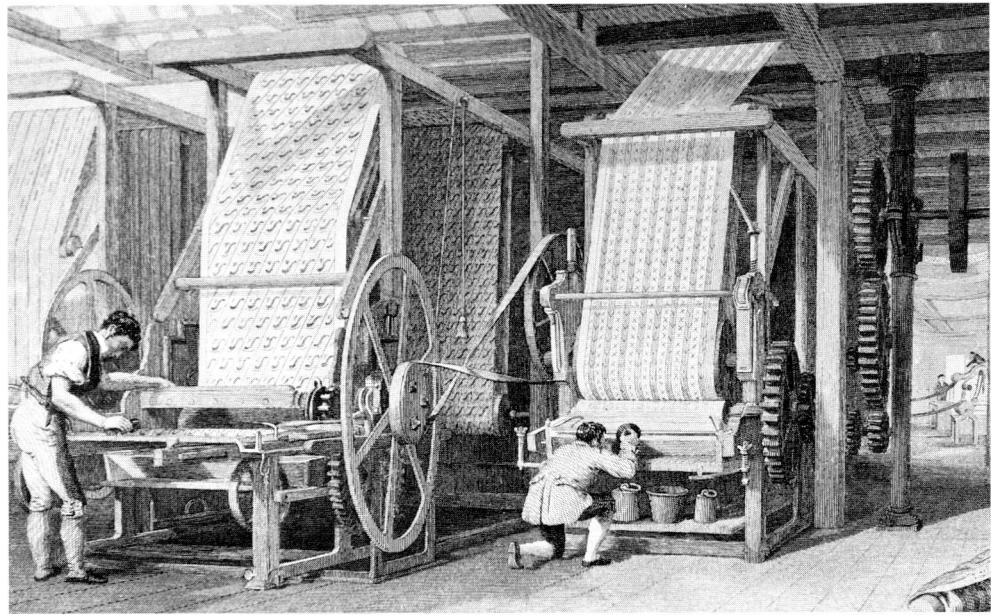

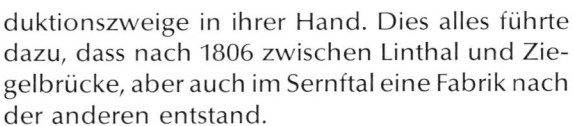

Die starke Industrialisierung löste tiefgreifende Veränderungen in der wirtschaftlichen, sozialen und baulichen Struktur des Kantons aus. Die Landwirtschaft ging von der Viehzucht vermehrt zur Milchwirtschaft über, denn einerseits warf der Welschlandhandel immer weniger Gewinn ab, und anderseits benötigten die Heim- und Fabrikarbeiter zunehmend Frischmilch und Molkereiprodukte. Die starke Zunahme der Bautätigkeit und der steigende Bedarf an Konsumgütern liessen ein leistungsfähiges Bau- und Kleingewerbe aufkommen. Mit der kräftigen Entfaltung der Textilindustrie wurden die Linth und ihre Zuflüsse zur Industrieachse; der Talboden wandelte sich zur Industrielandschaft. Um die alten bäuerlichen Siedlungskerne wuchsen neue Ortsteile mit Fabrikanlagen, Fabrikantenvillen, Schulhäusern, regelmässigen Neubauquartieren, geraden Strassenverbindungen und der Eisenbahnlinie.

Das Zeitalter der Industrialisierung liess eine neue Bevölkerungsklasse heranwachsen: den Fabrikarbeiter. Er war rechtlich frei, wirtschaftlich jedoch lange ganz vom Unternehmer abhängig. Die Frühzeit der Industrialisierung zeitigte überall soziale Missstände. Gemessen an heutigen Verhältnissen waren die Löhne schlecht, manche Arbeiten gesundheitsschädigend, die Arbeitszeiten unmenschlich, die Wohnverhältnisse mangelhaft und das Essen oft ungenügend. Die Lohnarbeit von Ehefrauen und grösseren Kindern war für den Lebensunterhalt einer Familie unerlässlich. Die Kinderarbeit ist ein erschütterndes Merkmal der frühindustriellen Epoche. Wie die Glarner mit einer beispielhaft fortschrittlichen Sozialgesetzgebung diese Übelstände schrittweise linderten oder beseitigten, legt der anschliessende Beitrag dar.

Zeugdruck

In England setzte man nach 1770 auch für den Stoffdruck erste Maschinen mit gravierten Kupferplatten und Metallwalzen ein. Nach 1800 riss England mit dem Walzendruck bei der Herstellung billiger Massenware die Führung an sich. Die Anfertigung feiner und abgepasster Artikel dagegen blieb noch längere Zeit dem herkömmlichen Handdruck mit Modeln vorbehalten. In der Schweiz – und in Glarus ganz besonders – pflegte man fortan vornehmlich den anspruchsvollen Handdruck, wenngleich einzelne Firmen für bestimmte Zwecke ebenfalls den Maschinendruck einführten. Im 19. Jahrhundert gelangte der Zeugdruck in keinem anderen Kanton zu einer derart umfangreichen Entfaltung wie in Glarus. Im Unter- und Mittelland nahmen nach 1806 neben den vier bestehenden auch zahlreiche neue Druckereien den Betrieb auf. 1837 beschäftigten 17 Druckfabriken bereits 2976 Personen.

Im Oberelsass rund um Mühlhausen erlebte die Baumwollindustrie einschliesslich des Stoffdrucks einen vergleichbaren Aufstieg wie im Glarnerland. Der Mühlhauser Farbenchemiker Daniel Köchlin erfand um 1810 die Herstellung türkischroter, buntgeätzter Tücher und führte auch das Kaschmirmotiv mit Palmetten ein. Mehrere Glarner Druckereien ahmten diese und andere koloristische Neuheiten Mühlhausens bald erfolgreich nach. Überhaupt zeichneten sich die Glarner in der Farbenchemie und im Textilmaschinenbau nicht durch Erfindergeist aus; entsprechende Industriezweige kamen hier nicht auf.

Oben links: Druckerinnen der Firma Gebrüder Streiff, Glarus; um 1920.

Oben rechts: Maschineller Stoffdruck mit gravierten Kupferplatten. Er ermöglichte die Herstellung feinster Dessins, namentlich der Umrisse für den Vordruck. Kupferstich, um 1790.

Unten: Modeldruck in der Firma F. Blumer & Cie., Schwanden; nach 1950.

Oben: Spinnerei J. Paravicini am Sernf in Schwanden, gegründet 1822 als erster maschineller Grossbetrieb im Glarnerland. Lichtdruck, um 1910. (Museum des Landes Glarus)

Unten: Zu den ehemaligen Stoffdruckereien, Färbereien und Bleichereien gehörten die charakteristischen Hängegebäude zum Trocknen von Tüchern. «Hänggiturm» der ehemaligen Druckerei Freuler in Ennenda; abgebrochen 1979.

Mittel- und Süditalien blieben lange Zeit ein Hauptabsatzgebiet für bedruckte Glarner Tücher. Die meisten anderen europäischen Staaten schützten ihre eigene Industrie zeitweise mit hohen Schutzzöllen. Dies zwang die Glarner Handelsgesellschaften und Fabrikanten, ihren Textilprodukten neue Absatzmärkte im Orient und in Übersee zu erschliessen; dabei betrieben sie regelrecht Marktforschung und passten ihre Artikel sorgfältig den Kundenwünschen an. Mehrere Firmen führten eine Handelsniederlassung in einer italienischen Stadt, in Wien, Bukarest, Istanbul, Beirut oder Bagdad.

In europäischen und orientalischen Ländern fanden türkischrote, bunt illuminierte Tücher mit Kaschmirpalmetten und Pfauenfedern guten Absatz. Farbenprächtige Rosentücher «Usolana» wurden seit 1828 für Italien, Spanien, das grosstürkische Reich, Indien und Brasilien hergestellt. Nach 1834 druckten einige Fabriken in grossem Umfang Musselin-Turbantücher und Frauenschleier, sogenannte Yasmas oder Türkenkappen, für die Türkei und islamische Staaten Nordafrikas. Gebetsteppiche und Bettüberwürfe, mit Lebensbäumen oder Blumensträussen bedruckt, gehörten ebenfalls in den Bereich der Yasmasproduktion. Zeitweise ging die Hälfte der Produktion der glarnerischen Zeugdruckereien in islamische Länder. Von einer abenteuerlichen Geschäftsreise nach Indien und Java brachte Conrad Blumer 1841 originale Batikmuster nach Schwanden. Der Firma Blumer & Jenny gelang es, erstmals in Europa fernöstliche Batiktücher nachzuahmen. Mehrere Glarner Druckereien verkauften ihre hervorragenden Batikartikel mit grossem Erfolg in Indien und Indonesien, später dann vorwiegend in Schwarzafrika. Für schweizerische und europäische Kundschaft druckte man in grossen Mengen Schnupf-, Kopf- und Brusttücher. Besondere Beliebtheit erlangten nach 1850 Souvenir- und Schnupftücher mit Bildern, die sich auf fremde Länder und ihre Sehenswürdigkeiten, auf bekannte Persönlichkeiten, aufsehenerregende Tagesereignisse und allerlei gewagte Vergnügen bezogen.

Baumwollspinnerei und Weissweberei
Noch während der Herrschaft Napoleons stellten Unternehmer in etlichen Kantonen von der Handspinnerei auf die Maschinenspinnerei um. Fehlte es auch nicht an einigen Versuchen zu ihrer Einführung im Glarnerland, so gewann die Maschinenspinnerei hier erst verhältnismässig spät an Bedeutung. 1813 eröffneten die Gebrüder Blumer in Glarus die erste fabrikmässige Spinnerei mit etwa 3000 Spindeln. 1822 folgte die Errichtung von zwei weiteren Spinnereien in Schwanden und Ennenda, 1833 jene der bis heute bedeutenden Spinnerei Enderlin & Jenny in Ziegelbrücke. 1837 waren neun mechanische Baumwollspinnereien in Betrieb, die 400 bis 430 Personen beschäftigten. Später entstanden weitere Spinnereien, darunter 1839 in Linthal ein Betrieb des «Spinnerkönigs» Heinrich Kunz von Uster.

Die Entwicklung der Roh- oder Weissweberei unterschied sich wesentlich von jener der Spinnerei. Die Leistungen der Spinnmaschinen betrugen von Anfang an das 25- bis 50fache der Handspinnerei; demgegenüber wies die mechanische Weberei anfänglich viel bescheidenere Verhältniszahlen auf, denn die Handwebstühle waren bereits ziemlich komplizierte und leistungsfähige Geräte. Im Gegensatz zur Heimspinnerei, die nach 1814 völlig zusammenbrach, erlebte die Handweberei manchenorts einen Aufschwung

Oben links: Model für den Handdruck; prachtvolles Palmettenmotiv aus Holz- und Messingstecherei; 2. Hälfte 19. Jahrhundert. (Museum des Landes Glarus)

Rechts und unten: Die versandbereiten Stoffdrucke versah man mit ansprechenden Etiketten, die auf den Absatzort Bezug nehmen und die Weltverbundenheit der Glarner Textilindustrie veranschaulichen. Um 1870/80. (Museum des Landes Glarus)

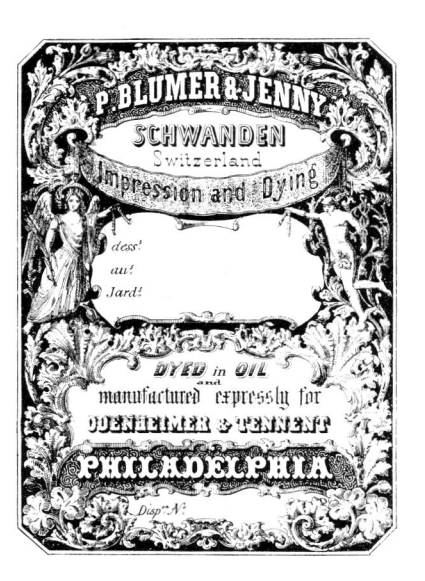

und in den 1830er Jahren beinahe eine Blütezeit. Im Glarnerland verbreitete sie sich bis ins Sernftal und auf den Kerenzerberg; 1837 beschäftigte sie 2560 Personen, davon etwa 2200 eigentliche Weber. Vereinzelt betrieb man die Handweberei auch in Fabrikgebäuden, meistens jedoch als Heimarbeit. Noch immer war sie nach dem Verlagssystem organisiert, wobei Glarner als Verlagsherren wirkten.

Doch von 1840 an vermehrte sich die Einfuhr maschinengewobener Tücher aus England fast schlagartig und liess die Löhne der Handweber ins Bodenlose sinken. Dies zwang die einheimischen Fabrikanten, unverzüglich zur Maschinenweberei überzugehen. Damit verloren viele Weberinnen und Weber ihren Verdienst, fanden doch nur wenige in den Druckereien oder Spinnereien neue Arbeit. Und die mechanischen Webereien beschäftigten vorzugsweise weibliche Personen. Diese Notlage zwang zahlreiche Familien zur Auswanderung, hauptsächlich nach Russland und Nordamerika (S. 146 ff.). Gleich wie im Toggenburg ging auf Kerenzen ein Teil der Bevölkerung zur Baumwollbuntweberei über, die noch einige Jahrzehnte Hand- und Heimindustrie blieb.

Blütezeit
In den 1850er und 1860er Jahren erfreute sich die glarnerische Textilindustrie, angeführt von der Stoffdruckerei, ihrer höchsten Blüte. Dies nicht zuletzt auch deshalb, weil England mit seinem grossen Kolonialreich zum Freihandel übergegangen war. 1868/69 fanden von den 35 200 Einwohnern des Kantons 5516 Verdienst in den 22 Druckereien. Dort arbeiteten zudem etwa 250 Streicher, Knaben und Mädchen im Alter von 12 bis 14 Jahren; in Heimarbeit beschäftigten die Druckereien noch etwa 70 bis 80 Modelstecher und 40 bis 70 Fransenknüpferinnen. Hauptsächlich von Hand bedruckte man in einem Jahr rund 48 Millionen Meter Stoff – ein Band, das um den Äquator gereicht hätte. Gleichzeitig waren 3843 Personen in den 18 Spinnereien und 17 Webereien tätig. Hinzu kamen noch etwa 800 Heimweber. Spinnereien und Webereien produzierten hauptsächlich für den Bedarf der einheimischen Stoffdruckerei. Fünf Bleichereien mit etwa 80 Personen bereiteten Baumwollgewebe für das Bedrucken vor. Glarus nahm damals unter allen Schweizer Kantonen in der Zeugdruckerei die erste, in der Weissweberei die zweite und in der Baumwollspinnerei die dritte Stelle ein. Mit etlichen Artikeln behauptete die Glarner Zeugdruckerei fast eine Monopolstellung im Weltmarkt. Seither ist Glarus aussergewöhnlich stark industrialisiert; der Anteil der landwirtschaftlichen Bevölkerung war bereits auf weniger als 20% gesunken.

Krisen und Niedergang
Die einseitige Ausrichtung der glarnerischen Industrie auf Baumwollverarbeitung zeitigte für die gesamte Glarner Volkswirtschaft bald sehr nachteilige Folgen, zumal die Druckereien fast ganz auf den Export angewiesen waren. Seit 1870 erschütterte eine Krise nach der anderen die glarnerische – und auch die schweizerische – Baumwollindustrie. Die Ursachen waren vielfältig: Die ausländische Konkurrenz hatte zunehmend auf den viel leistungsfähigeren Maschinendruck umgestellt; das führte zu einem immer härteren Preiskampf. Immer weniger Spezialitäten, etwa solche auf sehr dünne Stoffe, blieben dem Handdruck vorbehalten. Nach 1860 setzte der Siegeszug chemischer Farbstoffe ein, der dem Textil-

Rechte Seite:

Oben links: Entwurf für einen bedruckten Möbelstoff im persischen Genre. Tusche und Deckfarben; um 1835.

Oben rechts: Entwurf für ein Bildertuch, das auf den berühmten schwedischen Polarforscher Adolf Erik Nordenskjöld Bezug nimmt. Tusche und Deckfarben; um 1880.

Unten links: Gelungene Nachahmung javanischer Batik, um 1850 in Schwanden hergestellt.

Unten rechts: Glarner Stoffdruck mit reichem Kaschmirdessin; um 1880. (Alle Museum des Landes Glarus)

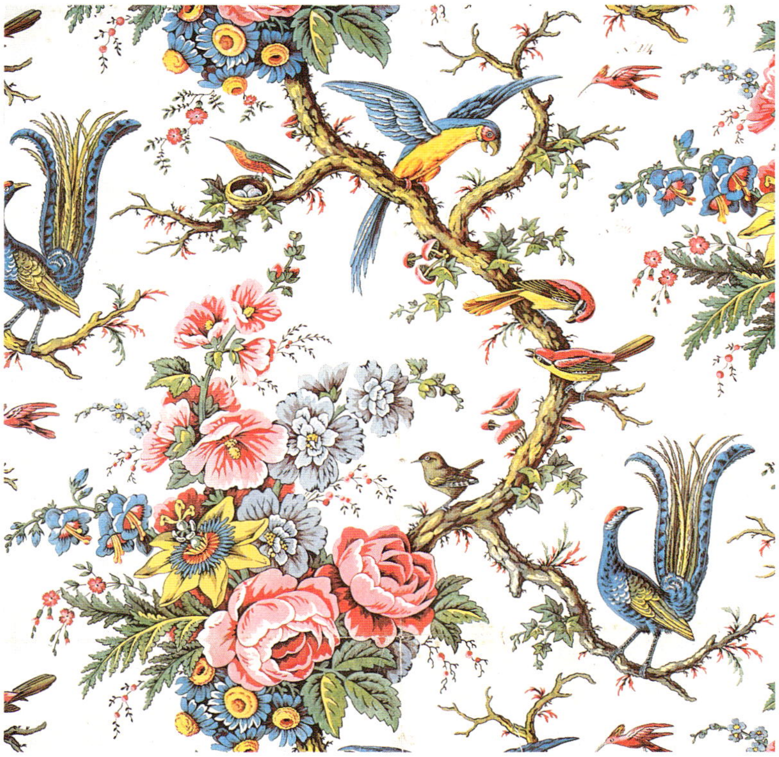

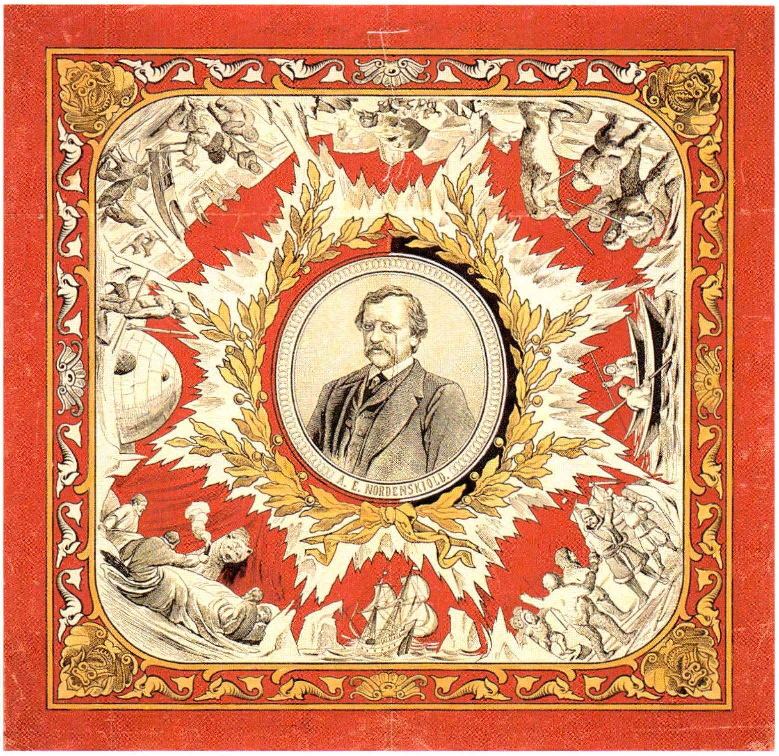
A. E. NORDENSKIOLD.

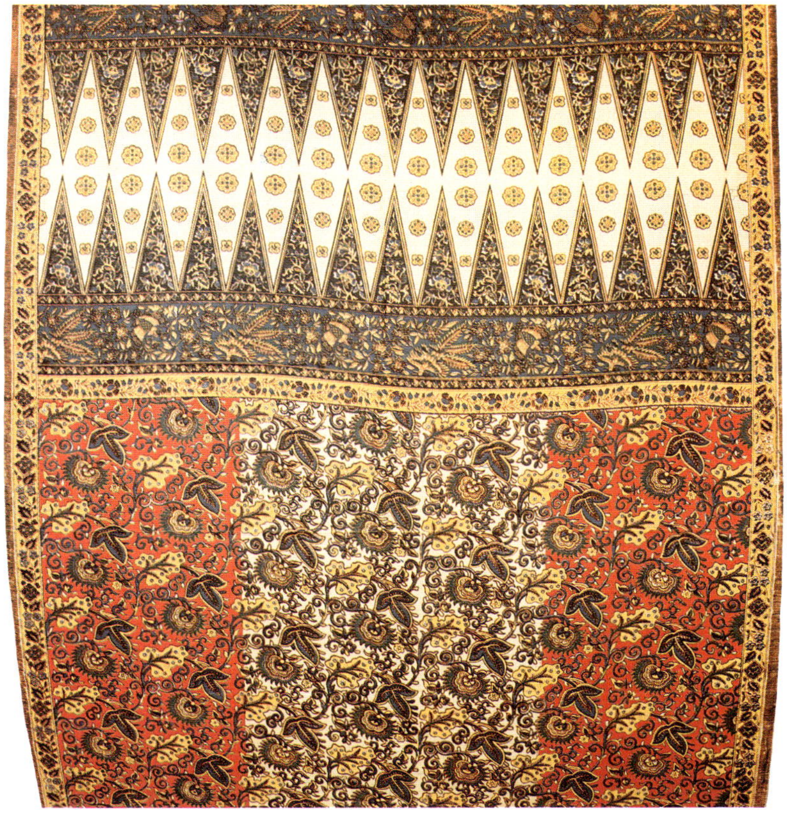

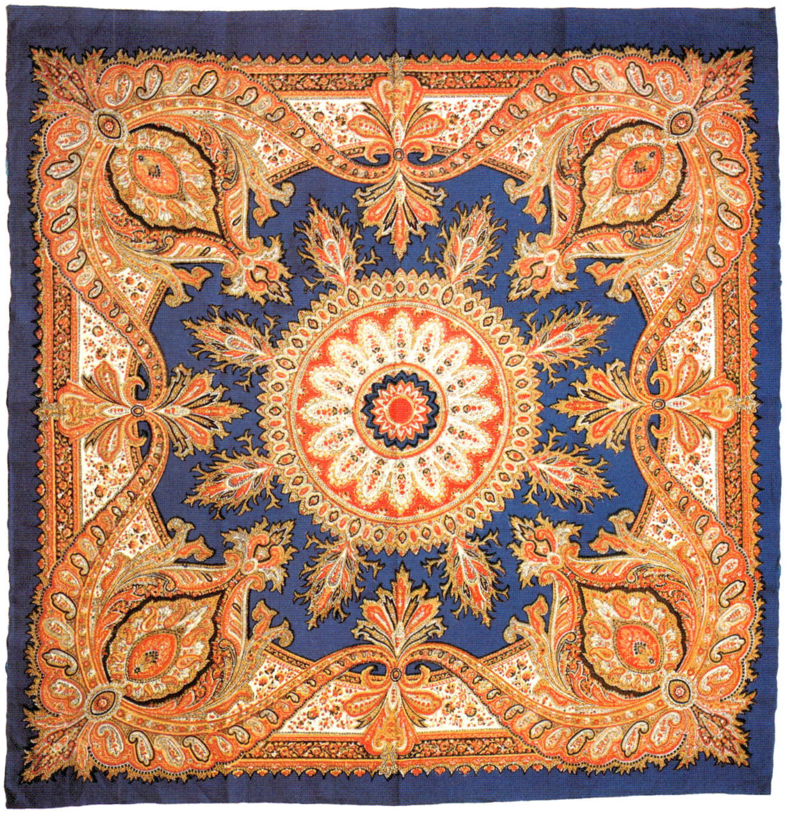

druck zahlreiche Vereinfachungen und neue Möglichkeiten in der Musterung und Farbgebung eröffnete. Unter dem Einfluss der andauernden wirtschaftlichen Depression schützten die meisten europäischen Staaten ihre eigenen Produkte seit 1879 erneut mit hohen Schutzzöllen. Auch der zunehmende Miteinbezug von Druckmaschinen konnte den stetigen Niedergang der Glarner Zeugdruckindustrie nicht aufhalten.

Der Rückgang des Exportes von bedruckten Stoffen wirkte sich auf Spinnerei und Weberei nachteilig aus, doch gelang es diesen Branchen, zumindest teilweise anderweitigen Absatz zu finden. Schweizer errichteten nun in den umliegenden Staaten selber zahlreiche Spinnereien und Webereien, Glarner beispielsweise bedeutende Fabriken in Liechtenstein, Vorarlberg, Tirol, Frankreich und Russland. Im fernen Brasilien gründete Adam Blumer einen Grossbetrieb mit Spinnerei, Färberei, Weiss- und Buntweberei.

20. Jahrhundert

Textilindustrie
Die Fabrikstatistik von 1901 belegt deutlich die Rückbildung der Baumwollindustrie im Kanton Glarus. Die Druckerei war auf 15 Betriebe zusammengeschrumpft, die 1958 Personen beschäftigten. Die Baumwollspinnerei zählte noch 14 Betriebe, die Weissweberei 12, die Buntweberei 1; sie alle zusammen boten 3644 Personen Arbeit. Auch die Bevölkerungszahl des Kantons hatte seit 1870 um etwa 3000 Personen oder 9% abgenommen. Mit anderen Worten: viele brotlos gewordene Arbeiter sahen sich nach 1870 zur Ab- oder Auswanderung gezwungen. Weil Spinnerei und Weberei erheblich krisenfester waren als die Druckerei, blieb die Textilindustrie bis nach 1980 hinsichtlich der Beschäftigten der stärkste glarnerische Industriezweig.

Der Textildruck verbreitete sich nach 1900 weltweit, gegenwärtig führend in der Region Como. Die einst so blühende Glarner Zeugdruckerei dagegen ging in den schweren Wirtschaftskrisen unseres Jahrhunderts fast ganz unter; der moderne Filmdruck verdrängte den traditionellen Handdruck mit Modeln vollständig. Bis 1950 sank die Zahl der Druckereien auf fünf mit 229 Beschäftigten; heute bestehen noch zwei, ein Kleinbetrieb in Netstal und die Seidendruckerei Mitlödi AG. Die Firma in Mitlödi beschäftigt etwa 100 Mitarbeiterinnen und Mitarbeiter; mit modernsten Druckverfahren fabriziert sie hochwertige Drucke für Damenoberkleider und Dekorationsstoffe. In der ganzen Schweiz produzieren daneben nur noch vier weitere Textildruckereien.

Im Gegensatz zur Druckerei vermochten Spinnerei und Weberei gesamtschweizerisch und im Glarnerland eine beachtenswerte Stellung zu behaupten. Obschon sie immer weniger Personen beanspruchen, erreichen sie dank neuster vollautomatischer Maschinen eine gewaltige Steigerung der Produktion. Mehrere Glarner Textilfabriken sind heute auf einem technologisch hohen Stand und auf die Produktion qualitätvoller Garne und topmodischer Gewebe spezialisiert. In zwölf Spinnereien und sieben Webereien finden gegen 1500 Personen Arbeit, darunter zahlreiche Ausländer.

Neue Industriezweige
Nach 1900 vollzog sich in der glarnerischen Volkswirtschaft eine grosse Umwälzung. Neue Industriezweige kamen auf: Fabriken für Metallverarbeitung, Maschinen, Elektroapparate, «Eternit»-Baustoffe, Möbel, Teppiche, Pinsel, Isoliermaterial, Papier, Kalk, Chemie, Plastikwaren, Mineralwasser und Fleischprodukte. Nach dem Zweiten Weltkrieg erlebte das Baugewerbe einen starken Aufschwung. Handel, Banken, Versicherungen, öffentliche Verwaltung, Gastgewerbe und andere Dienstleistungszweige beschäftigen eine steigende Zahl von Angestellten (36%). Die Landwirtschaft dagegen beansprucht nur noch etwa 8% der Erwerbstätigen. Gegenüber früher ist die glarnerische Wirtschaft vielseitiger und insgesamt widerstandsfähiger geworden; geblieben ist der hohe Grad der Industrialisierung (56%) und die enorme Exportabhängigkeit (80%).

Arbeiterin in einer Weberei.

Literatur

Jean-François Bergier; Die Wirtschaftsgeschichte der Schweiz; Zürich 1983.
Urs Ferdinand Blumer; Anfang und frühe Entwicklung des Zeugdrucks in der Schweiz unter besonderer Berücksichtigung des Kantons Glarus; Schwanden (o.J., um 1955).
Walter Bodmer; Das Glarnerische Wirtschaftswunder; JHVG 50, 1952, S. 300–335. – Schweizerische Industriegeschichte; Zürich 1960.
Jürg Davatz; Das Glarner Textildruckmuseum im Freulerpalast Näfels; Näfels 1989.
Adolf Jenny; Handel und Industrie des Kantons Glarus; JHVG 33/34, 1899/1903. – Die schweizerische Baumwollindustrie; Bern 1909. – Abriss und Chronologie der glarnerischen Industrie, in: Bartel/Jenny III, S. 340–585.

Der Einfluss der glarnerischen Sozialgesetzgebung auf das schweizerische Arbeitsrecht

Hans Lehnherr

Oben: Bernhard Becker (1819–1879), Pfarrer in Linthal und Sozialreformer. (Museum des Landes Glarus, Näfels)

Rechts: 1858 erschien Beckers Schrift «Ein Wort über die Fabrikindustrie», deren kritische Gedanken damals in der ganzen Schweiz grosses Aufsehen erregten. (Landesbibliothek Glarus)

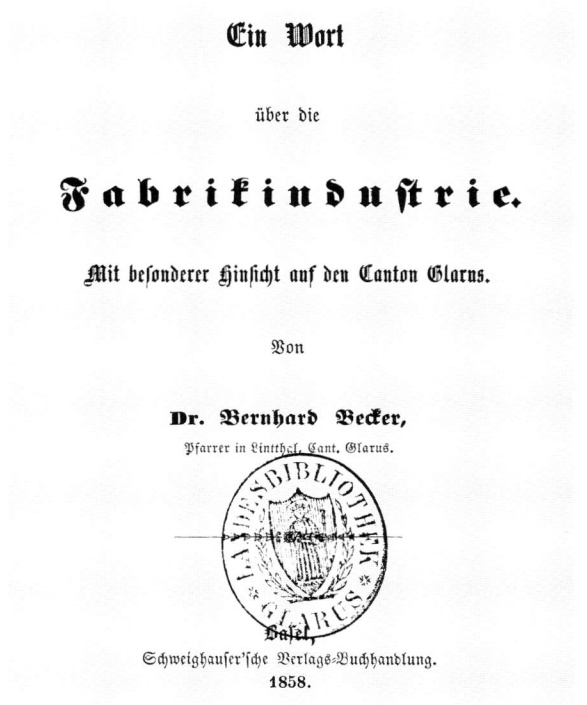

Die soziale Frage

Mit der Industrialisierung zu Beginn des 19. Jahrhunderts entstanden sozialpolitische Probleme aus dem Heranwachsen einer besitzlosen Arbeiterklasse. Die Arbeiterschaft hing vom Gedeihen der Fabriken – damals in erster Linie Spinnereien, Webereien und Druckereien – sowie vom Gutdünken der fast uneingeschränkt herrschenden Fabrikanten ab. Die Gründe dafür waren vielfältig: das Wachstum der Bevölkerung beschleunigte sich damals stark; gleichzeitig ging die verbreitete Heimspinnerei und Heimweberei in dem Masse unaufhaltsam zurück, wie die fabrikmässige Spinnerei und Weberei zunahm. Die Landwirtschaft konnte seit langem keine zusätzlichen Arbeitskräfte mehr aufnehmen, das Gewerbe nur eine kleine Zahl. Für sehr viele Arbeitsfähige bot daher die Fabrikarbeit die einzige Beschäftigungsmöglichkeit beziehungsweise die einzige Alternative zur Auswanderung.

Infolge der Neuartigkeit des Phänomens Fabrikarbeit und dem Vorherrschen einer liberalen Wirtschaftsauffassung, die jedes Einmischen des Staates in die Verhältnisse zwischen Arbeitnehmer und Arbeitgeber ausschliessen wollte, gab es zu jener Zeit keinen gesetzlichen Schutz der Fabrikarbeiter beziehungsweise keine Reglementierung der Fabrikarbeit. Einzelne frühere Vorschriften, die bestimmte Gewerbe im Rahmen der Zunftordnung betrafen, gerieten zudem in Vergessenheit. Der Fabrikbesitzer konnte deshalb uneingeschränkt über Arbeitsbedingungen, Löhne, Arbeitszeit usw. bestimmen; die Arbeiter mussten auf alle Bedingungen, die häufig von der nationalen und internationalen Konkurrenzsituation diktiert wurden, eintreten.

So betrugen die Arbeitszeiten bis zu 17 Stunden im Tag, zusätzlich hatten Frauen und Kinder zur Mehrung des Verdienstes beizutragen. Schon mit sechs Jahren begannen die Kinder mit dem Spulen, und sobald sie gross und stark genug waren, setzten sie sich an den Webstuhl. Alte Leute mussten möglichst lange einer industriellen Tätigkeit nachgehen, denn eine Altersversicherung existierte nicht. Verständlich, dass dadurch auch in gesundheitlicher Beziehung Missstände auftraten. Die lange Arbeitszeit, das Verweilen in Drucksälen mit hohen Temperaturen, die Öl- und Farbgerüche, die schlechte Beleuchtung und die ungenügende Ventilation, die häufig gebückte Haltung und die Hektik der Arbeitsvorgänge beeinträchtigten in hohem Masse die Gesundheit der Fabrikbevölkerung.

Zwei Persönlichkeiten, die sich für Verbesserungen einsetzten, sind an dieser Stelle zu nennen: *Pfarrer Bernhard Becker* (1819–1879), Linthal, der von den Unternehmern verlangte, dass sie das Wohl der Arbeiterschaft über die Produktions- und Gewinnkosten stellten, und der Arzt *Dr. Fridolin Schuler* (1832–1903) aus Mollis. Schulers Hauptanliegen war auf die Verbesserung der gesundheitlichen Verhältnisse ausgerichtet, und er trat für den Wöchnerinnenschutz, den arbeitsfreien Samstagabend und für kürzere Arbeitszeiten ein; ebenso befasste er sich schon mit den Fragen einer Kranken-, Alters- und Pensionskasse

Beitrittserklärung für die Ende 1842 gegründete Alters-, Witwen- und Waisenkasse, der alle Einwohner des Kantons Glarus beitreten konnten. Lithographie von Bartholome Jenny, 1843. (Museum des Landes Glarus)

und einer umfassenden Haftpflicht bei Unfällen. Beide hatten einen massgebenden Einfluss auf die Ausgestaltung der glarnerischen und nationalen Sozialgesetzgebung.

Die Organisation der Arbeiterschaft war angesichts der Allmacht der Fabrikherren schwierig. Erstmals streikten Arbeiter im Glarnerland 1837 anlässlich der Einrichtung einer Arbeitsglocke – jedoch ergebnislos. 1864 erfolgte die Gründung des Central-Arbeitervereins, der neben dem genossenschaftlichen Wareneinkauf auch politische Ziele verfolgte. Im Vergleich zum Ausland und anderen Regionen hielten die Glarner Arbeitnehmer wie die Arbeitgeber mit ihren Forderungen Mass. Sie blieben kompromissbereit und bekannten sich, ihrer Möglichkeit bewusst, stolz zur Landsgemeindedemokratie.

Der Beginn des Arbeitnehmerschutzes im Kanton Glarus

Nicht nur die schlechte Lebenssituation der Arbeiter führte dazu, dass eine immer grösser werdende Bevölkerungsschicht immer stärker nach sozialpolitischen Massnahmen verlangte. Hinzu kamen zwei weitere Triebfedern: einerseits die Angst vor der Radikalisierung der sich allmählich organisierenden Arbeiterschaft im Zeitalter von Karl Marx, anderseits die Einsicht, dass bessere Lebensbedingungen das Leistungsvermögen der Arbeitenden erhöht. Zu diesen Beweggründen eine Stimme aus jener Zeit: «Beweisen wir durch Wort und Beispiel, dass es nicht nur im Interesse der Arbeiter, nicht nur im Interesse der öffentlichen Wohlfahrt, sondern vor allem auch im Interesse der Arbeitgeber selbst liege, dass der Arbeiter menschlich erzogen, menschlich genährt, gekleidet und behandelt werde; so klein auch sein Wirkungskreis, so soll er doch immer als ein unentbehrliches Rädchen im Uhrwerk geachtet sein. Diejenigen Fabrikanten, welche damit einverstanden sind, müssen mit dem guten Exempel vorangehen; andere werden folgen; die guten Arbeiter werden den guten Meistern zuströmen, die schlimmen so lange im irdischen Fegfeuer bleiben, bis sie kuriert oder verschwunden sind.»[1]

Die feuerpolizeiliche Verordnung von 1824
Eine erste Schutzmassnahme wurde nicht aus Rücksicht auf die Arbeiter getroffen, sondern lag in der Angst vor Bränden begründet. Durch den Gebrauch von Öllampen während der Nachtarbeit waren die leicht entzündbaren Materialien in Spinnereien in hohem Masse gefährdet. Deshalb verbot der Rat die Nachtarbeit in der Baumwollindustrie. Begünstigt von dieser Verordnung waren also nicht nur Kinder, sondern auch erwachsene Arbeiter.

Die Ratsverordnung von 1846 und das Gesetz von 1848
Diese Verordnung trug erstmals den Charakter unmittelbaren Arbeiterschutzes mit dem folgenden Inhalt: Festhalten am Verbot der Nachtarbeit in Spinnereien und generelles Verbot der Kinderarbeit in Spinnereien. Proteste sowohl von

[1] J.C. Brunner; Die Licht- und Schattenseiten der Industrie, Aarau 1869.

Oben: «Die Streikglocke». 1837 liess die Zeugdruckerei Egidius Trümpy in Glarus diese Glocke anbringen und jeweils zum Arbeitsbeginn läuten; die Arbeiter antworteten darauf mit dem ersten Fabrikstreik in der Schweiz. (Museum des Landes Glarus)

Rechts: Kinderarbeit in einer Spinnerei; Ende 19. Jahrhundert.

Arbeitgeber- (aus Angst vor Wettbewerbsnachteilen) als auch von Arbeitnehmerseite (infolge Lohnausfälle) setzten ein. Auf Antrag eines Bürgers anlässlich der Landsgemeinde und gegen den Wunsch des Landrates kam die Verordnung von 1846 vor die Landsgemeinde und wurde mit einigen Neuerungen zum Gesetz erhoben. Somit hatten nicht nur der Rat, in dem hauptsächlich die Oberschicht vertreten war, in dieser Sache etwas zu sagen, sondern auch die Stimmbürger und die direkt betroffene Arbeiterschaft. Denn durch die Existenz des Initiativrechts und die Möglichkeit der Einbringung von Abänderungsanträgen während der Landsgemeinde kann der einzelne Bürger ganz direkt in die Meinungsbildung eingreifen. Damit bekam die immer stärker werdende Arbeiterschaft einen entscheidenden Einfluss, ohne sich wie andernorts gewalttätiger oder revolutionärer Mittel bedienen zu müssen. Über diese «Ventilwirkung» der Landsgemeinde schrieb der Landammann und spätere Bundesrat *Dr. Joachim Heer* (1825–1879): «Mit der Landsgemeinde bin ich im Ganzen doch nicht unzufrieden: Unsere demokratischen Einrichtungen bilden für manches wieder ein Korrektiv; der arme Mann fühlt sich weniger gedrückt, wenn er an der Gemeinde und Landsgemeinde seiner Freiheit sich freuen darf, und das Hochgefühl, hier mit seiner Hand so viel zu bedeuten wie der reichste Fabrikherr, hebt ihn das ganze Jahr und lässt ihn seinen Kopf aufrechter tragen als da, wo er immer nur als der Dienende und Gedrückte erscheint. Auch ist es ein gar gutes Ding, wenn wenigstens jedes Jahr einmal die verschiedenen Elemente des Volkes sich persönlich einander gegenüberstehen und ins Auge blicken; die Menschen rücken erst dann recht weit auseinander, wenn sie sich nicht mehr sehen und sprechen und jeder vom andern nur noch vom Hörensagen oder vorgefassten Ideen urteilen kann.»

Während Heers Amtszeit wurden drei Fabrikgesetze und eine Bundesverfassungsrevision ausgearbeitet und in Kraft gesetzt. Als ein Mann des Ausgleichs versuchte er, die Arbeiter wie die Industriellen zur Mässigung und zu gegenseitigem Verständnis anzuhalten.

Das Glarner Fabrikgesetz von 1864

Mit einer Eingabe zuhanden der Landsgemeinde unternahmen 1863 vier Fabrikarbeiter aus Luchsingen den Anstoss zu einem weiteren Ausbau der glarnerischen Arbeiterschutz-Gesetzgebung. Wenn der Kanton die Einzelinitiative nicht gekannt hätte, wäre dieses Vorgehen nur über eine Unterschriftensammlung zustande gekommen, wobei der einzelne Arbeiter dieses Begehren wohl kaum unterschrieben hätte. Folgende Forderungen wurden erhoben: Beschränkung der Arbeitszeit auf täglich elf Stunden für alle Arbeiter; Vorschriften betreffend Belüftung der Fabriksäle; Errichtung einer Fabrikinspektion. Die Unterstützung dieser Anliegen durch bekannte Persönlichkeiten – wie zum Beispiel den Bundesrichter und Ständerat *Johann Jakob Blumer*, den Glarner Gemeindepräsidenten *Dr. Niklaus Tschudi* und den Fabrikanten *Jean Jenny* – führte zu einer Annahme des Gesetzes. Tschudi schlug an der Landsgemeinde als Kompromiss den Zwölfstundentag vor, auch für Männer. Bei den damals verhärteten Fronten kann die Möglichkeit, während der Landsgemeinde Abänderungsvorschläge zu stellen, das heisst das Geben und Nehmen miteinander auszuhandeln, nicht hoch genug eingeschätzt werden. Die Landsgemeinde nahm dieses Gesetz mit grossem Mehr an. Es war eines der ersten Gesetze, das sich nicht nur auf einzelne Industriezweige beschränkte.

Die wichtigsten Bestimmungen

«Als Fabriken, auf welche sich die Vorschriften des gegenwärtigen Gesetzes beziehen, sind alle gewerblichen Anstalten (Etablissements) anzusehen, in denen gleichzeitig und regelmässig Arbeiter ausserhalb ihrer Wohnungen in geschlossenen Räumen beschäftigt werden. Auf Handlanger, Mechaniker und Bleicher finden jedoch die Bestimmungen dieses Gesetzes keine Anwendung.

Alltagsschulpflichtige Kinder dürfen in keiner Fabrik zur Arbeit verwendet werden.

Die wirkliche Arbeitszeit in den Fabriken darf nicht mehr als 12 Stunden täglich betragen. In dieser Zeit ist die Freistunde für das Mittagessen sowie eine allfällige Rast zur Vesperzeit nicht inbegriffen.» – Dieser wesentliche Artikel war heftig umstritten. Die eine Seite vertrat die Meinung, dass nicht allein Frauen und Kinder, sondern auch die Männer einen Schutzanspruch hätten, die andere Seite argumentierte, die Männer müssten frei entscheiden können, ob sie länger arbeiten wollten. Zum erstenmal in Europa wurde jedoch der Zwölfstundentag für alle Arbeitnehmer eingeführt!

«Von acht Uhr abends bis fünf Uhr morgens darf nicht in den Fabriken gearbeitet werden.

Frauenspersonen sollen vor und nach ihrer Niederkunft, im ganzen während sechs Wochen, nicht arbeiten in der Fabrik (Wöchnerinnenschutz).

Landammann und Rat sind beauftragt, zeitweise Inspektionen durch Sachverständige in allen Fabriken des Kantons vornehmen zu lassen, um sich davon zu überzeugen, inwiefern den Bestimmungen dieses Gesetzes nachgelebt werde.»

Beurteilung und Auswirkungen auf die übrige Schweiz

Mit diesem Gesetz fanden die Forderungen von dem sich stark für die Arbeiterschaft einsetzenden Pfarrer Becker Gehör. Er verlangte vom Staat, der zügellosen Freiheit des einzelnen – wodurch im Grunde ganze Massen unfrei werden – Einhalt zu gebieten. Bereits er forderte ein Fabrikinspektorat, denn was nützen Vorschriften, deren Einhaltung nicht überprüft wird?

Einzigartig war die demokratische Art, in der das Glarner Gesetz geschaffen wurde. Fabrikanten und Arbeiter, unterstützt von Handwerkern und Bauern, stimmten gleichberechtigt über dieses wichtige Geschäft ab. Selbstbewusst setzten die Arbeiter ihr Mitspracherecht ein, um ihre Lebenssituation zu verbessern. Überall sonst waren es immer Reiche, Fabrikanten und Akademiker, die über Fabrikgesetze verhandelten und beschlossen. Ein Grund für die Zustimmung der Landsgemeinde dürfte in der kleinräumigen Siedlungsstruktur des Glarnerlandes liegen. Die Handwerker und Bauern kannten die Lebensbedingungen der Arbeiter, da alle nahe beisammen wohnten. Dieser ständige Kontakt und die vielfach verwandtschaftlichen Bindungen schufen gegenseitiges Verständnis und Entgegenkommen.

Ein vergleichbares Gesetz gab es damals in der Schweiz noch nicht. Es lenkte selbst die Aufmerksamkeit des Auslandes auf sich, war es doch das erste in ganz Europa, das auch für erwachsene Männer einen Normalarbeitstag von zwölf Stunden festlegte. Zusätzlich war der Wöchnerinnenschutz neu beispielhaft geregelt.

Besondere Beachtung fand auch die Schaffung einer Fabrikinspektion – zwar nicht die erste in der Schweiz, aber wohl die effizienteste –, die die Einhaltung der Gesetze überwachen sollte. Das Vorgehen von Glarus wurde zum Vorbild für mehrere Kantone, die die Arbeit in den Fabriken in ähnlicher Weise zu regeln versuchten.

Das Glarner Fabrikinspektorat

Als langjähriger Präsident wirkte Dr. Fridolin Schuler, der sein Amt in der schwierigen Anfangszeit vorzüglich führte und später zum ersten eidgenössischen Fabrikinspektor berufen

Rechte Seite:

Amtsblatt des Kantons Glarus vom 13. August 1864; Publikation des neu erlassenen Fabrikgesetzes. (Museum des Landes Glarus)

№ 33.

Glarus,

Achtzehnter Jahrgang 1864.

Samstag, den 13. August.

Amtsblatt des Kantons Glarus.

Preis: Der Jahrgang beim Verleger 2 Fr. 20 Rappen, franko durch die Schweiz 2 Fr. 40 Rappen. In Glarus franko ins Haus 3 Fr. — **Inserationsgebühren:** 1) für jede Publikation in den amtlichen Theil (laut Verordnung) 1 Fr. 5 Rp., 2) in den außeramtlichen, die gespaltene Zeile 15 Rp. — Die Inserate müssen jeweilen bis spätestens Freitags Mittags in der Regierungskanzlei und **nicht** bei der Expedition abgegeben werden. Druck und Verlag von J. Vogel.

Amtliches.

Künftigen Freitag wird Standes-Kommission gehalten werden.

Gesetz über die Fabrikpolizei.

(Auf Ermächtigung der Landsgemeinde erlassen vom dreifachen Landrathe am 10. August 1864.

§ 1. Als Fabriken, auf welche sich die Vorschriften des gegenwärtigen Gesetzes beziehen, sind alle gewerblichen Anstalten (Etablissements) anzusehen, in denen gleichzeitig und regelmäßig Arbeiter außerhalb ihrer Wohnungen in geschlossenen Räumen beschäftigt werden. Auf Handlanger, Mechaniker- und Bleicher finden jedoch die Bestimmungen dieses Gesetzes keine Anwendung.

§ 2. Alltagsschulpflichtige Kinder dürfen in keiner Fabrik zur Arbeit verwendet werden.

§ 3. Repetirschulpflichtige Kinder dürfen von den wöchentlichen Repetirschultagen (§ 5 des Gesetzes über das Schulwesen) weder vor noch während der Unterrichtsstunden in der Fabrik beschäftigt werden.

In Gemeinden, wo für die Repetirschule wöchentlich ein ganzer Schultag bestimmt ist, dürfen die Kinder auch nach der Unterrichtszeit nicht mehr für Fabrikarbeiten in Anspruch genommen werden.

§ 4. Die wirkliche Arbeitszeit in den Fabriken darf nicht mehr als 12 Stunden täglich betragen. In dieser Zeit ist die Freistunde für das Mittagessen, sowie eine allfällige Rast zur Vesperzeit nicht inbegriffen.

§ 5. An allen Samstagen des Jahres ist die Fabrikarbeit spätestens um 6 Uhr, an den Vorabenden zu den drei heiligen Festen (Ostern, Pfingsten und Weihnacht) aber um 4 Uhr zu schließen.

§ 6. Zur Nachtzeit, d. h. von 8 Uhr Abends bis 5 Uhr Morgens darf nicht in den Fabriken gearbeitet werden.

§ 7. Frauenspersonen sollen vor und nach ihrer Niederkunft im Ganzen während sechs Wochen nicht in der Fabrik arbeiten. —

§ 8. Jeder Fabrikbesitzer ist verpflichtet, bei der Einrichtung und dem Betriebe seiner Fabrik die erforderlichen Vorkehren im Interesse der Sicherheit und der Gesundheit der Arbeiter zu treffen, insbesondere bei mechanischen Werken alle nach dem jeweiligen Stande der Technik möglichen Schutzmittel anzubringen, und für die Aufrechthaltung der Ordnung, der Reinlichkeit und der guten Sitten in den Fabriklokalen zu sorgen.

§ 9. Landammann und Rath ist beauftragt, zeitweise Inspektionen durch Sachverständige in allen Fabriken des Kantons vornehmen zu lassen, um sich davon zu überzeugen, inwiefern den Bestimmungen dieses Gesetzes nachgelebt werde.

Die Inspektoren werden dem Rathe schriftlichen Bericht und Anträge vorlegen und der Rath wird hierauf diejenigen polizeilichen Anordnungen treffen und mit Strafandrohungen begleiten, welche er für die Gesundheit, Sicherheit und Sittlichkeit der Fabrikarbeiter für nothwendig erachtet.

§ 10. Uebertretungen dieses Gesetzes werden vom Polizeigerichte mit einer Geldbuße von Fr. 20 — 500 bestraft. In Wiederholungsfällen kann die Buße verdoppelt und in schweren Fällen selbst auf Gefängnißstrafe gegen den oder die Fehlbaren erkannt werden.

§ 11. Mit der Annahme dieses Gesetzes treten außer Kraft:
    a) das Gesetz von 1848 über das Arbeiten in den Spinnmaschinen;
    b) das Gesetz von 1856, betreffend die Verwendung schulpflichtiger Kinder in den industriellen Etablissements.

§ 12. Landammann und Rath ist mit der Vollziehung dieses Gesetzes, sowie mit der Erlassung allfällig hiefür nöthiger Verordnungen beauftragt.

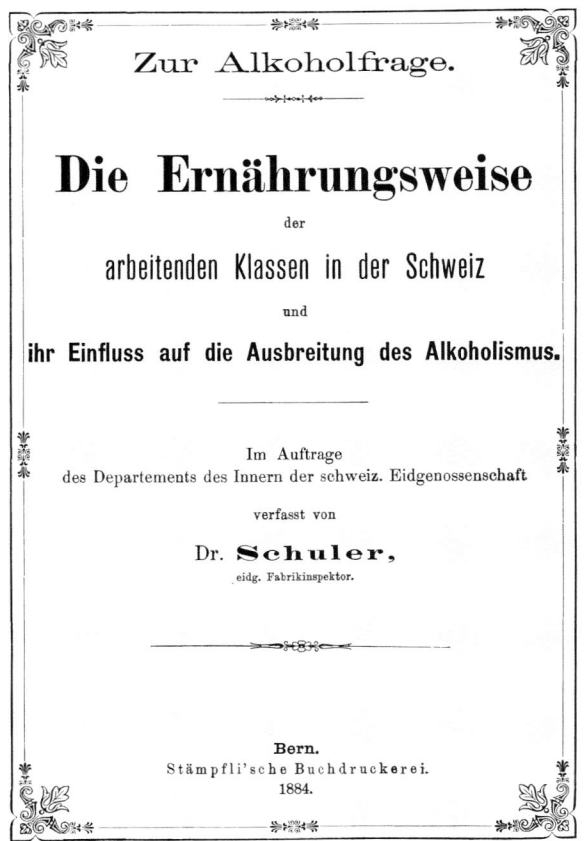

wurde. Als sein oberstes Ziel betrachtete er es, die Missstände und Gefahrenquellen zu beseitigen und dem Fabrikgesetz Nachachtung zu verschaffen. In seinen Berichten schrieb er von den Widerständen, die ihm von seiten der Fabrikanten entgegengebracht wurden, von den Zuständen in den Fabriken und von den Nöten der Arbeiter.

Das revidierte Fabrikgesetz von 1872
An der Herbstlandsgemeinde von 1872 verlangten die Arbeiter eine weitere Arbeitszeitreduktion. Doch der angestrebte und schliesslich auch in Kraft gesetzte Elfstundentag wurde von vielen Seiten scharf kritisiert. Die Arbeitnehmer fürchteten sich vor den angedrohten Lohnkürzungen. Die Fabrikanten ertrugen vor allem schlecht, dass die Arbeiter völlig selbständig die Initiative ergriffen, im Gegensatz zu 1864, wo bekanntlich angesehene Bürger grosse Vorarbeit beim Zustandekommen des Fabrikgesetzes geleistet hatten. Aus einer Auseinandersetzung um eine Verbesserung der Lage der Arbeiter von 1864 entstand zwölf Jahre später ein Konflikt zwischen sozialen Klassen.

Neben dem Elfstundentag für alle waren die wesentlichsten Neuerungen vor allem die Ausweitung des Gesetzes von 1864 auf Handlanger, Mechaniker und Bleicher sowie eine verbesserte Überwachungskompetenz für die Polizei. Die Tatsache, dass andernorts weiterhin 12 bis 14 Stunden gearbeitet werden durfte beziehungsweise musste, zwang nun die Fabrikanten und Behörden des Kantons, auf eidgenössischer Ebene auf die Einführung gleichwertiger Schutzbestimmungen zu pochen, um die vermeintlich drohenden Wettbewerbsnachteile auszugleichen. In den folgenden Konkordatsverhandlungen spielten sich die Vertreter von Glarus gegen aussen ganz entschieden als Fürsprecher eines sozialen Fortschritts auf, obwohl sie gegen innen die damals weitgehenden glarnerischen Bestimmungen bestenfalls halb so vehement befürwortet hatten.

Der Arbeitnehmerschutz in der Schweiz

Für die ganze Schweiz einheitliche fabrikpolizeiliche Bestimmungen zu erlassen, war damals ein Ding der Unmöglichkeit, weil einerseits die Verfassungsgrundlage dazu fehlte und sich andererseits die industriellen Verhältnisse und Strukturen in den einzelnen Kantonen verschieden präsentierten. Bis zur Revision der Bundesverfassung im Jahre 1874 waren nur die Kantone kompetent, in Sachen fabrikpolizeilicher Bestimmungen Gesetze zu erlassen, was die Aufnahme von Verhandlungen notwendig machte.

1859 und 1864 erfolgten die ersten Konkordatsverhandlungen, jedoch ohne greifbare Resultate. In den Konkordatsverhandlungen von

Links: Dr. med. Fridolin Schuler (1832–1903), glarnerischer und eidgenössischer Fabrikinspektor. (Museum des Landes Glarus)

Rechts: Dr. Schuler verfasste eine Reihe von Schriften zur Gesundheitspflege und Ernährung der Fabrikbevölkerung. (Museum des Landes Glarus)

Arbeiter und Arbeiterinnen einer Glarner Stoffdruckerei; um 1890. (Museum des Landes Glarus)

1872 in Glarus setzte sich der Vertreter von Glarus, Fabrikant Trümpi, ganz vehement für den Elfstundentag ein, nachdem diese Arbeitszeitreduktion in Glarus einen Monat zuvor Gesetzeskraft erhalten hatte. Ihm blieb gar nichts anderes übrig, als auch den anderen Kantonsvertretern die Bestimmungen des Glarner Fabrikgesetzes von 1872 schmackhaft zu machen.

Obwohl diese Konkordatsverhandlungen keine unmittelbaren Resultate brachten, spielten sie bei der weiteren Entwicklung der Arbeiterschutz-Gesetzgebung und insbesondere bei der Schaffung des ersten eidgenössischen Gesetzes doch eine ganz entscheidende Rolle: Durch die positiven Erfahrungen des Kantons Glarus, die anlässlich der Konkordatsverhandlungen in der ganzen Schweiz publik gemacht wurden, konnten die übrigen Kantone gelassener den Forderungen aus den Arbeiterkreisen entgegensehen. Gleichzeitig jedoch machte das Scheitern der Verhandlungen deutlich, dass eine einheitliche Bundesregelung notwendig war. Nach der Revision der Bundesverfassung (1874) erhielt der Bund in Sachen Arbeiterschutz/Arbeitszeit die Möglichkeit zu legiferieren.

Das eidgenössische Fabrikgesetz von 1877

Erst in neun Kantonen existierten bereits Fabrikgesetze. Sechs davon enthielten nur Schutzbestimmungen für Kinder, und lediglich drei kantonale Gesetze kannten eine Arbeitszeitbeschränkung für erwachsene Personen. In allen anderen Kantonen waren die Arbeitsverhältnisse und generell die Arbeit in Fabriken nicht geregelt.

Beim neu zu schaffenden, heftig umstrittenen Artikel 11, wo es um den Elfstundentag ging, wies der Bundesrat in seiner Botschaft explizit auf die im Kanton Glarus gemachten Erfahrungen hin, unter anderem auf die nicht verschlechterte Wettbewerbsfähigkeit der Industriebetriebe. Im Referendum siegten die Befürworter des neuen Gesetzes nur knapp.

Nach Durchsicht damaliger Ratsprotokolle darf die Feststellung gewagt werden, dass ohne das Beispiel des Kantons Glarus und ohne die zustimmenden Äusserungen der Glarner Behördenvertreter und Fabrikanten die umstrittene Arbeitszeitreduktion schon in den parlamentarischen Vorberatungen kaum Gnade gefunden hätte.

Die wichtigsten Artikel

Der Geltungsbereich (Artikel 1) ist im Bundesgesetz und im Glarner Gesetz praktisch im gleichen Wortlaut abgefasst. Beide umschreiben eine Fabrik als Anstalt, in welcher gleichzeitig und regelmässig eine Anzahl Arbeiter ausserhalb ihrer Wohnungen in geschlossenen Räumen beschäftigt werden.

Betreffend der allgemeinen Schutzvorrichtungen (Artikel 2) ist das Glarner Gesetz nicht so ausführlich abgefasst, enthält aber auch schon den Zusatz, dass die entsprechenden Schutzvorrichtungen dem jeweiligen Stand der Technik laufend angepasst werden müssen.

Die in Artikel 3 formulierte Vorschrift, bei Fabrikneubauten die Baupläne vorgängig durch eine Drittperson begutachten zu lassen, kannte das kantonale Gesetz nicht. Diese Forderung wäre für das patriarchalisch strukturierte Glarner Unternehmertum unvorstellbar gewesen.

Artikel 4 und insbesondere Artikel 5 regeln die Haftpflicht, die kein früheres kantonales Fabrikgesetz erwähnt hat. Die Arbeitgeberkreise diskutierten diese Artikel sehr heftig, weil sie für jeden Schaden und für die Folgen von Unglücksfällen schadenersatzpflichtig wurden, sofern sie ihre Unschuld nicht beweisen konnten. Die Beweislast lag beim Unternehmer.

Artikel 6 bis 9 umfassen Vorschriften über das Erstellen einer Fabrikordnung, eines Arbeiterverzeichnisses und über Kündigungsfristen. Das Glarner Fabrikgesetz enthält dazu keine Vorschriften.

Artikel 11 setzt den Elfstundentag fest. Mit Ausnahme von Frankreich, das den zwölfstündigen Arbeitstag auch bereits eingeführt hatte, kannten andere Staaten, so England und Deutschland, nur teilweise Vorschriften über die Arbeitszeit von Kindern und Jugendlichen sowie für Frauen.

Artikel 13 verbietet die Nachtarbeit, mit der Möglichkeit von Ausnahmebewilligungen. Nachdem 1824 der Arbeiterschutz im Kanton Glarus mit einem entsprechenden Verbot seinen Anfang genommen hat, wird diese Vorschrift 1877 gesamtschweizerisch wirksam. Während 53 Jahren hatte der Kanton Glarus bewiesen, dass damals auf den Nachtbetrieb mehrheitlich verzichtet werden konnte.

Die Sonntagsarbeit (Artikel 14) war in Glarus schon seit 1858 verboten, was auf ein Begehren von Pfarrer Becker zurückging.

Artikel 15 beschäftigt sich mit dem Wöchnerinnenschutz und dem absoluten Nacht- und Sonntagsarbeitsverbot für Frauen.

Artikel 16 verbietet die Fabrikarbeit für Kinder unter dem vollendeten 14. Altersjahr. – Dies war im Gegensatz zu anderen Ländern sehr fortschrittlich. Da ab 1873 der Eintritt in Glarner Fabriken nicht vor dem vollendeten 14. Altersjahr erfolgen konnte, wollte das Bundesgesetz die Kinder nicht schlechter stellen.

Links: Christina Trümpy-Hösli, Gattin des Druckereifabrikanten Jakob Trümpy, Ennenda. Kolorierte Photographie von E. Hieronymi, Zürich, 1863. (Museum des Landes Glarus)

Rechts: Drucksaal der Firma Freuler in Ennenda; um 1900.

Glarnerische Sozialgesetzgebung

Bericht

zum Entwurf für ein Gesetz über die Staatliche Alters- und Invalidenversicherung für den Kanton Glarus

Erstattet

vom Regierungsrat an den hohen Landrat des Kantons Glarus am 11. Januar 1916

❖ ❖

Buchdruckerei Glarner Nachrichten
Glarus 1916

Links: Druckereifabrikant und Landammann Eduard Blumer (1848–1925) mit seiner Ehefrau Elsbeth, geborene Jenny; um 1885. (Landesarchiv Glarus)

Rechts: Landammann Blumer setzte sich für die Schaffung einer obligatorischen kantonalen Alters- und Invalidenversicherung ein. 1916 nahm die Landsgemeinde das entsprechende Gesetz an.

Literatur

Davatz; Geschichte, S. 205–234.
Gret Heer, Urs Kern; Alltag der Glarner Tuchdruckereiarbeiter im 19. Jh., in: Arbeitsalltag und Betriebsleben; Zürich 1981.
Emil Hobi; Die Entwicklung der Fabrikgesetzgebung im Kanton Glarus; Bern 1920.
Hans Lehnherr; Der Einfluss des Kantons Glarus auf das schweizerische Arbeitsrecht; Zürich 1983.
E. Schweingruber; Sozialgesetzgebung der Schweiz; Zürich 1977.

Eidgenössisches Fabrikinspektorat

Die Oberaufsicht des Bundes sollte eine einheitliche Anwendung des Gesetzes im ganzen Land gewährleisten. Insbesondere für den Vollzug der Bestimmungen über die Arbeitshygiene und die Unfallverhütung bedurfte es qualifizierter Spezialisten. Der Fachmann mit der grössten Erfahrung auf diesem Gebiet war damals sicher der Glarner Fabrikinspektor Dr. Schuler. An ihn erging der Ruf, das Amt eines eidgenössischen Fabrikinspektors zu übernehmen. Er lehnte vorerst ab. Nur das Bitten und Drängen des Glarners Dr. J. Heer, der 1877 das Amt des Bundespräsidenten bekleidete, und dessen Hinweis auf die Gefahr, welche der guten Sache drohe, wenn der Vollzug nicht von Anfang an von erfahrenen Persönlichkeiten ausgeübt werde, bewegten Schuler, dieses Amt anzunehmen. Ihm fiel dann auch schnell die Führung innerhalb des eidgenössischen Inspektorates zu.

Zur weiteren Entwicklung des Glarner Arbeiterschutzes nach 1877

Diese Entwicklung steht in engem Zusammenhang mit dem langjährigen Landammann *Eduard Blumer*, der sich besonders nachhaltig für die Einführung eines Alters- und Invalidengesetzes einsetzte.

Dieses Gesetz, vom Glarner Arbeiterbund beantragt, regelte den Schutz des Arbeitnehmers in all jenen Bereichen, die das eidgenössische Fabrikgesetz nicht abdeckte. In vielen Gewerbebetrieben herrschten noch Zustände wie früher in den Fabriken, und ein eidgenössisches Gesetz war wegen der fehlenden Verfassungsgrundlage einmal mehr nicht möglich.

Das Glarner Gesetz über die Alters- und Invalidenversicherung von 1916

Dieses Gesetz stellte diesbezüglich die erste obligatorische Versicherung in der Schweiz dar. Zu Beginn des Jahrhunderts war es noch Sache jedes einzelnen, Vorsorge für das Alter zu treffen. Viele Arbeiter waren nach dem Ausscheiden aus dem Arbeitsprozess auf finanzielle Unterstützung der Armenpflege angewiesen.

Die Leistungen der Glarner Versicherung waren zwar sehr bescheiden, aber sie bildeten doch den Anfang, dem Arbeiter im Alter und bei Invalidität einen gewissen Schutz zukommen zu lassen. Damit wollte man nicht bestehende Armut lindern, sondern Notsituationen verhüten durch einen rechtlichen Anspruch, dem nicht mehr der Charakter von Almosen anhaftete.

Erst 1947 erhielt die Schweiz mit der Einführung der Alters- und Hinterbliebenenversicherung (AHV) eine entsprechende Sozialversicherung auf Bundesebene. Unter Bundesrat *Hans Peter Tschudi*, einem gebürtigen Glarner, erfuhr die AHV einen raschen Ausbau. Da 1966 zusätzlich zur AHV/IV die Ergänzungsleistungen eingeführt wurden, konnte die kantonale Versicherungskasse, die im Prinzip demselben Zweck diente, 50 Jahre nach ihrer Gründung aufgelöst werden.

Auswanderung

Heinrich Stüssi

Der Gründe sind viele, die Menschen veranlassen, ihrer Heimat den Rücken zu kehren und ins Elend zu reisen, wie man dem «In-die-Fremde-Gehen» sagte. Es kann Not und Hoffnungslosigkeit, Überschuss an unbeschäftigten Händen und hungrigen Mäulern sein, die zur Auswanderung treiben, Ursachen, die Ende des 17. und anfangs des 18. Jahrhunderts erstmals Auswanderungen von Armen zur Folge hatten. Religiöse Unduldsamkeit – in Frankreich gegen die Hugenotten, in der Eidgenossenschaft, vor allem in den Ständen Bern und Zürich, gegen die Wiedertäufer – führte im 17. Jahrhundert zu Massenauswanderungen in das vom Dreissigjährigen Krieg entvölkerte Elsass und Süddeutschland und im 18. Jahrhundert in verschiedenen Wellen direkt nach den englischen Kolonien Nordamerikas. Gottseidank erlebte das Glarnerland nie die Schrecken religiöser Verfolgung. Es tat's an dem, dass die Früchte der Felder missrieten, es das liebe Brot kaum mehr gab und dazu noch der Verdienst mangelte.

Vorübergehende und dauernde Auswanderung

Eine Sonderform war die zeitweilige Auswanderung, betrieben von den Bauleuten aus dem Tessin und Misox, den Bündner Zuckerbäckern, den «Schwabengängern» auch aus dem Glarnerland zur Erntezeit des Korns, den Glarner Krämern und Kaufleuten und, am zahlreichsten, von den Reisläufern. Diese für die Eidgenossenschaft charakteristische Form der vorübergehenden Auswanderung hielt bis ins 19. Jahrhundert an. Sie war für breite Schichten eine bescheidene, aber notwendige Erwerbsquelle. Das Land Glarus hatte 1770 im Verhältnis zu seiner Bevölkerung sogar mehr Truppen in fremden Diensten als die übrigen eidgenössischen Stände.

Schon sehr früh, im 14. Jahrhundert, begegnet uns die dauernde Auswanderung aus dem Glarnerland nach der freien Reichsstadt und Bundesgenossin Zürich, mit der rege wirtschaftliche und politische Beziehungen bestanden. Die aufstrebende Limmatstadt bot Handwerkern und Handelsleuten die förderlichsten Bedingungen für ihre Betätigungen. Die bekanntesten unter den sicher schon wohlhabenden Zuzügern waren Rudolf Netstaler, Heinrich Landolt, Rudolf Stüssi, der Vater des berühmten gleichnamigen Bürgermeisters, und Rudolf Kilchmatter. Sie waren im lukrativen Handel mit Salz, Eisen, Textilien, Korn und anderem, was handelbar war, tätig und gelangten damit zu Reichtum und in öffentlichen Ämtern zu Ansehen und Ehren, was sie auch 1390 bei den Vorbereitungen zur Ablösung von Säckingen zugunsten des Landes Glarus einsetzten. Vereinzelte Glarner wanderten auch in andere eidgenössische Ortschaften aus, besonders in ostschweizerische, doch wissen wir wenig davon.

Erste Armenwanderungen

1693 kam es zur ersten Armenwanderung zweier Familien aus Linthal. Sie hatten auf die Lockung des Markgrafen von Brandenburg gehört, der sein Land stärker besiedeln wollte. Die Familien erreichten indes das Ziel nicht, weil beide Väter und eine Mutter vorher den Strapazen erlagen, so dass die führerlose Schar unter erbarmungswürdigen Umständen zurückkehren musste.

Dieser Auswanderungsversuch ist einer von vielen Belegen dafür, dass die Zahl der Bewohner mit den heimatlichen Erwerbsmöglichkeiten nicht mehr übereinstimmte, sogar dann nicht mehr, wenn das Jahr «mit solch herrlicher Witterung gesegnet» war, «dass man sie besser nicht hette wünschen dörffen». Gemeint ist das Jahr 1712. Der Zweite Villmergerkrieg erschütterte damals die Eidgenossenschaft und hatte Teuerung und Verdienstlosigkeit zur Folge, so dass Werbeflugschriften aus Berlin schnell auf offene Ohren stiessen. Das Versprechen, in Litauen, dem späteren Ostpreussen, fruchtbare Felder und grosse Höfe unter günstigen Bedingungen zu erhalten, veranlasste schon beinahe eine Massenauswanderung. Ungefähr 700 Familien aus

Segelschiff «Helvetia» des glarnerischen Reeders und Holzhändlers Kaspar Wild in Christiansand, Norwegen. Ölgemälde von B.Tandall, um 1850. (Museum des Landes Glarus, Näfels)

dem Welschland, über 100 aus den Untertanengebieten Sax und Werdenberg und etwa 30 Familien aus dem Glarnerland brachen auf, darunter 15 Familien von Kerenzen, vier bis fünf aus Mollis, zwei von Ennenda, zwei bis drei von Schwanden und je eine aus Bilten, Glarus, Haslen, Rüti und Linthal. Das älteste Paar war 65 und 71 Jahre alt... Die grossenteils armen Auswanderer langten mittellos und meist auch krank in Berlin an, und wer deshalb zurückgewiesen wurde, war nicht bejammernswerter als die Siedler, die in den äussersten Zipfel Ostpreussens, nahe bei der russischen Grenze, geschickt wurden.

1714 wurde zum schicksalhaften Jahr der Wende, herbeigeführt vom Kirchenmann Andreas Heidegger. Er brachte die Baumwolle und das leicht erlernbare Spinnen ins Tal. Danach folgten bald das Weben und das Drukken, und diese drei Formen der Textilverarbeitung bestimmten während zwei Jahrhunderten das Wohl und Wehe in unserem Land und veränderten Volk und Landschaft. Auch den blossen Besitz eines Spinnrades und einer Bettstatt erachtete man fortan als genügend, um eine Ehe schliessen zu können, so dass fremden Reisenden auffiel, wie es hier allerorts von Kindern wimmelte.

Auswanderung von Berufs- und Kaufleuten

Bis zum Ende des 18. Jahrhunderts erfolgten keine Armenwanderungen zu Siedlungszwecken mehr; wer nun der Heimat den Rücken kehrte, tat dies in der Absicht, in seinem Gewerbe weiterzukommen. Im badischen Wiesental, in dessen Hauptort Lörrach sich seit 1752 die Indiennesdruckerei entwickelte, liessen sich über 60 namentlich bekannte Berufsleute aus Glarus als Weber und Drucker nieder.

Norwegen

Kapitalkräftige Handelsleute wanderten sogar nach Norwegen aus, wo sie ihre Unternehmungslust frei entfalten konnten. Weil sie alle mehr oder weniger miteinander verwandt waren, schien es, als ob der «Clan» glarnerischer Kaufleute Norwegen unter sich aufgeteilt hätte. Die Namen der im Ex- und Import, im Bank- und Versicherungswesen, im Schiffsbau und in der Reederei Tätigen sind auch dieselben des Glarner Wirtschaftswunders; wir erwähnen bloss die Ersteinwanderer: Joh. Jacob Trümpy, Adam Blumer, Adam Ott, Rudolf Leuzinger, Markus Wild, Peter Blumer, Melchior Tschudi, Thomas Hefti, Samuel Steinmann, Balthasar Legler, Joh. Jacob Altmann, Conrad Jenny. Einige von ihnen wurden Stammväter von Familien, die in Norwegen eine beachtliche Rolle spielten. Eine gruppenweise Einwanderung von Landwirten und Käsern – in Norwegen war sonst die Besorgung des Viehs eine Frauenarbeit – fand zwischen 1850 und 1860 statt.

Russland

Inzwischen war das Zarenreich als «Land der unbegrenzten Möglichkeiten» entdeckt worden. Es bot an, was das Herz begehrte: einen grossen Absatzmarkt, Rohstoffe in Hülle und Fülle, einen schier unerschöpflichen Bedarf an Kapitalien, billige und im Überfluss vorhandene Arbeitskräfte, Steuervorteile und andere Privilegien. Da obendrein die russische Oberschicht einem eigentlichen «Mythos Schweiz» huldigte, profitierten auch unsere Landsleute von diesem Vorschussprestige.

Seit dem Ende des 17. Jahrhunderts bis 1917 wanderten um 50 000 bis 60 000 Schweizer und Schweizerinnen nach Russland aus. Auch Glarner waren dabei, die meisten aus den Gemeinden Netstal, Ennenda, Mollis und Schwanden. Als Vorfahre der Glarner in Russland gilt Johannes Jenny aus Ennenda, der übers Meer nach Archangelsk, dem damaligen Einfuhrhafen im hohen Norden, reiste und bis nach Moskau gelangte. Seine Nachfolger weiteten den Handel auf alles Absatz- und Gewinnträchtige aus, so dass ein Zeitgenosse (W. Senn, 1770) über sie das schmeichelhafte Urteil fällte: «Sie scheuen keine Mühe und kein Ungemach, von Petersburg nach Madrid zu laufen, um hier etwas zu kaufen, was in Russland teuer bezahlt wird. Niemand ist so erwerbsam und tätig, niemand weiss alles so zu nutzen, wie der Glarner Krämer, den man, zusammen mit dem Juden, auf jedem Handelsplatz der Erde trifft.»

Zu diesen erwerbsamen Glarnern gehörte unter vielen anderen auch J.J. Blumer aus Schwanden. Er war schon als 13jähriger von einer Gruppe Handelsleute nach Russland mitgenommen worden (früh übt sich...) und wanderte als 22jähriger endgültig aus. Er schwang sich vom Kaufmann zum Produzenten empor und führte in Russland die mechanische Teppichweberei ein. Aus seinem beträchtlichen Vermögen gründete er die «Blumerstiftung» mit Sitz in Schwanden, die immer noch tätig ist. Die Vorläufer der ersten schweizerischen Textilbetriebe waren einige Wattenmacher aus Schwanden, hauptsächlich der Familien Luchsinger, die im letzten Viertel des 18. Jahrhunderts ins Baltikum und nach Nordrussland auswanderten.

Die Mehrzahl der Auswanderer stammte aus Netstal, und Leonhard Weber war ihr Vorläufer. Als Katharina II. die Armee aufrüstete, benötigte sie für Gewehrschäfte vordringlich Hartholz; Weber stand ihr zu Diensten. Er schiffte sich mit einer Holzladung in Amsterdam ein und fuhr damit für immer nach Petersburg. Dort kam er zu Reichtum. Für sein Landgut brauchte er auch Käser, und die liess er aus seinem Heimatdorf kommen. Andere Gutsbesitzer folgten seinem Beispiel, so dass fast jedes Jahr eine grössere oder kleinere Gruppe junger Käser einwanderte, die meisten allerdings aus dem Berner Oberland und aus dem Freiburgischen.

Von den vier gleichfalls ausgewanderten Brüdern Leonhard Webers stieg Michael fast kometenhaft empor und vollzog rasch den Übergang vom Handelsmann zum Textilfabrikanten. Ihm gehörte aber auch das vornehme Hotel «Zur Stadt London» in Petersburg, das Jost Spälti, ein anderer Netstaler, verwaltete. Überhaupt ist die Netstaler Familie Weber, von der mehr als ein Dutzend Auswanderer bekannt ist, beispielhaft für weitere «Familiendynastien» von Russlandschweizern. Einer solchen stand auch der Molliser Jakob Lütschg zu Gevatter, der 1834 in Petersburg eine Zitzfabrik gründete (Zitz ist ein kattunartiges Baumwollgewebe) und dessen Nachfolgeunternehmen 1901 in sechs Werken über 3000 Arbeiter beschäftigte. – Um nicht den falschen Eindruck zu erwecken, dass es nur erfolgreiche Kaufleute und Industrielle gab, seien auch die 1842 in Petersburg vermerkten drei Glarner Kaminfeger erwähnt...

Das grösste und bedeutsamste schweizerische Familienunternehmen im Zarenreich war jedoch das Wirtschaftsimperium der Jenny in Südrussland. Innerhalb von 50 Jahren erreichten sie in der Zuckerherstellung nahezu ein Monopol. Zu ihrem Wirtschaftsreich gehörten im weitern Handelshäuser, Maschinen- und Getränkefabriken, Bergwerke und Landwirtschaftsgüter. Während mehr als eines Jahrhunderts prägten

Eine Gruppe ausgewanderter Netstaler in Russland, Freunde des Jakob Spälti (gestorben 1895); links oben Zimmermann, der 1915 in Glarus starb; um 1890.

Links: Zuckerfabrik «Kalnik» der Glarner Familie Jenny in der Nähe von Kiew; um 1900.

Rechts: Caspar von Blumer (1857–1941), dessen Grossvater von Schwanden nach Petersburg ausgewandert war, stieg zum kaiserlich russischen General auf. Seinen Lebensabend verbrachte er in Paris.

fünf Generationen das russische Wirtschaftsleben in verschiedenen Zweigen. Gabriel Jenny gehörte vor dem Ersten Weltkrieg zu den reichsten Russlandschweizern, wenn nicht zu den reichsten Schweizern überhaupt.

Der Rote Sturm machte allen alles zunichte. Erniedrigt und mittellos kehrten rund 6500 Erwachsene und Kinder in ihre Heimatgemeinden zurück, welche die meisten nur vom Hörensagen kannten. Unter den Rückwanderern befanden sich unter anderen 17 Lütschg, etwa 30 Winteler und über 100 Netstaler «Russen». Ausser Reichenbach im Berner Oberland wies keine andere Gemeinde so viele Rückkehrer auf.

Rumänien
Zwei Jahrzehnte länger konnten sich die in Rumänien niedergelassenen Auswanderer halten. Verschiedene Firmen glarnerischen Ursprungs leisteten dort dem Schweizerhandel Pionierdienste. Das Handelshaus Jacq. Brunner in Galatz war das bedeutendste an der unteren Donau. Die Namen Marty, Iselin, Kläsi, Zweifel, Vögeli, Weber, Staub, Wyss-Iselin, Figi und andere verdienen es, ebenfalls erwähnt zu werden. Von den 201 Mitgliedern des dortigen Schweizervereins im Jahre 1932 waren deren 17 Glarner und eine Glarnerin.

Italien
Unsere unternehmerischen Kaufleute und Fabrikanten fanden neben Norwegen und Russland auch im südlichen Nachbarland Italien vorzügliche Bedingungen zu ihrer Entfaltung. Zwei Paradebeispiele sind Peter Blumer-Blumer, der in Ancona an der Adria ein Handelsgeschäft weltweiten Ausmasses betrieb (später P. Blumer und Jenny), und die noch bestehende prosperierende Firma Legler in Ponte San Pietro bei Bergamo. Nach Oberitalien zog es auch noch andere Fabrikanten, so die Zopfi, Tschudi, Luchsinger, Trümpy, Waldvogel, Spälty und in ihrem Gefolge Meister und Angestellte aus dem Glarnerland. Nicht von ungefähr übt der Kanton Glarus bis heute das Patronat über die 1892 gegründete Schweizerschule in Ponte San Pietro aus, welche die zweitälteste der 17 Auslandschulen ist. Zeugen der beträchtlichen glarnerischen Präsenz sind auch die Grabsteine auf dem evangelischen Friedhof von Brembate Sopra...

Auswanderung nach Amerika

Von ganz anderer Prägung war die Auswanderung nach Übersee im 19. Jahrhundert. Unsere Bevölkerung hatte sich seit Beginn des 18. Jahrhunderts in wahrlich «erschreckender Weise» vermehrt. Die Zahl der Einwohner stieg innert 100 Jahren von 12 000 auf 24 000 an und legte im 19. Jahrhundert innert 70 Jahren noch einmal soviel zu, wie das Land im Jahre 1700 Einwohner zählte. Nach 1798 sorgte noch der unersättliche Bedarf an Soldaten für Napoleons Heere für eine Verminderung der Esser. Ein solches Mittel gab es in den 1840er Jahren nicht mehr, als die Maschinenweberei Hunderte, ja Tausende von Heim-Handwebern brotlos machte, die selbst in der aufblühenden glarnerischen Textildruckindustrie keine Beschäftigung mehr fanden. Dazu gesellte sich noch die Kartoffelpest, und beides zusammen machte das Unheil voll. Bei einem überhitzten Dampfkessel öffnet man klüglich ein Ventil. Das Rezept für den Übervölkerungsdruck hiess Auswandern. Der auch im Kanton Glarus einflussreiche Schaffhauser Arzt und Politiker Wilhelm Joos empfahl eine Radikalkur nach Dr. Eisenbart. Wie seinerzeit die Linthebene von wirklichen Sümpfen befreit worden sei, müsse das Glarnerland von seiner Fabrikbevölkerung entsumpft werden. Für ihn war die Auswanderung geradezu ein zugehöriger Bestandteil seines anti-industriellen sozialpolitischen Programms. Ganz anders der Linthaler Pfarrer und Sozialreformer Bernhard Becker (1819–1879). Er trat für eine dosierte Auswanderung ein. «Sie ist, was das Aushauen eines Waldes, das Ausschneiden eines Baumes», die beide schöner wachsen, wenn gelichtet wird, weil die Zurückbleibenden dann mehr Licht erhalten.

Die glarnerische Auswanderung nach Übersee war nur ein winziges Teilchen der Masse von etwa 70 Millionen, die seit dem 17. Jahrhundert nach den beiden Amerika auswanderte. Der Verlust wog gleichwohl schwer, denn innert acht Jahren verloren Diesbach und Elm etwa einen Viertel, Bilten einen Fünftel und der Kanton einen Zwölftel der Bevölkerung. Noch vor dem grossen Auszug nach Übersee fand 1837 eine Volkszählung statt. Erst im Vergleich mit einer späteren Zählung – wir greifen diejenige von 1900 heraus – wird das Ausmass des «Ausholzens» ersichtlich. Bei mehr als der Hälfte der glarnerischen Gemeinden nahm die Zahl ihrer in der Schweiz lebenden Bürger ab; am markantesten in Diesbach mit einem Minus von 199 Köpfen oder 28 Prozent. Nur Glarus wies einen noch grösseren Verlust auf, aber das Minus von 343 machte doch «nur» neun Prozent aus. Der Aderlass ist auch an der geringen Zunahme aller Kantonsbürger abzulesen. Sie betrug 2261, während sie von 1900 bis 1980 um 15 582 anstieg. An der Vermehrung von 2261 trug Näfels mit 1171 am meisten bei. Sogar 1980 wiesen fünf Hinterländer Gemeinden im Vergleich zu 1837 immer noch eine geringere Gesamtzahl an Bürgern auf: Rüti minus 82, Betschwanden minus 127, Diesbach minus 144, Hätzingen minus 191 und Leuggelbach minus 100.

Nordamerika – New Glarus
Um die Auswanderer nicht ins Ungewisse nach Nordamerika ziehen zu lassen, bildete sich im Frühjahr 1844 ein Auswanderungsverein mit Sitz in Schwanden, dessen Gemeinderat auch die Initiative dazu ergriffen hatte. Der Auftrag ans Comité lautete, die Auswanderung habe gemeinsam zu erfolgen und zur Bildung eines glarnerischen Gemeinwesens in den USA zu führen. Solche Koloniegründungen waren üblich, weil sie für die Auswanderer eine günstige Voraussetzung, wenn auch keine Garantie für ein Gelingen bildeten. Die Zahl der gelungenen und misslungenen Kolonieversuche von Schweizern allein in Nordamerika betrug über 80. In der Schweiz war dies der erste und wegweisende Versuch, bei dem Gemeindebehörden die Auswanderung von Bürgern vorbereiteten und mitfinanzierten.

Vorerst wusste man bloss, dass als Zielland in der nordamerikanischen Union nur nordöstlich gelegene Staaten in Frage kamen. Die Auswahl war auch so noch gross genug, und deshalb sollten im Laufe des Jahres 1844 zwei Abgeordnete als Experten diese Staaten bereisen, und zwar mit der Vollmacht, Land anzukaufen. Die Kantonsregierung leistete an die Kosten 1500 Gulden. Als Experten wurden Richter Niklaus Dürst von Diesbach und Schlossermeister Fridolin Streiff von Schwanden bestimmt. Das Comité erkundigte sich zuvor bei Landsleuten, deren es in der Neuen Welt schon zahlreiche gab. Auch sie empfahlen die östlichen Staaten, kargten aber auch

Inserat in der «Glarner Zeitung» vom 5. Juni 1847.

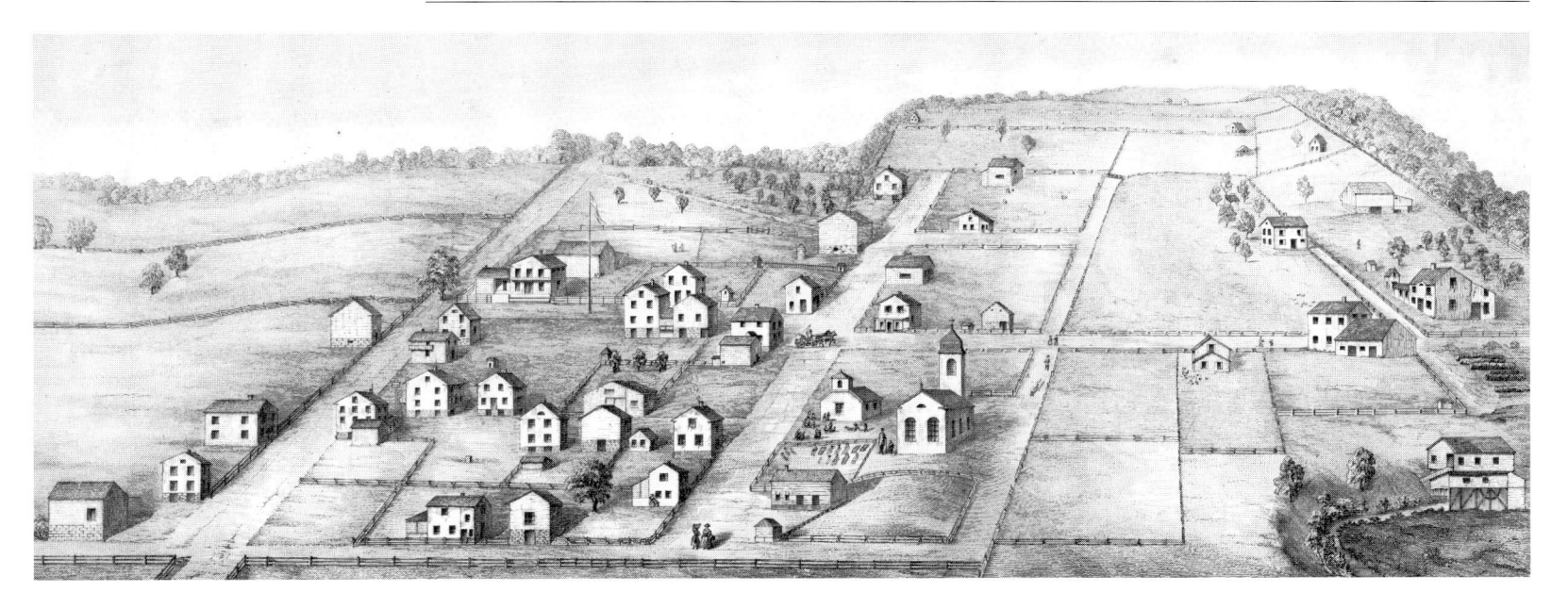

Oben: New Glarus in Wisconsin, USA. Gut erkennbar ist das für amerikanische Siedlungen charakteristische rechtwinklige Strassennetz. Lithographie von Rudolf Leuzinger, um 1860. (Museum des Landes Glarus)

Unten: New Glarus; Nachbau einer Blockhütte, wie sie die ersten Siedler errichtet hatten.

mit Vorbehalten nicht. Der Konsul von New Orleans erklärte ohne Umschweife: «Ich würde niemals die Schweizer aufmuntern, ihr Vaterland zu verlassen.»

Die Kundschafter machten sich am 8. März 1845 auf die Reise. Nach drei Monaten unausgesetzten Suchens fiel ihre Wahl auf ein hügeliges und fruchtbares Gebiet im Staate Wisconsin, von dem sie 432 ha Wiesland und 29 ha Wald erwarben. Von vornherein waren den Auswanderungswilligen 20 Jucharten zugeteilt worden, für deren Erwerb die heimatlichen Tagwen die Gelder vorschossen. Die Reisekosten und die Beschaffung von Utensilien am Zielort sollten die Auswanderer aus eigenen Mitteln bestreiten, was jedoch ein Wunschtraum blieb.

Noch ehe die Kundschafter einen Fuss auf amerikanischen Boden gesetzt, geschweige ihren Entscheid getroffen und Bericht erstattet hatten, besammelten sich am 16. April 1845 voller Ungeduld 50 Männer, 36 Frauen und 107 Kinder und Jugendliche in der Biäsche bei Ziegelbrücke zum Einschiffen. Statt der angemeldeten 140 Personen waren es jetzt 193. Davon, was den Auswanderern auf der vier Monate dauernden Reise an Widerwärtigkeiten und Entbehrungen wartete, gaben ihnen die drei Tage von der Biäsche bis Basel einen Vorgeschmack. Beinahe wäre die Diesbachergruppe wieder umgekehrt, wenn ihr und allen andern nicht der Studiosus Theologiae Bernhard Becker zugesprochen hätte. Von den Mühsalen während der sieben Wochen dauernden Meerfahrt gibt der Hinweis eine kleine Ahnung, dass jede Familie in der einzigen und kleinen Küche sich ihre Mahlzeiten selbst zubereiten musste und dass überdies bei Stürmen das Kochen untersagt war. Der mitgenommene Vorrat an Käse, geräuchertem Fleisch und gedörrtem Obst musste dann herhalten.

Am 8. August 1845 fanden 108 der Auswanderer die zwei Kundschafter und das angekaufte Land; der Rest der Schar war an der Küste zurückgeblieben. Der Tagebuchschreiber notierte: «Abends marschierten wir ein Stück Wegs über unser Land und genossen den wunderbaren Anblick. Es übertraf alle unsere Erwartungen: ausgezeichnetes Holz, guter Boden, viele feine Quellen und ein mit Fischen gefüllter Bach; genügend Wasser darin, um das ganze Jahr über eine Mühle oder Säge anzutreiben; wilde Trauben in Fülle; viel Wild: Rotwild, Präriehühner und Hasen, kurz alles, was man erwarten kann.»

Ein Schlaraffenland? Ein solches empfing die erschöpften und aller Mittel entblössten Ankömmlinge denn doch nicht. Hingegen liess sich hier mit unermüdlicher Arbeit eine neue Heimat wohl aufbauen, und diesem guten Willen halfen die Heimatgemeinden mit einer nochmaligen Zuwendung von 58 000 Gulden nach. Zudem erhielt die vielversprechende Kolonie New Glarus rasch Zuzug aus der Heimat. Bis 1848 wanderten 1405 Personen aus, für die vielfach New Glarus eine bleibende Stätte oder wenigstens Durchgangsort für eine Ansiedelung in der Nachbarschaft wurde. 1846 entstand im Winnebago County New Elm, heute Black Wolf geheissen, 1847 New Bilten.

Die Auswanderungslust wurde mit jedem guten Bericht neu angefacht, und wer drüben scheiterte, hängte solches sowieso nicht an die grosse Glocke, so dass sich die Sehnsucht nach einem besseren Leben mit dem Namen Amerika verband... Für die meisten der Auswanderungswilligen bestand das Hindernis nur darin, dass ihnen die Mittel für die Reise und zur Ansiedelung fehlten. Diese Sorgen, oder einen Teil davon, nahmen ihnen jedoch bald einmal die Gemeinden ab, die binnen acht Jahren an 2500

Nach den Schweizer-Kolonien „der Gutsbesitzer"

in der südbrasilianischen Provinz St. Paul wird durch Vermittlung des Auskunfts- und Beförderungs-Bureau nach Nord- und Südamerika beim Bahnhofe in Zürich, im Monat Juli wieder ein Schiff befördert. Die vorzügliche Einrichtung und das äußerst gesunde Klima dieser Kolonien, auf denen sich schon gegen 1000 Schweizer befinden, sowie die vielen Vortheile, die sie sowohl den Auswanderern als namentlich auch den Gemeinden, die ihre armen Angehörigen auf möglichst vortheilhafte und billige Weise spediren wollen, bieten, sind bereits genugsam bekannt, so daß eine fernere Anpreisung unnütz erscheint.

Anmeldungen für diese Abfahrt beliebe man so schnell als möglich bei Unterzeichnetem zu machen, da die Passagierzahl bald komplet sein dürfte, und alsdann verspätete Anmeldungen keine Berücksichtigung mehr finden könnten.

Jede nähere Auskunft ertheilt gerne

Zürich, im Juni 1854.

Für das Auskunfts- und Beförderungsbureau beim Bahnhof in Zürich:

C. de Paravicini.

Personen die hohe Summe von 250 000 Franken leisteten, viel und doch wieder zuwenig für einen hoffnungsvollen Anfang. Das Reisegeld wurde nicht immer aus edlen Motiven gewährt, sondern diente oftmals dazu, sich unerwünschter Bürger zu entledigen. Man brauchte es nicht so ungeschminkt zu sagen, wie der aargauische Regierungsrat 1854: Für Arbeitsscheue sei das Leben in Amerika die beste und wohltätigste, für Gemeinden und Staat aber zugleich die wohlfeilste Zwangsarbeitsanstalt.

New Glarus, ein Zentrum der Milchwirtschaft, ist heute eine begüterte Gemeinde mit 1500 Einwohnern. Der Ort ist die bekannteste und sich ihres Ursprungs am meisten bewusste Schweizersiedlung in den USA. Sie hält das Erbe der Herkunft auf vielfältige Weise wach: mit der Bewahrung des Glarnerdeutschen, das die jüngere Generation allerdings kaum mehr lernt, sodann mit jährlichen Aufführungen von «Wilhelm Tell» und «Heidi», mit einem historischen Museum und mit eifrig gepflegten Kontakten, woran auch der Schweizerische Verein der Freunde von New Glarus beteiligt ist. Dennoch zollt auch New Glarus seinen unvermeidlichen Tribut an die Integrationskraft Amerikas, und infolgedessen verblassen die echten schweizerischen Charakterzüge immer mehr.

Brasilien
Eine andere Armenwanderung richtete sich nach Brasilien, über das so erstaunliche Nachrichten verbreitet wurden, dass dieses Land zu einem «Paradies in den Köpfen» wurde, wie der Untertitel von Eveline Haslers Roman «Ibicaba» lautet. Der Plantagenbesitzer Vergueiros versprach, die Heimatflüchtigen als Teilpächter anzusiedeln und sie als Kaffeepflücker einzusetzen. Der Erlös aus der Ernte sollte, nach Abzug der Unkosten, zwischen Pflanzer und Pächter hälftig geteilt werden, was genüge, um innert vier bis fünf Jahren die Reisevorschüsse an den Pflanzer zurückzuzahlen, ja sogar, um vom Ersparten Land kaufen und sich selbständig machen zu können. Die Wirklichkeit sah allerdings anders aus. Die Kolonisten verstrickten sich mit ganz wenigen Ausnahmen fast zwangsläufig in eine erdrückende Schuldenwirtschaft und hoffnungslose Abhängigkeit.

Von 1852 bis 1856 wanderten aus 15 Kantonen oder 144 Gemeinden 322 Familien oder 1823 Personen aus. Allein aus Engi 34 Familien und aus Matt 15, aus sieben weiteren Gemeinden noch acht Familien. Die zwei Kleintaler Gemeinden nahmen grosse Kredite auf, um ihren Bürgern die Überfahrt nach Brasilien zu ermöglichen. Die Rückzahlung wurde ihnen vom Plantagenbesitzer garantiert, doch nur die erste von vier Raten ging ein. Matt stellte für 13 Familien die hohe Summe von 21 032 Franken zur Verfügung, Engi schätzungsweise den doppelten Betrag für seine Leute. Die vorübergehende Verschuldung schien den zwei Gemeinden immer noch die vorteilhaftere Lösung zu sein, als arme Familien endlos unterstützen zu müssen. Und so nebenbei konnte man sich auch noch geistig und körperlich Behinderter entledigen. Vor allem Engi setzte sich dem Vorwurf aus, leichtfertig seine Leute ins Unglück getrieben zu haben, hätte es doch «Kranke, Presthafte, Blinde, Blödsinnige, Krüppel und Greise» nach Brasilien spediert... Das Projekt mit den Halbpächtern scheiterte 1865.

Die glarnerische Mitwirkung der Auswanderung nach den anderen südamerikanischen Staaten blieb immer sehr gering, wie es auch die schweizerische war. Ins Hauptzielland Argentinien wanderten von 1857 bis 1924 fünfeinhalb Millionen Personen aus, die Hälfte davon aus Italien, jedoch nur 37 000 oder 0,67 Prozent aus der Schweiz. Gegen den Zauber Nordamerikas war

Inserat in der «Glarner Zeitung» vom 5. Juli 1854.

Rechte Seite:

Oben: Die heutige Ortschaft New Glarus.

Unten: Alljährlich wird in New Glarus Schillers «Wilhelm Tell» aufgeführt. Gessler hoch zu Ross.

Auswanderung

so lange kein Kraut gewachsen, als das Leben im eigenen Land dürftig und ausweglos blieb. Zwischen 1845 und 1900 wanderten etwa 8000 Personen aus dem Glarnerland aus, in der jährlichen Zahl je nach Wirtschaftslage auf- und niedersteigend wie Ebbe und Flut.

Binnenwanderung

Durch die Auswanderung nach Übersee lichtete sich der «Wald» merklich, doch wurde die soziale Frage nicht gelöst, sondern nur entschärft. Dazu trug auch die Binnenwanderung innerhalb der Schweiz bei. Zur Zeit der Alten Eidgenossenschaft kam der Wegzug in eine andere Gegend der Schweiz noch fast einem Aufbruch in ein anderes Land gleich. Was den betuchten Glarnern seinerzeit in der Reichsstadt Zürich noch mühelos gelang, ging nach der Reformation zunehmend schwieriger vonstatten, weil die Städte und die Länderorte ihre Einbürgerungspolitik verschärften. Nach dem Zweiten Kappeler Frieden, der den konfessionellen Besitzstand für lange Zeit festlegte, fand nochmals ein beträchtlicher Bevölkerungsaustausch zwischen den reformierten und katholischen Orten statt, doch dann setzte sich die Absperrungspolitik allgemein, wenn auch nie ausnahmslos durch.

Die glarnerische Volkszählung von 1837 lieferte erstmals zuverlässige Auskünfte über die Binnenwanderung. Von 100 Kantonsbürgern lebten schon 21 nicht mehr in ihrer Heimatgemeinde. Neun von ihnen hielten sich in anderen Gemeinden des Kantons auf – am zahlreichsten in Glarus – und zwölf in anderen Kantonen. Die Gemeinde mit den flüchtigsten Bürgern war Diesbach, wo von 100 Bürgern 39 auswärts lebten; in Näfels, Nieder- und Oberurnen waren es nur je deren zehn.

Die Gewährung der Niederlassungsfreiheit in der Bundesverfassung von 1848 schuf in rechtlicher Hinsicht ein freundlicheres Klima für die Binnenwanderung. Nach dem Niedergang des Stoffdruckes und in der Folge auch der andern Zweige der Textilindustrie boten aufstrebende Wirtschaftsregionen im Mittelland Arbeitsplätze an. Infolgedessen lebten 1900 von 100 Kantonsbürgern schon 29 ausserhalb des Kantons, vorab zu fast je einem Drittel in den Kantonen Zürich und St. Gallen, und 1980 waren es sogar 63. Diese Wanderungsbilanz ging nicht bloss auf Kosten der in den Heimatgemeinden lebenden Bürger, deren Anteil von 56 auf 26 sank; auch die Zahl der in andern Gemeinden des Kantons wohnhaften Glarner Bürger verringerte sich, immer auf 100 bezogen, von 15 auf 11.

Die Wanderungen ausser Landes wurden von den Volkszählungen nicht erfasst; selbst das Sekretariat der Fünften Schweiz kennt nur die Gesamtzahl von rund 400 000 Ausgewanderten, die bei einer schweizerischen Vertretung im Ausland immatrikuliert sind; 1986 waren davon bereits 250 000 Doppelbürger. Es ist nicht möglich, die gegenwärtige Zahl der Glarner im Ausland zu beziffern. Auch ohne dieses Wissen steht fest, dass heute nicht mehr die wirtschaftliche Not die Auswanderung veranlasst, sondern Abenteuerlust oder die seit je lebendig gebliebene Absicht, aus der Enge auszubrechen, Neues kennenzulernen und in der Fremde sein Glück zu schmieden.

Links: Fridolin Blumer von Engi wanderte 1913 nach Nordamerika aus. Er nannte sich fortan Jack Vincent Koby und führte in Alaska ein bewegtes Leben als Pionier.

Rechts: Koby und seine Familie vor ihrem Haus am Taku River (Alaska).

Literatur

Dieter Brunnschweiler; New Glarus, Gründung, Entwicklung und heutiger Zustand; Zürich 1954.
Roman Bühler u.a.; Schweizer im Zarenreich; Zürich 1985.
Mathias Dürst; Auswanderungstagebuch 1845; hrsg. von *Eduard Vischer;* JHVG 63, 1970.
Daniel Emersen; Streiflichter über die schweizerische Einwanderung in Norwegen, in: Schweizer Revue 2/3, 1986.
Adolf Jenny; Bilder vom Leben und Streben der Russland-Schweizer; Glarus 1934.
Urs Rauber; Schweizer Industrie in Russland; Zürich 1985.
Hans Thürer; Geschichte der Gemeinde Mollis, 1954. –
Geschichte der Gemeinde Netstal, 1963.
Beatrice Ziegler; Schweizer statt Sklaven, Schweizer Auswanderer in den Kaffee-Plantagen von Sao Paulo; Zürich 1985.

Einwanderung

Heinrich Stüssi

Alle Glarner sind Abkömmlinge von Einwanderern. Auch wenn sie sich zu denen zählen dürfen, die in einer unlängst erschienenen Publikation «50 alte Glarnerfamilien» erwähnt werden. Bei den meisten von ihnen heisst es als Merkmal, sie seien alteingesessen. Punktum. Nachfahren der Romanen? Oder der Alemannen? Oder nachheriger Ansiedler, der Walser? Bei einem Dutzend dieser alteingesessenen Familien weiss man immerhin, dass die Stammväter im 15. und 16. Jahrhundert eingewandert sind. Diese und noch etliche andere in der Schrift nicht berücksichtigte Familien kamen gerade noch zur rechten Zeit, um ohne grosse Umstände als Landleute vollen Rechts angenommen zu werden. Weil man ihrer bedurfte, waren sie willkommen. «Wer zu innen (ihnen) zücht und husshablich ist und innen hilfft runsen und bächen weren», auch einen Erlenwald in eine Allmeind verwandelt, denen sicherte 1413 die Genossame Diesbach-Dornhaus die Aufnahme als gleichberechtigte Mitglieder in ihren Tagwen zu. In dem 1419 von der Landsgemeinde vom Dorf zum Hauptort erhobenen Glarus genügte es sogar, wenn ein Landmann mit dem Bau eines Hauses auf kostenlos abgetretenem Boden «haushablich» wurde. Auch in den andern noch wenig bevölkerten Tagwen mag diese Freizügigkeit gegolten haben, und sie kam auch Hörigen zugute, die ihren niederen Stand ablegen und mehr oder weniger freie Bürger werden konnten.

Doch schon aus dem Alten Landsbuch von 1448 wehte ein steiferes Lüftchen. Das Niederlassungsrecht musste erkauft werden. Die Hürde war indes so niedrig angesetzt, dass sie Zuwanderer nicht ernsthaft abhielt. Solange sie in den Tagwen die Lücken füllen konnten, welche die Grossmachtpolitik der Eidgenossen in die Reihen der Jungmannschaft schlug, und solange sie mit Roden und Reuten den ertragbringenden Boden mehren konnten, wurden sie bereitwillig aufgenommen. Der erarbeitete oder auch erworbene Grundbesitz gewährleistete jedoch noch keine ausreichende Existenz. Eine solche sicherte erst das Recht, am Nutzen des gemeinsamen Gutes, das die Tagwenleute in generationenlanger und mühsamer Arbeit erschaffen hatten, teilhaben zu dürfen, womit auch das Mitbestimmungsrecht im Tagwen verbunden war.

Landesfremde – Hintersässen

Bald einmal wurde diese Gunst zu einer Seltenheit. Abwehren und Fernhalten hiess nun die Losung. Selbst die eigenen Landsleute, die aus einem andern Tagwen kamen und Beisässen genannt wurden, genossen nur eine begrenzte Niederlassung; sie blieben nämlich vom Nutzungs- und Stimmrecht in Tagwensangelegenheiten ausgeschlossen. Und erst die Landesfremden! Um überhaupt sich niederlassen zu dürfen, durften sie nicht Leibeigene sein und mussten eheliche Geburt und einen guten Leumund nachweisen; zudem mussten sie die Tagwenleute, bei denen sie wohnen wollten, um Einwilligung bitten und eine beträchtliche Bürgschaft hinterlegen oder einen Bürgen stellen. Zog der Bürge seine Gutsage zurück, haftete der Tagwen dafür, was die Ausweisung des Bewerbers zur Folge haben konnte. Die Landesfremden waren die bloss Geduldeten und wurden Hintersässen genannt, weil sie ohne Landrecht und ohne Tagwenrecht «hinter» (ausserhalb) dem Schutz des Landes sassen. Selbst das beschränkte Wohlwollen war lediglich eines auf Zusehen hin. Zahlungsunfähigen und Ehebrechern wurde es entzogen; und wenn einen Hintersässen die Lust ankam, ein «landtkindt oder tochter» zu ehelichen, musste er «schleunigst mit ihro dz landt rumen», und obendrein verlor die Braut noch das Heimatrecht.

Die Lage der Hintersässen verschlechterte sich in dem Masse, wie die Bevölkerung sich vermehrte und die Lebens- und Erwerbsmöglichkeiten eingeengt wurden. Vollends verschlimmerte ausgerechnet ein Geldsegen ihre beklagenswerte Stellung. Nach 1517 flossen vor allem aus dem französischen Füllhorn die Dublonen für Soldtruppen und Pensionen ins Land. Von diesen Geldern fiel jedem volljährigen Landmann ein Anteil zu; und hatte auch noch kein Adam

Riese die Leute rechnen gelehrt, wussten sie doch, dass ihr Vorteil darin lag, wenn fortan der Tagwen- und Landesnutzen mit möglichst wenigen «Eindringlingen» geteilt werden musste.

Mit Dutzenden und Aberdutzenden von Tagwens-, Rats- und Landsgemeindebeschlüssen wurden die Hintersässen benachteiligt und erniedrigt. Ein Hoffnungsfeuerchen entfachte die auch gesellschaftsverändernde Reformation. 1528 setzten die Neugläubigen durch, dass auch den Hintersässen das Stimmrecht an der Landsgemeinde eingeräumt werde, und dank deren Hilfe wurde die freie Verkündung des Gotteswortes beschlossen. 1532 erstickte der dreifache Rat die Hoffnungsglut mit dem Beschluss, dass «fürohin khein hindersäss an unsern gemeinden nichts ratnen, mindern noch meren söllent». Wenigstens durften sie noch in den Tagwen bei der Verwaltung des Kirchengutes mitreden, weil die Kirchgenossen fanden, dass es dabei mehr auf das Bekenntnis als auf den Besitz des Landrechts ankomme. Aber auch dieses letzte Restchen einer bescheidenen Mitbestimmung wurde 1559 ausdrücklich untersagt und das Verbot 1724 im Streitfall mit der Kirchgemeinde Mitlödi bestätigt. Dennoch waren die Erniedrigten gezwungen, an den Landsgemeinden teilzunehmen, wo sie nach althergebrachter Pflicht den Hintersässeneid ablegen mussten. Danach hatten sie «ab der landtsgemeind zu gehen» und in ihre Tagwen zurückzukehren, dieselben «getreulich zu verwachen».

Die Hintersässen waren auch gut genug, alljährlich ein «Sitzgeld», eine Art Duldungsgebühr, zu entrichten und an den Tagewerken und militärischen Übungen teilzunehmen. Ansonsten waren sie den Landleuten in allen Teilen lästig, und diese erschwerten ihnen das Leben auf jede erdenkliche Art. Die Ausübung eines Handwerks war beträchtlich eingeschränkt, der Handel verboten, und bei einem landesfremden Bauern türmten sich die Hindernisse sogar zu Bergen auf. Bei jeder feilgebotenen Liegenschaft genoss der Tagwenmann das Vorkaufsrecht. Der Hintersässe durfte auch nur soviel erwerben, wie zur Winterung von zwei bis fünf Kühen erforderlich war, und weil ihm ja jegliches Nutzungsrecht am Tagwensbesitz verwehrt war, fristete er ein entbehrungsreiches Leben. Selbstverständlich blieb auch das Recht zum Jagen und Fischen nur den Landleuten vorbehalten, ausgenommen die Jagd auf Raubtiere.

Um ganz aus dieser Erniedrigung herauszukommen, stand nur der Weg zur Erlangung eines Tagwenrechts und des Landrechts offen. Der erste aufgezeichnete Einkauf erfolgte 1521 von Hans Kramer, «der metzger von Utznach sampt sinen kindern». Den zahlreichen Begehren begegneten die Landleute zuerst mit erschwerten Einkaufsbedingungen und 1552 sogar mit einer Aufnahmesperre. Die Tagwen gingen nun dazu über, Zugezogene ohne ein Landrecht für einen Geldbetrag ins Tagwenrecht aufzunehmen. Diese Personen gelangten zwar in den Genuss des Tagwennutzens, erhielten jedoch nicht einmal innerhalb des Tagwens das Stimm- und Wahlrecht. So bildete sich eine neue und zahlreiche Schicht von Einwohnern, die «hinter» (ausserhalb) dem Landrecht sassen und Landeshintersässen genannt wurden. Sie und die Hintersässen machten schliesslich einen beträchtlichen Bevölkerungsanteil aus, der den innern Zusammenhalt ernstlich gefährdete. Erst 1834 wurden zumindest die Landsässen den Landleuten gleichgestellt.

Nicht das Herz, der Verstand gebot, das in den Soldkriegen verlustig gegangene junge Blut mit neuem zu ersetzen, was Ende des 16. Jahrhunderts zu einer einmaligen grösseren Einbürgerung von 54 Vätern und Söhnen führte. Nach dem Lückefüllen wurde die Landrechtserteilung zu einer Angelegenheit der Konfessionen. Beide durften «ebenmässig» gleich viele einbürgern, was auf gleich wenige hinauslief und die Einbürgerung zu einem schäbigen Geschäft machte, bei dem unvermögliche Hintersässen von vornherein ausgeschlossen waren. Handkehrum konnten sich die Landleute, besonders die katholischen, wieder sehr freigebig verhalten, wenn es darum ging, mit der Landrechterteilung Werbeoffizieren einen Vorteil zu verschaffen. Vermögenden Fremden, die das Tagwen- und Landrecht erworben hatten, glückte in vereinzelten Fällen der Aufstieg in Ratsherrenstellen und in hohe Landesämter; vier erlangten sogar die Würde des Landammanns, nämlich Hans Heinrich Schwarz von Liestal und Netstal 1604, Anton Clericus von Chur und Glarus 1646, Franz Karl Reding von Biberegg von Schwyz und Näfels 1724 sowie Johann Leonhard Bernold von Walenstadt und Glarus 1761.

Wie dem auch sei: Land-, Bürger- und Tagwenrecht und die geduldete Niederlassung blieben auch weiterhin verschiedenerlei Dinge. Darum konnte sich der hessische Schreinergeselle Jakob Bellersheim 1616 im Tagwen Ennenda niederlassen und sogar die Ennetbühlerin Katharina Becker heiraten. Dessen Plattentische lösten erstaunliche und nachhaltige Aktivitäten aus. Und ebenfalls kein Landmann war Diakon Andreas Heidegger im Tagwen Glarus, der 100 Jahre später die Heimspinnerei einführte und damit den Anstoss zur Textilindustrie gab.

Aus dem Dunkel der Zeit steigen noch andere Namen auf. Die zu Stauffacher gewordenen Murer alias Studer aus der Walsersiedlung in Alagna, Italien; Paravicini aus dem Veltlin, eine Vieh- und Weinhändlerfamilie; Steinmüller aus

Eingewandert und zu Ansehen gekommen:

Oben: Hypolitha Blumer, geborene Paravicini di Capelli (1677–1704) aus dem Veltlin, Gattin des Landessäckelmeisters und Landesstatthalters Othmar Blumer von Nidfurn. Ölgemälde, 1693. (Museum des Landes Glarus, Näfels)

Unten: Johann Leonhard Bernold (1710–1787) von Walenstadt erwarb das Glarner Landrecht und stieg zum Landammann auf. Ölgemälde.

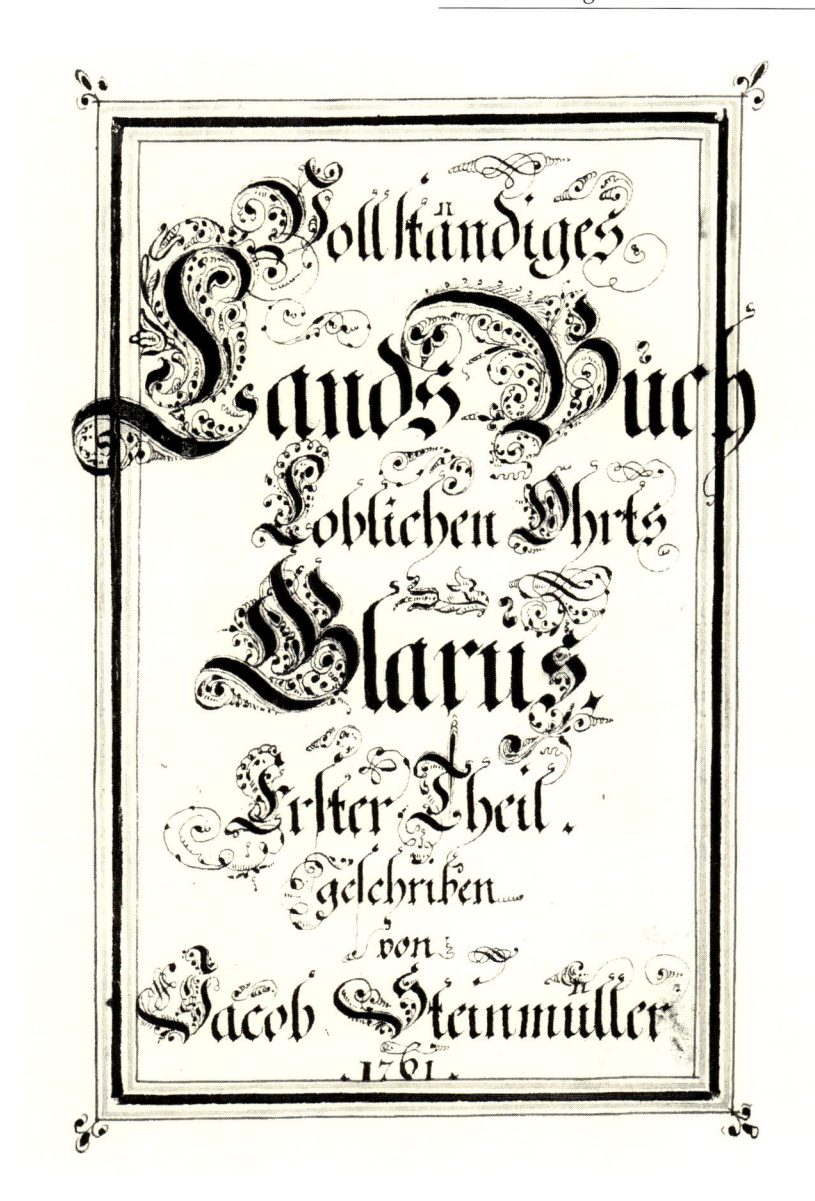

Glarner Landsbuch, Titelblatt und Seite mit obrigkeitlichen Beschlüssen «Von den Hindersässen»; Abschrift von Jacob Steinmüller, 1761. Steinmüller, dessen Grossvater 1632 nach Glarus eingewandert war, erwarb 1760 das Glarner Landrecht. (Museum des Landes Glarus)

der bayrischen Pfalz, von denen der Stammvater Gedeon schon 1632 in Glarus Schulmeister war; Arzethauser aus dem Grüninger Amt, in der Folge Hauser genannt; Schönenberger aus Wattwil, Sigrist aus Benken BL, Staub vom Hirzel, Hämmerli ab Uznaberg, Ruch aus dem Sarganserland, Hertach aus dem Gaster. Im 16. Jahrhundert wanderten verschiedene Walsergeschlechter aus dem Bündnerland ins Kleintal und wahrscheinlich auch aus dem St. Galler Oberland nach Kerenzen ein. Dazu gehörten die Bräm, Disch, Giger, Hosang, Juon, Mattli, Nigg, Schneider. Zu den Eingewanderten zählten auch: aus dem Bernbiet Jenny und Oertli, aus Obwalden Spälti, aus dem Gaster Zweifel, König (Küng) und Hässi, aus der March Stähli, Iseli, aus dem Appenzell Pfändler, aus dem Vorderrheintal Marti, aus Gams Bäbler, aus dem St. Gallischen Heer, aus Amden Hefti, aus Sax Dinner, aus Flums Schräpfer, aus Alt St. Johann Wild, vormals Wilhelm. Bei den Geschlechtern Hauser, Horner, Knecht, Maurer, Papst, Ris, Ruch, Staub, Disch und Steinmüller kam es vor, dass einzelne Vertreter das Landrecht erwarben und dann samt ihren Nachkommen Vollbürger wurden, während die übrigen Zweige desselben Geschlechts Hintersässen blieben und deren Hundertschaften vermehrten.

Land- und Hintersässen werden Bürger

1798 brach das ganze Gefüge zusammen, und die helvetische Verfassung hob alle Unterschiede auf. Es gab nur noch den Citoyen, den Bürger, den Schweizerbürger. Ausländer, die seit 20 Jahren ununterbrochen im Lande gelebt hatten, erhielten ohne weiteres das Bürgerrecht. Zwei Hintersässen, die Hertach in Niederurnen und Wurster in Engi, kamen in diesen Genuss. Die Mediationsakte von 1803 stellte jedoch die alten bürgerrechtlichen Verhältnisse wieder her, die doch nicht mehr die alten waren, weil die Menschen inzwischen anderes erfahren hatten.

Die Saat eines Sinneswandels war gestreut und keimte, aber bis zur Ernte vergingen noch 30 Jahre der Auseinandersetzungen, die in den Antrag mündeten, dass mit einer Einkaufssumme von 20 000 Gulden sämtliche tagwensgenössigen Hintersässen, die sogenannten Landsässen, den Landleuten gleichgestellt sein sollten. Die Landsgemeinde 1834 erhob den Antrag fast einstimmig zum Beschluss. Ein unerfreuliches Kapitel im Verhältnis Bürger und Niedergelassene fand ein vorläufiges Ende. Mit der Einkaufssumme wurde der Neu-Landleute-Fonds gebildet, aus dem man später die kantonale Krankenanstalt finanzierte.

Von der generellen Aufnahme profitierten 47 Geschlechter mit insgesamt 724 männlichen und wohl auch gleichviel weiblichen Personen: Bäbler 15 (Zahl der männlichen Personen), Biber 3, Bräm 12, Braun 1, Caspar 4, Disch 54, Driet 1, Egger 18, Egli 1, Feurer 3, Feuwer 1, Fordermann 27, Gabriel 5, Hämmerli 60, Hauser 32, Hertach 35, Horner 13, Knecht 9, Küchli 3, Küng 11, Leu 6, Linhardt 41, Luzi 8, Maurer 86, Meuly 1, Papst 3, Rast 5, Reust 18, Ris 3, Ruch 74, Rigaud 4, Scherrer 6, Schällenbaum 9, Schirmer 1, Schmuckli 23, Schneely 15, Schönenberger 35, Simen 12, Spiler 3, Sigrist 43, Staub 74, Wäch 6, Wart 4, Wirt 9, Weibel 2, Wurster 4, Zuber 1.

Die 724 männlichen Neubürger verteilten sich auf die einzelnen Tagwen wie folgt: Bilten 66, Kerenzen und Mühlehorn 21, Niederurnen 53, Oberurnen 12, Näfels 11, Mollis 10, Netstal evangelisch 26, katholisch 36, Glarus/Riedern evangelisch 93, katholisch 24, Mitlödi evangelisch 111, katholisch 8, Schwanden 26, Elm 191, Matt 9, Engi 76, Linthal evangelisch 16, katholisch 4, Luchsingen 13, Hätzingen 8.

Die gewöhnlichen Hintersässen, die Niedergelassenen aus anderen Kantonen ohne Land- und Tagwenrecht, blieben weiterhin vom Stimmrecht an der Landsgemeinde ausgeschlossen. Erst die Bundesverfassung von 1848 gewährte ihnen dieses, wie auch das Recht auf freie Niederlassung und Gewerbeausübung. Zum Stimm- und Wahlrecht in Gemeindeangelegenheiten verhalf ihnen erst die Bundesverfassung von 1874. Ausgeschlossen sind sie noch immer bei der Verwaltung der Tagwensgüter.

Zuwanderung in neuerer Zeit

Die Volkszählung von 1837 bot nach der Einbürgerungsaktion von 1834 nun ein unverfälschtes Bild über die jüngste Einwanderung. Es wurden 821 Niedergelassene gezählt, von denen weitaus am meisten, deren 500, auf die Kantone St. Gallen (Gaster!) und Zürich entfielen. Von den 310 Ausländern stellten die Angehörigen des heutigen Deutschlands zwei Drittel. Sie waren seit je in Handwerk und Gewerbe stark vertreten. Für Bau- und Textilarbeiter aus dem Süden war noch kein Bedarf vorhanden; die neun Angehörigen Italiens fielen noch nicht ins Gewicht. Der Industrie standen anfänglich genügend eigene Arbeitskräfte zur Verfügung. Nur Personal mit Spezialkenntnissen holte man von auswärts.

Das periodische Auf und Ab in der Textilindustrie führte bei Krisen jedesmal nicht nur zu einer zahlreichen Auswanderung, sondern infolge der knapp gewordenen Hände bei einem Aufschwung zu einer ebenso grossen Einwanderung. Ein eindrückliches Beispiel lieferte die Volkszählung von 1860. Die Blüte in der Stoffdruckerei bewirkte innert zehn Jahren eine ausserordentliche Zuwanderung von 2692 Personen.

In diesem Wechselspiel waren die Bürgergemeinden die grossen Verlierer. Sie büssten von 1837 bis 1980 12 243 sesshafte Bürger ein, während in ihren Gemeinden die Zahl der Nichtbürger um 19 613 zunahm. Diese Veränderung betraf die meisten Gemeinden des Glarner Hinterlandes am stärksten. In Hätzingen war 1980 nur noch jeder sechste Einwohner Bürger der Gemeinde und in Rüti jeder fünfte; in diesem kleinen Dorf überwogen die Ausländer die Bürger sogar um 123 Personen und machten 46% der Einwohnerschaft aus.

Anders als in den stürmischen Anfängen der Industrialisierung, wo in die durch die Auswanderung entstandenen Lücken vorerst Urner, Schwyzer, St. Galler und andere Landsleute einsickerten, genügten schon gegen Ende des vorigen Jahrhunderts diese Lückenfüller nicht mehr. Ausländische Arbeitskräfte wurden nötig.

Ausländische Arbeitskräfte

Wie aktuell erscheint uns ein 1892 in den «Glarner Nachrichten» erschienener Beitrag über «Aus- und Einwanderung». Da ist von fröhlichen und wohlgemuten italienischen Arbeitskräften

Oben: Seit den 1980er Jahren nimmt die Zahl türkischer Arbeitskräfte und Einwohner im Glarnerland stetig zu.

Unten: Auch dem Kanton Glarus werden Asylsuchende – meist aus Drittweltländern – zur Beherbergung zugewiesen. Tamile mit seinem Kind.

Ohne Bauarbeiter aus südeuropäischen Ländern ist die Ausführung grosser Bauvorhaben – wie des Walenseetunnels – längst nicht mehr denkbar.

die Rede, die als förmlicher Exportartikel zollfrei in die Schweiz gelangen und hier haufenweise und lohnende Arbeit finden, die Einheimische nicht mehr verrichten, weil «die Lust und Liebe zu körperlich anstrengender Arbeit von uns gewichen ist... Aber auch aus dem Norden strömt eine Unmasse deutscher Mädchen und jugendfrischer deutscher Gesellen herein.» Noch fiel das Reizwort «Überfremdung» nicht – es bestand im Glarnerland, im Gegensatz zu Basel und Genf, noch kein Anlass dazu. Aber die Abwehrhaltung bestand bereits und führte in Schwanden 1894 sogar zu einem Krawall von Gemeindearbeitern gegen «Söhne des Südens», die für Grabarbeiten angeheuert worden waren. Die ortsansässigen Arbeiter verlangten «energisch» die Entlassung der fremden Arbeiter und drangen durch. Sie selber hoben dann die Gräben für die Wasserleitung aus...

Der Krawall änderte nichts daran, dass schon bald ohne italienische Bauarbeiter keine Baute mehr ausführbar war und keine Spindel sich mehr drehte. Die Textilfabriken brachten die italienischen Mädchen in speziellen Heimen unter. Aus einer Umfrage von Anfang 1906 ging hervor, dass zu diesem Zeitpunkt 1523 italienische Arbeitskräfte im Lande weilten. Ein gutes Drittel beanspruchte das im Bau befindliche Löntschwerk, aber wiederum wies Rüti von allen andern Gemeinden mit 141 die höchste Zahl an italienischen Arbeitskräften auf. Die Fremdenfrage führte jetzt doch zu einer öffentlichen Diskussion darüber, ob «unser bodenständiges Volkstum» nicht doch durch die starke Zunahme der «von Süden vordringenden Völkerflut» gefährdet sei. Zwei Weltkriege sorgten dann dafür, dass eine weitere Diskussion über die «italienische Kolonie» überflüssig wurde.

Was nachher geschah, stellte die Vorkriegseinwanderung weit in den Schatten. Zuerst kamen vorab wieder die Frauen und Männer aus Italien. Der Amtsbericht 1949 erwähnte erstmals die Anzahl der kontrollpflichtigen Ausländer: 1244. 1963 stieg die Zahl wegen drei Grossbaustellen – Kraftwerk Linth-Limmern, Walenseestrasse und Kerenzerbergtunnel – auf 6752 hinauf. 86 von 100 kamen aus Italien. Nach Beendigung der Grossbauten sank die Zahl vorübergehend, doch 1974 nahm sie wieder die Höhe von 1963 ein. Immer noch war Italiens Anteil mit 78% sehr hoch. Der Ausländeranteil lag jetzt im Kanton bei 18%. Einzig in der Gemeinde Sool lebten keine Ausländer.

Flüchtlinge und Asylsuchende

Auch ein Zeichen der Zeit: Nebst Flüchtlingen aus Ungarn und der Tschechoslowakei kamen auch solche aus Tibet, die im Februar 1973, 83 Personen zählend, aus indischen Lagern nach Linthal, Diesbach und Hätzingen gebracht wurden. Mit ihnen kam etwas ganz Neues, Andersartiges und doch nicht allzu Wesensfremdes ins Glarnerland, denn ihre Freundlichkeit half Brücken schlagen, die für ein einträchtiges Zusammenleben nötig sind. Die Tibeter betrachten sich als Gäste beziehungsweise Gastarbeiter auf Zeit. Sie wollen bei günstigen Voraussetzungen wieder in ihre Heimat zurückkehren und pflegen daraufhin ihre angestammte Kultur. Es liegt kein Widerspruch darin, dass zwei Familien sich eingebürgert und drei Tibeter die Rekrutenschule und Wiederholungskurse gemacht haben. Geheiratet wird aber immer noch untereinander, wobei die Eltern Braut und Bräutigam zusammenbringen. Der private «Verein Tibeter Heimstätten» hat bis jetzt zum grössten Teil alle Kosten der Umsiedlung und Betreuung getragen. Aus den anfänglich drei Tibetergruppen im Glarnerland sind inzwischen acht geworden. Es gibt jetzt auch solche in Näfels, Mollis, Schwanden, Engi und Luchsingen mit insgesamt 37 Haushaltungen und zirka 160 Personen. In der ganzen Schweiz leben etwa 1700 Tibeter.

Der Amtsbericht 1983 erwähnt erstmals eine neue Kategorie von Einwanderern: Asylsuchende, hauptsächlich aus Drittweltländern; dieses Thema kehrt seitdem jährlich wieder. Alle geben sich natürlich als politisch Verfolgte aus, aber nach der Befragungsprozedur bleiben erfahrungsgemäss von 100 noch etwa 5 anerkannte Flüchtlinge übrig, die in ihrer Heimat um ihr Leben fürchten müssten. Unser Asylgesetz ist auf diese Menschen ausgerichtet, von denen sich Ende 1989 knapp 30 000 in der Schweiz aufhielten. Die 95% der andern Asylsuchenden, die pauschal als Wirtschaftsflüchtlinge bezeichnet werden, stammen grösstenteils aus den gleichen Ländern, wo ihnen persönlich jedoch keine direkte Gefahr droht. Eine Unterscheidung erweist sich oft als schwierig und zieht sich meistens, wenn noch geschickt ausgenützt, so lange hin, dass eine Ausweisung fragwürdig wird. Im Kanton Glarus hielten sich Ende März 1990 229 Asylbewerber auf, überwiegend solche aus der Türkei; sie sind auf 22 Gemeinden aufgeteilt; 185 haben eine Arbeitserlaubnis.

Überfremdung?

Die Einwanderung aus dem traditionellen Rekrutierungsland Italien nahm seit den 1970er Jahren kontinuierlich ab und sank bis 1988 auf 49,8% hinunter. Dafür nimmt diejenige aus der Türkei und Jugoslawien stetig zu, was neue Ängste hervorruft. 1988 betrug der Gesamtausländerbestand 6443 Personen. Davon sind 25% Jahresaufenthalter und 75% Niedergelassene. Der Kanton Glarus wies mit 17,5% den höchsten Ausländerbestand der Nichtgrenzkantone auf, der auch 2,2% über dem schweizerischen Mittel lag. Hinter den Italienern sind die Türken mit 14,4% an die zweite Stelle gerückt, gefolgt von Jugoslawen mit 13,2% und Spaniern mit 6%. Der Rest setzt sich aus 54 Nationen zusammen. Welch ein Völkergemisch!

Die Schweiz weist im Vergleich zur Bevölkerungszahl von allen europäischen Ländern den weitaus höchsten Ausländeranteil auf. Anfang 1990 lebten 1,04 Millionen Ausländer in unserem Land, Saisonniers und Asylbewerber nicht mitgezählt. Nebenbei bemerkt, ist Helvetien um einen Drittel dichter bevölkert als China mit dem Milliardenvolk...

Fünf Überfremdungsinitiativen, wovon vier 1970 bis 1977 zur Abstimmung gelangten, versuchten die Ausländerzahl drastisch zu senken. Sie scheiterten allesamt an ihrer Radikalität und nicht deswegen, weil die Fremdenfrage nicht ernst genommen wurde. Auch Glarus gehörte zu den verwerfenden Ständen, und selbst Rüti, wo der Ausländeranteil verhältnismässig hoch ist, stimmte jedesmal mit einem grossen Mehr Nein, während das ausländerfreie Sool ebenso mehrheitlich Ja stimmte. Auch ein Ja war noch kein Zeichen von fremdenfeindlicher Intoleranz, sondern bloss ein Wink, dass die Einwanderung nicht zunehmen dürfe. Im Hinblick auf die 1992 beginnende Europäische Gemeinschaft ist ein solches Verlangen nicht unberechtigt.

Minderberechtigte Einwohner eines Landes gab es früher und gibt es heute noch, im Glarnerland, in der Schweiz und in aller Welt. Ausländer bleiben hier – so wie Schweizer im Ausland – von der politischen Mitbestimmung ausgeschlossen; in dieser Hinsicht nehmen sie eine Stellung ein, die mit jener der einstigen Hintersässen vergleichbar ist, die als landesfremde Niedergelassene in allen Belangen benachteiligt waren. Sonst aber geht heute die Zurücksetzung nicht mehr so weit, weder im privaten Bereich noch im Erwerbsleben. Freilich ist es eine Tatsache, dass Ausländer aus uns völlig fremden Kulturkreisen am Rande der einheimischen Bevölkerung leben. Diese starke Abgrenzung ist nicht ohne weiteres vermeidbar; einerseits zeigen diese Fremden gewöhnlich wenig Neigung zur Einfügung in unsere Gesellschaft, anderseits betrachten manche Schweizer und Glarner die Zuwanderer als Eindringlinge und Konkurrenten. Daran entzündet sich dann leicht gegenseitiges Misstrauen.

Doch auch diese fremden Menschen sind auf Verständnis angewiesen. Deshalb eröffneten die beiden Landeskirchen in Glarus eine Beratungsstelle für Asylsuchende. Ausserhalb dieser Institution setzen sich ebenfalls Leute engagiert für soziale Hilfeleistungen sowie für persönliche und kulturelle Begegnungen mit den Landesfremden ein. Sie tun dies auch eingedenk dessen, dass einstmals viele Glarner ausgewandert sind und ihnen in fremden Landen gute Worte und Taten gewiss wohlgetan haben.

Blicke in eine ungewisse Zukunft: Ankunft einer tibetischen Flüchtlingsfamilie auf dem Bahnhof Glarus im Februar 1973.

Rechte Seite:

Tibetisches Schulfest 1990 in Hätzingen. Die Tibeter pflegen im Exil bewusst die Kultur ihrer fernen Heimat.

Literatur

Amtsberichte des Regierungsrates des Kantons Glarus.
Bartel/Jenny.
Wilhelm Bickel; Bevölkerungsgeschichte und Bevölkerungspolitik der Schweiz; Zürich 1947.
Davatz; Geschichte.
Glarnerische Volkszählung von 1837 und Eidg. Volkszählungen von 1900 und 1980.
Wolfgang Amadeus Liebeskind; Die Land- und Hintersässen im Glarner Landrecht des 16. Jh.; JHVG 55, 1952.
Stucki; RQ.
Rudolf Stüssi; Geschichte des glarnerischen Land- und Tagwenrechts; Glarus 1912.
Winteler; Geschichte.
Jakob Winteler; Wappenbuch des Landes Glarus; Glarus 1937, Reprint 1977.

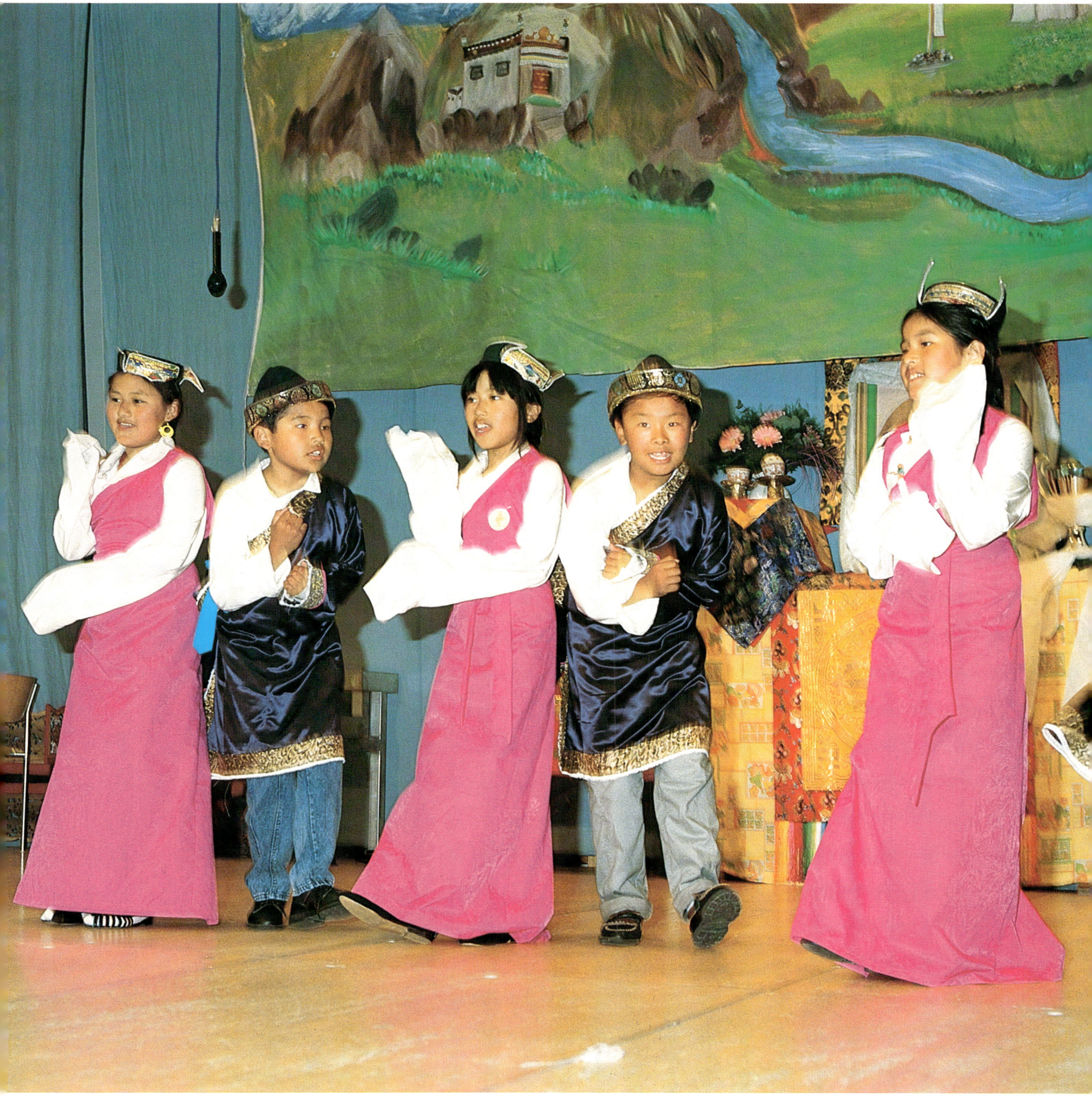

Die Glarner Wirtschaft in der heutigen Schweiz und Welt

Kurt Müller

Die Glarner Wirtschaft präsentiert sich am Anfang der neunziger Jahre in einer erfreulichen Lage. Die Beschäftigung auf der einen Seite, die Auslastung und die Aussichten der Unternehmen auf der andern Seite sind ausgezeichnet und wohl überhaupt noch nie so gut gewesen. Wenn wir diese Einschätzung wagen, dann haben wir auch die Stellung zu den Nachbarkantonen und insgesamt in der Schweiz zu hinterfragen sowie der Frage nachzugehen, ob sie für den Kanton als Ganzes oder nur für bestimmte Gebiete gilt. Auf alle diese Fragen lautet die Antwort positiv, wenn auch in einigen Bereichen mit gewissen Einschränkungen.

Es sind allerdings noch nicht einmal zwei Jahrzehnte seit der Zeit verflossen, als die Beschäftigung innert kurzer Zeit in erschreckender Weise sank und ein grosser Teil der gewerblichen und industriellen Bausubstanz brachgelegt wurde. «Was gedenkt der Regierungsrat zu tun?» war die Frage besorgter Gemeindeväter, die Mitte der siebziger Jahre alle paar Monate im Landrat zu hören war. Die grossen Strukturbereinigungen in der Industrie gehören der Vergangenheit an. Wir können davon ausgehen, dass die glarnerischen Unternehmen heute gegen wirtschaftliche Einbrüche wesentlich widerstandsfähiger sind; damit erfüllen sie eine wichtige Voraussetzung, um sich den grossen Herausforderungen der liberalisierten Märkte erfolgreich stellen zu können.

Heute sind im kleinen Wirtschaftsraum Glarus sowohl qualifizierte Arbeitskräfte als auch geeignete Grundstücke und Räumlichkeiten für Industrie und Gewerbe rar. Die Landwirtschaft ist bei dieser Feststellung miteingeschlossen. Nicht, dass Glarus in dieser Hinsicht als Sonderfall zu betrachten wäre; aber in einem dichtbesiedelten Alpental, wo verschiedenste Nutzungen denselben Boden beanspruchen, akzentuiert sich die Situation deutlicher.

Wirtschaft im Wandel

Der Strukturwandel in der Glarner Wirtschaft ist in den letzten Jahren unspektakulär abgelaufen. Fast unbemerkt hat sich indes die Bedeutung der einzelnen Industriezweige deutlich verschoben.

Die *Textilindustrie*, lange Zeit die alles beherrschende Branche des Kantons, baute im Zeitraum 1980 bis 1988 erwartungsgemäss erneut einen weiteren Fünftel der Belegschaft ab. Damit verbunden war eine gewaltige Produktivitätssteigerung, wobei gleichzeitig die Anforderungen an die Qualifikation der Arbeitskräfte wesentlich höher wurden. Die Textilindustrie ist Mitte der achtziger Jahre als stärkste Branche von der *Maschinen-, Apparatebau- und Elektronikindustrie* abgelöst worden. Ihr Anteil betrug 1988 noch 25,6%, jener der Maschinenindustrie bereits 28,8% aller Industriebeschäftigten. Während der sogenannte Fertigungsgrad in den grösseren und mittleren Maschinenbauunternehmen generell gesunken ist, sind anderseits eine grosse Zahl von konjunkturabhängigen Zuliefer-

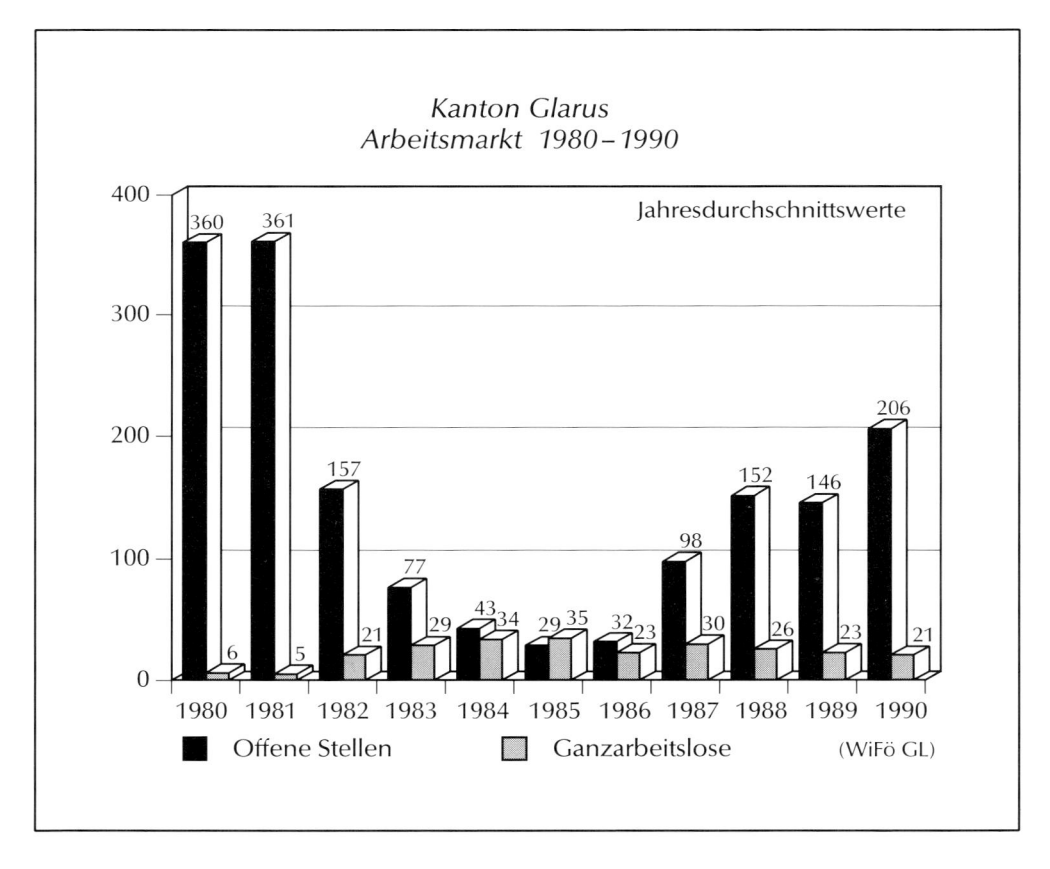

*Kanton Glarus
Arbeitsmarkt 1980–1990*

Jahresdurchschnittswerte

Jahr	Offene Stellen	Ganzarbeitslose
1980	360	6
1981	361	5
1982	157	21
1983	77	29
1984	43	34
1985	29	35
1986	32	23
1987	98	30
1988	152	26
1989	146	23
1990	206	21

(WiFö GL)

betrieben aus dem Boden geschossen. Auch die *Nahrungsmittel- und die Kunststoffindustrie* befinden sich seit Anfang der 1980er Jahre in einer kräftigen Wachstumsphase.

Starke Stellung der Industrie

Die Industrie ist die Stärke des Kantons Glarus und wird es noch lange Zeit bleiben. Nach wie vor sind in keinem Kanton der Schweiz bezogen auf die Gesamtbeschäftigung mehr Arbeitnehmer in der Industrie tätig als im Kanton Glarus. Der Anteil des vielgepriesenen Dienstleistungssektors ist mit 36% entsprechend klein (Schweiz 1985: 55%).

Die Entwicklungsmöglichkeiten der bescheidenen *Landwirtschaft* und des schwach ausgebildeten *Dienstleistungssektors* müssen für ein derart dicht besiedeltes Alpental wie das Glarnerland als völlig ungenügend bezeichnet werden. Der Kanton Glarus ist somit von der Industrie in ausserordentlich hohem Masse abhängig. Konjunktureinbrüche, die den Industriesektor bekanntlich zuerst und am stärksten treffen, haben in der Vergangenheit hierzulande denn auch voll durchgeschlagen. Im Zeitraum 1974 bis 1977 gingen mehr als 3000 Arbeitsplätze verloren. Diese schweren Verluste hat die Glarner Wirtschaft allerdings bis heute wieder mit qualitativ besseren Arbeitsplätzen voll ausgleichen können.

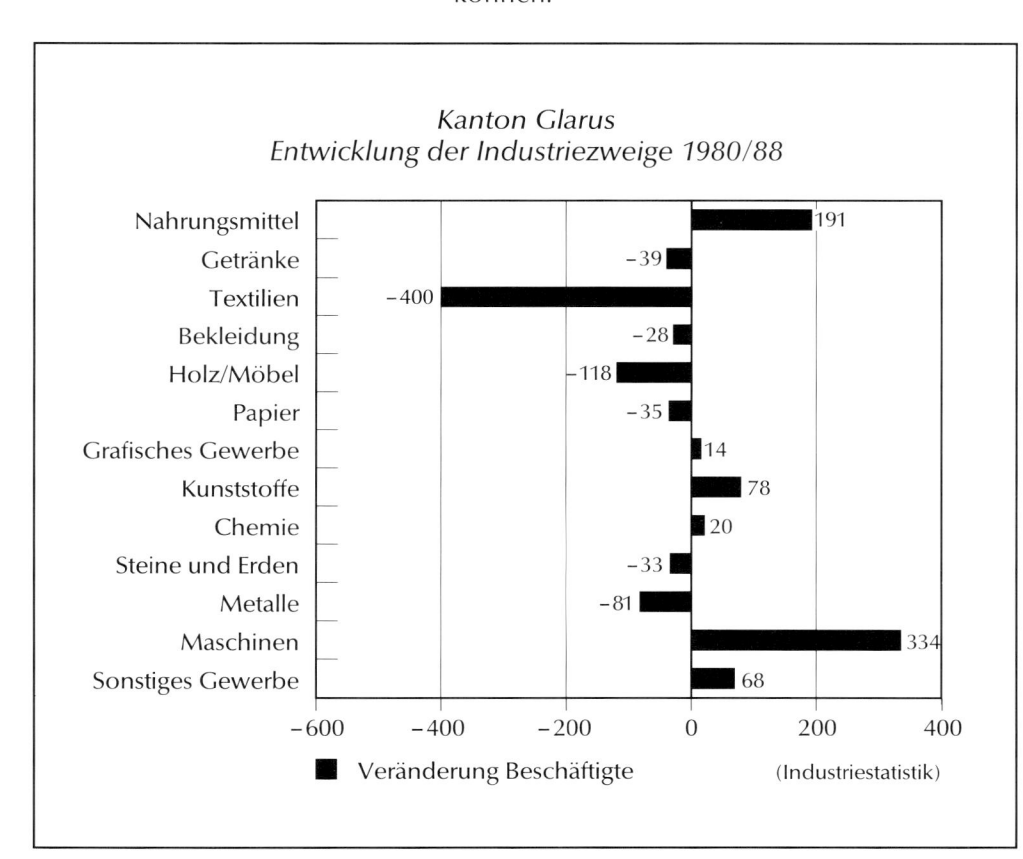

Die starke Stellung des Industriesektors wird unterschiedlich bewertet. Da die Anziehungskraft des Dienstleistungssektors ungebrochen ist, haben viele gut ausgebildete Glarner nicht die Möglichkeit, im eigenen Kanton eine Erwerbsmöglichkeit zu finden, die ihren Neigungen entspricht. Je mehr sich ein Arbeitnehmer spezialisiert hat, desto weniger Erwerbsangebote stehen ihm in einem kleinen Wirtschaftsraum wie Glarus zur Auswahl. Die *mangelnde Verflechtung mit andern Wirtschaftsräumen* – bedingt durch die für die Wirtschaft nachteilige Topografie – wirkt sich zusätzlich erschwerend aus.

Bei der Wertung des starken zweiten Wirtschaftssektors ist zu berücksichtigen, dass in der Industrie die sogenannte *Tertiarisierung* stark zunimmt. Das bedeutet, dass auch innerhalb der Industrie immer mehr Arbeiten Dienstleistungscharakter haben, neben der Administration zum Beispiel die Planung, das Marketing, die Koordination der Arbeitsabläufe, die Softwareentwicklung und die Informationsverarbeitung. Eine anspruchsvolle Maschine lässt sich als solche kaum noch verkaufen. Gefragt sind immer mehr Lösungen für Produktionssysteme und -prozesse. Der Anteil des produktiven Personals im Maschinenbau sinkt deshalb relativ rasch. Dafür verantwortlich sind mitunter auch der geringere Fertigungsgrad und computergestützte Produktionsabläufe. Zu den 6002 Dienstleistungsbeschäftigten, die bei der Betriebszählung im Jahre 1985 im Kanton Glarus ermittelt worden sind, können noch etwa 2400 Beschäftigte in der Industrie gezählt werden, die Dienstleistungen verrichten. Es gibt auch hier Industrieunternehmen, in denen bis zu einem Drittel der Beschäftigten allein im Bereich der Forschung und Entwicklung tätig sind.

In der Abhängigkeit von einer starken, zukunftsorientierten Industrie liegt aber auch eine grosse Chance. Sie wird mit Erfolg genutzt. Das Glarner Unternehmertum will seine Industrie in möglichst vielen Bereichen an die Spitze bringen oder deren Erfolgspositionen halten. Im Vergleich mit ähnlichen Regionen im Berggebiet ist die Branchenstruktur heute bereits gut und verbessert sich laufend. Weltweit tätige Unternehmen und viele kleine Betriebe, die ausgesprochene Spezialitäten herstellen, bilden den Unterbau der Glarner Industrie. Zu den eindruckvollsten Stärken der vielen Glarner Klein- und Mittelbetriebe gehören ihre Fähigkeit zur individuellen und spezialisierten Marktversorgung und ihre schnelle Anpassungsfähigkeit an rasch sich ändernde Marktbedürfnisse. Einige dieser Betriebe halten erstaunliche Marktanteile, die nur mit dem genauen Studium der Anwenderprobleme und -bedürfnisse, der Konzentration auf anspruchsvolle, kundenspezifische Pro-

**Kanton Glarus
Entwicklung der Industriezweige 1980/88**

Industriezweig	Veränderung Beschäftigte
Nahrungsmittel	191
Getränke	−39
Textilien	−400
Bekleidung	−28
Holz/Möbel	−118
Papier	−35
Grafisches Gewerbe	14
Kunststoffe	78
Chemie	20
Steine und Erden	−33
Metalle	−81
Maschinen	334
Sonstiges Gewerbe	68

(Industriestatistik)

Rechte Seite:

Oben: Moderner Tischfilmdruck in der Seidendruckerei Mitlödi AG.

Unten: Produktionshalle der Netstal-Maschinen AG, Näfels.

Links: Seit Jahrhunderten zählt das Zigerstöckli zu den bekanntesten Glarner Exportprodukten. Seine wirtschaftliche Bedeutung ist allerdings gering.

Rechts: Orgeln der Firma Mathis AG, Näfels, haben auch ausserhalb der Schweiz einen guten Namen und finden sich in Kirchen mancher europäischer Länder.

Unten: Eternit-Rohre und das Verwaltungsgebäude der Eternit AG, des grössten Glarner Unternehmens. Die Faserzementprodukte der Eternit AG in Niederurnen finden weltweit vielseitige Verwendung. In den achtziger Jahren stellte die Firma auf asbestfreie Produktion um.

blemlösungen und der Verwendung neuester Technologien errungen werden konnten. Eine unternehmerische Fähigkeit, die im letzten Jahrhundert bereits der glarnerischen Zeugdruckerei zu einer hervorragenden Stellung im Weltmarkt verholfen hatte. Glarus ist übrigens kein ausgesprochener Raum für High-Tech-Entwicklungen. Die *High-Tech-Anwendung* ist aber in vielen Unternehmen sehr intensiv. Auch das eine Eigenart, die seit jeher die glarnerische Textilindustrie charakterisierte.

Verschiedene Bedeutung der Unternehmenstypen

Das völlig eigenständige Glarner Unternehmen, das alle Unternehmensfunktionen unter einem Dach zusammenfasst, wird seltener. Dieser Firmentyp ist aber nach wie vor vorhanden, und zahlreiche Unternehmen dieser Art erfreuen sich eines lebhaften Geschäftsganges.

In den letzten 20 Jahren haben jedoch viele Unternehmen Betriebsfunktionen an andere Standorte ausgelagert oder sind von einer Gruppe übernommen worden, in der sie nun eine bestimmte Funktion zu erfüllen haben. Verschiedene Beweggründe können hier aufgezählt werden: Kosteneinsparung, Marktnähe, Kooperationen, Nutzung von Synergieeffekten und Standortvorteilen für bestimmte Produktionen usw.

Im Kanton Glarus können heute neben den Allroundunternehmen grundsätzlich vier wichtige Unternehmenstypen unterschieden werden:

1. Der Produktionsbetrieb, der das Entscheidungszentrum zwar ganz oder teilweise im Kanton beibehält, aber bestimmte Marketing- und Distributionsfunktionen ausgelagert hat. Das können eigenständige oder einer Gruppe angehörende Unternehmen sein.

2. Der reine Produktionsbetrieb, bei dem alle oder fast alle übrigen Unternehmensfunktionen ausserhalb des Kantons ausgeübt werden. Dieser Typus ist vor allem in der Region Glarner Hinterland/Sernftal ansässig, weil er hier bestimmte Standortvoraussetzungen für die Produktion vorfindet, die reichlich oder verhältnismässig günstig zur Verfügung stehen, zum Beispiel Wasser oder Energie. Diese Unternehmen sind nicht selbständig und gehören in der Regel einer Unternehmensgruppe an. Oft ist ihr heutiger Bestand der Zugehörigkeit zu einer Gruppe zu verdanken. Anderseits sind diese Unternehmen gefährdet, wenn sie ihre Funktion innerhalb einer Gruppe nicht mehr zu erfüllen vermögen.

3. Das selbständige Industrieunternehmen, das Teile der Produktion selber oder in Kooperation mit andern Unternehmen im In- oder Ausland betreibt. Namhafte Glarner Unternehmen der Maschinen-, Textil- und Nahrungsmittelindustrie betreiben beachtliche Produktionsstätten im EG-Raum und vereinzelt in überseeischen Ländern. Die Höhe der Direktinvestitionen von Glarner Unternehmen im Ausland ist nicht

Die Glarner Wirtschaft in der heutigen Schweiz und Welt 165

Exportstatistik der Glarner Wirtschaft 1990 (Warenwert)				
Warenart	Warenwert Mio. Fr. 1990	Anteil an Gesamtausfuhr	Veränderung gegenüber Vorjahr Kanton Glarus	Veränderung gegenüber Vorjahr Schweiz
Maschinen	225,0	47,7%	+ 16,4%	+ 6,2%
Textilien	140,0	29,7%	+ 19,7%	+ 1,3%
Papier, Papierwaren	28,6	6,0%	+ 20,1%	+ 9,5%
Metallwaren	18,6	3,9%	+ 5,5%	+ 4,2%
Elektronik	15,7	3,3%	+ 44,5%	+ 1,0%
Chemikalien	10,1	2,1%	+ 46,1%	+ 3,4%
Landwirtschaftliche Produkte	9,3	2,0%	+ 47,5%	+ 5,6%
Kunststoffe	7,3	1,5%	− 9,4%	+ 5,5%

bekannt. Aufgrund realisierter Projekte kann jedoch davon ausgegangen werden, dass diese ein Mehrfaches der Direktinvestitionen von ausländischen Investoren im Kanton Glarus betragen.

4. *Der Industrie- oder Dienstleistungsbetrieb,* der die Bereiche Forschung und Entwicklung in unmittelbarer Nähe zu Forschungs- und Hochschuleinrichtungen unterhält.

Diese neu entstandene Unternehmenstypologie zeigt, dass die Glarner Wirtschaft nicht nur bezüglich der Beschaffung von Rohstoffen und Halbfabrikaten und der Absatzmärkte internationaler geworden ist, sondern auch im produktiven Bereich. Im europäischen Binnenmarkt, dessen Einflussbereich wir uns nicht entziehen können, werden Kunden, Märkte und Standorte neu verteilt. Auch der mittelständische Glarner Unternehmer wird in Zukunft für sich die Frage nach seinen Chancen für betriebliches Wachstum und seinen Risiken gegenüber anderen Mitbewerbern und neuen Vertriebsformen öfter als bisher zu beantworten haben.

Wenn Glarus in den letzten Jahren in den Schlagzeilen der Schweizer Presse gestanden ist, dann war entweder die Schliessung eines Textilbetriebes oder ein grosser Firmenzusammenschluss der Anlass. Beide Fälle demonstrieren die starke Integration des Kantons Glarus in die nationalen und internationalen Wirtschaftsräume. Während im ersten Fall der unternehmerische Entscheid in der Regel ausserhalb des Kantons gefällt wurde, die Folgen sich aber im Kanton Glarus auswirkten, ist es im zweiten Fall eher umgekehrt. Bedeutungsvolle Umstrukturierungen von Firmengruppen, die unter dem Dach einer Holdinggesellschaft mit Sitz im Kanton Glarus zusammengefasst sind, hinterliessen andernorts schon markante Spuren, ohne dass man sie hierzulande auch nur zur Kenntnis nahm.

Gewaltige Exportabhängigkeit

Die Glarner Industrie und bereits auch Teile des Dienstleistungssektors sind in einem immer stärkeren Ausmass exportabhängig. Das trifft selbstverständlich auf die einzelnen Unternehmungen sehr unterschiedlich zu. Die Produkte vieler Glarner Firmen finden ihre Abnehmer nach wie vor in einem lokalen, regionalen oder nationalen Markt. Anderseits setzen zahlreiche grössere und kleinere Firmen bis zu 100 Prozent ihrer Produktion im Ausland ab. Das sind oft flexible Kleinstfirmen, die Marktnischen erfolgreich bearbeiten und ausgesprochene Spezialitäten anbieten. Dabei werden sogar im Weltmarkt bemerkenswerte Marktanteile erzielt. Wer die von der Eidgenössischen Oberzolldirektion veröffentlichte Exportstatistik analysiert, dem wird die Internationalisierung der Glarner Wirtschaft erst richtig bewusst. Eine Analyse der Importstatistik ergibt ein ähnliches Bild.

Über 80% der exportierten Glarner Produkte gelangen in den europäischen Raum. Die EG-Länder nahmen 1989 Produkte mit einem Warenwert von 286 Millionen Franken ab, sechsmal mehr als die EFTA-Länder. Die Bundesrepublik Deutschland ist mit einem Anteil an der Gesamtausfuhr von 20,5% (1989) der wichtigste Handelspartner der Glarner Wirtschaft. Die Exporte in aussereuropäische Länder sind jährlich grösseren Schwankungen unterworfen, nehmen aber tendenziell zu.

Maschinen und Textilien sind wertmässig die wichtigsten Glarner Exportprodukte. Die gesamte Produktion der Glarner Maschinen- und Elektronikindustrie wird auf etwa 250 Millionen Franken pro Jahr geschätzt. Der Exportanteil beträgt etwa 80%. Oder anders ausgedrückt: vier von fünf Arbeitnehmern in der Glarner Maschinenindustrie erhalten ihren Lohn, weil ihr Arbeit-

Werbeplakat für das bekannteste Produkt der Mineralquellen Elm. Farblithographie von Carl Moos, 1935. (Museum für Gestaltung Zürich, Plakatsammlung)

tung gelangen. Im Fremdenverkehr – sofern man diesen Wirtschaftszweig überhaupt als Exportindustrie betrachten will – beträgt der Anteil an Übernachtungen ausländischer Gäste weniger als 10% und liegt damit weit unter dem schweizerischen Wert.

Der Wirtschaftsraum Glarus ist nicht unabhängig und selbständig, was er übrigens zu keiner Zeit war. Glarus war seit jeher gezwungen, Verbindungen in die Welt zu suchen und zu pflegen. In der Zukunft wird es darum gehen, diese Kontakte wo immer möglich durch die Schaffung und Erhaltung geeigneter Rahmenbedingungen zu erleichtern. Der Staat hat dafür die erforderliche Infrastruktur im weitesten Sinne zu gewährleisten.

Im Bildungswesen ist der Zugang der Lernenden zu den Bildungsstätten und der Berufstätigen zu den Forschungs- und Weiterbildungszentren sicherzustellen. Dem Technologietransfer kommt eine grosse Bedeutung zu. Im Bereich der technischen Infrastruktur steht der Zugang zu den modernen Telekommunikationssystemen, die Gewährleistung der Integration des Kantons in das nationale und internationale Verkehrsnetz sowie die starke verkehrsmässige Verknüpfung des glarnerischen Wirtschaftsraumes mit den nördlich angrenzenden Gebieten im Vordergrund.

Anlässlich ihres Staatsbesuches in der Schweiz besichtigte die britische Premierministerin Margaret Thatcher am 21. September 1990 auch die Spinnerei und Weberei F. & C. Jenny AG in Ziegelbrücke. Frau Thatcher und Fabrikant Fritz Jenny.

geber für seine Produkte Abnehmer im Ausland gefunden hat. Der Exportanteil der Glarner Textilindustrie ist dagegen weniger hoch. Er beträgt etwa 60%, weil der Anteil der Spinnereien schon seit längerer Zeit deutlich überwiegt und deren Erzeugnisse – bei vertikaler Integration der Unternehmen – meist im Inland zur Weiterverarbei-

Exportstatistik der Glarner Wirtschaft 1990 (Empfangregionen)

Importland	Warenwert Mio. Fr. 1990	Anteil an Gesamtausfuhr	Veränderung gegenüber Vorjahr Kanton Glarus	Veränderung gegenüber Vorjahr Schweiz
BR Deutschland	101,7	21,6%	+ 20,7%	+12,7%
Italien	80,3	17,0%	+ 18,6%	+ 9,6%
Frankreich	69,3	14,7%	+ 18,1%	+ 5,9%
Asien insgesamt	34,6	7,3%	– 0,2%	+ 8,6%
Österreich	30,8	6,5%	+ 31,3%	+ 9,7%
Belgien, Luxemburg	23,7	5,0%	+ 7,4%	+ 4,8%
Grossbritannien	23,7	5,0%	+ 32,3%	+ 4,8%
Niederlande	20,4	4,3%	+ 29,6%	+ 4,6%
Schweden	17,1	3,6%	+ 6,5%	– 0,5%
Japan	15,5	3,3%	+ 43,4%	+19,5%
USA	14,7	3,1%	– 26,2%	– 6,2%
Spanien	10,4	2,2%	+142,5%	+ 5,0%
Dänemark	9,4	2,0%	+ 12,8%	+ 2,3%
Total EG	346,6	73,5%	+ 21,2%	+ 7,0%
Total EFTA	52,1	11,0%	+ 8,3%	+ 4,7%
Total Export 1990	471,6	100,0%	+ 14,5%	+ 4,7%

Die zehn grössten Glarner Unternehmen

Im Kanton Glarus prägen hauptsächlich kleine und mittlere Betriebe die Wirtschaftsstruktur, aber auch das Bild des Talgrundes und der Ortschaften. Grossbetriebe, von denen ganze Regionen abhängig sind, gibt es hier keine. Nur gerade 15 Industriebetriebe und einige wenige Dienstleistungsunternehmen beschäftigen mehr als 100 Personen. Unter den zehn grössten Glarner Unternehmen befinden sich je vier der Textil- und Maschinenindustrie sowie ein Unternehmen der Wirtschaftsgruppe Nahrungsmittel und eines der Gruppe Steine und Erden.

1903 nahmen die Schweizerischen *Eternitwerke AG* in Niederurnen den Betrieb auf; 1923 erfolgte die Umbenennung in Eternit AG. Mit etwa 750 Beschäftigten ist die Eternit AG das grösste Glarner Unternehmen. In Niederurnen und seit 1957 im Zweigwerk Payerne stellt sie Faserzementprodukte für den Hoch- und Tiefbau sowie für den Gartenmarkt her. Die aufwendige Umstellung auf vollständig asbestfreie Produkte steht vor dem Abschluss.

Die *Netstal-Maschinen AG* beschäftigt in Näfels über 500 Mitarbeiter. Sie ist seit Jahrzehnten auf die Entwicklung und den Bau von Maschinen für die Kunststoffverarbeitung spezialisiert. Netstal-Spritzgiessautomaten sind führend und werden weltweit verkauft; sie zeichnen sich durch hohe Prozessqualität, Produktionsleistung, Betriebssicherheit und verschiedene Automatisierungsstufen aus.

Die *Gebrüder Kunz, Fleisch und Wurstproduktions-AG,* hat sich 1958 in Bilten niedergelassen und ist in verhältnismässig kurzer Zeit zu einem wichtigen Unternehmen für die Region Glarner Unterland herangewachsen, das heute rund 450 Personen beschäftigt. Die Kunz AG beliefert den Schweizer Markt mit Frischfleisch, Wurstwaren und Glarner und Bündner Spezialitäten.

Samuel Blumer gründete 1904 in Schwanden eine Fabrik für elektrische Heiz- und Kochapparate, aus der 1907 die *Therma AG* hervorging. Sie entwickelte sich zum grössten Unternehmen in der Region Glarner Hinterland/Sernftal; gegenwärtig bietet sie über 500 Mitarbeitern Verdienst. Seit 1978 gehört die Therma AG zur Electrolux-Gruppe und stellt heute ausschliesslich Koch- und Backgeräte sowie Geschirrspülautomaten her, die sie in viele Länder exportiert.

Die 1918 gegründete *F. Knobel Elektroapparatebau AG* in Ennenda gehört seit einigen Jahren zur Walter Meier Holding, Zürich. Das Unternehmen produziert Vorschaltgeräte für Fluoreszenzlampen sowie Transformatoren für Halogenlampen und Notbeleuchtungsanlagen. Diese Produkte sind auf hohen und energiesparenden Beleuchtungskomfort ausgerichtet.

Vorwiegend im Haushaltsektor tätig und zum Markenbegriff geworden ist die *A. & J. Stöckli AG*, Metall- und Plastikwarenfabrik, die seit 1876 in Netstal ansässig ist. Neben den bekannten Stöckli-Kupferwaren und -Tischkochgeräten bietet das Unternehmen Systeme zur getrennten Abfallentsorgung an. Im Kunststoffsektor ist die Stöckli AG ein führender Hersteller von Transport- und Lagergebinden.

Die Spinnerei, Zwirnerei und Weberei *Fritz und Caspar Jenny AG* in Ziegelbrücke besteht seit 1834 als Familienunternehmen und ist mit 340 Mitarbeitern der grösste Glarner Textilbetrieb. Er

Montage von Kochherden in der Therma AG, Schwanden.

Spinnerei Kunz AG, Linthal.

zählt zu jenen führenden Unternehmen, die den hohen Qualitätsstandard und den weltweiten Ruf der schweizerischen Textilindustrie prägen. Qualitativ hochstehende Baumwollgarne und Rohgewebe für modische und technische Spitzenleistungen der Kundschaft sind die Spezialität dieses Hauses.

Mit der *Fritz Landolt AG*, Näfels, befindet sich ein weiteres kreatives und vielseitiges Textilunternehmen in der Region Glarner Unterland. Aus der 1884 gegründeten Seilerei entwickelte sich eine moderne Spezialitäten-Spinnerei und -Zwirnerei, die hochwertige Garne und Zwirne für den Dekor-, Objekt- und Transportbereich sowie Rohrisolierungen, Filze und Geotextilien (Bauvliese) herstellt.

Die *Seidendruckerei Mitlödi AG* pflegt die glarnerische Tradition des Textildrucks mit modernsten Anlagen. Ihre modischen Drucke genügen weltweit höchsten Qualitätsansprüchen.

Die *Spinnerei Kunz AG* in Linthal – gegenwärtig ein Betrieb der Oerlikon-Bührle-Gruppe – gehört zu den besteingerichteten Spinnereien der Schweiz. Sie produziert feine und hochwertige Baumwollgarne.

Elektrizität – ein Geben und Nehmen

Jakob Marti

Die Bedeutung der Elektrizität

Die Elektrizität spielt in der Wirtschaft des Kantons Glarus und als Energielieferant für Haushalte, Gewerbe und Industrie eine grosse Rolle. Knapp ein Viertel des Energiebedarfs im Kanton Glarus wird durch die Elektrizität gedeckt. Sie ist neben dem Brennholz die einzige einheimische Energiequelle, die in grösserem Ausmass genutzt wird; Wind, Sonne, Erdwärme und Grundwasser finden erst vereinzelt Verwendung. Der Verbrauch an Elektrizität ist im Kanton Glarus mit 7800 kWh pro Einwohner und Jahr deutlich über dem gesamtschweizerischen Durchschnitt von 6800 kWh.

Die Produktion an Elektrizität übersteigt den Bedarf im Kanton Glarus bei weitem: Über 60 Prozent der hier erzeugten Elektrizität werden exportiert und dienen der Versorgung umliegender Kantone. Die Elektrizität ist somit eines der wichtigsten Exportgüter unseres Kantons. Die grossen Elektrizitätsgesellschaften beschäftigen im Kanton Glarus über 100 Mitarbeiter und bezahlen in Form von Steuern und Wasserzinsen pro Jahr mehrere Millionen Franken an den Kanton und an die betroffenen Gemeinden.

Zur Geschichte der Elektrizität im Kanton Glarus

Die Nutzung der Wasserkraft hat im Kanton Glarus eine lange Tradition. Eine erste Urkunde über die Nutzung der Wasserkraft ist der «Bachbrief» über den Glarner Oberdorfbach aus dem Jahre 1594. Aber schon im Jahre 1434 soll an diesem Bach eine Mühle gearbeitet haben. In den folgenden Jahrhunderten nutzte man zuerst die Wasserkraft der kleineren Seitenbäche und schliesslich diejenige der Linth. Die billige Wasserkraft war mitentscheidend, dass im 19. Jahrhundert die Textilindustrie im Kanton Glarus einen grossen Aufschwung nahm. Die frühe Nutzung der Wasserkraft im Kanton Glarus war auch dafür verantwortlich, dass nicht der Staat, sondern der private Uferanstösser als Besitzer der Wasserkräfte anerkannt ist. Im Gegensatz zu allen anderen Kantonen der Schweiz ist das Wasserrecht im Kanton Glarus keine öffentliche Angelegenheit und wird infolgedessen nicht mit einer Konzession erworben. Es ist eine privatrechtliche Angelegenheit zwischen Uferanstösser und möglichem Benutzer des Wasserrechts.

Der Regierungsrat liess im Jahre 1886 eine Bestandesaufnahme über die Wasserkraftnutzung im Kanton Glarus ausarbeiten. Zu dieser Zeit arbeiteten an der Linth und ihren Nebenbächen 61 Wasserkraftanlagen, die zumeist mechanische Energie für Betriebe der Textilindustrie lieferten. Bis im Jahre 1914 stieg die Zahl der Wasserkraftanlagen im Kanton Glarus auf 111 an. In der Zwischenzeit hatte aber auch die Elektrizität im Kanton Einzug gehalten, und ein Teil dieser Kraftwerke produzierte Elektrizität.

Die ersten Elektrizitätswerke im Kanton Glarus wurden aus drei völlig verschiedenen Beweggründen errichtet: zunächst für den Eigenbedarf

Netstal; Turbinenhalle des Elektrizitätswerkes am Löntsch; 1908.

Elektrizität 171

Netstal; Löntschwerk. Rechts die ausdrucksstark gestaltete Turbinenhalle von 1908; Architekten Kuder und Senger, Zürich.

von Industriebetrieben durch Umwandlung bisheriger mechanischer Kraftwerke in Elektrizitätsproduktionsanlagen, beispielsweise 1888 Legler & Cie. in Diesbach; anschliessend zur Versorgung der eigenen Bevölkerung durch Errichtung kommunaler Kraftwerke, so 1890 in Näfels, 1892 in Netstal, 1898 in Elm, 1899 in Schwanden, 1901 in Linthal und 1902 in Niederurnen; schliesslich zur Versorgung der Bevölkerung des schweizerischen Mittellandes durch Errichtung grosser Wasserkraftwerke, so 1908 das Löntschwerk, 1926 Sernf-Niederenbach und 1961 Linth-Limmern.

Die Anfangszeit der Elektrizität im Kanton Glarus war gekennzeichnet durch Pionierleistungen einzelner Unternehmen und Gemeinden, und zwar hinsichtlich der Produktion wie auch der Anwendung der Elektrizität. Die 1903 gegründete Firma Therma AG in Schwanden und die Firma Knobel AG (1919) in Ennenda waren schon in der Anfangszeit der Elektrizität mit der Produktion von Elektroartikeln beschäftigt und sind es heute noch.

Die Elektrizitätsproduktion beschränkte sich bis 1908 auf die Versorgung des einheimischen Marktes in Industrie, Gewerbe und Haushalt. Gesamtschweizerische Energiegesellschaften waren aber seit Beginn des Jahrhunderts in der ganzen Schweiz auf der Suche nach geeigneten Standorten für die Produktion von Elektrizität aus Wasserkraft. Kurz zuvor war die elektrische Kraftübertragung auf grosse Entfernungen, eine Voraussetzung für den Betrieb von Kraftwerken im Alpengebiet, entwickelt worden. Eines der ersten grösseren Wasserkraftwerke der Schweiz wurde 1902 in Beznau an der Aare errichtet. Als Ergänzung zu diesem Laufkraftwerk war ein Speicherkraftwerk in den Alpen zur Produktion von Elektrizität in Spitzenzeiten erforderlich. Im Klöntal fand man den geeigneten Standort, und im Jahre 1908 wurde das *Löntschwerk* als Bestandteil des Kraftwerkes Beznau-Löntsch von der Motor AG

Baden in Betrieb genommen. Die Motor AG, eine Tochtergesellschaft der Brown-Boveri & Cie., ging 1914 in den Nordostschweizerischen Kraftwerken (NOK) auf. Die im Verbund arbeitenden Kraftwerke Beznau und Löntschwerk bildeten den Anfang der Grosskraftwerke in der Schweiz und die ersten werkeigenen Anlagen des heute grössten schweizerischen Unternehmens der Elektrizitätsversorgung. Die Produktion aus dem Löntschwerk überstieg den Bedarf des Kantons Glarus bei weitem und wurde in der ganzen Nordostschweiz abgesetzt.

Als zweites Grosskraftwerk im Kanton Glarus nahm das *Sernf-Niederenbach-Kraftwerk* im Jahre 1931 den Betrieb auf. Auf Initiative von Einheimischen wurden schon Anfang des Jahrhunderts Pläne zur weitergehenden Nutzung der Wasserkräfte des Niederenbaches und des Sernf ausgearbeitet. Für die Gemeinde Schwanden waren aber die Investitionskosten von rund 15 Millionen Franken zu hoch, so dass man nach einem Finanzierungspartner und Elektrizitätsabnehmer Ausschau hielt. In der Stadt St. Gallen und zehn Jahre später in Rorschach fand man die geeigneten Teilhaber und gründete mit ihnen die Sernf-Niederenbach-Gesellschaft. Die Produktion aus diesem Werk dient seither vornehmlich der Versorgung der drei beteiligten Gemeinden. Als drittes grosses Kraftwerk nahm man 1949 das Fätschbachwerk in Betrieb. Das ursprünglich vom EW Linthal betriebene Kraftwerk wurde von der NOK als Laufkraftwerk ausgebaut.

In einer Studie des Eidgenössischen Amtes für Wasserwirtschaft von 1935 wurden für den Kanton Glarus zwei weitere Projekte für Grosskraftwerke vorgeschlagen: erstens das Linth-Limmern-Kraftwerk; zweitens der Ausbau des Sernf-Niederenbach-Werkes durch ein Staubecken in der Matt oberhalb des Garichtesees.

Die Wasserkraft der Quellbäche der Linth im Limmerngebiet beurteilte man bereits 1902 in einem Projekt als ausbauwürdig. Es dauerte aber bis ins Jahr 1963, bis das Linth-Limmern-Kraftwerk den ersten Strom produzierte. In der Zwischenzeit wurden mehrere Projekte erarbeitet und verschiedene Trägerschaften gebildet. Schliesslich gab die NOK den Auftrag zur Errichtung dieses grössten und eindruckvollsten Glarner Wasserkraftwerks; es dient wie das Sernf-Niederenbach-Werk und das Löntschwerk als Speicherkraftwerk für die Elektrizitätsversorgung der Nordostschweiz bei hohem Elektrizitätsbedarf. Mit seinen Speicherbecken verbessert es wie die beiden anderen Speicherkraftwerke das Ungleichgewicht in den jahreszeitlichen Abflussverhältnissen der Linth. Viele kleinere Laufkraftwerke an der Linth profitieren auf diese Weise von den höheren Wasserständen des Talflusses im Winter.

Produktion und Verbrauch

Die Produktion von Elektrizität im Kanton Glarus belief sich 1988/89 auf etwas über 800 Mio. kWh. Jenes Jahr war relativ trocken, so dass in einem Durchschnittsjahr die Produktion noch etwas höher liegen dürfte. Die grössten Produzenten waren in Mio. kWh: Linth-Limmern 389, Sernf-Niederenbach 109, Löntschwerk 103, Fätschbachwerk 71, KVA Niederurnen (thermisch) 29, EW Näfels 28, Kunz Linthal 16, EW Glarus-Bächibach 15, EW Schwanden 9, Linthkraft-Netstal 8, EW Niederurnen 7, Kalkfabrik Netstal 5 Mio. kWh.

Mit einer mittleren Produktionserwartung von 783 Mio. kWh aus den Wasserkraftwerken trägt der Kanton Glarus 2,4 Prozent zur jährlichen schweizerischen Energieproduktion aus Wasserkraftwerken bei. Der Kanton Glarus liegt nach den klassischen «Energiekantonen» Wallis, Graubünden, Tessin, Bern, Aargau und Uri an siebter Stelle aller Kantone hinsichtlich der Elektrizitätserzeugung aus Wasserkraftwerken. Ein beträchtlicher Teil dieser Produktion stammt aus Kleinkraftwerken mit einer maximalen Leistung von weniger als 300 kW. In 38 Anlagen werden zusammen rund 22 Mio. kWh oder 11,5 Prozent der gesamtschweizerischen Produktion aus Kleinkraftwerken erzeugt. Nur im Kanton Bern wird mit 30 Mio. kWh mehr Elektrizität in Kleinkraftwerken produziert. Der kleine Kanton Glarus ist damit ein klassisches Gebiet für Kleinwasserkraftwerke.

Der Verbrauch an Elektrizität belief sich im Jahre 1988/89 im Kanton Glarus auf etwa 295 Mio. kWh. Die grössten Verbraucher in Mio. kWh waren folgende Gemeinden: Näfels 48,3, Glarus 28,5, Schwanden 28,4, Niederurnen 26,5, Netstal 19,2, Bilten 16,6, Ennenda 15,8, Mollis 13,8 Mio. kWh. Es wird damit deutlich, dass die grossen Industriegemeinden einen wesentlich höheren

Linthal; Innenseite des Staudammes Linth-Limmern bei niedrigem Wasserstand im Winter.

Rechte Seite:

Linthal; der Stausee des Kraftwerkes Linth-Limmern. Natur und Technik ergänzen sich harmonisch.

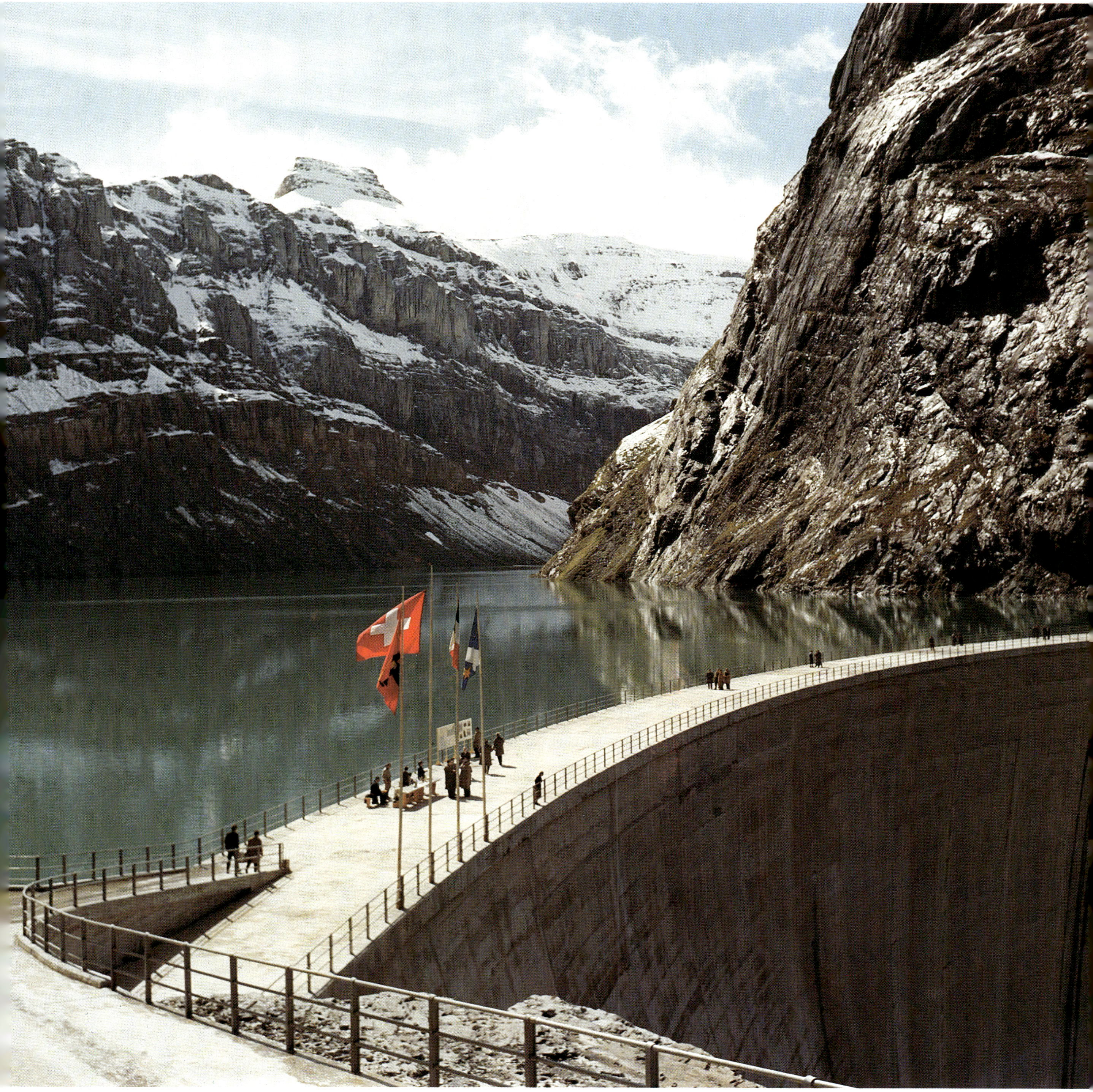

Verbrauch haben als die Gemeinden mit weniger Industriebetrieben. Der Durchschnittsverbrauch im Kanton Glarus von etwa 7800 kWh pro Einwohner liegt deutlich über dem schweizerischen Durchschnitt von 6800 kWh, was sicher auf die relativ hohe Industrialisierung des Kantons zurückzuführen ist.

Über die Entwicklung des Elektrizitätsverbrauches im Kanton Glarus gibt es kaum Angaben. Er dürfte sich parallel zum gesamtschweizerischen Verbrauch um zwei bis vier Prozent im Jahr vergrössern. Neben den Haushaltungen werden auch der Dienstleistungssektor mit dem vermehrten EDV-Einsatz und die Infrastrukturanlagen – Beleuchtung Walenseetunnel, Kunsteisbahn, Kläranlagen – zur Verbrauchszunahme beigesteuert haben.

An sich könnte sich der Kanton Glarus selbst mit Elektrizität versorgen. Tatsächlich wird aber wegen des überregionalen Elektrizitätsverbundes die im Kanton Glarus produzierte Energie der Grosskraftwerke direkt ins schweizerische Netz eingespiesen, aus dem auch der Kanton Glarus versorgt wird. Es ist darum nicht möglich, den genauen Verbrauchsort der «Glarner Kilowattstunden» zu lokalisieren. Die meisten Glarner Grosskraftwerke sind Speicherwerke, welche ihre wertvolle Energie vor allem bei Bedarfsengpässen abgeben. Die Grundlast der Produktion tragen in der Schweiz die Kernkraftwerke und die Laufkraftwerke an den grossen Flüssen. Auch im Kanton Glarus wird Elektrizität aus solchen Produktionsanlagen verbraucht.

Ausbaupläne der Wasserkraftwerke

Die Wasserkräfte des Kantons Glarus sind nicht vollständig zur Elektrizitätsproduktion ausgebaut. Es gibt noch immer sprudelnde Bäche und Wasserfälle mit einem grossen Energiepotential. Die Rahmenbedingungen für die Erstellung neuer Wasserkraftwerke sind aber im Laufe der letzten 20 Jahre einschränkender geworden. Neue Kraftwerke müssen strenge Anforderungen bezüglich Restwasser, Landschaftsschutz und Grundwasserschutz erfüllen.

Im Jahre 1972 wurde eine Studie über mögliche Standorte für Pumpspeicherkraftwerke in der Schweiz veröffentlicht. Von 273 geprüften Objekten lagen elf im Kanton Glarus. Keiner dieser elf Standorte im Kanton wurde zur näheren Bearbeitung vorgeschlagen. Es ist darum in nächster Zukunft kaum mit dem Neubau von Pumpspeicherkraftwerken im Kanton Glarus zu rechnen.

Das Bundesamt für Wasserwirtschaft veröffentlichte 1987 eine Studie mit Vorschlägen zur Verbesserung der Kleinwasserkraftwerke im Glarner Hinterland. Viele dieser Anlagen sind schon über 50 Jahre alt; mit geringfügigen Veränderungen liesse sich bei vielen Kraftwerken die Energieproduktion steigern. Einige Verbesserungsvorschläge fanden in der Zwischenzeit schon Verwendung als Grundlagen für Umbauprojekte. Ende der 1980er Jahre erarbeitete man ein Projekt zur Erstellung von vier Kraftwerksstufen an der Linth zwischen Netstal und dem Walensee, doch bestehen zurzeit noch offene Fragen bezüglich Laichzug der seltenen Seeforelle und der Auswirkungen auf das Grundwasser. Ein anderes Projekt zur Nutzung der Wasserkräfte des Mühle- und des Krauchbaches wurde zwar ausgearbeitet, aber schliesslich wieder zurückgezogen. Für die Verlängerung des Linth-Limmern-Kraftwerkes von Linthal in die Gegend von Ennenda/Mitlödi gibt es Pläne, aber kein ausgearbeitetes Projekt. Es wird somit deutlich, dass noch Ausbaupläne für die Elektrizitätsproduktion im Kanton Glarus bestehen. Allerdings finden sich nur noch wenige Orte, wo sich in der heutigen Zeit Wasserkraftanlagen errichten lassen. An den meisten noch ungenutzten Bachläufen liesse sich mit einem vernünftigen Aufwand und ohne massive Umweltschäden kaum mehr ein grösseres Kraftwerk errichten. Nur eine Stabilisierung des Verbrauches kann uns aus dem ständigen Zwang, immer mehr Elektrizität produzieren zu müssen, befreien.

Leitungs- und Mastenwald in der Linthebene bei Schänis. Im Hintergrund der Mürtschenstock.

Literatur

C. Bleuler; Bericht über die Wasserverhältnisse im Kanton Glarus; Glarus 1886.
Eidg. Amt für Wasserwirtschaft; Ungenutzte Wasserkräfte in der Schweiz; Bern 1935.
Adolf Jenny; Die industrielle und gewerbliche Nutzung der Wasserläufe in Glarus und Umgebung; Glarus 1935.
P. Liver, H. Trümpy; Rechtsgutachten betreffend Abänderung des glarnerischen Wasserrechts; Glarus 1950.

Umwelt und Verkehr

Gefährdete Umwelt – Umweltschutz

Jakob Marti

Mensch und Umwelt in der Vergangenheit

Die ersten Bewohner des Kantons Glarus mussten als Jäger und Sammler, später als Bauern hart um ihr tägliches Brot kämpfen. Mit Jagd und Fischerei, mit Rodungen, Anbau von Getreide, Viehzucht und später mit Gewerbe und Industrie beeinflussten die Bewohner des Linthtales ihre Umwelt in immer grösserem Ausmass.

Eine besonders starke Beeinträchtigung widerfuhr der Umwelt des Linthtales durch den Abbau und die Verhüttung von Eisenerz von 1527 bis 1563 in Schwanden und von 1569 bis zirka 1620 im Klöntal. Das Erz wurde dabei mit Hilfe grosser Mengen Brennholz verhüttet. Rund um Schwanden und im Klöntal holzte man riesige Waldflächen für die Eisenproduktion ab. Im Falle von Schwanden erlaubte die Konzession ausdrücklich, dass für das Schmelzwerk unentgeltlich Holz aus den öffentlichen Waldungen beschafft werden dürfe. In der Konzession im Klöntal war dieser Abschnitt schon viel einschränkender abgefasst und enthielt einen Bannbrief für die gemeindeeigenen Wälder. Der Bergbau wurde jeweils nach wenigen Jahren aus Mangel an Holz, wegen billiger Eisenimporte und abnehmenden Eisengehaltes des Gesteins eingestellt.

Mit der Einführung von Feuerwaffen wuchs seit dem 16. Jahrhundert der Jagddruck auf das Wild. Im Vergleich zu den übrigen Alpenkantonen wurden die grösseren Fleisch- und Pflanzenfresser – Wolf, Luchs, Hirsch, Reh, Steinbock – im dichtbesiedelten Glarnerland schon früh ausgerottet. Auch der Gemse und dem Murmeltier drohte gegen Ende des 19. Jahrhunderts dasselbe Schicksal. Sogar im sogenannten Wildschutzgebiet Freiberg bejagte man die Gemsen nach Angaben von Oswald Heer (1846) genauso wie ausserhalb des Banngebietes. Die Landsgemeinde verbot infolgedessen die Jagd verschiedene Male vollständig. Mit der Abnahme des Jagddruckes gegen 1900 konnten zunächst das Reh, später Hirsch und Steinbock und gegen 1980 auch der Luchs wieder in den Kanton Glarus einwandern.

Eine Hauptursache für die katastrophale Versumpfung der Linthebene im 18. Jahrhundert bestand in der schrankenlosen Ausbeutung und Zerstörung der Wälder im Glarnerland. Oswald Heer beklagte noch im Jahre 1846 den schlechten Zustand der Glarner Wälder. Die Linthkorrektion brachte nach 1807 für das Glarner Unterland eine Verbesserung der Wasserverhältnisse, aber auch eine der grössten Umweltveränderungen mit sich: Wasserläufe wurden umgeleitet und Feuchtgebiete entwässert (S. 183 ff.). Dies geschah zum Wohle der Menschen, aber nicht immer zum Wohle der Natur. Wie Oswald Heer 1846 berichtete, starben nach der Einleitung der Linth in den Walensee in den Jahren 1813 bis 1815 viele tausend Zentner Felchen. Der Bestand dieser Fischart hatte sich auch 30 Jahre später von diesem Eingriff noch nicht völlig erholt. Die Trockenlegung der Feuchtgebiete zerstörte einer Reihe von Tierarten den Lebensraum: Der Storch brütete beispielsweise vor der Linthkorrektion regelmässig in Bilten, Niederurnen und Näfels, später aber nicht mehr. Durch die Linthkorrektion wurde der grosse Aalbestand in der Linthebene fast völlig ausgerottet und auch der Laichzug der Lachse arg gestört. Es dauerte viele Jahre, bis die Lachse den Weg durch den Walensee und den Escherkanal in ihre Laichgründe im Glarner Hinterland wieder fanden.

Im Laufe des 18. und des 19. Jahrhunderts entwickelte sich im Kanton Glarus eine mächtige Textilindustrie, die mit ihrem Energieverbrauch, dem Abwasser, der Abluft und dem Abfall eine recht grosse Umweltbelastung für das schmale Linthtal bildete. Besonders die Bleichereien, Zeugdruckereien und Färbereien belasteten die Linth arg mit Schadstoffen. Diese Gewässerverschmutzung gab auch Anlass zu etlichen Klagen, die schon im Jahre 1810 die Gerichte beschäftigten.

Nach Heer und Blumer (1846) verbrauchte allein die Baumwollindustrie im Jahre 1840 im Kanton Glarus 900 Tonnen Farbstoffe und 1000 Tonnen verschiedene Chemikalien. Ein grosser Teil dieser Chemikalien gelangte schliesslich in die Linth. Auch die Wasserkraft der Linth wurde

Gemsjäger. Kolorierte Radierung von Franz Niklaus König, um 1810. (Museum des Landes Glarus, Näfels)

Glarus; die ehemalige Stoffdruckerei Brunner in der Abläsch, erbaut 1826/30. Im Vordergrund links der Fabrikkanal und rechts ein Flössplatz. Grosse Mengen von Farbstoffen und Chemikalien flossen ungereinigt in die Gewässer. Tuschzeichnung, um 1835. (Museum des Landes Glarus)

im Laufe des 19. Jahrhunderts für die Textilindustrie fast vollständig ausgenutzt: 1880 gab es an der Linth und ihren Nebenbächen 61 Wasserkraftwerke. Diese grosse Ausnutzung der Wasserkraft veranlasste Ingenieur Bleuler 1887 zur Bemerkung: «Zu den industriellen Kantonen der Schweiz gehört der Kanton Glarus. In Folge dessen ist die Benützung der Wasserläufe wohl in keinem anderen Kanton so ausgedehnt und ausgenützt.» Eine Auswirkung dieser fast vollständigen Ausnützung der Wasserkraft war die stellenweise geringe Wasserführung der Linth, was vor allem den verschiedenen Wasserlebewesen schadete. Der Lachs, der noch Mitte des letzten Jahrhunderts bis ins Tierfehd zum Laichen emporschwamm, wurde zunehmend seltener und verschwand schliesslich um 1900 vollständig.

Gegen 1900 gewann die Metallindustrie zunehmend an Bedeutung. Mit ihren Giessereien, der galvanischen Behandlung und der gelegentlichen Verwendung giftiger Schwermetalle wie Blei, Zink oder Chrom stellte sie für die Umwelt eine neue Gefährdung dar: Die Industrieabfälle wurden in Deponien abgelagert, die heute als sogenannte Altlasten immer noch eine Bedrohung für den Boden und das Grundwasser darstellen.

Mit dem zunehmenden Wohlstand der Bevölkerung im Verlaufe dieses Jahrhunderts stieg auch die Menge der häuslichen Abfälle. Bis zum Jahre 1973 wurden damit in jedem Dorf verschiedene Geländemulden gefüllt. Im Kanton Glarus gibt es darum über 120 ehemalige Kehrichtdeponien, welche den Boden und das Grundwasser gefährden könnten.

Auch die Bewirtschaftung in der Land- und Forstwirtschaft änderte sich im Laufe des 20. Jahrhunderts rapide, so dass viele früher verbreitete Tierarten ausgerottet wurden, beispielsweise Lämmergeier (1870), Fischadler (1870), Rebhuhn (1950), Wachtel (1950), Wiedehopf (1970).

Die Umweltschutz-Gesetzgebung

Schon gegen Ende des letzten Jahrhunderts erkannte man auf eidgenössischer Ebene, dass die industrielle Revolution mit der ungehemmten Ausbeutung der Lebensgrundlagen durch entsprechende Vorschriften reglementiert werden müsse. Schritt für Schritt wurden in den einzelnen Umweltbereichen Vorschriften erlassen, welche die Freiheit des einzelnen, der Unternehmer oder der Gemeinden zum Vorteil des Gemeinwohles beschränkten.

Der Kanton Glarus begnügte sich damit, wie andere kleinere Kantone auch, den Vollzug der gesamtschweizerischen Vorschriften in Einführungsgesetzen zu regeln. Eigenständige Umweltvorschriften beschloss er kaum je vor dem Erlass oder vor Verschärfungen schweizerischer Bestimmungen. Erst in jüngster Zeit wurden – meist von der Landsgemeinde – kantonale Beschlüsse im Umweltschutzbereich gefasst, die weiterum auf Aufmerksamkeit stiessen. Ein Memorialsantrag von 1986, der zum totalen Herbizidverbot auf allen Kantons- und Nationalstrassen führte, war eine Pioniertat in der Schweiz. Glarus nahm 1989 als einer der ersten Kantone ein kantonales Umweltschutzgesetz an und erliess 1990 ein Düngeverbot für alpfremden Dünger auf den Alpen.

Viele Gemeinden verstärkten in den letzten Jahren die Tätigkeit im Umweltschutzbereich, besonders im Abfallwesen, und verbesserten die Separatsammlungen massiv. Riedern und Glarus beschlossen als erste Glarner Gemeinden die Einführung der Kehrichtsackgebühr.

Die Umweltbelastung im Kanton Glarus im Jahre 1990

Bevölkerung
Im Jahre 1991 leben im Kanton Glarus rund 38 000 Einwohner. Seit 1880 nahm die Bevölkerung des Kantons um 11 Prozent zu, während jene der gesamten Schweiz in derselben Zeitspanne um 140 Prozent stieg. Die überbaute Fläche (Wohnhäuser, Industrie, Strassen, Eisenbahn) ist trotz der geringen Bevölkerungszunahme seit dem Ende des letzten Jahrhunderts auch im Glarnerland massiv angestiegen.

Die Bevölkerungsdichte des Talbodens im Kanton Glarus ist sehr hoch und liegt bei etwa 400 Einwohnern pro km^2. Der Talboden ist damit einem grossen Druck durch die verschiedenen Nutzungsformen wie Wohnen, Arbeiten, Verkehr, Landwirtschaft und Erholung ausgesetzt. Eine langfristige, konsequente Raumplanung, welche die Bodenansprüche für Wohnen, Arbeiten, Verkehr und naturnahen Lebensraum lenkt und beschränkt, erweist sich als zunehmend wichtiger.

Naturschutz
Die intensive Nutzung des Talbodens für die Bedürfnisse des Menschen führte dazu, dass im Laufe der letzten 100 Jahre viele Tier- und Pflanzenarten des Talgrundes fast oder gänzlich ausgerottet wurden, beispielsweise Feldhase, Iltis, Feldlerche, Baumpieper, Wiesensalbei. Von den 110 heute im Kanton Glarus brütenden Vogelarten sind 31 so selten, dass sie gesamtschweizerisch auf der Roten Liste stehen. Nur vier kleine Reste der ehemals ausgedehnten Sumpfgebiete im Talgrund sind unter Naturschutz gestellt. Auch andere naturnahe Lebensräume wie Trockenstandorte, Bäche und Hecken sind heute vor allem im Talgrund durch die intensive Landwirtschaft und die Besiedlung bedroht. 31,4 Kilometer Bach- und Grabenläufe deckte man zwischen 1900 und 1980 im Glarner Unterland zu. In den höheren Lagen dagegen ist die Flora und Fauna

Oben links: Steinböcke am Foostock bei Matt. Bereits um 1550 hatten die Jäger den Steinbock im Glarnerland ausgerottet; in unserem Jahrhundert wanderte er wieder ein.

Oben: Alpenwiesenvögelchen. Im Kanton Glarus sind bisher 95 Schmetterlingsarten nachgewiesen.

Rechte Seite:

Der Obersee bei Näfels mit Brünnelistock und Bärensolspitz.

Gefährdete Umwelt – Umweltschutz

noch reichhaltiger. Zusammen mit den anderen Alpenkantonen hat Glarus eine besondere Verantwortung für die Erhaltung von Tieren und Pflanzen der alpinen Stufe, zum Beispiel von Murmeltier und Alpensalamander, und als Rückzugsraum für viele Lebewesen, die im schweizerischen Mittelland völlig ausgestorben sind. Im Kanton Glarus leben ausserdem einige seltene Tier- und Pflanzenarten, wie zum Beispiel Rebels Enzianbläuling, welche sonst weitherum nicht mehr zu finden sind.

Gewässerschutz
Bis im Jahr 1992 sind im Kanton Glarus rund 85 bis 90 Prozent der Bevölkerung an eine Kläranlage angeschlossen. Im Vergleich zu anderen Kantonen baute man im Kanton Glarus die Anlagen zur Abwasserreinigung erst relativ spät. Im Laufe der Jahre konnte dieser Rückstand etwas wettgemacht werden. Der Gewässerschutz ist aber mit dem Bau von Kläranlagen und Kanalisationen bei weitem noch nicht abgeschlossen. Es folgt nun die aufwendige Detailarbeit wie Kontrolle der Abwassereinleiter, Information der Bevölkerung, Kontrolle der Düngung, Klärschlammentsorgung und Grundwasserschutz. Die bisherigen Massnahmen verbesserten die Wasserqualität der Linth im Verlauf der letzten Jahre wesentlich.

Luftqualität
Seit dem Jahre 1987 kontrolliert man im Kanton Glarus regelmässig die Luftqualität. Schon bald zeigte es sich deutlich, dass im Vergleich zu den Grenzwerten die Schadstoffe Ozon und Stickstoffdioxid die grössten Probleme darstellen. Der Grenzwert für Ozon wird im gesamten bewohnten Kantonsgebiet massiv, derjenige für Stickstoffdioxid entlang der Hauptstrasse zwischen Näfels und Glarus deutlich überschritten. Die auf den Weissenbergen und in Braunwald gemessenen Stickstoffdioxid-Jahresmittelwerte von 3 beziehungsweise 4 Mikrogramm pro m^3 gehören zu den tiefsten Werten, die in der Schweiz gemessen wurden. Die hohen Stickstoffdioxid-Konzentrationen entlang der Hauptverkehrsstrassen sind weitgehend hausgemacht. Die Emissionen an Stickoxiden stammen hier zum grössten Teil vom Strassenverkehr (siehe Abbildung). Zwar war der Anteil der schadstoffarmen Katalysator-Personenwagen im Kanton Glarus 1989 nach Zug, Zürich und St. Gallen der höchste in der Schweiz. Die Zahl der Personenwagen nahm aber im Verlaufe der letzten 40 Jahre auch hierzulande massiv zu, was Probleme mit der Luftbelastung, dem Lärm, dem Bodenverbrauch usw. schuf. Wie die meisten anderen Kantone musste auch Glarus einen Massnahmenplan zur Verbesserung der Luftqualität ausarbeiten lassen.

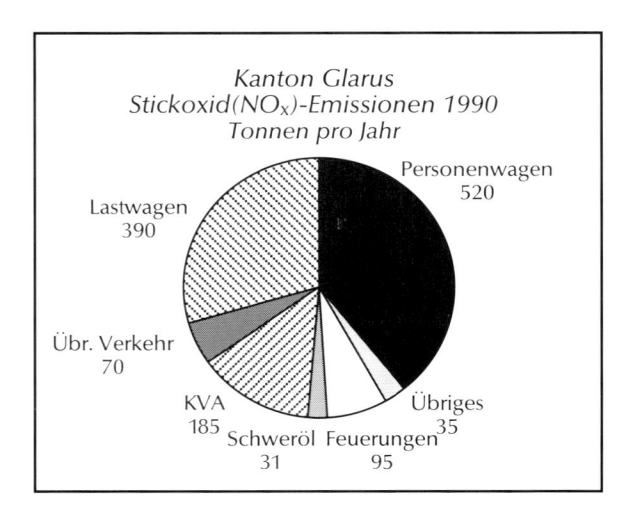

Abfall
Im Kanton Glarus entstehen vielerlei Arten von Abfall, die zum Teil hier selbst, zum Teil in der übrigen Schweiz und zum Teil im Ausland entsorgt werden. Die grösste Menge stellt der Bauschutt dar, der bei Neubauten und vor allem bei Umbauten anfällt: pro Jahr rund 60 000 m^3 Material, das man bisher schlecht sortiert auf rund 30 Gemeinde-Bauschuttdeponien ablagerte. Auf diesen Deponien sammelte sich daneben aber noch allerlei anderes Material an wie Kühlschränke, Pneus oder Gartenabfälle. Praktisch alle diese Deponien entsprechen den zukünftigen Deponievorschriften in keiner Weise. Eine Zentralisierung des Deponiewesens drängt sich auf.

Der Kanton Glarus produziert pro Jahr rund 16 500 Tonnen brennbarer Siedlungs-, Industrie- und Baustellenabfälle, die in der Kehrichtverbrennungsanlage Niederurnen zusammen mit Abfällen aus den Kantonen Schwyz und St. Gallen verbrannt werden. Bei dieser Verbrennung entstehen aus dem Glarner Anteil rund 5000 Tonnen Schlacke und 500 Tonnen Filterrückstände. Die Entsorgung beider Verbrennungsrückstände bietet heute wegen des hohen Schadstoffgehalts grosse Schwierigkeiten und ist unbefriedigend gelöst. Bevölkerung und Industrie können mit einem verminderten Verbrauch an schadstoffhaltigen Produkten dieses Problem auf lange Frist entschärfen.

Aus der Industrie, dem Gewerbe und den Haushalten entstehen im Kanton Glarus rund 1700 Tonnen Sonderabfall wie Altöl, Batterien, Lösungsmittel, Metallhydroxidschlamm usw. Rund 700 Tonnen davon werden exportiert nach Grossbritannien, Frankreich, Deutschland, Österreich und in andere Länder. Der Export von Sonderabfall ist jedoch auf die Dauer keine Lösung unseres Abfallproblems. Es ist darum dringend notwendig, in der Schweiz geeignete Verbrennungsanlagen, Deponien und Aufbereitungsanlagen zu erstellen.

Kanton Glarus
Stickoxid(NO$_x$)-Emissionen 1990
Tonnen pro Jahr

Personenwagen 520
Lastwagen 390
Übr. Verkehr 70
KVA 185
Schweröl 31
Feuerungen 95
Übriges 35

Oben: Mit Abfällen aller Art füllte man früher in jedem Dorf Geländemulden.

Unten: In jüngster Zeit werden jährlich einige tausend gebrauchte Leuchtstoffröhren als Sonderabfall gesammelt und ausserhalb des Kantons umweltgerecht entsorgt.

Die regionale Kehrichtverbrennungsanlage Niederurnen verbrennt Siedlungsabfälle aus den Kantonen Glarus, Schwyz und St. Gallen.

Im Kanton entstehen pro Jahr rund 13 000 Tonnen Klärschlamm, welche bis anhin zu je etwa einem Drittel in der glarnerischen und in der ausserkantonalen Landwirtschaft sowie in einer Deponie im Kanton St. Gallen Verwertung fanden. In Zukunft sind die beiden letzteren Entsorgungsvarianten nicht mehr möglich, da der Klärschlamm im Entstehungskanton entsorgt werden sollte. Bis zur Inbetriebnahme einer Klärschlamm-Verbrennungsanlage Mitte der 1990er Jahre ist ein Entsorgungsnotstand zu befürchten. Parallel zur Errichtung einer Entsorgungseinrichtung muss auch der Schadstoffgehalt des Klärschlammes vermindert werden.

Die Entsorgung des Abfalls im Kanton Glarus befindet sich in einer Umbruchphase. Bis zum Ende der 1980er Jahre wurden, wie in der übrigen Schweiz, lediglich die dringendsten kurzfristigen Probleme (KVA, ARA usw.) gelöst, ohne die langfristigen Konsequenzen aus diesen technischen Problemlösungen zu bedenken. Die Kehrichtmenge steigt aber weiterhin an. Jetzt wird langsam deutlich, dass die bisherige Art der Herstellung und Beseitigung vieler Konsumgüter verheerende Folgen für unsere Umwelt und die Entsorgungssicherheit hat. Es ist unbedingt notwendig, dass in Zukunft schon bei der Produktion und dem Gebrauch von Gütern an deren Entsorgung gedacht wird.

Boden

Seit Mitte der 1980er Jahre wird der Boden des Kantons auf die Schwermetallkonzentrationen untersucht. In einigen Regionen ist der Boden übermässig mit Schwermetallen belastet. Bodenverschmutzungen sind darum so bedenklich, weil sie im Gegensatz zu den Verschmutzungen des Wassers oder der Luft kaum gereinigt werden können. Die Ursachen der heutigen Bodenverschmutzungen liegen meist im früheren unsachgemässen Umgang mit schadstoffhaltigen Produkten oder Abfällen (Kehrichtschlacke, Industrieabfälle, Bleifarben) oder in Emissionen aus dem Strassenverkehr und der Kehrichtverbrennungsanlage. Übermässig mit Schwermetallen belastete Böden finden sich daher heute im Kanton Glarus wie in der übrigen Schweiz besonders entlang von Strassen, über ehemaligen Deponien, bei heutigen Deponien und unter Hochspannungsmasten. Die Bodenfruchtbarkeit erscheint in solchen Gebieten als langfristig gefährdet.

Die Umweltbilanz des Kantons Glarus mit den umliegenden Gebieten

Rohstoffe und Energieträger

Der Kanton Glarus ist arm an Rohstoffen und Energieträgern. Fast der gesamte Bedarf der verarbeitenden Industrie muss zum Teil aus weit entfernten Gebieten importiert werden: Zement, Eisen, Kupfer, Benzin, Baumwolle usw. Im Kanton werden somit grosse Mengen von Rohstoffen verarbeitet und konsumiert, die man andernorts mit zum Teil beträchtlichen Umweltbelastungen produziert hat.

Als hier gewonnene Rohstoffe exportiert Glarus nur Holz und Kalk in die übrige Schweiz und ins Ausland, befindet sich doch in Netstal eine der beiden einzigen Kalkfabriken der Schweiz. Der Export an Holz für das Bauwesen und Papierfabriken liegt jährlich bei etwa 20 000 Tonnen. Auch im Elektrizitätsbereich ist der Kanton Glarus ein Netto-Exporteur. Trotzdem ist die Energiebilanz des Kantons im Jahre 1990 bei weitem negativ (ohne SBB):

Energiebilanz des Kantons Glarus in TJ

	Produktion	Import	Export	Verbrauch
Benzin	–	1000	–	1000
Heizöl EL/ Diesel	–	1200	–	1200
Heizöl S	–	800	–	800
Kohle	–	250	–	250
Elektrizität	2880	–	1800	1080
Brennholz	100	–	–	100
Total	2980	–3250	+1800	4430

Bilanz: Importüberschuss = 1450 TJ

Luft

Die Luft über dem Kanton Glarus steht natürlicherweise in einem engen Verhältnis zu den Luftmassen der Nachbarregionen. Windmessungen haben gezeigt, dass während ungestörter Wetterlagen im Laufe des Tages Luft aus der Linthebene in den Kanton und aufwärts in alle Seitentäler dringt. Sobald die Sonne untergeht, dreht diese Windströmung um, und kalte Luft aus den Bergregionen zieht in alle Täler und durch das Linthtal hinaus in die Linthebene. Auf diese Weise gelangen Luftschadstoffe während des Tages in den Kanton Glarus herein und während der Nacht aus dem Kanton Glarus hinaus. Dieses Wechselspiel funktioniert bei Inversionslagen im Winterhalbjahr oder bei Starkwindlagen (zum Beispiel Föhn) nicht mehr. Trotz dieses Luftaustausches sind die meisten im Glarnerland auftretenden Schadstoffe hausgemacht. Nur beim Ozon spielen auch überregionale Verfrachtungen von Vorläufersubstanzen mit.

Die Nationalstrasse N3 trägt rund 40 Prozent zur gesamtkantonalen Stickoxid-Produktion bei. Sie ist somit bei weitem die grösste Einzelquelle dieses Schadstoffs. Ein grosser Teil des Verkehrs auf der N3 ist ausserkantonaler Herkunft, belastet aber die Luft im Glarner Unterland ganz massiv.

Wasser

Der Kanton Glarus ist ein wasserreicher Kanton. Pro Jahr fliessen im Durchschnitt rund 1200 Mio. m³ Wasser aus dem Kanton Glarus bei Bilten über die Kantonsgrenze. Das ist genug Wasser, um den Klöntalersee in einem Jahr 25mal zu füllen. In dieser Wassermenge sind rund 7 Mio. m³ Abwasser enthalten, die in einem mehr oder weniger gereinigten Zustand über die Kläranlagen Bilten, Engi und Murg abgegeben werden. In diesem gereinigten Abwasser sind aber immer noch folgende Schadstoffmengen enthalten: drei bis vier Tonnen Phosphat, 80 bis 90 Tonnen Nitrat-Stickstoff und 20 bis 30 Tonnen Ammonium-Stickstoff. Zusätzlich dazu werden von landwirtschaftlichen Düngern mehrere Tonnen Phosphate, Nitrate und Ammoniumverbindungen in die Linth und damit zu unseren Unterliegern gespült. Mit dem abfliessenden Wasser, das wir über die Niederschläge relativ sauber erhalten haben, strömen somit über 100 Tonnen Schadstoffe dem Zürichsee, einem wichtigen Trinkwasserreservoir, zu.

Schlussfolgerungen

Der Kanton Glarus besteht aus einem schmalen, dicht bevölkerten Talgrund mit verkehrsreichen Strassen und aus einem weniger stark genutzten Berggebiet. Im Talgrund hat die Verschmutzung der Luft und des Bodens sowie die Zerstörung naturnaher Lebensräume schon bedrohliche Ausmasse erreicht. Die Berggebiete bieten in dieser Hinsicht noch einen gewissen Ausgleich. In Zukunft gilt es nun, die Umweltgefahren für die Berggebiete frühzeitig abzuwenden und die Umweltbelastung im Talgrund auf ein erträgliches Mass zu reduzieren.

Hüttenböschen am Walensee, Gemeinde Mollis. Eines der beiden kleinen Feuchtgebiete, die als Reste der einst versumpften Linthebene unter Schutz gestellt worden sind.

Literatur

C. Bleuler; Bericht über die Wasserrechtsverhältnisse im Kanton Glarus; Glarus 1886.
Heer/Blumer.
Bartel/Jenny II.

Die Linthkorrektion – das erste Nationalwerk der Schweiz

Jürg Davatz

Blick vom Biberlikopf gegen die Biäsche, Weesen und den Walensee. Die genaue Darstellung zeigt vorne die Maag mit einem Lastschiff, im Mittelgrund die versumpfte und teilweise unter Wasser liegende Ebene. Aquatinta-Radierung von Johann Heinrich Troll, um 1800. (Museum des Landes Glarus, Näfels)

Die Versumpfung der Linthebene

Die Talsohle des Glarner Unterlandes und die Linthebene sind aufgefüllter Seegrund und daher sehr flach. Ein zwischen- und nacheiszeitlicher Linthsee reichte nämlich weit ins Glarnerland hinein; Walen- und Zürichsee bilden seine Überreste. In der Nacheiszeit rückte der Schwemmfächer der Linth durch das Glarner Unterland allmählich gegen die Talgabelung bei Ziegelbrücke vor. Dort trennte das wachsende Linthdelta den Walensee ab; dessen geschiebearmen Ausfluss, die Maag, drängte es an den Fuss des Schäniserberges, wo sich die beiden Flüsse vereinigten. Die Linth und ihre Seitenbäche brachten naturgemäss immer mehr Geschiebe in den seichten Seeraum des Gasters und der March. Im 14. und 15. Jahrhundert füllten sie die restlichen offenen Gewässer auf, zuletzt den Tuggenersee. Als Folge des schwachen Gefälles schlängelte sich die Linth in trägem Lauf durch die Ebene und verästelte sich stellenweise in viele Arme. Die alten Siedlungskerne der Dörfer liegen daher auf Schuttkegeln von Seitenbächen am Rande der Ebene.

Nach 1629 traten Hochwasserkatastrophen häufiger auf, im 18. Jahrhundert folgten sich zwanzig, bisweilen in kurzen Abständen. Von Näfels bis zum Walen- und Zürichsee griff in der Ebene eine zunehmende Verschuttung und Versumpfung um sich. Gewiss, die Hauptursache dieser unheilvollen Entwicklung lag in der Topographie der Landschaft und in besonderen klimatischen Ereignissen. Eine beinah schrankenlose Waldzerstörung im ganzen Glarnerland beschleunigte indes das Fortschreiten der Katastrophe massgeblich. Zum zunehmenden Holzschlag für den Eigenbedarf gesellte sich die Raubwirtschaft für die Ausfuhr und Flösserei bis nach Holland. Geissherden wurden in die abgehauenen Wälder getrieben und hinderten den jungen Aufwuchs. So entstanden ständig neue Runsenzüge; bei anhaltenden Regengüssen, Hagelwettern und schneller Schneeschmelze stürzten ungeheure Schlipfe ins Tal, wo sie fürchterliche Verheerungen anrichteten.

Die fortgesetzte Ablagerung grosser Geschiebemassen hob das Bett der Linth ständig an, besonders bei der Vereinigung mit der Maag. In der zweiten Hälfte des 18. Jahrhunderts erhöhte die Linth bei Ziegelbrücke ihr Bett um mehr als drei Meter! Dies bewirkte eine zunehmende Stauung der Maag und des Walensees, dessen Spiegel zusehends anstieg. Bei hohem Wasserstand drängte die Linth sogar die Maag in den Walensee zurück. In Weesen und Walenstadt überflutete das Wasser ufernahe Stadtteile; deren Bewohner konnten die richtigen Hauseingänge oft nicht mehr benützen und mussten vom Schiff aus durch ein Fenster in ihre Wohnungen einsteigen. Weite, fruchtbare Ufergebiete lagen nun ständig unter Wasser, andere versauerten und versumpften völlig. Kleineres Geschiebe und Schlamm erhöhten ununterbrochen auch das Bett des unteren Linthlaufs, bis es streckenweise beträchtlich über der Ebene lag. Dies zwang die Anwohner, die Dämme fortwährend zu erhöhen und auszubessern; immer häufigeren Dammbrüchen und der Versumpfung des niedrigeren Landes konnten sie damit jedoch nicht vorbeugen. Das Glarner Unterland und weite Teile der Linthebene bildeten bei Hochwasser einen seichten See.

So herrschte in diesem Gebiet um 1800 ein Elend von furchtbarem Ausmass. Allerlei Seuchen und ansteckende Krankheiten breiteten sich aus; grosse Teile der verarmten Bevölkerung erkrankten an Sumpffieber und litten bitteren Mangel am Lebensnotwendigsten. Das Glarner Unterland und die Linthebene waren zum schlimmsten Katastrophengebiet der Alten Eidgenossenschaft geworden. Der ansässigen Bevölkerung fehlten Kräfte und Mittel, der Not wirksam zu wehren.

Vorgeschichte der Linthkorrektion

Der rettende Gedanke war offenbar bereits vor 1774 geboren: «Ein verständiger Mathematiker soll möglich und thunlich gefunden haben, die Linth dem Wallenberg nach in den See zu führen, und dann dem See durch die tiefer durchführende Maag und mehrere Canäle hinlänglichen Abfluss zu verschaffen. Allein ein solcher Entwurf hat so viel Schwierigkeiten und Hindernisse, dass wir ihn für einen Traum ansehen», meinte Chronist Christoph Trümpi.

Die Notlage wurde so gross und die Schiffahrt auf der Linth so gefährdet, dass die Acht Orte, die das Sarganserland regierten, im Juli 1783 den bernischen Ingenieur und Hauptmann *Andreas Lanz* beauftragten, für die Korrektion der Linth und die Tieferlegung des Walensees einen Plan und Kostenvoranschlag auszuarbeiten. Lanz entwarf bis Ende 1783 vier Projekte; zur endgültigen Lösung des Problems sah auch er die Ableitung der Linth in den Walensee vor, wofür er Kosten von 89 666 Gulden berechnete. Seine drei anderen Vorschläge beschränkten sich auf kostengünstigere und dementsprechend weniger wirksame Korrekturen des bestehenden Linthlaufs. Allein, wegen Uneinigkeit und Mangels an Bundesgeldern unternahmen die Acht Orte schliesslich gar nichts.

1792 erliess der Aarauer Philantrop *Johann Rudolf Meier* als Präsident der *Helvetischen Gesellschaft* einen packenden Aufruf zur Rettung der Linthebene. Er bewirkte zumindest, dass der junge Zürcher Ratsherr *Hans Conrad Escher* das Katastrophengebiet kennenlernte und seither unablässig auf die Verwirklichung der Linthkorrektion hinarbeitete. 1799 beantragte Dr. *Josef Anton Zugenbühler* von Walenstadt beim helvetischen Direktorium die Linthkorrektion. Das Anliegen fand dort Gehör; doch Kriege und

Plan der vier Projekte zur Linthkorrektion, die Andreas Lanz 1783 der Tagsatzung zur Ausführung vorschlug. Nr. 1 die Ableitung der Linth in den Walensee. Lithographie in «Eidgenössische Abschiede», Bd. 8. (Landesbibliothek Glarus)

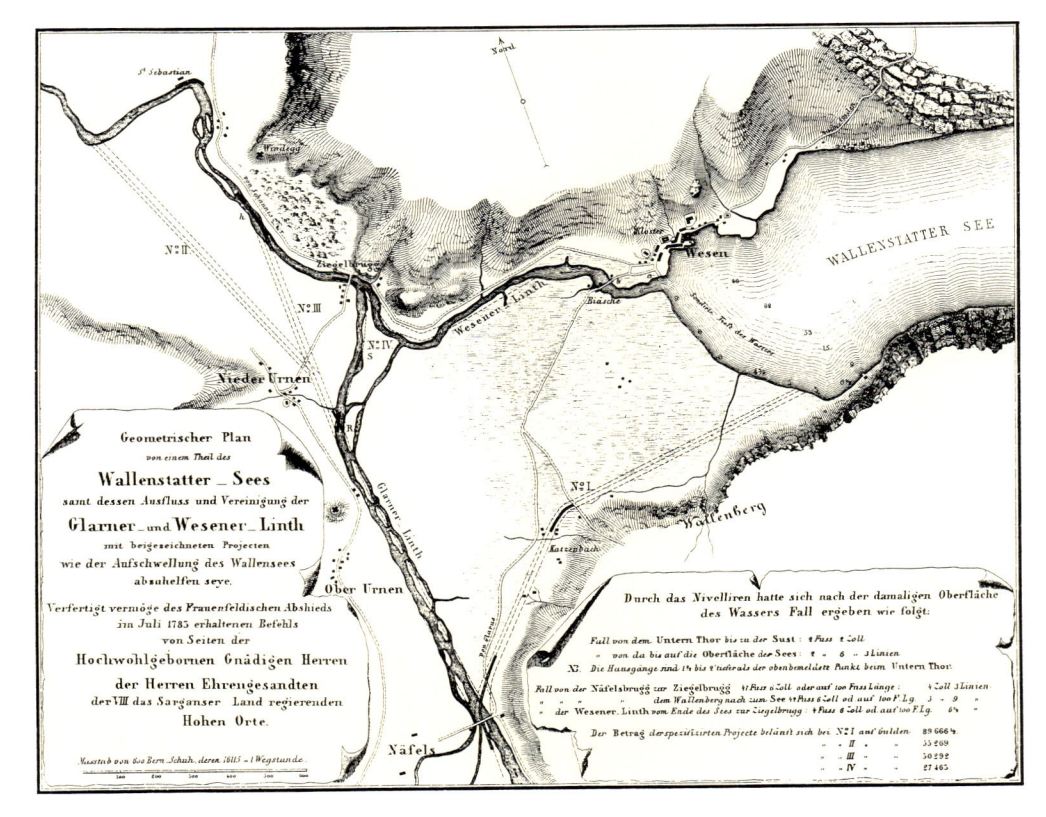

Baugeschichte der Linthkanäle

Die Leitung des Linthwerkes unterstand einer Aufsichtskommission, der *Hans Conrad Escher* als Präsident sowie Ratsherr *Conrad Schindler* von Mollis und Architekt *Johann Daniel Osterrieth* von Bern angehörten. Zum leitenden Hydrotekten wurde *Johann Gottfried Tulla* (1770–1828) berufen, der erfahrene grossherzoglich badische Rheinwuhrinspektor und Ingenieurhauptmann. In der unglaublich kurzen Zeit vom September bis November 1807 arbeitete Tulla mit mehreren Gehilfen die vollständigen Pläne für die Kanäle und Korrektionen aus; dann hinterliess er seine Anordnungen und kam nur 1808 noch einmal für einige Wochen auf die Baustellen.

Im August 1807 begann man mit den schwierigen Grabarbeiten unterhalb Ziegelbrücke und Anfang September mit der Ableitung der Linth in den Walensee. Rasch erwies es sich, dass das Anlegen neuer Kanäle zweckdienlicher, schneller und kostengünstiger war als die Korrektion der alten Flussläufe. Der mühsame Kanalbau wurde grossenteils in kleinen Akkordlosen an einzelne Arbeitsgruppen vergeben und verschaffte Hunderten von Arbeitslosen ein bescheidenes Auskommen.

Oben: Mit Bleistift und Sepia skizzierte Hans Conrad Escher am 24. Oktober 1807 die kurz zuvor begonnenen Bauarbeiten am Molliser Kanal. Diese seltene Baureportage zeigt die ausgesteckten Profile der Dämme und den Transport von Aushub mit Stosskarren. (Graphik-Sammlung ETH Zürich)

Rechts: «Aufruf an die Schweizerische Nation», verfasst von J. Ith und H. C. Escher; Titelblatt, März 1807. (Museum des Landes Glarus)

innere Schwierigkeiten verunmöglichten einen Beginn des Unternehmens.

Die Mediationszeit brachte in der Linthfrage den entscheidenden Durchbruch. Bereits an der ersten Tagsatzung von 1803 in Fribourg beantragten der Glarner Landammann Niklaus Heer und die Abgeordneten von Zürich und St. Gallen die baldige Durchführung des Rettungswerkes. H.C. Escher unterbreitete den neuartigen Vorschlag, das Linthwerk mit Aktien zu finanzieren. Er war nämlich überzeugt, die Wertvermehrung der entsumpften Liegenschaften werde schliesslich sämtliche Kosten decken. Am 28. Juli 1804 beschloss die Tagsatzung «die Austrocknung der Sümpfe am Walensee und der Linth». Zur Ausführung bestimmte sie das 1783 von Hauptmann Lanz vorgelegte Projekt der Ableitung der Glarner Linth in den Walensee und die Korrektion der Maag und des unteren Linthlaufs bis zur Grinau. Die Finanzierung sollte mit 1600 Aktien zu 200 Franken erfolgen und als Gegenwert das unter Wasser gesetzte und völlig versumpfte Land für die Linthunternehmung angekauft werden. Aber erst 1807, als Zürich als Vorort an der Spitze der Eidgenossenschaft stand, wurde der Beginn des grossen Nationalwerkes durchgesetzt. Anfang März veröffentlichten Dekan Johann Ith, Bern, und H.C. Escher den ergreifenden «Aufruf an die Schweizerische Nation zu Rettung der durch Versumpfungen ins Elend gestürzten Bewohner der Gestade des Wallen-Sees und des untern Linth-Thales». Der Aufruf weckte Hilfsbereitschaft; bereits im Oktober hatten Kantone, Gemeinden und Private über 2000 Aktien gezeichnet und damit die Finanzierung vorläufig gesichert.

Aufruf

an die

Schweizerische Nation

zu Rettung

der durch

Versumpfungen ins Elend gestürzten

Bewohner

der

Gestade des Wallen-Sees

und des

untern Linth-Thales

nach dem von der eidgenössischen Tagsatzung im Jahr 1804 beschlossenen, von sämtlichen hohen Cantonen ratifizirten, und von Sr. Excellenz dem Herrn von Reinhard, Landammann der Schweiz, zur Ausführung angeordneten, hydrotechnischen Plan.

Merz 1807.

Im Winter 1810/11 arbeitete man besonders an der Fertigstellung des Molliser Kanals. Am 8. Mai 1811 konnte Escher dieses erste und für den Erfolg des Unternehmens entscheidende Teilstück öffnen lassen; seither fliesst die Glarner Linth in den Walensee. Tausende von Zuschauern säumten an jenem Freudentag die Dämme, voller Dankbarkeit für die «Menschenretter» Escher und Schindler. Vorerst führte der Kanal nur bis in den grossen Sumpf im Gäsi, damit der Fluss diesen auf natürliche Weise mit seinem Geschiebe und Schlamm auffülle. Nach zwei Jahren bot die Geschiebeablagerung bereits eine geeignete Unterlage für die Verlängerung der festen Dämme um rund 500 Meter.

Die grössten Schwierigkeiten bot der Kanalbau von Weesen bis zur Ziegelbrücke, denn das Flussbett der Maag war kaum mehr zu erkennen, und das ganze Gebiet stand einige Fuss unter Wasser. Erst im Januar 1810 erlaubte ein niedriger Wasserstand den Beginn dieser Arbeiten; im Sommer 1812 war auch der Weesner Kanal fertig, und seither gibt es die Maag nicht mehr. Die unteren Kanalstrecken gingen etappenweise ebenfalls ihrer Eröffnung entgegen, als letzte Teilstücke Ende 1815 der Grinauer Kanal und am 17. April 1816 der Benkner Kanal.

Die Fertigstellung und Verbesserung der Arbeiten beanspruchte weitere Jahre und Geldmittel. Im Winter 1820/21 konnte man den Linthkanal im Gäsi erneut über 400 Meter verlängern. Am 14. August 1823 übergab die Tagsatzung die Linthkanäle den Kantonen Glarus, Schwyz und St. Gallen; gleichzeitig nahm die ständige Linthwasserbaukommission ihre Tätigkeit auf.

Die Gesamtausgaben für das Linthunternehmen bezifferten sich 1827 beim Rechnungsabschluss auf 984 508 Franken. 814 100 Franken wurden durch 4070 Aktien à 200 Franken gedeckt, wobei Glarus und St. Gallen je 1094 Aktien übernommen hatten, Zürich 666, Basel 308, Schwyz, das 1806 den Bergsturz von Goldau erlitten hatte, nur 177, Bern 153, Aargau 146, Genf 102, andere Kantone zwischen 76 und 2.

Die Ableitung der Linth in den Walensee und der Linthkanal zwischen Walen- und Zürichsee übertrafen in ihrer Wirkung alle Erwartungen. Die Gefahr von Überschwemmungen, die das flache Talgelände innert Stunden in einen flachen See verwandelten, war endgültig gebannt. Der Spiegel des Walensees sank schliesslich um 5,4 m; versumpftes Land wurde trockengelegt und für die Landwirtschaft zurückgewonnen; die Schifffahrt konnte wieder aufgenommen und der Strassenbau verbessert werden, was die Industrialisierung förderte. Das Sumpffieber und andere Krankheiten verschwanden, wodurch sich die Moral und der Arbeitswille der Bevölkerung hoben. Das Rettungswerk gereichte tatsächlich der ganzen Gegend zum Segen.

Hans Conrad Escher und Conrad Schindler

Der Zürcher H.C. Escher (1767–1823) leitete das monumentale Werk in technischer, organisatorischer und ökonomischer Hinsicht meisterhaft. Er besorgte von Anfang an die ganze Rechnungsführung, die Verträge mit den Unternehmern und Lieferanten, nach Tullas Weggang zudem die technische Oberleitung. Escher war und blieb Kopf und Seele des ganzen Unternehmens; auch wenn sich viele grosse und kleine Schwierigkeiten auftürmten, bewahrte er eine an Selbstaufopferung grenzende Hingabe an das Rettungswerk und einen unerschütterlichen Glauben an dessen Gelingen. Um die Arbeiter mit seinem Beispiel anzuspornen, legte er oft auch bei mühsamsten Grabarbeiten selber Hand an.

Bereits zu Lebzeiten erhielt Escher mancherlei Anerkennung, so auch von Zar Alexander I. Die dankbare Gemeinde Bilten ernannte ihn 1816 zu ihrem Ehrenbürger. Escher starb am 9. März 1823; im Juni jenes Jahres verlieh der Zürcher Rat ihm und seinen männlichen Nachkommen den ehrenden Zunamen «von der Linth». 1832 beschloss die Tagsatzung die Erstellung einer schlichten Erinnerungsplatte bei Ziegelbrücke; dem Molliser Kanal gab sie den Namen Escherkanal.

Eine grosse Entlastung bedeutete es für Escher, dass sein Freund Conrad Schindler (1757–1841) in derselben Gesinnung den Hauptteil der Arbeiten am Molliser Kanal leitete und beaufsichtigte. Nach Eschers Tod übernahm der ausgebildete Architekt die Führung des Linthwerks.

Links: Hans Conrad Escher. Kohlezeichnung; wahrscheinlich von Hans Jakob Oeri kurz vor Eschers Tod Anfang März 1823 angefertigt. (Museum des Landes Glarus)

Rechte Seite:

Oben: «Auf dem Damm des Molliser Kanals beym Casino.» Aquarellierte Zeichnung von Hans Conrad Escher, 21. Mai 1816. Escher war ein hervorragender Geologe und Zeichner, der Gelände- und Gebirgsformen tektonisch klar und prägnant darzustellen verstand. (Graphik-Sammlung ETH Zürich)

Unten: Die Linthbrücke zwischen Näfels und Mollis. Blick taleinwärts mit dem stark verzweigten Flusslauf vor der Korrektion. Aquarellierte Zeichnung von Hans Conrad Escher, 1798. (Institut für Kartographie der ETH Zürich)

Die Linthkorrektion 187

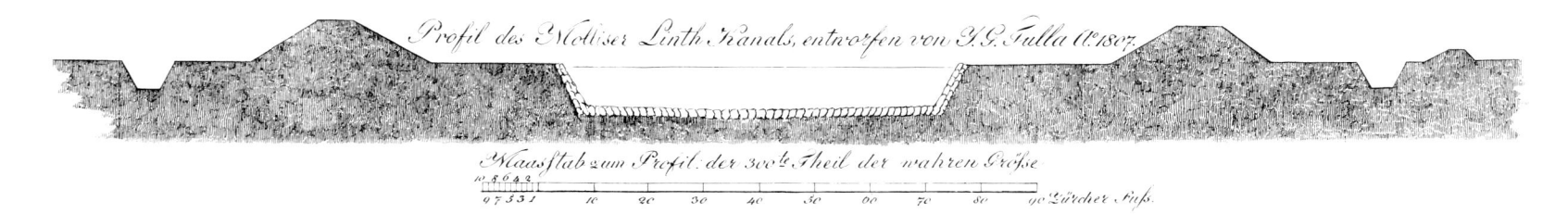

Die Linthkanäle nach 1830

Umfangreiche Geschiebeablagerungen gefährdeten den Escherkanal nach seiner Fertigstellung zunehmend. Weil der Kanal etwa einen Kilometer vor der eigentlichen Seetiefe endete, füllte das Geschiebe das Zwischengelände, aber auch die Kanalsohle immer weiter auf. Um 1840 war das Flussbett unterhalb des Kupfernkrumms aufgefüllt und die Linth nur noch von den Dämmen zusammengehalten. 1840/41 verursachte Hochwasser einige Dammbrüche. Die Linthkommission ernannte nun den Oberingenieur Graubündens, *Richard La Nicca,* zum technischen Mitglied; er besass grosse Erfahrung im Strassen- und Wasserbau und wirkte bis 1863 als eigentlicher Linthingenieur. Der Glarner *Gottfried Heinrich Legler* wurde 1845 dessen Adjunkt und 1863 selber Linthingenieur.

Nach La Niccas Plänen verlängerte man seit 1841 den Escherkanal in gerader Linie durch die Schuttanfüllung bis in die Seetiefe. Die ganze Kanalfortsetzung wurde 4600 Fuss lang, da man auch den untersten Teil des alten Laufs anders richtete und umbaute. Im oberen Kanalteil vertiefte die Linth ihr Bett wieder selbst, doch begann man 1846 mit der Verstärkung und Erhöhung der Dämme und Steinwuhre. 1865 war der totale Umbau des Escherkanals abgeschlossen; bis 1887 sicherte man die Dämme gegen den höchsten Wasserstand. Damals führte die Linth bereits weniger Geschiebe mit als früher, weil manche Tagwen und Korporationen inzwischen planmässige Aufforstungen begonnen und fachgerechte Wildbachverbauungen durchgeführt hatten. Nach den Hochwassern von 1910 und 1953 waren am Escherkanal ergänzende Uferverbauungen erforderlich.

Der Linthkanal erheischte nach 1830 ebenfalls umfangreiche Unterhalts- und Ausbauarbeiten. Zur besseren Kultivierung des weithin noch sumpfigen Gebietes musste ein ganzes Netz grösserer Entwässerungsgräben und Hauptabzugsgräben, teilweise mit Dämmen, angelegt werden. Die Gesamtkosten der zwischen 1828 und 1865 ausgeführten Arbeiten des Linthunternehmens beliefen sich auf rund eine Million Franken. 1866 begann die Linthkommission unterhalb der Grinau die Verlängerung des Linthkanals in den Zürichsee.

Escher- und Linthkanal samt den Hintergräben und dem dazwischenliegenden Land sind bis heute Eigentum des Linthunternehmens. Ihr Unterhalt ist ein «ewiges Werk», das von der *eidgenössischen Linthkommission* und dem *Linthingenieur* geleitet und verwaltet wird. Der Kommission gehören je ein Vertreter – in der Regel der Baudirektor – der vier Kantone Glarus, St. Gallen, Schwyz und Zürich an sowie ein Delegierter des Bundesamtes für Wasserwirtschaft; der Präsident wird jeweils vom Bundesrat gewählt. Seit 1968 führt das Linthunternehmen die Unterhaltsarbeiten selbsttragend, wozu es über Einnahmen aus Kiesverkauf, Schiffahrt, Waldungen und Pacht- und Wasserzinsen verfügt. In absehbarer Zeit erfordern die Dämme jedoch erneut umfangreiche und kostspielige Sanierungsarbeiten, die mit Subventionen finanziert werden müssen.

Das Bauwerk

Die Linthkanäle umfassen also zwei Hauptteile, nämlich die Ableitung der Linth unterhalb von Netstal bis in den Walensee, den sogenannten Escherkanal, und den Kanal vom Walensee zum Zürichsee, den sogenannten Linthkanal. Flussbauingenieur *J.G. Tulla* erkannte 1807 sachkundig, dass die Kanäle, insbesondere die Ableitung der wilden und geschiebereichen Glarner Linth, zwei Bedingungen erfüllen müssen: einerseits sollen sie kleine und mittlere Wasserstände so geschlossen abführen, dass sie genügend Kraft zum Abtransport des Geschiebes bewahren; anderseits benötigen sie einen grossen Profilquerschnitt für Hochwasser. Dieses Problem löste Tulla ebenso ingeniös wie zweckmässig, indem er ein eigentliches Flussbett mit einem engen Profil vorsah und diesem als Überschwemmungsprofil beidseitig einen Dammplatz und einen zweiseitig geböschten Damm anfügte. Um die Talfläche vor Überschwemmungen zu schützen, machte man den linksseitigen Damm des Escherkanals unterhalb der Näfelserbrücke etwa 30 cm höher als den bergseitigen. Beim Escherkanal beträgt der Abstand der Dammkronen rund 46 Meter, beim Linthkanal 61 Meter. Die ursprüngliche Form der Kanalbauten blieb grundsätzlich bis heute erhalten. Zum

Profil des Molliser Kanals, entworfen von J. G. Tulla. Das doppelte Profil der Dämme ist klar erkennbar: in der Mitte die eigentliche Flussrinne, beidseits davon das weite Bett mit den Hochwasserdämmen, aussen die Hintergräben. Kupferstich in «Officielles Notizenblatt, 10, 1810». (Museum des Landes Glarus)

Rechte Seite:

Plan der Linthebene mit dem alten, gewundenen Flusslauf und mit den geradlinigen Linthkanälen. Kupferstich in «Officielles Notizenblatt, 15, 1815». (Museum des Landes Glarus)

Trigonometrischer Plan der Gegend zwischen dem Wallensee und Zürichsee und des neuen Linthlaufs der in Folge der Tagsatzungsbeschlüsse von 1804, 1808 u. 1811 ausgeführt wurde; nach dem 50000ten Theil der natürlichen Größe

Kanalsystem und Aufgabenbereich der Linthkommission gehörten seit jeher auch die mehr oder weniger grossen Hintergräben.

In letzter Zeit förderten verschiedene Kreise die Projektierung von Wasserkraftwerken am Escherkanal. Gleichzeitig entwarf Ingenieur Franco Schlegel, Mollis, eine bemerkenswerte Studie für eine «naturnahe Neugestaltung des Escherkanals». Die Verwirklichung dieser Projekte würde freilich die monumentale Einförmigkeit dieses «Denkmals» früherer Wasserbaukunst zerstören. Nur in ihrer technisch nüchternen Form bewahren die Linthkanäle die unmittelbare Aussage, dass menschliche Erfindungsgabe und Tatkraft den einst verheerenden Flusslauf bezähmt und gerichtet haben.

Die Melioration der Linthebene

Die Linthkorrektion des 19. Jahrhunderts erreichte keine vollständige Entwässerung der Ebene; grosse Flächen blieben als Riete zurück. Bereits 1918 entstand ein Projekt für umfangreiche Meliorationen und Güterzusammenlegungen in der Höhe von acht Millionen Franken. Im Vorfeld des Zweiten Weltkrieges wurde das «Unternehmen Linthebene» erneut zur nationalen Angelegenheit. Das eidgenössische Meliorationsamt arbeitete ein Projekt im Betrag von 12,7 Millionen Franken aus. Der kriegswirtschaftlich bedingte Mehranbau führte zur integralen Melioration der gesamten Linthebene. Im Herbst 1941 begann man die innenkolonisatorischen Arbeiten, 1950 gelangten sie im Kanton Glarus zum Abschluss, 1964 auch in den Kantonen Schwyz und St. Gallen. Insgesamt wurden 28 km² Land entwässert; über 150 km Kanäle und Zementrohrleitungen und ebenso viele Kilometer neue Wege und Strassen durchziehen das verbesserte Wiesland und die neugeschaffenen Ackerflächen. Wie früher die Linthkorrektion, so veränderte nun auch die Melioration das Erscheinungsbild und den Charakter der Tallandschaft wesentlich: aus einer einstmals ungebändigten Flusslandschaft mit Rieten und Sümpfen ist eine offensichtlich durch und durch von Menschenhand gestaltete und erschlossene Kulturlandschaft geworden. Nur wenige Stellen zeigen noch die früheren Gesichtszüge der Linthebene, am eindrücklichsten das Naturschutzgebiet im Kaltbrunner Riet.

Würdigung

Die Linthkorrektion gilt zu Recht als erstes Nationalwerk der Schweiz und eine in mancherlei Hinsicht denkwürdige Leistung. Erstaunlich ist allein schon die Tatsache, dass die staatlich neugeordnete Eidgenossenschaft während der drückenden Jahre der französischen Fremdherrschaft die innere Geschlossenheit und Kraft aufbrachte, dieses monumentale Hilfswerk zu beginnen und schliesslich auch fertigzustellen. Die Tagsatzung wirkte als Bauherrin und übte die Oberaufsicht aus. Ganz Entscheidendes zur Verwirklichung trug Eschers ebenso kühner wie weitsichtiger Vorschlag bei, das Unternehmen mittels Aktien zu finanzieren. Kantone, Gemeinden und Private in der ganzen Schweiz zeichneten Aktien; je ein Viertel der erforderlichen Geldmittel floss indes allein in den Linth-Kantonen Glarus und St. Gallen zusammen.

Ebensosehr wie als Nationalwerk wird die Linthkorrektion seit jeher auch als ein Werk Conrad Eschers gewürdigt. Zwar befürworten nach 1800 weite Kreise die baldige Entsumpfung der Linthebene; trotzdem wäre sie ohne Eschers unermüdlichen persönlichen Einsatz kaum bereits 1807 begonnen und dann so zielstrebig ausgeführt worden. Daneben ist jedoch gebührend ins Licht zu stellen, dass die Linthkorrektion grundsätzlich nach einem Plan des bernischen Ingenieurs Andreas Lanz von 1783 erfolgte. Die wasserbautechnische Ausführung der Kanalbauten – ihr Gefälle, die Breite und Höhe des Flussbettes wie der Dämme – projektierte dann 1807 der Badenser Johann Gottfried Tulla.

Das Linthwerk muss auch im Zusammenhang mit den zahlreichen grossen Gewässerkorrektionen des 18. und 19. Jahrhunderts in der Schweiz und im Ausland verstanden und gewürdigt werden. Bereits 1711 bis 1714 hatte Bern die Kander korrektionieren und in den Thunersee ableiten lassen. Die Flussbaukunst entwickelte in der zweiten Hälfte des 18. Jahrhunderts theoretisch und praktisch die Voraussetzungen für die umfangreichen Gewässerkorrektionen des 19. Jahrhunderts. Wahrscheinlich wirkten auch die ausgedehnten Strassen- und Kanalbauten des napoleonischen Imperiums vorbildlich für das kantonsübergreifende Rettungswerk in der Linthebene. Die Linthkorrektion gestaltete sich zum ersten hydrotechnischen Musterbau in der Schweiz. Die Durchführung der Korrektion und die Ergebnisse verschiedener Massnahmen lieferten neue Erkenntnisse zur Wasserbaukunde und regten ähnliche Unternehmungen an. Auf Ersuchen der Tagsatzung erarbeitete Tulla bis 1812 auch Studien für die Korrektion der Birs, der Reuss, des Alpenrheins, der Aare und der Juragewässer; 1817 begann er mit der von ihm projektierten Korrektion des Rheins von Basel bis Worms. Gegen 1880 erfolgte die Umleitung der Aare in den Bielersee und der Melchaa in den Sarnersee. Einzig in der Schweiz leitete man Flüsse in einen benachbarten See ab, um diesen als Auffangraum für Hochwasser und Geschiebe zu nutzen.

Das Linthwerk zeigt exemplarisch, wie tiefgreifend die umfangreichen Flusskorrektionen und Meliorationen das Antlitz schweizerischer Talgebiete veränderten und der Bevölkerung neue Siedlungsräume, Verkehrswege und wirtschaftliche Entwicklungsmöglichkeiten eröffneten. So ist es unter verschiedenen Gesichtspunkten eines der folgenreichsten und merkwürdigsten Bauwerke der Region Glarus – Linthebene.

Der Linthkanal bei Bilten und Schänis; Blick gegen das Glarnerland. Die heutige Linthebene ist eine von Menschen geprägte Kulturlandschaft mit geradem Kanal, Alleen, Hochspannungsmasten, Autobahn und Eisenbahnlinien.

Literatur

Jürg Davatz; Die Linthkorrektion, in: Glarnerland/Walensee 1990, S. 33–40.
Eidgenössische Meliorationskommission: Melioration der Linthebene, Schlussbericht; Lachen 1966.
H.C. Escher von der Linth; Ansichten und Panoramen der Schweiz, hrsg. von Gustav Solar; Zürich 1974.
Jost Hösli; Linthkorrektion; Zürich 1968 (Kommentare zum Schweizerischen Schulwandbildwerk 139).
Gottlieb Heinrich Legler; Über das Linthunternehmen, JHVG 4, 1868; JHVG 23, 1887.
Offizielles Notizenblatt die Linthunternehmung betreffend; 3 Bde., 1807–1824 (Grundlegendes Quellenwerk).
Johannes Melchior Schuler; Die Linth-Täler; Zürich 1814.
Daniel Vischer; Schweizerische Flusskorrektionen im 18. und 19. Jahrhundert; Zürich 1986 (Nr. 84 der Mitteilungen der Versuchsanstalt für Wasserbau, ETH Zürich).

Die Eisenbahn

Fridolin Hauser

Rangiergeleise in Linthal, der Endstation der SBB im Glarnerland.

Fürchtete man noch um 1979, anlässlich des Jubiläums 100 Jahre Eisenbahn Glarus – Linthal, die SBB würden ihre Dienstleistungen immer mehr abbauen oder gar die Glarner Linie aufheben, weil der Personenverkehr und der Lastentransport zunehmend über das Strassennetz rollen, läuft die Diskussion zwölf Jahre später umgekehrt. Kantonsregierung und Kantonsparlament, aber auch viele engagierte Menschen und Gruppen im Glarnerland setzen sich mit der Förderung des öffentlichen Verkehrs auseinander. Eine Studie der ETH Zürich wurde im Auftrag der Regierung im August 1989 der Öffentlichkeit vorgestellt. Angestrebt wird eine Entlastung der Dörfer vom immer bedrohlicheren und lästigeren Individualverkehr. Unter diesem Gesichtspunkt erhält die Eisenbahn einen neuen Stellenwert. Das Glarnerland ist aber unter ganz anderen Voraussetzungen, und zwar sehr früh – zwölf Jahre nach der Spanisch-Brötli-Bahn –, zu seiner ersten Eisenbahn gekommen.

Eisenbahn – Anschluss an die Welt
Die Abhängigkeit des Industrie- und Pendlerkantons Glarus nach aussen widerspiegelt sich in der Notwendigkeit der Verkehrsanschlüsse. Das Glarnerland hat seine eigene kleine Eisenbahngeschichte. An ihr lässt sich modellhaft aufzeigen, wie im vorigen Jahrhundert das Vehikel Eisenbahn aufkam und zum wirtschaftlichen Aufschwung vor allem der Randregionen beitragen konnte. Standortnachteile wurden gemildert; die Mobilität nahm rasch zu.

1859: Die Eisenbahnlinie Weesen – Glarus

Die Landsgemeinde wird überrannt!
Die Geschichte der Glarner Eisenbahn beginnt furios. Nur eine Woche nachdem bekannt geworden ist, die damalige Südostbahn-Gesellschaft wolle die Rheintallinie (Rorschach – Chur) und die Linthlinie (Rapperswil – Sargans) erstellen, treffen sich Glarner Industrielle am 5. Dezember 1852 im Rathaus zu Glarus, um ein Eisenbahnkomitee zu bilden. Landammann Caspar Jenny, Ennenda, übernimmt den Vorsitz über das siebenköpfige Gremium. Bereits drei Wochen später berät der Landrat über den Konzessionsantrag einer Abzweigung von der erwähnten Linthlinie nach Glarus. Der Schwander Landrat Peter Jenny setzt sich kräftig für das Hinterland ein und fordert eine Bahn bis Schwanden oder noch weiter taleinwärts. Aus taktischen Gründen verzichtet das Parlament auf diese Fortsetzung, denn es will die Konzessionserteilung für den Kanton Glarus nicht gefährden. Mit nur einer Gegenstimme nimmt der Landrat den Antrag der Standeskommission an. Nur vier Tage später, am 2. Januar 1853, stimmt auch die Landsgemeinde der Bahnlinie nach Glarus zu. Dieser Landsgemeindebeschluss ist auch insofern bemerkenswert, als er schon knapp vier Wochen nach der Gründung des Eisenbahnkomitees gefasst wurde.

Das grosse Warten nach dem Blitzentscheid
Mühselig ist nun die Beschaffung der notwendigen Finanzen. Der Kanton Glarus sollte eine halbe Million Franken aufbringen. Diese Summe scheint angemessen; denn St. Gallen muss zwei Millionen Franken und Graubünden eine Million leisten. Dennoch lehnt der Glarner Landrat den Beitrag von 500 000 Franken mit 57:12 Stimmen ab; er beauftragt eine Kommission, das Finanzproblem zu studieren. Diese wagt nur noch, 250 000 Franken zu beantragen. Ratsherr Peter Jenny und Ständerat Dr. J.J. Blumer, zwei engagierten Mitgliedern der neuen Eisenbahngesellschaft, gelingt es jedoch, den Landrat mehrheitlich zu bewegen, nicht den Kommissionsantrag, sondern mit 48:22 Stimmen die ursprünglich geforderte halbe Million Franken zu befürworten. Den endgültigen Entscheid soll allerdings erst die Landsgemeinde vom 22. Mai 1853 fällen.

Eine leidenschaftliche Diskussion beginnt landauf und landab. Das Lager der Eisenbahngegner nimmt ständig zu. Es sieht bedrohlich aus, als im Landsgemeindering die Gegner alle Register ziehen. Plötzlich bricht im Rathaus Feuer aus; die Landsgemeinde muss abgebrochen werden. Vierzehn Tage später, am 5. Juni 1853, geht die

Einladung zur Aktienzeichnung
für die
schweizerische Südostbahn,
erste Sektion:
Linie vom Bodensee und vom Zürichsee nach Chur.

Länge: 165,5 Kilometer (34³/₈ Schweizerstunden).
Kapital: 25,000,000 Franken. 50,000 Aktien à 500 Franken.

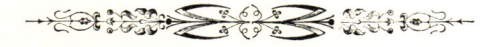

Debatte im «Ring» weiter. Nun scheinen die Gegenargumente mitverbrannt zu sein. Die Befürworter der Eisenbahn vermögen das Stimmvolk zu einer Vierfünftelmehrheit zu bewegen.

Ein halbes Jahr später hat die Südostbahn erst 9 Millionen Franken Aktienkapital, 16 Millionen fehlen noch. Nach einigen Mühen findet das Gründungskomitee kapitalkräftige Engländer. Die Rheintallinie wie die Linthlinie, und damit auch die Zweigbahn nach Glarus, scheinen gesichert. Doch der um 1854 ausbrechende Krimkrieg dient den englischen Partnern als Anlass, Rückzug zu blasen und von ihren Verpflichtungen zurückzutreten.

Die Suche nach einem kapitalkräftigen Partner geht weiter. Die Fusion der drei Gesellschaften Südostbahn, Glattalbahn und St. Gallen-Appenzell-Bahn im September 1856 ermöglicht dann neue Verbindungen mit dem bekannten Bankhaus Rothschild in Paris. Am 10. April 1857 konstituiert sich die neugegründete Bahngesellschaft Vereinigte Schweizer Bahnen (VSB). Der Bau der Linthlinie ist gesichert.

14. Februar 1859: Eröffnung der Bahnlinie Weesen – Näfels – Glarus
Trotz Geländeschwierigkeiten am oberen Zürichsee und entlang dem Walensee schreiten die Bauarbeiten der Linthlinie erwartungsgemäss voran. Noch vor dem Jahresende 1858 ist die Linie Rüti – Rapperswil – Weesen fertiggestellt. Die Glarner müssen sich nur noch einen Monat gedulden: am 29. Januar 1859 fährt im Hauptort die erste Dampflokomotive ein. Glarus ist von Zürich und Chur aus mit der Bahn erreichbar, Reisezeit: je drei Stunden.

Die Stimmung im Lande ist aber zwiespältig. Noch vor der Einweihung schreibt die «Glarner Zeitung» (22. Januar 1859): «Das nun erklären wir von vorneherein, dass wir uns einstweilen für die Eisenbahn nicht gerade begeistern können und sie mit Kälte begrüssen, nicht zu grosse Hoffnungen daran knüpfen, aber auch nicht sogleich alles schwarz sehen.»

Sozialkritisch fährt der Berichterstatter fort: «Wenn nämlich die Grosszahl weder mehr zu essen, noch überhaupt ein menschlicheres Leben bekommen wird, so wird auch die Eisen-

Einladung zur Aktienzeichnung für die ersten Strecken der geplanten schweizerischen Südostbahn, 1853. (Museum des Landes Glarus, Näfels)

Vereinigte Schweizerbahnen.

Vom 1. Mai an werden auf den Vereinigten Schweizerbahnen wieder folgende

Personenbillete zu ermäßigten Preisen

ausgegeben:

1. **Rundfahrtbillete:** Zürich=Glarus=Chur=Rorschach oder Romanshorn=Winterthur=Zürich.
   Gültigkeitsdauer: **5** Tage.
   Preis: II. Klasse Fr. **17. 50** Cts.; III. Klasse Fr. **12. 50** Cts.
2. **Lustfahrtbillete** mit 30% Rabatt nach **Bern, Interlaken, Basel** und zurück.
   Gültigkeitsdauer: je die **3** Tage, Samstag, Sonntag und Montag.
   Außerdem werden fortwährend die sogenannten **Sonntagsbillete** (30% Rabatt), sowie die ermässigten **Gesellschafts=** und **Pilgerbillete** in bisheriger Weise ausgegeben.
   St. Gallen, den 29. April 1865.

Die Generaldirektion
der „Vereinigten Schweizerbahnen".

Oben: Inserat für Billette zu ermässigten Preisen in der «Neuen Glarner Zeitung» vom 4. Mai 1865. Doch was bedeutete «ermässigt»? Der Taglohn eines Stoffdruckers betrug damals Fr. 2.50, derjenige eines Webers Fr. 1.50. (Landesbibliothek Glarus)

Unten: Güterzug vor der Walzmühle Glarus. Ausschnitt aus einem lithographierten Briefkopf der Walzmühle, um 1900. (Museum des Landes Glarus)

bahn zur Bereicherung der grossen Unternehmer, Fabrikanten und Handelsleute beitragen. Neun Zehnteile haben weder Güter in die Ferne zu schicken oder aus der Ferne kommen zu lassen, noch weite Reisen zu machen, sie haben auch, nach dem Laufe der menschlichen Dinge, keine Aussicht, dass die Begünstigten ihnen einen Antheil an ihrem Gewinne geben werden. Im Gegenteil: es dürfte die Zahl der Abhängigen und Unbemittelten sich nur noch vermehren, und zwar deshalb, weil die Eisenbahn auch nur auf die Vergrösserung der Grossen auf Unkosten aller Übrigen abzielt.» – Diese Tonart wird aus dem Zeitgeist verständlich, denn die Arbeiterschaft beginnt sich zu formieren. Fünf Arbeitervereine mit rund 800 Mitgliedern organisieren sich im Glarnerland. Daraus erwächst 1864 das Glarner Fabrikgesetz (S. 140).

Der zitierte Zeitungsartikel kommt dann aber doch zum Schluss: «Wäre auch die Eisenbahn nichts Gutes, was wir indess zur Ehre des Menschengeistes nie und nimmer zugestehen können, so wäre sie doch ein nothwendiges Übel. Unser durch seine Gewerblichkeit hervorragendes Ländchen lässt sich ohne einen Schienenweg, selbst wenn er als nothwendiges Übel bezeichnet werden soll, gar nicht mehr denken.»

Der Zeitungsschreiber erhofft sich einen zunehmenden Fremdenverkehr, besonders wenn einmal die Klausen- und die Pragelpassstrasse erstellt seien. Er erwartet konkurrenzbedingt günstigere Frachttarife, weil die Eisenbahn von Zürich bis Glarus und Walenstadt in der Schiffahrt «immer eine gefährliche Nebenbuhlerin» habe.

Versöhnlich schliesst der Artikel: «Also das Dampfross nicht mit mürrischem Blicke, aber auch nicht mit allzugrossen Erwartungen begrüsst! Auch hört es deshalb, weil es einstweilen neben den Vortheilen fast gleich grosse Nachtheile bringt, nicht auf, ein Geschenk Gottes zu sein!»

Die Einweihung – ein rauschendes Fest

Ganz anders tönt es nach der Eröffnungsfeier. Ein Stimmungsbericht der «Glarner Zeitung» vom 16. Februar 1859: «In schönstem Festschmuck standen Bahnhof und Zufahrtsstrasse da, jener mit unzähligen Flaggen und Triumphbogen ausgerüstet, diese mit Reihen von jungen Tannbäumchen. Um halb 9 Uhr donnerten vom Burghügel herab die Kanonen und begab sich das Kadettenkorps der Sekundarschule, die Standeskommission und der Gemeinderath von Glarus zum Bahnhof, wo die Wagen zu ihrer Aufnahme bereitstanden. Mit Blitzesschnelle ging es nun Rapperschwyl zu, wo man um 10 Uhr anlangte. Zirka 1 Uhr war Abfahrt von Rapperschwyl. Es war halb 4 Uhr, als unter Kanonendonner der grossartige Festzug wieder in Glarus anlangte; die Lokomotive mit einem St. Fridolin geschmückt, der segnend seine Hände ausbreitete, und die Wagen mit Efeu bekränzt. Eine zahllose Menschenmenge war zum Empfang der Gäste bereit. Auf dem Regierungsgebäude entwickelte sich bald ein gewaltiges Redefeuer, bis zuletzt niemand mehr zuhören mochte.» Am Abend fand ein Volksfest mit Feuerwerk und Musik statt. Am folgenden Tag führte ein Extrazug die Schuljugend für eine Gratisschulreise nach Weesen.

1875: Die Eisenbahnlinie Ziegelbrücke – Näfels

16 Jahre später folgt die zweite Glarner Unterländer Bahnstrecke, wiederum als Zweig einer neuen Eisenbahnlinie. Die Nordostbahnen (NOB) wollen mit einer linksufrigen Zürichseelinie in Ziegelbrücke an die Linthlinie anschliessen. Die Glarner beteiligen sich unter der Bedingung, dass von Thalwil nach Zug ein Anschluss gebaut werde zur Gotthardlinie, die ebenfalls im Entstehen ist. Besonderes Interesse dafür bekunden die Glarner Unterländer Gemeinden Bilten, Nieder- und Oberurnen, die abseits der bestehenden Linie Weesen – Näfels liegen, sowie Näfels und Mollis.

Die Landsgemeinde stimmt am 5. Mai 1872 dem Projekt zu und spricht den gewünschten Beitrag von 600 000 Franken. In gut drei Jahren wird das Werk vollendet, am 20. August 1875 eingeweiht und damit eine beinah groteske Situation, das sogenannte «Eisenbahn-Dreieck», geschaffen.

Das «Eisenbahn-Dreieck» Ziegelbrücke – Weesen – Näfels

Das Teilstück Ziegelbrücke – Näfels bringt dem Glarnerland den direkten Zugang nach Zürich und eine Verbindung in die Innerschweiz. Während annähernd 40 Jahren besteht nun auf engstem Raum das Unikum der Glarner Eisenbahngeschichte: das «Geleisedreieck». Eine doppelte Linienführung trifft in Näfels zusammen: die Vereinigten Schweizer Bahnen (VSB) gelangen von Ziegelbrücke über Weesen nach Näfels; die Nordostbahnen (NOB) dagegen zweigen von Ziegelbrücke direkt ab zum Dorf am Fusse des Rauti. Diese umständliche Situation behindert nicht allein den Transitverkehr Zürich – Chur, sondern kompliziert auch die Verbindungen ins Glarnerland und liefert fast ein halbes Jahrhundert lang Gesprächsstoff. So werden zum Beispiel zahlreiche Varianten eines Zentralbahnhofs im Riet, wo die Linien zusammengefasst werden sollten, eifrig besprochen, nie realisiert und schliesslich als «Zentralfriedhof» verspottet.

1879: Die Eisenbahnlinie Glarus – Linthal

Das letzte Teilstück der Glarner Eisenbahn ist das längste, hat aber auch die längste Entstehungsgeschichte. Schon 1852, beim Blitzentscheid über das erste Teilstück, hatte sich Ratsherr Peter Jenny für die Hinterländer gewehrt, doch wollte man damals das Erstlingswerk nicht gefährden und vertröstete auf später.

Erst 1867 bildet sich ein Hinterländer Bahnkomitee. Es stösst bei der Regierung auf Zurückhaltung und erleidet mit einem Projektkredit im Landrat gar eine Abfuhr. Erst als der Kredit aus privaten Mitteln und von Gemeinden garantiert ist, handeln die Behörden. Sie stellen Strasseninspektor Fridolin Schindler für die Ausarbeitung eines Planungsprojekts frei; gleichzeitig soll auch der Bahningenieur der interessierten Vereinigten Schweizer Bahnen beigezogen werden.

Zu den Finanzsorgen gesellen sich noch andere Gründe zur Verzögerung des Bauvorhabens: Wasserverheerungen beanspruchen den Gutachter der Vereinigten Schweizer Bahnen, der deutsch-französische Krieg bricht aus, die VSB und die NOB stehen in einer unerfreulichen Konkurrenzsituation, kurz, die Sache geht nicht vorwärts.

Nach einem erneuten Anlauf um 1871 kommt es zum Gerangel der beiden Bahngesellschaften, die sich beide für das Hinterländer Projekt interessieren. Die Glarner nützen die Situation aus und entscheiden sich an der Landsgemeinde vom 26. Dezember 1873 für die vertrauenswürdiger scheinenden NOB. Bald zeigt sich aber, dass sich die NOB mit Projekten übernommen hat und vor der Pleite steht. Erst mit Hilfe der «Eisenbahnbank», einem Konsortium verschiedener Banken, wird die NOB gerettet. Für die Glarner stehen drei Millionen Franken auf dem Spiel. Die Regierung nennt deshalb das Hinterländer Bahnprojekt «Sorgenkind von Volk und Behörden». Weitere Schwierigkeiten erwachsen, als die NOB an Schindlers Projekt aus Spargründen Abstriche machen muss.

Lokale Proteste wegen der Linienführung, mühsame Bodenkaufsverhandlungen und Enteignungen beherrschen die Szene. In Schwanden ist der Teufel los, weil der Bahnhof wegen direkter Linienführung auf die für die Kleintaler entferntere Linthseite versetzt werden soll. Private hadern mit der NOB oder der Regierung. Anwohner stören die Bauarbeiten, die von Italienern, Südtirolern und Tessinern ausgeführt werden. Trotz Protest und Absage der Gemeinden Schwanden und Diesbach kann am 29. Mai 1879 die Einweihung der Hinterländer Bahn feierlich stattfinden. Sie gipfelt in einem grossen Fest im Stachelbergbad in Linthal mit 250 Gästen. Die Eröffnungsfahrt wird als «Siegeszug» bezeichnet; das Glarnerland ist «von der äussersten Landesgrenze im Ussbüel (Bilten) bis zum Tödi» erschlossen.

Die Glarner Bahn wird Lebensader

Wie die Zweige eines Baumes folgen weitere Bahnbauten: 1905 die Sernftalbahn als elektrische Strassenbahn von Schwanden nach Elm. Sie tut ihren Dienst bis zur Umstellung auf Bus-

Oben: Rangierarbeiter beim Entkuppeln.

Unten: Güterzüge.

Rechte Seite:

Zwei Dampflokomotiven. Diese sorgfältig aquarellierten technischen Zeichnungen fertigte Johann Friedrich Dinner von Ennenda vermutlich um 1862 an, als er am Eidgenössischen Polytechnikum in Zürich studierte. (Privatbesitz)

Die Eisenbahn 195

LOKOMOTIVE.

betrieb anno 1969. 1907 folgt die Braunwaldbahn als Standseilbahn von Linthal nach dem autofreien Höhenkurort. Von beiden Bahnen aus gehen heute auch Sportbahnen, Skilifte und ein Netz von Wanderwegen.

Eisenbahnträume geblieben sind Projekte wie die Gletsch-Andermatt-Linthal-Bahn, die Standseilbahn von Näfels zum Oberseetal und die Tödi-Greina-Bahn, die als «Ostalpen-Nord-Süd-Traverse» schon um die Jahrhundertwende diskutiert und in den sechziger Jahren wissenschaftlich untersucht worden war. Mit der Durchbohrung des Tödimassivs und als Direktverbindung ins Tessin hätte sie Entlastung zwischen Brenner und Gotthard bringen können.

Die Glarner Bahn – Gradmesser der Zeit
Das Schicksal der Privatbahnen des letzten Jahrhunderts nahm eine entscheidende Wende, als mit dem dritten Eisenbahngesetz der Schweiz die Grundlage für die Schweizerischen Bundesbahnen (SBB) geschaffen wurde. Am 1. Januar 1902 werden die Nordostbahnen (NOB) verstaatlicht, am 1. Juli des gleichen Jahres die Vereinigten Schweizer Bahnen (VSB): damit sind die Glarner Bahnen ebenfalls Bundesbahnen.

Optisch verändert sich das Bild mit der Elektrifizierung ab den zwanziger Jahren. Zwischen 1915 und 1939 reduzieren die SBB gesamtschweizerisch ihren Maschinenpark von 1224 Dampflokomotiven auf 411. Im Jahre 1960 präsentieren die SBB in ihrer Jubiläumszeitschrift «Zum Abschluss der Elektrifikation der SBB» 30 verschiedene Lokomotivtypen. Das Bild der Glarner Bahnen prägt bis in die siebziger Jahre vor allem eine Lokomotive: die Ae 3/6. Sie wird auf dieser Strecke am häufigsten eingesetzt.

Die Elektrifizierung der Linie Uznach – Ziegelbrücke – Linthal ist im Rahmen der zweiten SBB-Etappe möglich: ab 15. Mai 1933 fährt man auch hier elektrisch. Allerdings gibt man dafür ein Verhandlungsobjekt preis: die Direktverbindung Weesen – Näfels. Schon im Ersten Weltkrieg war diese Linie wegen Kohlenmangels vorübergehend stillgelegt. Die Landsgemeinde 1931 verzichtet auf diese Strecke, obwohl die Konzession bis 1952 vorliegt, und kommt gewissermassen mit diesem Tauschgeschäft zur strombetriebenen Bahn.

Im Sommer 1932 beginnen die Bauarbeiten in Uznach; in der damaligen schweren Wirtschaftskrise schaffen sie für Lieferanten und Arbeitskräfte willkommenen Verdienst. Eisenmasten begleiten alle 55 bis 60 Meter den Schienenstrang. Telegrafen-, Telefon- und Signalleitungen werden verkabelt. Geleise, Weichen und Signale erhalten eine bessere Beleuchtung. Wegen der grösseren Fahrgeschwindigkeiten und -lasten müssen die Brücken verstärkt, Kurven entschärft, Hochbauten angepasst, die Signale verbessert und vermehrt werden. Die Glarner Linie erhält sechs neue Brücken: von 1913 bis 1917 Ennenda, Mühlefuhr, Däniberg, 1918 Schwanden, 1931/32 Diesbach und Rüti. Die Neukonstruktionen in Eisen führt die Firma Bosshard & Co., Näfels, aus. Die Fahrleitungskosten betragen 1 015 000 Franken, die der Schwachstromeinrichtung 945 000 Franken, Änderungen der Beleuchtung, Geleiseumbauten und Hochbauten 640 000 Franken; insgesamt belaufen sich die Baukosten auf 2,6 Millionen Franken. Strom liefern nicht etwa die Glarner Kraftwerke, sondern die SBB-Kraftwerkgruppe Amsteg-Ritom, später die Etzelwerke. Die neue Energie erreicht den Glarner Streckenabschnitt über das Unterwerk Sargans.

Immer schneller – aber in Grenzen
Dauerte die Fahrt von Glarus nach Zürich vor 130 Jahren drei Stunden, benötigte der Mittagsschnellzug 1939 noch 68 Minuten. Heute erreicht

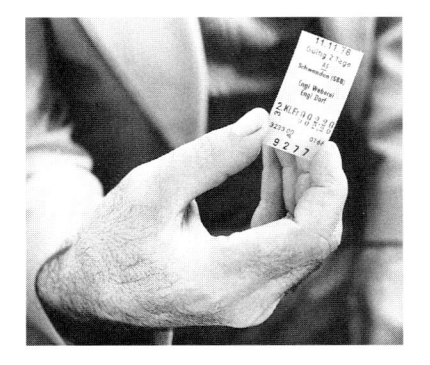

Oben: Vorweisen eines Billettes und wartendes Kind.

Unten links: Erster Wagen der Braunwaldbahn.

Unten: Erster Triebwagen der Sernftalbahn beim Bahnhof Schwanden. (Landesarchiv Glarus)

Der kleinste und der grösste Bahnhof an der SBB-Linie im Kanton Glarus.

Links: Die Station Leuggelbach mit «Halt auf Verlangen».

Rechts: Das imposante Bahnhofgebäude im Hauptort Glarus, 1902/03 in neugotischem Burgenstil erbaut von Heinrich Ditscher.

man Zürich im günstigsten Fall in 55 Minuten. Lange brauchte man für die Strecke Ziegelbrücke – Zürich weniger Fahrzeit als von Ziegelbrücke nach Linthal. Hier zeigen sich die Grenzen neuer Möglichkeiten. In der Nähe der Ortschaften und wegen der kurzen Entfernungen sind den möglichen Geschwindigkeiten Grenzen gesetzt: im Unterland sind 75 km/h, im Hinterland 60 km/h zulässig. Die vorteilhaften Möglichkeiten moderner Bahn können somit im Glarnerland nicht voll genutzt werden. Die Sackbahnsituation, die wirtschaftlichen Gegebenheiten und die geringe Auslastung lassen aus der Sicht der SBB nicht dieselben differenzierten Ausbaumöglichkeiten zu wie auf den hochfrequentierten und bedeutend längeren Ost-West- und Nord-Süd-Traversen. So hört die «Bahn 2000» in Ziegelbrücke auf, und die Fahrplanprobleme bleiben.

Für das Glarnervolk, insbesondere für Pendler, bleibt die Bahn ein bevorzugtes Verkehrsmittel. Die Pendlerintensität, 1910 noch 14% der berufstätigen Bevölkerung umfassend, betrug 1950 gar 24%. Damals stand Glarus unter allen Kantonen an vierter Stelle. Im selben Jahr benutzten 39% aller Pendler im Sommer und 45% im Winter die Bahn auf dem Weg zur Arbeit. Die heutige Ausgangssituation mit dem Ziel, möglichst viel Verkehr von der Strasse auf die Schiene zu verlegen, wäre für Verbesserungen im Bahnverkehr günstig. Solche Verbesserungen sind für eine Umlagerung aber auch Voraussetzung, denn nur attraktive Bahnverbindungen können vermehrt zur Linderung der schlechten Verkehrssituation in den Dörfern beitragen.

Wie oft der Kluge im Zuge reist

Verkaufte Billette in vier Gemeinden:

	1903	1930	1950	1984
Glarus	146 256	127 092	126 280	131 976
Näfels-Mollis	101 348	79 292	92 429	71 803
Schwanden	69 983	83 654	96 758	90 391
Linthal	27 937	29 634	34 825	26 109

Die Bahnstationen Glarus und Näfels-Mollis erreichen die hohen Zahlen verkaufter Billette von 1903 seit langem nicht mehr. Schwanden dagegen steigerte sie beträchtlich, während Linthal 1950 einen hohen und 1984 einen tiefen Stand verzeichnete. 1984 wurden im Kanton Glarus insgesamt 584 804 Fahrkarten verkauft, was einem Durchschnitt von 15,74 pro Kopf der Bevölkerung entsprach. Die vier Stationen Glarus, Schwanden, Ziegelbrücke und Näfels gaben allein 64% aller Billette aus.

Ausblick

Im «Entwicklungspolitischen Leitbild für den Kanton Glarus» von 1986 sind die Ziele klar formuliert. Dabei wird an der Eisenbahnlinie Ziegelbrücke – Linthal grundsätzlich festgehalten. Als Sofortmassnahmen sind gefordert: Moderneres Rollmaterial, wenn möglich S-Bahn-Pendelzüge, Verkürzung der Fahrzeiten (enorme Reserven seien vorhanden), kundenfreundlichere Bahn.

Mittelfristig sind gewünscht: Attraktiver Taktfahrplan; Bau von unbedienten Haltestellen bei Näfels Nord, Näfels Süd, Glarus Nord, Schwan-

Oben: Belastungsprobe einer neuen Brücke über den Linthkanal mit sechs Lokomotiven Ae 3/6. Bis in die 1980er Jahre wurde auf der Glarner Strecke am häufigsten die Ae 3/6 eingesetzt.

Unten: Der neue Pendelzug «Kolibri» verkehrt seit dem Sommer 1991 fahrplanmässig auf der Strecke Rapperswil – Glarus – Linthal.

den Spittel/Schulhaus; Umbau der Geleise und Perronanlagen, damit Züge gleichzeitig kreuzen können; anziehendere Tarifpolitik für Gütertransport.

Gefordert werden zudem: Ständige Verbesserung der Verbindungen mit Zürich, auch abends; Schaffung von genügend Parkplätzen an Bahnstationen. Grundtenor durch und durch: Umsteigen auf das öffentliche Verkehrsmittel fördern. Die ETH-Studie zur Förderung des öffentlichen Verkehrs (1989) hat solche Anstösse noch verstärkt und auch Buslinien einbezogen. Eine echte Verbesserung wäre die S-Bahn mindestens bis zum Hauptort Glarus.

Im Vorwort zur Jubiläumsschrift «Die Schiene öffnet ein Tal» schrieb Landammann Kaspar Rhyner 1979: «Es nützt wohl gar nichts, die Erhaltung der Nebenlinien der Eisenbahn zu fordern, die Bahn jedoch selten oder gar nicht zu benützen. Es liegt in erster Linie an uns Glarnern selber, die Bahn auch für die nächsten Jahrzehnte in unserem Bergtal zu erhalten.»

Literatur

Fridolin Hauser und *Hugo Lötscher;* Die Schiene öffnet ein Tal, 100 Jahre Eisenbahn im Glarnerland; Glarus 1979.
Gottfried Heer; Der glarnerische Anteil am schweizerischen Eisenbahnnetz; JHVG 43, 1923.
Hans K. Pfyffer; SBB an Walensee und Linth; 1985.
Hans Waldburger; Das war die Sernftalbahn; Glarus 1971.

Die Post

Jürg Davatz und Rudolf Jenny

Hauptaufgabe der Post war es seit jeher, Nachrichten zu übermitteln. Die Post ist ein einzigartiges Bindeglied menschlicher und geschäftlicher Beziehungen. Das moderne Postwesen in der Schweiz erbringt seine verschiedenartigen Dienstleistungen in der Regel derart zuverlässig, dass man es beinah als eine Selbstverständlichkeit empfindet. Doch in früheren Zeiten war auch das ganz anders.

Die Post im Alten Land Glarus

Lange Zeit begnügte man sich in Glarus mit den obrigkeitlichen Läufern, die je nach Bedarf Botengänge im In- und Ausland besorgten. Die Standesboten galten als unverletzliche Amtspersonen und trugen als Hoheitszeichen ein vergoldetes Schild mit dem Wappen und Kleider in den Farben ihres Standes. Bei Botengängen für die Obrigkeit nahmen sie vermutlich bisweilen auch Post von Privaten mit. Ihre unmittelbaren Nachfahren sind die heutigen Kantons- oder Ratsweibel.

In der Folge wachsender Handelsbeziehungen im 16. und 17. Jahrhundert richteten kaufmännische Vereinigungen verschiedener Städte eigene Botendienste ein. Nach festen Zeit- und Streckenplänen betrieben diese Kaufmannsposten Läufer- und Reiterbotenlinien, deren Netz die westeuropäischen Länder umspannte. Ein offizieller glarnerischer Postbotendienst lässt sich seit 1677 nachweisen. Das Land gewährte dem Boten nach Zürich und Weesen eine jährliche Entschädigung von elf Gulden. In Zürich und Weesen fand der Anschluss an andere Postlinien statt. Der Bote beförderte nur Briefe und kleinere Warensendungen, jedoch keine Personen. Zwischen Zürich und Lachen erfolgte der Transport per Schiff, zwischen Lachen und Glarus mit einem Fuhrwerk.

1737 erliess der Gemeine Rat eine erste Ordnung für den Zürcher Boten. Sie verpflichtete ihn beim Eid, Briefe, Waren und Geld vertraulich und richtig zu spedieren, also das Postgeheimnis zu wahren. Er sollte jeweils am Donnerstag nach 8 Uhr abreisen und am Samstag spätestens um 16 Uhr zurücksein. 1752 bestimmte man eine ausführlichere Ordnung für das Postamt in Glarus, die auch die Verteilung innerhalb des Landes und die Taxen für Briefe, Pakete und Warentransporte festlegte. Die Botendienste nach Zürich und Weesen waren streng getrennt. Noch in den 1750er Jahren eröffnete man einen wöchentlichen Postdienst nach St. Gallen. Wie der Weesner Bote erhielt auch der St. Galler kein Wartgeld, sondern nur die Postgebühren. Der Ausbau eigener geregelter Postverbindungen im 18. Jahrhundert war hauptsächlich eine Folge des starken Aufschwungs von Handel und Textilindustrie im Glarnerland.

1766–1798: Konfessionelles Postwesen

Die konfessionelle Landesteilung trieb sogar noch im Postwesen eine seltsame späte Blüte. Die Post unterstand bis anhin dem gesamten Land, wobei es sich bei den Boten um neue Stellen handelte, von deren Besetzung in den Landesverträgen noch keine Rede war. Den Katholiken missfiel nun, dass als Boten praktisch nur Reformierte zum Zuge kamen. Daher führten sie 1766 einen eigenen Postdienst ein. Bis 1798 betrieben nun beide Konfessionen nebeneinander und selbständig Postverbindungen nach Zürich und Weesen. Reformierte und Katholiken durften fortan ihre Briefe und Waren nur den eigenen Boten übergeben. Den Verkehr mit St. Gallen indes erhielt der evangelische Stand allein aufrecht. Von 1790 an musste der reformierte Postmeister jeden Montag und Donnerstag nach Zürich fahren. Die Botendienste wurden einzelnen Postmeistern für eine hohe Auflage verpachtet.

Zentralisierte Post während der Helvetik

Der Einheitsstaat der Helvetischen Republik hob die kantonalen und privaten Postunternehmen auf und zentralisierte das Postwesen als Staatsregal. Das Direktorium richtete eine Regiepostverwaltung ein und legte die Posttaxen in der ganzen Republik nach denselben Ansätzen fest. Mit der Helvetik brach zwar Anfang 1803 auch

Postbotenschild des kantonalen Postamtes Glarus. Über dem Fridolinswappen ein hängendes Posthorn. Messing, versilbert, um 1830. (Museum des Landes Glarus, Näfels)

die zentralisierte Post zusammen, doch die zukunftsweisende Idee einer gesamteidgenössischen Organisation des Postwesens blieb bestehen.

1803–1848: Kantonalpost

Verpachtung des Postregals
Mit der Mediation gelangte die Post wieder unter die Hoheit der einzelnen Kantone. Glarus kehrte immerhin nicht mehr zu konfessionellen Postmeistern zurück, sondern machte das Postwesen zur Sache des gemeinsamen Landes. Mit der Postordnung von 1805 setzte der Kanton die Zeiten der Kurse, die Taxen und weitere Rahmenbedingungen fest, verpachtete aber den Betrieb an zwei Unternehmer. Wöchentlich verkehrten zwei Postkurse zwischen Glarus und Zürich; der Postaustausch mit dem Boten Zürich–Chur fand weiterhin in Weesen statt. Der mit einer Harztuchdecke überspannte Postwagen nahm nebenbei auch Passagiere auf; in Lachen erfolgte der Verlad der Postsendungen und Personen auf das Botenschiff. 1817 führte man für die Beförderung der Passagiere zwischen Glarus und Lachen eine Postkutsche – Diligence geheissen – ein. Mit der Postordnung von 1830 trennte man die Beförderung der Passagiere und Briefe von der Güterspedition, was der ersteren ein wesentlich rascheres Vorankommen ermöglichte.

1832–1849: Die Post als kantonaler Regiebetrieb
Das Jahr 1832 brachte eine grundlegende Änderung des Verwaltungssystems: der Kanton führte fortan die Post als Regiebetrieb, und zwar – dank der vortrefflichen Leitung von Postmeister Hauptmann Blumer – alsogleich mit Gewinn. 1835 beschloss die Landsgemeinde, das Postwesen sei weiterhin durch den Staat zu führen, dagegen die Güterexpedition – bis anhin ein Monopol – freizugeben. Den Postverkehr baute man wesentlich aus, nicht allein mit einer täglichen Briefpostverbindung zwischen Glarus und Zürich, sondern auch innerhalb des Kantons. 1846 konnten Reisende bereits täglich mit drei Fahrpostkursen von Glarus nach Zürich, mit zweien nach St. Gallen und mit einem nach Chur und von diesen Stationen wieder zurückgelangen. Im Sommer bestand noch eine Schiffsverbindung zwischen Weesen und Zürich. Zudem verkehrte täglich eine Postkutsche zwischen Glarus und Linthal. Das Postwesen warf dem Kanton damals jährlich etwa 4000 bis 5000 Gulden Gewinn ab. Noch immer aber musste der Empfänger einer Postsendung die Taxen bezahlen; der Einzug des Portos bereitete den Postboten oft erhebliche Schwierigkeiten.

1848: Die Post wird Bundessache

Die kantonalen Posten setzten die Posttarife weitgehend nach eigenem Gutdünken fest und organisierten den interkantonalen Postverkehr nur mangelhaft. Immer weitere Kreise erhoben daher die Forderung nach einer eidgenössischen Post, einer einheitlichen Währung und der Aufhebung der Binnenzölle. Doch mehrere interkantonale Konferenzen zeitigten keine wesentlichen Verbesserungen. Erst die Schaffung des

Links: Quittung des helvetischen Postamtes Glarus für die Spedition von 200 Franken nach Zürich, 8. Oktober 1801. (Museum des Landes Glarus)

Rechts: Titelblatt der «Postordnung für den Verkehr zwischen Glarus und Zürich, Glarus 1835». (Museum des Landes Glarus)

Rechte Seite:

Oben: Postkarte, die mit einem Briefträger und Briefmarken auf das Postwesen Bezug nimmt. In das Bildfeld rechts unten druckte man eine beliebige Ortsansicht ein, hier Glarus. 1907. (Sammlung Hans Sauter, Netstal)

Unten: Postkarte «Gruss aus Netstal». Abgebildet ist jedoch die fünfspännige Klausenpost. Um 1910. (Sammlung Hans Sauter, Netstal)

Glarus

Gruss aus Netstal

schweizerischen Bundesstaates beseitigte diese unhaltbaren Zustände mit der Einführung eines gesamteidgenössischen Post-, Münz- und Zollwesens.

Gemäss Artikel 33 der Bundesverfassung von 1848 übernahm der Bund das Postwesen im ganzen Gebiet der Eidgenossenschaft. Er gewährleistete den Umfang der bisherigen Postverbindungen, einheitliche Tarife und die Unverletzbarkeit des Postgeheimnisses. Für die Abtretung des Postregals entrichtete er den Kantonen bis 1874 jährliche Entschädigungen. Vom 1. Oktober 1849 an arbeitete die eidgenössische Post endgültig nach einheitlichen Taxen und Vorschriften.

Die Post als moderner Grossbetrieb

Der heute oft als «gelber Riese» betitelte Dienstleistungsbetrieb PTT machte im Laufe der Zeit einen gewaltigen Wandel durch, wenn man die traditionelle Brief- und Paketpost, den Zahlungsverkehr, die Reisepost und das Fernmeldewesen mit Telegraf und Telefon betrachtet. Die Technik trat ihren unvergleichlichen Siegeszug an; die Post hat mit ihr Schritt halten müssen und sich auch gut anpassen können. Liebgewonnene Gewohnheiten und überholte Einrichtungen verschwanden; neue Bedürfnisse und Möglichkeiten verlangten vielfältige Umstellungen; bestehende Dienstleistungen wurden ausgebaut und neue eingeführt. War die Post bis um 1945 vorwiegend ein Männerbetrieb, so änderte sie sich seither auch in diesem Punkt ziemlich rasch. Plötzlich standen junge Beamtinnen am Schalter und bedienten die Kunden flink und freundlich.

Die PTT-Betriebe haben sich seit 1945 in allen Bereichen geöffnet, neue Wege in Betrieb und Verwaltung eingeschlagen und die Ausbildung ihrer Mitarbeiter angemessen vertieft. Sie haben nicht allein ein modernes Aussehen, sondern verfügen auch über ein leistungsfähiges Management. Nennen wir anschliessend einige der wichtigsten Neuerungen:
- Motorisierung der Briefträger;
- neues Posttransportkonzept von 1964 mit Einführung der Postleitzahlen, elektronisch gesteuerter Förder- und Sortiertechnik sowie Trennung von Brief- und Paketpost auf den Hauptlinien;
- Übernahme der Zeitungsvertragung und vermehrte Zustellung von Drucksachen durch die Post;
- Einführung der A-Post (eilig, heute aufgegeben – morgen zugestellt) und der B-Post (weniger eilig) und des damit verbundenen Leistungstarifes auf den 1. Februar 1991;
- am Schalter Kodiergeräte und Einschreibung über Filmkameras;
- Einführung der EDV und Rationalisierung im ganzen Zahlungsverkehr (Postcheckwesen), Ersatz des alten Einzahlungsscheins durch den blauen und grünen Einzahlungsschein;
- Ausbau des Telefonnetzes;
- Radio und Fernsehen, deren technische Grundlagen die PTT erstellt.

Glarus im Postkreis St. Gallen

1849 gliederte man die Schweiz in elf Postkreise auf. Diese Einteilung bewährte sich gut und gab bis heute nur zu geringfügigen Änderungen Anlass. Die Kreispostdirektionen leiten und überwachen die Poststellen ihres Gebietes, verbessern laufend die Einrichtungen und gewährleisten den hohen Ausbildungsstand des Personals.

Der Kanton Glarus gehört seit jeher zur Kreispostdirektion St. Gallen. Er ist gut in diesen Postkreis eingebettet, erlangte jedoch darin eine gewisse Sonderstellung. Da Glarus verkehrstechnisch nach Zürich orientiert ist, werden die Postsendungen nicht über St. Gallen, sondern direkt von Zürich her angeliefert. In der Regel organisieren die Kreispostdirektionen die Ablösungen der Postbeamten innerhalb ihres Gebietes. Weil die glarnerischen Postangestellten vorwiegend in ihrer Region tätig sein möchten, erhielt das Postamt Glarus die Befugnis und das Personal, um den Ablösedienst innerhalb des Kantons selbständig zu gewährleisten. Diese etwas grössere Eigenständigkeit gereicht beiden Seiten – der glarnerischen und der schweizerischen – zum Vorteil. Einerseits sind die Ablöser gut mit dem Glarnerland und seinen Ortschaften vertraut, anderseits beanspruchen sie keine Versetzungszulagen, was namhafte Einsparungen ermöglicht.

Zustellbeamte bei der Vorsortierung der Briefpost in Fächer.

Postbüros und Postämter

Am 30. November 1849 bestimmte der Bundesrat folgende Postbüros im Kanton Glarus: Bilten, Niederurnen, Oberurnen, Näfels, Mollis, Netstal und Glarus. Offenbar versahen die bisherigen Boten vorläufig weiterhin den Verkehr mit dem Glarner Hinterland. 1852 erhielt Schwanden einen Posthalter, 1853 Linthal, bis 1880 auch Ennenda und Hätzingen. Bisherige Postablagen wurden zu Postbüros erhoben: 1889 in Engi und Luchsingen, 1890 in Elm, Rüti, Diesbach, Haslen, Mitlödi und Mühlehorn. Bis in die 1960er Jahre besass dann jede politische Gemeinde eine eigene Poststelle. Gegenwärtig bestehen noch 26 Poststellen. Zuerst wurde die Post Betschwanden Diesbach angegliedert, dann kam Leuggelbach

Das alte Postgebäude in Glarus, 1894/96 erbaut von Theodor Gohl. Bis 1939 krönte ein Turm die repräsentativ gestaltete Strassenfassade. Die reiche Bauplastik am Mittelrisalit besagt, dass «Mutter Helvetia» auch Glarus an den Füllhörnern ihrer guten Gaben – so der Bundespost – teilhaben lässt.

zu Nidfurn, und Anfang 1991 legte man die beiden Büros von Luchsingen und Hätzingen in einem Büro bei der Bahnstation zusammen. Während der Reisesaison ist auch im Klöntal eine Poststelle offen.

Die schweizerische Post kennt seit langem zwei Kategorien von Poststellen: die Postämter und die Postbüros. Ein *Postamt* beschäftigt im Büro- und Schalterdienst mehr als vier Arbeitskräfte; es wird von einem Verwalter geleitet, der Postbeamter ist. Im Kanton Glarus bestehen – ausser dem Postcheckamt Glarus – nur zwei Postämter, nämlich im Hauptort und in Näfels; alle übrigen Poststellen sind Postbüros. Bei einem *Postbüro* ist ein *Posthalter* innerhalb der PTT-Organisation als *selbständiger Unternehmer* eingesetzt, der nach dem direkt erbrachten Verkehr entlöhnt wird. Der Posthalter muss auch die erforderlichen Räumlichkeiten für das Postbüro bereitstellen, sei es in einem eigenen Haus oder in einem Mietobjekt. Die PTT entrichten ihm dafür einen Mietzins und stellen selber jede volle Arbeitskraft an, die er zur vorgeschriebenen Gewährleistung des Postdienstes benötigt. Will man einem Posthalter in einem kleinen Dorf auch für die Zukunft eine selbsttragende Tätigkeit sichern, so sind vereinzelte Zusammenlegungen wie die oben erwähnten unumgänglich. Doch müssen sie auch für die Bevölkerung zumutbar sein.

Das Postcheckamt Glarus

Bereits in früheren Zeiten überbrachten die Postboten auch Geldsendungen. Nach der Gründung der eidgenössischen Post nahm der Zahlungsverkehr mit Geldanweisungen und Nachnahmen einen grossen Aufschwung. Eine wesentliche Vereinfachung und Erleichterung im Zahlungsverkehr brachte dann die bargeldlose Überweisung mittels Post- und Bankgiro. Bei der Einführung des Postcheckdienstes im Jahre 1906 wurde je ein Checkamt bei den elf Kreispostdirektionen eingerichtet; bis 1921 kamen 14 weitere Checkämter hinzu. Weil mehr als hundert glarnerische Kontoinhaber ein eigenes Checkamt forderten, eröffnete die Post bereits 1910 ein solches in Glarus. Das Checkamt Glarus ist als Bestandteil der glarnerischen Post nicht mehr wegzudenken.

Das Postcheckwesen entfaltete sich zunächst in der ganzen Schweiz nur mässig; erst nach 1945 fand es beim breiten Publikum Anklang. Mit der Einführung der Gehalts- und Lohnkonti vervielfachte sich dann die Zahl der Kontoinhaber. Liessen 1960 etwa 2500 Kontoinhaber ihre Buchungen beim Postcheckamt Glarus verarbeiten, so sind es gegenwärtig über 25 000. Im Verhältnis zur Einwohnerzahl steht der Kanton Glarus damit ganz vorne in der Statistik der Kontoinhaber. Da der Zahlungsverkehr nicht dem PTT-Monopol untersteht, bleibt der Postcheckdienst der Konkurrenz der Banken ausgesetzt.

Personelles

Die enorme Entwicklung des Postverkehrs bewirkte – trotz aller Rationalisierungen – eine starke Zunahme der Beschäftigten, auch im Kanton Glarus:

Beschäftigte	1924	1950	1990
Glarus Postamt, inkl. Ablöser	26	42	73
Glarus Checkamt	4	7	27
übrige Poststellen	65	65	70
Total	95	114	170

Das Checkamt Glarus hat eine beträchtliche Vergrösserung erfahren, weil die Anzahl der Kontoinhaber sich in den letzten 30 Jahren verzehnfachte. Beim Postamt Glarus kam die Erhöhung des Personalbestandes hauptsächlich infolge der Zuteilung von Ablösern zustande. Diese werden im Falle von Krankheit, Ferien und Militärdienst der örtlichen Postbeamten als Aushilfskräfte dort im Kanton eingesetzt, wo es erforderlich ist.

Volkswirtschaftlich sind die PTT für den Kanton Glarus also auch insofern von Bedeutung, als hier etwa 170 Postbeamte Beschäftigung finden; dazu wohnen noch etwa zehn Fernmeldebeamte im Glarnerland.

Zur Entwicklung des Brief- und Paketpostverkehrs

Heute bezahlt in der Regel der Absender die Posttaxen. Bis über die Mitte des 19. Jahrhunderts hinaus war es jedoch umgekehrt: der Empfänger einer Postsendung hatte dem Postboten das Porto zu entrichten. Nach 1840 führte man allmählich die Briefmarke ein, um die Vorauszahlung der Taxe, die Frankierung, beliebt zu machen. Das Gesetz über die Posttaxen von 1849 belegte frankierte und unfrankierte Briefe noch mit der gleichen Taxe. Erst als eine neue Regelung 1862 die unfrankierten Briefe mit einem höheren Porto belegte, veranlasste dies das Publikum, seine Gewohnheit zu ändern und die Briefe fortan zu frankieren. Für frankierte Sendungen kamen nun Briefkästen in Gebrauch, 1865 die ersten in Glarus, was den Dienst der Postboten wesentlich erleichterte.

Seit die Post eidgenössisch ist, gilt das Recht der Gleichbehandlung, d.h. jeder Einwohner hat Anspruch darauf, dass er in der Schweiz an jedem Werktag seine Post erhält. So ist darauf zu achten, dass die Post in Braunwald oder in Elm nicht viel später als in Bilten ausgetragen wird. Dank der guten Organisation der zubringenden Bahnposten von Zürich aus ist das möglich. Ein Glarner Bahnpostbeamter bereitet während der Nacht in Zürich die Postsendungen für die gemeindeweise Verteilung im Glarnerland vor.

Früher kam der Briefträger mit der Post täglich zwei- oder dreimal; heute geht er nur noch einmal im Tag zur Postaustragung auf seine Tour, aber er bringt viel mehr Post in die Häuser als ehedem. Tatsächlich hat der Brief- und Paketverkehr im Laufe der Zeit geradezu ungeheuerlich zugenommen, zumal nun auch ein grosser Teil der Zeitungen und Werbedrucksachen per Post zugestellt wird.

		Kanton Glarus		Schweiz
		1970	1988	1988
Briefe:	Aufgabe	8 Mio.	14 Mio.	3770 Mio.
	Zustellung	15 Mio.	22 Mio.	4000 Mio.
Pakete:	Aufgabe	0,7 Mio.	0,7 Mio.	208 Mio.
	Zustellung	0,8 Mio.	1,2 Mio.	228 Mio.

Fernmeldedienste

In der ersten Hälfte des 19. Jahrhunderts entwickelte man die Telegrafie, die elektrische Nachrichtenübermittlung über Kabel oder Freileitungen. Die Bundesverfassung von 1848 erwähnte die Telegrafie noch so wenig wie die Eisenbahnen. Und doch stellte sich der Bundesversammlung alsbald die Frage, ob der Bund diese Gebiete übernehmen oder sie der Privatinitiative anheimstellen solle. Während sie Bau und Betrieb der Eisenbahnen Privatgesellschaften überliess, gliederte sie 1851 das Telegrafenwesen als Bundesregal der Post ein.

Selbstverständlich verlangten die glarnerischen Fabrikanten und Handelsherren, unterstützt von der Standeskommission, sofort einen Anschluss an das entstehende schweizerische Telegrafennetz. Mit Erfolg! Bereits im Dezember 1852 war in Glarus ein Telegrafenbüro eingerichtet. Bis 1866 erhielten auch Niederurnen, Schwanden, Linthal, Engi, Hätzingen, Näfels und Netstal eine Telegrafenstation. 1885 begann der Siegeszug des Telefons, das die Bedeutung des Telegrafen alsbald zurückdrängte. In jenem Jahr erstellte die Post die ersten 1419 Kilometer des schweizerischen Telefonnetzes, das von 1887 an zunehmend auch das Glarnerland erschloss.

Gegenwärtig findet die Ablösung des herkömmlichen Fernschreibers durch den Telefax statt. Mit diesem neuen Gerät lassen sich schriftliche Mitteilungen und Zeichnungen über Telefonverbindungen weltweit und sekundenschnell übermitteln. Zu den Aufgabenbereichen der PTT gehört es auch, die Infrastrukturen für Radio, Fernsehen, Natel und Telekommunikation bereitzustellen.

Die unaufhaltsame Verbreitung der Informatik hat zu einem rasanten Anstieg des Bedürfnisses nach weltweiter Datenübertragung geführt. Telekommunikation erlangt für einzelne Unternehmen und ganze Volkswirtschaften höchste strategische Bedeutung. Die PTT gestalten das während Jahrzehnten gewachsene Telefonnetz zügig um, damit es der digitalen Daten- und Informationsübertragung zu genügen vermag. Die

Dreispännige Pferdepost vor dem Grosshaus in Elm, um 1900. (Sammlung Hans Sauter, Netstal)

Rechte Seite:

Oben: Das erste Postauto auf dem 1920 eröffneten Kurs über den Kerenzerberg. (Sammlung Paul L. Feser, Solothurn)

Unten: Der Klausenpass auf der Urner Seite als Plakatmotiv für die Schweizer Alpenpost. Farblithographie von Hans Beat Wieland, 1935. (Museum für Gestaltung Zürich, Plakatsammlung)

Strecke Niederurnen – Näfels – Glarus ist bereits mit Glasfasern erstellt; bis 1996 soll der ganze Kanton mit Glasfaserstrecken erschlossen sein. Gleichzeitig schreitet die Digitalisierung der Telefonzentralen voran. Bereits heute stehen im Kanton Glarus modernste Übertragungswege zur Verfügung.

In allen diesen Bereichen untersteht das Glarnerland der Fernmeldedirektion Rapperswil. Sie ist verantwortlich für Planung, Bau, Betrieb, Unterhalt und Störungsbehebung aller öffentlichen Fernmeldeeinrichtungen in ihrem Einzugsgebiet.

Von der Pferdepost zum Postauto

Nach ihrer Gründung legte die eidgenössische Post grosses Gewicht auf den Ausbau des Pferdepostnetzes. Die Beförderung von Reisenden war anfänglich der wichtigste Betriebszweig; aber nach 1860 verdrängten die aufkommenden Eisenbahnen die fahrende Post immer mehr. Die Post selbst richtete nun für Brief- und Paketsendungen die Bahnpost ein und wurde zum ersten Dauerkunden des neuen Verkehrsmittels. Doch auf den bahnfreien Strecken und den neu eröffneten Alpenstrassen nahm der Verkehr der Pferdepost ständig zu. Das Reisen mit den gelben Kutschen blieb indes ein teures, für den einfachen Bürger kaum erschwingliches Vergnügen.

Die bisherigen Pferdepostverbindungen nach Zürich, St. Gallen und Chur bestanden 1849 weiter, und zwar bis zur Eröffnung der Eisenbahnlinie Glarus – Weesen – Rapperswil – Zürich und Weesen – Chur im Jahr 1859. Dagegen verband weiterhin täglich ein Doppelkurs Näfels und Richterswil, denn die Eisenbahn erschloss das linke Zürichseeufer erst von 1875 an. Zwischen Glarus und Linthal verkehrten seit 1853 täglich zwei Fahrpostkurse in beiden Richtungen; im Sommer 1860 erschloss man auch das Sernftal mit einer täglichen Fahrpostverbindung Glarus – Elm – Glarus. Bis 1867 vermehrte man diese Kursfahrten noch. Die Pferdepost wurde auf der Strecke Glarus – Linthal 1879 von der Eisenbahn abgelöst und zwischen Schwanden und Elm dann 1905 von der Sernftalbahn.

Anno 1900 war der 1948 m hohe Klausenpass als Fahrstrasse fertig ausgebaut; am 14. Juni jenes Jahres nahmen fünfspännige Postkutschen den Verkehr zwischen Linthal und Altdorf auf. Die Fahrten mit der Pferdepost über die 47 km lange, überaus eindrückliche Alpenstrasse erfreuten sich bis 1921 grosser Beliebtheit. Im August 1911 beispielsweise bestiegen 500 Passagiere in Linthal die Postkutsche für eine Klausenfahrt. Ein Postkurs von Glarus ins Klöntal wurde im Juni 1914 eröffnet, aber bereits im August wegen des Kriegsausbruchs wieder eingestellt.

1920 setzte auch im Kanton Glarus das Zeitalter der Automobilpost ein, zuerst auf der Strecke über den Kerenzerberg, 1922 über den Klausen und 1927 ins Klöntal. Das Glarnerland kennt bis heute nur diese drei Postauto-Kurslinien. Dazu gesellt sich der Busbetrieb Schwanden – Elm, der 1969 die Sernftalbahn abgelöst hat, aber von derselben privaten Gesellschaft geführt wird. Der ganzjährige Postautokurs Näfels – Obstalden – Mühlehorn leistet einen wertvollen Beitrag zur Entwicklung der Region Kerenzerberg; dank des zürcherischen Sportzentrums in Filzbach kam sogar eine direkte Kursautoverbindung nach Ziegelbrücke zustande. Ein Postautohalter, der auf eigene Rechnung ein Reiseunternehmen führt, betreibt diese Linie, wobei die PTT das Defizit für die Kursstrecke übernehmen. Die Sommersaisonbetriebe Glarus – Klöntal und Linthal – Klausen – Flüelen haben nichts von ihrer Anziehungskraft eingebüsst. Trotz des unheimlich angewachsenen Privatautoverkehrs stieg die Zahl der Postautobenützer ins Klöntal von weniger als 20 000 in den 1960er Jahren auf über 30 000 um 1990.

Diese Erfolge ändern indes nichts an der Tatsache, dass der Postautobetrieb auf den glarnerischen Kurslinien – wie gesamtschweizerisch – in den roten Zahlen steckt. Die rentablen Dienstzweige der Post – namentlich die Fernmeldebetriebe – haben die Defizite der anderen zu decken. Auch dies zeigt, dass das Grossunternehmen PTT umfangreiche Dienstleistungen erbringt, die auch für den Kanton Glarus seit jeher von grosser wirtschafts-, sozial- und siedlungspolitischer Bedeutung gewesen sind.

Literatur

Gottfried Heer; Das glarnerische Postwesen im XVIII. und XIX. Jahrhundert; JHVG 30, 1894. – Das Postwesen, Telegraph und Telephon; JHVG 43, 1923.
Stucki; RQ III, S. 1185–1200.
Arthur Wyss; Die Post in der Schweiz; Bern 1988.

Briefmarken und Poststempel mit glarnerischen Motiven

Jürg Davatz und Jakob Kubli

Briefmarken

Bis um die Mitte des 19. Jahrhunderts zog der Postbote jeweils vom Empfänger einer Postsendung das entsprechende Porto ein, was oft mit Unannehmlichkeiten verbunden war. Für die Berechnung des Portos musste der Herkunftsort bekannt sein. Zur Vereinfachung wurden vorerst Poststempel eingeführt. Die selbständigen Postverwaltungen waren gezwungen, die Posttaxen für ihre Dienstleistungen miteinander zu verrechnen. Bei stürmisch zunehmendem Brief- und Paketpostverkehr mehrte sich allgemein der Wunsch nach Vorauszahlung der Postbeförderung.

Betriebswirtschaftliche Zielsetzungen führten zu einer epochemachenden Neuerung: zur Einführung der Briefmarke. Dieses Klebezettelchen sollte die Vorauszahlung der Brieftaxe, die Frankierung, ermöglichen und allgemein verbreiten.

Am 6. Mai 1840 beförderte man in England erstmals auf der Welt mit Marken frankierte Briefe. Die zweite Briefmarkenausgabe auf der Welt vollzog die Zürcher Kantonalpost am 1. März 1843. Im Oktober jenes Jahres folgten Genf und Brasilien, 1845 die Stadt Basel mit der weltberühmten «Basler Taube». Die Eidgenössische Post liess 1850 die ersten Briefmarken erscheinen, die in der ganzen Schweiz gültig waren. Die erste Sondermarke gab sie 1900 anlässlich des 25jährigen Bestehens des Weltpostvereins heraus, die erste Pro-Juventute-Marke mit Zuschlag für wohltätige Zwecke 1913.

In der Philatelie kann das Glarnerland nicht mit Briefmarken auftrumpfen, die jedermann ein Begriff sind, wie etwa die «Zürcher 4 und 6 Rappen» oder die «Doppel-Genf» aus dem Jahr 1843. Die Glarner Kantonalpost gab nämlich keine eigenen Marken heraus. Aber seit 1923 sind doch einige schöne schweizerische Briefmarken mit glarnerischen Bildmotiven erschienen, die wir in der Abfolge ihres Erscheinens vorstellen.

Jeder Pro-Juventute-Sammler kennt die Kantons- und Schweizerwappen-Serie aus den Jahren 1918 bis 1926, die der Berner Heraldiker Rudolf Münger entworfen hat. Für die Glarner Philatelisten ist der Wappenschild mit St. Fridolin, flankiert von einem Stoffdruckornament, ein Begriff. Dieser 10-Rappen-Wert kam 1923 heraus.

Von 1933 bis 1942 präsentierten die Pro-Juventute-Marken von jedem Kanton ein Trachtenbild; zudem würdigten sie jedes Jahr mindestens einen berühmten Schweizer mit einem Bildnis, dessen Entwurf und Stich jeweils Karl Bickel, Walenstadtberg, schuf. Die Glarner Tracht mit dem Glärnisch und der Stadtkirche von Glarus im Hintergrund, gestaltet von Carl Liner, Appenzell, erschien im Kriegsjahr 1942 als 20-Rappen-Wert. In der gleichen Serie ist auch Conrad Escher von der Linth abgebildet, der von 1807 bis 1823 die Linthkorrektion leitete (S. 184 ff.).

Zum Jubiläum der Aufnahme von Glarus und Zug in den Bund der Eidgenossen vor 600 Jahren kam Glarus 1952 zu weiteren Markenehren. Der Heraldiker Paul Boesch entwarf die 5 + 5-Rappen-Pro-Patria-Marke, auf der die Beschriftung, die Wappenpyramide und die Landespatrone St. Fridolin und St. Michael sinnfällig an das geschichtliche Ereignis erinnern.

Auch der Pro-Patria-Wert zu 40 + 10 Rappen aus dem Jahre 1956 darf zu den glarnerischen Marken gezählt werden. Er zeigt den Walensee gegen Osten und rechts in der Mitte den Kerenzerberg. Diese Marke gehört zu der 1952 bis 1956 herausgegebenen Folge «Seen und Wasserläufe», die Otto Baumberger schuf.

Weniger bekannt dürfte sein, dass der 20-Rappen-Wert Pro Patria von 1961 ebenfalls ein Sujet aus dem Glarnerland beinhaltet. Der in einem Schiefer eingebettete und versteinerte Knochenfisch aus der erdgeschichtlichen Neuzeit stammt aus einem Steinbruch von Matt im Sernftal. Die eindrückliche Versteinerung wird heute in Basel aufbewahrt. Diese Marke ist ein Glied der originellen Reihe «Mineralien, Gesteine und Versteinerungen» von Niklaus Stoecklin, Basel, aus den Jahren 1958 bis 1961.

Im Zeitraum 1960 bis 1968 erschien eine Postmarkenserie «Baudenkmäler», die schliesslich 34 Werte umfasste. 1968 kam der violettblaue 10-Rappen-Wert heraus; in der prägnanten graphischen Gestaltung von Werner Weiskönig, St. Gal-

Rechte Seite:

Sämtliche Briefmarken mit glarnerischen Motiven. Kommentar im Text. Unten: Briefumschlag mit Viererblock der Sondermarke und Sonderstempel zur 600-Jahr-Feier Schlacht bei Näfels, 7. April 1988.

Briefmarken und Poststempel

NÄFELS 1388–1988

600 Jahre
Schlacht bei Näfels

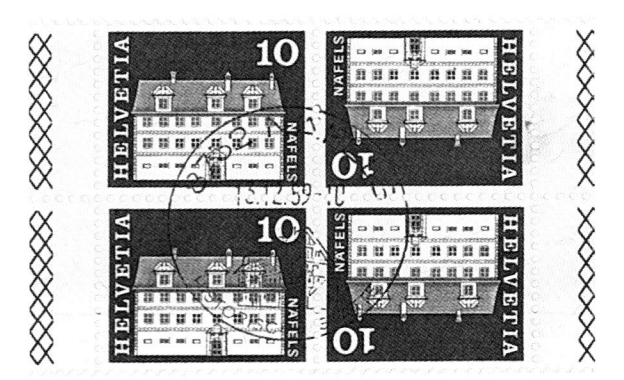

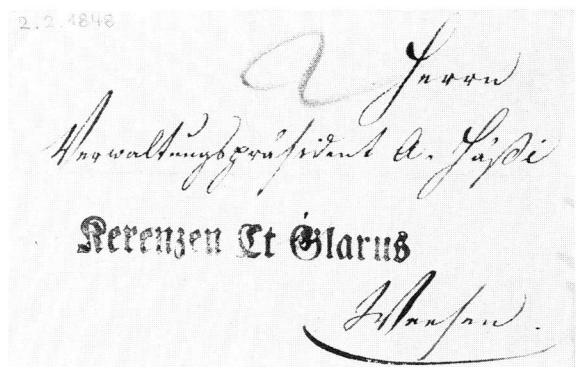

len, zeigt er die Hauptfassade des Freulerpalastes in Näfels, des bedeutendsten Baudenkmals im Kanton Glarus. Von dieser Marke sind über 390 Millionen Stück gedruckt worden, darunter auch die bei den Philatelisten beliebten Kehrdrucke. Nicht so bekannt ist, dass der prächtige Winterthurer Turmofen, der 1984 auf der Pro-Patria-Marke zu 50 + 20 Rappen erschien, im Freulerpalast steht. Damals begann eine vierjährige Motivreihe zum Thema «Schweizer Museen», deren erste Serie, entworfen von Ernst Witzig, Kachelöfen gewidmet war.

Auf den Freulerpalast und auf Näfels bezieht sich noch ein drittes Wertzeichen: die 50-Rappen-Marke von 1988, die an den 600. Jahrestag der Schlacht bei Näfels erinnert. Sie zeigt das älteste erhaltene Fridolins-Banner; diesem ist eine Handschrift von Aegidius Tschudi (1502–1572) hinterlegt, die besagt, das Banner sei zu Näfels in der Schlacht getragen worden. Das ehrwürdige Feldzeichen wird im Museum des Landes Glarus im Freulerpalast aufbewahrt. Diese vom Zürcher Grafiker Hanspeter Paoli unkonventionell gestaltete Sonderpostmarke gilt bei vielen als eines der bemerkenswertesten und schönsten Wertzeichen der letzten Jahre. Am Jubiläumstag, dem 7. April 1988, verwendete ein Automobil-Postbüro einen Sonderstempel mit der Abbildung eines Näfelser Gedenksteins.

Der Durchschnittsschweizer kennt das Glarnerland höchstens von der eiligen Vorbeifahrt, wenn er von der Walensee-Autobahn aus einen flüchtigen Blick auf die Glarner Berge wirft. Genau dieses Sujet – die Linthebene bei Niederurnen mit dem (leider) wolkenverhangenen Glärnisch und Wiggis im Hintergrund – gibt der 1984 herausgekommene und seither geläufige 4-Franken-Wert der Sternzeichenserie wieder. Der «Schütze» scheint das Glarnerland zu verteidigen, erinnert aber auch an die Jagdsaison. Die Gebrüder Eugen und Max Lenz, Zürich, entwarfen die gefällige Marke, den Stahlstich besorgte Karl Bickel jun.

Einen Bezug zum Kanton Glarus weisen noch einige andere Briefmarkenmotive auf. So die Porträtmarke zu 10 Rappen von 1969 mit dem Reformator Huldrych Zwingli, der von 1506 bis 1516 in Glarus als Pfarrer gewirkt hatte. Im Jahre 1977 erschien zum 100. Jahrestag des ersten Eidgenössischen Fabrikgesetzes eine Sondermarke zu 20 Rappen. Das Glarnerland leistete auf dem Gebiet der Sozialgesetzgebung Pionierdienste, und das glarnerische Fabrikgesetz von 1864 diente dem eidgenössischen als Vorbild (S. 137 ff.).

Schliesslich sei noch auf die Pro-Juventute-Marke zu 5 + 5 Rp. aus dem Jahre 1938 hingewiesen. Sie zeigt das Bildnis des Malers, Dichters und Verlegers Salomon Gessner (1730–1788) von Zürich, zu dessen Ehren im Klöntal ein Naturdenkmal errichtet wurde.

Ältere Glarner Poststempel

Die Einführung der Stempel im Postdienst begann im 17. Jahrhundert, im Kanton Glarus jedoch erst fünfzig Jahre vor dem Aufkommen der Briefmarken. Die Helvetik verstaatlichte das Postwesen und führte auch in Glarus den Poststempel ein. Der älteste bekannte Glarner Stempel erscheint auf einem Brief vom 5. März 1799; als einziger der Schweiz war er jenem des Helvetischen Centralpostbureaus nachgebildet. In der folgenden Zeit verwendete lediglich das Hauptbüro in Glarus einen Poststempel. Nur kurze Zeit, während der Jahre 1843/44, stempelte man dort den Ortsnamen «Glaris» – mundartliche und französische Bezeichnung zugleich. Damals funktionierte das Kantonalpostamt als Briefsammelstelle für das ganze Glarnerland, weshalb praktisch alle ein- und ausgehenden Sendungen den Durchgangsstempel «Glarus» erhielten.

Die frühen Stempel von Netstal belegen verschiedene Schreibweisen des Ortsnamens. Nettstall-Rundstempel sind ab 1847 bekannt. 1849 hiess die neue eidgenössische Poststelle Netstall; dieselbe Schreibweise zeigen bahnamtliche Halbkreisstempel, die bis etwa 1893 im Umlauf blieben. Von 1871 ist ein Nettstal-Rundstempel überliefert. Seit 1890 lautet die amtliche Form Netstal.

Im Hinterland finden wir die frühesten Poststempel 1842 in Schwanden und Diesbach,

Oben links: Kehrdruck der 10er-Marke von 1968 mit dem Freulerpalast.

Oben Mitte: Stempel in gotischer Schrift «Kerenzen Ct Glarus», um 1848. (Sammlung Feser)

Oben rechts: Zur Zeit der Helvetik erhielt Glarus seinen ersten Poststempel. Ovalstempel auf einem Brief vom 5. März 1799.

Unten: Der hübsche Stempel mit Schweizerkreuz und Posthorn zierte um 1855 vereinzelte Postsendungen aus Glarus. (Sammlung Feser)

Rechte Seite:

Beispiele von frühen glarnerischen Stempeln aus der Sammlung Paul L. Feser, Solothurn. – Oben links: Um 1851 war dieser gemeinsame Stempel von Matt und Engi in Gebrauch. – Oben rechts: Drei der beliebten «Strubeli»-Marken und Stempel «P.D.» (payé destination), 1858. – Mitte links: Die Postablage Leuggelbach brauchte 1879 offensichtlich einige Zweiräppler-Marken auf. – Mitte rechts: Diese zuwenig frankierte Karte aus Dortmund erhielt 1890 in Mollis interessante Strafportomarken. – Unten links: Glarner Belege mit den frühesten eidgenössischen Marken, 1852/53. – Unten rechts: Stempel «Rüti», «Stachelberg» und «Linththal», um 1866/70.

Briefmarken und Poststempel

gefolgt 1843 von Mitlödi und 1844 von Matt, 1846 von Elm und vermutlich erst 1853 von Linthal. Für zwei Dörfer galt um 1847/50 die Bezeichnung «Kleinthal», anschliessend kurze Zeit auch als «Matt & Engi C.G.» gestempelt. Gleicherweise diente der Stempel «Kerenzen» für die Dorfschaften Obstalden und Filzbach. An abgegangenen Poststellen seien noch erwähnt Biäsche (ehemalige Zollstätte am Linthkanal), Rhodannenberg (Klöntal), Stachelberg, Fruttberg (Klausenpass), Limmernboden und Tierfehd (nur während des Kraftwerkbaus 1960/63). Alle diese Stempel sind somit eher selten. Paul L. Feser, Solothurn, der die umfangreichste und vielseitigste Sammlung glarnerischer Stempel besitzt, stellt fest, dass die älteren Glarner Stempel eine erstaunliche Vielfalt an Formen und Farben zeigen.

Glarner Werbedatumstempel

Ende Juni 1990 hatten 1260 Gemeinden und Städte in der Schweiz einen Ortswerbestempel. Werbestempel sind Poststempel, die mit einer Illustration und einem Stempeltext auf eine historische, kulturelle oder touristische Sehenswürdigkeit oder Besonderheit der jeweiligen Gemeinde hinweisen. Während früher in der Regel nur Kurorte solche Stempel von den PTT zugesprochen erhielten – sie hiessen darum auch Kurortstempel –, interessieren sich von Jahr zu Jahr mehr Gemeinden darum, die nicht unbedingt als Kurorte zu bezeichnen sind. Es hat sich nämlich herausgestellt, dass gefällige Ortswerbestempel einen nicht zu unterschätzenden Propagandawert besitzen. Tag für Tag werden Hunderte von Briefen und Karten abgestempelt und tragen so diese sympathische, unaufdringliche Werbung in alle Welt.

Das Glarnerland ist punkto Werbestempel sehr gut vertreten. Von den 27 glarnerischen Postämtern und Poststellen haben nicht weniger als 16 einen Werbedatumstempel. Die Motive sind sehr vielseitig, reichen sie doch von schönen Aussichtspunkten über historische Bauten und spezielle Eigenarten bis zu einem Naturphänomen.

Als erster Kurort des Glarnerlandes erhielt die Sonnenstube Braunwald – nach Bex, Rheinfelden, Weggis, Bürgenstock, Klosters und Ascona – im Juli 1942 einen zweikreisigen Werbedatumstempel. Das Stempelbild zeigte schon damals den Ortstock und den Stempeltext «Höhenkurort 1300 m». Später wurde der Stempel mit der Einführung der Postleitzahlen modifiziert und der werbewirksamere Text «Autofreier Kurort, 1300 m» gewählt. Das benachbarte st. gallische Städtchen Weesen bekam 1953 einen Stempel mit dem Slogan «Sonnenstube am Walensee»; als zweite Glarner Gemeinde setzte dann Filzbach im August 1960 einen Werbedatumstempel ein mit «Erholung ob dem Walensee». Näfels folgte als dritte Gemeinde im April 1961 mit dem Freulerpalast und dem Stempeltext «Historische Stätte».

Da wir sämtliche Glarner Werbedatumstempel abbilden, erübrigt sich eine Kommentierung für jede Gemeinde. Wir möchten lediglich auf einige gemeindebezogene Besonderheiten hinweisen. Einen nicht alltäglichen Stempel besitzt seit dem Jahre 1970 die hinterste Sernftaler Gemeinde Elm. Das Bild zeigt das Naturschauspiel der Sonnenstrahlen, die durch das Martinsloch in den Tschingelhörnern hervorbrechen. Zweimal im Jahr scheint die Sonne bei wolkenlosem Himmel im März und im Oktober durch das Martinsloch direkt auf das Kirchlein und die umliegenden Häuser.

Diesbach und Betschwanden haben gemeinsam einen Werbedatumstempel mit der spätmittelalterlichen Betschwander Kirche und dem Diesbachfall. Luchsingen macht auf seine unter Schutz gestellten Holzhäuser im südlichen Ortsteil Adlenbach aufmerksam. Am 3. Juli 1970 wurde in Schwanden erstmals ein Werbedatum-

Sämtliche Glarner Werbedatumstempel in Originalgrösse, angeordnet nach Regionen. Kommentar im Text.

Literatur

Paul L. Feser; Aus der Postgeschichte des Glarner Hinterlandes, in: Neujahrsbote, 1983, S. 91–94 u. 32 Seiten Abb.
Max Hertsch; Schweizer Briefmarken, 2 Bde.; Silva-Verlag, Zürich 1973.
Ernst Schlunegger; Motivhandbuch Schweiz; Basel 1990.
Zumstein; Spezialkatalog Schweiz-Liechtenstein; Bern 1978.

stempel eingesetzt. Es war naheliegend, auf das älteste Naturreservat Europas – den seit 1548 unter Schutz gestellten «Freiberg» im Kärpfgebiet – hinzuweisen. Der Werbestempel mit einem auf einem Felsen thronenden Steinbock und dem Text «Tor zum Freiberg Kärpf» machte während zwanzig Jahren in aller Welt beste Propaganda für das Glarnerland. Im Sommer 1990 feierte Schwanden sein 750jähriges Bestehen. Zu diesem Anlass wurde ein neuer Werbestempel geschaffen. Man blieb beim Motiv «Freiberg» und passte den bisherigen Stempel an. Als Exklusivität war dieser gefällige Stempel nur vom 11. Juni bis zum 1. September 1990 im Einsatz. Bis zum 8. Dezember 1990 war wieder der alte Werbestempel in Gebrauch. Seit dem 10. Dezember 1990 wird der Jubiläumsstempel ohne den Zusatz «750 Jahre» eingesetzt.

Riedern führte zum Jubiläum «60 Jahre Postautokurs Glarus – Riedern – Klöntal» im Juni 1987 einen Werbestempel ein. Er zeigt das Klöntal von der Schwammhöhe aus mit dem lieblichen See und dem imposanten Bergpanorama in Richtung Pragelpass. Auch das Gemeindewappen von Riedern sowie der Werbetext «Am Eingang ins Klöntal» sind graphisch gut in das Stempelbild eingefügt. Netstal stellt auf seinem Werbestempel das «Stählihaus» vor, das «im Dumpfel» abseits am südwestlichen Dorfrand liegt. Es wurde im Jahre 1728 von Schatzvogt und Ratsherr Christian Stähli erbaut und ist einer der schönsten Riegelbauten der Ostschweiz. Im November 1989 bewilligte die PTT einen Werbedatumstempel für Oberurnen. Er bildet die restaurierte und unter Denkmalschutz stehende Nothelferkapelle aus dem Jahre 1592 ab samt dem Kapellenhaus und einem weiteren Gebäude. Der Stempel von Niederurnen mit dem Werbetext «Ausgangsort für Wanderungen» zeigt das Schlössli mit dem damals einzigen Weinberg des Glarnerlandes.

Anzumerken ist noch, dass der Hauptort Glarus keinen Werbedatumstempel besitzt. Seit 1958 hat das dortige Postamt eine Stempelmaschine in Betrieb. Normalerweise jeden Monat wechselt die PTT-Generaldirektion in Bern die Stempel dieser Maschinen – die sogenannten «Flaggen» – aus. Deren Themen sind von gesamtschweizerischem oder regionalem Interesse. Es handelt sich dabei um PTT-Werbung, allgemeine Werbung (Sammelaktionen) oder Gelegenheitsstempel (Ausstellungen, Messen, Jubiläen, Kongresse, Musik, Gesang, Theater oder Sport).

Das Vermächtnis der Berge

Jost Hösli

Glarnerland – Hochgebirgsland

Das Glarnerland ist Bergland, Kernraum der Glarner Alpen. Berge umgürten mit Felswänden und waldbestockten Abhängen im Westen, Süden und Osten die schmalen Talungen, das Haupttal der Linth und die wenigen Nebentäler. Gipfel und Gräte bilden die natürlichen Grenzen des Kantons. Nur am Klausen- und Pragelpass greifen Uri und Schwyz über die Wasserscheiden hinaus. Die Kantonsgrenze umfasst mit dem Anteil am Walensee eine Oberfläche von 684,63 Quadratkilometern. Ihre Umrissform ist das Abbild einer prägnanten orographischen und hydrographischen Einheit, die Gestalt der Kammer des einfach gegliederten, von Süden nach Norden verlaufenden Quertales. Es ist das Einzugsgebiet der Linth – des Stammflusses der Limmat –, die von den Eishüllen der Clariden-, Tödi-, Biferten- und Glärnischgruppe genährt wird.

Der Fremde, der erstmals ins Glarnerland kommt, erschrickt oft über die Steilheit der Berge. Die schroffen Felswände am Rauti, Wiggis und Glärnisch, die fast senkrecht in den engen Talgrund des Glarner Unter- und Mittellandes fallen, bedrücken ihn. Bei einer Horizontaldistanz von nur 2 km erhebt sich der Wiggis um mehr als 1800 m über das Dorf Netstal. Der höchste Gipfel des Glärnisch (2914 m) überragt in rund acht Kilometern Entfernung den Hauptort Glarus (480 m) um mehr als 2400 m. An der Südgrenze zu Graubünden, im Quellgebiet der Linth, thront das breite Gletscherhaupt des höchsten Berges des Glarnerlandes und der Ostschweiz, des 1837 erstmals bestiegenen Tödi (3614 m). Die ungefähr 15 km entfernte SBB-Endstation Linthal weist eine Schienenhöhe von 648 m auf. Die maximale Höhendifferenz zur tiefsten Stelle des Kantons in der Linthebene bei Bilten (414 m) beträgt sogar 3200 m. Fast drei Viertel der Gesamtfläche des Glarnerlandes (71%) liegen über 1200 m hoch. Höhere Anteile weisen in der Schweiz nur Graubünden (89%), Wallis und Uri (je 85%) auf. Der Kanton Glarus ist also Hochgebirgsland.

Die Vielfalt der Gebirgsnatur

Das Hochgebirge ist die Grunderscheinungsform, mit der alle übrigen Elemente der Naturlandschaft ursächlich verknüpft sind. Diese ist ein Wirkungsgefüge kausaler Art: Einer bestimmten Ursache entspricht im Prinzip eine bestimmte Wirkung. Im «Hohelied der Berge» (1944) formulierte der Dichter Hermann Hiltbrunner die gegenseitigen Abhängigkeiten auf seine Weise: «Die Welt des Hochgebirges mag uns in der Fülle ihrer Erscheinungen verwirren, aber sie ist trotzdem eine wunderbare Einheit. Berge gibt es nur, wenn es Täler gibt, Täler nur, wenn Flüsse fliessen, Flüsse nur, wenn Firne und Gletscher bestehen, Firne und Gletscher wiederum nur, wenn Berge ragen; eines setzt das andere voraus, eines bedingt das andere, ist die Folge des andern, und alle diese Daseinsformen bilden zusammen jene geschlossene Sonderwelt, die wir Gebirge nennen.»

Relief, Wetter und Klima, Gewässer und Pflanzenkleid zeichnen das Bild der Hochgebirgslandschaft, sie prägen die natürliche Ausstattung der Täler und Berge. Mit zunehmender Höhe sinken die Temperaturen. Die Berge stauen die feuchten Luftmassen der westlichen und nördlichen Winde. Häufigkeit und Menge der Niederschläge nehmen mit der Höhe zu. Da, wo der Schnee nie abschmilzt, verdichtet und verwandelt er sich zu Firn, der die zu Tale fliessenden Gletscher nährt. Die Linth ist ein typischer Gletscherfluss, ihre Wasserführung wird von der sommerlichen Wärme bestimmt. Der Südwind fällt als warmer, trockener und böiger Föhn. Eindeutig bedingen die Gegebenheiten des Reliefs die klimatischen Voraussetzungen der Vegetation und Tierwelt. Ihnen entsprechen die in der Hochgebirgslandschaft besonders auffälligen Höhenstufen des Pflanzenkleides: die Gürtel der Buchen- und Nadelwälder, der Legföhren, Zwergsträucher, Polsterpflanzen und Flechten. Sonnen- und Schattenlagen, Hangneigung und Bodenbeschaffenheit bewirken örtliche Abweichungen.

Rechte Seite:

Flugaufnahme über dem Glärnisch mit Blick gegen Nordosten. Unten rechts der Gipfel des Vorderglärnisch, gegen links das Klöntal und der Wiggis. Im Tal die Ortschaften von Ennenda bis Niederurnen. Rechts im Mittelgrund die Berghänge des Schilt, Fronalpstock und Mürtschenstock, dahinter der Walensee, die Churfirsten und das Säntismassiv.

Das Vermächtnis der Berge

Die bekannte Pantenbrücke in der Linthschlucht: kühnes Menschenwerk in beeindruckender Felsenschlucht. Radierung von David Herrliberger, 1754. (Museum des Landes Glarus, Näfels)

Natur und Menschenwerk

Die Berge bilden das prägende Merkmal der Geographie und die Rahmenbedingungen der Geschichte des Glarnerlandes. Was wäre dieses ohne Berge! Sie sind für den Glarner Inbegriff der Heimat, Teil seiner Identität. Seit den Zeiten der ersten Besiedlung haben die Berge mit all ihren natürlichen Erscheinungen und Äusserungen Tun und Lassen der Bewohner beeinflusst, «herrisch» bestimmt oder «mitwirkend» begleitet. Kultur entsteht und geschieht immer auf der Basis der Natur. Die Natur bietet Vor- und Nachteile, Gaben und Hindernisse. Ihr hat sich der Mensch anzupassen. Die Lebensgemeinschaft der ersten Siedler ist anfänglich eine wirtschaftliche Angelegenheit. Zur Befriedigung ihrer Lebensbedürfnisse gestalten sie die Naturlandschaft zur Kulturlandschaft um. Hochgebirgslandschaften bieten eindeutige Muster der Vernetzung stark beeinflussender Naturgegebenheiten mit den materiellen, seelischen und geistigen Ansprüchen ihrer Bewohner. Beide sind wandelbar und beeinflussen sich gegenseitig. Das Vermächtnis der Berge umfasst alle Bereiche der menschlichen Existenz. Ein Gang durch das Land und seine Geschichte böte eine Fülle von Beispielen der wechselseitigen Wirkungen von Natur und Kultur.

Wasser und Eis haben über geologische Zeiten lang die Täler erodiert. Fluss, Bäche und Runsen erhöhten den übertieften Felsgrund mit ihren Ablagerungen. So entstanden die flachen Talabschnitte und die Linthebene, deren Schotter und Sande wichtige Grundwasserträger sind. Die Schwemmfächer der Seitengewässer boten den Siedlungen erhöhte, vor Hochwasser des Talflusses sichere Standorte und bildeten auch die besten Böden für Kulturland im Bereich des lockeren Laubwaldes. Das Buschland der Überschwemmungszone diente über Jahrhunderte als Allmende. Steine und Holz für Häuser, Ställe, Zäune und Mäuerchen waren überall vorhanden. Die Rodungen im Waldgürtel und über der Waldgrenze erfüllten seit der Aufgabe des Getreidebaues im 15. Jahrhundert die steigenden Ansprüche der Viehwirtschaft.

So prägt das Wechselspiel von Natur und Kultur die Vergangenheit und die Gegenwart. Was wäre die Glarner Wirtschaft beispielsweise ohne die natürlich zur Verfügung stehenden Wasserkräfte, deren Nutzung die erstaunliche industrielle Entwicklung ermöglicht hatte? Und welche Bedeutung besässe heute der Tourismus als zusätzliche Erwerbsquelle ohne den Erholungs- und Freizeitraum der Berge?

Das Naturerlebnis der Gelehrten

Die frühesten Beschreibungen auch der Glarner Hochgebirgswelt stammen von den sprach- und schreibkundigen Gelehrten des 16. Jahrhunderts, von den Humanisten. Waren es Zürcher, so dienten ihnen Glarner Gelehrte als bestvertraute Gewährsleute. Kundige Einheimische machten auch später ihr erfahrungsreiches Wissen den aus Zürich stammenden «Alpenentdeckern» dienstbar.

Als erster preist *Heinrich Loriti* (1488–1563) von Mollis, genannt Glarean, in lateinischen Hexametern die Berge seiner Heimat. Im Gedicht von der Schlacht bei Näfels (1510) kündet sich als frühester, poetisch verbrämter Beleg das neue Naturverständnis der Humanisten an[1]:

[1] *Glarean;* Das Epos vom Heldenkampf bei Näfels; JHVG 53, 1949, S. 59 u. 61.

«Bis nach Zürich hinein mit grimmig schimmernder Stirne,
Sieht man das Glärnischgebirge, als hehrste Klippe der Alpen
In den ätherischen Lüften zu mächtigen Gipfeln erstarret.
Wunderbar ist hier die Natur: Es liegt auf dem Scheitel
Ewiger Schnee, der unaufhörlich sich selber erneuert.
Hier herrschen Kälte und Eis, unbändige Fröste regieren,
Sei nun Sommer im Land oder fern die Sonne im Winter.
Doch am Fusse des Bergs gedeihen Gräser und Reben.
Zwischen Gipfel und Tal inmitten der steinigen Wüste
Wagen sich zaghaft nur hervor die struppigen Fichten.»

Schäumende Bergbäche und Wasserfälle gehören zur Glarner Bergwelt und bieten oft einen romantischen Anblick.

Frühe Bewunderung

Der erste Zürcher, der das Glarnerland und seine Berge aus eigenem Erleben kannte und beschrieb, war der Arzt und Universalgelehrte *Konrad Gessner* (1516–1565). In einer briefähnlichen Vorrede widmet er die 1541 gedruckte Schrift über die «Milch und Milcherzeugnisse» seinem gelehrten Freund Jakob Vogel, genannt Avienus. «Ich habe mich entschlossen, fortan, solange mir von Gott das Leben vergönnt ist, jährlich mehrere Berge oder doch einen zu besteigen, wenn die Pflanzen in ihrer Vollkraft stehen, sowohl ihrer Erkenntnis halber als auch wegen der edlen Körperübung und geistigen Erquickung. Denn welche Lust und was für eine Wonne ist es für ein empfängliches Gemüt, die unermessliche Gebirgsmasse staunend zu betrachten. Daher wird die höchste Bewunderung für alle Elemente und für die Mannigfaltigkeit der Natur durch die Berge erweckt. – Es sind noch andere Gründe, derenthalb mich das Schauspiel der Berge über alle Massen ergreift, und da die Berge bei uns am höchsten sind und, wie ich höre, an Pflanzen viel reicher als an andern Orten, so kommt mir das Verlangen, sie zu besuchen, wozu mich eben deine Freundschaft einlädt.»

Beobachtung – Erfahrung – Erkenntnis – geistige Erquickung – dies sind echte Kennzeichen des im 16. Jahrhundert blühenden Humanismus, der Renaissance des Geisteslebens. Weil Gessner erklärend beschreibt, gebührt ihm die Ehre, den ersten «geographischen Essay» der Schweizer Landeskunde geschrieben zu haben. Was den sachlichen Inhalt der Schrift betrifft, bemerkt er: «Es schien mir diese Arbeit für euer Volk nicht unpassend, von dem ein grosser Teil sich mit der Viehzucht beschäftigt und die Milch zu mancherlei Speise verarbeitet, worunter insbesondere der berühmte Schabzieger gehört, der, mit gewürzhaften Kräutern vermischt, bei allen Fremden, zu denen er gebracht wird, in grosser Gunst steht und sie auch verdient.» Zürich war ein bedeutender Markt für die Produkte der Glarner Viehwirtschaft.

Jakob Vogel ist der erste namentlich bekannte Gewährsmann eines Zürcher Gelehrten. Um 1500 geboren, nach 1573 gestorben, stammte er von Linthal, bürgerte sich aber in Glarus ein. Er war Schüler von Glarean, als dieser in den Jahren 1517 bis 1522 in Paris lehrte. Dem Land leistete er vorzügliche Dienste als Landschreiber, Richter, Ratsherr, Landvogt im Gaster und Tagsatzungsgesandter.

Das erste Lexikon der Alpen

Im lateinischen Werk «De Alpibus Commentarius» – der ersten Publikation, die sich ausschliesslich mit den Alpen beschäftigt – fasste der Zürcher Gelehrte, Pfarrer und Professor *Josias Simler* (1530–1576) das damalige Wissen zusammen, wobei er selbst die Antike, die griechische und römische Literatur, berücksichtigte. Das Standardwerk erschien 1574 in Zürich zusammen mit der Beschreibung des Wallis (Vallesia Descriptio) in einem Bande. Die erste und einzige deutsche Übersetzung stammt von Alfred Steinitzer und erschien 1931 in München.

Nach den damaligen Kenntnissen schuf Simler eine «erschöpfende topographische Darstellung der Alpen, der Rolle, die sie in der Geschichte spielten, der ehemaligen Bevölkerung, der Gefahren, einschliesslich touristischer Ratschläge, der besonderen meteorologischen Verhältnisse, der Hydrographie, Kristallographie und der alpinen Fauna und Flora, also gleichsam eine alpine Enzyklopädie» (A. Steinitzer). Seine strenge systematische Einteilung der Alpen ist für spätere Arbeiten Vorbild geworden.

Eine einzige Reise führte Simler in die Berge, die er von Zürich aus in «herzerfreuender Betrachtung» schauen konnte. Die Annahme ist berechtigt, dass er das Glarnerland besuchte. Im Abschnitt über Stauden und Kräuter berichtet Simler von den «üppigen Weiden, die die Herden aller Rassen von Rindern und Schafen mit Futter versehen. Sie sind so ergiebig, dass sie in den Schweizer und Rätischen Alpen eine unbegrenzte Menge von Vieh ernähren können, weit mehr als im Verhältnis zur Grösse des Landes steht. Ich kenne ein Tal von wenig mehr als zwanzigtausend Schritt Länge und so eng, dass ein Stutzen scheinbar leicht von einer Talseite zur andern trägt, und trotzdem haben mir glaubwürdige Leute versichert, dass man dort jährlich fünftausend Stück Grossvieh ernähren könne. Als ich erstaunt war, wie das möglich sei, zeigte man mir, dass das Tal viel ausgedehnter ist, als es auf den ersten Blick erschien, da die Berge oben weiter zurücktraten und bis hoch hinauf die üppigsten Weiden boten.» An anderer Stelle erwähnt er den Klausenpass, «über den man von Altdorf nach Glarus gelangt, der aber nicht von den Kaufleuten benützt wird».

Gemäss seiner Einteilung gehören die Glarner Berge den «Hochalpen an, von denen die grossen Flüsse nach allen Himmelsrichtungen fliessen». Merkwürdigerweise nennt er weder die Linth noch die Limmat, dies auch im Abschnitt über die Gewässer nicht, erwähnt hingegen an anderer Stelle den «Zürcher-See».

Die Information über die kalte Quelle auf der Alp Wichlen im Sernftal verdankt Simler der Chronik von Johannes Stumpf, die 1548 in Zürich erschienen war. Schnee- und Eiswasser sammle sich in einem Becken. «In diese tauchen die Einheimischen bei verschiedenen Krankheiten unter, jedoch höchstens dreimal, da die Kälte einen längeren Aufenthalt im Wasser nicht gestattet. Sie glauben, dass diese Bäder der Sehschärfe nützten und den Greisen das Gehör wiedergäben. Selbst bei hohem Fieber und bei Dysenterie (Ruhr) trinken sie das eiskalte Wasser bis zum Erbrechen und werden dann oftmals von ihrer Krankheit befreit.»

Eine pfarrherrliche Lobpreisung
Im Jahr 1670, 59 Jahre bevor der Arzt, Naturforscher und Dichter Albrecht von Haller (1708–1777) mit seinem Epos «Die Alpen» die reine Natur- und Menschenwelt des Hochgebirges mit der verweichlichenden Zivilisation der Flachländer verglich, erschien in Basel die «Gründliche Beschreibung der hohen Bergen sambt deren sich darauff befindender Fruchtbarkeit, wilden Thieren, deren Natur und anderen Wunderdingen des Lobl. Orts und Lands Glarus durch Heinrich Pfendler, Diener der Kirchen Schwanden im Land Glarus».

Das 84 Seiten zählende Werk ist die erste grössere Arbeit eines einheimischen Gelehrten über die Bergwelt seiner Heimat. Der Schweizer Alpenliteratur blieb die originelle Arbeit lange Zeit unbekannt. So fehlt sie zum Beispiel in der Sammlung schweizerischer und deutscher Alpenliteratur, der von Richard Weiss verfassten Anthologie «Die Entdeckung der Alpen» (Frauenfeld 1934). Erstmals wies Jakob Winteler 1945 in der Chronik «Das Land Glarus» gebührend auf Pfändlers Werk hin.

Johann Heinrich Pfändler (1636–1687), Enkel von Dr. med. und Landammann Jost Pfändler, erlebte seine Heimat auf vielen Wanderungen; was er schildert, sind seine eigenen Erlebnisse. Er preist die Fruchtbarkeit und Schönheit der Bergwelt: «Und seien diese hohen Berge des Landes Glarus so rauh und wild wie wollen, so sind sie dannoch 1. lieblich und 2. nützlich. a) Lieblich sind solche Alpgebirge, als auff denen wir zur lieben Sommerszeit anschauen das liebe Vieh in grosser Anzahl, kleines und grosses – b) Lieblich wann die zum Vieh geordnete Knechte mit ihrem Freudengesang und einem mehr als klafterlang von gewissem Holz gemachten Horn oder Rohr aufspielen, damit es im Gebirg einen Widerhall ganz lieblich und anmutig gibt.»

Pfändler berichtet unter anderem von tiefen Karrenlöchern auf dem Saasberg, auf Guppen, Ursis (Bärenboden) und Bräch, vom Martinsloch der Tschingelhörner und ihrem Phänomen der durchscheinenden Sonne am dritten Tag «Mertzen im Frühling und Sant Michaeli im Herbst». Er erzählt von den Fischen im Klöntal, im Murg- und «Diestalersee», auch vom kalten Bad auf Wichlen. Er beschreibt die Aussicht vom Schilt (ob Ennenda) und vom Vorderglärnisch, lobt die frische Luft, die durstlöschenden Quellbäche und das Wild. Vom Steinhuhn, Murmeltier und von der Gemse weiss er viel zu berichten; deren Wildbret findet er köstlich.

Titelblatt «Gründliche Beschreibung der hohen Bergen» von Johann Heinrich Pfändler, 1670. (Zentralbibliothek Zürich)

Rechts: Elm; die Tschingelhörner mit dem Martinsloch, durch das die Sonne scheint. Im Vordergrund das denkmalhafte Bildnis des Naturforschers J. J. Scheuchzer. Kupferstich von Johann Heinrich Lips, 1795. (Museum des Landes Glarus)

Unten: Die Baumgartenalp bei Linthal; links der Selbsanft, im Hintergrund der Tödi. Bleistiftzeichnung von Peter Joos, 1888. (Museum des Landes Glarus)

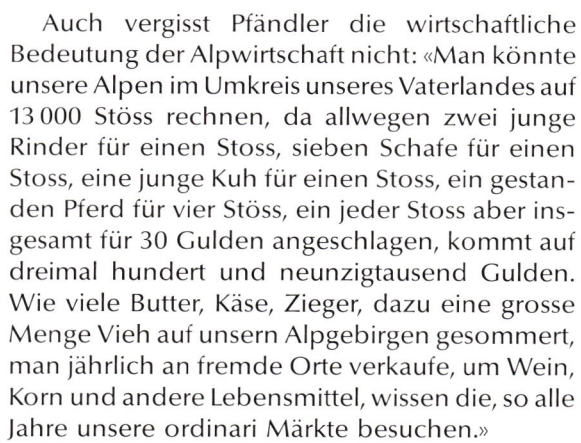

Auch vergisst Pfändler die wirtschaftliche Bedeutung der Alpwirtschaft nicht: «Man könnte unsere Alpen im Umkreis unseres Vaterlandes auf 13 000 Stöss rechnen, da allwegen zwei junge Rinder für einen Stoss, sieben Schafe für einen Stoss, eine junge Kuh für einen Stoss, ein gestanden Pferd für vier Stöss, ein jeder Stoss aber insgesamt für 30 Gulden angeschlagen, kommt auf dreimal hundert und neunzigtausend Gulden. Wie viele Butter, Käse, Zieger, dazu eine grosse Menge Vieh auf unsern Alpgebirgen gesommert, man jährlich an fremde Orte verkaufe, um Wein, Korn und andere Lebensmittel, wissen die, so alle Jahre unsere ordinari Märkte besuchen.»

Interessant sind Pfändlers Bemerkungen über das Sammeln von «edlen Kräutern und nützlichen Wurzeln, die den Ärzten, Apothekern und Leibscherern fast dienlich sind. Wie viel und mancherlei Kräuter die Alpgebirge tragen, wissen die zu sagen, die alle Jahre aus Städten und Landen hierher kommen und mit sich fortführen.» Wenige Jahrzehnte später begannen auch die Glarner, Kräuter zu sammeln, was dazu führte, dass Glarner Tee zum Exportprodukt wurde.

«Darum der diese unsere Länder durchreist, die gewaltigen Berge schaut, oder ihre gründliche Beschreibung liest, sie nicht anders als für grosse lobenswürdige Werke Gottes erkennen und dankbar Gottes Weisheit, Güte, Allmacht und Gnade preisen soll.» Mit dem für diese Zeit üblichen pastoralen Ausklang endet das erstaunliche Büchlein, dem bestimmt ein bedeutender Platz in der Alpingeschichte und in den Anthologien der Landschaftskunde gebührt.

J. J. Scheuchzer und J. H. Tschudi

Der Zürcher *Johann Jakob Scheuchzer* (1672–1733) gilt als Begründer der Paläontologie und der physischen Geographie des Hochgebirges, was ihn in ganz Europa bekannt machte. Auf verschiedenen Alpenreisen trug er ein staunenerregendes Wissen zusammen, das uns unter anderem in seinem Hauptwerk «Naturgeschichte des Schweizerlandes» (Zürich 1706–1708) erhalten geblieben ist. Geschöpft hat er es aus eigener Anschauung, aus der Literatur seiner Vorgänger und in besonderem Masse aus der direkten Begegnung und dem Briefwechsel mit Gewährsleuten. Seine modern anmutende Erkennungsmethode mit einem Fragebogen von nicht weniger als 189 Fragen, den er Laien und Gelehrten zukommen liess, zeitigte geringen Erfolg.

Johann Heinrich Tschudi (1670–1729), Pfarrer in Schwanden, war wohl der bedeutendste Gewährsmann Scheuchzers. Seine Bekanntschaft mit Scheuchzer geht auf die gemeinsame Zürcher Studienzeit zurück. Tschudi orientierte den Gelehrten mündlich und schriftlich über alle möglichen Naturerscheinungen des Glarnerlandes. Er berichtete ihm von Bergstürzen, Lawinen, Überschwemmungen, Hagel und Frost, seltsamen Funden und Jagden auf wilde Tiere. Er liess ihm sogar «figurierte» Platten aus den Schieferbrüchen des Sernftales zustellen. Scheuchzer kehrte mehrmals im Pfarrhaus zu Schwanden ein, so im Juni 1714, da ihm der Glarner «beim Abendtrunk viel zu der Naturhistorie dienliche Sachen zu verstehen gegeben» hatte. Tschudi gilt als «Vater der Glarnergeschichte» und darf ebenso als Begründer der Glarner Naturgeschichte und Geographie gewürdigt werden. Seine Chronik «Beschreibung des loblichen Orths und Lands Glarus» (1714) enthält die erste geographische Schilderung des Glarnerlandes. Sie ist das Vorbild für die 1774 wiederum von einem Schwandner Pfarrer, Christoph Trümpi (1739–1781), verfasste «Neuere Glarner Chronik», die gleichfalls zu einem grundlegenden Quellenwerk für damalige und spätere historische Arbeiten wurde. Von 1714 bis 1726 gab Tschudi die «Monatlichen Gespräche» heraus, die erste Zeitschrift der Eidgenossenschaft, die der Unterhaltung, Belehrung und Erbauung diente.

Im Banne der Glarner Alpen

Kartographie

Ältere Karten wurden in der Regel nach Augenmass gezeichnet und geben die Berge als schematische Stöcke in der Art von Maulwurfshügeln wieder (S. 39). Nach 1800 setzten sich die exakte trigonometrische Vermessung und die reine Grundrissdarstellung durch. Gebirge versuchte man mit Böschungsschraffen oder mit Schattenschraffen darzustellen. Die schweizerische Alpenlandschaft drängte die künstlerisch empfindenden Kartenmacher zur schattenplastischen Darstellung des Geländebildes. So entstand um 1850 das Meisterwerk der Dufour-Landeskarte, die das Gelände 1:100 000 klar und prägnant mit schwarzen Schraffen bei schräger Beleuchtung von Nordwesten wiedergibt. Sie bildete den Ausgangspunkt für die moderne schweizerische Reliefkartographie. Es ist gewiss kein Zufall, dass die Entwicklung der farbigen und schattenplastischen Reliefkarte – einer ausgesprochen schweizerischen Form kartographischer Geländeveranschaulichung – gerade von einigen Glarnern wegweisend gefördert wurde.

Rudolf Leuzinger, 1826 in Netstal geboren und 1896 in Mollis gestorben, zählt zu den bedeutendsten Kartenlithographen des 19. Jahrhunderts. Er lithographierte 118 Blätter des sogenannten Siegfried-Atlas der Schweiz 1:50 000, darunter sämtliche Blätter, die den Kanton Glarus erfassen. Zudem bearbeitete er über 200 Karten teils vollständig, teils nur bezüglich des Terrainstiches. Leuzingers herausragende Leistung besteht in der überzeugenden Hochgebirgs- und Felsdarstellung. Auf diesem Gebiet entwickelte er eine nie zuvor erreichte und bis heute kaum übertroffene Meisterschaft. Als erster fertigte er zudem sogenannte Reliefkarten mittels lithographischem Farbendruck an. Diese neue Darstellungsart fügt dem Bild der Schraffen und Höhenkurven eine künstlerisch wirkende Farbtönung nach Höhenstufen mit schräg einfallendem Licht hinzu. Dabei wählte Leuzinger bewusst einheitlich abgestimmte und nicht naturnahe Farbskalen sowie eine der Höhenmessung entsprechende Farbenperspektive mit hellen Höhen und dunkleren Tiefen. Dergestalt lithographierte er 1881 mit zwölf Tönen eine Reliefkarte der Schweiz; mit dieser meisterhaften Leistung leitete er einen neuen Abschnitt der Kartographie ein.

An der ETH in Zürich wirkte *Fridolin Becker* (1854–1922) von Ennenda als Professor für Topographie und Kartographie. Leuzingers Spuren folgend, entwickelte er die farbige Reliefkartographie weiter. Als erster versuchte er, mit naturähnlichen Farben auf dem Kartenbild möglichst genau den Eindruck der natürlichen Landschaft wiederzugeben. In dieser Weise gestaltete er 1888 eine Reliefkarte des Kantons Glarus, die erste farbige Reliefkarte eines Kantons überhaupt.

Der Kartograph *Walter Blumer* (1888–1987) von Schwanden veröffentlichte 1937 eine mustergültige Karte des Glärnischgebietes 1:25 000 mit und ohne Reliefton. Sie zeigt verschiedene neue Darstellungsarten, vor allem die Wiedergabe der Felsen mit verschiedenen Höhenkurven und Schraffen sowie die Unterscheidung von Laub- und Nadelwald. Für die Reliefausgabe wählte er einen feinen grauvioletten Schummerton und Südbeleuchtung. Dem Kanton Glarus schenkte Blumer 1975 seine umfangreiche Sammlung bedeutender kartographischer Werke.   *J. Davatz*

Geologie

«Die Geschlossenheit der Glarner Landschaft bietet dem Forscher der Natur wie von selber die Übersicht. Die berühmte schweizerische Wissenschaft der Geologie überprüft immer wieder ihre Thesen an den Glarner Bergen, und es kommt nicht von ungefähr, dass sich viele Glarner zu dieser Wissenschaft hingezogen fühlen. Auch die Pflanzen und Tiere sind früh erforscht worden, besonders von Oswald Heer (1809–1883), und seither ist diese Liebe zur Naturforschung ständig wachgeblieben», bemerkte Hans Trümpy.

Die Glarner Alpen als ein wissenschaftsgeschichtlich bedeutender Teil der nördlichen Kalkalpen der Schweiz waren und sind Studienobjekt einer Reihe namhafter Geologen. Die meist stock- und klotzförmigen Berge bestehen vorwiegend aus flachlagernden mesozoischen und alttertiären Sedimentgesteinen der helvetischen Schubmassen. Einzigartig ist die Verbreitung der permischen Sedimente und Eruptivge-

Rechte Seite:

Reliefkarte der Schweiz; mehrfarbige Lithographie von Rudolf Leuzinger, 1881. Leicht verkleinerter Ausschnitt mit der Ost- und Zentralschweiz. Der Erstabzug, der noch keine Namen und Ortschaften enthält, bringt die Reliefwirkung so klar und plastisch als möglich zur Geltung. (Museum des Landes Glarus)

Das Vermächtnis der Berge

Links: «Ein Gebirgsingenieur». Bleistiftzeichnung des bekannten Geologen Albert Heim im Fremdenbuch des Gasthauses «Richisau» im Klöntal; 1877. (K.-und-M.-Kamm-Menzi-Stiftung, Netstal)

Rechts: SAC-Hütte am Grünhorn beim Tödi, erbaut 1863/64. Lithographie von Johannes Weber, 1879. (Museum des Landes Glarus)

Rechte Seite:

Im Banne der Glarner Alpen – insbesondere des landschaftlich reizvollen Klöntals – standen seit dem 17. Jahrhundert auch ungezählte Zeichner und Maler. Johann Gottfried Steffan, Wädenswil/München, ein Meister der Hochgebirgsmalerei, hielt sich mehrmals im Glarnerland auf. 1884 entstand sein vortreffliches Ölgemälde «Am Klöntalersee». (Aargauer Kunsthaus, Aarau)

steine. Die Klarheit und Grossartigkeit der Überschiebungsphänomene der von Süden hergeschobenen Gesteinsdecken machten das Glarnerland zum klassischen Forschungsgebiet der modernen Gebirgsgeologie. Ihm gilt besonders das umfangreiche, in jahrzehntelanger Feldarbeit entstandene Werk von Dr. h.c. *Jakob Oberholzer* (1862–1939), der als Lehrer an der Höheren Stadtschule in Glarus wirkte. Mit einer Kantonskarte, mit Profilen und gezeichneten Ansichten erfasste er die geologischen Formationen, und in einem grossformatigen Textband «Geologie der Glarneralpen» beschrieb er sie auf 626 Seiten. Dr. *Rudolf Staub* (1890–1961), Professor für Geologie an der ETH und Universität in Zürich, hat der Heimat sein letztes Buch gewidmet «Der Bau der Glarneralpen» (1954). Darin stellt er mit räumlich und zeitlich umfassender Schau die Faltentektonik und ebenso die zum Verständnis der Morphologie wesentlichen Bruchstrukturen dar.

Schweizer Alpen-Club

Bei einer Tödibesteigung im Sommer 1861 wuchs im Zürcher Dr. Rudolf Simler die Idee, «Freunde der Bergwelt» zu vereinen, so wie es bereits 1857 in England geschehen war. Die Glarner Alpen wurden durch ihn zur Wiege des am 19. April 1863 in Olten gegründeten Schweizer Alpen-Clubs (SAC). Am 3. Mai des gleichen Jahres entstand die Sektion Tödi, wenige Tage nach derjenigen von Bern, als zweite Sektion des Gesamtclubs. Ebenfalls 1863 baute man als erste SAC-Schirmhütte eine bescheidene Unterkunft am Grünhorn an der Ostflanke des Tödi. Und vom 4. bis 6. September 1863 feierte man das erste Jahresfest in Glarus, wobei General Dufour zum ersten Ehrenmitglied ernannt wurde. Die Glarner Berge waren zudem das erste Exkursionsgebiet des Gesamtclubs.

Glarus ist auch die Geburtsstätte des Skisportes in der Schweiz. Aus der «Vereinigung von Schneeschuhläufern der Sektion Tödi SAC» ging am 19. November 1893 der Skiclub Glarus hervor. Am 26. Januar 1902 fand mit finanzieller Hilfe der SAC-Sektion Tödi in Glarus das erste Skiwettrennen in der Schweiz statt (S. 291). Seither hat sich vieles verändert, neue Sportarten sind entstanden. Im Aufwind der Berghänge kreisen die Segelflieger, von den Höhen schweben die Gleitschirmflieger zu Tale. An Felswänden und am Eis der Wasserfälle vergnügen sich Frei- und Wettkletterer. Mountain-Bike-Radler erobern die Wanderwege und Bergpfade. Massentourismus gefährdet die Gebirgslandschaften überall. Nicht verändert hat sich die Aufgabe des SAC, für die Ursprünglichkeit und Schönheit der Gebirgswelt einzustehen.

Literatur

Walter Blumer; Die topographischen Karten des Kantons Glarus; Einsiedeln 1950.
Rudolf Bühler; Geschichte der Sektion Tödi S.A.C. 1863–1913; Schwanden 1913.
Jürg Davatz/Hans Laupper; Der Kartograph Rudolf Leuzinger und 500 Jahre Glarnerland im Kartenbild; Näfels 1984.
Emil Egli; Erlebte Landschaft; Zürich 1943.
Glarean, verschiedene Verfasser; Mollis 1983.
Jost Hösli; Die touristische Erschliessung des Kärpfgebirges im Glarnerland, in: «Die Alpen»; Bern 1953.
Max Senger; Wie die Schweizer Alpen erobert wurden; Zürich 1945.
Hans Trümpy; Glarnerland; Glarus 1949.

Das Vermächtnis der Berge

Tourismus im Glarnerland – gestern, heute und morgen

Madeleine Kuhn-Baer

Der im Herzen der Schweiz liegende Kanton Glarus erfreut sich als Tourismusraum steigender Beliebtheit. Handel, Gewerbe und Industrie haben ihn zwar zum höchstindustrialisierten Kanton der Schweiz gemacht; trotz der lebhaften wirtschaftlichen und industriellen Entwicklung hat er aber eines stets zu bewahren vermocht: einen weithin unversehrten Lebensraum von hoher Anziehungskraft.

Wie oft geraten Gäste und Einheimische ins Schwärmen angesichts der landschaftlichen Schönheiten des Glarnerlandes, welches im Norden durch den blaugrünen Walensee, im Süden durch die Eiskuppen des Tödi, im Südosten durch die wilden Tschingelhörner und im Westen durch den Klöntalersee, in welchem sich hohe Berge spiegeln, begrenzt wird! Wo noch findet man eine derartige Fülle herrlicher Landschaftsbilder auf kleinstem Raum? Der Kanton Glarus ist ein kleines Paradies abseits der Ferienrummelplätze mit einem Angebot, welches im Trend der Freizeitwünsche vieler Erholungssuchender liegt. Notabene während des ganzen Jahres.

Die Entwicklung der Reisetätigkeit in der Schweiz

Der Mensch ist von jeher gern gereist. Einzig die Gründe, Reise- und Unterkunftsbedingungen haben sich im Laufe der Jahrhunderte verändert. Bis ins 19. Jahrhundert hatte eine Reise ein bestimmtes, nützliches Ziel: Man reiste zu Geschäfts- oder Studienzwecken, um Geld zu verdienen oder Kenntnisse zu erwerben. Die Schweizer Landschaft mit ihren Seen und Bergen übte vorerst noch keine besondere Anziehungskraft aus. Erst im 18. Jahrhundert, im Zeitalter der Aufklärung, begannen Fremde die Natur neu zu entdecken und zu lieben. Der Reiz der ländlichen Gegenden mit ihren Seen, die reine Luft der Berge, die Bauern und Hirten der Alpenregionen wurden nun zu einem beliebten Thema der Konversation, der Literatur und der Malerei.

Um 1850 entstand die eigentliche Schweizer Fremdenindustrie. Die Hotelausstattung entwickelte sich: In den beliebten Fremdenorten wichen die einfachen Herbergen und Gasthöfe prunkvollen Hotelpalästen sowie etwas bescheideneren Hotelpensionen für die weniger bemittelte Kundschaft. Die Hotellerie wurde zu einem bedeutenden Zweig der schweizerischen Industrie.

Dabei trug die Entwicklung der Eisenbahn viel zur Entfaltung des Fremdenverkehrs bei: Einerseits konnte man nun die Schweiz in einem Tag von Paris oder in zwei Tagen von London aus erreichen, anderseits eröffneten die Schmalspur-, Zahnrad- und Drahtseilbahnen den Zugang zu Gebieten, die den Pferdewagen verschlossen geblieben waren.

Angesichts der ökonomischen Anfälligkeit der noch jungen Industrie mit ihrer Beschränkung auf die kurze Sommersaison und mit demzufolge hohen Preisen blieb die Krise als Folge der Wirtschaftsdepression zwischen 1870 und 1890 nicht aus. Um eine höhere Rentabilität des in den Fremdenverkehr investierten Kapitals zu erzielen, bemühte man sich nun einerseits, mehr Ausflugs- und Unterhaltungsmöglichkeiten durch preiswerte Pauschalarrangements zu schaffen, anderseits suchte man dahin zu wirken, dass die Gäste nicht mehr nur im Sommer kamen. Die Verbreitung des Wintersports bildete eine willkommene Lösung des Problems.

Bis 1914 lebte der Tourismus gemäss Jean-François Bergier von einer «individualistischen Elite».[1] Die Zahl der Gäste wuchs jedoch ständig an, ebenso die Zahl der Erwerbstätigen in dieser Branche. Zwischen den beiden Weltkriegen wurde der Fremdenverkehr volkstümlicher: Die Einführung der bezahlten Ferien, die Sozialgesetzgebung sowie die fortschreitende Motorisierung gestatteten auch breiteren Volksschichten, Ferien in den bekannten Erholungsorten zu verbringen. Nach dem Zweiten Weltkrieg entwickelte sich dann der Massentourismus, der seine Blüte zwischen 1960 und 1975 erlebte, wobei die reichere Kundschaft allmählich exotischeren Gegenden zustrebte.

---

[1] *Bergier*; Wirtschaftsgeschichte, S. 322.

Braunwald; Blick gegen Süden mit dem Talabschluss und der Tödikette.

Reisende im Glarnerland

Dank Jacob Gehring besitzen wir eine ausführliche Dokumentation über das Glarnerland in den Reiseberichten des 17. bis 19. Jahrhunderts, welche die vielfältigsten Angaben über Mensch und Umwelt sowie zur glarnerischen Kulturgeschichte von 1665 bis 1852 enthält – von dem Zeitpunkt an, als der Engländer John Ray als erster nachweisbarer Gast das Glarnerland besucht hat.

Gehring unterscheidet vier Gruppen von Reisenden: «Das Jahr 1776 bezeichnet jene Wende, herwärts welcher mehrheitlich Ausländer, rückwärts welcher mehrheitlich Eidgenossen, und zwar gesellschaftsweise, unser Land besucht haben. Dieser 1727 einsetzenden eidgenössischen Reisezeit geht voraus die Epoche der Vorläufer. Die internationale Epoche, die mit 1776 beginnt und welche wir nicht über 1852 hinaus berücksichtigen, wird durch die Helvetik in zwei Zeiträume geschieden.»[2]

Die erste Gruppe, die sogenannten Vorläufer also, bildeten jene Reisenden, die in der Mitte des 17. Jahrhunderts vornehmlich aus naturwissenschaftlichem Interesse das Glarnerland aufsuchten. Später folgten die gesellschaftsmässig unternommenen Bildungsreisen von Söhnen vermöglicher Schweizer Eltern unter Führung eines weltlichen oder geistlichen Erziehers. Erst ab 1800 erschien gemäss Kaspar Freuler «auch die Internationale, Lords und Barone, Honoranzen des Geistes oder auch nur des Geldes, Künstler und selbst Frauen».[3] Als Ausnahme tauchten Reisende des einfachsten Standes auf, wie zum Beispiel Ulrich Bräker, der «arme Mann aus dem Tockenburg», oder ein Hafner vom Zürichsee. Beweggrund für diese Reisen war vor allem die romantische Einstellung, die Freude an der Natur, in welche die Scheinwelt idyllischer Schäferszenen projiziert wurde. Eine Minderheit fand aber auch die Bürger und Bauern näherer Beachtung wert und interessierte sich für die staatlichen Einrichtungen und die sozialen Fürsorgemassnahmen. Unter den internationalen Reisenden des 19. Jahrhunderts befand sich sodann der erste Überseer, Louis Simond, ein Französisch-Amerikaner, der das Glarnerland 1817 und 1818 besuchte.

Das Glarnerland sei «wie eine Fischer-Reusche: man kann nur an einem Orth, gegen Norden nämlich, zwischent Näfels und Mollis davon kommen», schrieb einer der Reisenden.[4] Dabei vergass er die Alpenpässe wie den am meisten benützten Klausen, den Panixer, Pragel, Segnes, Kisten und Riseten. Da alle Wege nach Glarus führten, konnte der Hauptort von keinem

---

[2] *Gehring;* Reiseberichte, S. 8f.
[3] *Freuler;* Fremdenindustrie, S. 84.
[4] *Gehring;* Reiseberichte, S. 19.

Links: Das Wichlenbad bei Elm. Holzschnitt aus der Schweizerchronik des Johannes Stumpf, 1547. (Museum des Landes Glarus, Näfels)

namentlich erwähnte Gasthaus ist der «Löwen» in Glarus (1683). Überhaupt bildete der Hauptort den bevorzugten Standort der Reisenden, von welchem aus sie ihre Tagestouren unternahmen. Von 1773 an genoss der «Adler» in Glarus während Jahrzehnten den Ruf «eines der besten Gasthöfe in der Schweiz».[5] Unmittelbar am Fremdenverkehr interessiert waren neben den Gastwirten selbstverständlich auch Führer und Träger.

Reisenden übergangen werden. Früh besucht waren das Gross- und Kleintal, wobei die Pantenbrücke im Tierfehd eine bekannte Sehenswürdigkeit darstellte. Da sie leichter zu erreichen war als zum Beispiel der Plattenberg im Sernftal, wurden ihr auch mehr Besuche zuteil. 1731 sah das Klöntal die ersten nachweisbaren Gäste; ab 1788 erschienen sie dort zahlreicher, angelockt vermutlich durch das Denkmal für den berühmten Dichter Salomon Gessner. Zuletzt entdeckten die Besucher – abgesehen vom Hochgebirge – die herrliche Landschaft des Kerenzerbergs.

Die ersten Kutschen fuhren 1781 ins Glarnerland. 16 Jahre vorher war die Strassenverbesserung beschlossen und an die Hand genommen worden. Ab 1790 bot sich die Möglichkeit, mittwochs und samstags mit dem Postwagen ins Glarnerland zu reisen und dieses auf die gleiche Weise montags oder donnerstags wieder zu verlassen. In der ersten Hälfte des 19. Jahrhunderts baute man den kursmässigen Verkehr mit Postkutschen stark aus.

Eine wesentliche Änderung der Verkehrsverhältnisse ergab sich mit der Eröffnung der Eisenbahnstrecke Weesen – Glarus im Jahre 1859. Die Verlängerung nach Linthal war 1879 vollendet, und mit der Einweihung der Klausenstrasse anno 1900 gab der Kanton seinen Status als Sackgasse – mit Ausnahme der Wintermonate – endgültig ab. Die Verbindung ins Sernftal besorgte von 1905 bis 1969 eine Strassenbahn; 1907 eröffnete der rasch aufkommende Kurort Braunwald seine Standseilbahn von Linthal zur Glarner Sonnenterrasse.

Doch kehren wir nochmals in längst vergangene Zeiten zurück: Mit den Passwanderungen ergab sich ein dringendes Bedürfnis nach Unterkunft in den Dörfern Linthal und Elm sowie im hinteren Klöntal. Gemäss den von Gehring untersuchten Reiseberichten führten bereits 1727 Ratsherr Zweifel in Linthal und Ratsherr Stüssi in Rüti ein Gasthaus. In Matt gab es zu der Zeit zwar ein Schenk-, aber noch kein Gasthaus, und in Elm bot noch 1773 der Pfarrer Unterkunftsmöglichkeiten an. Das erste von einem Reisenden

Einstige Bäder und Kurhäuser

Ein Rückblick auf den Fremdenverkehr im Glarnerland wäre sehr unvollständig, wenn man nicht auf die einst so bedeutenden Bäder und Kurhäuser hinwiese. Bäderfahrten und Kuraufenthalte wurden schon früh unternommen, und der Kanton Glarus hatte in dieser Beziehung auch meistens etwas Passendes anzubieten.

Heilbäder gab es im Kanton Glarus früher beinahe in jeder Grösse und für jeden Geschmack. Kleinere Anlagen fand man beispielsweise in Luchsingen, Glarus, Engi sowie im Krauchtal. Sie wurden ursprünglich vorwiegend von armen, teils von der Fürsorge unterstützten Leuten besucht, welche sich eine teure «Bäderfahrt» nicht leisten konnten. Die Heilbäder dienten gleichzeitig als Reinigungsbäder.

Die grösseren und wichtigeren Bäder lagen an verkehrstechnisch günstigen Orten; erwähnt seien hier insbesondere die beiden Bäder in Mollis, das Mineralbad Niederurnen, das Wichlenbad sowie das international bekannte Bad Stachelberg in Linthal. Letzteres war die grösste und luxuriöseste Badeanlage, welche es im Glarnerland gab; auf sie soll im folgenden etwas ausführlicher eingegangen werden.

Das Bad Stachelberg

Die Quelle in der Felswand am Stachelberg zwischen Linthal und Braunwald war schon seit Jahrhunderten bekannt. 1812 baute ihr Besitzer, Ratsherr Georg Legler, ein kleines Badhaus. Dr. Johann Marti, Glarus, gab ein Büchlein über seine guten Erfahrungen mit der Heilquelle heraus, und deren Ruhm verbreitete sich schnell. Es wurde sogar behauptet, es sei eines der stärksten und durchdringendsten Schwefelwasser der Welt.

1830 erstellte Legler eine eigentliche Badeanlage, bestehend aus einem grossen, eleganten Hauptgebäude samt gepflegtem Hausgarten mit Springbrunnen sowie einem damit verbundenen Badhaus. Der zweite grosse Trakt stammte aus dem Jahre 1860 und besass eine ausgesprochen luxuriöse Ausstattung. Aus ganz Europa strömten die Kurgäste nun nach Linthal, und das Bad entwickelte sich zu einem international

Rechte Seite:

Hotel und Bad Stachelberg bei Linthal. Die Darstellung zeigt den Endausbau der Anlage: Links das erste Kurhaus von 1830, in der Mitte das Hauptgebäude von 1860, anschliessend der flache Anbau von 1879 mit Galerie und Speisesaal, rechts der abschliessende Neubau von 1902, talseits der Tennisplatz. Südwärts vor den Gebäuden eine Parkanlage mit Springbrunnen und gedeckter Kegelbahn. Unten die Dependance «Seggen», erbaut 1884 als Chalet im «Schweizerstil». Heute stehen nur noch das ehemalige Kurhaus von 1830 und das Chalet «Seggen». Stahlstich, um 1905. (Museum des Landes Glarus)

[5] *Gehring*; Reiseberichte, S. 23.

berühmten Treffpunkt. Ständig wurden Vergrösserungen vorgenommen. Um 1900 bestand die ganze Anlage aus vier grossen Häusern und etlichen Nebenbauten, die miteinander durch Korridore und Galerien verbunden waren. 150 grosszügig ausgestattete Zimmer und Salons standen den Gästen zur Verfügung, 300 Personen fasste der Speisesaal. Sogar Tennis- und Turnplatz sowie eine Kegelbahn waren vorhanden. Von der internationalen Berühmtheit des Bades zeugen auch direkte Eisenbahnzüge Paris – Linthal.

Aber nicht nur die «Fremden» wussten Stachelberg zu nutzen: Das Bad bot sich mit seinen Räumlichkeiten und Sälen, die weiterum ihresgleichen suchten, auch für feierliche Festivitäten der Glarner Gesellschaft geradezu an. So kam das «kräftigste, schönstgelegene und komfortabelste Bad»[6] auch bei den Glarnern für Einweihungen, Hochzeitsfeiern und dergleichen zu Ehren.

Der Ausbruch des Ersten Weltkrieges setzte dem Bad ein plötzliches Ende, 1915 erklärte es den Konkurs. Der Niedergang hatte sich zwar schon mit der Eröffnung der Braunwaldbahn, welche eine Folge der Verlagerung des Tourismus zu den Höhenkurorten war, angekündigt. Zwei Gebäude wurden abgebrochen, die Parkanlagen in Wiesen verwandelt, die Wasserleitung und der Weg zur Quelle zerfielen. 1970 verlegten Freiwillige eine neue Leitung und erstellten am Weg zur Braunwaldbahn-Station eine Anlage, wo man nun Schwefelwasser frisch ab der Röhre trinken oder fassen kann.

Molkenkurorte
Wie erwähnt, gab es im Glarnerland im 19. Jahrhundert noch andere Anlagen zur Erholung: die Kurhäuser in engerem Sinn, die nicht unbedingt in Verbindung mit einer Quelle standen. In der Romantik gehörten zum Erlebnis der wilden, unberührten Natur auch Molkenkuren, kuhwarme Milch oder Zieger, wodurch mancher Senn und Bauer unverhofft zum Lieferanten für die vornehmen Herrschaften wurde. Die wichtigsten Kurhäuser befanden sich: in Elm, 1897 eröffnet; im Richisau, wo bereits um 1830 Schotten- und Molkenkuren verwendet wurden und wo 1856 ein grösseres Gasthaus und 1874 das eigentliche Kurhaus entstand; bei Obbort ob Linthal sowie im Tierfehd, wo das Kurhaus 1863 erbaut und 1876 erweitert wurde. Einfachere Kurhäuser gab es im 19. Jahrhundert unter anderem im aufstrebenden Braunwald («Niederschlacht» und «Rubschen»), in Haslen (Tannenberg) und am Obersee bei Näfels, um nur die bekanntesten zu nennen. Im 20. Jahrhundert verbesserte man die Wegverhältnisse zu diesen Häusern und nutzte sie als Gasthäuser.

[6] *Stüssi*; Bäderfahrt, S. 59.

Tourismus im Glarnerland in neuerer Zeit

Auch im Glarnerland veränderte sich die Struktur des Fremdenverkehrs nach dem Ersten Weltkrieg völlig. Nun entstanden kleinere Sporthotels, Ferienpensionen, Berghäuser an den Endstationen von Seilbahnen, Ferienheime und Jugendherbergen.

Als touristische Dachorganisation für den Kanton Glarus und die angrenzenden ausserkantonalen Gebiete bezweckt der «Verkehrsverein Glarnerland-Walensee, Glarner Wanderwege» seit 1892 die Förderung des Glarnerlandes als Touristen-, Erholungs- und Feriengebiet. Er möchte das bisherige Angebot zugunsten der Gesundheit von Körper und Seele der erholungssuchenden Einheimischen und Fremden fördern und entwickeln. Oder anders gesagt: «Den Tourismus im Kanton so fördern, dass er der bereisten Bevölkerung die gewünschte wirtschaftliche Grundlage sichert und die übrige Lebensqualität nicht beeinträchtigt, sondern erhält oder sogar verbessert.»[7]

Dabei kann sich der Dachverband, welcher dem Verkehrsverband Ostschweiz angehört und eine Fusion mit dem Verein Informationsstelle Glarnerland anstrebt, auf eine eindrückliche Landschaft und einen gesunden, initiativen Menschenschlag als Tourismuskapital stützen. Hinzu kommen gut ausgebaute Strassen und modernste öffentliche Verkehrsmittel. Das Glarnerland wird im Sommer als Wanderland propagiert, wobei nicht weniger als 15 Prozent des Wanderwegnetzes auf historischen Verkehrswegen, den sogenannten «Landesfusswegen», verlaufen. Übrigens kreuzen auch zwei grosse Wanderrouten den Kanton Glarus: die Schwarzwald – Veltlin-Route (Pragel – Mettmen – Panixer) und die Alpenroute vom Boden- an den Genfersee (Foopass – Elm – Richetlipass). Im Winter verlocken Braunwald, Elm, Filzbach und Mollis zum Skifahren, wobei Anfänger wie Fortgeschrittene ein passendes Angebot finden.

Der Tourismus entwickelt sich im Glarnerland angesichts dieser Voraussetzungen zunehmend zu einem tragenden, allerdings schmalen Pfeiler unserer Volkswirtschaft. Gemäss dem Bundesamt für Statistik gab es Ende Juni 1990 76 Hotelbetriebe in Glarner Huben. Sie verzeichneten 1989 insgesamt 174 660 Logiernächte (137 423 Gäste aus dem In-, 37 237 aus dem Ausland). Dies entspricht gegenüber dem Vorjahr einer Zunahme von sechs Prozent, was angesichts des gesamtschweizerischen Trends zur Stagnation als sehr erfreulich zu werten ist. Hinzu kommen die Zahlen der Parahotellerie, welche statistisch leider nur teilweise erfasst sind.

Zunehmend an Gewicht gewinnt der Ausflugs- und Wochenendtourismus. Seit der Eröffnung der Autobahn N3 ist das Glarnerland in einer knappen Stunde von der Agglomeration Zürich aus erreichbar. Die Zahl der Tagesausflügler wird im Kanton Glarus auf mehr als eine Million pro Jahr geschätzt.

Gemessen am Beschäftigungs- und Einkommensanteil ist die Bedeutung des Tourismus für den Kanton als Ganzes eher bescheiden – das Glarnerland ist und bleibt in erster Linie ein Industriekanton. Doch für Braunwald, Elm und Filzbach stellt die Fremdenindustrie entweder die wirtschaftliche Basis dar oder hat zumindest eine stark ins Gewicht fallende Bedeutung.

Zu erwähnen sind in diesem Zusammenhang die Beziehungen zwischen Tourismus und Landwirtschaft: Einerseits ist der Fremdenverkehr Abnehmer landwirtschaftlicher Produkte, andererseits bietet er verschiedene Nebenerwerbsmöglichkeiten für Landwirte und ermöglicht ihnen so ein genügendes Einkommen zum Verbleib in der Region. Die leistungsfähige Landwirtschaft erbringt zudem unschätzbare Dienste zur Erhaltung und Pflege unserer Berglandschaft.

Damit wären wir beim Thema Umweltschutz: Der Ausbau der touristischen Anlagen beschränkt sich im Kanton Glarus auf wenige Gebiete und erfolgt unter grösstmöglicher Schonung der Landschaft. Gewiss, jede touristische Entwicklung ist mit Eingriffen in das Landschaftsbild verbunden. Moderne Planung und Vorschriften sorgen jedoch dafür, dass sich neue Belastungen in zumutbaren Grenzen halten.

Oben: Einprägsames Plakat von Johannes Handschin, 1932. (Museum für Gestaltung Zürich, Plakatsammlung)

Rechte Seite:

Oben: Das prächtige Skigebiet «Bischof» in Elm gegen Hausstock und Kärpf.

Unten: Obstalden am Kerenzerberg, der Walensee, im Hintergrund die Churfirsten: eine Landschaft von aussergewöhnlicher Schönheit.

[7] Verkehrsverein Glarnerland und Walensee; Jahresbericht 1989/90, Glarus 1990, S. 8.

Tourismus im Glarnerland

Zukunftsaussichten

Die Zukunft liegt auch für das Glarnerland im qualitativen Fremdenverkehr. Eine Steigerung in Richtung Massentourismus ist für die gegenwärtige Präsidentin des kantonalen Verkehrsvereins, Landrätin Ursula Herren, undenkbar. Sie möchte vielmehr die Aktivitäten für den Naherholungsraum der Gemeinden verstärken: «Wie wäre es, wenn wir unser nahes Lebensumfeld so gestalten würden, dass wir nach getaner Arbeit nicht immer in eine „bessere Welt" fliehen müssten, sondern im eigenen Heimbereich (Wohnung, Garten, Balkon, Dorf, Region) entspannen und uns wohlfühlen könnten? Die „bessere Welt" wäre dann ganz nahe bei uns», schreibt sie in ihrem Jahresbericht 1989/90.

Sie möchte aber auch das Problembewusstsein in verschiedener Hinsicht fördern, beispielsweise in der Erkenntnis, dass man häufig selber Tourist ist, oder in den Bereichen Tourismus/Militär und Tourismus/Landwirtschaft. Eine neugeschaffene und in der Schweiz einzigartige Broschüre will beim Touristen Verständnis und Rücksicht für die Berglandwirtschaft auslösen. Auch das Ansehen und das Charakterbild der gastgewerblichen Berufe sollten verbessert werden.

Das ideale Zielpublikum für den glarnerischen Fremdenverkehr stellt heute die Familie dar. Mit verschiedenartigen Angeboten – zum Beispiel Bauernhof-Ferien, Haustausch oder Hotelarrangements mit Attraktionen – möchte man im Glarnerland die Aufenthaltsdauer der Gäste verlängern und damit eine gewisse Beruhigung erzielen. Im hinteren Grosstal wäre die Erstellung eines anziehend wirkenden Kurhotels denkbar, doch müsste die Initiative dazu von den Einheimischen ausgehen. Die Pflege der Ortsbilder dient ebenfalls der Unterstützung des Fremdenverkehrs.

Entscheidend für den Erfolg solcher Massnahmen ist und bleibt indes die Gastfreundlichkeit der Glarner. In diesem Sinne ist bei der Revision des Gesetzes über die Förderung des Fremdenverkehrs auch vorgeschlagen worden, die Bezeichnung «Fremdenverkehr» zu streichen – es kommen nämlich nicht Fremde ins Glarnerland, sondern Gäste...

Das neue Gasthaus «Richisau», erbaut 1987 von Architekt Peter Kamm. Im landschaftlich reizvollen Richisau im hinteren Klöntal hielten sich im letzten Jahrhundert viele Maler, Literaten und Gelehrte auf.

Literatur

Jean-François Bergier; Die Wirtschaftsgeschichte der Schweiz, Zürich 1983.
Kaspar Freuler; Fremdenverkehr, Alpinismus, in: Das Land Glarus, 1945.
Jacob Gehring; Das Glarnerland in den Reiseberichten des 17. bis 19. Jahrhunderts; JHVG 51, 1943.
Peter Schwitter; Einstige Bäder und Kurhäuser im Glarnerland, ein historischer Überblick, in: Glarnerland und Walensee, 1981.
Heinrich Stüssi u.a.; Bäderfahrt im Glarnerland, in: Neujahrsbote 1971.

Bildung und Kultur

Die Bedeutung ausserkantonaler Schulen für Glarus

Karl Stadler

Glarner, die sich eine höhere oder eine akademische Bildung holen wollten, mussten dies stets auswärts tun. Das war schon vor 400 Jahren so, und es ist heute noch so. Die Bedeutung ausserkantonaler Schulen für Glarus ist aus historischer Sicht allerdings noch längst nicht erforscht, auch wenn es zu einzelnen Bereichen bereits Untersuchungen gibt. Das Folgende soll einen Überblick über die bekannten historischen Fakten und die gegenwärtigen Gegebenheiten vermitteln.

Humanismus bis Aufklärung

In welche Zeit der Beginn höherer auswärtiger Bildung anzusiedeln ist, lässt sich nicht leicht ausmachen. Möglicherweise zogen einzelne Glarner schon im Früh- und Hochmittelalter an eine Klosterschule. Gesicherte Daten besitzen wir aber erst aus der Zeit des Humanismus. Der bekannteste Glarner, der damals Universitäten besuchte, ist ohne Zweifel der Humanist Heinrich Loriti, Glarean genannt, der von 1506 bis 1510 an der Universität Köln studierte und dann als Dozent auch in Basel, Paris und Freiburg im Breisgau tätig war.

Der erste Glarner, den H. Trümpy in einer Universitätsmatrikel verzeichnet fand, war allerdings ein Caspar Schuler «de Glaronia», der bereits im Sommersemester 1456 in Leipzig immatrikuliert war. Weitere sieben glarnerische Namen waren im 15. Jahrhundert noch an der Universität Heidelberg und einer in Freiburg i.Br. verzeichnet.

Während und nach der Reformation tauchten dann Glarner Namen auch an anderen Universitäten des deutschen Sprachraumes auf: Wien, Tübingen, Köln. Paris wurde zu einem Anziehungspunkt für Glarner Studenten, während Glarean dort lebte.

Am meisten Glarner studierten in den folgenden Jahrhunderten aber vermutlich in Basel, wo sich bis 1833 die einzige Universität innerhalb der Eidgenossenschaft befand. Die Matrikel verzeichnet wenigstens 114 Glarner für die Zeit zwischen 1460 und 1818. Einen Hinweis in dieser Richtung gibt auch die Mehrheit der Dissertationen aus dem 17. und 18. Jahrhundert, die in der Landesbibliothek Glarus stehen.

Höhere Bildung vermittelten jedoch nicht allein die Universitäten, sondern auch die reformierten Hohen Schulen und die Gymnasien der Jesuiten. Ihre Aufgabe bestand bis zum Ende des 17. Jahrhunderts vor allem darin, Priester und Pfarrer auszubilden. Erst später wurden Fächer eingeführt, welche die Grenzen der reinen Theologie überschritten. Protestantische Glarner besuchten unter anderen hauptsächlich die Hohe Schule in Zürich (75 zwischen 1567 und 1807); die katholischen Studenten bezogen vor allem das Jesuitenkollegium in Luzern, aber auch jenes in Feldkirch.

Die höhere Bildung brauchte nicht unbedingt ein Vorrecht der alleroberstem Gesellschaftsschicht zu sein. Das Alte Land Glarus kannte bereits eine Art Stipendienwesen, und es standen ihm sogar Freiplätze in Luzern, in Paris und in Mailand zur Verfügung; im Laufe der Zeit nahmen aber immer weniger Studenten diese Möglichkeiten in Anspruch.

Vorbereitet auf die akademische Laufbahn wurden die Jünglinge vornehmlich im Glarnerland. Die erste nachweisbare Schule des Kantons – Zwinglis Lateinschule in Glarus – diente diesem Zweck. Auch später wurden immer wieder solche Anstalten gegründet, ein langes Leben war allerdings keiner beschieden. Für die Studenten, die nicht schon in sehr jungen Jahren zur Ausbildung in die Stadt ziehen mussten, übernahmen bis weit ins letzte Jahrhundert hinein Privatlehrer und vor allem die Pfarrer diese Aufgabe, wie ja auch das Volksschulwesen lange Zeit unter der Obhut der Kirche stand.

Ein bekanntes privates Bildungsinstitut, das Glarner besuchten, war das «Philantropin» auf Schloss Marschlins in der Bündner Herrschaft. Wie andere Institute gleichen Namens war es im Zuge der Aufklärung entstanden und wurde von Schülern aus zahlreichen Ländern besucht. Das Dutzend Glarner, von dem der Aufenthalt in Marschlins zwischen 1761 und 1777 bekannt ist,

Rechte Seite:

Titelblatt der medizinischen Dissertation von Johann Caspar Marti aus Glarus (1719–1769), die er 1746 der Universität Basel eingereicht hatte. Marti beschreibt einen chirurgisch geheilten Fall von Wangenöffnung mit Speichelausfluss. (Museum des Landes Glarus, Näfels)

[1] *Gottfried Heer; Geschichte des glarnerischen Volksschulwesens; JHVG 18, 1881, S. 82.*

hat sich nachher in höheren Ämtern, als Kaufleute oder als Architekten hervorgetan, so namentlich der spätere Ratsherr Conrad Schindler, der Erbauer des Haltli in Mollis.

Bildungseuphorie der Helvetik

Veränderungen im Schulwesen bahnten sich im Drang nach vermehrter Bildung während der Aufklärungszeit an. Auch das Land Glarus blieb davon nicht unberührt. Einen ersten grossen Anlauf zur Einrichtung eines Volksschulwesens unter staatlicher Führung unternahm man während der Helvetik. Treibende Kraft war Philipp Albert Stapfer, der helvetische Minister der Wissenschaften. Der Schulbesuch wurde für obligatorisch erklärt, und jeder Kanton ernannte Schulinspektoren und Erziehungsräte.

Auch wenn die Bildungspolitik der Helvetik wegen der mangelnden Unterstützung im Volk und wegen der fehlenden finanziellen Mittel scheiterte, blieb ihr Impuls in den kommenden Jahrzehnten nicht ohne Wirkung.

Der Pädagogik der damaligen Zeit drückte vor allem ein Mann den Stempel auf: *Johann Heinrich Pestalozzi*. Als der Erziehungsrat des Kantons Linth eine Art Lehrplan verfasste, ging er «Vater Pestalozzi, der damals in Burgdorf wirkte, um Aufnahme von glarnerischen Jünglingen in seine Anstalt an».[1] Aber das Kostgeld für die zwei Lehramtskandidaten war nicht aufzutreiben, und so verlief dieses Vorhaben wie vieles damals im Sande. Pestalozzis Person und seine Ideen beschäftigten die Fortschrittlichen unter den Glarnern aber weiterhin. Seine Werke wurden gelesen, sein Gedankengut wurde in der Zeitung öffentlich verteidigt, und Glarner Kinder wurden zu ihm in die Schule geschickt.

Förderer des Glarner Schulwesens

Jakob Heer
Aus den nachfolgenden Bemühungen um ein geordnetes Schulwesen im Geiste Pestalozzis ragt dann die Persönlichkeit eines Mannes hervor: Jakob Heer (1787–1864). In Berührung mit dem Gedankengut und dem Wirken Pestalozzis kam Heer während seines Theologiestudiums an der Universität Basel, wo er Schüler dieses Erziehers, aber auch dessen Schriften kennenlernte. Gleich an seiner ersten Pfarrstelle in Mollis (1803–1805) musste er indes den Widerstand gegen die neuen Methoden auf unangenehme Weise erfahren, als eines Nachts Pflastersteine gegen sein Haus flogen.

Bevor Heer 1811 wieder ins Glarnerland zurückkehrte, war er Pfarrer in Azmoos und im toggenburgischen Henau. Daneben holte er etwas von der zu kurzen Hochschulzeit nach, indem er die Schriften Kants studierte. Er besuchte zudem Pestalozzi und machte sich mit dessen pädagogischen Prinzipien – Selbsttätigkeit, Anschaulichkeit, Verbindung von praktischem und geistigem Lernen – näher vertraut. Weiter besuchte er die private Lehranstalt von *Emanuel von Fellenberg* in Hofwil, wo sich eine Zeitlang auch Glarner Lehrer ihre Ausbildung erwarben.

Für den Schuldienst nun besser gerüstet, trat Heer 1811 als Lehrer ins neugegründete Institut seines Bruders Johann Heinrich Heer in Glarus ein. Dieses Progymnasium vermochte sich allerdings nur fünf Jahre zu halten und musste dann schliessen. Jakob Heer übernahm infolgedessen 1816 die Pfarrstelle in Matt, die er bis 1842 betreute. Daneben führte er sein bekanntes Privatinstitut im Pfarrhaus, wo auch sein Sohn Oswald die Grundausbildung erhielt.

In dieser Zeit leistete Heer eine gewaltige Arbeit beim Aufbau des Glarner Bildungswesens. Heer schrieb auch eigene Lehrmittel, war Herausgeber der «Schweizerischen Schulblätter» und wirkte eine Zeitlang als Kursleiter am Lehrerbildungsinstitut in Hofwil. Er war 1832 massgeblich an der Gründung des privaten Glarner Schulvereins beteiligt, in welchem er der Lehrerbildung seine besondere Aufmerksamkeit schenkte: «Wir müssen gute Köpfe und edle Gemüter für den Lehrerstand auswählen, aufsuchen, aufmuntern, ihnen einen vollständigen Bildungskurs in einem Seminar verschaffen und dafür uns keine Opfer reuen lassen.»[2] Den Worten folgten nun auch Taten: Der Verein schickte Stipendiaten nach Hofwil sowie an die neu entstandenen Seminarien in Küsnacht und Kreuzlingen und hielt ein wachsames Auge auf ihren Bildungsfleiss. Die Gemeinden förderten nun tatkräftig den Bau von Schulhäusern; tatsächlich entstanden zwischen 1832 und 1844 mehr als zwanzig neue Schulhäuser.

Johann Melchior Lütschg

Ein anderer Name aus der Pionierzeit des öffentlichen Schulwesens soll ebenfalls nicht unerwähnt bleiben: Melchior Lütschg (1792–1872) von Mollis. Auch er war von Pestalozzis Gedankengut beeinflusst und trug wesentlich zur Verbesserung der Schulverhältnisse bei. Im Anschluss an die Linthkorrektion gründete man 1817 bei Ziegelbrücke die «Linthkolonie». Lütschg, ein junger Leinenweber, der sich seine Schulbildung weitgehend selbst erarbeitet hatte, bewarb sich als Erzieher an die neue Anstalt. Er wurde für zwei Jahre an Fellenbergs Lehrerbildungsanstalt geschickt, die zugleich einen landwirtschaftlichen Musterbetrieb führte. 1819 übernahm Lütschg als Leiter die Armenanstalt und führte sie während vierzig Jahren. Unter seiner Leitung erhielten für eine gewisse Zeit auch Glarner Lehrer eine kurze halbjährige Ausbildung in der Linthkolonie, und 1826 gründete er zusammen mit anderen den Glarner Lehrerverein. Das Wirken von Heer und Lütschg zeigt beispielhaft, wie auswärts erworbene Bildung und Anregungen in der Heimat ausstrahlen und vielfältige Früchte tragen können, was freilich immer auch eine Frage der Persönlichkeit ist.

Zeit der Festigung und des Ausbaus des staatlichen Schulwesens

Die ersten an eigentlichen Seminarien ausgebildeten Lehrer traten ihren Dienst um 1835 an. Besucht wurde zuerst vor allem das Seminar Küsnacht, später zunehmend auch das Seminar Kreuzlingen. In der zweiten Jahrhunderthälfte kamen das katholische Seminar Rickenbach/Schwyz, das Evangelische Seminar in Schiers und die Seminarien Zürich-Unterstrass und Rorschach dazu. Der kantonale Schulrat inspizierte diese Schulen regelmässig, und nicht selten musste er feststellen, dass keine der Anstalten seinen Anforderungen und Erwartungen entspreche. Neben den zurückkehrenden Glarner Lehrern unterrichteten selbstverständlich immer auch solche aus anderen Kantonen oder sogar aus dem Ausland.

Oben links: Universität Basel, um 1900. Sie war bis 1833 die einzige eigentliche Universität innerhalb der Eidgenossenschaft.

Oben: Jakob Heer (1787–1864), Pfarrer und Förderer des Glarner Schulwesens.

[2] G. Heer; JHVG 19, 1882, S. 170.

Höhere Stadtschule, Glarus. Plan der Hauptfassade von Johann Kaspar Wolff, 1870. Von 1872 bis 1956 diente die Stadtschule als Sekundarschule mit Progymnasium, bis 1976 dann auch als Kantonsschule. 1989 beschloss die Landsgemeinde die Renovation des ehemaligen Schulgebäudes, um darin eine neue Landesbibliothek und Verwaltungsräume einzurichten.

Der Kanton und die Gemeinden machten das Schulwesen nur zögernd zur Aufgabe des Staates, die Primarschulen endgültig erst 1873. Noch einige Jahrzehnte länger dauerte es, bis auch die Sekundarschulen aus der privaten und kirchlichen Obhut in die staatlichen Hände übergingen. Reif für eine kantonale Schule auf der Gymnasialstufe war die Zeit hingegen erst 1956. Bis dahin mussten Anwärter auf eine akademische Laufbahn ihre Vorbildung ausserhalb des Kantons und auf privater finanzieller Basis suchen, genau wie schon 400 Jahre zuvor. Im Vordergrund standen einerseits die Evangelische Mittelschule in Schiers mit dem Internat, andererseits die Kantonsschule Trogen, wo die Glarner Studenten häufig bei ihren Lehrern wohnten, eine Einrichtung, die schon der Humanist Heinrich Loriti in Basel zur Aufbesserung seiner Einkünfte gepflegt hatte. Dass dieser auch in unserem Jahrhundert kostspielige Ausbildungsweg bei weitem nicht allen Bevölkerungsschichten erschwinglich war, ist klar. Der Ausbau der Höheren Stadtschule in Glarus 1956 zur Maturitätsschule bzw. zum Unterseminar war somit auch ein Akt sozialer Gerechtigkeit, der die höhere Ausbildung einem viel weiteren Kreis zugänglich machte.

Das heutige Bildungsangebot

Heute gilt der Grundsatz, dass der Kanton für jeden anerkannten Bildungsweg, der nicht im Kanton angeboten wird, finanzielle Beihilfe leistet. 1989 gaben Kanton und Gemeinden 84 Millionen Franken für Bildung und Forschung aus. Beim Kanton betrug der Anteil 15%, bei den Gemeinden gar 20% der Gesamtausgaben. Dies macht deutlich, welchen Rang das Bildungswesen unter den staatlichen Aufgaben nun erlangt hat.

Vereinbarungen mit anderen Kantonen

Seit 1956 ist ein erster Teil der Lehrerbildung im Kanton Glarus möglich, früher am Unterseminar, seit einigen Jahren an der Lehramtsabteilung der Kantonsschule. Der Abschluss im Oberseminar hingegen erfolgt immer noch auswärts. Mit den Seminarien Schaffhausen und Rickenbach vereinbarte man Konkordatsregelungen, die den Glarner Bewerbern Studienplätze garantieren und finanzielle Gleichbehandlung mit den jeweiligen Kantonsbewohnern gewähren. Im Sinne einer Erweiterung der Möglichkeiten wurde später auch für das Oberseminar Chur ein ähnliches Abkommen getroffen. Obschon der Kanton Glarus in diesen Fällen ein bestimmtes Mitspracherecht im Bereich des Lehrplanes besitzt, bleibt er doch zu einem gewissen Grad abhängig vom ausbildenden Kanton. Dies ist in letzter Zeit bei der Didaktikausbildung für das im Kanton Glarus neu eingeführte Frühfranzösisch wieder deutlich sichtbar geworden. Die ausgeprägt föderalistische Struktur des schweizerischen Bildungswesens zeigt hier eben auch ihre negativen Seiten.

Weitere Konkordatsabkommen bestehen mit den Kantonen Thurgau und Basel-Land für die Kindergärtnerinnenseminarien Amriswil und Liestal und mit dem Kanton Zürich für das Heilpädagogische Seminar Zürich. Andere Bildungswege werden in sogenannten Schulabkommen geregelt. Das sind Vereinbarungen zwischen den Kantonen, die lediglich den Zugang zu Schulen in anderen Standortkantonen gewährleisten. Der Kanton Glarus übernimmt dabei die Kosten für das Schulgeld und erhält als Gegenleistung die finanzielle Gleichstellung seiner Einwohner an diesen Schulen. Alle an solchen Schulen erlangten Studienabschlüsse werden vom Kanton Glarus anerkannt, eine grosszügige Regelung, die 1990 noch nicht alle Schweizer Kantone pflegen. Sie ist aber ein Schritt zur notwendigen Koordination im schweizerischen Bildungswesen.

Schulabkommen bestehen einmal für die schweizerischen Universitäten und Hochschulen, zudem für Seminarien für Reallehrer und Handarbeitslehrerinnen, für Konservatorien und die Verkehrsschule St. Gallen. Zürich ist seit langem der wichtigste Studienort für Glarnerinnen und Glarner – heute für rund zwei Drittel; katholische Studenten beziehen gerne die Universität Freiburg, die einzige ausgesprochen katholische Universität der Schweiz.

Im weiten Spektrum der sozialen Berufe unterstützt und anerkennt der Kanton die Ausbildungen, die an staatlichen Schulen erfolgen. Bei der Ausbildung von Behinderten kommen immer wieder spezielle Verhältnisse vor. Darum werden Regelungen hier meistens von Fall zu Fall getroffen. Als Grundsatz gilt auch in diesem Bereich, dass für alle Personen entweder innerhalb oder ausserhalb des Kantons Glarus ein Bildungsangebot bestehen soll.

Berufsbildung
Auch in der Berufsbildung spielen ausserkantonale Schulen heute eine wichtige Rolle. Seit die Bundesgesetze zur Berufsbildung den eigentlichen Fachunterricht immer stärker gewichten, müssen die Lehrlinge auch zunehmend in Fachklassen unterrichtet werden. In kleineren Kantonen werden die nötigen Klassengrössen für sehr viele Berufe damit nicht mehr erreicht, so dass die Klassen regional oder gar schweizerisch zusammengefasst werden. Von den 123 im Kanton Glarus erlernbaren Berufen besuchen nur gerade die Lehrlinge aus 19 Berufen den Unterricht in den Berufsschulen in Glarus oder Ziegelbrücke. Freilich sind nicht alle Zweige gleich stark vertreten; es besuchen aber doch zirka 40 Prozent aller Lehrlinge eine ausserkantonale Berufsschule, meistens eine in der Ost- oder Zentralschweiz. Die Kartonagerlehrlinge als extremstes Beispiel reisen hingegen nach Freiburg.

Die Berufsschule Ziegelbrücke erfüllt umgekehrt ihrerseits eine regionale Aufgabe, indem auch Lehrlinge aus den Kantonen St. Gallen, Schwyz, Zürich und Graubünden dort ihren Unterricht erhalten. An der Kantonsschule finden sich vereinzelt Schüler aus dem Gaster, weil ihre kantonale Mittelschule verkehrstechnisch schlechter erreichbar ist. An dieser Stelle sei auch die Pflegerinnenschule Glarus erwähnt, wo der Kanton am Spital eine Ausbildungsstätte mit gutem Ruf für die weitere Region unterhält.

Für die höhere berufliche Weiterbildung bestehen im Kanton keine grösseren Einrichtungen. Der Kanton Glarus bildet jedoch mit den Kantonen Zürich, Schwyz und St. Gallen zusammen die Trägerschaft des Interkantonalen Technikums Rapperswil, das seit 1970 besteht. Er besitzt dadurch in allen Bereichen ein Mitbestimmungsrecht, muss sich aber auch an der Defizitdeckung beteiligen. Rapperswil ist das von Glarnern meistbesuchte Technikum. Für Absolventen anderer Technika und der Höheren Wirtschafts- und Verwaltungsschulen (HWV) übernimmt der Kanton das Schulgeld. Welche Schule dabei besucht wird, hängt in erster Linie vom gewählten Studienfach ab, denn nicht überall werden alle Richtungen angeboten. Mit der HWV Chur besteht ein Konkordatsabkommen.

Weiterbildung in kleinerem Rahmen ermöglichen im Kanton sowohl Private und Firmen als auch die Berufsschulen. Rege benützt wird vor allem das vielfältige Weiterbildungsangebot, das im Raum Zürich besteht.

Was kommt zurück?

Insgesamt können die Glarnerinnen und Glarner also von einem sehr grossen und vielfältigen Bildungsangebot mit wesentlicher staatlicher Unterstützung profitieren. Dabei stellt sich natürlich die Frage, wie weit der Kanton als politischer, aber auch als wirtschaftlicher Raum aus dieser erworbenen Bildung Nutzen ziehen kann. Oder anders gefragt: Wieviel des erworbenen Wissens fliesst wieder in den Kanton Glarus zurück? Dazu liegen wenige Untersuchungen vor; immerhin lassen sich einige Vermutungen anstellen.

Links: Interkantonales Technikum Rapperswil (ITR), Laborräumlichkeiten.

Rechts: Das ITR ist für Glarner Berufsleute die wichtigste Höhere Lehranstalt.

Blick auf das Hochschulquartier in Zürich. Links die Eidgenössische Technische Hochschule, rechts die Universität.

Eine Rückkehr von Glarnern, die sich auswärts weitergebildet haben, hängt in erster Linie davon ab, ob im Glarnerland überhaupt entsprechende Arbeitsmöglichkeiten bestehen. Daneben spielen auch persönliche Erwägungen wie weitere Karrierevorstellungen, Attraktivität des Wohnortes usw. eine Rolle.

Wieviel vom Wissen und Können der ausgebildeten Berufsleute dem Kanton zugute kommt, ist wohl von den einzelnen Branchen abhängig. Tatsache ist, dass viele Glarner Betriebe seit längerer Zeit einen Mangel an ausgebildeten Fachkräften beklagen. Das hat zum einen mit einer tatsächlichen Abwanderung aus dem Kanton zu tun, ist aber ebenso Ausdruck eines allgemeinen Mangels an Fachkräften in der Schweiz.

Bei der Primar-, Real- und Sekundarlehrerausbildung dürfte die Zahl der Rückkehrer ziemlich hoch sein. Viel weniger Arbeitsmöglichkeiten als in den genannten Bereichen bestehen dagegen für rückkehrwillige Hochschulakademiker. Zu beachten wäre dabei erst noch, ob die vorhandenen Stellen – besonders in der Industrie – vorwiegend von Rückkehrern besetzt werden oder ob da nicht ein – durchaus fruchtbarer – Austausch von Kräften stattfindet. Die Geschichte zeigt ja auch im Kanton Glarus immer wieder, dass Anstoss und Einführung von Neuerungen in den verschiedensten Bereichen oft von Neuzuzügern ausgegangen sind und noch ausgehen.

Arbeitsmöglichkeiten im Kanton finden am ehesten die anwendenden Richtungen der Ingenieur- und Naturwissenschaften sowie bis zu einem gewissen Mass Juristen, Wirtschaftsfachleute und Mediziner. Einige wenige Stellen stehen Geisteswissenschaftlern in den Lehrberufen und in kantonalen Ämtern offen. Hier sei ein zugezogener Historiker erwähnt, der seine auswärts erworbene Bildung im Kanton fruchtbar machte: Eduard Vischer, der als geborener Basler in Glarus unter anderem als Prorektor der Kantonsschule, Landesarchivar und Präsident des Historischen Vereins tätig war. In echter Humanistentradition hat er als anregender Geschichtslehrer gewirkt und die Erforschung der Glarner Geschichte angeregt und mit eigenen Veröffentlichungen vertieft.

Wegen mangelnder Infrastruktur praktisch nicht im Kanton weiterverwendet werden kann hingegen das Wissen, das sich die in der naturwissenschaftlichen Forschung tätigen Glarner angeeignet haben. Dort, wo diese «Infrastruktur» vorhanden ist, sind bedeutende Forschungsresultate nicht ausgeblieben. Erinnert sei da an den – ursprünglichen Zürcher – Geologen und Sekundarlehrer Jakob Oberholzer, der an der Höheren Stadtschule Glarus unterrichtete und bei der Beschreibung der Glarner Alpen grundlegende Arbeit geleistet hat (S. 220).

Ausblick

Die Übernahme von Bildungsaufgaben durch den Kanton hat nun wohl eine gewisse Grenze erreicht, indem er allen Bevölkerungsgruppen eine Grundausbildung innerhalb oder ausserhalb des Kantons gewährleistet. Auch für die weitere Ausbildung stellt der Kanton wie dargestellt Hilfe zur Verfügung; es sei allerdings nicht verschwiegen, dass bei der Stipendiengewährung für gewisse Ausbildungen Glarus gegenüber anderen Kantonen durchaus noch einen Nachholbedarf aufweist. Es werden zurzeit Anstrengungen unternommen, mit den anderen Kantonen gleichzuziehen.

Die zukünftigen Aufgaben stellen sich wohl hauptsächlich im Bereich der Erwachsenenbildung. Ob sie in angemessener Weise gelöst werden können, hängt auch davon ab, ob die benötigten Mittel zur Verfügung stehen. Zu hoffen ist, dass sich das Glarner Stimmvolk – wie in der Vergangenheit – solchen Aufgaben gegenüber aufgeschlossen zeigt.

Literatur

Amtsberichte von Landammann und Rath des Kantons Glarus 1848ff.; des Regierungsrates und des Obergerichtes 1887ff.; des Kantonsschulrathes an den hohen dreifachen Landrath 1869–1872.
Christoph Brunner; Vom Grundstein zum Schlussstein; Bruchsteine einer «Baugeschichte» der Kantonsschule Glarus; Glarus 1982.
Hans Trümpy; Glarner Studenten im Zeitalter des Humanismus; JHVG 55, 1952.

Hervorragende Glarner Gelehrte

Jürg Davatz, Walter Hauser, Roland Müller, Karl Stadler

Heinrich Loriti, Glarean (1488–1563)
Humanist und Universitätslehrer

Beim Steinacker in Mollis steht noch heute das Haus, in dem Heinrich Loriti 1488 zur Welt kam und seine Kindheit verlebte. Sein Vater, ein wohlhabender Bauer und Ratsherr, schickte ihn als Dreizehnjährigen zu einem tüchtigen Lehrer nach Rottweil. Von 1506 bis 1510 studierte Loriti an der Universität Köln, wo er dann als Magister der Freien Künste abschloss und während der folgenden vier Jahre auch Vorlesungen hielt. Nach Humanistenart legte er sich einen lateinischen Namen zu: Henricus Glareanus, d.h. Heinrich der Glarner. Seit 1514 lehrte Glarean an der Universität Basel und leitete eine Burse, eine Art Schulinternat. 1517 zog er nach Paris und betreute die Schweizer Studenten; auf Vermittlung der Tagsatzung entrichtete ihm König Franz I. eine jährliche Pension. Fünf Jahre später kehrte Glarean nach Basel an die Universität zurück. Als dort die Reformation obsiegte, liess er sich 1529 im katholischen Freiburg im Breisgau nieder. Hier unterrichtete er bis ins hohe Alter an der Universität als berühmter Professor für Dichtkunst; zudem führte er, dessen zwei Ehen kinderlos blieben, wiederum eine Burse. Im Freiburger Münster erinnert noch heute ein Denkmal an ihn. Glarean gehört zu den bedeutendsten Humanisten der Schweiz und des oberrheinischen Raumes. Zu seinen Freunden zählten Oswald Myconius, Huldrych Zwingli, Aegidius Tschudi und Erasmus von Rotterdam, der damals berühmteste Gelehrte nördlich der Alpen. Erasmus folgend, vertrat Glarean eine christlich humanistische Weltanschauung: er strebte nach einer Wiederbelebung des klassischen Altertums und nach einer Vereinigung von antikem und christlichem Gedankengut. Die Frage nach dem wahren Glauben, die das Zeitalter der Reformation erschütterte, bewegte auch ihn. Wie Erasmus befürwortete er eine Erneuerung des Glaubens; als die Reformation jedoch zu einer Volksbewegung wurde, die bestehende Ordnungen umstiess, hielten beide am Katholizismus fest.

Auch heute noch erscheint Glarean als aussergewöhnlich vielseitig begabte und originelle Persönlichkeit. Überblickt man sein Leben und Werk, so erweist es sich, dass er allem anderen voran ein unermüdlicher Lehrer und Erzieher war. Mit pädagogischem Geschick verfasste er Lehrmittel, die in knapper und verständlicher Weise grundlegende Kenntnisse eines bestimmten Sachgebietes vermittelten. Zur Hauptsache boten sie Stoff, den Glarean jeweils für seine Vorlesungen zusammengetragen und erarbeitet hatte. Zahlreiche *Werke antiker Schriftsteller* versah er mit nützlichen sprachlichen, inhaltlichen, geographischen und geschichtlichen Erklärungen. Bei diesen Arbeiten wandte er weithin eine fortschrittliche, unvoreingenommene Textkritik an. Speziell für den Unterricht gab er 1516 eine *lateinische Verslehre und Stilistik* heraus; 1535 vereinigte er sie mit einer *Grammatik* zu einem Sammelwerk, das sich lange Zeit grosser Beliebtheit erfreute. Er verfasste auch ein kleines Handbuch der *Arithmetik*.

1527 erschien Glareans schmales *Buch über die Geographie*. Dieser Leitfaden für Studierende brachte in den Hinweisen über den Erdmagnetismus und die Herstellung von Globen eigenständige Gedanken. Besonders eingehend setzte sich Glarean auch mit Musik und Musiktheorie auseinander. 1516 veröffentlichte er für Anfänger eine kleine Einleitung in die Musiktheorie, die *Isagoge in musicen*. 1547 kam dann sein umfangreiches musikalisches Hauptwerk heraus, das *Dodekachordon*. Darin erweiterte er als erster die damals gebräuchlichen acht Kirchentonarten auf zwölf und schuf damit – freilich unabsichtlich – die in die Zukunft führende Grundlage für das moderne Dur-Moll-System. Glareans «Dodekachordon» ist eines der hervorragenden musiktheoretischen Werke des 16. Jahrhunderts und eine wertvolle Sammlung von Kompositionen.

Glarean war stolz darauf, ein Glarner und ein Schweizer zu sein, das beweisen sein lateinischer Name und seine dichterischen Werke. Wie die meisten Humanisten verfasste er seine Dichtungen und wissenschaftlichen Abhandlungen in

Glarean, der Dichter; Federzeichnung von Hans Holbein d.J., 1515. (Kupferstichkabinett Basel)

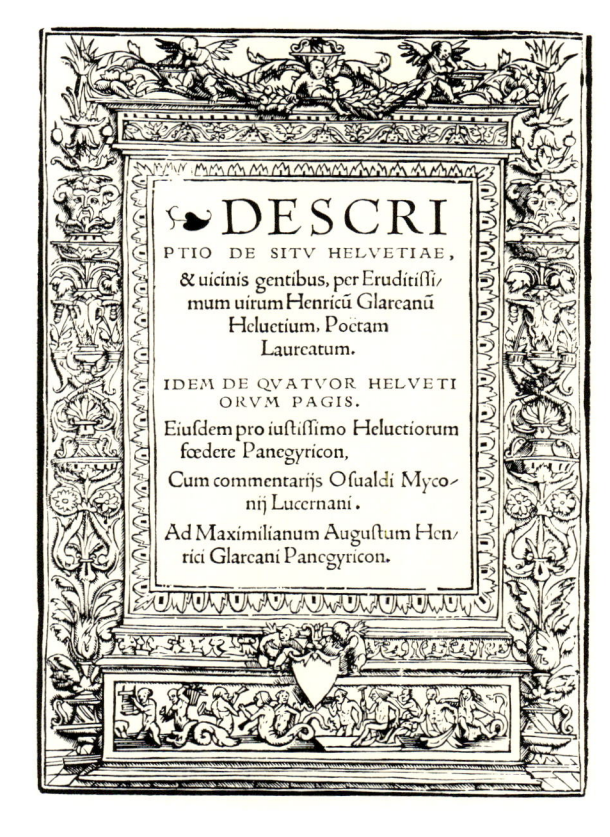

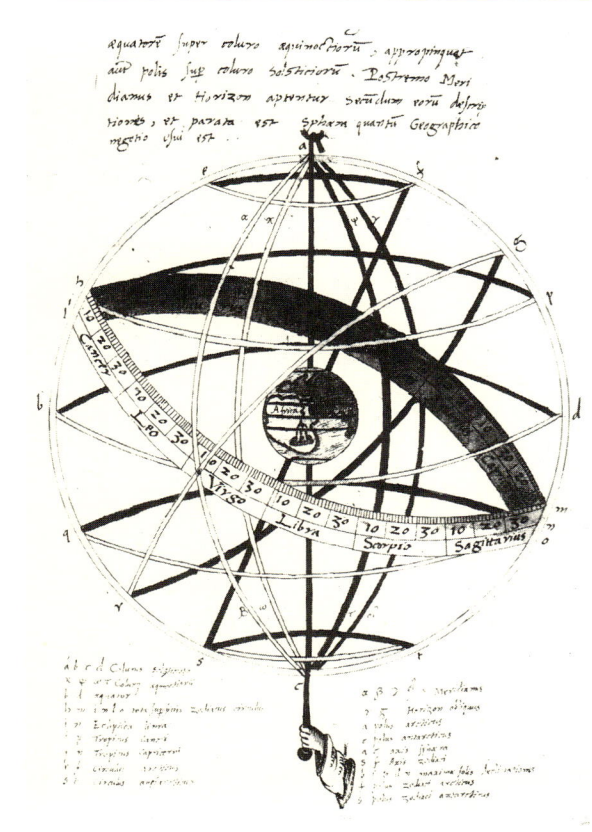

Links: Schweizerische Münzen mit der Darstellung der Helvetia und lateinischer Umschrift.

Mitte: Titelblatt von Glareans «Helvetiae Descriptio» mit dem Kommentar von Oswald Myconius, 2. Ausgabe von 1519. (Landesbibliothek Glarus)

Rechts: Ausschnitt aus Glareans eigenhändigem Geographia-Manuskript, um 1510/20. Armillarsphäre mit dem geozentrischen Weltsystem. (Brown Library, Providence)

Literatur

Otto Fridolin Fritzsche; Glarean, sein Leben und seine Schriften; Frauenfeld 1890.
Der Humanist Heinrich Loriti, Glarean, Beiträge zu seinem Leben und Werk; verschiedene Autoren; Mollis 1983. Hier weiterführende Literaturangaben.
Grosse Glarner, S. 19–26.

einem gebildeten Latein, das von Anspielungen auf antike Werke und Vorstellungen strotzt. Die Dichtungen lassen sich nur mühsam in lesbares Deutsch übersetzen und sind schwer verständlich. 1510 schrieb Glarean in Köln den *Gesang vom Heldenkampf der Eidgenossen bei Näfels*, ein unvollendetes Epos von 910 Versen. 1512 verfasste er ein *Lobgedicht auf Kaiser Maximilian I.*, wofür ihn der Kaiser mit dem Ehrentitel «gekrönter Dichter» auszeichnete und ihm einen Lorbeerkranz auf das Haupt setzte.

In Basel veröffentlichte Glarean 1514 ein zweiteiliges Gedicht, eine *Beschreibung Helvetiens* (Helvetiae Descriptio) und ein *Preislied auf den löblichen Bunde der Eidgenossen* (Panegyricon). In lateinischen Hexametern beschrieb er die Gegenden des Vaterlandes sowie den Kriegsruhm und die Freiheit der Eidgenossen. Glarean formulierte – etwa gleichzeitig wie der Chronist Brennwald – erstmals schriftlich die Behauptung, die Eidgenossen seiner Zeit seien die Nachfahren der von Julius Cäsar beschriebenen, von jeher im Land ansässigen und freien Helvetier. 1515 überreichte er diese Dichtung der Tagsatzung, die ihm dafür eine Ehrengabe von 20 Gulden gewährte. 1519 erschien eine Neuausgabe, erweitert durch einen Kommentar von Myconius und eine Widmung Vadians. Die grösste Bedeutung von Glareans *Descriptio et Panegyricon* liegt weder im Wissenschaftlichen noch im Künstlerischen, sondern in der nationalen Tendenz und im humanistischen Verständnis der Eidgenossenschaft.

Die habsburgischen Gegner warfen damals den Eidgenossen vor, sie seien böse, treulose Bauern, die sich in einem Aufstand gegen die rechtmässige, von Gott eingesetzte Herrschaft von Habsburg-Österreich befreit hätten. Nun fand Glarean eine befreiende Antwort: Die Eidgenossen sind die Nachkommen der alten Helvetier; Herkunft, Grenzen und Freiheit der Eidgenossenschaft reichen in die Antike zurück – weit vor die Zeit der Habsburger. Die habsburgische Herrschaft über die Waldstätte war unrechtmässig und tyrannisch, die Befreiung davon eine Verteidigung überlieferten Rechts, eine ruhmeswürdige Heldentat. Diese humanistische Sicht des Herkommens und der Befreiung der Eidgenossen entspricht zwar nicht den heute bekannten Tatsachen, doch mit ihr leistete Glarean einen wesentlichen und schöpferischen Beitrag zur Ausbildung eines Nationalbewusstseins in der damaligen Schweiz. Aegidius Tschudi vertiefte diesen Gedankengang später ganz wesentlich.

Alt ist allein der Volksname *Helvetii* (Helvetier), während der Begriff *Helvetia* eine humanistische Neubildung darstellt. Die Bezeichnungen *Helvetia* für das Land Schweiz und *helvetisch* für «schweizerisch» bürgerten sich rasch ein. Dieses humanistische Gedankengut ist seit Glareans Tagen bis in unsere Gegenwart lebendig, beispielsweise auf schweizerischen Münzen: sie zeigen ja auf einer Seite den Schriftzug «Helvetia» oder «Confoederatio Helvetica» sowie die Landesmutter Helvetia.

Jürg Davatz

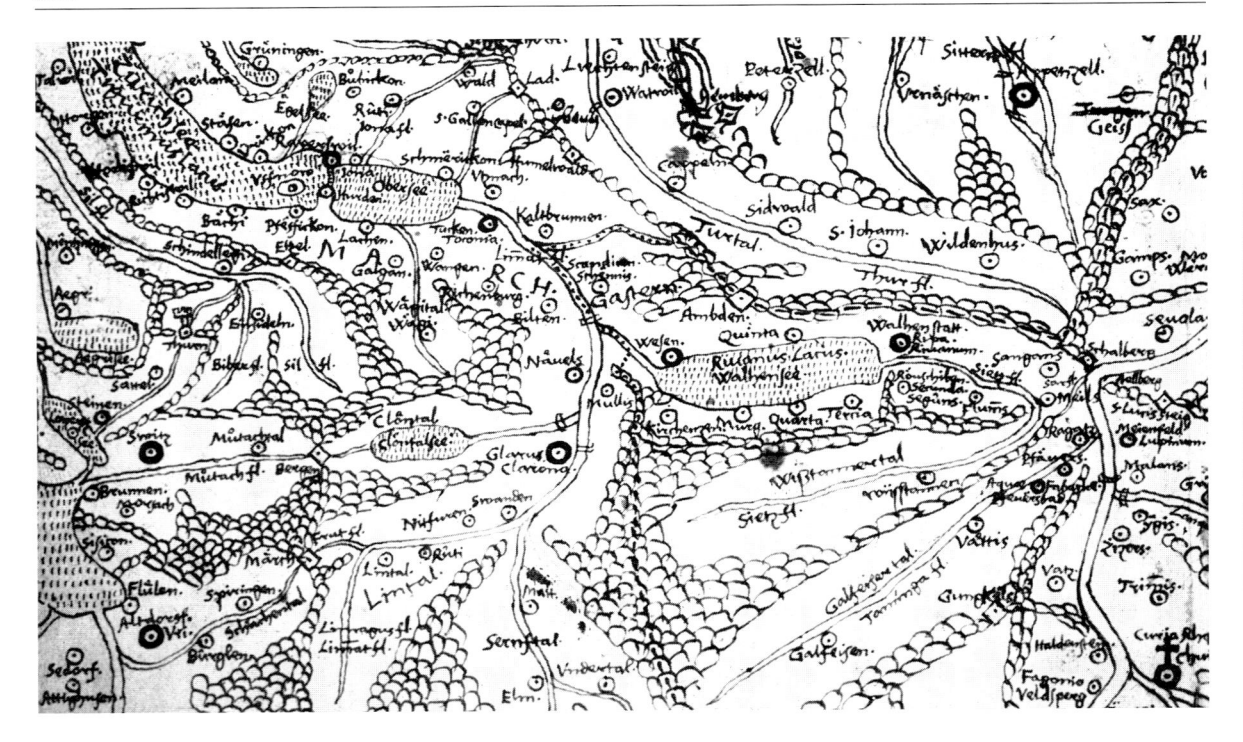

Aegidius Tschudi (1505–1572)
Staatsmann und Geschichtsschreiber

Aegidius Tschudi wurde im Jahr 1505 in Glarus geboren, besuchte hier Zwinglis Lateinschule und hielt sich 1516/17 bei Glarean in Basel auf. Im Gegensatz zu anderen Gelehrten seiner Zeit studierte und lehrte er nie an einer Universität. Herkunft und Begabung lenkten Tschudi zum Staatsdienst. Sein Urgrossvater Jost hatte die Glarner als Landammann im Alten Zürichkrieg geführt. Grossvater Hans Tschudi war Landammann und der Anführer der Glarner in der Schlacht bei Murten gewesen. Sein Vater Ludwig hatte das Fridolinsbanner im Schwabenkrieg getragen und die Glarner bei Marignano befehligt. Die Landsgemeinde sandte Gilg Tschudi als Landvogt in die Gemeinen Herrschaften Sargans (1529–1532) und Baden (1533–1535 und 1549–1551). Im Jahr 1554 stieg er zum Landesstatthalter auf; von 1558 bis 1560 regierte er als Landammann. Tschudi hielt stets unverrückbar am alten Glauben fest und wurde mit zunehmendem Alter immer glaubenseifriger. In Verbindung mit den Fünf Orten beschwor er 1559 den «Glarnerhandel» oder «Tschudikrieg» herauf (S. 34). In seinen letzten Lebensjahren oblag er nur noch der Geschichtsschreibung.

Tschudi unternahm 1528 eine Reise durch die Schweizer Alpen, überstieg viele Pässe und skizzierte die durchwanderten Landschaften. Hernach zeichnete er eine *Schweizerkarte*, die alle ältern an Genauigkeit übertraf. In den 1530er Jahren verfasste er eine geschichtliche und geographische Darstellung Graubündens, die *Alpisch Rhetia*. Sie erschien 1538 und 1560 mit der Schweizerkarte im Druck und machte ihren Verfasser unter den Gelehrten berühmt. Um 1560/65 arbeitete Tschudi an einer zweiten Schweizerkarte, die nach Norden orientiert und genauer als die erste ist.

Tschudi vertiefte sich in alle erreichbaren Chroniken über die Eidgenossenschaft und das Reich. Als Landvogt erhielt er Zutritt zu den wichtigsten Archiven in der Eidgenossenschaft. Unermüdlich sammelte er Auszüge und Abschriften von Urkunden und alten Dokumenten. Darüber hinaus beschäftigte er sich mit Volksliedern, Sagen, Familienüberlieferungen, Inschriften, Münzen, Sitten und Bräuchen. Das war in jener Zeit eine bahnbrechende Leistung. Tschudis überragende Stärke war das Forschen und Sammeln. Die zusammenhängende Darstellung der Schweizergeschichte nahm er nur zögernd und erst im hohen Alter in Angriff. Vor seinem Tode schrieb er zwei umfangreiche Werke nieder, die jedoch erst um die Mitte des 18. Jahrhunderts veröffentlicht wurden: *Gallia Comata* und *Chronicon Helveticum*. Die «Gallia Comata» ist eine geschichtliche und ortskundliche Beschreibung Galliens von vorrömischer Zeit bis um 1000. Besonders ausführlich behandelte Tschudi das Gebiet der Schweiz.

Das berühmte *Chronicon Helveticum* ist eine Schweizergeschichte und schildert die Ereignisse von 1000 bis 1470. Beide Werke verfolgen diesen Hauptgedanken: Von alters her bewohnten die Helvetier das Gebiet der Schweiz. Während und nach der Römerzeit wurden das eine Volk der Helvetier und ihr eigenes Land in viele Gebiete aufgeteilt. Helvetier lebten nur in der Innerschweiz während aller Zeiten in ursprünglicher

Links: Zweite Schweizerkarte von Aegidius Tschudi, Ausschnitt mit dem Glarnerland; gezeichnet um 1565. Gegenüber der ersten ist sie genauer und nach Norden orientiert. (Stiftsbibliothek St. Gallen)

Oben: Aegidius Tschudi; nach einem älteren Kupferstich gemaltes Bildnis von Pierre-Nicolas Legrand, um 1820. (Museum des Landes Glarus, Näfels)

Rechte Seite:

Titelblatt der ersten gedruckten Ausgabe von Aegidius Tschudis «Chronicon Helveticum», Basel 1734. (Museum des Landes Glarus)

Literatur

Aegidius Tschudi; Chronicon Helveticum, kritische Neuausgabe, bearbeitet von *Bernhard Stettler*, Basel 1968ff. Hervorragend sind Stettlers Einleitungen zu den einzelnen Bänden.
Richard Feller, Edgar Bonjour; Geschichtsschreibung der Schweiz; Basel/Stuttgart, 1962, Bd. I, S. 312ff.
Frieda Gallati; Gilg Tschudi und die ältere Geschichte des Landes Glarus, JHVG 49, 1938.
Grosse Glarner, S. 35–45.

ÆGIDII TSCHUDII
gewesenen Land-Ammanns zu Glarus
CHRONICON HELVETICUM.
Oder
Gründliche Beschreibung
Der
So wohl in dem Heil. Römischen Reich als besonders in Einer Lobl. Eydgnoßschafft und angrätzenden Orten vorgeloffenen
Merckwürdigsten Begegnussen.
Alles
Aus Authentischen Brieffen und Urkunden / auch grösten Theils mit beygefügten Copeyen aller zu dieser Historie dienlichen Documenten und Diplomatum, mit sonderbahrem Fleiß aus denen vornehmsten Archiven
Löblicher Eydgnoßschafft
zusammen getragen.
Nunmehro zum Ersten mahl aus dem Originali herausgegeben / und mit einer Vorrede und nöthigen Anmerckungen,
Wie auch
einem Register versehen
Von
Johann Rudolff Iselin / J. U. D.
Facult. Jurid. Basil. Assess. und der Königl. Preußischen Gesellschafft der Wissenschafften Mitgliede.
Erster Theil,
Von Anno M. biß A. MCCCCXV.
Gedruckt zu Basel /
In Verlegung Hanß Jacob Bischoff, Buchhändlers allda.
ANNO MDCCXXXIV.

Freiheit. Sie wurden seit dem 13. Jahrhundert von den Habsburgern bedroht. Die Verteidigung der «alten» Freiheit und das Wachsen der Eidgenossenschaft stehen im Mittelpunkt des «Chronicon». Tschudi stellte die Habsburger stets nur als den bösen Feind und Bedränger dar, die Eidgenossen dagegen als frei und als Opfer, die sich wehren mussten. Zum Bund der Waldstätte von 1307 auf dem Rütli bemerkte er so knapp und bestimmt, als sei es eine fraglose Tatsache: *Also ward das land Helvetia (jetz Switzerland genant) wider in sin uralten stand und frijheit gebracht.* Er meinte, mit der dreizehnörtigen Eidgenossenschaft sei die *uralt wahrhafftig Helvetia* wiedergeboren worden. Dieser – von Glarean stammende – Grundgedanke stimmt mit den heute bekannten Tatsachen nicht überein.

In seinen Geschichtswerken verwendete Tschudi Dokumente, Chroniken und Urkunden in so umfassender Weise wie keiner vor ihm. Aber er brachte bedenkenlos Angaben und Auffassungen verschiedenster Art und Herkunft miteinander in Verbindung. Beim Verarbeiten und Auswerten seiner Quellen nahm er ganz überzeugt und einseitig den eidgenössischen Standpunkt ein. Und wo die Quellen wenig hergaben, füllte er die Lücken mit Vermutungen und erfundenen Datierungen, die seine Hauptgedanken unterstützten. Mit scharfsinniger Kombinationsgabe konstruierte er aus sagenhaften Berichten und aus dokumentarischer Überlieferung ein kunstvolles, allseitig abgerundetes Bild von der Gründung und Entwicklung der Eidgenossenschaft. Dabei war es sein Anliegen, alle Einwände, die die habsburgische Seite gegen die Rechtmässigkeit der eidgenössischen Befreiung vorbringen konnte, möglichst hieb- und stichfest zu widerlegen.

Das «Chronicon Helveticum» ist eine Glanzleistung damaliger Geschichtsschreibung. Es bietet die Summe aller früheren Aussagen und formte jenes Bild von der Gründung der Eidgenossenschaft, das heute noch landläufig bekannt ist. Anschaulich, lebensvoll und spannend schilderte Tschudi die Befreiungssagen mit den Missetaten der Vögte, dem Rütlischwur und dem Tellenschuss sowie die grossen Schlachten von Morgarten, Sempach und Näfels. Friedrich Schiller fand bei ihm den Stoff für sein Drama «Wilhelm Tell»; in einzelnen Abschnitten folgte er ihm bis in den Wortlaut. Erst die moderne Geschichtswissenschaft hat Tschudis Bild der älteren Schweizergeschichte in Frage gestellt und berichtigt. Dennoch bleibt Aegidius Tschudi einer der grossen Erforscher und Darsteller der Schweizergeschichte. Nicht zu Unrecht wurde er auch «Vater der Schweizergeschichte» genannt. 1972 errichtete man ihm in Glarus beim Gerichtshaus einen Gedenkstein. *Jürg Davatz*

Oswald Heer.

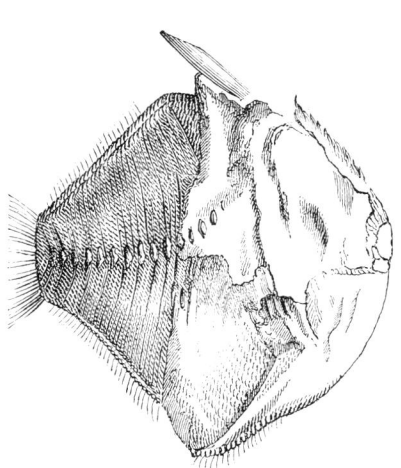

Oswald Heer (1809–1883)
Naturforscher

Oswald Heer war einer der bedeutendsten schweizerischen Naturforscher des 19. Jahrhunderts. Geboren wurde er am 31. August 1809 in Henau als erster Sohn des Pfarrers Jakob Heer. 1811 zog die Familie nach Glarus, wo Vater Heer Rektor des «Heer'schen Instituts» wurde. Fünf Jahre später, nach der Schliessung der Knabenschule, übernahm Heer die Pfarrstelle in Matt.

Bereits während der Jugendzeit in der damals noch abgeschiedenen Berggemeinde trat Oswald Heers Forscherdrang zutage, indem er etwa die Käfer und Schmetterlinge in der Umgebung sammelte, sich mit der Flora des Sernftales beschäftigte und über längere Zeit die Wetterdaten registrierte. Unterrichtet wurde er von seinem Vater, einem Lehrer pestalozzianischer Prägung, der im Pfarrhaus eine Art Internat führte, das auf den Universitätsbesuch vorbereitete.

Acanthoderma orbiculatum Hr., Versteinerung eines Stachelhautfisches aus Matt. Aus Heers «Urwelt der Schweiz».

Anregung empfing er aber auch von den vielen Bekannten und Besuchern seines Vaters. Schon früh lernte er zu Hause und auf Reisen mit seinem Vater bedeutende Forscher kennen, so die beiden Geologen Bernhard Studer und Peter Merian, die später zu seinen besten Freunden zählten.

1828 begann Oswald Heer ein Theologiestudium in Halle. Er war aber auch bei naturwissenschaftlichen Vorlesungen ein interessierter Zuhörer und baute seine im Selbststudium erworbenen Kenntnisse weiter aus.

Nach drei Jahren schloss Heer sein Theologiestudium mit der Ordination in St. Gallen ab und

Zürich zur Gletscherzeit. Blick vom Seeufer gegen die Glarner Alpen. Einprägsame und phantasievolle Darstellung von Buri und Jeker in Heers «Urwelt der Schweiz»; 1865. (Museum des Landes Glarus)

Literatur

Carl Schröter; Oswald Heer, in: Verhandlungen der Schweizerischen Naturforschenden Gesellschaft; Zürich 1883.
Carl Schröter, unter Mitwirkung von Gustav Stierlin und Gottfried Heer; Oswald Heer, Lebensbild eines schweizerischen Naturforschers; Zürich 1887.
Grosse Glarner, S. 141–151.

kehrte nach Matt zurück. Er bestieg die Berge der Umgebung und widmete sich wieder den naturwissenschaftlichen Studien. Er folgte einer Einladung von Heinrich Escher, dem Vater des Staatsmannes Alfred Escher, nach Zürich, um dessen grosse Insektensammlung zu ordnen. Es erstaunt nun nicht, dass er sich im Herbst 1832 entgegen dem Wunsch seines Vaters gegen den Pfarrerberuf und für die Naturwissenschaften entschied.

Auch in Zürich gewann Heer rasch Freunde und trat mit Vorträgen und Publikationen an die Öffentlichkeit. 1834 wurde er Privatdozent, ein Jahr später ausserordentlicher Professor für Botanik und Entomologie (Insektenkunde) an der Universität. Zur gleichen Zeit doktorierte er mit einer Arbeit über die Pflanzengeographie im Kanton Glarus. 1852 wurde er ordentlicher Professor an der Universität und 1855 zudem Professor am neugegründeten Polytechnikum. Zur Aufbesserung seines Gehalts unterrichtete er lange Zeit auch im kantonalen Gymnasium. Mit seiner einfachen, klaren Vortragsweise verstand es Heer, seine Zuhörer zu fesseln. Beliebt waren seine allwöchentlichen Exkursionen, auf denen er mit seinen Studenten oft Dutzende von Kilometern zu Fuss zurücklegte.

Seine Forschungsarbeit erstreckte sich auf zwei Hauptgebiete: die lebende und fossile Insektenwelt sowie die lebenden und fossilen Pflanzen. Die Materialien dazu beschaffte er sich meist selbst auf vielen Reisen und Wanderungen. Er erhielt aber auch kistenweise Versteinerungen aus aller Welt zur Bestimmung zugestellt.

Insbesondere für das Gebiet der Phytopaläontologie (Wissenschaft, die sich mit der Pflanzenwelt vergangener Erdzeiten beschäftigt) wurde Heer zum eigentlichen Pionier und zur international anerkannten Autorität. Die Bedeutung seiner wissenschaftlichen Arbeit lag zum einen darin, dass er die Bestimmungsmethoden verbesserte, zum anderen, dass er eine enorme Menge von vorweltlichen Arten beschrieb und ihre Erscheinung aus den klimatologischen und den Bodenverhältnissen abzuleiten vermochte.

Neben einer Arbeit über fossile Insekten der tertiären Gesteinsschichten von Oehningen am Untersee und Radoboj in Kroatien gelten denn auch Beschreibungen der fossilen Pflanzenwelt als seine Hauptwerke: Die *Flora tertiaria helvetica* (1855–1859), die *Flora fossilis helvetica* (1877) und die *Flora fossilis arctica* (1868–1883). Auch heute noch am populärsten ist aber sein Werk *Die Urwelt der Schweiz* (1864, weitere Auflagen 1879 und 1983), in dem er das Fachwissen seiner Zeit zusammenfasste und illustrierte. Im Schlusskapitel äusserte sich Heer über die Entwicklung der organischen Welt. Als tief religiöser Mensch lehnte er die Zuchtwahltheorie Darwins ab und vertrat die «Deszendenzlehre». Anstelle der natürlichen Auslese setzte er die «Umprägung» der Arten, die ein zwecksetzender Schöpfer vornimmt. Bemerkenswert ist, dass aber der Gedanke des genetischen Zusammenhangs der Organismenwelt bei Heer schon zehn Jahre vor Erscheinen von Darwins «Origin of Species» vorhanden gewesen ist.

Als Fundgrube der Natur- und Kulturgeschichte des Kantons Glarus gilt Heers Kantonsmonographie, die 1846 in der Reihe der *Historisch-geographisch-statistischen Gemälde der Schweiz* erschienen ist. Das Werk entstand in Zusammenarbeit mit J. J. Blumer, Ständerat und Bundesgerichtspräsident. Neben diesen Hauptwerken verfasste Heer nahezu 300 Aufsätze und Abhandlungen und hielt unzählige Referate und Vorträge.

Anerkennung für seine wissenschaftliche Arbeit erfuhr Oswald Heer durch die Ehrendoktortitel der Universitäten Basel und Wien, aber auch durch die Mitgliedschaft in berühmten Akademien seiner Zeit, durch Ehrenmitgliedschaften, Preise, Orden und Medaillen.

Auch wenn seine Gesundheit in der zweiten Lebenshälfte oft beeinträchtigt war, erlahmten Heers Schaffenskraft und Forschertrieb bis zu seinem Lebensende nicht. Am 27. September 1883 starb Oswald Heer in Lausanne. Eine Gedenktafel am Pfarrhaus in Matt und ein farbiges Chorfenster in der Matter Kirche erinnern im Kanton Glarus noch heute an den grossen Naturforscher.

Karl Stadler

Johann Jakob Blumer (1819–1875)
Rechtshistoriker und Staatsmann

Als ältestes Kind des Ratsherrn, Richters und Gemeindepräsidenten Adam Blumer kam Johann Jakob 1819 in Glarus zur Welt. In Schaffhausen besuchte er das Gymnasium, anschliessend studierte er in Zürich, Bonn und Berlin Rechtswissenschaft. Von 1840 bis 1865 wirkte er in Glarus als Landesarchivar; 1863 gründete er den Historischen Verein des Kantons Glarus. Der Gemeinde und dem Kanton Glarus diente Blumer in verschiedenen öffentlichen Ämtern und als oberster Richter; von 1848 bis 1875 wirkte er zudem als Ständerat, und wenige Monate vor seinem Tod stieg er zum ersten Präsidenten des ständigen Bundesgerichtes auf (S. 82). Dass er daneben noch die Zeit und die geistige Spannkraft aufbrachte, um hervorragende wissenschaftliche Werke zu verfassen, ist erstaunlich.

Blumers bedeutendstes Werk ist die drei Bände umfassende *Staats- und Rechtsgeschichte der schweizerischen Demokratien*, herausgekommen 1850 und 1858/59. Im ersten Teil, für den die Universität Zürich dem Verfasser die Ehrendoktorwürde zuerkannte, behandelte er am Beispiel der Kantone Uri, Schwyz, Unterwalden, Glarus, Zug und Appenzell die Entwicklung des mittelalterlichen Rechts. Der zweite Teil ist dem Zeitraum zwischen 1531 und dem Beginn der Helvetik gewidmet. Blumers Staats- und Rechtsgeschichte bildet gewissermassen das Gegenstück zu Johann Caspar Bluntschlis zürcherischer Staatsgeschichte, von der sie auch inspiriert ist. Dass sich Blumer entgegen seiner ursprünglichen Absicht bei seiner Arbeit nicht nur auf das glarnerische Recht beschränkte, erhöht den wissenschaftlichen Stellenwert des in meisterhafter Sprache verfassten Buches, das heute noch zu den Standardwerken der schweizerischen Rechtsgeschichte zählt. Weniger bekannt ist heute das 1863/64 in zwei Bänden erschienene *Handbuch des schweizerischen Bundesstaatsrechts*. Hatte Blumer sich bis dahin zur Hauptsache mit früheren Rechtsentwicklungen befasst, so machte er hier erstmals das geltende Recht zum Gegenstand seiner wissenschaftlichen Studien. Das Handbuch fand damals grosse Beachtung und Anerkennung, wird mittlerweile aber kaum mehr benützt.

Die Ergebnisse von Blumers rechtswissenschaftlichen Studien fanden indes noch in andere viel beachtete Publikationen Eingang. Im 1844 erschienenen und sozusagen als Kostprobe für die *Staats- und Rechtsgeschichte* gedachten Aufsatz *Das Tal Glarus unter Seckingen und Österreich* beschrieb er den staatsrechtlichen Hintergrund, vor dem sich der Verselbständigungsprozess des Landes vollzog. Im 1846 veröffentlichten *Gemälde der Schweiz* brachte er – in Ergänzung zu dem von Oswald Heer verfassten naturwissenschaftlichen Teil – die historischen, staatspolitischen und rechtlichen Wesensmerkmale des Kantons Glarus ungemein kenntnisreich zur Darstellung.

Als besonders wertvoll erwies sich seine Lieblingsbeschäftigung, die Urkundenforschung, nach dem Brand von Glarus im Jahr 1861, durch den zahlreiche unersetzbare Dokumente vernichtet worden waren. In der *Urkundensammlung zur Geschichte des Kantons Glarus* trug Blumer sämtliche Schriftstücke von historischer Bedeutung bis zum Jahr 1443 zusammen, die er im Original oder in Abschriften auffinden konnte. Diese sorgfältige Quellenedition und die vortrefflichen Erklärungen bildeten die Grundlage für alle späteren Darstellungen der älteren Glarner Geschichte, bis zum Erscheinen der noch viel umfassenderen Rechtsquellensammlung, die Fritz Stucki in den 1980er Jahren publizierte.

Johann Jakob Blumer.

Staats- und Rechtsgeschichte

der

schweizerischen Demokratien

oder der Kantone

Uri, Schwyz, Unterwalden, Glarus, Zug und Appenzell.

Von

Dr. J. J. Blumer,
Gerichtspräsident in Glarus; Mitglied des schweizerischen Ständerathes und Bundesgerichtes.

Zweiter Theil.

Die neuere Zeit
(1531—1798).

Erster Band.

St. Gallen.
Druck und Verlag von Scheitlin und Zollikofer.
1858.

Titelblatt von J.J. Blumers «Staats- und Rechtsgeschichte der schweizerischen Demokratien», 1858. (Landesbibliothek Glarus)

Literatur
Fridolin Dinner; Dr. J. J. Blumer als Historiker, JHVG 13, 1877.
Grosse Glarner, S. 201–209.
Joachim Heer; Dr. J. J. Blumer, Sein Leben und Wirken, JHVG 14, 1877.
Ernst Zweifel; Johann Jakob Blumer als glarnerischer Gesetzgeber, JHVG 61, 1966.

Johann Jakob Blumer kommen aber auch als Gesetzesredaktor und Richter grosse Verdienste zu. Indem er sich die Erfahrungen in Gesetzgebung und Rechtssprechung wechselseitig zunutze machte, leistete er einen wichtigen Beitrag zur Fortbildung des glarnerischen wie auch des schweizerischen Rechts. Unter seiner Federführung wurde im Kodifikationszeitalter das glarnerische Recht auf verschiedenen Gebieten neu geordnet und gesetzlich verankert. Nebst der Revision der Zivilprozessordnung im Jahr 1860 sind dabei zu nennen: der Erlass des Strafgesetzbuches (1867), der Strafprozessordnung (1871) und vor allem des Glarnerischen Bürgerlichen Gesetzbuches (1869–1874), das – auch wenn es dem Privatrechtlichen Gesetzbuch für den Kanton Zürich nachgebildet war – modellhaften Charakter aufwies und die spätere zivilrechtliche Entwicklung in der Schweiz massgeblich beeinflusste. Wie es seiner geistigen Nähe zur Historischen Rechtsschule entsprach, hielt er sich bei der Ausarbeitung seiner Gesetzesentwürfe vorwiegend an das überlieferte Recht. Allerdings lehrte ihn die schlechte Erfahrung, die er an der Landsgemeinde 1844 mit dem von ihm vorgelegten Schuldbetreibungsgesetz gemacht hatte, noch sorgfältiger auf die in der Bevölkerung vorherrschenden Rechtsauffassungen zu achten.

Blumers gesetzgeberischer Leistung weitgehend gleichzusetzen ist sein politisches Wirken im Kanton und im neugegründeten Bundesstaat, um dessen Aufbau er sich ebenfalls verdient machte. Freilich beteiligte er sich wenig an den schon damals heftig geführten politischen Debatten, die seinem wissenschaftlichen Naturell wohl ein Stück weit widerstrebten. Johann Jakob Blumer gehörte nicht zu den Politikern vom Schlage eines Alfred Escher oder Jakob Stämpfli, die mit persönlicher Überzeugungskraft für ihre Ideen warben und die politische Richtung jener Zeit bestimmten. Seine Stärke war die präzise gesetzgeberische Denkweise.

Walter Hauser

Johann Jakob von Tschudi (1818–1889)
Südamerikaforscher

Johann Jakob von Tschudi kam am 25. Juli 1818 in Glarus zur Welt und wuchs hier mit fünf Geschwistern auf. 1834 bezog er in Zürich das Gymnasium und anschliessend die Universität, wo er intensiv Naturwissenschaften studierte. 1836 ging er nach Neuenburg zu Louis Agassiz, der damals eben sein Mappenwerk «Die Süsswasserfische Mitteleuropas» veröffentlichte. Von ihm liess sich Tschudi zu seinen ersten wissenschaftlichen Publikationen anregen: 1837 erschien seine «Monographie der schweizerischen Echsen», ein Jahr später seine «Classification der Batrachier» (der froschartigen Tiere). Für diese Arbeiten promovierte die Universität Zürich den kaum Zwanzigjährigen zum Doktor der Philosophie.

Als man Tschudi anfragte, ob er für das im Aufbau begriffene Naturhistorische Museum von Neuenburg in Südamerika exotische Tiere beschaffen wolle, nahm er diese Herausforderung kühn an. Ende Februar 1838 segelte er von Le Havre ab, im September erreichte er Lima. Vier Jahre hielt er sich in Peru auf. Um seine vielseitigen Forschungsvorhaben durchzuführen, unternahm er abenteuerliche Expeditionen ins Landesinnere, über die Kordilleren und in den Urwald. Anfang 1843 kehrte er nach Europa zurück. Die Auswertung der Ergebnisse seiner Forschungsreise beanspruchte Jahre und zeitigte wissenschaftliche Pioniertaten.

Tschudi setzte 1843 seine Forschungen in Berlin fort und bestand 1844 in Würzburg das medizinische Doktorexamen. Anschliessend begab er sich nach Wien, wo er reichhaltiges Studien- und Vergleichsmaterial aus Brasilien vorfand. 1848 erwarb er im südlichen Niederösterreich bei Lichtenegg einen Gutshof als Wohnsitz. Im folgenden Jahr heiratete er Ottilie Schnorr von

Carolsfeld, die Tochter des Kunstmalers Ludwig Carl Schnorr. Ihr einziges Kind war Hugo (1851–1911), der sich später als Kunsthistoriker und Direktor der Nationalgalerie in Berlin und der Pinakothek in München einen Namen machte.

1857/58 unternahm Tschudi eine zweite Südamerikareise nach Brasilien, Argentinien, über die Kordilleren nach Chile, Peru und Panama. Im Auftrag des Bundesrates reiste er 1860/61 als ausserordentlicher Gesandter erneut nach Brasilien. Von 1866 bis 1882 wirkte er als Gesandter der Schweiz in Wien (S. 68). Dann zog er sich ganz auf seinen Gutshof zurück, wo er am 8. August 1889 starb.

Das Musée d'Histoire naturelle in Neuenburg bewahrt bis heute eine grosse Anzahl von Tierpräparaten auf, die Tschudi in den Jahren 1838 bis 1842 aus Peru gesandt hatte. Darunter befinden sich viele Typen, nach denen er die zoologische Erstbeschreibung vornahm und die deshalb seinen Beinamen tragen. 1844 bis 1846 liess Tschudi in St. Gallen seine *Untersuchungen über die Fauna Peruana* erscheinen, die in Buchform 723 Seiten Text und 72 handkolorierte Lithographien umfassen.

Als Jüngling schon war Tschudi von einem humanistisch universalen Geist und Wissensdurst erfüllt. Vom ursprünglichen Zoologen, Jäger und Sammler entwickelte er sich zum Mediziner, Anthropologen, Kulturhistoriker, Sprachforscher und politisch interessierten Zeitgenossen. Die Vielfalt der Betrachtungsweisen und Beobachtungen prägt bereits sein Buch *Peru; Reiseskizzen aus den Jahren 1838–1842*, St. Gallen 1846.

Zusammen mit dem peruanischen Gelehrten Mariano Eduardo de Rivero schrieb Tschudi die erste handbuchartige Kultur- und Kunstgeschichte von alt Peru, die berühmten *Antigüedades Peruanas*, Wien 1851. Dieses Werk, redaktionell von ihm betreut, umfasst einen spanischen Textband und eine Mappe mit grossformatigen, vortrefflichen Farblithographien, genauen Abbildungen von Ruinen, Monumenten, Mumien, Goldfiguren, Tongefässen, Geräten und Geweben. 1853 folgte eine englische und 1859 eine französische Ausgabe dieser hinsichtlich Text und Tafeln für ihre Zeit einzigartigen Publikation.

Während seines Peruaufenthaltes erlernte Tschudi Ketschua, die Sprache der Inkas, so gründlich, dass er dazu das erste moderne Lehrbuch verfassen konnte. Das zweibändige Werk *Die Kechua-Sprache,* Wien 1853, beinhaltet die drei Abteilungen Sprachlehre (Grammatik), Sprachproben und Wörterbuch.

Für den Verlag Brockhaus überarbeitete Tschudi *Winckels Handbuch für Jäger* 1865 vollständig. Brockhaus ersuchte ihn nun, auch die Erlebnisse seiner zweiten und dritten Südamerikareise bei ihm zu veröffentlichen. Er hatte Erfolg! In fünf Bänden erschienen 1866–69 Tschudis *Reisen durch Südamerika*. Dreieinhalb Bände sind allein Brasilien gewidmet. Tschudis Beschreibung gilt als die beste Quelle über die sozialen, wirtschaftlichen und politischen Zustände Brasiliens in der Mitte des 19. Jahrhunderts, daneben auch als ein wichtiges Dokument für Argentinien, Bolivien und Peru. Die Vorlagen für die meisten Holzstich-Illustrationen stammen von Tschudi selbst. Er verfügte nämlich über ein zeichnerisches Geschick, mit dem er Reiseeindrücke und

Literatur

Ferdinand Anders; Johann Jakob von Tschudi; Schaffhausen 1984.
Grosse Glarner, S. 177–186.
Paul-Emile Schazmann; J. J. von Tschudi – Forscher, Arzt, Diplomat; Zürich 1956.
Carl Troll, Hanno Beck; J. J. von Tschudi, Einführung zum Neudruck der «Reisen durch Südamerika»; Stuttgart 1971, Bd. 1.

Linke Seite:

Vorlage für das Titelblatt «Reisen durch Süd-America» von J. J. Tschudi; eigenhändige Bleistiftzeichnung des Verfassers, 1865. (Museum des Landes Glarus)

Rechts: Tagebuch von Fritz Zwicky. Im Eintrag vom 16. Juli 1942 spöttelt er in charakteristischer Weise über die «lächerlichen» Raketenversuche bekannter amerikanischer Forscher. (Fritz-Zwicky-Stiftung Glarus)

Sehenswürdigkeiten auf kleinformatigen Blättern treffend wiederzugeben verstand.

Neben diesen zumeist umfangreichen Hauptwerken veröffentlichte Tschudi in Zeitschriften eine ganze Reihe kleinerer Abhandlungen zu ganz verschiedenartigen Themenkreisen. Die Wiener Akademie der Wissenschaften, der er jahrzehntelang als korrespondierendes Mitglied angehört hatte, gab 1891 Tschudis *Culturhistorische und sprachliche Beiträge zur Kenntnis des alten Peru* posthum heraus. Tschudis Lebenswerk vermittelt eine Gesamtschau der altperuanischen Kultur auf der Höhe des Wissens seiner Zeit. Sind auch manche seiner Aussagen durch neuere Forschungsergebnisse überholt, so bleiben die «Fauna Peruana», die «Reiseskizzen», die «Antigüedades» und die «Kechua-Sprache» doch grundlegende und wegweisende Pioniertaten der Peruanistik; auf ihnen haben andere Forscher aufgebaut. Einige Hauptwerke dieses hervorragenden Gelehrten erlebten nach 1963 Neudrucke, die indes bereits wieder vergriffen sind.

Jürg Davatz

Fritz Zwicky (1898–1974)
Physiker, Astronom, Morphologe

Zwicky entstammt einem Zweig der berühmten Molliser Familie, der schon seit Generationen im Ausland wirkte. Sein Vater war Vertreter von Glarner Textilfirmen und Schweizer Fabrikanten in Varna am Schwarzen Meer und blieb bis fast an sein Lebensende dort. Fritz Zwicky kam am 14. Februar 1898 in Varna zur Welt, verbrachte aber nur die ersten sechs Jahre dort. Hernach besuchte er die Primarschule und die Höhere Stadtschule in Glarus. Nach der Maturität an der Industrieschule (heute Oberrealschule) in Zürich studierte er an der Eidgenössischen Technischen Hochschule (ETH) in Zürich Mathematik und Physik. Nach dem Doktorat (1922) arbeitete er hier als Assistent, bis er 1925 von der Rockefeller Foundation mit einem Stipendium an das California Institute of Technology in Pasadena geholt wurde. Fortan wirkte er an dieser berühmten Bildungsstätte als theoretischer Physiker, später als Astrophysiker. An den Sternwarten von Mt. Wilson und Palomar war er ein erfindungsreicher Astronom. Seiner Heimat fühlte er sich zeitlebens eng verbunden. Er schrieb einmal über sich und seine Vorfahren: «Wir hoffen, der Welt und unserer Heimat dadurch gedient zu haben, indem wir gleichzeitig die Lokalpatrioten und Weltbürger spielten.»

1933 erregte er durch seine *Deutung der Supernovae als Neutronensterne* Aufsehen.

1942

JULY 16

To Kármán. Er ist pessimistisch. Sagt dass weder die Wissenschaftler noch das Militär strategisch denken. Erzählt die komische Geschichte wie Lindvall, Lauritsen, Anderson, Bowen, Watson in der Wüste kindisch mit Raketen experimentieren. Anderson als Nobelpreisträger notiert Zeiten und Distanzen. Lindvall schraubt die Raketen an. Bowen, der erste Experte in Optik macht Aufnahmen mit einer Amateur Kamera und Lauritsen dirigiert. Kann man sich etwas lächerlicheres vorstellen.

Genau wie vorausberechnet, entdeckte er in den Jahren 1937–39 selber ein Dutzend Supernovae; insgesamt fand er 123. Im Zweiten Weltkrieg widmete er sich dem Zivilschutz in Pasadena, der Raketentechnik und dem Aufbau eines praktischen Hilfsprogramms für kriegsgeschädigte wissenschaftliche Bibliotheken. 1943–49 war er wissenschaftlicher Direktor der Raketenfirma Aerojet und massgeblich an der Verbesserung von Triebwerken und Antriebsstoffen beteiligt; zahlreiche Patente zeugen heute noch davon. Nach dem Ende des Krieges wurde er von höchsten militärischen Stellen der USA auf wissenschaftliche Missionen nach Deutschland und Japan geschickt. 1949 erhielt er für seine Leistungen die vom amerikanischen Präsidenten verliehene «Medal of Freedom». Zwölf Tage nach dem ersten Sputnik, am 16. Oktober 1957, schoss er das erste Objekt von Menschenhand für immer von der Erde fort.

Seit den dreissiger Jahren entwickelte er die *morphologische Methode*. Mit ihr lassen sich auf allgemeine und umfassende Weise die verschiedensten Probleme lösen. Als Grundbedingung dieser «Totalitätsforschung» nannte Zwicky Vorurteilslosigkeit und Mut. Je nach dem Problem, das gelöst werden soll, lassen sich etwa ein Dutzend morphologische Methoden unterscheiden, zum Beispiel verschiedene Arten des «morphologischen Kastens» – darunter die «systematische Felduberdeckung» – oder das Prinzip: «Negation ja, aber nur mit nachfolgender Konstruktion». Die meisten Methoden werden seit 1960 gleichwertig mit Brainstorming und Synectics als Kreativitätsmethoden in Management-Seminaren gelehrt.

Nach dem Zweiten Weltkrieg hatte Zwicky unermüdlich, aber vergeblich versucht, das morphologische Denken und Vorgehen in Zusammenarbeit mit der Kriegstechnischen Abteilung (KTA) auch für die schweizerische Landesverteidigung fruchtbar zu machen. Seine Beziehungen zur Heimat wurden immer enger. Er hielt zahlreiche Gastvorträge, unter anderem an der ETH und Ende der fünfziger Jahre im Rahmen der Migros-Klubschule. An internationalen Kongressen war er ein gern gesehener, ideensprühender Referent, der anregend über neue Theorien, die Suche nach Supernovae und Kompakte Galaxien sowie über den «Marsch ins Weltall» und mögliche Tätigkeiten auf dem Mond zu berichten wusste. Für seine Verdienste um die Erforschung des Himmels erhielt er 1972 die Goldmedaille der Royal Astronomical Society in London, eine Auszeichnung, die damals dem Nobelpreis für Astronomen entsprach.

Von Zwickys Schaffenseifer zeugen über 500 Publikationen, darunter auch sehr persönlich gehaltene Bücher wie *Morphological Astronomy* (1957), *Entdecken, Erfinden, Forschen im morphologischen Weltbild* (1966) und *Jeder ein Genie* (1971). Mehrere kosmische Objekte und technische Erfindungen tragen seinen Namen. Internationale Anerkennung erfuhr er von Brasilien über Russland bis China. In seinem Todesjahr wurde er in die «Brockhaus Enzyklopädie» und in die «Encyclopaedia Britannica» aufgenommen. «Meyers Enzyklopädisches Lexikon» von 1979 bezeichnet ihn als «einen der bedeutendsten Astrophysiker des 20. Jahrhunderts».

Wissenschafter durch und durch, waren ihm humanitärer Einsatz und Völkerverständigung zentrale Anliegen. Er verstand seine Morphologie auch als Mittel zum Aufbau einer demokratischen, friedlichen und lebenswerten Welt für alle. Kurz bevor er für immer in die Schweiz zurückkehren wollte, starb er am 8. Februar 1974 in Pasadena. Die ein Jahr zuvor in Glarus mit Unterstützung der Regierung des Kantons Glarus und der Gemeinde Mollis ins Leben gerufene «Fritz-Zwicky-Stiftung» verwaltet zusammen mit der Landesbibliothek Glarus seinen Nachlass. Sie bemüht sich insbesondere auch um die Förderung und Verbreitung der Morphologie. Fünf Schriften einer Schriftenreihe sind bereits erschienen.
Roland Müller

Fritz Zwicky bei der Auswertung astronomischer Fotos, um 1938.

Literatur

Roland Müller; Fritz Zwicky, Leben und Werk des grossen Schweizer Astrophysikers, Raketenforschers und Morphologen; Glarus 1986.
Fritz Zwicky; Morphologische Forschung; Winterthur 1959, Neuauflage Glarus 1989. – Morphology of Propulsive Power; Pasadena/Zürich 1962.

Kunst im Glarnerland: von fremden Meistern geprägt

Jürg Davatz

Spätgotische Schnitzfigur St. Fridolin mit Urso, um 1480. Vermutlich stammt sie von einem abgegangenen Altar der ehemaligen Pfarrkirche Glarus. (Katholische Kirche Netstal)

[1] *J. R. Rahn; Zimmerschmuck im Freuler'schen Palaste in Näfels, in: Schweizerische Bauzeitung, 26. 1. 1889, S. 20.*

Übersicht

«Der Canton Glarus ist keine Trift für solche, die nach Kunstwerken und Alterthümern fahnden», stellte Professor Rahn 1889 fest.[1] Gewiss, Glarus ist eine ländliche Kunstregion, in der nur wenige Ortsbilder und Einzelbauten gesamtschweizerische Bedeutung beanspruchen. Dennoch finden sich hier beachtenswerte Dorfkirchen, Bauern- und Bürgerhäuser, Fabrikantenvillen und Industrieanlagen.

Für den Bau der landesüblichen Holzhäuser bildete sich schon früh ein Stand tüchtiger, teils zugewanderter, teils einheimischer Zimmer- und Maurermeister. Im Gegensatz zu den Städten waren die Handwerker in den Länderorten wenig geachtet; sie mussten sich mancherlei Einschränkungen gefallen lassen und durften sich nicht in Zünften zusammenschliessen. Im 17. und 18. Jahrhundert fanden einige tüchtige Schreiner, Goldschmiede und Hafner im Glarnerland ein bescheidenes Auskommen. Für ein breitgefächertes Kunsthandwerk, wie es in manchen Städten gedieh, bot Glarus indes keinen Nährboden. Sogar in einer kleinen Stadt wie Rapperswil, die unter eidgenössischer Schirmherrschaft stand, entfaltete sich im 17. und 18. Jahrhundert ein erstaunlich vielfältiges Kunsthandwerk, aus dem einige vortreffliche Goldschmiede hervorgingen.

Die glarnerische Oberschicht stellte in der Regel nur bescheidene Ansprüche hinsichtlich der künstlerischen Gestaltung von Bauwerken und Gemälden. Ein gewisser Wandel in der Baugesinnung trat erst nach 1760 mit dem Aufblühen von Handel und Industrie ein. Für die Errichtung von Kirchen und herrschaftlichen Wohnhäusern beriefen glarnerische Bauherren gewöhnlich auswärtige Architekten, Maler, Bildhauer, Stukkateure und Hafner, vornehmlich aus den benachbarten Gebieten Schwaben, Allgäu, Vorarlberg, Zürich, Ost- und Innerschweiz. So sind denn die meisten der qualitätvollen Kunstdenkmäler im Kanton von Künstlern aus anderen Gegenden der Eidgenossenschaft oder aus dem Ausland geschaffen worden. Damit stellt Glarus keinen Sonderfall dar, sondern widerspiegelt nur ganz ausgeprägt die allgemeine Situation des Kunstschaffens in der Eidgenossenschaft. Dieses wurde nämlich vom 16. bis zum 18. Jahrhundert weitgehend von Künstlern geprägt, die ausserhalb des Schweizer Gebietes lebten oder geboren waren. Es sei nur an die führende Rolle erinnert, welche hier Vorarlberger und Tiroler Baumeister wie die Thumb, Beer, Moosbrugger, Singer und Purtschert spielten. Landesfremde waren eigentlich auch die Baumeister, Stukkateure und Maler aus dem Tessin oder Misox, die im Gebiet der deutschsprachigen Schweiz arbeiteten.

Bereits im 18. Jahrhundert setzten sich bei anspruchsvolleren Aufgaben vermehrt einheimische Architekten und Künstler durch, anfänglich besonders in reformierten Gebieten. Seit dem 19. Jahrhundert beherrschen einheimische Architekten und Künstler das Kunstschaffen in der Schweiz. Viele von ihnen holen sich indes ihre Ausbildung in ausländischen Kunstzentren. In beschränktem Masse vollzog sich auch in Glarus eine entsprechende Entwicklung. Nach 1820 gewann das Bauhandwerk eine Leistungsfähigkeit, die es ihm ermöglichte, viele grosse Fabrikbauten, Schul- und Wohnhäuser zu errichten. Zudem traten die ersten glarnerischen Architekten, Bildhauer, Kunstmaler und Zeichner auf.

Die folgenden Abschnitte vermitteln kein vollständiges Verzeichnis der fremden und einheimischen Künstler, sondern nur eine repräsentative Übersicht. Dabei muss man sich bewusst sein, dass bis ins 18. Jahrhundert die Werke und die Quellen nur selten Namen und Herkunft der betreffenden Meister nennen. Infolgedessen lassen sich viele Werke lediglich stilkritisch und vermutungsweise einer Herkunftsregion oder einem bestimmten Meister zuschreiben. Aus alten Zeiten haben verhältnismässig wenige Kunstdenkmäler überdauert, die Bauten zudem nur mit mehr oder weniger starken Veränderungen. Der weitaus grösste Teil der Gebäude und Kunstwerke im Kanton stammt aus dem 18., 19. und 20. Jahrhundert, wobei ergiebigere Quellen eine zuverlässigere Bestandesaufnahme ermöglichen.

Bis zum Ende des 16. Jahrhunderts

Aus dem Mittelalter und der Reformationszeit sind nur wenige Werke überliefert. Die mittelalterlichen Kirchen von Glarus, Linthal und Mollis stehen längst nicht mehr, jene von Matt, Schwanden, Betschwanden und Obstalden erfuhren infolge der Reformation tiefgreifende Veränderungen. Wir wissen nicht, wer diese sehr einfachen Gotteshäuser erbaute. In den Jahrzehnten vor der Reformation brach im Bodenseegebiet und in der Deutschschweiz ein Kirchenbaufieber aus, das auch das Glarnerland erfasste. Zwischen 1470 und 1525 wurden die Kirchen Elm und Näfels erbaut, andere im Inneren umgestaltet, wobei Spuren auf auswärtige Meister hinweisen.

1487 zimmerte und schnitzte ein *Peter* die neue Holzdecke in der Kirche Betschwanden; er dürfte identisch sein mit jenem *Peter Wisdanner*, der zehn Jahre später die Decke mit den geschnitzten Friesen in der Kirche Matt anfertigte. Wisdanner, ein zugewanderter Walser, war damals «uff Sool» ansässig. Die schlichte Leistendecke von 1562 in der Kirche Elm trägt den Namen des wohl aus Graubünden stammenden Zimmermeisters *Lorentz Davor*. Mehrere Kirchen erhielten damals zeitgemässe Flügel- und Schnitzaltäre aus einer süddeutschen Werkstatt. Den Bildersturm von 1528 und spätere Neuausstattungen überstanden einzig einige geschnitzte Altarfiguren und ein Fragment eines gemalten Flügelaltars aus Schwanden. Eine Muttergottesstatue in Näfels stammt von einem Schnitzaltar, den die Werkstatt des *Yvo Strigel* in Memmingen um 1489 geschaffen und vermutlich nach Betschwanden geliefert hatte.

In einigen Dörfern stehen noch mächtige Holzhäuser aus dem 16. Jahrhundert, beispielsweise in Rüti der «Spielhof» (um 1500/1537), in Hätzingen und in Elm das «Grosshaus». Möglicherweise wurden sie von Zimmerleuten errichtet, die im Glarnerland ansässig waren. 1457 baute ein Heinrich Murer aus Maienfeld zuhinterst im Haupttal die kühne Pantenbrücke über die Linthschlucht. Zu Beginn des 16. Jahrhunderts liessen sich in Glarus und Matt etliche Brüder einer Walserfamilie *Studer* aus Alagna im Val Sesia nieder; ihrem Beruf als Maurer und Steinmetzen entsprechend nannte man sie vor allem *Murer*, während sie sich später den Namen Stauffacher aneigneten. Es ist also sehr wohl möglich, dass diese Murer als Baumeister gemauerte Häuser errichteten, wie sie in Näfels das «Tolderhaus» (1551) und das «Höfli» (1557) repräsentieren.

17. Jahrhundert

Wer die Baurisse für die äusserst einfachen reformierten Kirchen von Bilten (1607), Niederurnen (1659) und Netstal (1698) anfertigte, ist nicht aktenkundig. Hingegen wissen wir, dass Bruder *Niklaus Vonzuben* von Kerns für das Kapuzinerkloster Näfels 1675 den Bauplan entwarf und die

Oben: Elm; reformierte Kirche. Inschrift an der Holzdecke von 1562. – Das Innere des spätgotischen Kirchleins von 1493/95; Kanzel von 1612.

Rechte Seite:

Oben: Elm; eindrückliches Ortsbild von Süden mit der Pfarrkirche und stattlichen Holzhäusern. Ähnlich sahen vor dem Zeitalter der Industrialisierung auch andere Glarner Dörfer aus.

Mitte links: Elm; das «Grosshaus», erbaut Mitte 16. Jahrhundert und Anfang 17. Jahrhundert. Nach Alter, Grösse und Gestaltung ein hervorragender Blockbau.

Mitte rechts: Bilten; das gemauerte Elsenerhaus von 1608. Aufbau des Dacherkers mit einem prächtigen Täferzimmer 1618.

Unten: Hostienmonstranz von 1518 im katholischen Kirchenschatz Glarus. Mit ihren Architektur- und Ornamentformen in Renaissance ist sie stilistisch und gestalterisch eine neuartige Goldschmiedearbeit, die unvergleichlich dasteht. Sehr wahrscheinlich wurde sie vom Glarner Pfarrer Huldrych Zwingli in Auftrag gegeben, in Basel von Hans Holbein d. J. entworfen und dort von einem der vortrefflichen Goldschmiede angefertigt.

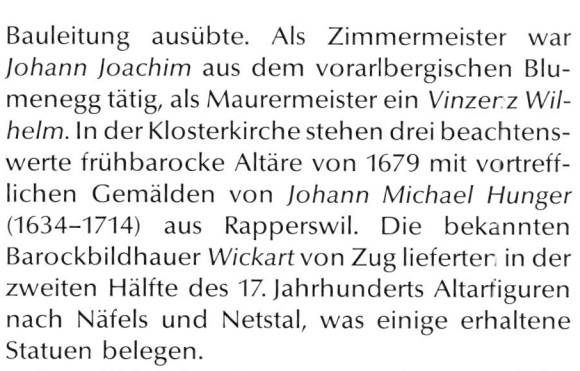

Bauleitung ausübte. Als Zimmermeister war *Johann Joachim* aus dem vorarlbergischen Blumenegg tätig, als Maurermeister ein *Vinzenz Wilhelm*. In der Klosterkirche stehen drei beachtenswerte frühbarocke Altäre von 1679 mit vortrefflichen Gemälden von *Johann Michael Hunger* (1634–1714) aus Rapperswil. Die bekannten Barockbildhauer *Wickart* von Zug lieferten in der zweiten Hälfte des 17. Jahrhunderts Altarfiguren nach Näfels und Netstal, was einige erhaltene Statuen belegen.

Im 17. Jahrhundert entstanden stattliche gemauerte Giebelhäuser wie das Elsenerhaus in Bilten, das Haus Auf der Letz in Näfels, das mächtige Zwickyhaus in Mollis (1621) oder die «Bleiche» in Nidfurn (1686). Zum Teil bewahren sie bis heute schöne Steinmetzarbeiten an Türgewänden und Fenstersäulen. Das Elsenerhaus (1608) besitzt zudem ein hervorragendes Täferzimmer von 1618 in Renaissanceformen. Die Meister sind auch in diesen Fällen unbekannt, dürften jedoch in der Region ansässig gewesen sein. Der von Alt St. Johann zugezogene *Claus Wilhelm* – ursprünglich wohl ein Walser – erwarb 1555 das Glarner Landrecht; seine Söhne waren als Zimmermeister tätig. Vier Blockbauten in Elm aus den Jahren 1687/91 zeigen an der Firstpfette die Bezeichnung *MMBG*, die sich sehr wahrscheinlich mit (Zimmer-)*Meister Martin Baumgartner* (1647–1721) von Engi aufschlüsseln lässt; dessen Söhne arbeiteten ebenfalls als Zimmerleute. In Näfels ist seit 1604 ein Baumeister *Jörg Nägeli* nachweisbar, der aus dem Allgäu herkam und 1643 beim Bau des Freulerpalastes tödlich verunfallte.

Zwischen 1642 und 1648 entstand in Näfels der Freulerpalast. Er ist nicht allein das bedeutendste Bauwerk im Kanton, sondern das hervorragendste profane Gesamtkunstwerk jener Epoche in der Schweiz. Dennoch bleiben auch in diesem Fall der Architekt und die meisten Kunsthandwerker unbekannt. Sicher ist nur, dass Bauherr Kaspar Freuler hervorragende auswärtige Meister beizog. Der oben erwähnte *Jörg Nägeli* dürfte nur als ausführender Baumeister, aber nicht als Planverfasser in Frage kommen. Gleichfalls aus dem Allgäu kam Zimmermeister *Hans Fries,* der 1645 den mächtigen Dachstuhl aufrichtete und mit berechtigtem Stolz seinen Namen darin einkerbte. Die Sala terrena und die Hauskapelle sind mit wunderschönen Stukkaturen im Stil des italienischen Barocks ausgeschmückt; sie weisen eindeutig auf einen Künstler oberitalienischer Herkunft, könnten also durchaus das Werk eines Wandermeisters aus dem Tessin oder Misox sein. Keine Anhaltspunkte besitzen wir über die vortrefflichen Steinmetze, welche die manieristischen Portale und die spätgotischen Masswerkbrüstungen meisselten. Stammten sie aus dem Val Sesia? Und welche Meister ihres Fachs gestalteten wohl die prachtvollen Täfer und Kassettendecken mit der formenreichen Vielfalt an Einlegearbeiten (Intarsien) und Schnitzwerk? Gewiss zogen sie für diesen Grossauftrag von auswärts zu; das Glarnerland hätte ja derartigen Spezialisten im übrigen kein entsprechendes Tätigkeitsfeld geboten. Aus der Werkstätte der bekannten Winterthurer Hafner *Pfau* stammen die beiden grossen, bemalten Kachelöfen von 1647 im Prunkzimmer und in der Stube.

18. Jahrhundert

Der wirtschaftliche Aufschwung durch Textilindustrie und Handel verbreitete im Lande Glarus einen steigenden Wohlstand, der eine rege Bautätigkeit auslöste. Zwölf Kirchen wurden neu erbaut oder zumindest im Zeitgeschmack umgebaut, in den meisten Fällen nachweisbar von Auswärtigen. Meister *Rudolf Fehr* von Rüschlikon erstellte 1706 in Mollis ein neues Kirchenschiff. Kein Geringerer als der berühmte Vorarlberger *Caspar Moosbrugger,* der Schöpfer der grossartigen Klosteranlage und Kirche von Einsiedeln, entwarf 1704 die Pläne für die bescheidene katholische Kirche von Netstal. Aufschlussreich ist die Liste der Handwerker, die an diesem 1708 vollendeten und 1934 abgebrochenen Bau mitwirkten: in Rapperswil wohnten Maurermeister *Jacob Kemmeter,* Meister *Jacob Breny,* der das

Oben links: Näfels; Klosterkirche. Frühbarocker Hochaltar mit dem Gemälde der Maria Immaculata von J. M. Hunger, 1679.

Oben rechts: Näfels; Freulerpalast. Das Hauptportal zeigt vortreffliche Steinmetz- und Tischlerarbeit, 1646.

Rechte Seite:

Näfels; Freulerpalast, erbaut 1642/48. Seit 1946 Historisches Museum des Landes Glarus. Text nebenan. – Barocke Stukkaturen eines unbekannten oberitalienischen Meisters, um 1647. – Das reich getäferte Prunkzimmer mit einem bemalten Turmofen des Hafners Hans Heinrich Pfau von Winterthur, 1647. – Der zweiflüglige Bau mit Hof und Ziergarten.

Unten rechts: Netstal; das Stählihaus, erbaut um 1728. Im Glarnerland ist es der einzige Ableger der nordostschweizerischen Riegelhäuser mit formenreichem Fachwerk.

Kunst im Glarnerland

Portal aus Bächer Sandstein anfertigte, und *Hansjörg Schneller,* wohl ein Bayer, der die Gipserarbeiten und Stukkaturen ausführte; *Heinrich Frey* aus dem Luzernbiet lieferte die Butzenscheiben, Glasmaler *Franz Hieronymus Weber* von Zug ein Tschudiwappen; Glarner fanden als Zimmerleute, Schreiner und Schindeldecker Beschäftigung.

1725 erhielt Mitlödi ein schlichtes reformiertes Kirchlein; *Josef Schneller* aus dem bayerischen Lechtal wirkte als Hauptbaumeister und verfasste wahrscheinlich auch den Bauplan; Zimmermeister war *Balthasar Stüssi* (Steussi) von Glarus. Des letzteren Sohn *Leonhard Stüssi* leitete 1752 die Zimmerarbeit bei der neuen Kirche in Luchsingen, Meister *Joseph Lentz* von Flums die Maurerarbeit.

Die romanische Burgkapelle in Glarus wurde 1762 barock umgestaltet und erhielt um 1769 drei prächtige Rokokoaltäre; diese erweisen sich als ein Hauptwerk des bedeutenden Bildhauers *Johann Baptist Babel* (1716–1799), der von Pfronten im Allgäu gebürtig und seit 1746 in Einsiedeln wohnhaft war. Die drei unsignierten Altargemälde malte vermutlich *Josef Ignaz Weiss* von Kempten.

Näfels, der katholische Hauptort des Landes Glarus, liess in den Jahren 1778 bis 1784 eine grosse neue Pfarrkirche errichten. Die Brüder *Jakob und Johann Anton Singer* von Luzern, die Architekten mancher Kirchen in der Innerschweiz und der festlichen Pfarrkirche Schwyz, beauftragte man auch in Näfels mit der Planung und Bauleitung; ihr Vater, der Erbauer der Kirche Sarnen, war aus Ehringen im Tirol eingewandert. Der sonst nicht weiter bekannte Tiroler *Joseph Eugen Kuen* malte die Deckengemälde. Meisterwerke aus Stuckmarmor schuf *Joseph Anton Berchtold* von Bludenz mit dem Hochaltar, den zwei Seitenaltären und der Kanzel; *Friedrich Vollmar* aus Riedlingen an der Donau schnitzte die graziösen Altarfiguren; *Johann Melchior Wyrsch* von Buochs, einer der besten Porträtisten der Schweiz, malte zwei von barockem Pathos erfüllte Altarbilder. *Karl Joseph Maria Bossard* von Baar baute die Orgel. So verdankt Näfels Meistern verschiedener Herkunft eine hinsichtlich Architektur und Ausstattung bedeutende spätbarocke Dorfkirche.

Der bekannte Baumeister *Hans Ulrich Grubenmann* (1709–1783) von Teufen errichtete im Glarnerland fünf Holzbrücken, die leider im Kriegsjahr 1799 allesamt in Flammen aufgingen. 1753 gestaltete er mit seinem Bruder Hans in Schwanden die mittelalterliche Kirche grundlegend um, und 1761 baute er in Mollis eine neue reformierte Kirche; beide Kirchenräume wurden inzwischen völlig verändert. Mit guten Gründen schreibt man Grubenmann das Haus am Kreuzplatz und die «Sonne» in Schwanden zu. Vermutlich führte er mit diesen Häusern im Glarnerland die schwungvoll geschweiften Giebeldächer ein, die der Volksmund bis heute «Grubenmanngiebel» nennt. Bald und bis gegen 1840 verwendeten auch einheimische Zimmermeister diese charakteristischen und damals in der Ostschweiz sehr beliebten Dachformen.

Mehrere der schönsten Gebäude jener Zeit sind Werke von Zimmermeister *Johann Jakob Messmer* (1730–1801) aus Eppishausen im Thurgau, der zeitweise als Polier für Grubenmann arbeitete, jedoch seinem berühmten Lehrmeister an Gestaltungsvermögen keineswegs nachstand. 1758 erhöhte Messmer in Matt den Turm und barockisierte den Kirchenraum; nach eigenen Plänen baute er 1760/61 die Kirche Mühlehorn, 1759 das Schönenbergerhaus in Mitlödi, um 1770 das Haus «In der Wiese» in Glarus, 1773 das «Sunnezyt» in Diesbach, 1774 Kirche und Pfarrhaus in Ennenda. In der Kirche Ennenda und in den bei-

Oben links: Diesbach; das Haus «Sunnezyt» mit geschweiften Giebeln, 1772 von J.J. Messmer.

Oben rechts: Mollis; der herrschaftliche Wohnsitz «Haltli», 1782/84 von C. Schindler.

Unten: Näfels; katholische Kirche.

Rechte Seite:

Oben links: Näfels; katholische Kirche, 1778/84 von J.A. Singer. Text nebenan.

Oben rechts: Glarus; Burgkapelle. Rokokoaltäre von J.B. Babel, um 1769. Text nebenan.

Unten links: Glarus; Haus «In der Wiese». Saal mit Rokokostukkaturen der Gebrüder Moosbrugger, um 1771, und französischer Landschaftstapete, um 1810.

Unten rechts: Mitlödi; «Weisse Villa». Decke mit anmutigen Dekorationsmalereien, um 1890.

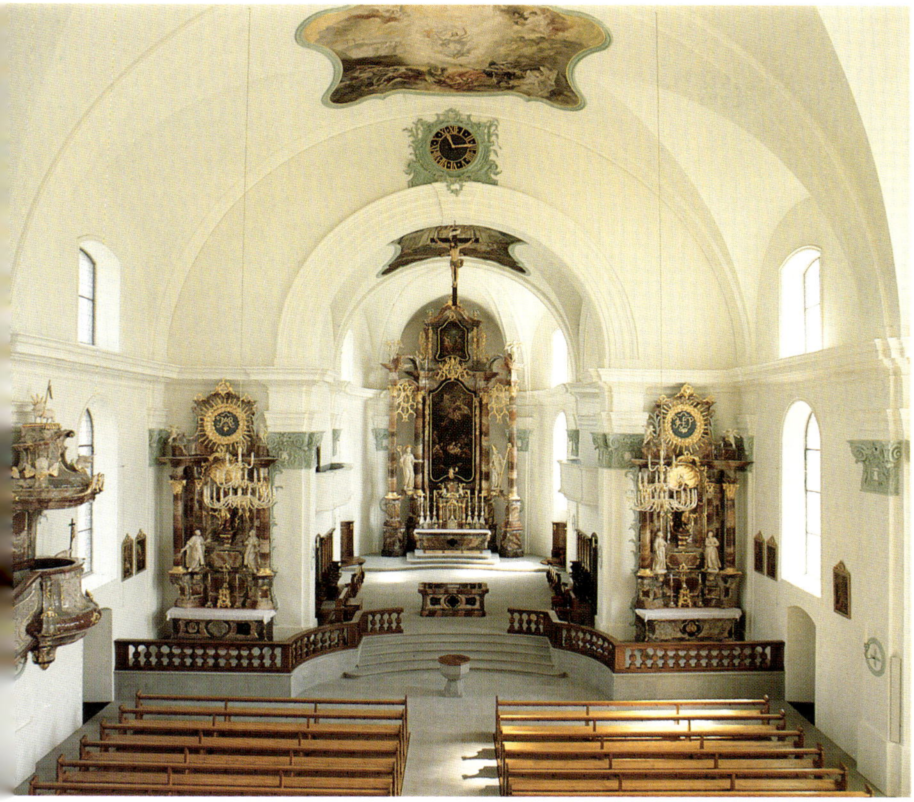

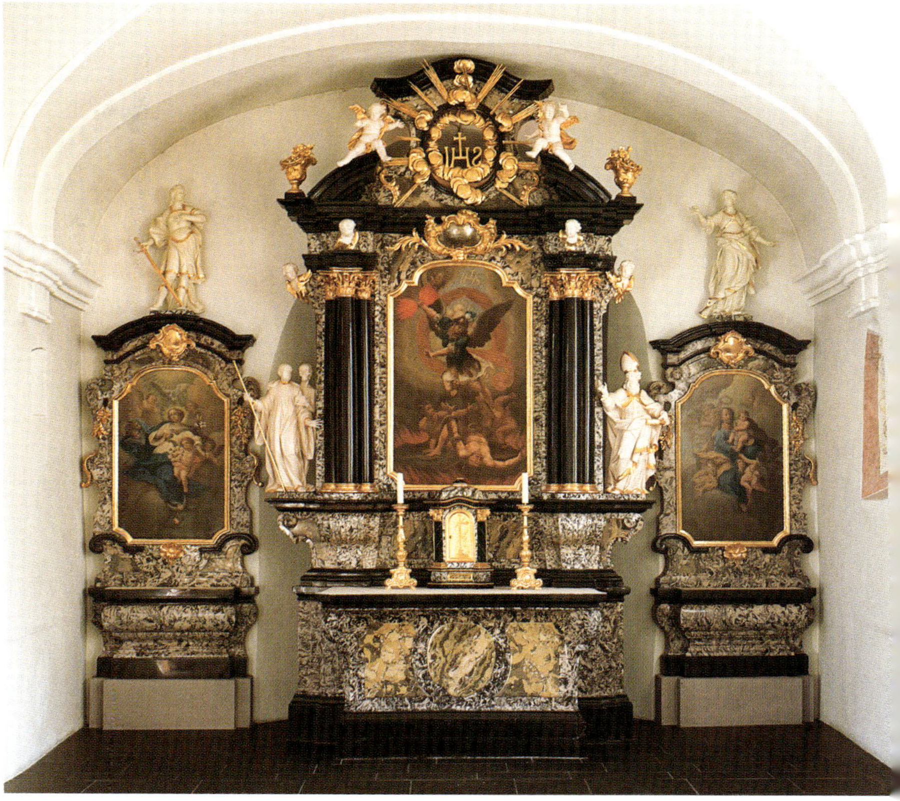

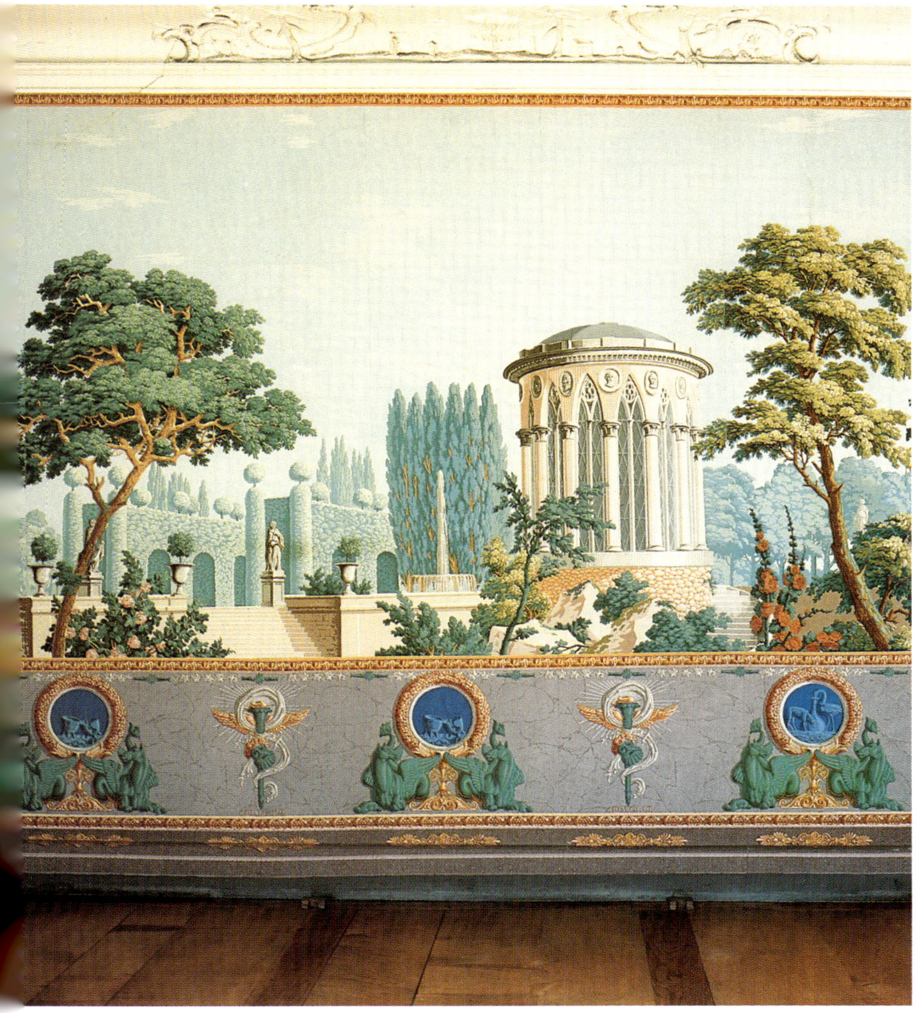

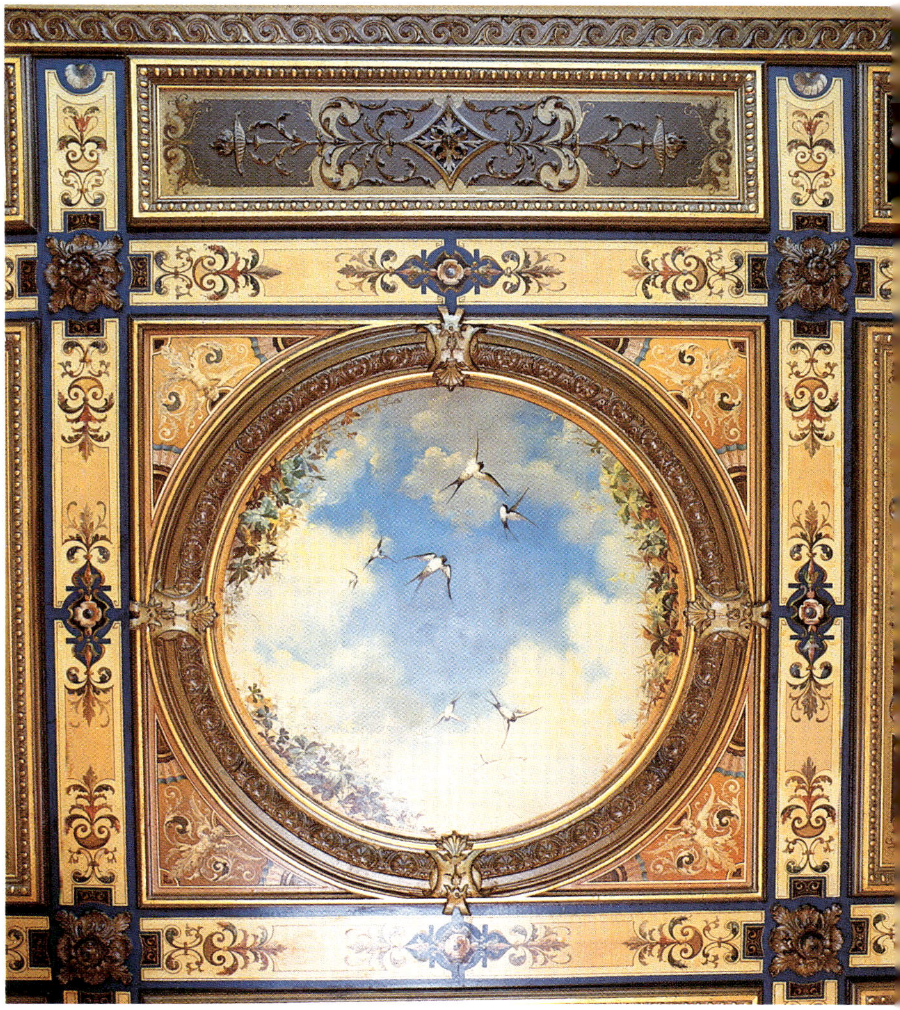

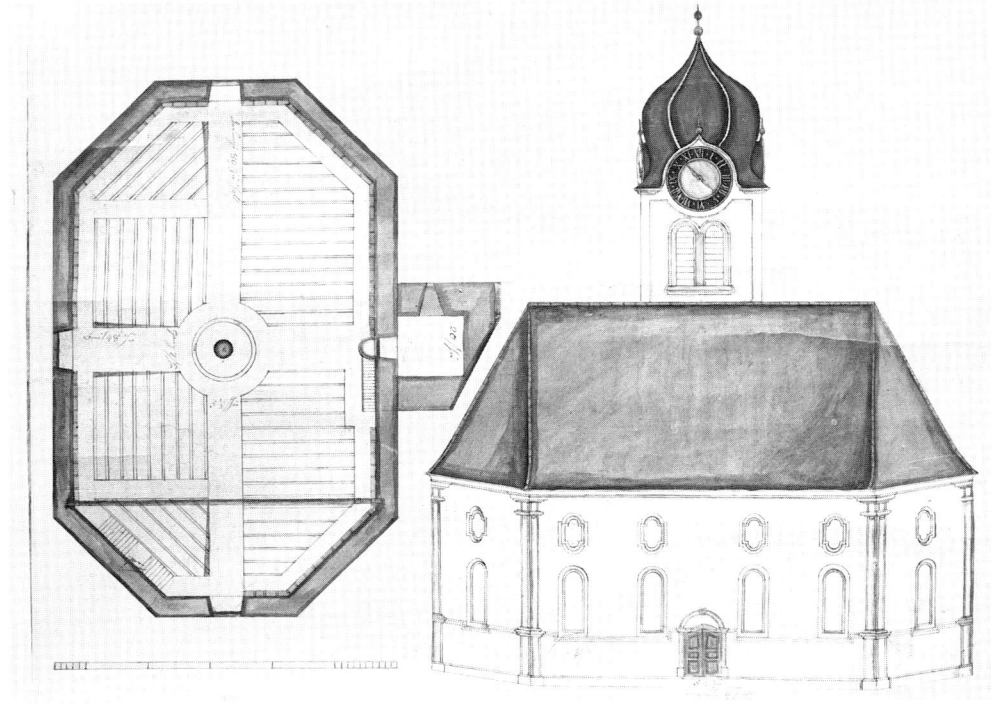

den herrschaftlichen Häusern in Glarus und Diesbach schmückten die Vorarlberger *Andreas und Peter Anton Moosbrugger* die Innenräume mit festlichen Rokokostukkaturen. Messmers Schwager *Fabian Strebi* von Schwanden, der sonst nirgends als Baumeister nachweisbar ist, übernahm 1782 den Neubau der reformierten Kirche Linthal im Akkord. Diese wiederholt genau die Grundriss- und Raumform der Kirche Mühlehorn: wahrscheinlich hatte Messmer seinem Schwager den Bauriss für Linthal angefertigt. Meister *Salomon Simmen* von Glarus leitete die Maurer- und Steinhauerarbeiten.

Eine Reihe stattlicher Blockhäuser zeugt im ganzen Kanton vom Können einheimischer Zimmermeister. Das Zentnerhaus in Elm, 1799 datiert, reiht sich mit seiner sechsgeschossigen, völlig symmetrisch gestalteten Giebelseite unter die schönsten Holzhäuser der Schweiz, so wie auch das benachbarte «Grosshaus». Die «gestrickten» Häuser zeigten allerlei Verzierungen, die heute leider grösstenteils zerstört sind: geschnitzte Zierfriese, formenreiche Dachpfetten, schöne Haustüren, Fall- und Schiebeläden mit ornamentaler Bemalung.

Handelsherren und vermögliche Inhaber von Landesämtern liessen sich geräumige Steinhäuser errichten. Diese vornehmen Bürgerhäuser erhielten oft gediegene Kastenfronten aus Nussbaumholz und bemalte Kachelöfen auswärtiger Hafner, namentlich solche von *Johann Caspar Ruostaller*, Lachen, *Heinrich Bleuler*, Zollikon, und *Matthias Nehracher*, Stäfa. Einfachere Öfen mit einer volkstümlich ungelenken Bemalung stellten glarnerische Hafnerfamilien her, die *Feldmann*, *Fischli* und *Schwitter* in Näfels, *Heinrich Heer* und *Fridolin Leuzinger* in Glarus. Hafner *Johann Konrad Landolt* von Glarus liess sich 1694 im bernischen Neuenstadt nieder; während vier Generationen betätigten sich die Landolt dort als vortreffliche Hafner und Kachelmaler; *Samuel Landolt* (1732–1780) und sein Sohn *Franz Ludwig* (1760–1824) gehörten damals zu den besten Ofenbauern in der Eidgenossenschaft.

Gegen Ende des Jahrhunderts trat der erste glarnerische Architekt auf, nämlich *Conrad Schindler* (1757–1841) von Mollis, der später mit Conrad Escher die Linthkorrektion leitete. Dass er sich in Paris zum Architekten ausgebildet hatte, verrät der palastartige Wohnsitz «Haltli», den er 1782/84 für sich baute. Seinem Bruder erstellte er anschliessend den «Hof», und wahrscheinlich entwarf er damals für den Zeugdrucker F. Streiff auch den mächtigen «Fabrikhof» in Mollis. Im «Haltli» und im «Rothaus» in Näfels hinterliessen zwei unbekannte Vorarlberger schwungvolle Rokokostukkaturen.

Die Angehörigen der Oberschicht liessen sich gerne porträtieren, sei es bei einem Aufenthalt ausser Landes oder von einem Bildnismaler, der vorübergehend ins Glarnerland kam. Die meisten Bildnisse, insbesondere die aus älterer Zeit, sind unsigniert. *Martin Leonz Zeuger* (1702–1776) von Lachen war um die Mitte des 18. Jahrhunderts der meistbeschäftigte Bildnismaler in der Region.[2] Später liessen sich mehrere Glarner vom bedeutenden Porträtisten *Felix Maria Diogg* (1764–1834) darstellen, einem Urner, der bei J.M. Wyrsch gelernt und sich dann in Rapperswil niedergelassen hatte.[3]

Oben links: Elm; das Zentnerhaus von 1799.

Oben rechts: Netstal; Bauplan für die reformierte Kirche, entworfen von den einheimischen Meistern Stüssi und Simmen, 1810. Text S. 255.

Unten: Mühlehorn; reformierte Kirche, 1761 von J.J. Messmer.

[2] Abb. S. 26, 128.
[3] Abb. S. 67.

Oben links: Oberurnen; katholische Kirche, 1864/68 von K. Reichlin. Text nebenan.

Oben rechts und unten: Glarus; ehemals paritätische Stadtkirche, 1863/66 von F. Stadler. Der Innenraum mit der ursprünglichen Ausstattung. Text S. 256.

[4] Abb. S. 55.

19. Jahrhundert

Vom 17. bis ins 19. Jahrhundert stellten die *Stüssi* von Glarus während sieben Generationen tüchtige Zimmerleute und Zimmermeister, die *Simmen* von Riedern gleichzeitig Maurermeister und Steinmetzen, die neben anderem auch viele der grossen monolithischen Kalksteinbrunnen anfertigten, die heute noch in manchen Dörfern anzutreffen sind. 1810 entwarfen die Zimmermeister *Leonhard* und *David Stüssi* gemeinsam mit Maurermeister *Salomon Simmen* die Baurisse für die neue reformierte Kirche Netstal. Dabei verwendeten sie – gewiss in Absprache mit der Kirchenvorsteherschaft – die typisch protestantische Raumform einer Querkirche; als unmittelbare Vorbilder dienten ihnen die ähnlichen Kirchen von Zurzach (1716) und Speicher (1808); Anordnung und Form der Fenster übernahmen sie von H.U. Grubenmanns Kirche Wädenswil, jene der Turmhaube von der Pfarrkirche Näfels. In Obstalden berief man für den Neubau des Pfarrhauses und für die Verlängerung und Umgestaltung der mittelalterlichen Kirche 1835 Baumeister *Heinrich Ladner* von Feldkirch, der 1819 die nachbarocke katholische Pfarrkirche von Kaltbrunn erbaut und 1826 die Kirche Mühlehorn renoviert hatte.

In Oberurnen entstand 1864/68 eine katholische Pfarrkirche nach den Plänen von Architekt *Karl Reichlin,* Schwyz. Die Baumeisterarbeiten übernahm *Kaspar Leuzinger,* Glarus, die Zimmerarbeiten *Gabriel Schiesser,* Glarus. Die *Gebrüder Müller,* Bildhauer in Waldkirch SG, lieferten die drei vorzüglichen Altäre und die Kanzel, der bekannte Kirchenmaler *Paul Melchior von Deschwanden,* Stans, drei Altargemälde. Von *Johannes Boch* aus Bregenz stammen die vier nazarenischen Deckengemälde, von denen zwei entsprechende Holzschnitte aus der berühmten «Bibel in Bildern» des Julius Schnorr von Carolsfeld kopieren. Bildhauer *Georg Lang* aus dem vorarlbergischen Vorkloster meisselte drei Fassadenstatuen. Der ursprünglich neuromanische Aussenbau wurde 1957 modern umgestaltet, der stilvolle Innenraum dagegen 1972 sorgfältig restauriert. *August Hardegger* von St. Gallen, einer der damals führenden Kirchenarchitekten, entwarf die schlichten neuromanischen katholischen Kirchen von Schwanden (1894, abgebrochen 1972) und Linthal (1906), dort zudem das Pfarrhaus.

Bei den zahlreichen neuen Wohnhäusern, die überall entstanden, verdrängte der Steinbau nach 1830 zunehmend den Holzbau; Planung und Ausführung übernahmen meistens glarnerische Baumeister. Die Projektierung anspruchsvoller Aufgaben übertrug man vermehrt eigentlichen Architekten, und zwar sowohl auswärtigen wie einheimischen. Architekt *Carl Ferdinand von Ehrenberg* (1806–1841), gebürtig von Halle an der Saale und seit 1831 in Zürich ansässig, verwirklichte zwischen 1834 und 1838 die meisten seiner Bauwerke in Glarus, nämlich die biedermeierlichen Villen Haglen, Herrenweg und Abläsch, das Gemeindehaus und das vornehme klassizistische Regierungsgebäude[4], welches 1861 abbrannte; wahrscheinlich wirkte er auch bei der Planung des Zaunschulhauses mit. Beim Regierungsgebäude überarbeitete Ehrenberg lediglich ein Projekt von *Felix Wilhelm Kubly* (1802–1872). Kubly kam im st. gallischen Altstätten zur Welt, wohin sein Grossvater von Bilten gezogen war. Er genoss eine beispielhafte Ausbildung an den Königlichen Akademien von München und Paris und entfaltete dann von St. Gallen aus eine vielfältige Tätigkeit als Architekt. Zu seinen Hauptwerken gehören die reformierten Kirchen von Heiden und Wattwil, das ehemalige kantonale Zeughaus am Klosterplatz und die Kantonsschule in St. Gallen. In Glarus entstanden nach seinen Plänen das Zeughaus (1846/48), das bewusst an florentinische Palazzi der Frührenaissance erinnert⁵, und das Schützenhaus (1859). Merkwürdigerweise erhielt Kubly beim Wiederaufbau von Glarus keine Aufträge.

1861 zerstörte eine Brandkatastrophe den ganzen Kern des Hauptfleckens Glarus, insgesamt 593 Gebäude, darunter die romanische Pfarrkirche, das Rathaus von 1559, das neue Regierungsgebäude und zahlreiche stattliche Wohnhäuser mit reicher Innenausstattung. Die beiden bekannten Architekten *Simon und Wolff* entwarfen gemeinsam den meisterhaften Plan, nach dem der Ort als rechtwinklige Stadtanlage überraschend grosszügig wieder aufgebaut wurde. *Johann Kaspar Wolff* (1818–1891), Staatsbauinspektor des Kantons Zürich, projektierte für Glarus das Hotel «Glarnerhof», am Spielhof das Gerichtshaus, die Stadtschule⁶, die Villa für Landammann Joachim Heer (Mercierhaus) und einige Wohnhäuser. *Bernhard Simon* (1816–1890), in Niederurnen geboren, schwang sich als Autodidakt zum erfolgreichen Architekten und Unternehmer auf; von 1839 bis 1854 war er in St. Petersburg, der Hauptstadt des Zarenreiches, tätig, dann in St. Gallen und Ragaz, das er zum grossen Badekurort ausbaute. In Glarus errichtete er als Generalunternehmer nach seinen eigenen Plänen das palastartige, klassizistische Rathaus. Drei Glarner Baufachleute hatten ebenfalls Projekte für das Rathaus eingereicht, zudem auch der Deutsche *Gottfried Semper* (1803–1879), einer der bedeutendsten Architekten jener Zeit überhaupt, der damals an der ETH in Zürich lehrte.

Mit der Planung der neuen paritätischen Pfarrkirche beauftragte man *Ferdinand Stadler* (1813–1870), Zürich, einen der besten Schweizer Architekten. Er entwarf eine monumentale, dreischiffige Säulenbasilika, die sich mit ihrer Doppelturmfassade denkmalhaft über den wiederaufgebauten Ort erhebt. *B. Simon* übernahm im Akkord die Ausführung sämtlicher Bauarbeiten. Der Holländer *Joseph Hubert Verbunt* meisselte die kunstvollen Portale, Kapitelle und Masswerkrosetten. Die *Gebrüder Müller,* Wil, lieferten die Altäre, *M.P. Deschwanden* und seine Schüler die Altargemälde, Glasmaler *Johann Jakob Röttinger,* Zürich, Fenster mit figürlichen und ornamentalen Malereien, *Jakob Keller,* Zürich, das achtstimmige Geläute und die Firma *E.F. Walcker,* Ludwigsburg, eine mechanische Orgel mit 46 Registern. Renovationen und ein Brand zerstörten seither aussen die dekorative Flächengliederung und innen die ursprüngliche Ausstattung.

Die riesige Baustelle Glarus bot verschiedenen Architekten und Baumeistern Gelegenheit, Wohnhäuser zu planen und auszuführen, wobei sich alle an eine einfache Formensprache klassizistischer Prägung hielten. Der vielseitige *Johann Jakob Breitinger,* Zürich, war der Architekt der qualitätvollen Villa «Flora» an der Burgstrasse und der meisten Häuser am Rathausplatz. Andere Häuser stammen von *Johann Ludwig,* Chur, und *Hilarius Knobel* (1830–1891). Knobel, gebürtig von Schwändi und gelernter Zimmermann, liess sich 1859 in Zürich nieder, arbeitete bis 1862 im Büro von F. Stadler und machte sich dann als Architekt selbständig. Mit Erfolg baute er im Glarnerland, in Zürich und im Vorarlberg Wohnhäuser, Villen, Schulhäuser und Fabriken. Neben B. Simon war er der beste glarnerische Architekt im 19. Jahrhundert. *Fridolin Schiesser* (1840–1894), Glarus, anfänglich Zimmermann, plante als Architekt die Schulhäuser von Leuggelbach, Engi, Näfels, Obstalden und Linthal (abgebrochen).

Aussergewöhnliche Bauaufgaben anvertraute man indes immer wieder bekannten auswärtigen Architekten, beispielsweise *J.K. Wolff* um 1862 den Neubau des Schulhauses und die Renova-

Oben: Glarus; Rathaus, 1862/64 von B. Simon. Das Treppenhaus gegen die untere und obere Vorhalle.

Unten links: Glarus; Rathaus. Hauptfassade des nicht ausgeführten Projektes 1 von G. Semper, 1862. (Semper-Archiv, ETH Zürich)

Unten rechts: Glarus; der Spielhof gegen Norden, um 1920. Rechts das Gerichtshaus und das Haus Heer, beide 1862/64 von J.K. Wolff.

⁵ Abb. S. 125.
⁶ Abb. S. 233.

Oben links: «Alpabfahrt», Ölgemälde von Jakob Ruch, 1910. (Kunsthaus Glarus)

Oben rechts: Glarus; Aula der ehemaligen Stadtschule. Wandgemälde «Orpheus» von A. Soldenhoff, 1917; Ausschnitt.

Unten: Ennenda; Fabrikantenvilla «Wartegg». Fassadenplan von Knell und Kehrer, 1890. (Privatbesitz)

[7] Abb. S. 203.
[8] Abb. S. 220.

tion der Kirche in Mollis, J.J. Breitinger die Villa «Landhaus» ebendort und später die grosse Erweiterung des Kurhauses Stachelberg in Linthal, *Paul Reber*, Basel, 1878 das Kantonsspital und *Theodor Gohl*, Bern, 1894 das Postgebäude in Glarus.[7] In prächtiger Neurenaissance gestalteten *Karl Knell und Jacques Kehrer*, Zürich, 1888/95 in Ennenda drei Fabrikantenvillen und das geradezu städtisch wirkende Gemeindehaus sowie in Diesbach die Villa Legler. Noch grossartiger trumpften *Alfred Chiodera und Theophil Tschudy*, Zürich, 1893 bei der Villa des Fabrikanten Schäppi in Mitlödi auf, die wie ein italienisches Schloss über dem Dorf und der Fabrik thront.

Der erste eigentliche glarnerische Kunstmaler war *Johann Heinrich Jenny* (1786–1854) von Ennenda, genannt Malerratsherr. Anfänglich Kaufmann in Petersburg, betätigte er sich 1816 bis 1828 in Chile und anschliessend in der Heimat als Porträt- und Landschaftsmaler. Ihm verdanken wir einige sorgfältige Ortsansichten. Der tüchtige Kunstmaler *Georg Anton Gangyner* (1807–1876) von Lachen wirkte von 1835 bis 1848 in Glarus als Zeichnungslehrer und malte auch Bildnisse glarnerischer Zeitgenossen. Ein begabter Freizeitmaler war Dr. med. *Jakob Hoffmann* (1815–1884) von Matzingen, wohnhaft in Ennenda, der viele Landschaften in Öl und Aquarell darstellte.

Mit der Breitenentwicklung des Glarner Zeugdrucks entfaltete sich das graphische Kunstgewerbe. Geschickte, bisweilen in Paris ausgebildete Zeichner entwarfen die unendlich vielfältigen Dessins für die Stoffdrucke. Mehrere Glarner entwickelten sich zu international gesuchten Textildessinateuren: *Eduard Müller*, der bekannte «Rosenmüller», und *Kaspar Freuler* von Glarus führten in Paris eigene Ateliers, *Johannes Stauffacher* von Matt leitete die Kunstgewerbeschule St. Gallen. Ab und zu versuchten sich Dessinateure nebenbei auch als freie Aquarellisten, Blumen- und Landschaftsmaler, so wie *Heinrich Rhyner* (1861–1917) von Elm. *Johannes Weber* (1846–1912) von Netstal, ein begabter Zeichner und Xylograph[8], erwarb sich vor allem als Illustrator der «Europäischen Wanderbilder» einen Namen.

Zwei Kunstmaler von beachtenswertem Rang gingen aus dem Kanton Glarus hervor: *Balz Stäger* (1861–1937) schuf Landschaftsgemälde, die den Einfluss seiner Lehrer Johann Gottfried Steffan und Adolf Stäbli und der Münchner Schule erkennen lassen. *Jakob Ruch* (1868–1913) studierte an der Ecole des Beaux-Arts in Paris und besass später dort und im Thon bei Schwanden ein Atelier; seine Tier-, Alpen- und Bauernbilder zeigen in der Darstellungs- und Malweise eine persönliche Eigenständigkeit. An der Akademie in München bildete sich *Johannes Leuzinger* (1845–1881), Netstal, zum Bildhauer aus.

20. Jahrhundert

Auch in unserem Jahrhundert entstand eine ganze Reihe bemerkenswerter Bauten. Zwei Glarner, *Johann Rudolf Streiff* (1873–1920) und *Gottfried Schindler* (1870–1950), studierten an der ETH Architektur und eröffneten 1903 in Zürich ein Büro. Sie bauten in Zürich und im

Glarnerland vornehmlich Wohnhäuser und Villen, die sich dank Streiffs Begabung durch aussergewöhnliche baukünstlerische Qualitäten auszeichnen; erwähnt seien die palastartige, neubarocke Villa Schuler und das «Waldschlössli» in Glarus sowie die Villa Spälty in Netstal. Von vergleichbarer Qualität sind in Ziegelbrücke das Verwaltungsgebäude und die Villa der Firma Jenny (um 1910), zwei Jugendstilbauten von *Emil Faesch*, Basel, in Netstal das Maschinenhaus des Löntschwerkes (1908) von *R. Kuder & A. v. Senger*, Zürich[9], in Glarus das mächtige, nach Plänen von *Robert Bischoff* und *Hermann Weideli*, Zürich, erbaute Pfrundhaus oder in Hätzingen die Jugendstilvilla «Berghalde» (1907) und das neubarocke Schulhaus von *Emanuel Walcher*, Rapperswil. In ähnlichen Stilarten errichteten einheimische Baumeister-Architekten Wohn- und Geschäftshäuser, etwa *Felix Jenny* und *Josef Schmid-Lütschg*, Glarus, oder die Firma *Heinrich Jenny* und *Hermann Lampe*, Mollis/Näfels. Die letzteren projektierten auch die katholische Kirche Niederurnen (1937), in der *Meinrad Bächtiger*, Gossau SG, 1947 drei Wandbilder malte.

Die neue katholische Pfarrkirche Netstal (1933/34) ist ein Eisenbetonbau mit Anklängen an eine romanische Basilika. *Otto Linder* (1891–1976), Stuttgart, ein bedeutender Architekt des Expressionismus, strebte ein Gesamtkunstwerk an und prägte mit Kunstmaler *Alois Schenk*, Schwäbisch-Gmünd, auch die Ausmalung des Raumes und die farbigen Fenster. Moderne, überzeugend gestaltete Kirchen, deren Architektur die Gläubigen als Gemeinschaft auf Kanzel beziehungsweise Altar ausrichtet, entstanden zwischen 1962 und 1973 mehrere: die Fridolinskirche Glarus von *Ernest Brantschen* und *Alfons Weisser*, St. Gallen, die Marienkirche Mollis von *Hans Morant*, St. Gallen, die reformierte Bergkirche Braunwald von *Oskar Bitterli*, Zürich, das Kirchlein im Klöntal von *Daniel Aebli*, Glarus, und das katholische Pfarreizentrum Schwanden von *Richard P. Krieg*, Zürich.

Eine vielseitig begabte Persönlichkeit war Architekt *Hans Leuzinger* (1887–1971), Glarus/Zollikon; er studierte an der ETH und an der Technischen Hochschule Stuttgart, begann in der traditionellen Bauweise und wandte sich dann dem sogenannten «neuen Bauen» zu. Wichtige Stationen seines Schaffens sind die Handwerkerschule Glarus (1922), das Ortstockhaus Braunwald (1932), Kindergärten in Ennenda und Glarus, das eigene Wohnhaus in Zollikon, das Kunsthaus Glarus (1952)[10] und der Gemeindesaal Niederurnen (1956, Mitarbeiter Hans Howald). Gleichwertig steht daneben sein Wirken zur Bewahrung und Erneuerung glarnerischer Baukultur: er war 1932 Gründungsobmann der Glarnerischen Vereinigung für Heimatschutz, leitete um 1940 die Renovation des Freulerpalastes und begann die Erforschung glarnerischer Kunstdenkmäler.

Jakob Zweifel (1921), seit Jahrzehnten tatkräftiger und kämpferischer Obmann des Glarner Heimatschutzes, verband sich in Glarus mit *Willi Marti* zu einer Architektengemeinschaft, die zahlreiche Bauten errichtete, darunter die Primarschulhäuser Netstal und Auen-Linthal (1958); spätere Wohn-, Geschäfts- und Industriebauten tragen unverkennbar die Handschrift von W. Marti, so auch die Berufsschule Niederurnen (1977). Seit 1982 ist *Willy Leins* in Glarus Zweifels Partner; diese Firma verwirklichte inzwischen mehrere Grossbauten, so 1987/90 in Schwanden die Sporthalle und das Gemeindezentrum. J. Zweifel gründete mit *H. Strickler* in Zürich ein grosses und erfolgreiches Architekturbüro, das 1967 in Glarus das Personalhaus des Kantonsspitals errichtete und seit 1974 den Bau der riesigen Anlage der EPL Lausanne projektiert und leitet.

Aus der Vielzahl neuerer Gebäude seien – ohne jede Vollständigkeit – nur noch einige

Oben links: Hätzingen; Villa «Berghalde», 1907 von E. Walcher.

Rechts: Zollikerberg; Schulhaus, 1913 von Streiff und Schindler.

Rechte Seite:

Oben links: Glarus; Kantonsschule, 1973/77 von R. Leu und P. Kölliker.

Oben rechts: Niederurnen; Gemeindesaal, 1956 von H. Leuzinger und H. Howald.

Unten links: Glarus; katholische Kirche, 1962/64 von E. Brantschen und A. Weisser.

Unten rechts: Zürich; Hochhaus für Schwestern des Kantonsspitals, 1957/59 von J. Zweifel.

[9] Abb. S. 170, 171.
[10] Abb. S. 261.

[11] Abb. S. 164.
[12] Abb. S. 266, 267.
[13] Abb. S. 228.
[14] Abb. S. 124.
[15] Abb. S. 257.

Literatur

Architekturführer Schweiz, Zürich 1978.
Ernst Buss; Die Kunst im Glarnerland; Glarus 1920.
Jürg Davatz; Schweizerische Kunstführer: Freulerpalast, 1974; Mollis, 1976; Elm, 1981; Pfarrkirche Näfels, 1981; Glarus, 1983. – Manuskripte für die Inventarisation der Glarner Kunstdenkmäler.
Jost Hösli; Die Bauernhäuser des Kantons Glarus; Basel 1983.
INSA 4, Glarus; Bern 1982.

erwähnt, die sich durch beachtenswerte architektonische Qualitäten auszeichnen: das Verwaltungsgebäude der Eternit AG in Niederurnen[11], 1957 von *Haefeli, Moser & Steiger,* Zürich; die Werkhalle der Maschinenfabrik Netstal in Näfels, 1960 von *P. Waltenspuhl,* Genf; in Mollis mehrere Wohnhäuser von *Heinz Brunner,* Mollis, und das Alterswohnheim «Hof», 1973 von *H.P. und Tilla Grüniger-Theus,* Zürich; das Altersheim Netstal, 1973 von *Willy Leins;* die Kantonsschule Glarus, 1973/77 von *Roland Leu und P. Kölliker,* Mönchaltorf, mit Plastiken von *Anton Egloff* und Gemälden von *Karl Jakob Wegmann*[12]; das Gasthaus «Richisau», 1987 von *Peter Kamm,* Zug[13]; in Elm das Primarschulhaus, 1962 von *Werner Aebli und Bernhard Hösli,* Zürich, das Gemeindehaus, 1973 von *Willi E. Christen,* Zürich, und das Truppenlager, 1979 von *H. Brunner,* Mollis.[14]

Mit dem Glarnerland verbunden war Dr. iur. et phil. *Richard Gustav Schneeli* (1872–1944), Bürger von Mühlehorn, wohnhaft in Zürich, der sich ganz der Malerei zuwandte. Er stiftete dem Kunstverein Glarus ein Legat für den Bau eines Kunsthauses, in dem nun viele seiner eigentümlichen, dem Symbolismus verpflichteten Gemälde vereinigt sind. *Alexander Soldenhoff* (1882–1951) lebte zeitweise im Kanton Glarus, wo sich bis heute zahlreiche seiner expressionistischen Gemälde erhalten haben; in der Aula der Stadtschule schuf er 1917 sein Hauptwerk, die monumentalen Wandmalereien «Prometheus» und «Orpheus», leidenschaftlich erregte Kompositionen, denen in der Schweizer Malerei der 1910er Jahre nichts Vergleichbares gegenüber steht.[15] Gefällige Malerei gegenständlicher Art, beeinflusst von Stilrichtungen aus dem Anfang des Jahrhunderts, schufen die Glarner(innen) *Christine Gallati* (1888–1985), *Hans Comiotto* (1906–1972), *Fritz Brunner* (1908), *Markus Ginsig* (1909) und *Fritz Zwicky* (1919–1980).

Wir haben einen Picasso – zur Gegenwartskunst in Glarus

Peter Jenny

Wir kennen die Diskussionen über die Angebote der internationalen Kunsthäuser und die anderen Möglichkeiten der regionalen Kunstinstitute. Die Besucherzahlen, die eine Ausstellung von Van Gogh heute auslöst, hätten auch die Manager von Maradona in währungsfeste Träumereien versetzt. Und während sich die Horden des kulturbeflissenen Massentourismus vor der Mona Lisa stauen, deliriert eine nicht mindere Zahl von Kunstinteressierten vor den noch lebenden Berühmtheiten des Showgeschäftes, das auch vor den Pforten der Musentempel nicht haltgemacht hat.

Diese Extreme, heute beileibe keine Ausnahmeerscheinung, bewirken in der Provinz eine Genickstarre, die die Bewegung der Gedanken erschwert. Glarus täte sich schwer, wenn es Zürich zu kopieren versuchte: Stümperei wäre die unausweichliche Konsequenz. Da aber Provinz kein geografischer Ort ist, sondern mehrheitlich zwischen Nasenwurzel und Haaransatz ihren Sitz hat, kann dieses Schicksal alle ereilen – auch diejenigen, die sich in den Kunstmetropolen aufhalten und glauben, dass gerade sie die Kunst bestimmen. Die Inflationskette setzt sich wie folgt zusammen: Wir schielen nach Zürich, Zürich schielt nach Paris, Paris schielt nach New York, New York nach Düsseldorf, Düsseldorf nach Krähwinkel.

Die Orte lassen sich auch durch Künstlernamen ersetzen. Jedes grössere Museum, das auf sich hält, hat seinen Picasso, Pollock, Polke. Das Kunstalphabet erhält seinen Umfang lediglich durch die finanziellen Möglichkeiten der jeweiligen Kunstorte, kaum indes im Hinblick auf deren Eigenarten. Ich kann heute durch Europa reisen und alle fünfzig Kilometer einen Picasso bewundern. Die Dichte der Angebotskette Picasso übertrifft die Dichte der Fast-food-Betriebskette von McDonalds bei weitem. Was in der Kunstszene durchaus hoffnungsvoll stimmen könnte, wenn Mampfende und Betrachtende auch die Fähigkeit hätten, zwischen der Absinthtrinkerin von Picasso und der Coca-Cola-Schlürfenden bei McDonalds subtile Unterschiede auszumachen. Doch die phantastischen Konzepte Picassos, die unsere Wahrnehmung schärfen könnten, sind längst nicht mehr Teil der Kunst. Registriert wird höchstens ihre Teilnahme an der Kunstolympiade.

Weltmeister und Weltmeisterinnen im Glarnerland sind: Urs Freuler (Rad), Vreni Schneider (Ski), Ekkehard Fasser (Bob), Ruth Schumann (Trampolin) und als ständiger Gast im Kunsthaus: Pablo Picasso (Kunst). Doch wie eine einzelne Schwalbe noch keinen Frühling macht, macht ein Picasso noch kein Kunsthaus, auch nicht in Glarus. Ein ländliches Kunsthaus wird nie eine Gegenmacht zu Kunsthäusern der Metropolen entwickeln können. Eine Gegen-Position wäre für es hingegen das Gebot der Stunde. Eine derartige Stellung des Kunsthauses Glarus, von der es gegenwärtig noch weit entfernt ist, könnte darin bestehen, unsere jungen Künstler sich austoben zu lassen (einmal ist jede Kunst jung).

Aber nicht alle, die Pinsel schwingen, sind Künstler. Dies der Einwand mit grosser Gefolgschaft. Dieser Einwand hat nur dann seine Berechtigung, wenn die Älteren eine unkritische Haltung aufrechterhalten. Wer jung ist, hat die Möglichkeit und das Vorrecht, in der älteren Generation so etwas wie eine vorübergehende Phase zu sehen. Die ältere Generation hat anderseits die Verpflichtung zu sehen, dass Wahrheit nie nur an eine Phase gebunden ist. Im Kunsthaus sollten Ideen auch ein bisschen durcheinandergeraten können, damit sich aus ihnen Überzeugungen bilden können. Zwischen Jung und Alt gibt es Mischungsmöglichkeiten, und manchmal ist ein Seitenwechsel durchaus angebracht, nämlich dort, wo er möglich ist: im Bereich von Kopf, Herz und Hand.

Ein kleines Kunsthaus, ein kleiner Kunstverein haben dafür die Voraussetzung: Man kennt sich, kritisiert, akzeptiert, ohne deswegen schon einer Meinung zu sein. Zentren mit Kulturbudgets in Millionenhöhe entwickeln leicht die Vorstellung, dass die Kulturschaffenden die Rechte für kulturelle Veränderungen bei ihnen einholen müssten. Wer dies nicht tut, gerät in Ungnade und

Ulrich Rückriem (1938, Frankfurt/Wicklow); vierteilige Steinskulptur aus Normandie-Granit, 1989. Glarus, Landsgemeindeplatz vor dem Paravicinihaus.

Oben rechts: Kunsthaus Glarus, erbaut 1952 von Hans Leuzinger.

Unten: Pablo Picasso (1881–1973); «Tête bleue», Öl auf Leinwand, 1963. (Kunsthaus Glarus)

wird ausgegrenzt. Utopische Querdenker müssten in der Provinz, die für mich keinerlei negativen Beigeschmack hat, Gastrecht geniessen.

Diese Querdenker, weibliche und männliche, subjektive wie objektive, helfen uns, eine Kultur aufzubauen, die auch die Querdenker in den eigenen Reihen zu schätzen weiss, sie unterstützt, ihnen das Wort erteilt, Forderungen an sie stellt, um sie zu fördern. Diese Forderungen dürfen aber nicht das Anpässlerische beinhalten.

Solange sie keine grosse Gefolgschaft aufweisen, hätten bewegliche Institutionen hier eine Hefe, nach der sie nur die Hand auszustrecken bräuchten.

Fordern wir genug Neues, um das Alte zu verstehen

Während sich Amateure darum bemühen, wie professionelle Künstler zu arbeiten – oder was sie eben darunter verstehen, nämlich die Demonstration von handwerklichem Geschick –, versuchen die Kunstschaffenden, Abweichungen zu Normen und Moden zu gestalten. An jeder Weihnachtsausstellung, die das Kunsthaus Glarus veranstaltet, beteiligen sich Amateure, ausgewählt nach alphabetischer Reihenfolge. Die Weihnachtsausstellungen haben ihren Stellenwert nicht in der Kunst, sondern im Freudebereiten. So gesehen, erfüllen sie einen wichtigen sozialen Zweck. Doch während sich professionelle Kunstschaffende an einer Weihnachtsausstellung erfreuen können, rümpft der malende Amateur mit künstlerischer Vorbildung sein empfindsames Näschen, wenn er sich mit Werken konfrontiert sieht, die nicht seiner Vorstellung von Kunst entsprechen.

Auf den sprichwörtlichen Einwand gegen den sprichwörtlichen Picasso: «Das soll Kunst sein? Das kann mein Kind auch», entgegnet man dann mit der ernsthaften Antwort: «Ob es das Kind – oder sonst ein Amateur – kann oder nicht, ist belanglos. Entscheidend ist, ob das Kind – oder der Amateur – auch tun, was sie könnten.»

Der Unterschied zwischen Künstler und Kind besteht darin, dass der Künstler ein paar Striche auf die Leinwand schmiert, weil er genau zu diesem Zeitpunkt, mit diesem Mittel und dieser Form ein Maximum erreicht von dem, was er anstrebt: nämlich Emotionen mit ein paar Strichen optimal auszudrücken. Diese Verbindung von Mittel, Material und Zweck, die auf ein Minimum von formalen Mitteln reduziert ist: das ist eine wichtige und anstrengende Arbeit und unterscheidet sich ganz gewaltig von dem, was der kleine Hansli auch könnte. Wovor die meisten Kunstkenner Angst haben, ist jedoch, dass aus dem kleinen Hansli – «der dies ja bekanntlich auch könnte» – ein grosser Hansli würde, mit einem eigenen Atelier, der immer noch das macht, was er schon als kleiner Hansli machte: Farben verschmieren. Nicht, weil er mit eben genau diesem einen Mittel ein Maximum an Wirkung erzielen möchte, sondern weil er einfach immer noch nichts anderes kann als das, was er als Dreikäsehoch schon konnte, nämlich Farben verschmieren.

Kunst kommt vom Können?

Können und Üben stehen in unmittelbarem Zusammenhang. Da der Kanton Glarus über keine eigene Schule (Akademie) verfügt, an der diese Ausbildung erfolgen könnte, muss er die finanziellen Möglichkeiten bereitstellen, um den talentverdächtigen Nachwuchs zu fördern. Wir sind in der bemerkenswerten Lage, dass ein Teil dieser Ausbildung in der Fremde erfolgen muss und dass genau diese Fremde dazu verhilft, das allzu Vertraute von daheim mit neuen (und besseren) Augen zu sehen. Dies wiederum verhilft den im Kanton Lebenden, neue Sicht- und Denkweisen zu entdecken.

Kunst kommt vom Kennen?

In einem kleinen Kanton, wo jeder jeden kennt, wird dieser Umstand häufig negativ interpretiert. In der Kunst heisst «kennen»: Das Vertraute schafft den Mut zu unendlich vielen Ausdrucksformen, egal, ob das Gesten, Malereien oder wortsprachliche Ausdrucksformen sind. Etwas kennenlernen bedeutet, fortlaufend Irrtümer auszuscheiden. Hier zeigt sich gerade ein Vorteil der bildenden Kunst. Auf Papier, Leinwand darf gelernt, entdeckt, korrigiert werden. Weil alles rückführbar ist, kann sich eine Bewegung der Wahrmachung herausbilden, die lebenslanges Lernen beinhaltet, eine Form, die nicht allein auf Kunst zugeschnitten sein sollte, wofür Kunst aber ein vorbildliches Beispiel setzen kann. Dort, wo jeder jeden kennt, findet gegenseitige Beeinflussung statt. Warum sollen nur wir, das heisst die Jennys, die Höslis, die Gentiles, die Webers, die Masantis, die Cörekcis, die Göldis usw. sich gegenseitig beeinflussen? Warum sollte nicht auch eine Malerin einen Maurer, ein Musiker einen Schlosser, ein Computerspezialist einen Sänger, ein Erziehungsdirektor eine Bildhauerin, ein Baudirektor einen Schriftsteller – und natürlich auch alles umgekehrt – beeinflussen? Und zwar nicht, um zum Beispiel den Baudirektor zu einem Berufswechsel zu bewegen, sondern zu dem Zweck, dass der eigene Beruf besser, verantwortungsbewusster gesehen und ausgeübt werden kann.

Assimilieren wir! – Freilich nicht in der Art und Weise, wie wir von den Ausländern gern Anpassung verlangen: sie sollen möglichst schnell unsere eigenen Unsitten übernehmen (wobei sie meistens ihre mitgebrachten Unsitten beibehalten). Wer sich selber kennt, respektiert Fremdes, lernt im Andersartigen Qualitäten für den eigenen Bereich zu entdecken, erzwingt keine voreiligen Übereinstimmungen. Innewerden, Gewahrwerden, Bewältigung, Einsicht benötigen überschaubare Räume und sind bei jeder menschlichen Tätigkeit von Nutzen.

Kunst kommt von Brauchen

Das Kunsthaus Glarus, die Galerie Tschudi in Glarus und die Gallarte in Mollis stützen sich nicht allein auf Verkaufszahlen; Besucherzahlen sind ebenfalls wichtig. Im Gegensatz zu einem Warenhaus, in dem nur der Kaufende zum Besitzer wird, bietet das Kunsthaus Besitztümer an, die beinahe zum Nulltarif die Seiten wechseln. Die Bildbetrachtenden haben die Möglichkeit, geistige Werte in ihren Kopf zu packen, vorausgesetzt, sie lassen sich auf das Ausstellungsgut ein. Das Kunsthaus versteht sich auch als ein Ort der Vermittlung. Wenn wir Schule als ein Instrument zur Persönlichkeitsentwicklung betrachten, dann gilt für jenen Ort, dass dort die kulturelle Identität unterstützt wird. Der Konsument im kulturellen Sektor wird aktiv, indem er sich Gedanken macht, den Kunstschaffenden und den Ausstellenden Löcher in den Bauch fragt und auf Meinungsbildung besteht. Und zwar nicht einfach so (was gerade in ländlichen Regionen eine Gefahr ist): geduldet, beachtet wird ausschliesslich, was gefällt. Dies schlägt sich in den Besucherzahlen nieder. Wer sich so verhält, benimmt sich zuwenig egoistisch, weil er nur das wissen möchte, was er ohnehin schon weiss. Wir sollten eine Gegenwartskunst fordern, damit das, was heute erarbeitet wird, mit dem verarbeitet werden kann, was uns aus der Kunstgeschichte bekannt ist. So entsteht eine Tradition, die ohne Gegenwartskunst nicht auskommt und, was ebenso wichtig ist, ein

Severin Müller (1964, Zürich); zwei Steinskulpturen, 1990. Glarus, Garten Paravicinihaus, Dres. Dahler.

Rechte Seite:

Oben: Lill Tschudi (1911, Schwanden); Farblinolschnitt «Im Zirkus», 1932.

Unten: Alfred Leuzinger (1899–1977, Bürger von Mühlehorn, lebte taubstumm und invalid in Wattwil); «Mann mit Käfern», Bleistift, Kugelschreiber und Farbstift auf Papier, o. J. (Sammlung John, Wittenbach)

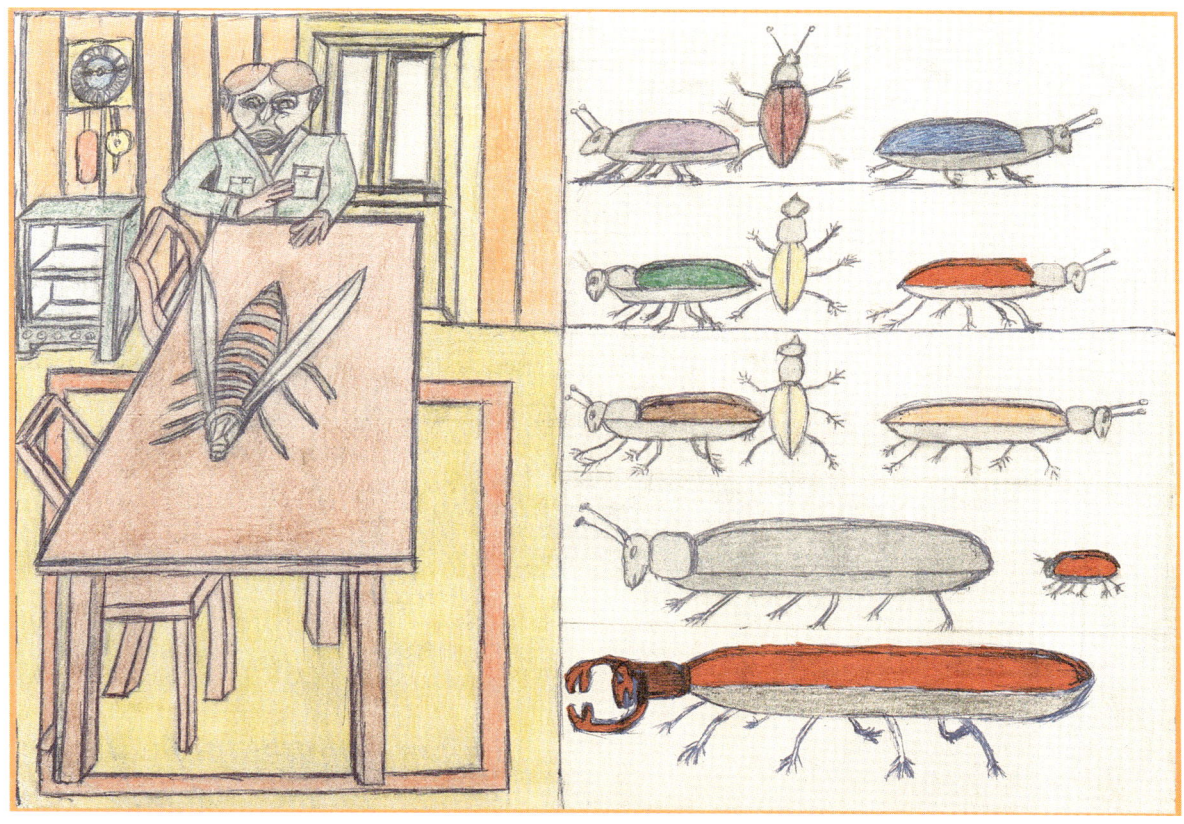

Zur Gegenwartskunst in Glarus

Besucherpublikum, das die Kunst braucht, aber auch kritisch genug ist, durch die Sicht auf die Gegenwart Geschichte immer wieder neu zu interpretieren.

Im Spiel, Kunst als Wertpapier zu etablieren, können wir dort nicht mitmachen, wo die Werte allein mit Franken beziffert werden. Wenn es uns aber darum geht, miteinander Gedanken zu entwickeln, Gegen-Positionen zu etablieren, hätten wir die Möglichkeit, uns genauso zu unterscheiden, wie sich das kleine, bewegliche Fachgeschäft vom Supermarkt unterscheidet. Dazu brauchen wir eine Kulturpolitik, die nicht jede Radikalität ins Mittelmass zwingt.

«Brauchen» ist in diesem Fall auch genau das Gegenteil von «Verbrauchen» (Wegwerfen). In einem kleinen Kunsthaus müssen die Anliegen mit gedanklichen Budgets und weniger mit finanziellen Budgets betrieben werden. Mag sein, dass sich alles etwas spontaner und wackliger präsentiert als in den Zentren; mag sein, dass hier keine Putzfrau aus Polyester (von Duane Hanson) den Boden schrubbt, sondern der Präsident des Kunstvereins beim Aufwischen beobachtet werden kann. Die Funken, die auf die Kunstverbraucher überspringen, machen die Leistungsfähigkeit aus. Gedankenblitze sind nicht abhängig von Franken. Sie entstehen in den Köpfen derjenigen, die Kunst produzieren, und derjenigen, die Kunst brauchen.

«Small is beautiful» (klein ist schön). Wie «beautiful», hängt davon ab, ob wir fähig werden, für unsere Gedankenblitze Wohnungen zu bauen. Den kostengünstigsten Bauplatz dafür findet jeder in seinem Kopf.

Tun, was zu tun ist

Je ländlicher die Gegend, um so nützlicher hat die Kunst zu sein. Unter «nützlich» wird verstanden, ob ein Bild zum Sofa passt, ob eine Musik sich auch als Hintergrundmusik eignet, ob ein Kunstwerk im öffentlichen Raum auch keinen Autoparkplatz verhindert, ob der bezahlte Preis sich als prestigefördernde Massnahme niederschlägt usw. Die Bewohner von Randregionen mussten sich seit jeher nach der Decke strecken; dass die Frage nach direktem Nutzen gestellt wird, hat Tradition. Eine Tradition, die – jedenfalls, wenn wir die Frage nach Nützlichkeit richtig zu stellen verstehen – zu den wichtigen Eigenschaften der Glarner gezählt werden darf. Ob ein Bild in den Raum passt, mag ein Kriterium sein; aber ob Bilder auch in unseren Köpfen etwas bewirken, ist eine nicht weniger wichtige Frage.

Das Glarner Kunsthaus von 1952 gehört gesamtschweizerisch gesehen zu den schönsten modernen Museumsbauten. Architekt Hans Leuzinger, Ehrendoktor der ETH, hat ein Gebäude entworfen, das als beispielhaft gelten kann. Dieses Haus stellt Ansprüche, die sich in der Ausstellungspraxis niederschlagen müssten. Das Ausstellungsgut ist in einer Architektur untergebracht, die allen Werken den gleichen Stellenwert einräumt, in der die Bilder nicht zum Dekor heruntergestylt werden, sondern eine gleichberechtigte Ganzheit mit der Architektur bilden. Wenn man dieser Anforderung bis jetzt noch nicht mit allen Ausstellungen gerecht wurde, hängt dies damit zusammen, dass solche Ansprüche nicht mit Freizeitbeschäftigungen zu erfüllen sind. Dass hier, während zwei bis drei Tagen in der Woche, eine Konservatorin oder ein Konservator tätig sein müsste, um professionell Ausstellungen einzurichten, fragenden Besuchern Erläuterungen abzugeben, sollte für unser Nützlichkeitsdenken klar sein. Doch das gehört bis jetzt leider noch nicht zum Selbstverständnis im Glarner Kulturbetrieb, weil sich hier immer willige Amateure finden lassen, die nach ihrer täglichen Arbeit das tun, was sonst seinen Preis hätte. Dabei entsteht ein Handlungsfeld, in dem jeder herumwerkeln darf, um am Potpourri ohne Zündung das Nebeneinander und Durcheinander zu erweitern.

Wir leben in einer arbeitsteiligen Gesellschaft, in der, wenn der gesellschaftliche Nutzen einer Tätigkeit auf Anhieb ablesbar ist, auf Kreativität, auf schöpferische Fähigkeiten verwiesen wird. Diese Fähigkeiten sind wichtig – auch dann, wenn heute jeder Bürokrat schöpferische Schübe in sich verspürt –, aber eben nur dann, wenn sie nicht zum blossen Freizeitvertrieb – wie Servelat brätlen im Garten – verkommen. Würde ein Deutschlehrer zum Beispiel verkünden, dass er in seiner Freizeit auch Blinddärme operiere, käme das «vorpenicillinische» Zeitalter wieder zu voller Blüte. Ein Deutschlehrer aber, der Ausstellungen macht oder ein Kunsthaus leitet, wird ohne jeden Widerstand geduldet. Gemeint sind nicht all jene, die einen neuen Beruf ergreifen und dort dann Aussergewöhnliches leisten; gemeint sind diejenigen, die glauben, die Leitung eines Kunsthauses lasse sich ohne jedes Lernen, ganz im Sinne von erfüllendem Hobby, ausüben. Selbsterfüllung als alleiniges Berufsziel ist aber bei Kunsthauskonservatoren, Künstlern und Kunstkritikern untragbar, ja stumpfsinnig.

Öffentlicher Raum und wir

Der planerische Begriff «öffentlicher Raum» intendiert vieles. Er kann ebenso Bewegungsraum für zirkulierende Massen sein wie notwendiger Leerraum zum Überleben. Je nachdem wird er ergiebig genutzt oder auch kaltgestellt. Für den

Mathias Wild (geb. 1946 in Glarus, lebt in Berlin); Zeichnung «ohne Titel», Kohle, Bleistift, Collage, 1989. (Privatbesitz)

Greta Leuzinger (geb. 1912 in Glarus, lebt in Zürich); «Aus der Rede des Häuptlings Seattle», Öl auf Leinwand, 1984. (Privatbesitz)

Urs Lüthi (1947, Zürich/München); «Universelle Ordnung», vom Künstler mit eigenen Werken gestalteter Raum im Kunsthaus Glarus, 1991.

Jürgen Zumbrunnen (1946, Berlin/ Betschwanden); Terrakottaskulptur «Tempelsteher», 1990. (Im Besitz des Künstlers)

Publikumsandrang kann es bei uns schon entscheidend sein, ob ein MM oder ein MMM den Ort kennzeichnet. Kunstwerke im öffentlichen Raum geniessen dagegen ein Interesse, das sich in Grenzen hält.

Dennoch ist es möglich, dass ein von Jean Tinguely gestalteter Brunnen in Basel jährlich Zehntausende von Besuchern zu begeistern vermag. Und ebenso wahr ist, dass in St. Gallen ein Brunnen des Künstlers Roman Signer anfänglich wahre Entrüstungsstürme auslöste. Möglich, dass dessen Entfernung heute zu einer noch weit grösseren Protestwelle Anlass gäbe.

Was die wirtschaftlichen Abläufe und Abhängigkeiten anbelangt, ist der öffentliche Raum hinsichtlich Warenbewegungen und Umweltproblemen heute grösser als je. Und weil die Überlegungen der Wirtschaftsfachleute zwangsläufig europaorientiert sein müssen, könnte es für eine Kulturgesellschaft unumgänglich werden, die lokalen Unterschiede herauszustreichen.

Heisst das, erneut einem Kantönligeist zu frönen? Der Föderalismus, den ich meine, müsste zukünftig ganz andere Züge aufweisen als bisher. Nicht das, was schon vorhanden und über Gebühr besungen wurde, sollte diesen Föderalismus prägen, sondern die neu getätigten kulturellen Investitionen. Denn wir haben nur die Wahl zwischen einer Kulturgesellschaft, die sich eigenständig zu unterscheiden vermag, und einer Gesellschaft, die ihre Unterscheidungsmerkmale lediglich aus den unterschiedlichen Fernsehgewohnheiten bezieht. Im elektronischen Zeitalter erfordert eine föderative Denkweise ganz neue Fähigkeiten, fällt doch unser Bewusstsein für ein Quartier, ein Dorf, eine Region zusammen mit weltweiter Informiertheit. Unser Wohnort, unser persönliches Umfeld könnte uns möglicherweise daran erinnern, dass wir – angesichts einer total sich mitteilenden Welt – nicht nur einer wachsenden Ohnmacht ausgesetzt, sondern gezwungen sind, aktiv zu bleiben. Denn unser öffentlicher Raum beginnt gerade vor der Haustüre.

Kunst im öffentlichen Raum

Wir könnten beispielsweise unsere Häuser als Fassaden behandeln, die den Raum definieren. Raum nicht nur für Autos, sondern auch für Kultur. Doch was ist Kultur? Wir wissen alle, dass damit die gesamte Lebensordnung gemeint ist, und denken dennoch dabei an etwas Spezialisiertes, das gewöhnlich im Museum oder auf einer Theaterbühne anzutreffen ist. Eine lebendige Kulturszene – und die Kunst ist dabei nur ein Teil von ihr – sollte auch im Ortsbild auffindbar sein. Das Wort «lebendig» könnte dabei ruhig etwas wörtlicher genommen werden, damit nicht erst Jahrzehnte später die Denkmalpflege künstlerische Werte entdecken muss.

Die Kunst der Gegenwart stösst schnell an Grenzen. Wenn Grenzen auf Landkarten auch im Schwinden begriffen sind, ist das Überschreiten von Grenzen im Denken nach wie vor eine anstrengende Sache geblieben. Gegenwartskunst aus der Nähe betrachten können, in den Quartieren, im Dorf, ist etwas, das die Grenze überwindbar macht, ohne dass wir uns durch die ganze Welt bewegen müssen.

Künstler und Künstlerinnen gelten oft als unschweizerisch. Gelten wir für sie darum als verschroben? Wäre unser Selbstbewusstsein nicht gerade daran erkennbar, wieviel Unschweizerisches wir integrieren, ja notwendig brauchen können, damit unsere Identität für uns fassbar wird? Es gibt Menschen, Ereignisse und Dinge, denen wir nicht «in die Nähe» kommen wollen. Und wer sich dann vor lauter Welt aus dem TV vom eigenen Ort distanziert, der könnte sich dabei womöglich ganz verlieren. Der Eigen-Sinn von Gegenwartskunst könnte vielleicht davor bewahren. Im Kanton sind einzelne Plätze zum Glück durch Kunstschaffende belegt worden, dank privater Initiative, dank einem kulturpolitisch fortschrittlichen Politiker. Am Beispiel der Stadt Glarus soll noch auf einige Möglichkeiten mehr für eine solche Belegung hingewiesen werden.

Raphael Benazzi, Syl Bamert, Anton Egloff, Florin Granwehr, Ulrich Rückriem, Hermann Haller, Karl Jakob Wegmann sind Künstlernamen, die zum Glarner Stadtbild gehören. Sie machen aus Strassen, Plätzen und Parks einen Wirkungsraum. Der heutige Stadtplan, nach dem Brand von 1861 vorbildlich realisiert, scheut den Massstab der Kunst nicht, misst sich vielmehr an ihm. Die Stadt Glarus ist klein genug, um neben dem architektonischen Beziehungsgefüge auch soziale Zusammenhänge zu gestatten, und gross genug, um kulturellen Leitvorstellungen Raum zu geben, was hier hiesse, Kunst mit öffentlicher Architektur zu verbinden.

Das herkömmlich Schöne – oder was die meisten Leute eben darunter verstehen – müsste, entsprechende Information vorausgesetzt, auch nicht zur obersten Richtlinie öffentlicher Akzeptanz gemacht werden. Das Anfangskapital der Kunst besteht nicht selten in der Toleranz der Kunstbetrachter. Und was Kunstschaffende über Jahrzehnte entwickelt haben, erfordert deshalb oft ebenfalls Jahrzehnte zur Entwicklung eines Verständnisses bei den Konsumenten. Wer zukünftigen Gedanken und Vorstellungen Raum geben will, müsste den Mut dazu haben, auch bei öffentlich aufgestellter Kunst dieselben Massstäbe anzulegen, die er bei seiner täglichen Arbeit voraussetzt.

Da Massstäbe aber, ganz abgesehen von substantiellen Differenzen, sehr verschieden sein können, sind auch Unterschiede des Verständnisses unumgänglich. In unserer arbeitsteiligen Welt ist verschiedenartigstes Spezialwissen zur Regel geworden. Doch der auf Biegen und Brechen verallgemeinerte Nenner kann nicht darin bestehen, in der Art eines Renaissance-Künstlers die Natur nachzuahmen. Unsere Gemeinsamkeit muss andere Wurzeln haben. Kunst im öffentlichen Raum, auch die schwierigste, verfügt nämlich über einen gemeinsamen Nenner: das Kunstwerk hat seinen Ort. Und dieser ist damit nicht mehr beliebig und nicht irgendwo. Ein Ort hat immer einen Qualitätsanspruch in bezug auf Sozialität, ansonst er die Bezeichnung Ort nicht verdient. Der Ort Glarus wie auch die anderen «Orte» müssen sich diesem Qualitätsanspruch immer wieder durch Leistungen im Sozialen wie im Kulturellen stellen.

Einst hielt man die Architektur für die «Mutter der Künste». Raum schaffen, Umgebung bieten, ein Daheim gestalten heisst auch, dem Menschen Raum bieten für die Kunst. Die Metapher der «Mutter» ist eine Vorstellung für Verantwortung. Sie beinhaltet ein ganzheitliches Denken, das Lebensformen nicht in die Aussenbezirke abdrängt, nur damit sich die Bürolandschaft um so ungehemmter in der Innenstadt ausbreiten kann. Auch eine sogenannt mobile Gesellschaft braucht mehr denn je Orte. Kunst hilft mit, diese Orte zu definieren.

Der Kanton Glarus zum Beispiel möchte Ort bleiben. Dass diese Bezeichnung und der damit verbundene Inhalt nicht einfach ein für allemal definitiver Besitz sind, wissen Künstler wie Künstlerinnen am ehesten, bemühen sie sich doch ständig um «Welthaltigkeit». Die gesamte Architektur ist ohne den Anspruch des Ortes nicht denkbar. Und dieser Anspruch macht uns vielleicht gerade weltoffen.

Oben links: Anton Egloff (1933, Luzern); «Bildweg», Plastiken aus Bronze, Holz, Stein und Beton, 1980. Glarus, Haupteingang der Kantonsschule.

Oben rechts: Florin Granwehr (1942, Zürich); «Aufheben», Metallplastik, 1989. Glarus, Hof Ost der Kantonsschule.

Rechte Seite:

Oben: Karl Jakob Wegmann (geb. 1928 in Nidfurn, lebt in Thalwil); Acrylmalerei auf Plexiglas, 1980. Glarus, Treppenhaus der Kantonsschule.

Unten: Ernesto Baltiswiler (geb. 1961 in Ennenda, lebt in der Schweiz und in Schweden); «Zürich 7», Mischtechnik auf Nessel, 1989. (Sammlung Baumgartner, Bettingen)

Zur Gegenwartskunst in Glarus

Glarner Literatur? Standortbestimmung 1990

Otto Brühlmann

Es ist ein fragwürdiges Unterfangen, etwas wie zeitgenössisches Glarner Schrifttum oder moderne Glarner Literatur ausmachen zu wollen. Das Simmental ist eine Talschaft in der Grössenordnung des «Landes» Glarus. Sähen wir Fragestellungen abgehandelt wie etwa: «Literarische Wechselwirkungen zwischen dem Simmental und der Schweiz», würde das Krähwinkelhafte des Ansatzes in die Augen springen.

Auch ist gar nicht leicht festzustellen, wer nun ein Auswärtiger ist, der hereinkam, und wer ein Inwärtiger, der nach aussen wirkt. Wenn einer in Zürich geboren ist, Zürcher Schulen besucht hat und Züritütsch redet, gilt er Zürchern selbstverständlich als einer von ihnen. Es genügt auch, dass einer ein Jahrzehnt lang aus freien Stücken bei ihnen gelebt hat. Da sind für die Glarner Vorbehalte anzubringen. Die Gebrüder Krohn werden bis zu ihrem Absterben Auswärtige bleiben, obschon sie ihre ganze Kinder- und Jugendzeit hierzulande verlebt haben. Werner Wiedenmeier lebt seit zwanzig Jahren im Stammhaus seiner Familie mütterlicherseits. Es ist noch für seine Kinder ungewiss, ob sie als Inwärtige werden gelten dürfen. «Schamauchen» hat man, stets mit Misstrauen, früher solche nicht «i-echten» Mitbewohner genannt. Das Wort fällt kaum noch – die Sache gibt es unvermindert.

Andrerseits genügt sehr wenig – Geburt in einem Glarner Dorf; ein Glarner Name oder eine Glarner Grossmutter; sogar ein blosser Aufenthalt in einem Glarner Hotel –, um für das kulturelle Selbstbewusstsein der Glarner vereinnahmt zu werden. Dass *Karl Kraus* im Tierfehd an *Die letzten Tage der Menschheit* geschrieben hat, lasse ich mir zu erwähnen ebensowenig entgehen wie alle andern, die über Glarner Kultur sich äussern. Dass *Ludwig Hohl* in Netstal geboren wurde, erfüllt uns mit Genugtuung, obwohl er diese seine Kleinkindumwelt sicher zum «Sumpfig-Reaktionslosen» gezählt haben würde. Und dass André V. Heiz nur ein wenig berühmt zu werden bräuchte, um bei jeder Gelegenheit für Glarus beansprucht zu werden, ist ebenso sicher, wie dass er deshalb nicht häufiger gelesen würde.

Begrenzung nach hinten: z.B. 1950

Wo ist der Anfang des «heutigen Schrifttums», der literarischen Zeitgenossenschaft anzusetzen? Die Generationen folgen nicht linear und mit klaren Zäsuren aufeinander. Sie sind ineinander verwoben oder – mit einem richtigeren, wenn auch weniger geschönten Bild – ineinander verfilzt und auf vielen Strängen in die verschiedensten Richtungen gespannt. Wer immer, rückwärts gewandt, eine historische Stelle finden möchte, von der an herwärts dann das Zeitgenössische läge: er liefe Gefahr, das Faser- und Wurzelwerk der geistigen Beziehungen noch weiter zurück, und immer wieder weiter, blosslegen zu müssen. Nehmen wir 1950.

Da war *Georg Thürer* (1908) auf der Höhe seines Lebens und im Blust seines Schaffens. Um es richtig einzuordnen, müsste man aber zurückgehen in die Jahrzehnte zuvor, müsste den Kontext der geistigen Landesverteidigung mitlesen. – Den Glarnern als einheimischer Schriftsteller am bekanntesten war damals sicher *Kaspar Freuler* (1887–1969), auch er neben Mundarterzeugnissen mit dem Ehrgeiz, der «eigentlichen» Literatur zugerechnet zu werden. Der meistgelesene Mann der Feder war aber zweifellos *Hans Trümpy* (1891–1974), der «kleine t», Redaktor der «Glarner Nachrichten», dessen geistvolle und vielseitige Glossen unter dem Titel *Schweizerisches* wöchentlich einmal einer Provinzzeitung Eigengewicht und Eigencharakter gaben. Neben ihm ist *Felix Weber,* Ratsschreiber und Vize-Bundeskanzler, zu nennen, der mit gereimten, meist harmlosen, manchmal aber doch heimlichfeisskritischen Schnurren zwar nicht grosse Literatur, aber sympathisches Amusement in die Welt setzte. Am Gegenufer, bei der ernsthaften Forschung, stand *Eduard Vischer* (1903), ein Basler, der jahrzehntelang in Glarus als Gymnasiallehrer wirkte. Nicht seiner gewissenhaften Kleinarbeit als Historiker wegen muss er hier erwähnt sein, sondern wegen des empfindsamen Umgangs mit seiner in humanistischer Verpflichtung gebildeten Sprache, durch die seine Aufsätze zu unzeitgemässen Kostbarkeiten gerieten. – Und

Georg Thürer.

schliesslich ist eine Frau zu nennen, die nicht so sehr selbst geschrieben hat, als vielmehr in jener schon fernen Zeit das literarische Gewissen des Glarnerlandes war: *Berta Huber-Bindschedler*, die Gattin und kompetente Partnerin des Kunstsammlers Othmar Huber. Mit Einfühlsamkeit einerseits und unbestechlich-unverhehltem Abscheu gegen alle Mache andrerseits war sie allein eine ganze Institution.

Mit diesem Schnitt quer durch die fünfziger Jahre ist das Folgende notdürftig gegen «hinten» abgegrenzt. Wie aber ist die Grenze vorne und nach den Seiten zu ziehen?

Wo fängt Literatur an?

Neben den Hunderten, die in einem Gesellschäftchen wie dem glarnerischen malen und musizieren, gibt es ein knappes Dutzend, die schreibend Ausdruck suchen für das, was sie wahrnehmen, erfühlen und erdenken. Allerdings: wo fängt das an? Kaum schon bei Vereinsprotokollen und Jahresberichten. Vielleicht bei Geburtstagsadressen und Nachrufen? Wahrscheinlich in manchen Briefen. Die Übergänge sind so fliessend wie der von der verzierten Dachpfette zur Skulptur oder der vom Sprayerklecks zur Malerei. Die Wachskreideanschrift an einer Stützmauer *Bin gleich wieder hier. Godot.* hat auf literarische Weise mit Literatur zu tun. Die Dichte und Güte derartiger Signale und Wegmarken sagt mehr über die kulturelle Befindlichkeit unserer Gesellschaft aus als manches, was sich eitel genug als Kunst gebärdet und viel Betrieb macht auf dem Kulturjahrmarkt.

Kurz, es geht hier weder darum, das Gebliebene von gestern aufzulisten, noch darum, das Bleibende für morgen aufzuspüren und auszusondern. Es mag sich aber lohnen, auf Bezeichnendes hinzuweisen, den menschlichen Zustand dieser Jahrhundertwende Bezeichnendes.

Gedichte? Gedichte!

An eine Ecke des Bahnhofs Glarus hat vor Jahren einer aufgesprayt: *Gibt es ein Leben vor dem Tod?* Ein anderer, den die Verunzierung ärgerte, hat mit einem andern Spray das Wort «Tod» zu löschen versucht und bis auf eine blasse Spur auch getilgt. Und nun stand jahrelang da: *Gibt es ein Leben vor dem ?* Und dieser getilgte Tod, der sich seiner selbst schon bemächtigt hatte, machte mit einem Male aus dem in schwarzer Unbeholfenheit kolportierten Satz eines der stärksten Gedichte, die hierzulande in letzter Zeit geschrieben worden sind. Im Sommer 1990 nun hat man es übermalt und weisse Café-Stühle davor gestellt. – Manchen erschliesst es sich vielleicht erst, seit es sich verbirgt.

Natürlich entstand und entsteht auch Poesie, die älteren Mustern verpflichtet ist. Der ehemalige Pfarrer an der Stadtkirche Glarus, *Hans Fontana*, hat zwei Bändchen Gedichte veröffentlicht, in denen das Ergriffensein durch Rilke, Hesse und Benn nachhallt und zu persönlicher Form gerinnt:

Nun da die Blätter fallen

Nun da die Blätter fallen,
Fallen in ewigem Flug,
Winden in feurigen Ballen
Wieder sich Wimpel und Bug.

Seeweit gründen die Lichter,
Aber ich ahne sie kaum.
Und sieh, es lallen Gesichter
Beiden den seligsten Traum.

Und wieder tönen Ufer,
Und über dem Leid das Glück.
Und tausend heilige Rufer
Singen dich mir zurück.

Und wenn als Geburtstagsgabe aus unveröffentlichten Gedichten des Nestors der Glarner Literatur, *Georg Thürer*, unter dem Titel *Zusammenspiel* eine Spätlese herausgegeben wird, dann klingen noch frühere ehrwürdige Traditionen an:

Beim Wiederlesen alter Tagebücher

Das war der Mannesfrühe Zeit,
Da alle Hörner bliesen,
Und keine Wege waren weit,
Die uns die Sterne wiesen.

Mit jedem Held stand man auf DU,
Vorm Mädchen, ach, befangen.
Da war der Junker Immerzu
Ein Bündel voller Bangen.

Mit Jahren rückt der Himmel fern,
Von Helden spricht man scheuer,
Doch fest das Wort: «Ich hab dich gern»
Im Alltags-Abenteuer.

Konkrete Poesie an öffentlichen Wänden. Die macht, professionell und legal, *Ivar Breitenmoser*, geboren 1951 und aufgewachsen in Näfels, in die grosse Stadt Zürich verschlagen und als Zürcher Lyriker vorgestellt, wenn er auf Plakaten im Weltformat einen poetischen Jahreszeitenzyklus zwischen Käse- und Strumpfreklamen aushängt. Er ist ein Sprachspintisierer, der am liebsten die

Ivar Breitenmoser.

Sprache selbst dichten lässt, indem er ihre Bedeutungen, ihre Strukturen und Klänge, ja auch ihr graphisches Bild subtile Reigen und Versteckspiele mit- und gegeneinander aufführen lässt. Sein Frühlingsplakat, die alte Gleichung zwischen Liebe und Leben – Leben, das ohne Liebe kein Leben ist – sieht so aus:

```
O1/FRÜH LI NG

L   I   V   E
L   I   V   E
L   O   V   E
L   O   V   E
```

Anderes von ihm tönt deutscher, vertrauter, gradlinig-eindimensionaler, aber selten ist es ganz ohne Neckerei oder Hintersinn:

Ausblick

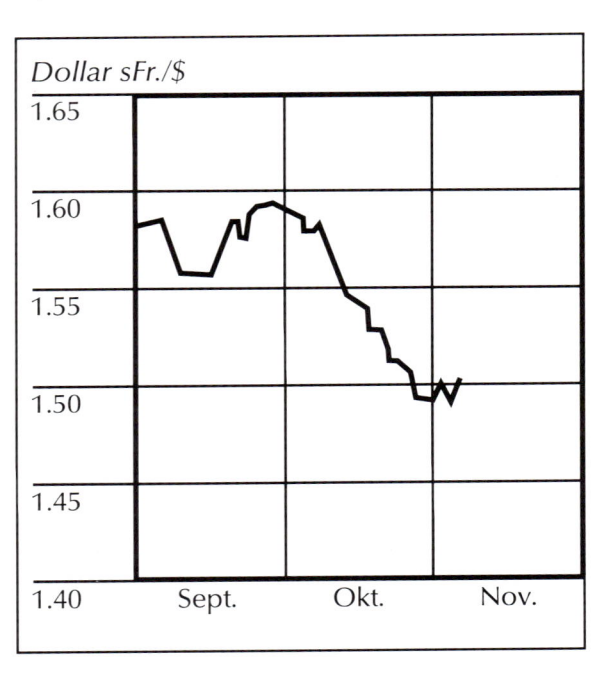

```
Dollar sFr./$
1.65
1.60   /\_/\
1.55         \_
1.50           \_w
1.45
1.40   Sept.   Okt.   Nov.
```

*Allmorgendlich beim Frühstück
betrachte ich
Stadt dieser Kurve
die Hügelzüge
vor meinem Fenster
und freue mich darüber
dass sie sich
seit gestern
nicht verändert haben*

Glarnertürken und Glarnerglarner

Gedichte und «Gedichte» mögen die verbreitetste Art literarischer Äusserungen sein. Dass sich etwas aus der Gesamtproduktion am Schluss zwischen Buchdeckeln findet, ist eher selten und kein Beleg für Qualität, eher bisweilen ein Mangel an Selbstkritik. *Eine* Gedichtveröffentlichung der letzten Jahre verdient aber als Zeichen der Zeit festgehalten zu werden: *Ziya Kara* nennt sich selbst «nichtschweizer Glarnertürke». Er wird – nicht unangefochten – von der Fremdenpolizei als Dolmetscher bei der Einvernahme türkischer Asylbewerber beigezogen und schreibt deutsche Gedichte. Das folgende ist dem Bändchen *Adieu* entnommen.

Du kannst.

*Weine
Solange Du weinen kannst.
Lache
Solange Du lachen kannst.
Du kannst ja
So oder so
Weder weinen noch lachen
Solange Du möchtest.*

Näher als das glarnertürkische liegt dem Interesse wohl das glarnerglarnerische Schrifttum: die Mundartdichtung. In den letzten Jahrzehnten haben manche Liedermacher, auch Dichter wie Kurt Marti und Prosaisten wie Ernst Burren der Mundartdichtung neue Dimensionen erschlossen, haben sie aus der Heimatseligkeit, dem Dorfghetto und der Geschichtsverliebtheit erlöst und sie das Gehen auf und zwischen den Ebenen heutiger Wirklichkeiten gelehrt. Im Glarnerland ist davon höchstens ansatzweise etwas hörbar geworden. *Urs Schönbächler* zum Beispiel hat es so versucht:

miir schwiizr

*hämmr gwunnä –
miir schwiizr?
hämmr nüd gwunnä?
iää –
hänts frlorä?*

Die Mundart-Redewelle ist über unsern Werktag und unsern Sonntag hinweggeschwappt, hat Kirche, Schule und Vortragssaal erreicht – aber unsere Mundartschreiber dort gelassen, wo sie seit je waren: bei Kalendergeschichten und gelegentlich etwas Vaterländischem. In diesen Sparten freilich gab es Vorzügliches. Wieder wäre Altmeister Thürer zu nennen. Und dann sass bis vor wenigen Jahren im hintersten Weiler des Sernftals der MS-kranke Bauer *Walter Elmer* (1915–1986) in seinem Rollstuhl, klarsichtig vor der Welt hinter seinem Fenster und hellhörig am Quell seiner Sprache.

Si chludered i dem gschmogne Schutz vum Stei und reded nüd viil. «Was das nu fürnes Grüüsch ischt, daa under üs zueche?» fraaget dr Bleiggner, und setzt ds Aastüürbe ab. Alldrii ghöred jetz und losed. «Ds Tüüfels hinderi» wiirt dr Köbi uufgregte, «das sind doch Tier, wo da unde dere herte Buurscht abschränzed.» «Und miir hogged daa und tönd Znüüni esse», tänggt e jede, und versoorget weidli de Ding im Ruggsagg. Si sind gly grääch mit Chüüe, und au mit em Schlugg us dr Guttere, chrüüched weidli füre us dem dürftige Schutz und äuged i das stotzig Boort abi. Wo si d Bys für nes Wyli lupft, da gsäänd sis: Es Tschüüpeli Gwild...

Ist da eine Sprache gerade noch beim Leben ertappt worden, die sich eigentlich schon damit abgefunden hatte, Fossil zu werden?

Fremdlinge

Walter Elmers Glarnerdeutsch tönt, zumal in jungen Ohren, fremd. Noch fremder aber, abstossend fremd, töne es für Glarner, wenn einer deutsch ganz ohne Glarner- oder wenigstens andern Schweizereinschlag rede und schreibe. So zumindest thematisiert *Tim Krohn* glarnerisches Sprachbewusstsein. Er ist 1965 in Norddeutschland geboren, verlebte aber von 1966 an seine ganze Jugend in Glarus. Er ist früh mit theatralischen und musikalischen Produktionen an die Öffentlichkeit getreten, und 1986 wurde das erste Hörspiel des Zwanzigjährigen gesendet, eine eigenwillige Umsetzung von Büchners Woyzeck-Thematik. Sein zweites stellt in polemisch-satirischer Verfremdung seine Erfahrungen mit glarnerischen Kulturinstanzen dar, gemacht, während er als Auftragsarbeit für die Näfelser Schlachtfeier ein Festspiel plante und verfasste, das nicht zur Aufführung gedieh, aber zusammen mit breiter Dokumentation unter dem Titel *Frei! Und tot!* gedruckt vorliegt. Krohns Schreiben ist stets zeitbezogen zugespitzt, führt hinter sich die Fracht und Last eines späten Kulturbewusstseins und spürt vor sich den Sog der Leere, wie das schon die Titel der folgenden Veröffentlichungen evozieren: *Tamilen nach Auschwitz* und *Fäustchen*.

Tims älterer Bruder *Jan Krohn* (1962) hat Texte vorgelegt, die er mit *Scherbentanz* überschreibt. Da gibt es kein Vorn und kein Hinten, kein Vorher und Nachher. Das ist blanke Gegenwart. Hinter dem «Ich» der Erzählung steht hautwarm das Ich des Erzählers: ein verletzliches, sensibles Ich, das mehr als auf die Welt und die Menschen um sich herum auf das Geflimmer und Gebrodel in sich drin horcht und versucht, seiner selbst mit dem Netz aus Wörtern und Syntax habhaft zu werden. Ein zerschnipseltes Dasein von Ort zu Ort, von Frau zu Frau, von Neugier zu Überdruss, von Snobismus zu Melancholie wird in abstandsloser Sprache nachvollzogen, zynisch und romantisch, geil und nachdenklich, und manchmal, fast verschämt, schwingt die grosse Trauer mit: Vergänglichkeit, *...immer mehr Schwärze mischt sich in das grüne Gras, doch gleichzeitig versilbert sich der Bach und fliesst und fliesst. Mit der Kamera könnten wir die Bewegung stoppen, aber der Film ist verbraucht: nun ist alles umsonst.*

Ich hatte den Geschmack von Kirschen in den Ohren, sagt zum Abschied *Qualkapotr*, Werner Wiedenmeiers jüngste Ich-Inkarnation. Andere heissen *Vogel Frühinaus*, *Wehzum* oder *Wendelin*. Am berühmt-berüchtigtsten aber ist die unbezeichnendste von allen geworden: *Tobias Liebezeit*, derentwegen die Glarner Regierung 1989 dem Autor einen beantragten Werkbeitrag versagte. Der kulturpolitische Wirbel, der um diesen Vorfall zu drehen begann, hat Werner

Rechts: Walter Elmer. Bleistiftzeichnung von Hans Tschudi, 1985.

Oben: Tim Krohn.

Unten: Jan Krohn.

Wiedenmeier mehr Popularität und Anerkennung gebracht als seine sehr viel eigeneren anderen Werke. *Tobias Liebezeit* ist der einzige epische Prosaversuch Wiedenmeiers; alles andere, seine *Trilogie der ersten Sätze* und seine Hörspiele *Wenn die Hähne krähn,* 1983 mit dem ostschweizerischen Radiopreis ausgezeichnet, *Die Regenbogenwanderer* und *Helgoland* leben von einer fast frenetisch verteidigten Innerlichkeit, deren lyrische Sprachhülle sie vor allen Verführungen, Verflachungen, Aushöhlungen und Verfälschungen durch das triviale Getriebe von Nützlichkeit und Mache schützt. Die entschlossen ernst genommene Irritation – zum Beispiel beim Anblick eines abgeschraubten Klosetthahns auf einer Kommode oder beim leisen Zerschmelzen einer Schneeflocke über der Augenbraue – ist subversiver als die vergleichsweise harmlosen politischen Ulkereien des «Tobias», welche die Gemüter der Mächtigen erregt hatten. Nachtrag: Der Glarner Regierungsrat gewährte Wiedenmeier 1991 einen Beitrag an ein neues Werk.

Wiedenmeier zaubert und jongliert mit der Sprache, und manchmal entführt und überwältigt sie ihn, und er erlebt die Welt als Tat der Wörter, so wie Goethe die Farben als Taten des Lichts. Er ist 1949 geboren, am Bodensee und am Zürichsee aufgewachsen, lebt verheiratet und mit zwei Kindern in Diesbach, war Lehrer wie seine Frau Christa – die ihrerseits ein anspruchsvolles Hörspiel geschrieben hat –, ist bekannt hierzulande und doch unbehaust: *99% ist fremd / wenn ich zu mir / selber komme. / aus / 1% / Heimat machen?* Zuletzt hat er *Qualkapotr* geschrieben, Texte, mit denen er seine Fremdheit in der Welt möbliert:
*Am Ende sind wir
durch und durch
geweint. Wir
sind das Wahntuch
im langen Wind.
Ein irres Hüsteln
über den kahlen Hügeln.
Abgebrannt, ausgerodet,
nackt im Schrecken
vor blindem Rauch
und taubem Tempo.*

War eben von einem die Rede, der ins Haus der Grossmutter zurückkehrte, so hat der folgende seinen Ausgang von dort genommen. *André Vladimir Heiz* (1951), Bürger von Hätzingen, lebt heute in Neuchâtel und ist Dozent für visuelle Kommunikation an der Höheren Schule für Gestaltung in Zürich. Vielseitigkeit zeichnet ihn aus: Nach einer Musikausbildung promovierte er mit einer linguistischen Arbeit, lebte zehn Jahre in Paris, schrieb Essays über die Idee des Gesamtkunstwerks und zeigte an mehreren Einzelausstellungen (auch im Kunsthaus Glarus) seine graphischen und malerischen Arbeiten. Daneben – oder als Hauptsache – hat er bis jetzt vier Romane veröffentlicht und dabei die Gestaltung der Bücher selber besorgt. Die drei ersten, *Die Lektüre, (O)* und *Anatomie der Nacht,* erschienen in schneller Folge zwischen 1982 und 1985. Er wurde dafür mit einem Literaturpreis des Kantons Bern ausgezeichnet und auch vom Kanton Glarus bei der Veröffentlichung unterstützt. Es sind artistische Sprachexperimente an den Rändern des Sagbaren, faszinierende Texte, aufgespannt zwischen wachestem Verstand und orphischer Hingerissenheit, zwischen Demut und Anmassung. Das beleuchten einige Zeilen aus *Anatomie der Nacht:*
*Unvorstellbarkeiten, lauter Unvorstellbarkeiten:
Heute habe ich dich ankommen lassen.
Hier suchst du das Anderswo.
Hier wirst du in Irrungen eine Weile festgehalten, an Ort.
Du hast das Weite gesucht. Du forderst die Leere heraus.
In einer mutwilligen Verlassenheit denkt es sich aus, hier vielleicht
denkt sich Angefangenes von alleine zu Ende, in ein Neuland
hinein. Ein Kreis schliesst sich. Der Fluss der Zeit reisst nicht mehr mit.
In anderem Mass gehst du nebenher. Wo zur Ruhe kommen, wenn
nicht in noch unbeschriebenem Gelände, wo dich nichts auf
Anhieb an dich erinnert; Fluchtversuch in einen freien Raum
hinein, der nicht durch zu Bekanntes eingegrenzt ist.
Hier wird dir alles neu vorkommen, neu oder anders.
Die Nacht ist ein grenzenloser Raum, der vor dir,
vor deinen Augen entsteht.*

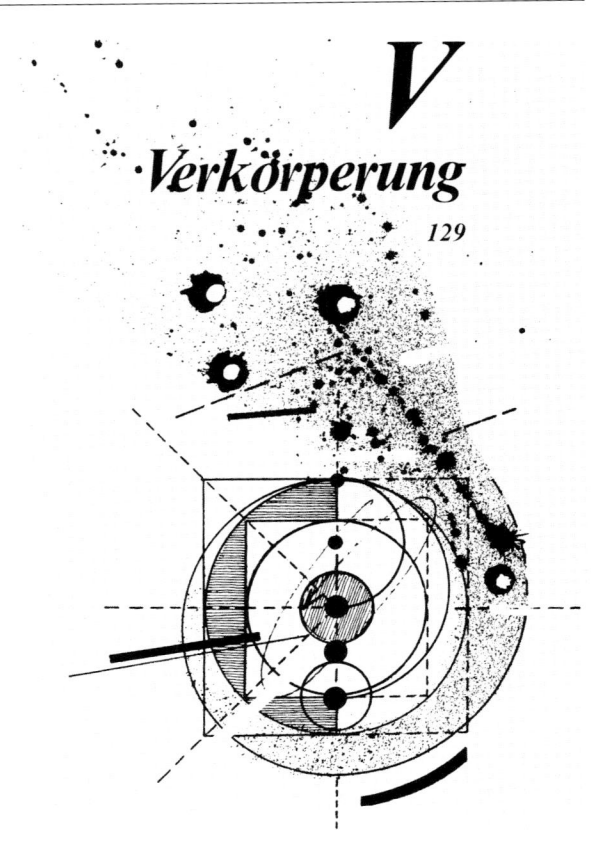

André Vladimir Heiz, graphisch gestaltetes Blatt zu Kapitel V seines Buches «(O)».

Oben: Yvette Z'Graggen.
Unten: Werner Wiedenmeier.

Sprache ist ein Gefängnis, unsere Wirklichkeiten sind Geschichten aus zweiter Hand: *Unter Geschwüren von Details, sublimen Zusammenhängen, entsetzlich klarmotivierten Komplikationen taucht manch einer überhaupt nie aus Geschichten zum Leben auf.* Heizens letztes Buch *Yoyo* ist befremdlich anders. Geblieben ist nur die polyglotte Anspielungsfülle, eine west-östliche Weisheitsfolie. Sonst ist es der seltsame Roman einer seltsamen Liebe, in dem der Leser als «lieber Leser» angesprochen wird und der Autor «unserem» Lukas auf den Fersen und im Gehirn bleibt, ein jahrlanges ausschweifendes Reisetagebuch lang. Im gleichen Jahr wie *Yoyo* (1989) erschien von Heiz ein 300 Seiten starker Essay mit dem beredten Titel *Endzeit ohne Ende – die Lust am Untergang*.

Ist mit der Erwähnung dieser kulturphilosophischen Arbeit das Thema dieses Kapitels schon überschritten, so muss auch ein anderer Autor wenigstens genannt werden: Hanspeter Padrutt – er ist 1939 geboren, wohnt in Ennenda und arbeitet als Facharzt für Psychiatrie und Psychotherapie – hat unter dem Titel *Der epochale Winter* im Diogenes-Verlag seinen hochinteressanten Beitrag zur End- oder Wendezeitproblematik vorgelegt.

Die Heimkehrer

Wie in jedem Teil und Teilchen Europas fehlt es im Glarnerland nicht an Leuten, die schreibend Ursprünge suchen: die ihrer Herkunft, die ihres Bewusstseins, die ihrer Gesellschaft. Da ist zum Beispiel die im Tessin lebende *Betty Knobel* (1904). Sie hat ihre liebenswürdigen Hinterländer Jugenderinnerungen mit dem fragenden Titel *Vergessene Reise?* überschrieben, um am Ende, arglos, *die klare Antwort zu geben, dass die Kindheit nie und nimmer eine vergessene Reise sein kann.*

Viel hintergründiger kündigt sich *Yvette Z'Graggens* Gang zu den Vätern an: *Changer l'oubli*. Vergessenheiten auswechseln? Das Vergessen ändern? Oder wie der deutsche Titel heisst: *Heimkehr ins Vergessene?* Yvette Z'Graggen (1920) ist eine bekannte Genfer Schriftstellerin, hat dreissig Jahre lang für Radio suisse romande und später für die Comédie de Genève gearbeitet, und sie hat eine ganze Reihe von Büchern geschrieben, von denen mehrere auch in deutscher Übersetzung vorliegen. Sie ist eine Genferin von Anfang an, anders als ihr Vater, der, Urner dem Heimatschein nach, in Luchsingen als Sohn eines Metzgers aufgewachsen war und sich – dem unbeschönigenden, aber liebevollen Bericht der Tochter folgend – nicht ohne tiefe Versehrungen zum Genfer Bourgeois durchhäutete. Mehr als fünfzig Jahre nach ihrem letzten Kinderbesuch macht sich die Tochter – à la recherche du temps perdu – nach Luchsingen auf. Der Bericht ist in einer Sprache geschrieben, die auf den ersten Seiten befremdend manieriert wirkt, sich aber immer mehr als massgeschneidertes Gewand für den subtilen Erinnerungskörper erweist.

Von Zeit zu Zeit schauen sie auf mich. Auf eine Art, die mir ein Greuel ist: mitleidig. Man spricht von mir, ich bin vielleicht der Einsatz in dieser Partie, die hier gespielt wird, und von der ich nur das Wesentliche verstehe: die Grossmutter verweigert das Geld, um das zu bitten Mama auf Geheiss von Papa gekommen ist, und obendrein wirft sie Papa vor, ein Tunichtgut oder so etwas ähnliches zu sein, dass sich Carl viel besser mache, er, der kein Studium hinter sich habe, der sich nicht für einen Monsieur halte... Um sie zum Schweigen zu bringen, müsste ich wohl wie Mama anfangen zu weinen, vielleicht würde es diese böse Frau erweichen, ihre Enkelin weinen zu sehen. Aber ich kann nicht weinen, ich bin zu wütend.
Schliesslich hat sich die Grossmutter beruhigt, ist mir mit der Hand über den Kopf gefahren und hat dabei tröstende Worte gesprochen. Mama hat sich die Augen getrocknet.
Und genau hier endet der kleine Film meiner Erinnerungen. Bricht plötzlich ab. Nichts mehr.

Auf eine andere, schmerzlichere Erkundungsfahrt in die Vergangenheit begibt sich *Emil Zopfi* (1943) in *Lebensgefährlich verletzt*, eine Nachforschung. Im Jahre 1951 kam die Mutter des damals achtjährigen Knaben bei einem Verkehrsunfall ums Leben:

«Er muss nach Hause kommen. Die Mutter ist verunglückt.» Sie spricht ruhig, klar. Sie lügt nicht. Draussen schlägt ihm das grelle Licht ins Gesicht. Die brutale, weisse Fassade der Fabrik blendet. Ihre schwarzen Fensterlöcher beginnen sich plötzlich zu bewegen, als wolle auch jenes Gebäude einstürzen, als wolle alles zerfallen, zerbrechen, das Dorf, die Wiesen, Wälder, die Hügel rundum. Die ganze Welt.

Das traumatische Ereignis hat sein ganzes Leben eingefärbt, aber erst viel später macht er sich an die Spurensicherung; er fährt den Dokumenten und Zeugnissen jenes Unfalls nach und findet dabei auf Wegen und Abwegen die Wurzeln seines eigenen Wesens.

Emil Zopfi hatte in seiner Jugend – sein Vater war Textilarbeiter im obersten Tösstal – die Berge seines Herkunftskantons als ferne Kulisse vor sich. Seither hat er sie sich angeeignet, als Kletterer, als Schriftsteller *(Die Wand der Sila)* und als auf dem Kerenzerberg lebender Heimkehrglarner. Er hat als ungelernter Arbeiter begonnen, dann Elektrotechnik studiert, als wissenschaftlicher Mitarbeiter an der ETH und als Spezialist für Prozesssteuerung bei IBM gearbeitet, bis er 1977 nach Erscheinen seines ersten Romans *(Jede Minute kostet 33 Franken)* erstaunt feststellte, dass er nun Schriftsteller war. Er hat für seine Romane, seine Jugend- und Kinderbücher gleicherweise Anerkennung gefunden, und er hat eine lange Reihe von stets nachdenklichen Hör- und Fernsehspielen geschaffen, fast immer zum Thema Computer. Am meisten erstaunt, dass dieser verinnerlichte Mensch mit seinem Du-Verlangen gerade die Informatik zu seinem Beruf gemacht hat. Es ergibt sich eine erregende Mischung von Faszination und Distanz zu seinem Thema. Ist Zopfi vernetzt oder versponnen? Seine Sprache ist bald beherzt und einfallsreich, bald eher schwerflüssig – nie aber selbstgefällig und immer um Sinn bemüht.

Als letzte soll die Schriftstellerin vorgestellt werden, die einem als erste einfällt, wenn man nach Glarner Autoren gefragt wird: *Eveline Hasler*. Sie wurde 1933 in Glarus geboren und lebt heute mit ihrer Familie in St. Gallen, wo sie nach Studien in Freiburg und Paris auch einige Zeit Lehrerin war. Für ihre Bilder- und Jugendbücher wurde sie mit dem schweizerischen Jugendbuchpreis ausgezeichnet. Heimgekehrt ist sie in dem Sinne, dass sie in ihrem Ausgangsland Glarus die Stoffe für drei ihrer vielgelesenen Romane gefunden hat. Der erste, *Anna Göldin, letzte Hexe*, stützt sich auf das reichhaltige Archivmaterial über den berühmten und schon von Kaspar Freuler in einem stimmigen Epos gestalteten Gerichtsfall aus dem 18. Jahrhundert. Eveline Hasler breitet die Dokumente vor dem Leser aus und formt aus der Rheintaler Magd eine selbstbewusst sich emanzipierende Frau. Der Roman dient als Vorlage für die Verfilmung des Stoffs durch Gertrud Pinkus.

Für *Ibicaba, das Paradies in den Köpfen* stand ihr unter anderem der authentische Bericht des Prättigauer Auswanderers Thomas Davatz zur Verfügung. Er war im Besitz seines Urenkels Rudolf Zwicky, Lehrer in Matt, der seinerseits auch Glarner Material über die Auswanderung nach Nord- und Südamerika gesammelt hatte. Eveline Hasler fertigte daraus ein lebensvolles Gemälde, in dem beides vereinigt ist: die bedrükkende Realität in der Alten und die trügerische Utopie in der Neuen Welt.

Ein anderer Lehrer – die Kärrner der Literatur sollen nicht unerwähnt bleiben –, Heinrich Stüssi, hatte Material zusammengetragen über den Titelhelden von Eveline Haslers drittem Glarner Roman, *Der Riese im Baum*, Melchior Thut. Der war aber nur ein sehr langer Mann, und zur mythischen Gestalt eines Riesen fehlte ihm viel. Er ist denn eigentlich in Eveline Haslers Geschichte auch mehr eine «Leitfigur», die den Leser durch die Gesellschaften des vorrevolutionären Europas leitet. Und die ergiebigste Quelle – die auch unaufdringlich immer wieder aktuelle Bezüge zulässt – sind die berühmten Dokumente über Hofhaltung und Regierung des Herzogs Karl Eugen von Württemberg.

Das Kompositionsprinzip aller drei Geschichten ist die Collage. Ein Beispiel für Eveline Haslers unverkennbaren Sprachduktus, entnommen aus *Ibicaba*, soll diesen fragmentarischen Überblick über das glarnerische Schrifttum im letzten Jahrtausend-Dezennium beschliessen.

Die 6000 Kaffeebäume sind abgeerntet. Davatz spornt die Kinder an, zwischen dem Laub nach später gereiften Kirschen zu suchen. Unterhalb der Böschung, auf dem staubigen Feldweg, hält der Ochsenkarren.
Schwarze sammeln die mit Kaffeekirschen gefüllten Körbe und Stören ein.
Nach dem Aufladen blicken Vergueiros Sklaven zum Hang hin, zu den sich bückenden, sich reckenden Rücken der Schweizer.
Diese weissen, fingernden Hände im Kaffeelaub.
Wie Mehlwürmer, diese suchenden, sich windenden Finger, die Schwarzen lachen. Margarete stellt den Korb ab, winkt ihnen zu. Ihr Bruder stösst sie in die Seite: «Lass das! Wir sind Weisse, Schweizer, die dort Sklaven.»

Nachtrag des Herausgebers. Der Verfasser dieser Standortbestimmung zur Glarner Literatur hat einen Namen nicht erwähnt: seinen eigenen. *Otto Brühlmann*, 1928 als Bürger von Amriswil geboren, ist seit 35 Jahren Sekundarlehrer in Matt. Daneben wirkt er in anregender Weise in der Kulturförderung, wobei er sich besonders für glarnerische Literatur einsetzt, die abseits des Wohlbekannten und Wohlgeliebten liegt. Otto Brühlmann veröffentlichte im Laufe der Jahre auch etliche eigene schriftstellerische Arbeiten, vor allem einige gesellschaftlich engagierte Theaterstücke, zudem genau beobachtende Lyrik und Prosa sowie hellhörige Buchbesprechungen und scharfsinnige Stellungnahmen zu Zeitfragen. Beachtung und Anerkennung finden auch die Theateraufführungen, die er gelegentlich mit seinen Schülern und mit Jugendlichen erarbeitet; neben fremden Werken spielen sie gemeinsam verfasste oder aus seiner eigenen Feder stammende Stücke.

Oben: Emil Zopfi.
Unten: Eveline Hasler.

Musik und Theater

Wolfgang Meixner

Titelblatt von Glareans «Isagoge in musicen», 1516. Holzschnitt von Hans Holbein d. J. Exemplar, das Glarean seinem Freund Huldrych Zwingli schenkte. Die «Isagoge» ist ein kleines Lehrbuch zur Einführung in die Musiktheorie. (Zentralbibliothek Zürich)

Ist das Glarnerland fruchtbarer Boden für Kultur?

Gibt es ein glarnerisches Konzept kultureller Betätigung, das nicht ein verkleinertes Abbild grösserer Schweizer Städte wie Zürich, Basel, Bern oder Genf ist, ein Konzept, das eigenständig und eigenwillig ist, ein Steinchen im gesamten eidgenössischen Mosaik, das eine unverwechselbare Farbe hat und ein unverzichtbarer Akzent ist? Ein solches Konzept kann nicht in einer törichten Gleichung aufgehen: «Kultur-Etat Zürich durch 30 gleich Kultur-Etat Glarus», nur weil man mit «Bevölkerungszahl Glarus mal 30» in etwa die Bevölkerungszahl Zürichs erreichen würde. Die Resultate eines derartigen kulturellen Leistungsvergleiches könnten für beide Teile beschämend oder imponierend ausfallen, je nach Art der Interpretation.

Man soll sich fragen: Wie fruchtbar ist der Boden für das Gedeihen von Kultur und für Kulturschaffende? Man muss auch Zielsetzungen kennen und was die geistige Spannkraft kulturbeflissener und neue Wege einschlagender Persönlichkeiten vermag und kann. Und dann die Kernfrage: Was ist glarnerische Kultur? Müssen die Animatoren Glarner sein? Gebürtige? Assimilierte? Hier Wohnhafte – reicht das? Wird hingenommen, dass das reicht?

Natürlich spielt Geld eine wesentliche Rolle. Wer stellt davon wieviel zur Verfügung? Wer kauft Kulturgut ein? Wer produziert selbst, und wem von den Produzierenden steht wieviel zu? Wie frei ist der Kulturschaffende? Hat auch er des Lied zu singen, des Brot er isst?

Und dann das schmeichelnd, wütend und verzweifelt umworbene Publikum, das einen Künstler bewundert, idealisiert, vergöttert, handkehrum ignoriert, ins Abseits schickt, totschweigt – was auch Sache des persönlichen Charismas ist und oftmals mit tatsächlicher Leistung nichts mehr zu tun hat. Soll man sich mit dem Publikum einlassen? Es zahlt ja! Hat es Sachverstand oder soll man so tun, als ob es ihn in ausreichendem Masse hätte?

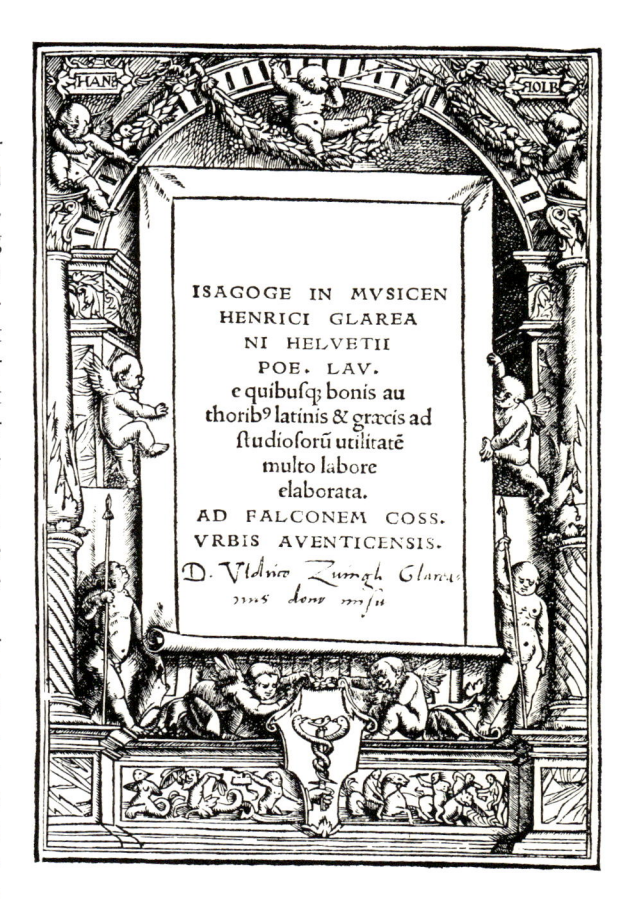

Kulturelle Aktivitäten sind abhängig von denen, die Kultur schaffen, die Kultur ermöglichen, die sie bejahen, aufnehmen und widerspiegeln – im wörtlichsten Sinne. Eine kulturelle Tradition bereitet den Boden vor, kann aber auch hinderlich sein.

Bescheidene Tradition

Schon aus dem 16. Jahrhundert weiss man von «Comödien» am Karfreitag – von Passionsspielen, die bereits damals von der Obrigkeit mit einem Beitrag subventioniert wurden. Huldrych Zwingli als Leutpriester in Glarus und sein Freund Heinrich Loriti aus Mollis, genannt Glarean, hoben das Land Glarus aus einer kulturellen Grauzone heraus und führten es einem humanistischen Früh-

Cembalo, das Burkhard Tschudi 1771 in London anfertigte. (Museum des Landes Glarus, Näfels)

ling zu, der natürlich ländlich und kirchlich geprägt war. Musik hiess im Glarnerland während Jahrhunderten Volks- oder Kirchenmusik; Theater war gleichbedeutend mit geistlichen Spielen, die vor allem die katholischen Kirchgemeinden pflegten.

Im frühen 18. Jahrhundert wanderte ein sechzehnjähriger Jüngling von Schwanden nach London aus: Burkhard Tschudi (1702–1773), der sich zu einem hervorragenden Cembalobauer emporarbeitete. Händel lobte seine Instrumente, der Preussenkönig Friedrich erhielt ein Cembalo von ihm zum Geschenk, Haydn besuchte ihn, und einer von Tschudis ausserordentlichen Flügeln wurde «vom ausserordentlichsten Klavierspieler dieser Welt ... durch den sehr berühmten acht- oder neunjährigen Mozart zum ersten Mal gespielt».

Ein Tschudi musste auswandern, um Hersteller eines komplizierten Instruments zu werden. In unserer Zeit, wo alle industriellen und gewerblichen Voraussetzungen auch in Bergtälern geschaffen sind, vermag ein tüchtiger Orgelbauer in Näfels eine eigene Firma zu gründen, die dann europäische Geltung erlangt: die *Orgelbau M. Mathis & Söhne AG*.

Am 8. Mai 1810 findet im Hause «Auf der Insel» in Glarus das erste nachgewiesene Orchesterkonzert im Glarnerland statt: Zur Aufführung gelangt eine «grande Musica ed Oratorio» für Solisten, Chor und Orchester des einheimischen Caspar Balthasar Tschudy. Die erste Hälfte des 19. Jahrhunderts erlebt zweimal die Gründung einer Musikgesellschaft, die als Vorläuferin der heutigen Glarner Konzert- und Theatergesellschaft gelten kann. In der Folge werden eine Blasmusik mit hohen Zielsetzungen und ein kantonaler Sängerverein mit drei Filialvereinen aus der Taufe gehoben.

Vom Cäcilienverein zum Glarner Kammerchor

Am 11. Dezember 1881 findet in der Höheren Stadtschule Glarus eine folgenschwere Gründungsversammlung statt: Der *Cäcilienverein Glarus* konstituiert sich – hier handelt es sich um einen Gemischten Chor. Die Statuten umschreiben das Anliegen des neugegründeten Chores, dessen Männer als Mitglieder von Männerchören für gutnachbarliche Beziehungen sorgten, so: «Zweck des Cäcilienvereins ist die Pflege aller Stufen des Gemischt-Chor-Gesanges vom einfachsten Volkslied bis zum klassischen Oratorium.»

Die ersten Programme zeugen von Phantasie und Mut; freilich konnten die Veranstalter mit einem noch ungestillten Hunger nach grosser Musikliteratur rechnen. Die ersten Titel sind «Dornröschen» von Perfall (ein noch etwas schüchterner Anfang), «Der Rose Pilgerfahrt» von Schumann, «Athalia» von Mendelssohn, Schillers «Glocke» von Alexander Romberg; Opern in konzertanter Aufführung: «Freischütz», «Das Nachtlager in Granada» und das Mendelssohn-Fragment «Loreley». Die ersten Oratorien erscheinen dann in periodischer Folge immer wieder: Haydns «Schöpfung» (1884), «Die sieben Worte des Erlösers» (1900), «Die Jahreszeiten» (1911), Beethovens «Christus am Ölberg» (1893), die populärsten Händel- und Mendelssohn-Oratorien – und immer auch Werke zeitgenössischer oder noch vor kurzem lebender Komponisten. Ein besonderes Verhältnis scheint man zu Brahms' «Deutschem Requiem» entwickelt zu haben, zu dessen Aufführung im Jahre 1897 man sich vom Komponisten die Erlaubnis für eine Fassung mit Orgelbegleitung erbeten hat. 1896 wird zum ersten Mal Bachs Matthäuspassion gesungen, 1901 Mozarts Requiem, 1910 sogar jenes von Verdi.

Die initiativen Leiter des Chors hiessen Eugen Dieffenbacher, Glarus, Franz Rasenberger von Heilbronn, Heinrich Zwicky von Mollis, Josef Castelberg von Ilanz, Max Grundig von Erfurt und Oskar Leu von Zürich. Trotz der Abwanderungstendenzen der Männerstimmen zum Männerchor «Frohsinn» brachte man es – dank vereinter Kräfte und gutnachbarlicher Beziehungen – weiterhin zu Aufführungen von Werken der grossen Chorliteratur. Sofern man nicht – damals schon – auswärtige Orchester aus Zürich, Winterthur, St. Gallen oder Konstanz beizog, begleitete das mit dem Männerchor «Frohsinn» liierte Liebhaberorchester, aus dem später das Glarner Kammerorchester hervorging.

Die mit glarnerischem Etikett versehenen Musiziergemeinschaften standen jeweils zusammen mit der Harmoniemusik Glarus unter der

Sonntag, den 2. März, Nachmittags 4 Uhr,
(im grossen **Schützenhaussaale** in Glarus)

CONCERT

des

Cäcilien-Vereins Glarus,

unter freundl. Mitwirkung des löbl. Männerchor „**Frohsinn Glarus**", sowie der Solisten: Frl. Anna Hölzenbein vom Stadttheater Bern, Hr. Rob. Spörri, Musikdirektor, von Winterthur, Hr. Hans Weber von Winterthur und des Stadtorchesters von Winterthur.

Kalanus.

Dramatische Dichtung von Andersen, in 3 Abtheilungen: a Begegnung, b Alexanderfest, c Kalanus Tod; für gemischten Chor, Soli und Orchester, componirt von Niels W. Gade.

Eintrittspreise:
Reservirter Platz 4 Fr.   I. Platz 2 Fr.   II. Platz 1 Fr.

Inserat in der «Neuen Glarner Zeitung» vom 27. Februar 1890 für ein Konzert des Cäcilienvereins Glarus mit dem Männerchor «Frohsinn» und dem Stadtorchester Winterthur. Zur Aufführung gelangte das heute kaum mehr gespielte Chorwerk «Kalanus» des dänischen Komponisten Niels W. Gade (1817–1890).

Leitung eines einzigen Mannes, der seinen mit Konservatoriumsabschluss erworbenen Titel «Musikdirektor» zu Recht führte.

Prägende Persönlichkeiten
Als *Jacob Gehring* dem Cäcilienverein vorstand, war dieser kein gemischter Chor mehr. Es blieb ihm einstweilen nichts übrig, als die Literatur der Frauenchöre zu durchforsten. Trotzdem führte er – gemeinsam mit dem Männerchor «Frohsinn» – weiterhin auch Oratorien auf: Die Schöpfung, Der Rose Pilgerfahrt, Elias, Saul, Samson.

Dieses Erbe trat 1934 *Erich Schmid* (1907) an: eine Legende und doch noch Gegenwart. Schmid kam von Balsthal und ging in Glarus mit Feuereifer an die neue Aufgabe, regte eine Chorschule an, reorganisierte das Kammerorchester und dirigierte als letzter eigentlicher «Glarner Generalmusikdirektor» auch die Harmoniemusik. Als Komponist war ihm die Pflege zeitgenössischer Musik ein Anliegen. Paul Müller vertraute 1943 dem Cäcilienverein «Den Sonnengesang des heiligen Franz von Assisi» zur Uraufführung an. Danach machte Schmid eine aussergewöhnliche Karriere: 1949 Berufung als Nachfolger von Volkmar Andreae an die Spitze des Tonhalle-Orchesters Zürich und des Gemischten Chors Zürich, 1957 Chefdirigent des Radioorchesters Beromünster, Gastdirigent in vielen Städten des Auslands und Leiter der Dirigentenklasse an der Musikakademie Basel. Noch heute vergeht kaum ein Tag, an dem nicht irgendeine Rundfunkstation eine Aufnahme mit Erich Schmid ausstrahlt. 1990 zeichnete ihn die Stadt Zürich mit der Hans-Georg-Nägeli-Medaille aus.

Da schien es 1949 schwer, in Glarus einen würdigen Nachfolger zu finden. Doch ergab sich eine glückliche Wahl mit dem in Betschwanden geborenen *Jakob Kobelt* (1916–1987): ein Glarner sozusagen, wenn auch nicht gerade mit einer Glarner Ahnengalerie, aber stets hier wohnhaft. Kobelt brachte eine gründliche und vielseitige Ausbildung mit; sein musikalisches Wesen hatte aber die Orgel geprägt. Trotz seiner intensiven und unermüdlichen Tätigkeit im Kanton als Orchester- und Chorleiter, als Organist an der Stadtkirche und als Musiklehrer hielt es ihn nicht ausschliesslich hier. Er leitete während 40 Jahren das Thurgauer Kammerorchester, übernahm 1962 die Kantorenschule am Institut für Kirchenmusik in Zürich, war Kantor am Grossmünster Zürich und Konsulent für Orgelfragen bei der Eidgenössischen Denkmalpflege. Parallel zum Cäcilienverein, der sich 1957 wieder zu einem gemischten Chor konstituierte, leitete er in Zürich auch den von ihm gegründeten Kammerchor Kobelt. Zürich erkannte ihm die Hans-Georg-Nägeli-Medaille zu, der Stand Glarus den Kulturpreis.

Kobelts Schüler und Organistenkollege *Peter Eidenbenz* (1936) trat 1964 in Glarus in dessen Fussstapfen, ein Feuergeist, der Laien wie Professionelle mit verführerischer Strategie zu den Stufen des Musik-Parnass lenkt. Neben dem bisherigen Repertoire brachte er auch Kompositionen von Kodaly, Honegger, Carl Orff und Dvorák zu Gehör. Unvergesslich bleibt seine Interpretation von Willy Burkhards «Das Gesicht des Jesajas». 1975 reiste der *Glarner Kammerchor*, der sich unter Eidenbenz diesen Namen gab, zusammen mit dem Zürcher Bach-Chor nach Paris und Autun, um dort Bachs Hohe Messe aufzuführen. Eidenbenz, der in Mollis wohnhafte Zürcher, verlagerte seine Tätigkeit allmählich ganz nach Zürich und Basel. Seine Abschiedstat war Verdis Requiem in der SGU-Linthhalle Näfels, bei dem das Tonhalle-Orchester – wie lange schon nicht mehr? – zu Gast war.

Aus einer Flut von respektablen Kandidaten wählte dann der Vorstand des Glarner Kammerchors *Alois Koch* aus Luzern. Dem Gelehrten unter den Dirigenten des Kammerchors gerieten die Werke der deutschen Romantik (Schubert, Brahms, Bruckner) besonders gut; er grub aber auch vergessene Kapazitäten wie den Hamburger Dom- und Opernkapellmeister Reinhard Keiser aus. Nach seinem Weggang im Jahre 1984 baute Koch in Luzern die Akademie für Kirchenmusik und Schulmusik zu einem hochstehenden Institut aus.

Seither leitet *Christoph Kobelt* den Glarner Kammerchor, ein ähnlich enthusiastischer Dirigent wie sein Vater, mit einem guten Schuss Vollblutmusikantentum. In den letzten Jahren begreift er die Musik des Barock aus der Klangvorstellung alter Instrumente, was zu kompromisslosen Aufführungen des Kantatenwerks von Bach und seiner Matthäuspassion geführt hat, deren expressiver Charakter begeistert, erschreckt, teilweise auch abschreckt.

Ensembles mit und ohne Glarner Etikett

Vom *Glarner Kammerorchester*, dem normalerweise der Dirigent des Glarner Kammerchors vorsteht, war die Rede. Beide Körperschaften wählen ihren Dirigenten selbständig: der Fall, dass sie eine Wahl in Uneinigkeit treffen, ist ohne weiteres denkbar, hat sich aber bisher nicht ereignet. Dieses ursprüngliche «Frohsinn»-Orchester entwickelte sich nicht geradlinig, war auch schon vom Untergang bedroht. Heutzutage bestreitet es alljährlich ein Sinfoniekonzert, und mindestens im Zweijahresturnus begleitet es, durch Zuzüger verstärkt, die grossen Werke des Chor-Repertoires.

Dass Glarus auch mal auf zwei Orchester verweisen kann, hat in jüngster Zeit eine Neuauflage erlebt. 1959 scharte der damals noch sehr junge, in Glarus aufgewachsene Musiklehrer *Rudolf Aschmann* seine besten Schüler um sich. Bald einmal nannte sich dieses Orchester *Musikkollegium junger Glarner*. Es stellte sich immer grössere Aufgaben, was einen intensiveren Probenaufwand nach sich zog. Heute hat das *Glarner Musikkollegium* einen Wandel zur Professionalität vollzogen und setzt sich vorab aus Zürcher Musikern, Musiklehrern und nur noch vereinzelten Amateuren zusammen. Oft verpflichtet es hochkarätige Solisten und macht regelmässig Radio- und Schallplattenaufnahmen. Das Orchester pflegt ein breit gestreutes Repertoire und betreut manche Uraufführung.

Mit der Einführung eines jährlichen Sinfoniekonzertes unter dem Patronat des Regierungsrates konnten sich die Dirigenten des Kammerchors auch als Orchesterleiter profilieren. So hörte man unter hauseigener Leitung die sinfonischen Orchester von Winterthur und Zürich, viel früher auch jene von Konstanz und St. Gallen. Neuerdings lädt die Glarner Konzert- und Theatergesellschaft (GKTG) das Radio-Sinfonieorchester Basel ein, das vor allem deshalb bezahlbar ist, weil jeweils in Glarus Radioaufnahmen aufgezeichnet werden. Das bedingt allerdings, dass hier nun auswärtige Gastdirigenten auftreten. Daneben sind im Kanton Glarus gelegentlich auch andere Orchester zu hören, namentlich das hohe Massstäbe erfüllende Schweizerische Jugend-Sinfonieorchester, in dem immer wieder junge Glarner Musiker mitspielen.

Glarner Musikschule

Die 1971 gegründete Musikschule entwickelte sich unter der umsichtigen und engagierten Leitung von *Hans Brupbacher* zu einem fruchtbaren Nährboden des Musiklebens. Sie begann mit 85 Schülern; 1991 unterrichten über 50 grösstenteils konservatorisch ausgebildete Musiklehrer 950 Schüler in vielerlei Instrumenten, im Zusammenspiel und im Gesang. Neben Hauskonzerten führt die Musikschule gelegentlich auch Austauschkonzerte mit anderen Musikschulen im

Oben: Glarner Kammerchor und Kammerorchester musizieren unter der Leitung von Alois Koch in der Pfarrkirche Näfels.

Rechte Seite:

Oben: Die Harmoniemusik Glarus anlässlich des Abschiedskonzertes ihres langjährigen Dirigenten Franz Regli am 20. Januar 1991.

Unten: Szene aus G. F. Händels Oper «Acis und Galatea», aufgeführt 1981 in Mitlödi durch den Glarner Madrigalchor und Solisten; musikalische Leitung N. Meyer, Regie W. Meixner, Bühnenbild P. Gysin.

Musik und Theater

In- und Ausland durch. Brupbacher ist ein ausgezeichneter Flötist, der oft als Solist oder mit Kammermusikensembles auftritt.

Leichte Muse
Eine prägende Persönlichkeit der Glarner leichten Muse ist *Franz Regli*. Im Bürger von Wassen spielen ein Schuss Franzosentum und ein Spritzer Zigeunertum ihr lebensbejahendes, überschäumendes, manchmal unbeherrschtes (Un-) Wesen. Regli ist ein Allrounder: Konzert- und Jazzgitarrist, Virtuose an der Mandoline und an der griechischen Bouzouki, Klavierspieler natürlich. Ab 1957 machte er Tanzmusik im Glarnerland, musizierte in Jazzformationen, dirigierte einige Chöre und von 1972 bis Anfang 1991 die Harmoniemusik Glarus. Wenn ich ihn frage, in welcher seiner musikalischen Sparten, die von der Ländlermusik über Jazz für Blasmusik mit vorab lateinamerikanischen Rhythmen bis zur chorischen Mandolinenmusik reichen, er sich am liebsten tummle, so erfährt man mit Erstaunen: neuklassische Blasmusik im Sinne der sinfonischen Dichtung.

Neben Regli sind verschiedene Glarner Volksmusikgruppen – Ländlerkapellen und Zitherspieler – herangewachsen, die auf beachtenswertem Niveau musizieren und sich mit Schallplatten und Fernsehauftritten über die Kantonsgrenzen hinaus einen Namen gemacht haben. Eine neue Generation von Jazzmusikern erfindet nicht nur phantastische Band-Namen, sondern bietet auch substantielle Musik. Manche wirken nicht mehr im Kanton, andere gründeten in der «Tönenden Halle» Glarus vorübergehend eine alternative Kulturszene.

Der Theaterkarren mit seiner Last:
von der Opera Seria bis zum Schwank

Eigenproduktionen von Kammeropern
Niklaus Meyer, ein Schüler von Kobelt und Eidenbenz, gründete 1971 eine Singgemeinschaft, die vorerst noch absichtslos musizierte, später aber doch das Bedürfnis hatte, Konzerte zu veranstalten. Der daraus entstehende *Glarner Madrigalchor* wollte auf keinen Fall als Konkurrenzunternehmen zum schon bestehenden Glarner Kammerchor verstanden werden und bevorzugte Werke, die eine kleinere Besetzung verlangen und mehr am Rande der musikalischen Literatur angesiedelt sind; etwa die Hälfte der gewählten Werke stammen aus dem 20. Jahrhundert.

Die Auseinandersetzung mit der Kunst des Madrigals aus der Monteverdi-Zeit, die Aufführung des musikalischen Epos «Le vin herbé» von Frank Martin und die konzertante Aufführung des Pastorals «Acis und Galatea» von Händel liessen den Wunsch zur Realisation szenischer Werke der Opernliteratur reifen. Selbstverständlich dachte man nicht an Repertoirewerke, wie sie das nahe Opernhaus Zürich produziert. Die Verantwortlichen für die Inszenierung, *Wolfgang Meixner* und *Peter Gysin*, hatten alternative Lösungen im Sinne. Eine Magazinhalle des Bauunternehmens Masanti in Mitlödi wurde ausgeräumt und zur Arena-Bühne umfunktioniert. Bewährte Solisten des Opernhauses Zürich sollten für Professionalität in den Hauptrollen bürgen, während Nachwuchssänger mit kleineren Partien die Möglichkeit erhielten, ohne Produktionsdruck sich in eine Rolle einzuarbeiten. Mit Haydns «L'anima del filosofo ossia Orfeo ed Euridice» kam die Berner Oper einer schweizerischen Erstaufführung in Mitlödi um zwei Jahre zuvor; E.T.A. Hoffmanns «Undine» war dann wirklich eine schweizerische Erstaufführung.

Bei Rimski-Korsakows Einakter «Mozart und Salieri» unter dem Team Kobelt-Meixner-Gysin handelte es sich wieder um eine schweizerische szenische Erstaufführung. Es spielte das Glarner Kammerorchester, das mit Mozarts «Bastien und Bastienne» und Pergolesis «La Serva Padrona» mit Eidenbenz-Meixner-Gysin den Reigen der musikalischen Bühnenwerke eröffnet hatte.

Theater Glarus
Mit der Wahl Wolfgang Meixners zum hauptamtlichen Regisseur des «Theaters Glarus» ist wohl auch besiegelt, was sein Vorvorgänger Hans Hauser in die Wege leitete: wegzukommen vom Heimatschutz-Theater-Gedanken, mit dem sich die «hohen» Namen der Literatur wie Max Frisch, Friedrich Dürrenmatt, Curt Goetz, J.B. Molière nicht ohne weiteres vertragen. Was bleiben soll, ist die Idee vom Volkstheater, weshalb die Stücke bekannter Bühnenautoren auch durchwegs ins Glarnerdeutsche übersetzt werden, dem sich nicht einmal der alte Aristophanes sperren darf.

Das Trio Glareanum, Glarus, mit Katharina Hänggi, Violine, Hans Beat Hänggi, Cembalo, und Hans Brupbacher, Flöte.

Das von Rudolf Aschmann geleitete Glarner Musikkollegium mit dem Hornisten Jakob Hefti.

Die Glarner Konzert- und Theatergesellschaft (GKTG)

Jahrzehntelang bemühte sich die Glarner Konzert- und Vortragsgesellschaft darum, die Reise nach Zürich entbehrlich zu machen und Grössen des schweizerischen und europäischen Musiklebens auch hier auftreten zu lassen: Zukerman, Galway, Meisenberg spielten hier, das Vegh- und das Melos-Quartett und die Geigerin Johanna Martzy, die verehelicht war mit dem Verleger Tschudi und darum in Glarus wohnte. Später kamen professionelle Theateraufführungen vom Stadttheater Chur, so dass sich der neue Name «Glarner Konzert- und Theatergesellschaft» einbürgerte. Das Stadttheater Chur verlor allmählich sein Gastspielmonopol, indem sich der Kreis der Gasttheater auf die kleinen Bühnen der Schweiz wie Biel-Solothurn, Aargau (Schweizer Gastspiel-Oper), Baden (Die Claque), Bern (Ateliertheater), Dornach (Goetheanum), St. Gallen, Zürich (Theater für den Kanton Zürich, Opera Factory und Theater am Neumarkt) erweiterte.

Als die Landesgrenzen zu Deutschland und Österreich immer mehr ihren trennenden Charakter verloren und die erschwinglichen Provinzbühnen dem Startheater mit Inszenierungen von Intelligenz und frischem Wind den Rang abliefen, holte man auch Bühnen des benachbarten Auslands in den Kanton: Bregenz, Tübingen, Esslingen, Konstanz. Der Vorstand der GKTG traf die Auswahl der Stücke: Klassiker (Schiller, Kleist, Goethe), 19. Jahrhundert, bewährte Autoren der Gegenwart, unter denen die Schweizer Nationalheiligen Dürrenmatt und Frisch nicht fehlen durften, hie und da eines jener Stücke, die wie ein Virus alle Sprechbühnen erfassten und doch Eintagsfliegen blieben. Die mutigen Taten bestanden weniger im kühnen Griff nach Neuheiten, als vielmehr im Inszenierungsangebot der Gastbühnen, ob es sich um Klassiker oder Zeitgenossen handelte.

Braunwalder Musikwoche: ein Festival mit Tradition

1985 feierten die Braunwalder Musikwochen ihr 50-Jahr-Jubiläum. Dieses älteste schweizerische Festival wurde inzwischen von anderen, betuchteren überrundet. Braunwald, der autofreie Kurort, konnte sich, musste sich treu bleiben. Die Kombination heisst: Musik – Natur – Gastronomie. Dr. Nelly Schmid und Prof. Antoine-Elisée Cherbuliez kreierten diesen Gedanken in den dreissiger Jahren. Deutschland und Österreich ächzten unter der Nazi-Diktatur. Mancher missliebige Volksfeind flüchtete nach Braunwald, um hier zu referieren, zu musizieren. Der prominenteste Vertreter war wohl Prof. Bernhard Paumgartner. An Honorar gab es anfangs kaum etwas zu holen. Die noch junge und schon bekannte Sopranistin Maria Stader lud nach einem Konzert einige Freunde zum Kaffee ein und gab dabei bereits die ganze Gage wieder aus. Trotzdem oder gerade deswegen waren die Braunwalder Musikwochen eine Pionierleistung. Manch angehender Star verdiente sich hier die ersten Sporen. Manch neues Werk nahm von hier aus seinen Weg in die Konzertsäle.

Jede Woche steht unter einem Generalthema, dem sich Referenten wie Interpreten in mehr oder weniger enger Anlehnung verpflichten. Freilich zwingt allein schon die Raumfrage zur Beschränkung auf Kammermusik. Der «Bellevue»-Saal fasst eng gestuhlt höchstens dreihundert Personen. Grosse Orchesterkonzerte sind nicht denkbar. Braunwald ist immer noch der einzige Ort im Kanton Glarus, der glarnerische, schweizerische und ausländische Prominenz auf den dichten Raum einer Woche im Juli regelmässig zu vereinen vermag.

Platznot in der glarnerischen Kulturlandschaft

Schläfrig sind die glarnerischen Kulturschaffenden – Produzierende wie Veranstalter für einmal in den gleichen Topf geworfen – gewiss nicht. Vor mir liegt das vor Redaktionsschluss dieses Buchbeitrages aktuelle «Demnächst», der beliebte und mittlerweile notwendige Glarner Kulturkalender. Die Veranstaltungen sind am linken Rand aufgereiht: Pfarrkirche St. Hilarius Näfels, Stadtkirche Glarus, Aula Kantonsschule zweimal, evangelische Kirche Schwanden zweimal, Saal Musikschule Glarus, Jakobsblick Niederurnen. Die Kirchen dominieren wie zu alten Zeiten. Nicht ersichtlich ist, dass auch das Hinterland von Schwanden bis Linthal wie das Sernftal eine rege kulturelle Tätigkeit entwickeln. Kirchenkonzerte häufen sich: gut ausgebildete Organisten und Chorleiter sind das Erbe der Pädagogen Kobelt, Eidenbenz, Meyer.

Auch die Preiskategorien sind aufschlussreich. Das Teuerste sind das Sinfoniekonzert mit dem Basler Radioorchester und das Gastspiel der Dimitri-Kompanie aus Verscio mit je 25 Franken. Der Durchschnittsglarner empfindet das als einen stolzen Eintrittspreis, beachtet aber zuwenig, dass man mit dem gleichen Geld in Basel und Zürich hinter einer Säule sitzt und den Fagottisten Erich Zimmermann aus Ennenda oder den Hornisten Jakob Hefti aus Schwanden, die Spitzenpositionen im Zürcher Theater- und Tonhalle-Orchester besetzen, nur mit verrenktem Hals oder dem Opernglas ausmachen kann. Der billigste Eintritt liegt bei zehn Franken bei einem Jazz-Konzert mit zum Teil kantonseigenen Musikern; vier Anlässe erheben eine freie Kollekte. Grundsätzlich lässt sich sagen: je eigener, desto billiger oder kollektiger; ein erkleckliches Mass an Bescheidenheit lässt sich erahnen.

Die fett gedruckte zweite Spalte des «Demnächst» gibt die Termine an. Die fast einzig möglichen Veranstaltungstage sind Sonntag, Mittwoch, Freitag und Samstag. Die Veranstalter scheuen Montage, Dienstage und Donnerstage. Das weist auf eine Besucherstruktur hin, die sich von der einer schweizerischen Grossstadt unterscheidet, die jeden Tag Kulturbeflissene auf die Beine bringt. Wer im Kanton Glarus Kultur konsumiert, arbeitet während der Woche und ist am Abend müde oder ist in einer der zahllosen Rats-, Vereins- oder Kommissionssitzungen engagiert. Mittwoch scheint man als Halbzeit der Woche zu empfinden, am Freitag zahlt man auch lieber Eintritt als am Donnerstag: Man zahlt doch nicht gerne dafür, dass man müde ist, womöglich für etwas, das müde macht. Die Kulturware sollte auch bekömmlich sein. Lieber die «Pastorale» von Beethoven als Ravels «Ma mère L'Oye». Bachs h-Moll-Messe kann sich zwei Aufführungen leisten, denn ein grosser Teil der Bevölkerung kann sie innerlich mitsingen. Strawinskys Psalmensinfonie, ein Vorkriegswerk, lockt keine Scharen ins Haus, nicht einmal in die schöne Barockkirche Näfels. Kunst und Schönheit und Harmonie ist die Gleichung, die aufgehen soll. Für Kunst mit Biss und Reibungen muss eine Lobby aufgebaut werden. Für Kultur, die ritzt und blutig macht, müssen Freunde und Bekannte aktiviert werden. Die kantonalen Behörden indes, die Geld und Räume zu vergeben haben, sind in der Regel grosszügig und fördern auch Kultur, die nicht den ausgetretenen Wegen folgt.

Der Seufzer, der glarnerische kulturelle Boden sei steinig, stimmt nicht. Es stimmt eher, dass es zu viele Gärtner gibt, die ihre Setzlinge setzen, das laugt den Boden aus. Und es besteht eine unausgesprochene Wunschvorstellung, dass sich der Kulturschaffende in Wohlverhalten übt. Vom aufmüpfigen Gast weiss man, dass ihn Auto oder Bahn wieder wegbringen – er wird seinen Applaus bekommen. Gegen das schwarze Schaf im eigenen Stall stellt man sich in der Regel taub. Die geistige Haltung für die An- und Aufnahme von Kultur ist meistens konservativ – es gilt: an Bewährtem festhalten. Es zeigt sich aber immer wieder: sollte sich ein ganz unkonventioneller Weg als gut und gangbar erweisen und spontane Zustimmung erwecken, dann kann man mit der Unterstützung der Glarner rechnen. Wilde Kandidaten haben in der glarnerischen Politik immer wieder das Rennen gemacht. Wilde Springinsfelde haben ihre Chancen. Nur: das ist ein bisschen unberechenbar.

Szene aus Joseph Haydns Oper «Orfeo ed Euridice», aufgeführt 1984 durch den Glarner Madrigalchor in Mitlödi.

Sport

Die Eidgenössischen Schützenfeste von 1847 und 1892 in Glarus

Walter Hauser

Anfänge des Schützenwesens

Auch wenn sich die historischen Wurzeln der Schützenfeste nicht genau feststellen lassen, ist doch wahrscheinlich, dass sie sich aus religiösem Brauchtum heraus entwickelt haben. So ist schon aus dem antiken Griechenland bekannt, dass sich mit dem Toten- und Ahnenkult sportliche Wettkämpfe verbanden. Mit der späteren Christianisierung wurde im Rahmen solcher Kampfspiele – zu denen auch das Schiessen gehörte – weniger der verstorbenen Vorfahren gedacht, sondern in erster Linie der Heiligen, zu deren Ehren am Tag des Kirchenpatrons, also an Kirchweihen, Kampfspiele abgehalten wurden.

Aus dieser Tradition hat sich erst allmählich das organisierte Schützenwesen herausgebildet, und zwar je mehr als Schiesswaffen in Gebrauch kamen. So gab es im Mittelalter Armbrust-, Bogenschützen- und Büchsenschützengesellschaften, die vor allem in den Zunftstädten Basel, Zürich, Schaffhausen, St. Gallen und Chur stark verbreitet waren und über deren öffentliches Wirken verschiedene spätmittelalterliche Schützenordnungen berichten. Diese Schützenvereine wurden damals keineswegs zur Stärkung der Wehrkraft ins Leben gerufen, da man dem Schiessen vorerst eine überwiegend gesellschaftliche Bedeutung beimass und sich die Schiesswaffen wegen ihrer umständlichen Handhabung für das Kriegshandwerk schlecht eigneten. Es dauerte einige Zeit, bis diese im Felde Halbarten und Langspiesse als hauptsächliche Kriegswerkzeuge verdrängen konnten. Erst von da an wandelte sich das Schiesswesen zu einer Einrichtung, die zunehmend auch sicherheitspolitische Züge annahm und von der Obrigkeit für militärische Zwecke gefördert wurde. Dadurch gewannen die Schützengesellschaften erheblich an Bedeutung, bildeten sie doch fortan eigene Heeresabteilungen, die mit ihrem «Schützenfähnli» voran in den Krieg zogen. Trotz dieser Entwicklung liess man das spielerische Element des Schiesswesens nie völlig ausser acht, sondern gab ihm weiterhin sein besonderes Gepräge, das es bis zum heutigen Tag bewahrt hat.

Spätmittelalterliche Schützenfeste

In der Schweiz kam dem Schiesswesen schon früh ein hoher gesellschaftspolitischer Stellenwert zu. Die sogenannten Gesellenschiessen gediehen jeweils zu wahren Volksfesten, an denen die Bürger befreundeter Städte zusammenkamen, um in Verbindung mit einem Schiesswettbewerb und weiteren sportlichen und festlichen Veranstaltungen die gemeinsamen Bande zu festigen. Der Volksfestcharakter dieser Anlässe äusserte sich überdies in den Umzügen zum Empfang der verschiedenen Schützenabteilungen. Diese zogen, angeführt von Trommlern und Pfeifern, zum Festplatz, wo sie sich in Form eines Kreises aufstellten und von der Bevölkerung des Festortes willkommen geheissen wurden. Das feierliche Begrüssungszeremoniell fand seinen Abschluss mit verschiedenen Ansprachen, in denen die Behördenvertreter ein paar Dankesworte austauschten und sich ihrer wechselseitigen Freundschaft versicherten. Dies war der Auftakt zu den Wettkämpfen und Lotteriespielen, an denen die Teilnehmer in verschiedener Weise ihre Geschicklichkeit und ihr Glück auf die Probe stellen konnten. Zu gewinnen gab es verlockende und begehrte Preise, etwa kostbare Silber- und Zinnbecher sowie Kleidungsstücke und Tücher in den Standesfarben. Derartige Preise bildeten zusammen mit der Pflege der Geselligkeit einen wichtigen Bestandteil dieser Volksfeste, die meist mehrere Tage dauerten und die schliesslich ebenso feierlich zu Ende gingen, wie sie begonnen hatten. Die spätmittelalterlichen Gesellenschiessen waren Ausdruck spontaner Lebensfreude. Sie brachten den Leuten Abwechslung und neue Kontakte in den eintönigen, nicht selten von Bitterkeit und Elend geprägten Alltag.

Politische Bedeutung des Schützenwesens zur Regenerationszeit

Politisch erstrangige Bedeutung erlangte das Schützenwesen in der Schweiz zu Beginn des 19. Jahrhunderts, als es mit dem erwachenden

Rechte Seite:

Darstellung des bunten Treibens am Freischiessen in St. Gallen 1583. Man mass sich nicht nur im Schiessen, sondern auch im Laufen und Steinstossen. Aus der Chronik des Johann Jakob Wick, 1583. (Zentralbibliothek Zürich)

Die Eidgenössischen Schützenfeste von 1847 und 1892 in Glarus

Nationalbewusstsein den bundesstaatlichen Einheitsgedanken versinnbildlichte. Den Weg zur Verwirklichung dieses Ziels wies gewissermassen der 1824 in Aarau gegründete Schweizerische Schützenverein, von dem in der Folgezeit bedeutende politische Impulse ausgingen. Die nun in regelmässigen Abständen stattfindenden eidgenössischen Ehr- und Freischiessen brachten eine Vielzahl von patriotisch gesinnten Bürgern zusammen und stärkten deren Gemeinschaftsgefühl. Auf dieser Grundlage breiteten sich jene neuen Werte und Ideale aus, deren Entfaltung der bisherige Gang der Geschichte gehemmt hatte. Konfessions- und Standeskonflikte sowie die umstrittene Solddienstfrage entzweiten die Bevölkerung und verhinderten lange Zeit ein fruchtbares Zusammenwirken der politischen Kräfte in unserem Land. Die Regenerationszeit verlieh nach 1830 den freundeidgenössischen Aktivitäten starken Auftrieb. Bevor sich der Gemeinschaftssinn und die Freiheiten der neuen Epoche ungehindert entfalten konnten, mussten jedoch erhebliche Widerstände überwunden werden.

Am Vorabend des Eidgenössischen Schützenfestes von 1847 in Glarus stand die Schweiz vor einer schweren Zerreissprobe, welche die Bevölkerung in einen Bürgerkrieg hineinzuziehen drohte. Die Verfechter einer liberalen, bundesstaatlichen Ordnung lagen in heftigem Streit mit den Konservativen, die ihre Interessen durch die neuen Strömungen bedroht sahen. Die Kantone Uri, Schwyz, Unterwalden, Luzern, Zug, Freiburg und Wallis schlossen sich deshalb zu einem Sonderbund zusammen, der wiederum die liberalen Kantone herausforderte, da er gegen den bestehenden Bundesvertrag verstiess. Angesichts der bedrohlichen Zuspitzung dieses Konfliktes war es eine Zeitlang fraglich, ob das Eidgenössische Schützenfest in Glarus überhaupt abgehalten werden könne. Bereits ein Jahr zuvor war dessen ursprünglich geplante Durchführung vertagt worden.

Trotz der dramatisch steigenden Lebensmittelpreise und der zahlreichen Opfer, welche die Bürgerkriegswirren in einigen Kantonen schon gefordert hatten, war man diesmal jedoch gewillt, das Fest durchzuführen. Das glarnerische Organisationskomitee vergewisserte sich über die Haltung der bedeutendsten schweizerischen Schützengesellschaften. Deren Antwort brachte – so ist den zeitgenössischen Quellen zu entnehmen – den einhelligen Wunsch zum Ausdruck, «das schöne, wahrhaft vaterländische Fest, diese Stütze des liberalen Volkslebens nicht mehr länger einem ungewissen Schicksale preiszugeben, sondern neu zu bereiten, jedoch in einer einfachen, bürgerlichen Weise, wie es ein Volksfest verlangt und wie es die Schützen der Schweiz, die nicht zum Opfer kantonaler Spiessbürgerei werden wollen, mit vollem Rechte verlangen können». Das Schützenfest als ein «Fest gemütlicher, biederer Freundschaft und vaterländischer Verbrüderung» weckte also grosse Hoffnungen auf eine bessere Zukunft des in zwei politische Lager geteilten Landes. Die entsprechenden Erwartungen fasste ein Zeitungsartikel so zusammen: «Nie mehr bedurfte das Schweizervolk einer stärkeren Mahnung zur Einigung als jetzt, da der Schweizerbund durch den Abfall der

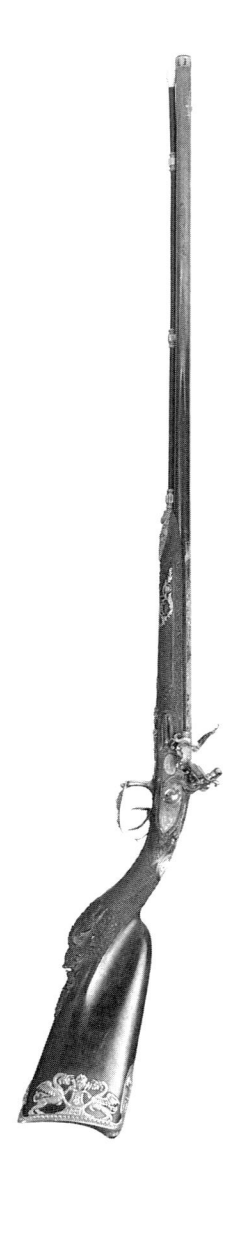

Titelblatt der «Festzeitung für das eidgenössische Schützenfest» 1892 in Glarus. (Museum des Landes Glarus, Näfels)

Linke Seite:

Oben: Eidgenössisches Freischiessen in Glarus 1847. Blick auf den Festplatz mit der Fahnenburg. Lithographie, 1847. (Museum des Landes Glarus)

Unten: Prächtige Flinte, angefertigt von einem Pariser Büchsenmacher. Prinz Louis Napoléon, der spätere Napoléon III., wohnte von 1817–1838 im thurgauischen Arenenberg und spendete die Flinte als Ehrengabe für das Eidgenössische Schützenfest von 1838 in St. Gallen. Gewinner war Balthasar Becker von Ennenda. (Museum des Landes Glarus)

sieben Stände des Sonderbundes zerrissen und zerspalten ist; nie mehr bedurfte das nationale Gefühl grösserer Ermuthigung als jetzt ... Sich nach den Erfahrungen der letzten Jahre wieder zu sehen, sich als Schweizer unter anderen Schweizern zu fühlen, sich wieder zu vergewissern, dass man nicht allein stehe mit seinen Wünschen und Bestrebungen, schon das erhebt, schon das ermuthigt und stärkt.»

Das Schützenfest von 1847

Am Samstag, dem 17. Juli, traf kurz vor Mitternacht von Basel, dem Austragungsort des letzten Eidgenössischen Freischiessens, herkommend, das eidgenössische Schützenbanner in Glarus ein. Am folgenden Morgen nahm das Fest seinen Anfang mit einem grossartigen Umzug durch die von einer jubelnden Menschenmenge gesäumten Strassen des Hauptortes. Auf dem Festplatz wurde die eidgenössische Fahne auf den Gabentempel aufgepflanzt, und auch die anderen Banner erhielten ihren Platz zugewiesen, ehe sich die Festgemeinde zum Mittagessen in die nahegelegene Speisehütte begab. Hier folgten die ersten Reden, die sogenannten Toaste, in denen verschiedene Würdenträger aus dem Glarnerland und den Gastkantonen das schweizerische Vaterland hochleben liessen. Solche Ansprachen wurden auch im weitern Verlauf des eine Woche dauernden Festes immer wieder gehalten, vor allem jeweils zur Begrüssung neu eintreffender Schützenvereine, denen man so mit einem feierlichen Empfang die Ehre erwies.

Erst im Anschluss an dieses Zeremoniell begann das Schiessen, bei dem die Schützen in verschiedenen Disziplinen um Punkte und Preise kämpften. Allerdings kam, wie eine Zeitungsnotiz berichtet, dem Wettkampf im Rahmen des Schützenfestes in Glarus lediglich eine untergeordnete Bedeutung zu. Das veranlasste den Kommentator zu folgender Feststellung: «Nach dem, was wir gesehen, laufen wir fast Gefahr, den eigentlichen Zweck, das Schiessen selbst, aus dem Auge zu verlieren.» Und die Kritik ging noch weiter: «Die Stutzer, deren man sich zum Schiessen auf die Scheibe bedient, sind zu schwer, das Laden zu umständlich, die Visiere und Stecher zu künstlich eingerichtet, um sich derselben zum Kriege bedienen zu können.» Um so mehr erfüllte das Schützenfest von 1847 jedoch den Zweck der «allgemeinen Waffenverbrüderung der vaterländisch gesinnten Schützen», wie ihn schon der erste Artikel der Statuten des Schweizerischen Schützenvereins festhielt.

Nachdem das Fest am Sonntag, 25. Juli, feierlich zu Ende gegangen war, folgten Wochen, in denen sich die Ereignisse erneut überstürzten und zum Sonderbundskrieg führten (S. 56).

Das Schützenfest von 1892

1892 war Glarus erneut Austragungsort eines Eidgenössischen Schützenfestes, diesmal jedoch unter ganz anderen politischen Umständen als 45 Jahre zuvor. Zwar war die Zeit keineswegs sorgenfrei, doch befand sich die Schweiz im Zustand innerer Geschlossenheit. Dabei widerspiegelte das Eidgenössische Schützenfest wie kaum ein anderes Ereignis die Errungenschaften der neuen Epoche, in der das nationale Wir-Gefühl das öffentliche Leben ganz und gar prägte.

Dass die eidgenössische Solidarität tatsächlich spielte, hatte man in Glarus bereits in den auf die Gründung des Bundesstaates folgenden Jahren erlebt, als schweres Unheil das Glarnerland heimsuchte. 1861 legte ein Brand die Stadt Glarus in Schutt und Asche, und 20 Jahre später wurde Elm von einem verheerenden Bergsturz betroffen. Nicht zuletzt dank der grosszügigen und spontanen Hilfe der anderen Kantone gelang es, das unsägliche Leid, das über viele Menschen hereingebrochen war, zu mildern. So kam im Schützenfest von 1892 nicht nur die wiedergewonnene Lebensfreude der Glarner Bevölkerung zum Ausdruck, sondern auch deren Dankbarkeit für die Unterstützung, die sie von ihren eidgenössischen Freunden in einer schwierigen Zeit erfahren hatte.

In einem wahren Triumphzug wurde die eidgenössische Schützenfahne am Samstag, dem

9. Juli, von Frauenfeld, dem letzten Durchführungsort des Schützenfestes, nach Glarus geleitet. Das glarnerische Empfangskomitee hatte sich bereits frühmorgens aufgemacht, um die Fahne auf halbem Weg, nämlich in Zürich, von der Thurgauer Delegation zu übernehmen. Als deren Vertreter hob Nationalrat Oberst Koch die Tapferkeit, den Mut und die patriotische Gesinnung der Glarner hervor, auf die sich ihre Freunde stets verlassen konnten. Der am feierlichen Zeremoniell ebenfalls anwesende zürcherische Regierungsratspräsident schloss sich diesen Worten an und würdigte die eidgenössische Schützenfahne als das Symbol der Einigkeit, Wehrhaftigkeit und Opferwilligkeit des Schweizervolkes. Und Pfarrer Dr. Buss, der Präsident des glarnerischen Empfangskomitees, bemerkte gar, dass «keinem Monarchen auf seinen Reisen soviele von Herzen kommende Ehrenbezeugungen erwiesen würden wie diesem schlichten Sinnbild republikanischen Sinns». Nachdem zwischen den Kantonen Thurgau, Zürich und Glarus die freundschaftlichen Bande bestärkt waren, begab man sich zurück zum Bahnhof und setzte die Fahrt mit der Schützenfahne in Richtung Festort fort.

Anderntags um sechs Uhr in der Frühe zeigten Kanonenschüsse die Eröffnung des Festes an. Es dauerte nicht lange, bis sich die festlich geschmückten Strassen mit Menschen füllten, die zu Tausenden mit Extrazügen anreisten. Ein Grossteil versammelte sich beim Bahnhof, dem Ausgangspunkt des genau um 10 Uhr beginnenden Festzuges. Mit den «wallenden Fahnen der verschiedenen Schützenvereine, dem kecken Rot der Zeiger, dem Grün der Warner und dem Glanz der historischen Gruppe» bot der Festzug ein farbenprächtiges Bild, das die Zuschauer tief beeindruckte. Dagegen vermochten, wie der Zeitungsberichterstatter schilderte, «die schwarzen Kleider der verschiedenen Komitees trotz weissen Krawatten und Handschuhen, buntfarbigen Armbinden und Rosetten» nicht aufzukommen. Nach einer Stunde erreichte man den am Fusse des Glärnisch im Südwesten der Stadt gelegenen Festplatz, wo ein gewaltiger Triumphbogen die festlichen Scharen empfing. Hier erfolgte die offizielle Übernahme der eidgenössischen Schützenfahne durch den Präsidenten des Organisationskomitees, Nationalrat Oberst R. Gallati, ehe beim anschliessenden Mittagessen in der Festhütte Pfarrer Buss den Reigen der Toaste mit einer Lobrede auf das Vaterland eröffnete. Nach dem Essen ertönten Kanonenschüsse als Zeichen dafür, dass nun der Wettkampf beginne.

Insgesamt gab es 190 Scheiben, davon 20 Revolverscheiben. Die restlichen unterteilten sich in Kehr- und Stichscheiben, wobei bei letzteren zwischen Vaterland Kunst, Vaterland Glück, Militärstich, Scheibe Linth und Sektionsstich unterschieden wurde. Als Wettkampfwaffen benützte man Pistolen und vor allem Gewehre, zunehmend auch das Repetiergewehr Modell 1889. Gegenüber dem Modell 1868/81 zeichnete es sich, wie Generalstabs-Major J.J. Zwicky in der Schützenfestzeitung schrieb, durch wesentlich

Schützenbecher und Schützenuhren von 1892. Auf dem grossen Becher sind die Helvetia und eine Ansicht von Glarus dargestellt. (Museum des Landes Glarus)

Der Festplatz von 1892 am Fuss des Glärnisch mit der riesigen Schiessanlage, dem Gabentempel und der Festhütte. (Museum des Landes Glarus)

In der Mitte des Festgeländes von 1892 thronte auf einem Podest der prächtige Gabentempel. Der zweigeschossige Zentralbau im Stil der Neurenaissance erinnert an Bramantes berühmten Tempietto von 1502 in Rom.

Literatur

Theodor Michel; Schützenbräuche in der Schweiz; Frauenfeld 1983.
Fest- und Schützenzeitung oder Bulletin des Eidgenössischen Freischiessens in Glarus 1847, 1–13.
Festzeitung für das Eidgenössische Schützenfest in Glarus 1892, 1–15.

erhöhte Leistungskraft aus. Am Schützenfest 1892 bestand es gewissermassen seine Hauptprobe, so dass man am Ende des Festes feststellen durfte, das neue Gewehr sei ein grosser Gewinn für unsere Wehrmänner und stärke deren Vertrauen in die eigene Kampfeskraft.

Während der ganzen Dauer des Festes herrschte fast rund um die Uhr Hochbetrieb. Täglich trafen weitere Schützenverbände – sogar aus Frankreich und Italien – auf dem Festplatz ein, wobei sich das Ritual mit Fahnenübergabe, Ansprachen und Festbankett stets wiederholte. Eine besondere Attraktion bildete der Gabentempel, in dem die Preise für die besten Schützen ausgestellt waren. Die entsprechenden Auszeichnungen umfassten nebst Münzen und Bargeld vor allem die begehrten Pokale, Uhren und Medaillen; sie waren von Privatpersonen, aber auch von Vereinen, Organisationen und Behörden aus dem In- und Ausland gestiftet. Sie waren prächtig gestaltet und mit reichen Verzierungen und Inschriften meist vaterländischen Inhalts versehen. Hauptsächlicher Treffpunkt und sozusagen das Zentrum geselligen Lebens war indes die Festhütte, wo nicht nur reichlich gegessen, getrunken und mit Toasten aufgewartet wurde, sondern wo das Publikum auch in den Genuss verschiedener musikalischer, turnerischer und schauspielerischer Darbietungen kam. Im Mittelpunkt stand dabei ein von Professor Viktor Schneider, Näfels, verfasstes und inszeniertes Festschauspiel, das – personifiziert durch Helvetia und Glarona – «von der Freiheit Sieg und des Friedens Glück» handelte. Schon am ersten Aufführungstag fand es den begeisterten Beifall der 5000 Festhüttenbesucher.

Dem Fest wurde weitherum grosse öffentliche Aufmerksamkeit zuteil, was sich auch in der Vielzahl hochrangiger in- und ausländischer Persönlichkeiten zeigte, die dem Festort ihre Ehre erwiesen. Ein besonders bedeutungsvoller Tag war der 14. Juli, als nebst den Vertretern des National- und Ständerates sowie der diplomatischen Dienste auch die Bundesräte Hauser, Frei und Zemp Glarus einen offiziellen Besuch abstatteten.

Einen weiteren Höhepunkt des Festes bildete der Empfang der Veteranen, die bereits 1847 am Schützenfest in Glarus teilgenommen hatten. Unter ihnen befand sich auch der damalige Schützenkönig, der Neuenburger Sandoz, zudem Richter Becker-Laager, der bereits 1838 eine hervorragende Plazierung erreicht hatte, und Streiff-Luchsinger, der 1865 in Schaffhausen zum Schützenkönig ausgerufen worden war. Manch einer dieser Veteranen wirkte am Schützenfest von 1892 noch aktiv mit und erzielte achtbare Resultate. Laut Schützenfestzeitung haben sie damit «bewiesen, dass wenn das Vaterland in Gefahr kommen sollte, auch unter den Veteranen sich noch Leute befinden, die das Herz des Feindes zu finden wüssten». Als Schützenkönige liessen sich 1892 allerdings keine Veteranen feiern, sondern Johann Walder aus dem thurgauischen Sirnach im sogenannten Hauptstand sowie Jules Vautier aus Grandson, der den Sieg im «Revolverkehr» davontrug. Gesamthaft gesehen verzeichneten die Schützen aus den Kantonen Thurgau, St. Gallen, Zürich und Neuenburg den grössten Erfolg, während «der festgebende Kanton die ersten Preise neidlos und bescheiden seinen Gästen überliess».

Die Organisation des Schützenfestes von 1892 in Glarus fand überall Lob und Anerkennung. Die Verantwortlichen erfüllte es aber auch mit Genugtuung, dass während des ganzen Festes kein Unglücksfall zu beklagen war. Der einzige, jedoch bittere Wermutstropfen blieb somit das Wetter, das sich fast andauernd von seiner schlechtesten Seite zeigte und den geordneten Schiessbetrieb zeitweise erheblich beeinträchtigte. Doch trotz des vielen Regens überwogen die positiven Eindrücke bei weitem, wie Pfarrer Gottfried Heer in seiner abschliessenden Würdigung des Schützenfestes betonte: «Es waren Tage, da man aus dem Borne vaterländischer Begeisterung einen tiefen Schluck getan und manches hohe Ideal in lebhaften Farben vor uns hintrat.»

Die Anfänge des schweizerischen Skirennsportes in Glarus um 1905

Rudolf Etter

Wie bei vielen anderen Sportarten liegen auch beim Skilauf die Anfänge sehr weit zurück. Wobei gleich anzumerken ist, dass die Skis ursprünglich nicht Sportgeräte, sondern Gebrauchsgegenstände waren, die es Jägern und Hirten wesentlich erleichterten, sich im Schnee fortzubewegen. Man nimmt an, dass der Skilauf bereits 5000 Jahre alt ist. Ursprungsgebiet soll das Altaigebirge in Innerasien sein; aus Skandinavien liegen Funde vor, die zirka 4500 Jahre alt sind.

Zu Beginn des 19. Jahrhunderts waren die Skis in Skandinavien schon nicht mehr ausschliesslich Fortbewegungsmittel: An Sonntagen fuhren die Bauern in der norwegischen Provinz Telemark bereits Slalom, betrieben Hoppelom (Springen) und Uvörslom (Abfahrt).

Bekannt ist, dass gegen Ende des 17. Jahrhunderts auch in Mitteleuropa, nämlich in Krain in Slowenien, Skis verwendet wurden. Die ersten Skis in der Schweiz soll um 1860 ein aus der Tschechoslowakei eingewanderter Schreiner namens Hnantek in Sils-Maria hergestellt haben. Verwendet wurden aber damals schon Latten norwegischer Herkunft. Ein Paar von diesen soll um 1868 auch der Mitlödner Konrad Wild besessen haben. Wenn nun von der weiteren Verbreitung des Skisports und von den Anfängen des Rennsports in der Schweiz die Rede ist, dann muss der Kanton Glarus und mit ihm der Skiclub Glarus in den Mittelpunkt gerückt werden.

Christof Iselin – der Pionier

Der Glarner Christof Iselin war 1891 von Fridtjof Nansens Buch «Auf Schneeschuhen durch Grönland» derart begeistert, dass er sich selbst ein Paar Skis bastelte. Die ersten Probefahrten unternahm er allerdings bei Nacht und Nebel oder im Schneegestöber, weil er fürchtete, zu sehr ausgelacht zu werden. Ein Jahr später besorgte ihm ein in Winterthur wohnhafter Norweger drei Paar richtige Norweger Skis. Dieser Olaf Kjelsberg und ein Landsmann namens Krefting unterrichteten dann Christof Iselin, dessen Bruder Friedrich und Jacques Staub in Glarus. Als Krefting dabei gar über eine 60 cm hohe Mauer sprang, «entflammten die Zuschauer zu wahrer Begeisterung».

Andere Glarner schafften sich nun auch echte Christiania-Skis aus Norwegen an, und bereits im

Übungsfahrt der Glarner Skipioniere auf Rüti bei Glarus im Januar 1893. Gefahren wurde mit einem einzigen langen Stock.

Oben links: Reklame der Skifabrik Jacober, Glarus, 1903.
Oben rechts: Christof Iselin, der Gründer des Skiclubs Glarus.
Unten: Eintrittskarte zum III. Ski-Rennen in Glarus am 23./24. Januar 1904. (Skiclub Glarus)

Januar 1893 bestieg Christof Iselin zusammen mit Jacques Jenny den Schilt. Ende Januar überquerte dann eine Gruppe den Pragelpass auf Skis. Die Tour sollte über die «praktische Verwendbarkeit der norwegischen Schneeschuhe» im Alpengebiet Klarheit verschaffen, wie einer der Teilnehmer schrieb. Die Pragelüberquerung fand in der ganzen Schweizer Presse ein grosses Echo.

Gründung des Skiclubs Glarus

Im November 1893 schlossen sich sechs Skiläufer aus der Sektion Tödi des Schweizer Alpen-Clubs zusammen und gründeten den Skiclub Glarus. Christof Iselin stand diesem ersten Skiclub der Schweiz als engagierter Chef vor; beitreten durften vorerst nur Mitglieder des Alpen-Clubs, und Damen war bis 1919 der Beitritt verwehrt. Das Hauptgewicht der Tätigkeit lag zu Beginn im Tourenwesen. Die winterlichen Bergfahrten auf den Schilt, den Pragel und den Spitzmeilen erregten überall Aufsehen. Vor allem das Spitzmeilengebiet wurde immer stärker erschlossen. 1903 erstellte man dort auch die erste Hütte für den Wintertourismus.

In Glarus wurden auch Skis fabriziert. Bereits im ersten Betriebswinter 1893/94 verkaufte der Schreiner Melchior Jacober 70 Paar Skis. In Zusammenarbeit mit dem Skiclub Glarus entwickelte er seine Produkte weiter, so dass sie auch auf dem internationalen Markt als erstklassig galten. Während des Ersten Weltkrieges bezogen nicht nur die schweizerische, sondern auch ausländische Armeen ihre Skis bei Jacober.

Den grössten Aufschwung erfuhr der Skisport aber durch die anfangs dieses Jahrhunderts in Glarus durchgeführten ersten Wettkämpfe. Auch da übernahm der Skiclub Glarus die Pionierrolle.

Am 26. Januar 1902 wurde vor 400 Zuschauern auf Sack das erste Skirennen in der Schweiz veranstaltet. Das Hauptrennen führte über 8,5 km, der Militärwettkampf über 4,25 km, die Jugendlichen hatten 2,5 km zurückzulegen, und das offene Sackrennen ging über 3 km. Den Presseberichten entnimmt man, dass eher Ausdauer als skifahrerisches Können gefragt war.

1904 regte der Skiclub Glarus die Gründung des Schweizerischen Ski-Verbandes an. Der Vielspurigkeit im schweizerischen Skisport sollte ein Ende gesetzt werden. Am 23. Oktober trafen sich unter Tagespräsident Christof Iselin Vertreter der interessierten Skiclubs in Olten zur Gründungsversammlung. Einen Monat später fand wiederum in Olten die konstituierende Delegiertenversammlung statt.

Norweger als Skilehrer im Glarnerland

Im Winter 1904/05 unterrichteten die beiden Norweger Leif Berg und Thorleif Björnstad während vier Wochen in Glarus die norwegische Skitechnik. Beide stammten aus Christiania und wurden für ihre Arbeit mit der Vergütung der Reisespesen und freiem Unterhalt in der Schweiz entschädigt. Sie instruierten anschliessend noch in Andermatt, Zuoz, Grindelwald und Engelberg. Fuhr man früher breitbeinig und mit einer langen Stange, hielten nun die schmale Skiführung und der elegante Christiania-Schwung Einzug.

Björnstad eröffnete übrigens einige Jahre später in Bern ein Sportgeschäft, und noch heute ist im Gantrischgebiet ein Langlaufwettkampf nach seinem Namen benannt.

Das I. Grosse Ski-Rennen in der Schweiz

1905 gab es bereits 500 Skiläufer in der Schweiz. So war es denn auch verständlich, dass man das Gelernte unter Wettkampfbedingungen erproben wollte. Der neugegründete Schweizerische Ski-Verband übertrug die Durchführung des «I. Grossen Ski-Rennens der Schweiz» dem Skiclub Glarus. Am 21./22. Januar 1905 ging es mit internationaler Beteiligung über die Bühne. Begonnen wurde am Samstag mit dem 20 km langen Pragellauf. Am Sonntag leiteten dann Schüler-, Militär- und Damenrennen zum Hauptereignis über, dem Sprunglauf, bei dem vor 10 000 Zuschauern ganz besonders die – ausser Konkurrenz startenden – Norweger Berg und Björnstad glänzten. Erster internationaler Skimeister wurde Friedrich Iselin, der jüngste Bruder des Pioniers und OK-Präsidenten Christof Iselin.

Das Rennen in Glarus fand wiederum ein grosses Echo in der Fach- und Tagespresse, war aber auch Abschluss der grossen Zeit des Skiclubs Glarus. Allmählich entstanden die grossen Skiorte, und mit deren Bemühungen um den Skirennsport konnten und wollten die Leute des Skiclubs Glarus nicht mehr mithalten. Eine Rolle gespielt haben mögen auch die geringe Höhenlage und die häufigen Föhneinbrüche im Kanton Glarus. Ziel der Pioniere war sowieso die Förderung des Breitensports gewesen, ein Ziel, das auch die heutigen Verantwortlichen hauptsächlich verfolgen.

Dass damals der neumodische Skisport nicht nur Zustimmung fand, zeigt ein Leserbrief in den «Glarner Nachrichten» vom 28. Januar 1902: «Aus dem Publikum. Es sind durchaus nicht alle Leute damit einverstanden, dass mit dem Skifahren nun wieder ein neuer Sport oder Sporren eingeführt werden will. Für den Sicherheitswächter am Gotthard ist das eine andere Sache, da gehört es natürlich zum Dienst und kann nützlich sein. Aber unsere hiesigen jungen Leute haben ja sonst im Sommer vor lauter Sport keinen Sonntag mehr frei; Sänger, Turner, Schützen, Tanzlustige, Klubisten, streiten sich um jede Sonntagsstunde – von den Velopetern gar nicht zu reden – nun kommt noch der Winter mit Sängern, Klubisten, Kränzchen aller Art, Ski und so fort. Ob das für das Volkswohl wirklich gesund ist? Ein alter – .» Wie wir wissen, konnte auch diese Mahnung die Verbreitung des Skisportes nicht aufhalten.

Oben links: «Herr Leif Berg, Christiania, im Sprung» am I. Grossen Ski-Rennen der Schweiz vom 21./22. Januar 1905.

Oben rechts: Vor dem Start zum Rennen der Damen am gleichen Anlass 1905.

Rechte Seite:

Eintrittskarte zum I. Grossen Ski-Rennen der Schweiz 1905. Im Hintergrund der Tödi. Farblithographie der Gebrüder Fretz, Zürich; stark vergrössert. (Skiclub Glarus)

Literatur

Joachim Mercier; Aus der Urgeschichte des schweizerischen Skilaufes 1893–1928; Glarus o.J. (1928).
Irène Hunold; Bis 1905 war Glarus im Skilauf führend, in: Glarnerland/Walensee, 1983.

GROSSES
SKI-RENNEN
DER SCHWEIZ
GLARUS
21.& 22. JAN. 1905.
RENNKARTE
PREIS: 50 Cts.

Hervorragende Glarner Sportlerinnen und Sportler

Rudolf Etter

Früher war im Kanton Glarus die Auswahl an Sportmöglichkeiten wesentlich geringer als heute. Im Sommer waren es hauptsächlich die Turn- und Schützenvereine und die Fussballclubs, die zum Sporttreiben anregten und ermunterten; während des Winters stand der Skisport im Vordergrund. Heute ist das Sportangebot im Glarnerland sehr vielseitig und beschränkt sich nicht mehr auf die traditionellen Disziplinen. Hier kann man beispielsweise auch Hängegleiter fliegen, Badminton spielen, Karate trainieren oder extremklettern. Zahlreiche Sportstätten wurden in letzter Zeit gebaut; neben den grossen Zentren in Näfels, Filzbach und Glarus entstanden in einzelnen Gemeinden auch Anlagen für die Dorfvereine.

Die Glarner sind als sportlich und sportbegeistert bekannt. Tatsächlich gingen aus dem Kanton Glarus immer wieder Sportler hervor, die den schweizerischen Durchschnitt überragten. In letzter Zeit stellen die Glarner Jahr für Jahr etliche Schweizermeister in verschiedenen Sportarten. Aber nicht allein das; in den 1980er Jahren errangen sie auch zahlreiche Medaillen an Olympiaden, Welt- und Europameisterschaften, womit sie wesentlich zum guten Abschneiden schweizerischer Delegationen beitrugen. Bei diesen ausserordentlichen Leistungen spielt zwar auch die gute Infrastruktur eine gewisse Rolle. Wichtigste Voraussetzungen dafür waren und sind aber die überdurchschnittliche Begabung, die Früherfassung durch entsprechende Fachleute und eine grosse Trainingsbereitschaft.

Aussergewöhnliches leisteten als erste eine Skifahrerin und Schützen, später dann Turner, Läufer, eine Trampolinspringerin, ein Bob- und ein Radfahrer. Viele, die den Titel eines Schweizermeisters erkämpften und klar über den Durchschnitt hinausragten, liessen sich nennen. Nachfolgend erwähnen wir indes nur jene Glarner Sportlerinnen und Sportler, die auch international zu Ruhm und Ehre gelangten.

Das Inserat der «Neuen Glarner Zeitung» vom 18. Januar 1877 kündigt eine Veranstaltung an, die es in moderner Form in vielen Glarner Dörfern heute noch gibt: das Schauturnen des örtlichen Turnvereins.

Programm
zu dem nächsten Sonntag den 21. Januar abzuhaltenden
Schau-Turnen,
gegeben vom Turnverein Glarus a. S.,
im grossen Schützenhaussaale dahier.

I. Abtheilung:
1) Frei- und Ordnungsübungen mit Musikbegleitung.
2) Pferdübungen, von sämmtlichen Turnern ausgeführt.
3) Schwingen.
4) Reckübungen.
5) Hochweitsprung.

II. Abtheilung:
6) Stabübungen mit Musikbegleitung.
7) Obligatorische Barrenübungen.
8) Stabreigen.
9) Pferdsprünge.
10) Pyramiden.

Preise der Plätze: I. Platz Fr. 1. 50. — II. Platz Fr. 1. — III. Platz 50 Rp.
Kassaeröffnung 3½ Uhr. Anfang 4 Uhr.

Rösli Streiff, die erste Weltmeisterin im Slalom und in der Kombination. Sie erfreut sich auch heute noch grosser Bekanntheit.

Rösli Streiff, geb. 1901, Glarus, Skirennfahrerin

Anfang Dezember 1932 fanden in Cortina d'Ampezzo die ersten alpinen Skiweltmeisterschaften statt. Die damals 31jährige Glarnerin Rösli Streiff gewann den Slalom überlegen mit 10,9 Sekunden Vorsprung und auch die Kombinationswertung Abfahrt/Slalom. Mit diesen Siegen legte sie den Grundstein für spätere Medaillengewinne der Schweizer Alpinen. Der festliche Empfang, den die Glarner ihrer Weltmeisterin am Bahnhof bereiteten, erinnerte an die Glanztage der ersten Glarner Skirennen. Längst vorbei sind die Zeiten, da die Angehörigen der Nationalmannschaft – wie Rösli Streiff – selber ihre Ausrüstung kaufen und für Fähnchen zum Slalomüben besorgt sein mussten, doch die damaligen Leistungen waren gleichwohl erstaunlich und mindestens so sportlich wie heute. Rösli Streiff blieb bis 1936 Mitglied der Damennationalmannschaft; als Skilehrerin war sie jedoch 1936 an den Olympischen Spielen in Garmisch nicht startberechtigt.

1928 1. Rang Slalom Jungfraujoch.
1929 1. Rang Abfahrt Jungfraujoch.
1932 Schweizer Meisterschaften,
      1. Rang Slalom, Abfahrt und Kombination.
      Internationale Damenskirennen
      in Grindelwald,
      1. Rang Slalom, Abfahrt und Kombination.
      Weltmeisterschaften
      in Cortina d'Ampezzo (I),
      1. Rang Slalom und Kombination.

Beat Rhyner, 1901–1975, Mitlödi, Pistolenschütze

Wer erinnert sich noch an Beat Rhyner, den kleinen, stillen Mann aus Mitlödi, der ein so hervorragender Schütze war, dass er es 1949 in Buenos Aires mit der Matchpistole gar zu Weltmeisterehren brachte? Ich erinnere mich noch gut an das Freudengeschrei in unserer Stube, als der Radiosender diese völlig unerwartete Meldung verbreitete. Rhyners Sieg mag ein Glücksfall gewesen sein, aber dazumal bedeutete er eine Bestätigung der schweizerischen Schützentradition.

1948 Olympische Spiele in London,
      5. Rang mit der Matchpistole.
1949 Weltmeisterschaften in Buenos Aires,
      1. Rang mit der Matchpistole.
      Eidgenössisches Schützenfest in Chur,
      1. Rang mit der Matchpistole.

Kaspar Schiesser, geb. 1916, Nidfurn, Langstreckenläufer

Kaspar Schiesser, «Marathon-Chäpp» genannt, ist bis heute ein Begriff, sei es als Langstrecken- und Waffenläufer oder als Persönlichkeit. Neben seinen läuferischen Qualitäten, die ihm zur Teilnahme an Olympischen Spielen und Europameisterschaften verhalfen, war und ist er bekannt als ein geselliger, stets zu Spässen aufgelegter Kamerad. Stundenlang weiss er aus seinen Erinnerungen zu erzählen, wobei der Humor nie zu kurz kommt.

1943   1. Rang Schweizer Geländelaufmeisterschaften.

1944, 1945, 1946
    1. Rang an den Schweizer Marathonmeisterschaften.

1948   Olympische Spiele in London, 20. Rang Marathonlauf.
    2. Rang Schweizer Marathonmeisterschaften.

Insgesamt dreimal Schweizermeister im Militärischen Mehrkampf; sechsmal Sieger an Waffenläufen, darunter 1945 am Frauenfelder.

Fritz Künzli, geb. 1946, Ennenda, Fussballer

Fritz Künzli war wohl einer der besten Stürmer und Torschützen, den die Schweiz jemals besass. Begonnen hatte seine Laufbahn beim FC Glarus, wo er 1964 massgeblich daran beteiligt war, dass sein Verein den Aufstieg in die 2. Liga schaffte. Im gleichen Jahr trat er zum FC Zürich über, dem er bis 1973 die Treue hielt. Fritz wurde zweimal Schweizermeister, viermal Cupsieger und viermal Torschützenkönig. Er absolvierte 44 Einsätze in der Nationalmannschaft und erzielte dabei 15 Tore. Ein Tor ist den Fussballfreunden bis heute in bester Erinnerung geblieben: das Kopftor, das Künzli 1968 gegen Italien in einem Ausscheidungsspiel für die Europameisterschaft erzielte. Er war ein echtes Sporttalent; das zeigte sich schon, als er als Primarschüler zusammen mit seinem Kameraden Paul Fischli, ebenfalls einem späteren Nationalliga-Fussballer, alle älteren Buben austrickste.

René Botteron, geb. 1954, Netstal, Fussballer

René Botteron begann seine Fussballerkarriere ebenfalls beim FC Glarus und spielte bis 1973 in der 3. Liga. Wie bei Fritz Künzli folgten sieben erfolgreiche Jahre beim FC Zürich, dann spielte er beim 1. FC Köln, bei Standard Lüttich, beim 1. FC Nürnberg und schliesslich beim FC Basel. Mit dem FCZ wurde er dreimal Meister und einmal Cupsieger, mit Standard Lüttich sogar belgischer Meister. 65mal spielte er als Mittelfeldspieler mit der Nationalmannschaft, deren Captain er war. Botteron war ein glänzender Techniker und ein ebenso guter Mittelfeldregisseur, der seinen Mitspielern schnelle und vor allem überraschende Pässe zuspielte. Er war auch einer der wenigen Schweizer Fussballer, die sich mit Erfolg in ausländischen Spitzenmannschaften durchsetzten.

Links: Beat Rhyner, 1949 in Buenos Aires Weltmeister mit der Matchpistole.

Rechts: Kaspar Schiesser bei seinem ersten Sieg in einem Marathonlauf in Zürich 1944.

Rechte Seite:

Oben links: René Botteron lässt in seinem charakteristischen Stil elegant mehrere Gegner aussteigen.

Oben rechts: Fritz Künzli, einst ein kämpferischer und gefürchteter Torjäger.

Unten: Das Bobfahrerteam von Ekkehard Fasser bei seinem Olympiasieg in Calgary 1988.

Ekkehard Fasser, geb. 1952, Glarus/Netstal, Bobfahrer

Die Erfolge Ekkehard Fassers als Steuermann eines Viererbobs sind für das glarnerische Sportwesen eher untypisch, denn bis anhin betrieb kein anderer Glarner diese Sportart mit einigem Erfolg. Fasser indes war offensichtlich der richtige Mann für diese anspruchsvolle Sparte, die nur von verhältnismässig wenigen Spezialisten gepflegt wird. Er besitzt nicht allein starke Nerven und ein grosses fahrerisches Können als Steuermann, sondern auch das technische Verständnis, um seinen Bob ständig zu verbessern und schneller zu machen. Der Olympiasieg in Calgary bedeutete den Höhepunkt in Fassers Laufbahn als Bobpilot.

1983   Europameisterschaften in Sarajevo (YU), 1. Rang Viererbob.
       Weltmeisterschaften in Lake Placid (USA), 1. Rang Viererbob.
1984   Europameisterschaften in Igls (A), 3. Rang Viererbob.
1986   Weltcup, 1. Rang Viererbob und 3. Rang Zweierbob, Gewinner des Gesamtweltcups.
1987   Europameisterschaften in Cervinia (I), 3. Rang Viererbob.
1988   Olympische Spiele in Calgary (CAN), 1. Rang Viererbob.
       Schweizer Meisterschaften in St. Moritz, 1. Rang Viererbob.

Urs Freuler, geb. 1958, Glarus/Bilten, Radfahrer

Mit vortrefflichem fahrerischem Können und taktischem Geschick behauptet Urs Freuler seit Jahren auf der Strasse und auf der Rennbahn seine Stellung als König der Sprinter. Seine Stärken liegen auf der Bahn und in flachen Strassenrennen mit Spurtentscheidungen, nicht in den grossen Rundfahrten und in den Bergen. Im Zürcher Hallenstadion ist er zur Personifikation der Sechstagerennen geworden, denen er jahrelang seinen Stempel aufdrückte. Freuler gehört zu den populärsten Sportlern der Schweiz, und das nicht allein wegen seiner erstaunlichen Erfolge, sondern ebenso dank seiner gewinnenden, offenen Art, seines lässigen Auftretens und seines ergründlichen Schmunzelns unter den Schnauzspitzen.

10mal Weltmeister im Punktefahren und Keirinrennen, 5mal Europameister im Omniumfahren auf der Bahn, 9mal Schweizermeister im Punktefahren und 1-km-Sprint, 68mal Sieger in Strassenrennen (Eintagsrennen oder Etappen von Rundfahrten), 14mal Sieger von Sechstagerennen.

Vreni Schneider, geb. 1964, Elm, Skirennfahrerin

Vreni Schneider, Weltmeisterin und Olympiasiegerin im Slalom und Riesenslalom, ist in unserer Zeit die würdige Nachfolgerin von Rösli Streiff. Ihre zahlreichen Erfolge überstrahlen alles, was Glarner Sportler bisher geleistet haben. Trotzdem hat die Elmerin ihr bescheidenes, natürliches Wesen und ihre sympathische Persönlichkeit bewahrt, was mit ein Grund ist für ihre aussergewöhnliche Beliebtheit bei ungezählten Skifreunden im In- und Ausland.

1987 Weltmeisterschaften in Crans Montana (CH),
1. Rang Riesenslalom.
1988 Olympische Spiele in Calgary (CAN),
1. Rang Slalom und Riesenslalom.
1989 1. Rang im Gesamtweltcup.
Weltmeisterschaften in Vail (USA),
1. Rang Riesenslalom,
2. Rang Slalom und Kombination.
1991 Weltmeisterschaften in Saalbach (A),
1. Rang Slalom,
3. Rang Kombination.

Urs Freuler gewinnt im Spurt eine Etappe der Tour de Suisse.

Rechte Seite:

Vreni Schneider in ihrem typischen Fahrstil in einem Slalom. Von allen Glarner Sportlerinnen und Sportlern ist sie am erfolgreichsten.

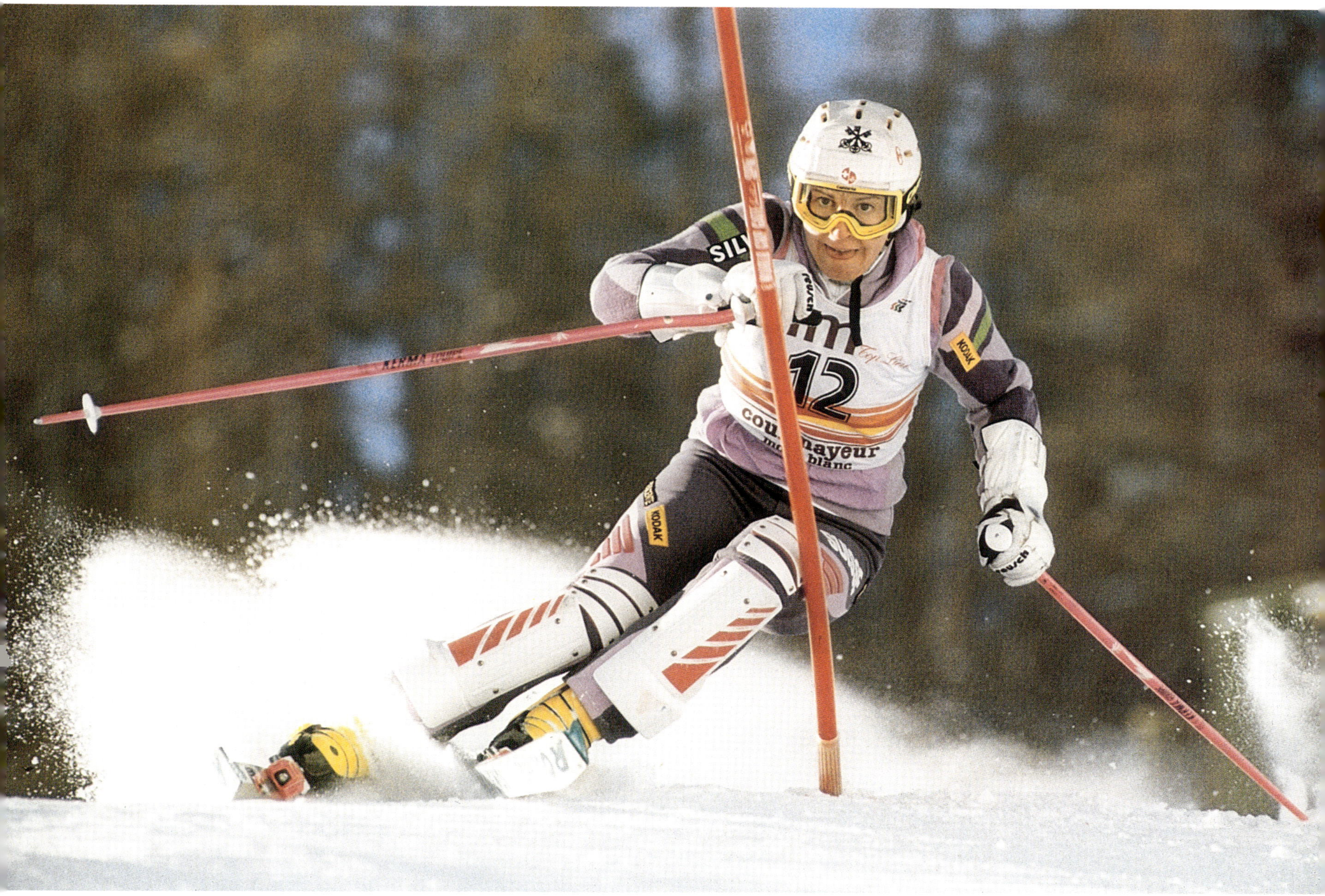
KODAK

Bis Frühjahr 1991 war Vreni Schneider 6mal Weltcupsiegerin im Slalom und Riesenslalom, 35mal Gewinnerin eines Weltcuprennens und mehrfache Schweizermeisterin.

René Plüss, geb. 1967, Ennenda, Kunstturner

Tüchtige Turner gibt es im Kanton Glarus schon lange; aber erst in unseren Tagen ist es einem von ihnen gelungen, an einer Europameisterschaft zu Medaillenehren zu kommen. René Plüss verriet bereits als Junior eine überdurchschnittliche turnerische Begabung. Dass er aber an einer Europameisterschaft im Reckturnen eine Silbermedaille gewinnen würde, hatte man doch nicht erwartet. Erreichten früher schweizerische Kunstturner an Welt- und Europameisterschaften fast regelmässig einzelne Medaillenränge, so gelingt ihnen das in letzter Zeit angesichts der überaus hohen Leistungsdichte im internationalen Kunstturnen nur noch ausnahmsweise.

1988 sechsfacher Schweizermeister bei den Junioren.
1989 2. Rang Schweizer Meisterschaften Elite.
1990 Europameisterschaften in Lausanne, 2. Rang im Reckturnen.

Ruth Schumann-Keller, geb. 1959, Bilten/Mollis, Trampolinspringerin

Die Molliserin Ruth Keller betrieb eine seinerzeit im Glarnerland ungewöhnliche Sportart: Trampolinspringen. Als sportliches Ausnahmetalent, zielstrebig gefördert von ihrem Vater, brachte sie es zur besten Trampolinspringerin der Welt. 1980 erhielt sie die Auszeichnung «Sportlerin des Jahres». 1984 beendigte sie ihre Wettkampfkarriere; bis 1988 trainierte sie in Mollis den Glarner Nachwuchs im Trampolinspringen und erzielte auch dabei beachtenswerte Erfolge.

1973 2. Rang Europameisterschaften.
1974 1. Rang Jugendweltmeisterschaften, 4. Rang Weltmeisterschaften.
1976 1. Rang Jugendweltmeisterschaften, 4. Rang Weltmeisterschaften.
1978 3. Rang Weltmeisterschaften Synchronspringen, 4. Rang Weltmeisterschaften.
1979 2. Rang Europameisterschaften.
1980 1. Rang Weltmeisterschaften.
1981 1. Rang Europameisterschaften.
1982 1. Rang Weltmeisterschaften.
1984 2. Rang Weltmeisterschaften.
Mehrfache Schweizermeisterin.

Links: Der Kunstturner René Plüss am Pauschenpferd.

Rechts: Ruth Schumann-Keller errang mehrere Welt- und Europameistertitel im Trampolinspringen.

Verzeichnisse

Abgekürzt zitierte Literatur

Bartel/Jenny
Otto Bartel, Adolf Jenny; Glarner Geschichte in Daten, I–IV; Glarus 1926–1937.

Davatz; Geschichte
Jürg Davatz; Glarner Heimatbuch – Geschichte; Glarus 1980.

DLG
Das Land Glarus, Chronik seiner Landschaft; Zürich 1945. (Mehrere Verfasser)

EA
Amtliche Sammlung der ältern Eidgenössischen Abschiede 1245–1813; verschiedene Orte, 1839–1886.

Geschichte
Geschichte der Schweiz und der Schweizer, I–III; Basel 1982/1983. (Mehrere Verfasser)

Grosse Glarner
Grosse Glarner, 26 Lebensbilder aus fünf Jahrhunderten; Glarus 1986. (Mehrere Verfasser)

GN
Glarner Nachrichten; Glarus 1885 ff.

Handbuch
Handbuch der Schweizer Geschichte, I–II; Zürich 1972/1977. (Mehrere Verfasser)

Heer/Blumer
Oswald Heer, Johann Jakob Blumer; Der Kanton Glarus, historisch-geographisch-statistisch geschildert von den ältesten Zeiten bis auf die Gegenwart; St. Gallen und Bern 1846; Reprint 1977. (Gemälde der Schweiz VII)

JHVG
Jahrbuch des Historischen Vereins des Kantons Glarus; Glarus 1865 ff.

Neujahrsbote
Neujahrsbote für das Glarner Hinterland; hrsg. von *Heinrich Stüssi*; Linthal 1967 ff.

NGZ
Neue Glarner Zeitung; Glarus 1857–1967.

Peyer; Verfassungsgeschichte
Hans Conrad Peyer; Verfassungsgeschichte der alten Schweiz; Zürich 1978.

Stucki; RQ
Die Rechtsquellen des Kantons Glarus, I–V; bearb. von *Fritz Stucki*; Aarau 1987.

Thürer; Kultur
Georg Thürer; Kultur des alten Landes Glarus; Glarus 1936.

Tschudi; Beschreibung
Johann Heinrich Tschudi; Beschreibung des Lobl. Orths und Lands Glarus; Zürich 1714.

Trümpi; Chronik
Christoph Trümpi; Neuere Glarner Chronik; Glarus 1774.

Winteler; Geschichte
Jakob Winteler; Geschichte des Landes Glarus, I–II; Glarus 1952/1954.

Fotonachweis

Hans Aebli, Ennenda: 279.

Urs Bachofen, Schwändi: 260, 262, 263 o., 265 o., 266, 267 o.

Fred Barbier, Braunwald: 281.

F. Blumer & Cie., Schwanden: 132 o.r. und u.

Mathias Blumer-Lötscher, Engi: 154.

Bern; Amt für Bundesbauten: 79 o., 81.

Bern; Eidg. Archiv für Denkmalpflege: 232 o., 235.

Phil Dänzer, Zürich: 165 o.

Jürg Davatz, Näfels: 21 o.r., 27 o., 75, 83, 124 u., 134 l., 186, 190, 233, 247, 248, 249 o., 250 r., 251 u.r., 252 o.l. und u., 253 o., 254, 255 u., 259 o.l. und u.l.

Thomas Flechtner, Zürich: 169.

Verzeichnisse

Glarus; Landesarchiv: 36 u., 76, 77, 78, 79 u., 80, 82, 84, 105, 106, 110, 112, 116 u., 117, 149 r., 232 u., 249 M.r., 250 o.r., 255, 277, 294.

Glarus; Postamt: 202.

Glarus; Regierungskanzlei: 64.

Michael von Graffenried, Bern: 158 u.

Roland Gretler, Bildarchiv, Zürich: 139 u.

Gertrud Handl, NOK Baden: 161.

Urs Heer, Glarus: 85 o., 122, 123, 125, 168, 179, 207, 250 l., 258 o.l.

Edmond van Hoorick, Richterswil: 227 o.

Walter Hug, Glarus: 61, 72, 257 o., 261 u., 264 u.

Kartause Ittingen, Kunstmuseum des Kantons Thurgau: 263 u.

Peter Kamm, Zug: 228.

Keystone Press AG, Zürich: 70 u., 85 u., 86, 187.

KVA Niederurnen: 181.

Galerie Wilma Lock, St. Gallen: 267 u.

Jakob Marti, Glarus: 178 u., 180, 182.

F. Maurer, Zürich: 259 u.r.

Albin Müller, Glarus: 99, 280.

Jörg Müller, Aarau: 221.

Roland Müller, Zürich: 246.

Näfels; Gemeindearchiv: 198 o.

Näfels; Museum des Landes Glarus: 50, 62, 70 o., 83, 120, 130, 132 o.l., 144, 150, 151, 152, 156 u., 208, 209, 238, 240, 242.

Netstal-Maschinen AG, Näfels: 165 u.

Nordostschweizerische Kraftwerke AG, Baden: 170, 171.

Phillipson Photography, New Glarus: 151 u., 153.

Rapperswil; Interkantonales Technikum: 234.

Hansruedi Rohrer, Buchs: 27.

Walter Schneider, Niederurnen: 279 u., 282.

Foto Schönwetter, Glarus; Hans Schönwetter: 16, 26 o., 119, 120, 133 u., 164 u., 173, 197 M.l., 203 r., 220 l., 223, 227 u., 249 l., 252 o.r., 256 u.r., 261 o. – Markus Wolleb: 17, 29, 32, 35, 39, 42, 44 u., 48, 57, 68 r., 71, 81 o., 95, 98, 101 o. und r., 102 o. und u., 103, 107, 109, 128, 131, 135, 139 o., 147, 156 o., 177, 178 o., 195, 198 u., 199, 203 l., 219, 237 l., 239, 251, 253 u.r., 256 o., 276, 278, 287 u.

Skiclub Glarus: 290–293.

Heinrich Stüssi, Linthal: 160.

Swissair-Photo AG, Zürich: 213.

Eduard Widmer, Zürich: 253 u.l.

Elsi Zingg, Ennenda: 144 r.

Jürgen Zumbrunnen, Betschwanden: 265 u.

Zürich; Historisches Seminar der Universität, Russlandschweizer-Archiv: 148, 149 l.

Zürich; Schweizerisches Institut für Kunstwissenschaft: 31, 67.

Zürich; Schweizerisches Landesmuseum: 21 u., 91 u., 249 u.

Zürich; Schule für Gestaltung: 126, 136, 158 o., 164 o., 172, 174, 191, 194, 196 o., 197 l., 215.

Abgebildete Persönlichkeiten stellten folgende Fotos zur Verfügung: 268–274, 295–300.

Aus Büchern: Davatz; Geschichte: 45. – Die Grenzbesetzung 1914–18; Zürich 1918: 111. – Soldaten, Kameraden; Zürich 1940: 114, 115. – W. Elmer; Uff em Gadebänggli; Linthal 1985: 271 o. – Katalog Mathias Wild; Berlin/Glarus 1989: 264 o.

Karten bearbeitet von F. Gianoli, Ennenda, und Buchdruckerei Schwanden; S. 24 nach: D. Schindler; Werdenberg als Glarner Landvogtei, Buchs 1986, S. 202.

Anschriften der Verfasser

Otto Brühlmann (1928)
Sekundarlehrer, Krauch, 8766 Matt

Jürg Davatz (1942)
Dr. phil., Beauftragter für kulturelle Angelegenheiten, Freulerpalast, 8752 Näfels

Rudolf Etter (1939)
Vorsteher Turn- und Sportamt, 8750 Glarus

Fridolin Hauser (1939)
Berufsschullehrer, Gerbi 34, 8752 Näfels

Walter Hauser (1957)
Dr. iur., Redaktor, Klosterweg 4, 8752 Näfels

Jost Hösli (1917–1991)
Prof. Dr. phil., Geograph, 8708 Männedorf

Peter Jenny (1942)
Prof. ETH, Gestalter, Schwertgasse 16, 8750 Glarus

Rudolf Jenny (1926)
Postverwalter, Tschachenstrasse 2,
8755 Ennenda

Jakob Kubli (1948)
Beamter und Philatelist, Erlenweg 2, 8754 Netstal

Madeleine Kuhn-Baer (1957)
lic. phil., Journalistin, Oberdorf, 8750 Glarus

Hans Laupper (1941)
Dr. phil., Landesarchivar, Landesarchiv,
8750 Glarus

Hans Lehnherr (1949)
Dr. rer. pol., Personalchef, Rathaus, 8750 Glarus

Jakob Marti (1957)
Dr. phil., Vorsteher Amt für Umweltschutz,
8750 Glarus

Wolfgang Meixner (1941)
Lehrer und Regisseur, Kerenzerstrasse 15,
8753 Mollis

Kurt Müller (1948)
dipl. Arch. ETH, Beauftragter für Wirtschaftsförderung (bis 1990), Bühl 1, 8752 Näfels

Roland Müller (1944)
Dr. phil., Redaktor, Weinbergstrasse 62,
8006 Zürich

Susanne Peter-Kubli (1963)
lic. phil., Historikerin, Etzelstrasse,
8820 Wädenswil

Fritz Schiesser (1954)
Dr. iur., Ständerat, Schönau, 8773 Haslen

Margrit Schoch (1926)
Dr. phil., Gymnasiallehrerin, Kasernenstrasse 4,
8750 Glarus

Karl Stadler (1958)
lic. phil., Gymnasiallehrer, Weidli, 8762 Schwändi

Fritz Stucki (1913)
Dr. phil., Dr. iur. h.c., Historiker, Molliserstrasse,
8754 Netstal

Fritz Stüssi (1944)
Oberst i Gst, Chef Zeughaus Glarus, 8750 Glarus

Heinrich Stüssi (1916)
Lehrer und Redaktor, Ennetbächli, 8783 Linthal

Georg Thürer (1908)
Prof. Dr. phil., Historiker und Schriftsteller,
Eichenbühl, 9053 Teufen

Hans Thürer (1917)
Redaktor und Historiker, Staubeggstrasse 18,
8500 Frauenfeld